中国科学院大学研究生教材系列

高级红外光电工程导论

周世椿　编著

科学出版社
北　京

内 容 简 介

红外光电工程涉及红外物理、光学、探测器、信号检测与处理等多个技术领域，是一门工程性强、知识覆盖面宽的综合性学科。本书是中国科学院大学推出的系列教材之一，重点介绍红外光电系统的基础理论和相关技术。按红外光电系统信息获取的流程，本书共分“红外辐射和辐射源”“红外光学系统”“红外探测器”“红外分光技术”“光机扫描技术”等五章，其中前三章是本书的重点。

本书可作为科研院所、军事院校及普通高校光电信息工程、光信息科学与技术、测试技术与仪器、电子科学与技术等专业的研究生教材或教学资料，也可供从事光学遥感、光电对抗、红外光电检测系统设计、研制或技术应用的科研人员和工程管理人员学习参考。

图书在版编目（CIP）数据

高级红外光电工程导论/周世椿编著.—北京：科学出版社，2014.6
中国科学院大学研究生教材系列
ISBN 978-7-03-041280-5

Ⅰ.①高…　Ⅱ.①周…　Ⅲ.①红外探测-研究生-教材　Ⅳ.　①TN215

中国版本图书馆 CIP 数据核字（2014）第 138625 号

责任编辑：钱　俊　周　涵／责任校对：桂伟利
责任印制：赵　博／封面设计：陈　敬

科学出版社出版
北京东黄城根北街 16 号
邮政编码：100717
http://www.sciencep.com
北京厚诚则铭印刷科技有限公司印刷
科学出版社总发行　各地书店经销
*
2014 年 7 月第　一　版　开本：720×1000　1/16
2025 年 7 月第六次印刷　印张：23　3/4
字数：458 000

定价：118.00 元

（如有印装质量问题，我社负责调换）

前　　言

红外辐射是电磁辐射频谱的一个波段，红外技术主要研究红外辐射的产生、传输、接收、信息处理及其应用。得益于军事上的迫切需求和航天工程的蓬勃发展，红外技术在第二次世界大战期间和战后的几十年取得迅速发展。目前，红外技术不仅应用于军事、航空航天遥感等领域，也广泛应用于工业检测、医学诊断、科学研究等方面。探测的电磁辐射不限于红外波段，也包括可见光、紫外和太赫兹等波段，红外技术应更完整地称为红外光电技术。

红外光电工程涉及红外物理、光学、探测器、信号检测与处理等多个技术领域，是一门工程性强、知识覆盖面宽的综合性学科。从事红外光电系统设计、研制的科研人员、研究生往往有不同的专业背景，在涉足这一学科时，通常需要自学红外系统理论。作者于 1978 年在中国科学院上海技术物理研究所攻读光电专业硕士学位时，导师匡定波院士就要求我们几位弟子在浙江大学进修基础课程的同时自学美国小哈德逊所著的《红外系统原理》一书，该书也是所里前辈广为选用的入门书。在日后的科研工作中参考较多的系统理论书籍是美国密西根环境研究所与国际光学工程学会(SPIE)于 1993 年出版的《红外光电系统手册》。

本书的编写始于 2003 年 4 月，上海技术物理研究所决定为本所的在读博士研究生开设名为"高级红外光电工程导论"的专业课程，委托作者授课并结合工程实践自编教材，希望将该门课程最终打造成特色课程、精品课程。

作者认为，一本好的工程类教材应该是授人以渔，而不是授人以鱼。因此，在本书编写过程中，作者注重吸取红外光电技术领域的名著、专著的精华，力求保持红外光电工程基本理论的系统性、完整性，同时也适当结合工程实践和应用实例，以深化读者对系统理论的理解。

本书共五章，其中前三章是本书的重点，全书的框架基本按红外光电系统信息获取的流程编排。讲述的内容以红外为主、可见光为辅，主题始终环绕辐射的强度、空间、光谱、时间等特性的探测、利用及其特性之间的相互制约。

作者以本书为教材，至今已为上海技术物理研究所 10 届 400 余名博士生讲授了"高级红外光电工程导论"课程，在所内取得较好反响。2009 年 10 月，本书通过中国科学院研究生院(现已更名为中国科学院大学)教材编审委员会的审定，并列入教材资助计划。2013 年 1 月，中国科学院大学委托科学出版社与作者联系，商谈公开出版事宜，准备以中国科学院大学系列教材的形式出版。2013 年 7 月起，作者花费近半年时间对该教材进行了修改。

书稿的一大修改是红外名词的规范化。近年来，作者有幸参与了中国光学学会委托上海技术物理研究所开展的红外名词审定工作，在匡定波、方家熊两位院士指导下，所内外专家集思广益，已完成编写稿并送交中国光学学会。“红外名词”是中国光学学会编写的《中国光学名词》的一部分，获准后将作为国家标准颁布。此外，上海技术物理研究所组织所内专家编写的《红外常用术语》也已完稿，该书概括了红外辐射、光学、探测器、系统、应用等方面和相关专业的常用术语。作者从上述工作中获益匪浅，在修改书稿时有更高的起点、更宽的视野和对一些众说不一的红外名词、术语有准确的把握。

本书原稿是以研究生为对象的教学用书，一期课程约需 80 学时，其中包括作业讲评、课堂讨论。考虑到出版后本书既能用作研究生教材，也能供从事红外光电工程系统研制和应用的技术人员、管理人员自学，修改稿在章节编排上作了调整，内容叙述也力求深入浅出，各章结尾给出的参考文献可供需要深入了解的读者扩展阅读。

本书的书名《高级红外光电工程导论》沿用了向中国科学院大学申报的博士生课程名。其实，“高级”仅是有相对意义的修饰词，“导论”才是关键词。考虑到删除“高级”会引发书名与课程名不一致的矛盾，只能保留，希望读者不要因辞害意。作者在书中较多引用了上海技术物理研究所在航天航空遥感和光电对抗方面的工程实例。虽然上海技术物理研究所从事的红外光电工程研究有一定代表性，但其覆盖面毕竟有限，读者阅读本书时可结合自己的工作实践，融会贯通。

本书自开始编写至向科学出版社付稿，已历时十年。虽有“十年磨一剑”之说，但由于作者学识、实践经验均有限，尽力未必能尽美，欠缺之处，期望得到广大专家、读者的指正。

在本书编写、修改过程中，作者得到上海技术物理研究所工程七室、研究生部的全力支持。裴云天、潘兆鑫、梁平治、王培纲等先生审阅了有关章节，并提出了宝贵意见。该书的出版得到上海技术物理研究所和中国科学院大学的资助，作者在此表示衷心的感谢！

周世椿

2014 年 1 月

目　　录

第 1 章　红外辐射和辐射源

1.1　红外辐射

1.1.1　电磁波频谱

1.1.1.1　电磁辐射

电磁辐射是一种物质以电磁波形式发射、传播能量的物理现象。由于电场和磁场的变化能相互感应，电场和磁场的能量能在介质或真空中自行传播，形成电磁波。

电磁波可根据波长（频率）划分为γ射线、X射线、紫外（UV）、可见光、红外（IR）、微波和无线电波等谱段，电磁波的频谱由这些谱段排列组成（见图 1.1）。光学研究的内容覆盖了电磁波谱中从远红外至紫外并延伸至软 X 射线的光谱范围，可见光只是电磁波谱中能被人眼所感知的极小部分。

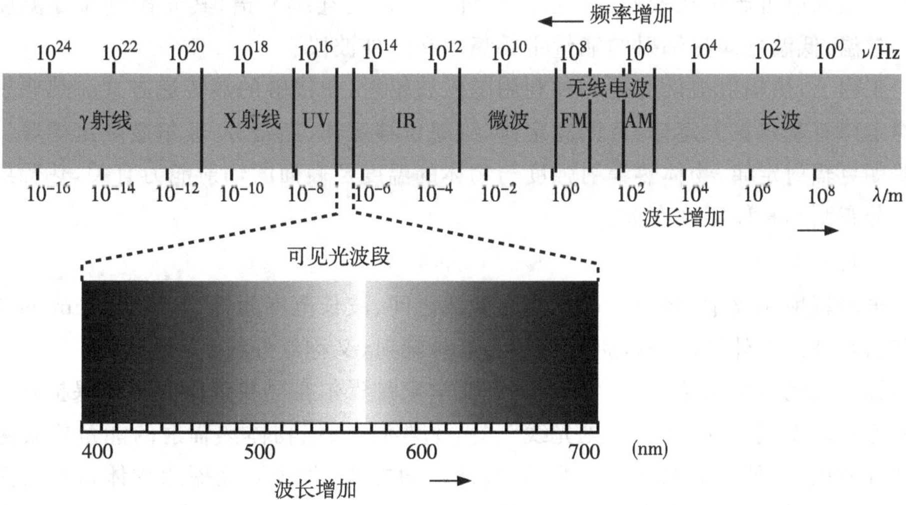

图 1.1　电磁波频谱

不同谱段电磁波的波长、频率、光子能量有较大差别（见表 1.1），但它们都遵守同样的反射、折射、衍射和偏振等定律，在真空中的传播速度相同，为 $3\times10^5\,km\cdot s^{-1}$。电磁波在长波端（如微波、无线电波）表现出显著的波动性，在短波端（如γ射线、X射线）表现出极强的粒子性，而光波具有显著的波粒二象性。

根据经典物理理论，物质带电粒子的加速运动会产生变化的电场。物质(包括固体、液体和气体)内部的分子、原子或电子在加热、电子撞击、光照射以及化学反应等外部激发后能发生能级跃迁，产生各种光学波段的电磁辐射。真空腔、导体中电流振荡能产生微波、无线电波辐射，而光子能量更大的X射线是电子辐射，γ射线则是原子核的放射性衰变产生的辐射。

表 1.1 电磁波谱段的波长、频率和光子能量

谱段	波长	频率	光子能量
γ射线	小于0.01nm	大于10EHz	100keV～300GeV
X射线	0.01～10nm	30EHz～30PHz	120eV～120keV
紫外	10～390nm	30PHz～790THz	3～124eV
可见光	390～750nm	790～405THz	1.7～3.3eV
红外	750nm～1mm	405THz～300GHz	1.24meV～1.7eV
微波	1mm～1m	300GHz～300MHz	1.24μeV～1.24meV
无线电波	1mm～100000km	300GHz～3Hz	12.4feV～1.24meV

1.1.1.2 热辐射

热辐射是物质中带电粒子热运动产生的电磁辐射。绝对温度非零的物体均有热辐射。热辐射可产生从紫外、可见光、红外至微波的连续光谱，其光谱分布随温度而异。常温、低温物体热辐射的能量主要集中在红外波段。

工程上，热辐射被认为是一种利用电磁波辐射、非接触的热传递方式。热辐射的基本定律有基尔霍夫定律、普朗克定律、维恩位移定律、斯蒂芬-玻尔兹曼定律等。根据普朗克辐射定律，物体热辐射强度与物体的温度及表面的辐射能力有关，热辐射的光谱分布则与物体温度有关。

1.1.1.3 红外线

电磁辐射频谱中，将介于可见光和微波之间、波长范围为0.76～1000μm的波段命名为红外。红外波段的电磁辐射称为红外辐射，又称红外线。

红外线的发现始于1800年，英国天文学家赫胥尔在寻找观察太阳时保护自己眼睛的方法时发现了这一“不可见光线”。由于常温、低温物体热辐射的能量主要集中在红外波段，红外光电系统可采取无源、被动的方式，非接触地探测物体自身的热辐射，并反演物体表面的温度或辐射特性。

1.1.1.4 可见光

电磁辐射频谱中，将介于紫外和红外之间、波长范围为390～750nm的波段命名为可见光。

可见光是能产生人眼视觉响应的电磁辐射，可见光波长范围根据人眼的视觉响应界定。不同波长可见光能产生不同视觉色彩，可根据视觉色彩将可见光划分为紫光(390～450nm)、蓝光(450～495nm)、绿光(495～570nm)、黄光(570～590nm)、橙光(590～620nm)、红光(620～750nm)等波段。对人眼视觉最灵敏的单色光是波长550nm附近的绿光。可见光能透过地球大气,其透射窗口也称大气光学窗口。硅探测器是最常用的可见光探测器。

1.1.1.5 紫外线

电磁辐射频谱中,将介于X射线和可见光之间、波长范围为10～390nm的波段命名为紫外。紫外波段的电磁波称为紫外辐射,又称紫外线。

德国物理学家里特于1801年发现经氯化银溶液浸泡的纸片会在三棱镜可见光色散光谱的紫光外侧的某种射线的照射下变黑,由于此射线的波长位于可见光紫光区的外侧,因此被称为紫外线。

凡是温度达到1200℃以上的物体均有丰富的紫外辐射,大气层外太阳光能量的10%为紫外辐射。利用电弧、气体放电、高温燃烧等原理可人工制造紫外源。紫外光子能量较大,能引起物质化学反应、发光或发射荧光。

紫外波段可再划分为若干个子波段,如划分为近紫外、中紫外、远紫外、极远紫外等。根据太阳紫外线在地球大气中的透射特性,还可专门命名一些紫外光谱区,如可见盲紫外、日盲紫外、真空紫外等。

1.1.2 波段划分方法

红外波段可划分为若干个子波段。不同专业领域根据各自的应用,提出了不同的波段划分方法。如国际照明委员会将红外划分为近红外(0.7～1.4μm)、中波红外(1.4～3μm)、远红外(50～1000μm)等波段。天文工作者同样将红外分为近红外、中波红外、远红外等波段,但波长范围不同。

目前较常见的红外波段划分方法兼顾了应用、大气窗口、探测器响应等因素,将整个红外波段划分为近红外、短波红外、中波红外、长波红外、远红外等5个子波段(见表1.2)。

表1.2 红外波段划分(常用)

波段名	英文名	缩略语	波长范围/μm
近红外	near-infrared	NIR	0.75～1.4
短波红外	short-wavelength infrared	SWIR	1.4～3
中波红外	mid-wavelength infrared	MWIR	3～8
长波红外	long-wavelength infrared	LWIR	8～15
远红外	far infrared	FIR	15～1000

上海技术物理研究所从遥感应用、红外探测器和红外材料的角度,提议将红外波段划分为近红外、短波红外、中波红外、长波红外、远红外、甚远红外等6个子波段(见表1.3)。

表 1.3 红外波段划分(上海技术物理研究所推荐)

波段名	英文名	缩略语	波长范围/μm
近红外	near-infrared	NIR	0.76～1.1
短波红外	short-wavelength infrared	SWIR	1.1～3
中波红外	mid-wavelength infrared	MWIR	3～6
长波红外	long-wavelength infrared	LWIR	6～25
远红外	far infrared	FIR	25～100
甚远红外	extreme infrared	XIR	100～1000

遵循相似的波段划分原则，在有些专业领域，红外子波段还可进一步细分。如在光通信领域，根据光源、光纤吸收、探测器响应的光谱特性，将波长 1260～1675nm 的短波红外再细分为 O、E、S、C、L、U 等带宽更窄的波段。

1.1.2.1 近红外

对红外波段进行细分，将波长范围为 0.76～1.1μm 的波段命名为近红外。

近红外波段起始于人眼视觉响应的截止波长，即波长大于 0.76μm。按硅探测器响应的截止波长，可认为近红外波段终止于 1.1μm。如按大气窗口划分，由于近红外透射波长可延伸至 1.4μm 处的水汽吸收带处，可认为近红外波段的终止波长为 1.4μm。典型的近红外探测器有 InGaAs 等。

1.1.2.2 短波红外

对红外波段进行细分，将波长范围为 1.1～3μm 的波段命名为短波红外。

自然景物的近红外、短波红外辐射主要来自太阳反射光。在短波红外，地物的太阳反射光谱有丰富的光谱特征，又有 1.15～1.35μm、1.5～1.8μm、2.1～2.4μm 等大气透射窗口。因此，短波红外是对地观测遥感仪器的常选波段。考虑到激光器、大气传输特性，波长 1.53～1.56μm 的短波红外激光是远程激光通信系统设计的首选。典型的短波红外探测器有 InGaAs、HgCdTe 等。

1.1.2.3 中波红外

对红外波段进行细分，将波长范围为 3～6μm 的波段命名为中波红外。

在波长为 3～5μm 的中波红外和波长为 8～14μm 的长波红外大气窗口之间有波长 6.3～7.4μm 的水汽吸收带，该吸收带应归属于中波红外，还是长波红外，存在意见分歧。常用的波段划分方法认为中波红外应包括水汽吸收带，即中波红外的波长范围为 3～8μm。上海技术物理研究所认为中波红外应终止于水汽吸收带起始波长，即波长范围为 3～6μm。

自然景物的中波红外辐射包含自身热辐射和阳光反射，高温物体热辐射主要集中在短波和中波红外，因此，以导弹、飞机等有动力飞行器高温尾焰为目标的被动红外系统均采用短波或中波红外探测。典型的中波红外探测器有 HgCdTe、InSb、PtSi、PbSe 等探测器。

1.1.2.4　长波红外

对红外波段进行细分，将波长范围为 6～25μm 的波段命名为长波红外。

8～14μm 是长波红外的大气窗口，也是常温物体热辐射能量集中的波段。常用划分方法将长波红外的波长范围取作 8～15μm，即认为长波红外终止于长波红外窗口相邻的 CO_2 吸收带。

考虑到红外探测器响应的长波限已可达 25μm，许多空间遥感的温度探测范围更宽，上海技术物理研究所从应用和探测器响应角度，建议将长波红外的波长范围确定为 6～25μm。

典型的长波红外探测器有光导和光伏型 HgCdTe 等光子探测器和 V_2O_5、多晶硅等热敏探测器。

1.1.2.5　远红外

对红外波段进行细分，将波长范围为 25～100μm 的波段命名为远红外。

红外天文观测、深空探测常选用远红外波段，并采用低温光学系统和超低温致冷的 SiX、GeX 等掺杂非本征半导体探测器。

1.1.2.6　甚远红外

对红外波段进行细分，将波长范围为 100～1000μm 的波段命名为甚远红外，也称太赫兹或亚毫米波。

太赫兹波段处于红外和微波的交叠区，太赫兹波的发生和应用研究尚处于萌芽阶段。太赫兹波有粒子的属性，但不能用电子计数方法测量。太赫兹有波的属性，但太赫兹波的产生和相干调制不能用微波、无线电波常用的电子器件，需要采用新的器件和技术。

1.1.2.7　热红外

热红外是红外遥感、热成像等仪器选用的用于常温目标热辐射探测的工作波段，其波长范围通常与 3～5μm 和 8～14μm 大气红外透射窗口一致。

1.2　红外光电系统

1.2.1　探测对象

红外光电系统的探测对象统称为目标。目标可以是天然形成的自然辐射源或人工制造的辐射源。目标源辐射可来自它自身的辐射，或者与周边环境相互作用产生的辐射。相互作用的形式可以是反射、吸收、透射、偏振、荧光等。根据光电探测仪器自身是否带辐射源，红外光电系统可分为无源的被动式和有源的主动式两大类别。

工作在中波或长波红外波段的被动式光电系统主要探测目标源自身的热辐射，在军事上可用于目标捕获、监视、夜视、瞄准跟踪等，具有全天时、无源、隐蔽性好等特点。非军事应用包括热效率分析、环境监测、工业设备检测、温度遥感、天气预报、红外天文观察等。

可见光、近红外或短波红外的被动式光电系统可利用不同属性物质反射光谱或吸收光谱的特征差异,对物质进行识别、分类,或定量分析。如可见光遥感仪器主要接收地物对太阳的反射光,在这些波段,太阳有很强的辐射,地物反射光谱的特征也较显著。

主动式光电系统通常配置了激光源,探测对象是目标反射的激光回波,采用直接探测或相干探测等方法,可对目标进行照明指示或测距、测速。典型应用有激光指示器和被称为激光雷达或光学雷达的激光测距计或激光测高仪。

实验室或工业部门使用的检测色度、水分、材料组分之类的光电仪器,如色度计、红外水分仪、金属组分分析仪等,探测对象是被测物对人工辐射源辐射的反射光或透射光。这类仪器必须配备人工辐射源,应属有源探测。

1.2.2 信息流程

被动式红外光电系统的信息流程通常包含辐射产生、大气传输、光学接收、探测器光电转换、信号处理等环节,如图 1.2 所示。

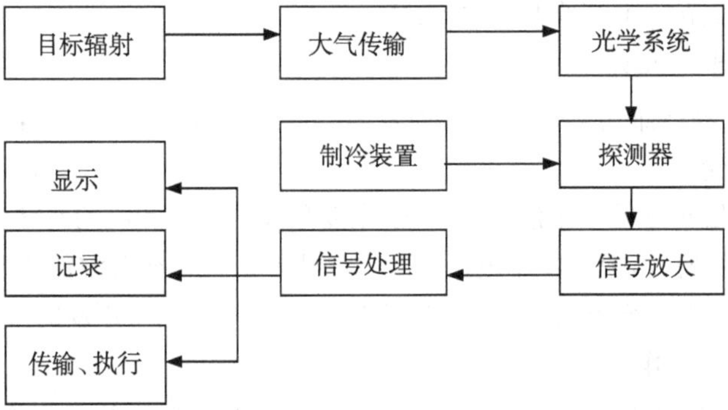

图 1.2　被动式光电系统的原理框图

与被动式系统相比较,激光雷达一类的主动式红外光电系统增加了脉冲或调制激光发射单元、激光回波信号的检测和处理,无论是直接探测或相干探测,均不同于被动式系统,如图 1.3 所示。其回波接收的过程包含了目标的激光散射、大气传输、光学接收、探测器光电转换等环节,与常见的被动光电系统辐射接收的过程相仿。

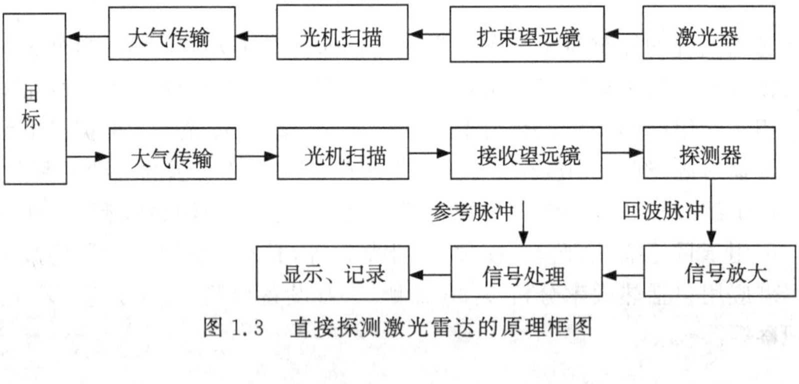

图 1.3　直接探测激光雷达的原理框图

本书的章节安排基本参照了被动式光电系统信息获取的流程，即按照辐射源、辐射的大气传输、光学成像、探测器光电转换、电信号放大和处理的顺序讲述。虽然红外与可见光被动探测的辐射特征、大气传输效应和所用的光学系统、探测器有较大差异，但其信息流程几乎相同，许多光电遥感仪器也经常将可见光和红外探测通道集成于一体。虽然本书重点讲授红外系统原理和红外应用，所举的范例也大多取自被动式红外系统，但这些内容与可见光系统原理上是共通的。

1.2.3　系统特性

一个目标辐射源可以用辐射、光谱、空间、时间等特性来描述它的辐射强度和偏振状态、辐射的光谱和空间分布以及辐射随时间的变化。用于目标辐射源探测的红外光电系统也有与此对应的辐射、光谱、空间、时间等特性，可用一些系统性能参数表示。

例如，如图 1.4 所示，系统辐射特性可以用灵敏度(信噪比)、动态范围等参数描述；光谱特性可用光谱响应波段、光谱分辨率等参数描述；空间特性可用视场、空间分辨率等参数描述；时间特性则可用信号带宽、数据率、帧频等表示。在设计过程中，这些系统性能参数通常是以技术指标形式给出的。

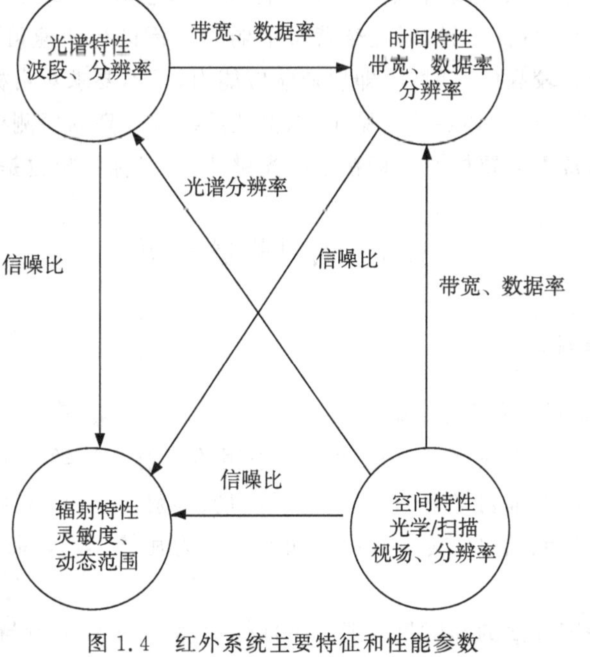

图 1.4　红外系统主要特征和性能参数

不同特性的系统性能参数存在相互制约的关系。例如，与系统探测灵敏度密切相关的信噪比不仅与系统辐射特性有关，还受到空间分辨率、光谱分辨率、信号带宽的限制。高空间分辨率、高光谱分辨率、高速探测系统的波段辐射功率必然较弱，数据率和信号带宽必然较高，最终都将降低系统信噪比和灵敏度。因此，一个红外光电系统的弱目标探测能力与它的光谱和空间分辨能力、实时性始终是矛盾的。设计者必须从应用需求出发，合理分配各项技术指标，使系统综合性能得以优化。

1.2.4 应用分类

红外光电系统是用来获取目标辐射的特征信息的光电仪器。不同的应用任务，会对目标探测提出不同的辐射定量、空间定位、光谱定性、测量定时等方面的要求。红外技术在军事、航空航天遥感领域，以及工业检测、医学诊断、科学研究等方面的应用不胜枚举。从目标特征的角度，可将红外应用系统大体上分为两类：一类用于目标辐射的定量检测，如各种遥感辐射计、光谱仪、成像仪等；另一类用于目标的识别与定位，如各种军用的目标搜索、捕获、跟踪和瞄准设备及卫星姿态检测设备等。

用于辐射定量检测的系统对测量数据的定量、定性、定位方面有较为严格的要求，对定时的要求则次之。通常这类仪器有较高的信噪比，可保证较高的辐射测量精度和反演精度；有较高的光谱分辨率和光谱定位精度，能准确识别目标的属性；还有较高的空间分辨率和定位精度，以便确定目标辐射场的空间分布。这类仪器的定时要求相对较低，主要是系统的时效，即数据采集速度。

目标识别与定位系统的特点是利用目标与背景在几何形状、光谱辐射、运动速度、偏振态等方面的特征差异，对复杂背景下弱小目标进行快速可靠的捕获、跟踪和瞄准。这类系统有较高的实时性，即快速响应能力，虽不要求对目标辐射量进行严格的定量测量，但仍要求有必要的信噪比，以保证系统有较高的探测概率和较低的虚警率。这类系统通常不需要检测目标精细的光谱特征，目标定位也是相对的。

1.3 辐射测量术语

1.3.1 常用辐射量

1.3.1.1 辐射量符号、单位和定义

辐射量是用物理方法测量电磁辐射时采用的辐射度量学（radiometry）术语，也称辐射度量。常用的辐射量有辐射能、辐射通量、辐射出射度、辐射强度、辐亮度、辐照度等。辐射量的能量单位为焦耳(J)、功率单位为瓦特（W），辐射量能适用整个电磁频谱范围。

全波段或特定波段的辐射量一般无下标标示，为表示辐射量与光子辐射量、光度量的区别，有时也加用下标 e，例如辐射通量的符号可为 Φ_e 或 P_e。常用辐射量的符号、单位和定义参见表 1.4。常用辐射量有两类英文符号，加中括号的符号较少使用。

表 1.4　常用辐射量的符号、单位和定义

名称	英文名	符号	单位	定义
辐射能	radiant energy	Q,[U]	J	以电磁波的形式发射、传输或接收的能量
辐射通量	radiant flux	Φ,[P]	W	单位时间发射、传输和接收的辐射能，即$\partial Q/\partial t$
辐射出射度	radiant emittance	M,[W]	$W \cdot cm^{-2}$	单位辐射表面积向半球空间发射的辐射通量，即$\partial\Phi/\partial A$
辐射强度	radiant intensity	I,[J]	$W \cdot sr^{-1}$	单位立体角内辐射源发射的辐射通量，即$\partial\Phi/\partial\Omega$
辐亮度	radiance	L,[N]	$W \cdot cm^{-2} \cdot sr^{-1}$	辐射面元在某一方向的单位投影面积向该方向的单位立体角内发射的辐射通量，即$\frac{\partial^2\Phi}{\cos\theta\partial A\partial\Omega}$
辐照度	irradiance	E,[H]	$W \cdot cm^{-2}$	单位被照面积接收到的辐射通量，即$\partial\Phi/\partial A$

1.3.1.2　辐射通量

辐射通量定义为单位时间发射、传输和接收的辐射能，又称辐射功率。辐射通量是整个辐射源向空间发射的辐射功率，即辐射能发射的时间速率。

$$\Phi = \mathrm{d}Q/\mathrm{d}t \tag{1.1}$$

辐射通量是最基本的辐射量，辐射出射度、强度、亮度等辐射量均是用辐射通量定义的。辐射度量学中，辐射通量采用功率单位瓦(W)，光子辐射通量的单位为光子数·秒$^{-1}$(photon · s^{-1})。光度量学中，与辐射通量对应的光度量是光通量，单位为流明(lm)。

1.3.1.3　辐射出射度

辐射出射度定义为单位辐射表面积向半球空间发射的辐射通量，可描述出射的辐射功率在辐射源表面的分布密度。

$$M = \mathrm{d}\Phi/\mathrm{d}A \tag{1.2}$$

1.3.1.4　辐照度

辐照度定义为单位被照面积接收到的辐射通量。可描述入射的辐射功率在被照物表面的分布密度。

辐照度与辐射出射度的单位和数学表达式相同，但出射度是辐射面的功率密度，照度是受照面的功率密度。

$$E = \mathrm{d}\Phi/\mathrm{d}A \tag{1.3}$$

1.3.1.5　辐射强度

辐射强度定义为辐射源在特定方向上、向单位立体角内发射的辐射通量。可描述辐射功率在空间的分布。

$$I = \mathrm{d}\Phi/\mathrm{d}\Omega \tag{1.4}$$

1.3.1.6　辐亮度

辐亮度定义为辐射面元在某一方向的单位投影面积向该方向的单位立体角内发

射的辐射通量。辐亮度可同时描述辐射功率在辐射源表面和在空间的分布。

$$L = \frac{\mathrm{d}\Phi}{\mathrm{d}\Omega \cdot \mathrm{d}A \cdot \cos\theta} \tag{1.5}$$

以上定义的是辐射发射面元的辐亮度，同样，也可将辐射接收面元在某一方向的单位投影面积从该方向的单位立体角内接收到的辐射通量定义为接收端的辐亮度。

1.3.1.7 辐射量之间的换算

已知辐射面元的辐亮度，用积分方法可计算辐射面的辐射强度、辐射通量或辐射发射面元的出射度。

辐射强度是发射面元辐亮度对辐射面面积的积分：

$$I = \int_A L\cos\theta \mathrm{d}A \tag{1.6}$$

辐射通量是发射面元辐亮度对辐射发射的空间立体角和辐射面面积的双重积分：

$$\Phi = \int_A\int_\Omega L\cos\theta \mathrm{d}A\mathrm{d}\Omega \tag{1.7}$$

辐射出射度是发射面元辐亮度对辐射发射的空间立体角的积分：

$$M = \int_\Omega L\cos\theta \mathrm{d}\Omega \tag{1.8}$$

辐照度计算与出射度相仿，是受照面面元辐亮度对辐射接收立体角的积分：

$$E = \int_\Omega L\cos\theta \mathrm{d}\Omega \tag{1.9}$$

1.3.1.8 辐射通量密度和光强

辐射通量密度也称能流密度，定义为单位时间内，在垂直于光传播方向的单位光束横截面积上流过的辐射能，见本章参考资料[1]。在电磁学中，能流密度是坡印廷矢量 $\boldsymbol{S}=\boldsymbol{E}\times\boldsymbol{H}$(其中 $\boldsymbol{E}$、$\boldsymbol{H}$ 分别为电场强度和磁场强度矢量)的模。能流密度是一个变化很快的量，通常用时间平均值表示。在非铁磁介质中，能流密度的时间平均值等于介质折射率和电场强度振幅平方的乘积 nE^2，其中电场强度振幅的平方 E^2 称为光强，见本章参考资料[2]。电场强度的振幅 E 有时称为场强。

辐射通量密度(能流密度)与辐射出射度、辐照度、光强的物理单位均为 $\mathrm{W}\cdot\mathrm{m}^{-2}$，但不是同一个物理概念。辐射通量密度与出射度、照度是在不同光束截面上定义的。光强不是辐射强度，仅在真空或空气中，可认为平行光束或细光束的光强等于它的辐射通量密度(能流密度)。涉及光的波动性的干涉、衍射光计算都要用到光强的概念。

1.3.2 光谱辐射量

单色辐射通常指能量集中在极窄的光谱段内的电磁辐射。光谱辐射量是在指定波长处、单位波长间隔内的单色辐射量，可描述辐射的光谱特征。

常用光谱辐射量有光谱辐射通量、光谱辐射出射度、光谱辐射强度、光谱辐亮度、光谱辐照度等(见表 1.5)。光谱辐射量一般用下标 λ 或加(λ)标示。例如，光谱辐射通量的符号可为 Φ_λ 或 $\Phi(\lambda)$。

表 1.5　常用光谱辐射量的符号、单位和定义

名称	英文名	符号	单位	定义
光谱辐射通量	spectral radiant flux	Φ_λ	$W \cdot \mu m^{-1}$	在指定波长处，单位波长间隔内的辐射通量
光谱辐射出射度	spectral radiant emittance	M_λ	$W \cdot cm^{-2} \cdot \mu m^{-1}$	在指定波长处，单位波长间隔内的辐射出射度
光谱辐射强度	spectral radiant intensity	I_λ	$W \cdot sr^{-1} \cdot \mu m^{-1}$	在指定波长处，单位波长间隔内的辐射强度
光谱辐亮度	spectral radiance	L_λ	$W \cdot cm^{-2} \cdot sr^{-1} \cdot \mu m^{-1}$	在指定波长处，单位波长间隔内的辐亮度
光谱辐照度	spectral irradiance	E_λ	$W \cdot cm^{-2} \cdot \mu m^{-1}$	在指定波长处，单位波长间隔内的辐照度

1.3.3　波段辐射量

波段辐射量是在指定光谱段内的非单色辐射量，波长范围为零至无限大的波段辐射量也称全波段辐射量。波段辐射量的符号一般不加下标，需要强调波长范围时，也可用下标注明。在指定的波长范围对光谱辐射量进行积分，可得到相应的波段辐射量。如：

波段辐射通量为

$$\Phi = \Phi_{\lambda_1 \sim \lambda_2} = \int_{\lambda_1}^{\lambda_2} \Phi_\lambda \mathrm{d}\lambda \tag{1.10}$$

波段辐射出射度为

$$M = M_{\lambda_1 \sim \lambda_2} = \int_{\lambda_1}^{\lambda_2} M_\lambda \mathrm{d}\lambda \tag{1.11}$$

波段辐射强度为

$$I = I_{\lambda_1 \sim \lambda_2} = \int_{\lambda_1}^{\lambda_2} I_\lambda \mathrm{d}\lambda \tag{1.12}$$

波段辐亮度为

$$L = L_{\lambda_1 \sim \lambda_2} = \int_{\lambda_1}^{\lambda_2} L_\lambda \mathrm{d}\lambda \tag{1.13}$$

1.3.4 光子辐射量

由于光子探测器的响应与入射光子数有更直接的关联，辐射能可用光子数（photon）表示，不用焦耳（J）表示。同理，辐射通量可用光子数・秒$^{-1}$（photon・s^{-1}）表示，而不用瓦（W）表示。在此基础上，可分别定义光子辐射通量、光子辐射出射度、光子辐射强度、光子辐亮度、光子辐照度等（见表 1.6）。光子辐射量可用下标 p 或 q 标示。常用辐射量与对应光子辐射量的名称、符号、单位可对比如表所列。

表 1.6　常用辐射量与相对应的光子辐射量

辐射量			光子辐射量		
名称	符号	单位	名称	符号	单位
辐射能	Q	J	光子辐射能	Q_q	photon
辐射通量	Φ	W	光子辐射通量	Φ_q	photon・s^{-1}
辐射出射度	M	W・cm^{-2}	光子辐射出射度	M_q	photon・s^{-1}・cm^{-2}
辐射强度	I	W・sr^{-1}	光子辐射强度	I_q	photon・s^{-1}・sr^{-1}
辐亮度	L	W・cm^{-2}・sr^{-1}	光子辐亮度	L_q	photon・s^{-1}・cm^{-2}・sr^{-1}
辐照度	E	W・cm^{-2}	光子辐照度	E_q	photon・s^{-1}・cm^{-2}

以焦耳（J）为能量单位、瓦（W）为功率单位的光谱辐射量只要除以该波长光子的能量 $h\nu=\frac{hc}{\lambda}$，就可以换算为以光子数为计量单位的光谱光子辐射量，如可将光谱辐射通量 Φ_λ（W・μm^{-1}）换算为光谱光子辐射通量 $\Phi_{q,\lambda}$（photon・s^{-1}・μm^{-1}）。

在指定的波长范围对光子光谱辐射量进行积分，可得到相应的波段光子辐射量。如波段光子辐射通量与光子光谱辐射通量的关系可表示为

$$\Phi_q = \int_{\lambda_1}^{\lambda_2} \Phi_{q,\lambda}\, d\lambda = \int_{\lambda_1}^{\lambda_2} \Phi_\lambda \cdot (\lambda/hc)\, d\lambda \tag{1.14}$$

1.3.5 光度量

1.3.5.1 光度量符号、单位和定义

光度量是用心理物理的方法测量可见光辐射时采用的光度学（photometry）术语。光度学以人眼感知作为光强弱的标准，光度量仅适用于可见光波段。可见光的光源、图像传感器、图像显示器等的光学性能通常用光度量表示。

光通量是最基本的光度量，其他光度量如光出射度、光照度、发光强度、光亮度均是用光通量定义的。光度量的符号可参照相对应的辐射量，并加下标 v 以示区别。如辐射通量的符号为 Φ_e，光通量的符号为 Φ_v（见表 1.7）。

表 1.7　常用光度量的符号、单位和定义

名称	英文名	符号	国际光度单位	定义
光能	luminous energy	Q_v	流明秒(talbots)	以电磁波的形式发射、传输或接收的光能量
光通量	luminous flux	Φ_v	流明($lm=cd\cdot sr$)	单位时间发射、传输和接收的光能量
光出射度	luminous emittance	M_v	勒克斯($lx=lm\cdot m^{-2}$)	单位辐射表面积向半球空间发射的光通量
发光强度	luminous intensity	I_v	坎德拉($cd=lm\cdot sr^{-1}$)	单位立体角内辐射源发射的光通量
光亮度	luminance	L_v	尼特($nit=cd\cdot m^{-2}$)	辐射面元在某一方向的单位投影面积向该方向的单位立体角内发射的光通量
光照度	illuminance	E_v	勒克斯($lx=lm\cdot m^{-2}$)	单位被照面积接收到的光通量

1.3.5.2　光通量和视见函数

光通量是根据人眼的视觉响应来度量的可见光辐射通量，也称光功率。辐射通量相同而波长不同的可见光作用于人眼，人感受到的明亮程度有所不同，复色光的光通量可按下式计算。

$$\Phi_v=\int_{0.38}^{0.78}\Phi_v(\lambda)d\lambda=\int_{0.38}^{0.78}K_{max}(\lambda)\cdot V(\lambda)\Phi_e(\lambda)d\lambda \tag{1.15}$$

式中：$\Phi_v(\lambda)$为光谱光通量，$lm\cdot \mu m^{-1}$，$\Phi_e(\lambda)$为光谱辐射通量，$W\cdot \mu m^{-1}$；K_{max}为人眼的峰值光谱响应，$lm\cdot W^{-1}$；$V(\lambda)$为视见函数或光见度函数。

视见函数$V(\lambda)$是归一化函数，$V(\lambda)$在人眼响应的峰值波长处为 1，在 380nm 至 780nm 波段外为 0。观察场明暗不同时，峰值响应波长、峰值响应以及相应的视见函数不同。国际照明委员会规定了两种视见函数，如图 1.5 所示。

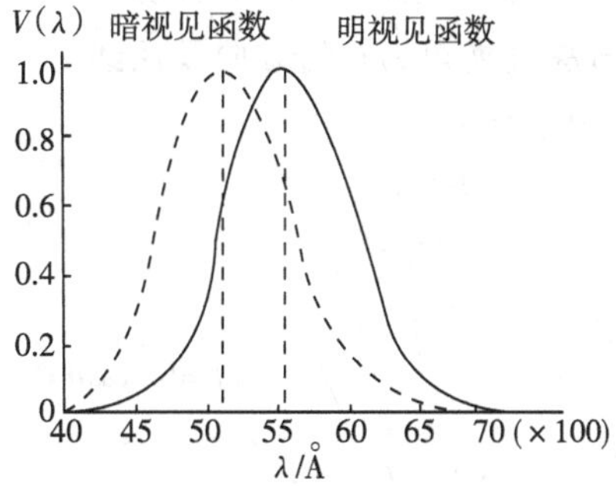

图 1.5　国际照明委员会规定的两种视见函数

明视见条件下：峰值波长为 0.555μm，峰值光谱响应 $K_{max}=683lm\cdot W^{-1}$；明视见函数值可参见表 1.8。

暗视见条件下：峰值波长为 0.507μm，峰值光谱响应 $K_{max}=1755lm\cdot W^{-1}$。

表 1.8 国际照明委员会规定的明视见函数值

λ/Å	V(λ)	λ/Å	V(λ)	λ/Å	V(λ)
4000	0.0004	5300	0.862	6500	0.107
4100	0.0012	5400	0.954	6600	0.061
4200	0.0040	5500	0.995	6700	0.032
4300	0.0116	5550	1.000	6800	0.017
4400	0.023	5600	0.995	6900	0.0082
4500	0.038	5700	0.952	7000	0.0041
4600	0.060	5800	0.870	7100	0.0021
4700	0.091	5900	0.750	7200	0.00105
4800	0.139	6000	0.631	7300	0.00055
4900	0.208	6100	0.503	7400	0.00025
5000	0.323	6200	0.381	7500	0.00012
5100	0.503	6300	0.265	7600	0.00008
5200	0.710	6400	0.175		

1.3.6 朗伯漫射体

1.3.6.1 朗伯余弦定律

朗伯余弦定律给出了完善的漫反射体或漫辐射体辐射强度的空间分布规律，即在半球范围内任意方向的辐亮度相等，其辐射强度必定与观测方向和表面法线之间夹角的余弦成正比(见图 1.6)。朗伯余弦定律可表述为

$$I' = L\mathrm{d}A\cos\theta = I\cos\theta \tag{1.16}$$

式中：I'、I 分别是面元在与法线夹角为 θ 的方向及法线方向的辐射强度；L 是面元在半球范围内任意方向恒定的辐亮度。

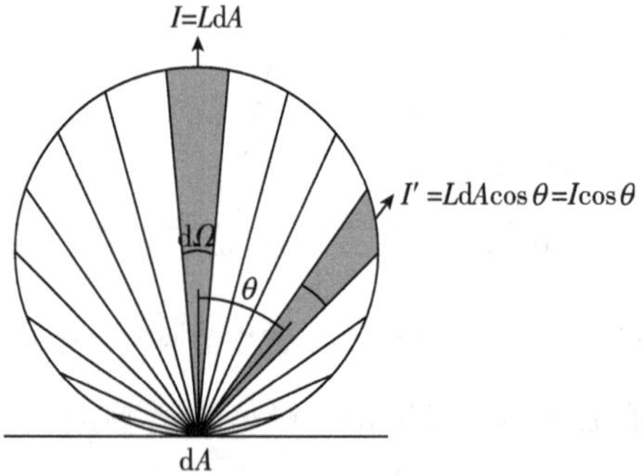

图 1.6 朗伯余弦定律图示

表面辐射满足朗伯余弦定律的漫反射体或漫辐射体称为朗伯体,其辐射表面称为朗伯面。由于朗伯面在半球范围内任意方向的辐亮度是恒定的,以不同的角度去观察一个朗伯面源时,产生的视觉亮度也是均匀的。例如,当我们以不同的角度去观察涂刷了理想漫射特性涂料的墙面时,墙面面元的辐射强度确实按视角的余弦成正比的规律变化,但由于每个视觉细胞"看到"的实际面元的大小是按视角的余弦成反比的,视觉细胞接收到的辐射功率不因观察方向而异。因此,正视或斜视看到的墙面亮度都是均匀的。

1.3.6.2　朗伯面辐射计算

理想的朗伯体向半球发射的出射度与其辐亮度之间存在较简洁的关系。

图1.7中,设有一个朗伯体面元向半球空间的辐射强度符合朗伯余弦定律。在球坐标系中,元立体角为

$$d\Omega = \frac{(r\sin\theta d\varphi)\cdot(rd\theta)}{r^2} = \sin\theta d\theta d\varphi$$

面元的辐射出射度为

$$M = \int_{\Omega} L\cos\theta d\Omega = L\int_0^{2\pi} d\varphi\int_0^{\pi/2}\cos\theta\sin\theta d\theta = \pi L \tag{1.17}$$

值得注意的是:半球立体角为 2π,朗伯体向半球发射的辐射出射度是辐亮度的 π 倍,而不是 2π 倍。

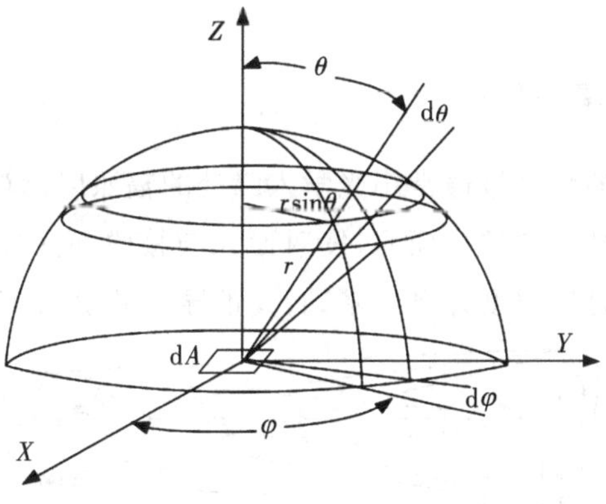

图1.7　朗伯体辐射计算

朗伯体是漫射特性各向同性的理想化漫射体,严格的朗伯体并不存在,但许多自然辐射源如云、天空、太阳以及植被、沙漠、土壤等地物以及黑体面源、积分球、漫反射板等标准辐射源,都可认为在较大的空间范围内满足朗伯漫射特性。

有些人造光源(如LED)的辐射强度仅在有限的发射波瓣内近似遵循朗伯余弦定律。图1.8为某型号LED相对辐射强度的空间分布,即发射瓣,图中虚线为朗伯漫射体的发射瓣。

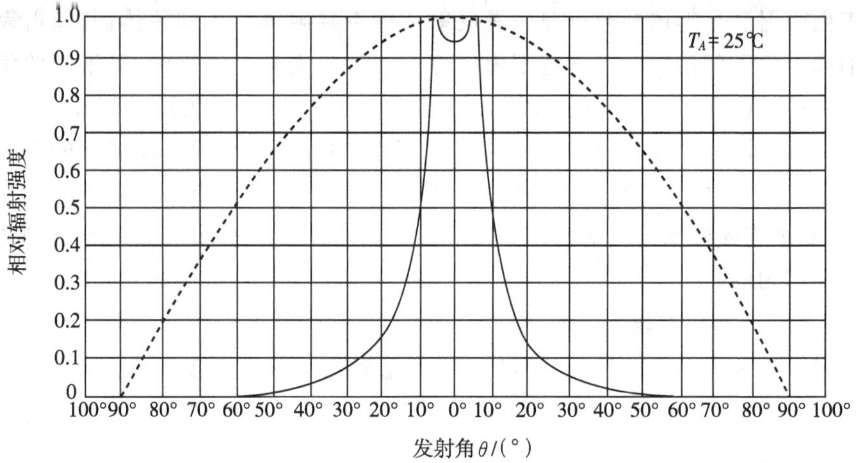

图 1.8　某 LED 相对辐射强度的空间分布

为简化这类近似朗伯体出射度的工程计算，如发射波瓣的角宽度为 2ψ，通常假设波瓣内辐射强度遵循朗伯余弦定律，波瓣外为零，其辐射出射度近似为

$$M = L\int_0^{2\pi}\mathrm{d}\varphi\int_0^{\psi}\cos\theta\sin\theta\mathrm{d}\theta = \pi L\sin^2\psi \tag{1.18}$$

1.4　辐照度计算

1.4.1　面元之间的辐射传递

光电仪器目标源的辐射量通常用光学入瞳处的辐照度计算。目标源发射表面可以分割为许多辐射特性均匀的小面元，发射面元与接收面元在无能量损失的均匀介质中的辐射传递关系是辐照度计算的基础，其推导参见图 1.9。

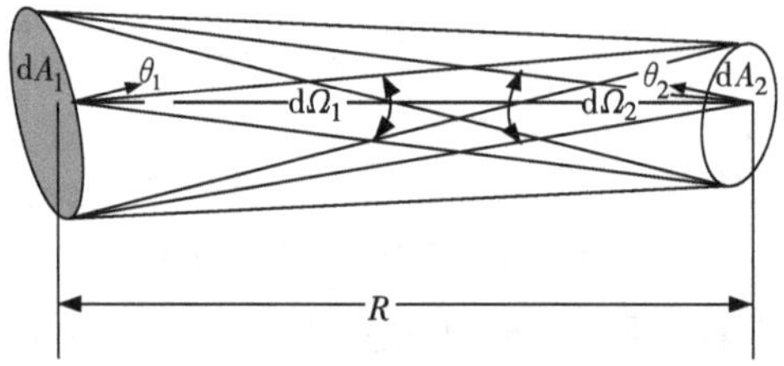

图 1.9　在无损均匀介质中面元之间的辐射传递

图 1.9 中：dA_1 为发射面元的面积；dA_2 为接收面元的面积；θ_1 为 dA_1 法线与面元连线的夹角；θ_2 为 dA_2 法线与面元连线的夹角；$d\Omega_1$ 为接收面元对发射面元中心所张的立体角；$d\Omega_2$ 为发射面元对接收面元中心所张的立体角；R 为两个面元之间的距离。

接收面元对发射面元所张的立体角为

$$\mathrm{d}\Omega_1 = \mathrm{d}A_2\cos\theta_2/R^2 \tag{1.19}$$

发射面元对接收面元所张的立体角为

$$\mathrm{d}\Omega_2 = \mathrm{d}A_1\cos\theta_1/R^2 \tag{1.20}$$

发射面元出射的辐射通量为

$$\Phi = L_1\cos\theta_1\,\mathrm{d}\Omega_1\,\mathrm{d}A_1 \tag{1.21}$$

式中：L_1 为发射面元出射的辐亮度。

接收面元接收到的辐射通量为

$$\Phi' = L_2\cos\theta_2\,\mathrm{d}\Omega_2\,\mathrm{d}A_2 \tag{1.22}$$

式中：L_2 为接收面元入射的辐亮度。

假定辐射传递过程中没有能量损失，$\Phi=\Phi'$，应有

$$L_1\cos\theta_1\,\mathrm{d}\Omega_1\,\mathrm{d}A_1 = L_2\cos\theta_2\,\mathrm{d}\Omega_2\,\mathrm{d}A_2$$

将 $\mathrm{d}\Omega_1$、$\mathrm{d}\Omega_2$ 的表达式(1.19)、(1.20)代入，可得

$$L_1 = L_2 = L \tag{1.23}$$

上式表明：如无辐射传输损失，发射面元出射的辐亮度和接收面元入射的辐亮度是相等的，即在辐射传递过程中辐亮度守恒。

1.4.2　点源与面源

光电仪器接收目标辐射的立体角和接收面积是有限的，接收立体角受到探测视场的限制，如瞬时视场（阵列探测器系统）或光学视场（单元探测器系统）的限制。接收面积也为光学入瞳大小所限制。

根据目标张角与系统瞬时视场的相对大小，目标辐射源可分为点源或面源。当目标辐射源的线度对光电系统的张角小于系统的瞬时视场时，该目标源可称为点源。点源辐射的强弱一般用辐射强度表示。点源在系统光学入瞳处产生的辐照度与点源的辐射强度、测量距离等因素有关。

当目标辐射源的线度对光电系统的张角大于系统的瞬时视场时，该目标源可称为面源，也称扩展源。面源辐射的强弱一般用辐亮度表示。面源在系统光学入瞳处产生的辐照度与面源的辐亮度、系统的瞬时视场立体角有关。如无介质传输损失，面源产生的照度与测量距离无关。

图 1.10 是根据目标张角与探测视场的相对大小对激光测距计目标进行分类的示意图。二维方向均充满测距计视场的坦克[见图 1.10(a)]，可称之为面源。仅在一维方向充满视场的架空电线[见图 1.10(b)]以及二维方向均未充满视场的远距离飞机[见图 1.10(c)]均应称之为点源。

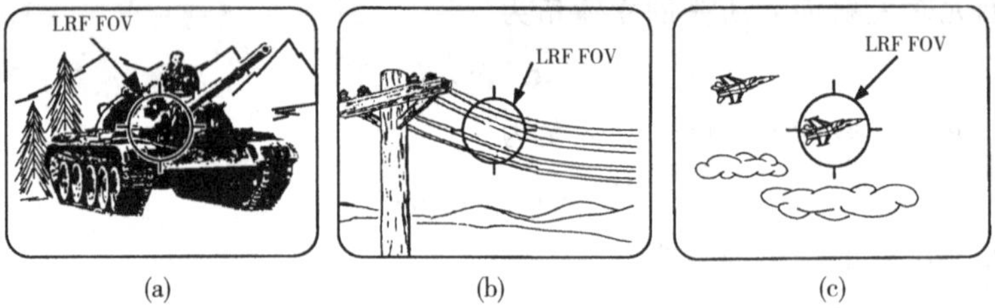

图 1.10　激光测距计的接收视场与目标分类

目标源可视为点源或面源不取决于目标的绝对大小，而取决于目标张角的相对大小。系统的接收视场通常不变，但目标张角却与距离有关。远距离的飞机可视作点源，当飞机逼近、张角增大至充满测距计的接收视场时，即可按面源处理。点源、面源产生的照度应采用不同的方法计算。

1.4.3　点源产生的辐照度

当目标源为点源时，目标对接收面元所张立体角小于接收立体角 $d\Omega_2$，如图 1.11 所示。此时，不能用源的辐亮度和 $d\Omega_2$ 计算接收端的辐照度，因为接收立体角内既有目标，又有背景，应该用发射面元在探测方向辐射强度计算辐照度。

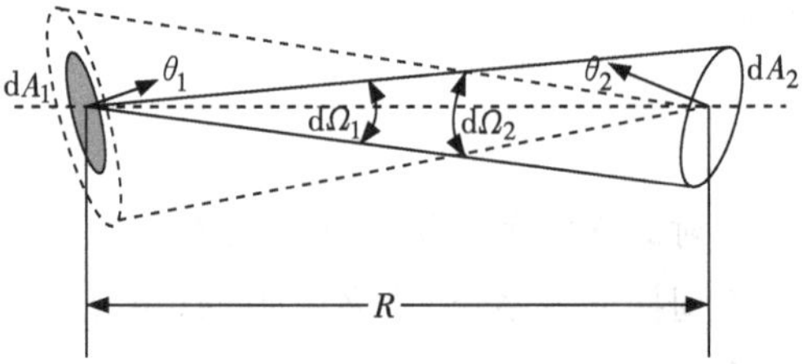

图 1.11　点源产生的辐照度计算

到达接收面元的辐射是点源向立体角 $d\Omega_1$ 内发射的辐射，其辐射通量为

$$\Phi = I_\theta \cdot d\Omega_1 = I_\theta \cdot \frac{dA_2 \cdot \cos\theta_2}{R^2}$$

接收面元的辐照度为

$$E = \frac{\Phi}{dA_2} = I_\theta \cdot \frac{\cos\theta_2}{R^2} \tag{1.24}$$

式中：I_θ 为发射面元在面元连线（视线）方向的辐射强度；θ_2 为接收面元法线与视线的夹角。

如发射面元为朗伯面，则有 $I_\theta = I_0 \cdot \cos\theta_1$，代入可得

$$E = I_\theta \cdot \frac{\cos\theta_2}{R^2} = \frac{I_0 \cos\theta_1 \cos\theta_2}{R^2} \tag{1.25}$$

式中：$I_0 = L \cdot dA_1$ 为发射面元的法向辐射强度；θ_1 为发射面元法线与视线的夹角。

接收面元的正入射辐照度可简化为

$$E = \frac{I_0 \cos\theta_1}{R^2} \tag{1.26}$$

由此可见，点源产生的辐照度与距离平方成反比，也与观察方向有关。在进行辐射测量时，不能根据仪器的响应直接反演出点源目标的辐射强度。

点源是相对于观测系统的瞬时视场而言的，不是数学上的点，所以点源有形状、大小，可由多个辐射特性不同的面元构成。例如，远方来袭的飞机对红外搜索系统来讲是点源，系统接收到的目标辐射强度实际上是飞机蒙皮、喷管及尾焰等辐射面元在探测方向上的辐射强度之和。

如目标是由多个朗伯面构成的点源，它在观察方向的总辐射强度为

$$I_\theta = \sum_{i=1}^{n} I_{\theta i} = \sum_{i=1}^{n} L_i A_i \cos\theta_i \tag{1.27}$$

式中：$I_{\theta i}$ 为面元 i 的方向辐射强度；A_i、L_i 分别为面元 i 的面积、辐亮度；$A_i\cos\theta_i$ 是面元 i 在观察方向的投影面积。

1.4.4　面源产生的辐照度

面源产生的辐照度的计算可参见图 1.12。图中符号的定义与图 1.11 相同，不再重复注明。

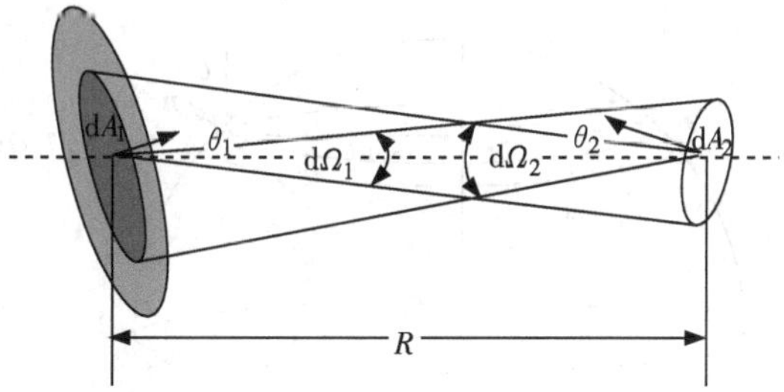

图 1.12　面源产生的辐照度计算

当目标源为面源时，目标对接收面元所张立体角大于接收立体角 $d\Omega_2$，接收面元只能接收到面源的部分表面，而不是全部表面发出的辐射。此时，可利用面元辐射传递的辐亮度守恒关系，用面源的辐亮度、接收立体角计算辐照度。如发射面元为辐亮度为 L 的漫射面源，接收面元的辐照度为

$$E = L\cos\theta_2 \, d\Omega_2 \tag{1.28}$$

接收面元正入射时，接收面元的辐照度可简化为

$$E = L d\Omega_2 \tag{1.29}$$

由此可见，面源产生的辐照度与距离、观察方向无关。在进行辐射测量时，可根据仪器的响应直接反演出面源目标的辐亮度。

1.4.5 太阳常数计算

太阳常数定义为在平均日地距离处、地球大气层外太阳的正入射照度。已知:太阳半径 $r=6.9627\times10^{8}\,\mathrm{m}$,平均日地距离 $R=1.4960\times10^{11}\,\mathrm{m}$,可用以下方法计算太阳常数 S。

(1)方法一。

太阳向 4π 球面度的空间均匀辐射,太阳常数 S 等于太阳在半径为平均日地距离的球面上的辐照度,即

$$S=\frac{\Phi}{A}=\frac{M\cdot 4\pi r^2}{4\pi R^2}=M\cdot\left(\frac{r}{R}\right)^2$$

式中:Φ 为太阳表面向 4π 球面度的空间的辐射通量;M 为太阳表面的辐射出射度。

(2)方法二。

太阳是均匀辐射的朗伯体,太阳常数是朝向地球的太阳半球面的各个面元在地球大气层外的照度之和。现将太阳的半球面分割为许多窄环带,同一环带上各点法线与照射方向的夹角相等,窄环带可视为一个面元。太阳对地球的张角仅 0.53°,可视作平行光照射,参见图 1.13。

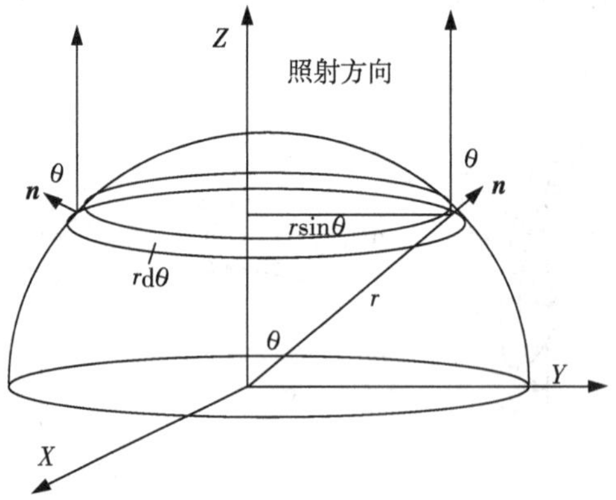

图 1.13 太阳在地球大气层外的照度计算

图 1.13 中,环带面积为

$$\mathrm{d}A=2\pi r^2\sin\theta\,\mathrm{d}\theta$$

环带产生的照度为

$$\mathrm{d}S=\frac{I_0\cos\theta}{R^2}=\frac{L\mathrm{d}A\cdot\cos\theta}{R^2}=L\cdot\frac{\pi r^2}{R^2}\sin2\theta$$

式中:L 为太阳辐亮度;θ 为环带法线与太阳照射方向的夹角。

太阳常数 S 是太阳发射面元产生的照度在半球面范围内的积分,即

$$S=\int_A \mathrm{d}S\approx L\cdot\frac{\pi r^2}{R^2}\cdot\int_0^{\pi/2}\sin2\theta\,\mathrm{d}\theta=L\cdot\frac{\pi r^2}{R^2}$$

即
$$S = M \cdot \left(\frac{r}{R}\right)^2$$

(3)方法三。

根据面元之间的辐射传输关系，朝向地球的太阳半球面的各个面元在地球大气层外的入射辐亮度均相等，都等于太阳出射的辐亮度。太阳面元产生的辐照度为
$$\mathrm{d}S = L \cdot \mathrm{d}\Omega$$
太阳常数是与太阳对地球所张立体角范围内、对太阳面元辐照度的积分
$$S = \int_{\Omega} L \,\mathrm{d}\Omega \approx L \cdot \frac{\pi r^2}{R^2} = M \cdot \left(\frac{r}{R}\right)^2$$

以上三种方法采用了不同计算途径，得到的结果完全一致。

1.5　热辐射基本定律

1.5.1　辐射体的分类

如果用光谱辐射计来考察各种辐射源的光谱分布，可明显地看出，存在两类光谱分布完全不同的辐射源，分别是热辐射体和选择性辐射体(见图 1.14)。

灼热固体或液体这一类辐射源属热辐射体，它们的发射光谱曲线是连续的，仅有一个最大值，其峰值波长随辐射源温度而变化。典型的热辐射体有：喷气发动机、火箭尾喷管的热金属、气动加热表面、汽车、空间飞行器、人、地物以及天体等。

选择性光谱源是辐射能量集中在一些较窄的光谱区间内，发射光谱呈现一系列分立谱线或谱带的辐射源。选择性辐射体的发射谱线或谱带是辐射源独有的特征。详细的考察表明，发射谱线或谱带的波长位置表征了一定类型的辐射原子和分子的特性。在可见光、紫外线或近红外区，都能观察到发射谱线，谱线是原子的特征。发射谱带在所有频谱范围，特别是红外波段都能观察到，谱带是分子的特性。选择性光谱源通常采用强电场、电子撞击、光照射、化学反应等激发方式，典型的选择性辐射体如弧光灯、气体放电灯、发光二极管、激光器、火焰等。

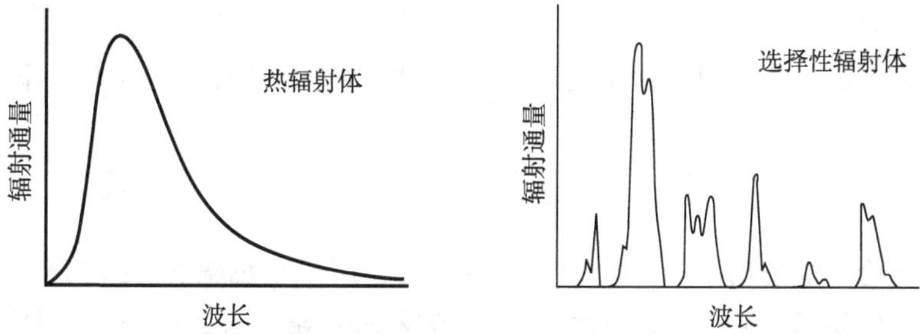

图 1.14　热辐射体和选择性辐射体

1.5.2 基尔霍夫定律

基尔霍夫定律是描述热平衡状态下物体的发射率与吸收率之间关系的热辐射定律。1860 年,基尔霍夫在研究了辐射传输过程后指出:在辐射平衡状态下,任何物体的辐射出射度和吸收率之比与物体材料的性质无关。这一结论被称之为基尔霍夫定律。

基尔霍夫定律可通俗地表述为:"好的吸收体也是好的辐射体。"基尔霍夫将能吸收全部入射辐射能量的物体称之为"黑体",黑体是最好的吸收体,必然是最有效的辐射体。基尔霍夫定律可用数学公式表达为

$$\frac{M_{A_1}}{\alpha_{A_1}} = \frac{M_{A_2}}{\alpha_{A_2}} = \cdots = \frac{M_{bb}}{\alpha_{bb}} = f(T) \tag{1.30}$$

式中:M_{A_1}、M_{A_2}、M_{bb}分别为物体 A_1、A_2 和黑体在温度 T 的辐射出射度;α_{A_1}、α_{A_2} 分别为物体 A_1、A_2 在温度 T 的吸收率;$\alpha_{bb}=1$ 是黑体在温度 T 的吸收率。

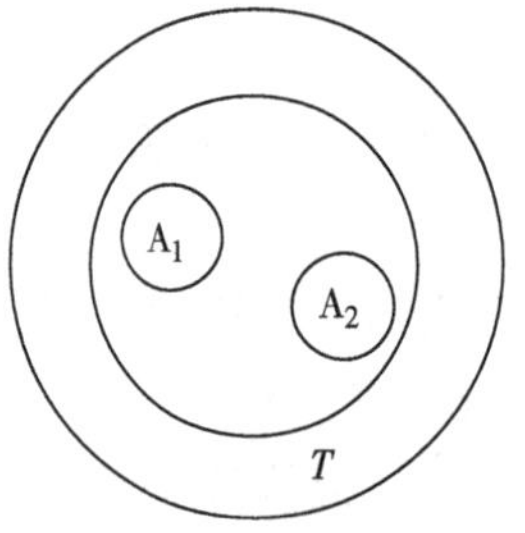

图 1.15 从能量守恒角度看基尔霍夫定律

从能量守恒角度很容易理解基尔霍夫定律。图 1.15 中,如物体 A_1、A_2放在恒温容器内,容器内部为真空,则物体与容器之间及物体与物体之间只能通过辐射和吸收来交换能量。当系统达到热平衡时,所有物体与容器的温度相等,均为同一温度 T。但是,物体 A_1和 A_2的表面情况不一样,它们所辐射出去的能量也不一样。显然,只有当辐射能量多的物体吸收能量也多时,才能和其他物体一样保持温度 T 不变,即物体的辐射出射度和吸收率之间存在一定的比例关系。

物体相对于黑体的辐射发射能力的大小可用发射率表示。发射率又称比辐射率,定义为相同温度下,物体与黑体辐射的辐亮度或出射度之比。即

$$\varepsilon = \frac{M}{M_{bb}} \tag{1.31}$$

发射率是一个比值,其值介于非辐射源的零和黑体的 1 之间,可用来度量辐射源接近黑体的程度。

基尔霍夫定律还可用发射率表述为:任何物体在给定温度下的发射率等于吸收率。即

$$\varepsilon = \frac{M}{M_{bb}} = \frac{\alpha M_{bb}}{M_{bb}} = \alpha \tag{1.32}$$

这一结论不仅适用于全波段、半球辐射,也适用于单色辐射、定向辐射和偏振分量的辐射。例如,物体在给定温度下的光谱发射率等于它在同一波长处的光谱吸收率。

$$\varepsilon_\lambda = \frac{M(\lambda)}{M_{bb}(\lambda)} = \frac{\alpha_\lambda M_{bb}(\lambda)}{M_{bb}(\lambda)} = \alpha_\lambda \tag{1.33}$$

地球大气中的二氧化碳气体在 14～16μm 有一个强吸收带。根据基尔霍夫定律，二氧化碳气体的强吸收带也是它在该波段的强发射带。由于大气中二氧化碳气体有全球均匀分布的特点，用于卫星姿态检测的红外地平仪的探测波段就选择在 14～16μm，实际探测的是较为稳定的大气中二氧化碳气体的红外辐射，而不是地球大地的红外热辐射。这样可消除地球大地的辐射不均匀对卫星姿态测量精度的影响。

1.5.3　普朗克定律

在 19 世纪下半世纪，物理学家一直在寻找热辐射体能量光谱分布的内在规律。1879 年，斯蒂芬从他的实验测量中得出结论：黑体辐射的总能量与它的绝对温度的四次方成正比。1884 年，玻尔兹曼应用热力学的关系也得到同样的结论，这个结果就是大家熟知的斯蒂芬-玻尔兹曼定律。

1894 年，维恩发表位移定律，并给出了黑体辐射光谱分布的一般形式，遗憾的是它仅与低温时短波段的实验数据相符。然而，他提出的位移定律，即关于温度与辐射能量峰值波长之间关系的结论仍然有效。

1900 年，瑞利和琼斯根据经典物理的理论推导出黑体辐射光谱分布的表达式，称为瑞利-琼斯定律。根据经典理论，热辐射是大量带电粒子振荡产生的电磁辐射，这些谐振子振动频率的分布范围很宽，其振幅（能量）是可以连续变化的。瑞利-琼斯定律与高温时长波段实验数据是吻合的，但随波长减小辐射能量会无限制增加，被人称为“紫外灾难”，显然是错误的。

普朗克认为不能用经典理论描述原子级别发生的物理过程，他提出了“能量子”的新概念。他认为谐振子的能量只能处于特定的分立状态，在发射或吸收辐射时，谐振子的能量状态发生跃迁，其发射或吸收的能量只能是 $h\nu$ 的整数倍。$h\nu$ 被称之为能量子，其中 h 为普朗克常量，ν 为谐振子的振动频率。1900 年，普朗克用量子物理的新概念补充了经典物理理论，完整地给出了黑体辐射光谱分布的规律，即普朗克定律。普朗克定律可表示为

$$M_\lambda = \frac{2\pi hc^2}{\lambda^5} \frac{1}{e^{ch/\lambda kT} - 1} \tag{1.34}$$

式中：M_λ 为光谱辐射出射度，$W \cdot cm^{-2} \cdot \mu m^{-1}$；$\lambda$ 为波长，μm；h 为普朗克常量，$6.6256 \times 10^{-34} W \cdot s^2$；$T$ 为温度，K；c 为光速，$2.997925 \times 10^{10} cm \cdot s^{-1}$；$k$ 为玻尔兹曼常量，$1.38054 \times 10^{-23} W \cdot s \cdot K^{-1}$。

如将公式中的常数归并，普朗克定律也可改写成

$$M_\lambda = \frac{c_1}{\lambda^5} \frac{1}{e^{c_2/\lambda T} - 1} \tag{1.35}$$

式中：第一辐射常数 $c_1=2\pi hc^2=3.7415\times10^4\,\mathrm{W\cdot cm^{-2}\cdot \mu m^4}$；第二辐射常数 $c_2=ch/k=1.43879\times10^4\,\mu\mathrm{m\cdot K}$。

黑体是朗伯体，黑体辐射的光谱辐亮度可根据出射度算得

$$L_\lambda=\frac{M_\lambda}{\pi}=\frac{2\pi hc^2}{\pi\lambda^5}\frac{1}{e^{ch/\lambda kT}-1} \tag{1.36}$$

500K 到 900K 几个特定温度下黑体的光谱辐射出射度曲线如图 1.16 所示。

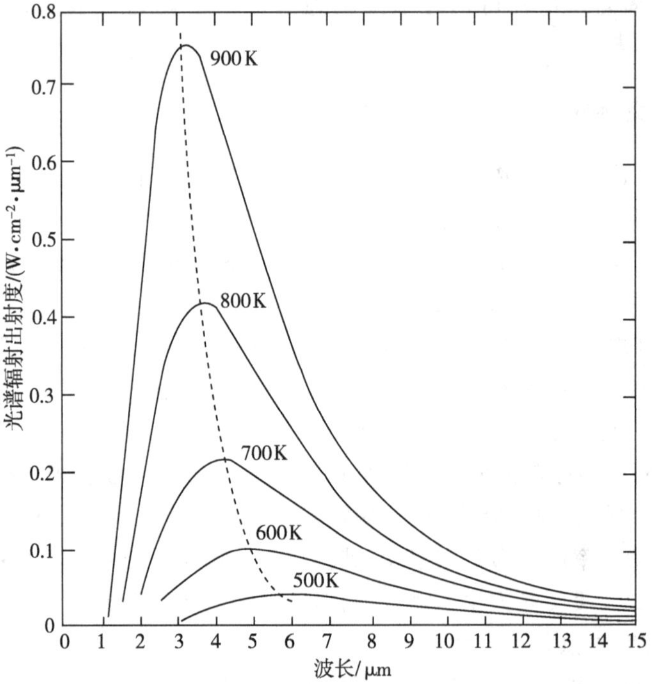

图 1.16　几个特定温度下黑体的光谱辐射出射度

波长零至无穷大全波段的黑体辐射出射度与该温度下光谱辐亮度曲线与波长轴所围的面积相对应，总辐射出射度可用积分求解。

$$M(T)=\int_0^\infty M_\lambda(\lambda,T)\mathrm{d}\lambda \tag{1.37}$$

由图 1.16 中给出的多组黑体光谱出射度曲线可以看出，随黑体温度增加，总辐射出射度迅速增加，光谱辐射出射度的峰值波长向短波方向移动。另外，不同温度的光谱分布曲线彼此不相交，说明任何波长的光谱辐射出射度都随温度的升高而增加。

黑体的波段辐射出射度也可用积分方法求得，只需将积分上下限改为波段波长的上下限。

$$M(T)=\int_{\lambda_1}^{\lambda_2} M_\lambda(\lambda,T)\mathrm{d}\lambda \tag{1.38}$$

波段辐射出射度可用计算机数值积分方法计算。

1.5.4　斯蒂芬-玻尔兹曼定律

斯蒂芬-玻尔兹曼定律是描述黑体在全波段(波长为零至无穷大)的总辐射出射度与绝对温度之间关系的热辐射定律。

在从零到无穷大的波长范围内,对普朗克黑体辐射的光谱分布函数积分,计算全波段的黑体辐射出射度,即可导出斯蒂芬-玻尔兹曼定律。

$$M = \int_0^{\infty} M_\lambda \, d\lambda = \frac{2\pi^5 k^4}{15c^2 h^3} T^4 = \sigma T^4 \tag{1.39}$$

式中:σ 为斯蒂芬-玻尔兹曼常量,$5.6697 \times 10^{-12}\,\mathrm{W \cdot cm^{-2} \cdot K^{-4}}$。

斯蒂芬-玻尔兹曼定律表明:黑体在全波段的辐射出射度与黑体绝对温度的四次方成正比。因此,相当小的温度变化,就会引起辐射出射度很大的变化。

1.5.5　维恩位移定律

给定温度下,黑体辐射能量的光谱分布曲线有一个峰值,维恩位移定律是描述黑体的光谱辐射出射度的峰值波长与其绝对温度之间关系的热辐射定律,即两者的乘积为一个常数。

取普朗克黑体光谱辐射出射度函数对波长的偏微分,并令峰值波长处的偏微分值为零,

$$\left.\frac{\partial M(\lambda, T)}{\partial \lambda}\right|_{\lambda=\lambda_m} = 0$$

即可导出维恩位移定律:

$$\lambda_m T = a \tag{1.40}$$

式中:λ_m 为黑体光谱辐射出射度的峰值波长,μm;T 为黑体的绝对温度,K;常数 $a = 2897.8\,\mu\mathrm{m \cdot K}$。

根据维恩位移定律,黑体光谱辐射的峰值波长随温度的升高向短波方向位移,随温度变化峰值点移动的轨迹如图 1.16 中虚线所示。常温物体光谱辐射的峰值波长均在红外波段,如 300K 室温地物辐射的峰值波长为 9.66μm,其辐射能量主要集中 8～14μm 红外波段。钨带灯灯丝温度可达 3300K,辐射的峰值波长在近红外波段。太阳辐射温度为 5900K,其光谱辐射的峰值波长约 0.5μm,辐射能量的 98% 在 0.15～3μm 波段内。

将维恩位移定律的 $\lambda_m T$ 作为一个常数代入普朗克定律,可得到黑体的峰值光谱辐射出射度与温度的关系

$$M_{\lambda m} = \frac{2\pi hc^2}{\lambda_m{}^5} \frac{1}{e^{ch/\lambda_m kT} - 1} = bT^5 \tag{1.41}$$

式中:$M_{\lambda m}$ 为峰值光谱辐射出射度,$\mathrm{W \cdot cm^{-2} \cdot \mu m^{-1}}$;$T$ 为黑体的绝对温度,K;常数 $b = 1.2862 \times 10^{-15}\,\mathrm{W \cdot cm^{-2} \cdot \mu m^{-1} \cdot K^{-5}}$。

由此可见：黑体的峰值光谱出射度与绝对温度的五次方成正比，而根据斯蒂芬-玻尔兹曼定律，黑体的全波段辐射出射度仅与绝对温度的四次方成正比。

1.5.6 微分辐亮度

在某一温度下，物体的辐亮度随温度的变化率称为微分辐亮度。黑体的微分辐亮度是黑体辐亮度对温度的偏导数，可用来描述黑体辐射对温度的敏感程度。用普朗克定律，可算得黑体的光谱微分辐亮度为

$$\frac{\partial L_\lambda}{\partial T} = \frac{1}{\pi} \cdot \frac{\partial M_\lambda}{\partial T} = \frac{c_1 c_2}{\pi T^2 \lambda^6} \frac{\mathrm{e}^{c_2/\lambda T}}{(\mathrm{e}^{c_2/\lambda T} - 1)^2} \tag{1.42}$$

式中：$\frac{\partial L_\lambda}{\partial T}$为黑体的光谱微分辐亮度，$\mathrm{W \cdot cm^{-2} \cdot sr^{-1} \cdot \mu m^{-1} \cdot K^{-1}}$。

光谱微分辐亮度是温度、波长的函数，在峰值波长 λ_c 处取得最大。温度有微小变化时，波长为 λ_c 光谱辐亮度变化最大，对探测最为有利。同样令

$$\frac{\partial}{\partial \lambda}\left(\frac{\partial L_\lambda}{\partial T}\right)\bigg|_{\lambda=\lambda_c} = 0$$

可得到光谱微分辐亮度的峰值波长与温度的关系：

$$\lambda_c T = 2411 \mu\mathrm{m} \cdot \mathrm{K} \tag{1.43}$$

式中：λ_c 为黑体光谱微分辐亮度的峰值波长，μm；T 为黑体的绝对温度，K。

式(1.43)与维恩位移定律形式上很相似，光谱微分辐亮度的峰值波长与温度之积也是常数。但是，光谱微分辐亮度的峰值波长 λ_c 不等于光谱辐射出射度的峰值波长 λ_m，λ_c 小于 λ_m。300K 黑体的 λ_c 等于 8μm，λ_m 为 9.66μm，这两个峰值波长还是接近的。因此，无论从大气传输效率、波段出射度，或是波段微分辐亮度看，8～13μm 的红外波段是系统观测地面目标热辐射最理想的工作波段。

光谱微分辐亮度在工作波段的积分值叫作波段微分辐亮度

$$\frac{\partial L}{\partial T} = \int_{\lambda_1}^{\lambda_2} \left(\frac{\partial L_\lambda}{\partial T}\right) \mathrm{d}\lambda \tag{1.44}$$

式中：$\frac{\partial L_\lambda}{\partial T}$为黑体的波段微分辐亮度，$\mathrm{W \cdot cm^{-2} \cdot sr^{-1} \cdot K^{-1}}$。

红外热成像系统的温度灵敏度取决于工作波段的微分辐亮度，而波段的微分辐亮度是与被测物温度有关的。例如，一个 8～14μm 长波红外热像仪在 300K 室温时的温度灵敏度为 0.1K，300K 黑体的波段微分辐亮度为

$$\frac{\partial L(300\mathrm{K})}{\partial T} = \int_8^{14} \frac{\partial L_\lambda(300\mathrm{K})}{\partial T} \mathrm{d}\lambda = 8.42 \times 10^{-5} \mathrm{W \cdot cm^{-2} \cdot sr^{-1} \cdot K^{-1}}$$

如要用同一个热像仪探测 273K 浮冰或 350K 电缆接头，目标的波段微分辐亮度分别为

$$\frac{\partial L(273\mathrm{K})}{\partial T} = \int_8^{14} \frac{\partial L_\lambda(273\mathrm{K})}{\partial T} \mathrm{d}\lambda = 6.35 \times 10^{-5} \mathrm{W \cdot cm^{-2} \cdot sr^{-1} \cdot K^{-1}}$$

$$\frac{\partial N(350\mathrm{K})}{\partial T}=\int_{8}^{4}\frac{\partial N_{\lambda}(350\mathrm{K})}{\partial T}\mathrm{d}\lambda=1.22\times10^{-4}\,\mathrm{W}\cdot\mathrm{cm}^{-2}\cdot\mathrm{sr}^{-1}\cdot\mathrm{K}^{-1}$$

计算结果表明：如热像仪能探测到 300K 室温物体的最小温差为 0.1K，探测浮冰的最小温差约增加至 0.13K，检测过热电缆接头的最小温差估计可减小至 0.07K。因此，红外热成像系统在给出温度灵敏度指标时，必须注明被测物的温度。

1.5.7　光子形式的普朗克定律

普朗克定律可以用辐射量形式或光子辐射量形式表述。辐射量形式普朗克定律给出的是光谱辐射出射度（$\mathrm{W}\cdot\mathrm{cm}^{-2}\cdot\mu\mathrm{m}^{-1}$），其中功率用辐射通量（W）度量。光子辐射量形式的普朗克定律给出的是光谱光子辐射出射度（$\mathrm{photon}\cdot\mathrm{s}^{-1}\cdot\mathrm{cm}^{-2}\cdot\mu\mathrm{m}^{-1}$），功率用光子辐射通量（$\mathrm{photon}\cdot\mathrm{s}^{-1}$），即单位时间发射的光子数度量。

由于光子探测器的响应直接与入射辐射的光子辐射通量有关，而不是与入射辐射通量有关。因此，光子辐射量更适用于采用光子探测器系统的目标辐射计算。

将普朗克定律给出的光谱辐射出射度除以单光子能量 hc/λ，即可转换为光谱光子出射度，故光子形式的普朗克定律可表述为

$$M_{\mathrm{q},\lambda}=\frac{M_{\lambda}}{(hc/\lambda)}=\frac{2\pi c}{\lambda^{4}}\frac{1}{\mathrm{e}^{ch/\lambda kT}-1}\tag{1.45}$$

式中：$M_{\mathrm{q},\lambda}$ 为黑体的光谱光子出射度，$\mathrm{photon}\cdot\mathrm{s}^{-1}\cdot\mathrm{cm}^{-2}\cdot\mu\mathrm{m}^{-1}$。

将公式中常数归并，光子形式的普朗克定律也可改写为

$$M_{\mathrm{q},\lambda}=\frac{c'_{1}}{\lambda^{4}}\frac{1}{\mathrm{e}^{c_{2}/\lambda T}-1}\tag{1.46}$$

式中：第一辐射常数 $c'_{1}=2\pi c=1.88365\times10^{23}\,\mathrm{s}^{-1}\cdot\mathrm{cm}^{-2}\cdot\mu\mathrm{m}^{3}$；第二辐射常数 $c_{2}=ch/k=1.43879\times10^{4}\,\mu\mathrm{m}\cdot\mathrm{K}$。

用光子形式的普朗克定律，同样可推导出用光子辐射量表示的斯蒂芬-玻尔兹曼定律和维恩位移定律。用光子辐射出射度表示的斯蒂芬-玻尔兹曼定律为

$$M_{\mathrm{q}}=\sigma' T^{3}\tag{1.47}$$

式中：M_{q} 为全波段的光子辐射出射度，$\mathrm{photon}\cdot\mathrm{s}^{-1}\cdot\mathrm{cm}^{-2}$；常数 $\sigma'=1.52041\times10^{11}\,\mathrm{photon}\cdot\mathrm{s}^{-1}\cdot\mathrm{cm}^{-2}\cdot\mathrm{K}^{-3}$。

黑体全波段的辐射出射度与绝对温度的四次方成正比，但全波段的光子辐射出射度仅与绝对温度的三次方成正比。

描述黑体光谱光子出射度的峰值波长与温度之间关系的维恩位移定律为

$$\lambda'_{\mathrm{m}}T=a'\tag{1.48}$$

式中：λ'_{m} 为黑体光谱光子出射度的峰值波长；常数 $a'=3669.73\,\mu\mathrm{m}\cdot\mathrm{K}$。

光谱光子出射度的峰值波长 λ'_{m} 与绝对温度的乘积同样为一常数，但是 λ'_{m} 约比光谱辐射出射度的峰值波长 λ_{m} 大 25%。

黑体的峰值光谱辐射出射度与绝对温度的五次方成正比，但是，峰值光谱光子辐射光子出射度仅与绝对温度的四次方成正比。

$$M_{q,\lambda'_m} = b'T^4 \tag{1.49}$$

式中：M_{q,λ'_m} 为黑体的峰值光谱光子出射度，photon · s^{-1} · cm^{-2} · μm^{-1}；常数 $b' = 2.10098 \times 10^7$ photon · s^{-1} · cm^{-2} · μm^{-1} · K^{-4}。

1.6 反　射　率

1.6.1 镜面反射率

光在两种不同折射率介质的光滑界面处的反射称为镜面反射，光在粗糙表面向半球空间发散的反射则称为漫反射。判断界面是否镜面并无绝对标准，主要根据相对于波长的表面粗糙程度。例如，草地对可见光是漫反射面，对微波的反射特性可接近镜面。

镜面反射率(specular reflectivity)可定义为反射光束与入射光束的辐射通量之比，或定义为镜面反射的出射度与定向入射的辐照度之比。光谱、波段的镜面反射率即单色、波段辐射的出射度与定向入射的辐照度之比。如：

$$\rho_s = \frac{M}{E} \tag{1.50}$$

式中：ρ_s 为波段镜面反射率；M、E 分别为镜面反射的出射度与定向入射的辐照度。

镜面反射光的方向遵循几何光学的反射定律。根据电磁学理论，镜面反射率等于反射光、入射光电矢量振幅的平方之比，即振幅反射率的平方。用菲涅耳公式算得的镜面反射率不仅与界面两侧介质的折射率、入射角有关，还与入射光的偏振状态有关。自然光、正入射的镜面反射率仅与介质折射率有关，即

$$\rho_s = \left(\frac{n_1 - n_2}{n_1 + n_2}\right)^2 \tag{1.51}$$

可详见本书第 2 章的有关章节。

1.6.2 漫反射率

1.6.2.1 漫反射率的定义

在红外光电工程中，目标的反射光大多来自周边环境源以漫射或直射方式在目标粗糙表面产生的漫反射。如图 1.17 所示，照射至飞行器表面的辐射既有定向入射的太阳直射光，又有天空、云、地物等半球入射的漫射光。目标表面不一定是朗伯面，目标向半球空间漫反射的方向辐亮度不一定是恒等的。

为描述漫反射的空间特性，漫反射率(diffusing reflectivity)有方向-半球反射率、

半球-方向反射率、双半球反射率、双向反射分布函数等多种定义，见本章参考资料[3]，即：

(1)方向-半球反射率：半球反射的出射度与定向入射的照度之比，无量纲；

(2)半球-方向反射率：定向反射的出射度与半球入射的照度之比，无量纲；

(3)双半球反射率：半球反射的出射度与半球入射的照度之比，无量纲；

(4)双向反射分布函数：定向反射的辐亮度与定向入射的照度之比，sr^{-1}。

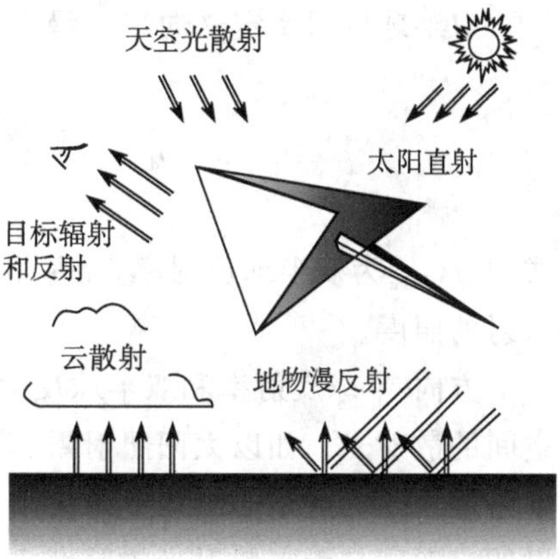

图 1.17　环境辐射在飞行器表面的漫反射

漫反射的光谱特征可用光谱、波段或全波段的漫反射率表示，它们的数学表达形式相似，仅有表达式中的辐射量为光谱量、波段量或全波段量的差别。为便于叙述，本节中所有漫反射率涉及的辐射量均默认为波段值。

1.6.2.2　半球反射率

方向-半球、双半球反射率是最常用的漫反射率。工程手册上，有时将方向-半球反射率、双半球反射率统称为半球反射率或漫反射率，都用符号 ρ_d 表示，以区别于镜面反射率 ρ_r。

图 1.18 中，如 φ_i、θ_i 分别为入射光的方位角、天顶角；φ_r、θ_r 为漫反射光的方位角、天顶角。方向-半球反射率定义为向半球漫反射的出射度与定向入射的照度之比，即

$$\rho_{hemi} = \frac{M}{E(\theta_i, \varphi_i)} = \frac{\int_{\Omega_r} L(\theta_r, \varphi_r)\cos\theta_r \, d\Omega_r}{L(\theta_i, \varphi_i)\cos\theta_i \, d\Omega_i} \tag{1.52}$$

式中：ρ_{hemi}为方向-半球反射率，无量纲；M 为向半球漫反射的出射度；$E(\theta_i, \varphi_i)$为沿 θ_i，φ_i 方向定向入射的辐照度；$L(\theta_i, \varphi_i)$为入射光在 θ_i，φ_i 方向的辐亮度；$L(\theta_r, \varphi_r)$为漫反射光在 θ_r，φ_r 方向的辐亮度。

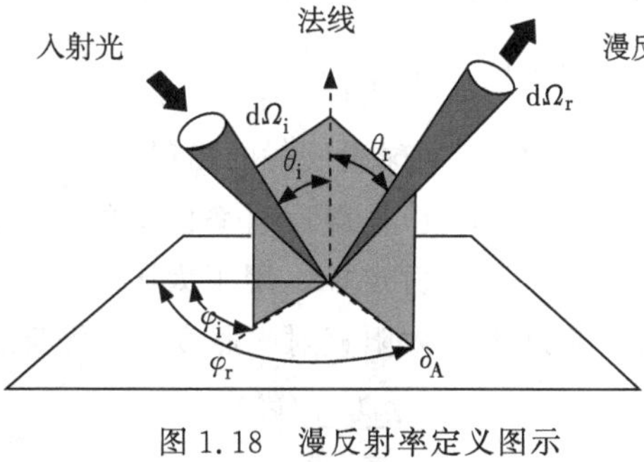

图 1.18　漫反射率定义图示

双半球反射率定义向半球漫反射的出射度与半球漫射光入射的照度之比，即

$$\rho_{d\_hemi} = \frac{M}{E} = \frac{\int_{\Omega_r} L(\theta_r, \varphi_r)\cos\theta_r \mathrm{d}\Omega_r}{\int_{\Omega_i} L(\theta_i, \varphi_i)\cos\theta_i \mathrm{d}\Omega_i} \tag{1.53}$$

式中：ρ_{d_hemi}为双半球反射率，无量纲；M 为向半球漫反射的出射度；E 为半球漫射光入射的照度。

方向-半球反射率和双半球反射率的差别在入射光是定向直射光还是来自半球空间的散射光。如以太阳照射雪、草地、沙漠等自然地物为例，地物的方向-半球反射率是地物漫反射光的出射度与太阳直射光的照度之比，双半球反射率则是地物漫反射的出射度与天空散射光的照度之比。而漫反射率对入射光是直射光或散射光是不加区分的。如地物表面的漫射特性与朗伯面相近，可根据地物漫反射率计算反射光的总辐亮度为

$$L_d = \frac{M_d}{\pi} = \frac{\rho_d (E_{sun} + E_{sky})}{\pi} \tag{1.54}$$

式中：ρ_d 为地物的漫反射率；L_d 为漫反射光的总辐亮度；E_{sun}、E_{sky}分别为太阳直射光和天空等散射光的照度。

1.6.2.3　双向反射分布函数

双向反射分布函数也称双向反射率，英文缩写 BRDF(bidirectional reflectance distribution function)。BRDF 可用来描述漫射光能量的空间分布，定义为反射光的方向辐亮度与定向入射光的辐照度之比，即

$$f_r(\theta_i, \varphi_i, \theta_r, \varphi_r) = \frac{L(\theta_r, \varphi_r)}{E(\theta_i, \varphi_i)} \tag{1.55}$$

式中：$f_r(\theta_i, \varphi_i, \theta_r, \varphi_r)$即双向反射分布函数 BRDF，$sr^{-1}$；$\theta_i$、$\varphi_i$ 和 θ_r、φ_r 分别为入射光和漫反射光的天顶角、方位角；$L(\theta_r, \varphi_r)$为漫反射光在 θ_r、φ_r 方向的辐亮度；$E(\theta_i, \varphi_i)$为沿 θ_i，φ_i 方向定向入射的辐照度。

一般反射面的 BRDF 既是入射方向的函数，也是反射方向的函数。但朗伯面的 BRDF 无方向性，是一个仅与漫反射率有关的常数。

$$\mathrm{BRDF} = \frac{1}{\pi}\frac{M_d}{E(\theta_i, \varphi_i)} = \frac{\rho_d}{\pi} \tag{1.56}$$

式中：ρ_d 为朗伯面的漫反射率；M_d 为半球漫反射的出射度。

漫反射标准板(俗称标准反射率板)是漫反射率已知的朗伯面，能用于光电仪器的可见光、近红外辐射定标，如太阳辐射定标。用于太阳辐射定标时，可根据标准反射率板的漫反射率和测量时刻地面的太阳直射光照度算得漫反射光的辐亮度为

$$L_d = \frac{\rho_d E_{sun}(\theta_z)}{\pi} \tag{1.57}$$

式中：L_d 为标准反射率板漫反射光的辐亮度；$E_{sun}(\theta_z)$ 为太阳天顶角为 θ_z 时直射光的地面照度。

1.6.3　漫反射目标的辐射计算

1.6.3.1　无穷大漫射面源产生的照度

目标辐射通常包括目标表面的热辐射和对周边环境辐射的漫反射，欲计算目标漫反射的辐亮度，必须先计算环境辐射源在目标表面产生的照度。以飞行器为例，飞行器的环境辐射源既有张角很小的点源，如太阳，又有张角极大的面源，如天空、云、地物等。需要用不同的方法计算它们在飞行器表面的照度。

太阳直射光在目标表面的照度为

$$E_{sun} = E_{sol}\cos\theta = E_{sol}(\boldsymbol{N}\cdot\boldsymbol{S}) \tag{1.58}$$

式中：E_{sun} 为太阳直射光在目标表面的照度；E_{sol} 为太阳直射光在目标所在处的正入射照度，θ 为太阳天顶角；$\boldsymbol{N}$、$\boldsymbol{S}$ 分别为目标表面的单位法线矢量和目标指向太阳的单位矢量。

一个无穷大的平板辐射源在非常靠近的面元处产生的照度可用一般形式表达为

$$E_{surface} = \frac{\pi}{2}L_{src}[1-(\boldsymbol{N}_{src}\cdot\boldsymbol{N})] = \frac{\pi}{2}L_{src}(1-\cos\theta) \tag{1.59}$$

式中：L_{src} 为无穷大漫射面源的辐亮度；$\boldsymbol{N}$、$\boldsymbol{N}_{src}$ 分别为目标面元和漫射面源的单位法线矢量，其夹角为 θ。

地物、天空、云等环境辐射源对飞行器所张立体角接近半球，它们在飞行器表面的辐照度可用无穷大漫射面源的照度公式计算。以地物漫反射为例，如飞行器的观察面与地平面平行且面对大地，地物漫反射在该观察面的照度等于地物的出射度。

$$E_{earth} = \frac{\pi}{2}L_{earth}(1-\cos\pi) = \pi L_{earth}$$

如飞行器的观察面垂直于地平面，地物漫反射在该观察面的照度仅为地物出射度的一半。

$$E_{earth} = \frac{\pi}{2}L_{earth}\left(1-\cos\frac{\pi}{2}\right) = \frac{\pi}{2}L_{earth}$$

观察面的总照度是所有环境辐射源在该面产生照度的总和，如飞行器观察面的总照度是太阳直射光和天空、云、地物等漫射光在该观察面的照度之和。

$$E_{total} = E_{sun} + E_{sky} + E_{cloud} + E_{earth}$$

1.6.3.2　目标漫反射的辐亮度

如目标面为朗伯面，目标漫反射的辐亮度为

$$L_d = \frac{\rho_d E_{total}}{\pi} = \text{BRDF}\cdot E_{total} \tag{1.60}$$

式中：L_d 为目标面漫反射的辐亮度；E_{total} 为环境辐射源在目标面的总照度。

朗伯面是完善的漫反射面，光学元件表面是理想的镜面，粗糙表面的反射可分解为能量半球均匀分布的漫反射和能量分布在以镜面反射方向为对称轴的波瓣内的镜面反射，反射瓣的大小取决于表面粗糙的程度，如图 1.19 所示。粗糙表面的反射有时称之为准镜面反射。

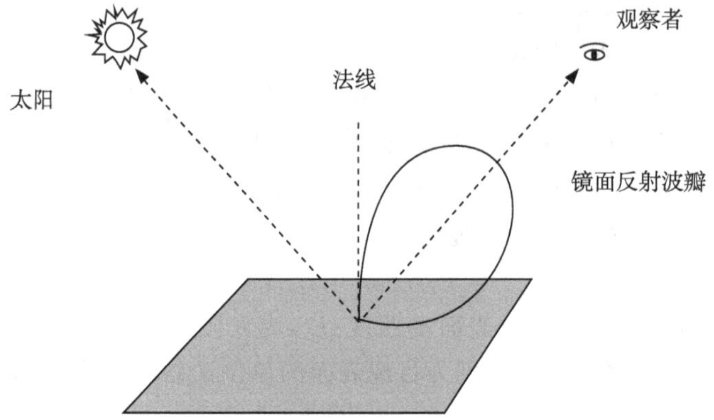

图 1.19　粗糙表面的镜面反射分量

工程计算中，天空、云、地物等自然辐射源通常近似为具有朗伯特性的漫射面源，并用漫反射率计算 BRDF 和漫反射辐亮度。如果镜面反射的影响不可忽略，计算漫反射的辐亮度时，必须将 BRDF 分解为漫反射分量和镜面反射分量，漫反射分量在半球空间内恒等于 ρ_d/π。镜面反射分量在波瓣外为零，波瓣内等于 ρ_s/Ω，其中，Ω 是镜面反射波瓣立体角。

1.7　发　射　率

1.7.1　发射率定义

在相同温度下，物体与黑体辐射的辐亮度之比或出射度之比称为发射率，可用来描述物体相对于黑体的辐射发射能力的大小。

发射率的空间特征可用方向、半球发射率描述。方向发射率定义为物体与相同温度的黑体在指定方向的辐亮度之比。辐射发射方向为表面法线方向的发射率称为法向发射率，通常用符号 ε_n 表示。如发射方向与表面法线的夹角为 θ、发射的方位角为 φ，物体在该方向的发射率为

$$\varepsilon(\theta,\varphi) = L(\theta,\varphi)/L_{bb}(\theta,\varphi) \tag{1.61}$$

式中：$\varepsilon(\theta,\varphi)$为物体在 θ、φ 方向的发射率；$L(\theta,\varphi)$、$L_{bb}(\theta,\varphi)$分别为物体与同温度黑体在 θ、φ 方向的辐亮度。

半球发射率定义为物体与相同温度下黑体向半球空间的辐射出射度之比。即

$$\varepsilon_h = M/M_{bb} \tag{1.62}$$

式中：ε_h 为物体的半球发射率；M、M_{bb}分别为物体与同温度黑体的辐射出射度。

根据物体和黑体的辐亮度或出射度是光谱值、波段值或全波段值，方向发射率或半球发射率又有光谱发射率、波段发射率、全发射率(total emissivity)之分。例如，光谱方向发射率定义为

$$\varepsilon(\lambda,\theta,\varphi) = \frac{L(\lambda,\theta,\varphi)}{L_{bb}(\lambda,\theta,\varphi)} \tag{1.63}$$

式中：$\varepsilon(\lambda,\theta,\varphi)$为物体在波长 λ 处、θ、φ 方向的光谱发射率；$L(\lambda,\theta,\varphi)$、$L_{bb}(\lambda,\theta,\varphi)$分别为物体与同温度黑体在该方向的光谱辐亮度。

光谱半球发射率定义为

$$\varepsilon_h(\lambda) = M(\lambda)/M_{bb}(\lambda) \tag{1.64}$$

式中：$M(\lambda)$、$M_{bb}(\lambda)$分别为物体与同温度黑体的光谱出射度。

半球全发射率则为物体与同温度黑体的全波段辐射出射度之比。

$$\varepsilon_{th} = \frac{\int_0^\infty M(\lambda)\mathrm{d}\lambda}{\sigma T^4} \tag{1.65}$$

式中：ε_{th}为物体的全波段半球发射率。

1.7.2　黑体、灰体和选择性辐射体

根据光谱发射率，可将辐射体分为黑体、灰体和选择性辐射体等类别。黑体的光谱发射率恒等于 1；灰体的光谱发射率为常数，但小于 1；选择性辐射体，光谱发射率随波长而变，如图 1.20 所示。

黑体是最佳的热辐射体，在同样的温度下，黑体在全波段的总辐射出射度或任意光谱区间的波段辐射出射度都比其他辐射体大。因此，黑体的光谱分布曲线给出了任何其他种类辐射体光谱出射度可能达到的极限，如图 1.21 所示。

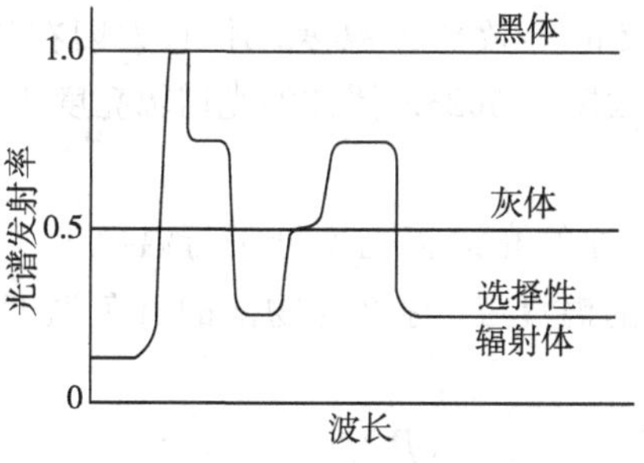

图 1.20　黑体、灰体和选择性辐射体的光谱发射率

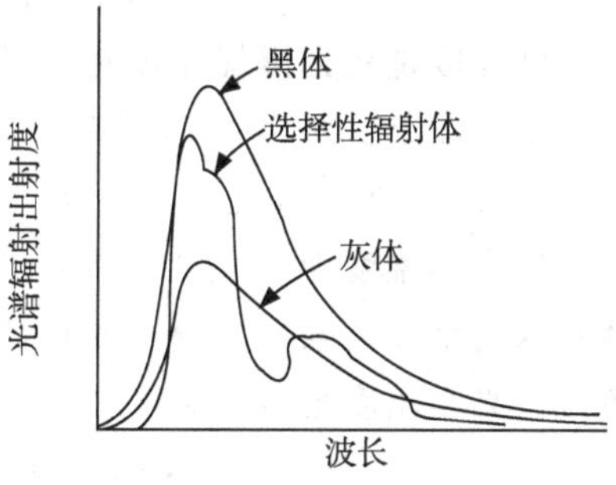

图 1.21　相同温度黑体、灰体和选择性辐射体的光谱出射度

按严格定义，黑体或灰体的发射率应在全光谱范围内恒等于1或恒等于小于1的常数，实际上这样的黑体和灰体并不存在。大多数自然或人工热辐射源实际上都是选择性辐射体，但是，在有限的光谱区间内都可视为灰体，如喷气发动机尾喷管、气动加热表面、无动力空间飞行器、人体、大地及空间背景等。工程辐射计算时，通常按波段的平均发射率计算其出射度。

1.7.3 辐射测温的温度定义

辐射测温是一种通过测量物体辐亮度并换算为黑体温度的间接、非接触测温技术。被测物几乎都是选择性辐射体，辐射测温将与物体的全波段辐亮度、光谱辐亮度相等或辐亮度光谱特征相同的黑体温度分别定义为该物体的辐射温度、亮度温度和色温度。辐射测温定义的这些温度不等于物体的真实温度，它们与真实温度之间的换算关系与被测物的光谱发射率、温度等有关。

1.7.3.1 辐射温度

如果真实温度为 T 的物体的全波段辐亮度与温度为 T_r 黑体的全波段辐亮度相等，该黑体的温度 T_r 称之为物体的辐射温度。真实温度与辐射温度之间关系满足：

$$\int_0^\infty L(\lambda,T)\mathrm{d}\lambda = L_b(T_r) \tag{1.66}$$

即

$$\int_0^\infty \varepsilon_\lambda L_b(\lambda,T)\mathrm{d}\lambda = \sigma T_r^4/\pi \tag{1.67}$$

辐射温度是从全波段辐亮度相等的角度定义的等效黑体温度，例如，太阳的辐射温度为5900K，是指太阳和5900K黑体的全波段辐亮度相等。

1.7.3.2 亮度温度

如果真实温度为 T 的物体在波长 λ 的光谱辐亮度与温度为 T_b 的黑体在同一波长的光谱辐亮度相等，黑体温度 T_b 称之为物体在该波长的亮度温度。真实温度与亮度温度之间关系满足：

$$L(\lambda,T) = \varepsilon_\lambda L_b(\lambda,T) = L_b(\lambda,T_b) \tag{1.68}$$

亮度温度是从光谱辐亮度相等的角度定义的等效黑体温度，例如，太阳在波长4μm处的亮度温度为5626K，是指在该波长处，太阳和5626K黑体的光谱辐亮度相等。

1.7.3.3 有色温度

如果真实温度为 T 的物体在波长 λ_1 和 λ_2 处的光谱辐亮度分别与温度为 T_c 的黑体在这两个波长的光谱辐亮度相等，该黑体的温度 T_c 称之为物体的有色温度，简称色温。真实温度与有色温度之间关系满足：

$$L(\lambda_1,T) = \varepsilon_{\lambda_1} L_b(\lambda_1,T) = L_b(\lambda_1,T_c) \tag{1.69}$$

且

$$L(\lambda_2,T) = \varepsilon_{\lambda_2} L_b(\lambda_2,T) = L_b(\lambda_2,T_c) \tag{1.70}$$

色温是辐射能量的光谱分布与物体相近的黑体的温度。如一个色温为3300K

钨丝灯产生的人眼色视觉与3300K黑体是相近的。

1.7.4　材料的发射率

1.7.4.1　不透辐射材料的发射率

从基尔霍夫定律可得出结论：任何材料在一定温度下的发射率在数值上等于同一温度下的吸收率。根据能量守恒定律，入射至材料的辐射通量等于材料吸收、反射、透射的通量之和，可得知材料吸收率、反射率、透过率满足以下关系：

$$\alpha+\rho+\tau=1 \tag{1.71}$$

式中：α、ρ、τ 分别为材料吸收率、反射率和透过率。

不透辐射材料 $\tau=0$，根据基尔霍夫定律有 $\alpha=\varepsilon$，可得

$$\varepsilon=1-\rho \tag{1.72}$$

由于直接测量发射率比较困难，可通过测量反射率来间接测量不透辐射材料的发射率。上式给出的发射率与反射率的关系对单色辐射同样成立，即

$$\varepsilon_\lambda=1-\rho_d(\lambda) \tag{1.73}$$

式中：ε_λ 为半球光谱发射率；$\rho_d(\lambda)$为半球光谱反射率。

绝大多数地物均不透红外，大气传输计算软件在计算边界层表面的辐射时，通常给出一些典型地物在红外波段的光谱反射率，利用上式可算得光谱发射率。用户只要输入地物类型和温度即可计算地物辐射的光谱辐亮度。

不透辐射材料的方向发射率和方向反射率同样满足上述关系。例如，水在红外波段(2～15μm)在镜面反射方向的反射率和发射率与入射角的关系如图1.22所示。太阳掠射水面时，反射率迅速增加，而镜面反射方向的发射率随之减小，两者之和恒等于1。

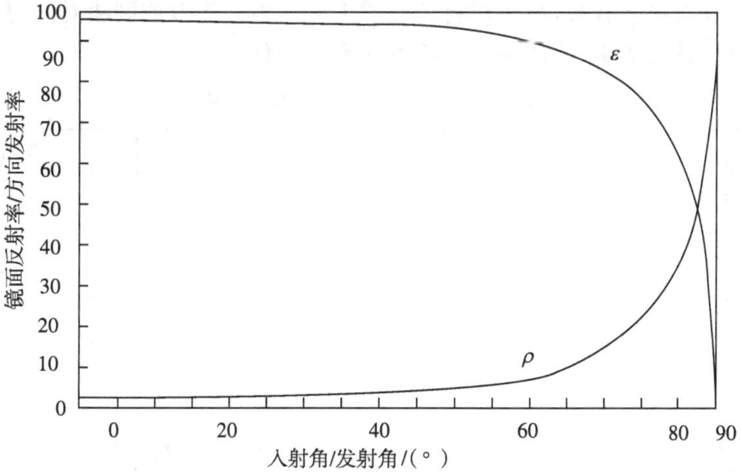

图1.22　水在红外波段(2～15μm)的镜面反射率和方向发射率

根据以上论述还可得知，朗伯面既是向半球空间均匀反射的漫反射面，也是向半球空间均匀辐射的漫辐射面。

1.7.4.2 常用材料的发射率

发射率是有方向性的，为此分别定义了半球、方向、法向等发射率。实际上，常见材料，除磨光金属外，上述三类发射率的差别都可忽略，如图 1.23 所示。对磨光金属，半球发射率约比法向发射率大 20%，但由于很少用磨光金属做辐射源，一般不特别注明。

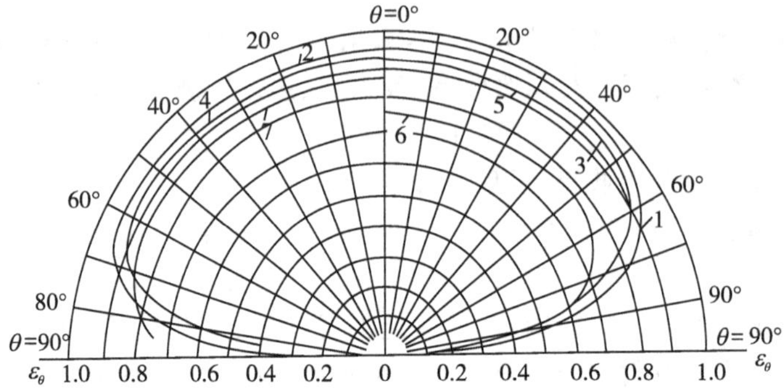

1. 融冰；2. 木材；3. 玻璃；4. 纸；5. 黏土；6. 氧化铜；7. 粗糙刚玉

图 1.23 几种材料的方向发射率

常见材料的法向全发射率如表 1.9 所示。由表可见：

(1)磨光金属材料的发射率均较低，但随温度而增加，并且当表面形成氧化层后，发射率成十倍或更大倍数增加。

(2)非金属的发射率要高些，一般大于 0.8，并随温度的增高而减小。人的皮肤的发射率高达 0.98，这个值与肤色无关。

(3)金属或其他不透辐射材料的辐射吸收集中在表面几微米内。因此，它们的发射率主要与表面状态有关，与体材料的性质无关。表面涂覆或刷漆对发射率有影响，表面的油膜、污垢、灰尘、擦伤都能引起发射率的变化。

表 1.9 常见材料的法向全发射率

材 料	温度/℃	发射率
金属及其氧化物		
铝：		
磨光的薄板	100	0.05
验收的薄板	100	0.09
铬酸处理过的阳极化薄板	100	0.55
真空沉积的	20	0.04
黄铜：		
高度磨光的	100	0.03
用 80 号粗磨金刚砂研磨的	20	0.20
氧化的	100	0.61
铜：		
磨光的	100	0.05

续表

材　料	温度/℃	发射率
深度氧化的	20	0.78
金：		
高度磨光的	100	0.02
铁：		
磨光的铸铁	40	0.21
氧化的铸铁	100	0.64
严重锈蚀的薄板	20	0.69
镁：		
磨光的	20	0.07
镍：		
电镀后磨光	20	0.05
电镀后不磨光	20	0.11
氧化的	200	0.37
银：		
磨光的	100	0.03
不锈钢：		
18-8 型，软皮摩擦的	20	0.16
18-8 型，经 800℃氧化	60	0.85
钢：		
磨光的	100	0.07
氧化的	200	0.79
锡：		
市售镀锡薄铁板	100	0.07
其他材料		
砖：普通红砖	20	0.93
碳：蜡烛烟	20	0.95
表面锉光的石墨	20	0.98
混凝土：	20	0.92
玻璃：磨光的平板	20	0.94
漆：白色	100	0.92
黑色无光	100	0.97
油：		
仅作镍基板上的润滑		
（镍基板上的薄膜）	20	0.05
厚度为 0.001，0.002，0.005 时的油膜	20	0.27，0.46，0.72

同样一种材料在不同波段的发射率的差异很大，雪就是一个典型例子。表1.10中给出－10℃雪的发射率为0.85，－10℃雪的辐射能量主要集中在红外波段，雪在红外波段有很高的发射率，也有很高的吸收率。因此，积雪对越冬作物有保暖作用，正如大气吸收气体对地球的保温。

我们看到阳光照射下的雪十分耀眼，说明雪在可见光、近红外波段有很高的漫反射率，根据基尔霍夫定律可推知：雪在可见光波段的发射率和吸收率应该很低。因此，积雪在阳光照射下很难融化，路面洒融雪剂的作用是增加它的吸收率。

表1.10　常见材料的法向全发射率(续)

材　料	温度/℃	发射率
厚膜	20	0.82
颜料：油质，16种颜色调和	100	0.94
纸：白色	20	0.93
涂墙泥：粗糙涂层	20	0.91
沙	20	0.90
人的皮肤	32	0.98
土壤：		
干燥的	20	0.92
充满水的	20	0.95
水：		
蒸馏水	20	0.96
光滑的冰	－10	0.96
霜	－10	0.98
雪	－10	0.85
木头：橡木平板	20	0.90

1.7.5　热控涂层的辐射特性

卫星、飞船等的航天器进入日照区时，星体将大量吸收太阳辐射的能量，引起舱内迅速升温。当航天器进入地球阴影区后，由于无太阳光照，星体表面又依然向深冷太空辐射能量，舱内将急剧降温，如图1.24所示。为保障航天器的结构部件、仪器设备在高低温运行工况下都不超过允许的温度范围，必须

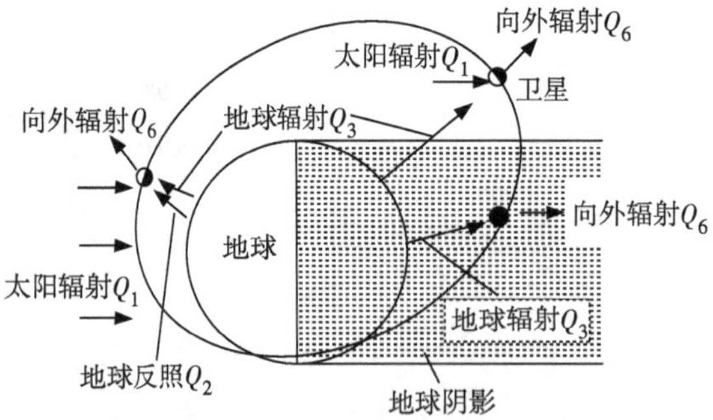

图1.24　地球卫星热平衡示意图

采取主动和被动热控制技术。

热控涂层、导热和隔热是卫星常用的被动热控方法。热控涂层的原理是通过调整卫星表面涂层材料的辐射特性,达到控制星体热平衡温度的目的。由于涂层的吸热主要取决于材料对太阳辐射的吸收能力,散热取决于它的热辐射能力,在选择热控涂层材料时,材料对太阳辐射的吸收率 α_s 以及在热红外波段的发射率 ε_h 是非常重要的参数。

无内热源加热的被动式卫星的平衡温度仅取决于 α_s/ε_h。α_s/ε_h 比值高的平衡温度较高,α_s/ε_h 比值低的平衡温度温度较低。有内热源加热的主动式卫星,还须考虑其他一些因素,但决定它们的平衡温度时,α_s/ε_h 仍是最重要的因素。卫星被动热控常用的涂层材料的太阳吸收率 α_s 与热红外发射率 ε_h 可参见表1.11。

表1.11　常用热控涂层的太阳吸收率与热红外发射率

涂层类型			涂层名称	α_s	ε_h
电化学型	阳极氧化	铝和铝合金	铝光亮阳极氧化	0.12～0.16	0.10～0.68
			铝合金(LY12)光亮阳极氧化	0.18～0.32	0.10～0.74
			铝合金黑色阳极氧化	0.95	0.90～0.92
	电镀	镀金	铝合金光亮镀金	0.23～0.40	0.03～0.04
		镀黑镍	铝镀黑镍	0.85～0.95	0.13～0.89
			不锈钢镀黑镍	>0.90	0.10～0.86
涂料型	有机漆	白漆	S956 白漆		0.87
			SR107 白漆	0.17±0.02	0.86～0.88
			S781 白漆	0.17	0.87
		灰漆	S956 灰漆	0.71～0.92(α_s/ε_h)	0.87
			EZ665ZC 漆	0.30～0.80(α_s/ε_h)	>0.85
		黑漆	ES665NFCG 漆	0.85	0.85
			S956 黑漆	0.93	0.88
			S731-SR107 黑漆	0.94	0.90
		金属漆	S781 铝粉漆	0.25±0.02	0.31±0.02
	无机漆	无机白漆	ZKS 白漆	0.13±0.02	0.93±0.01
		无机灰漆	PS17 漆	0.70(α_s/ε_h)	>0.80
二次表面反射镜	玻璃型		石英玻璃镀铝	0.10	0.81
			铈玻璃镀铝	0.12～0.14	0.81～0.83
	塑料薄膜型		F46 薄膜镀铝	0.11～0.14	0.70～0.80
			聚酰亚胺薄膜镀铝	0.41	0.68

按材料和工艺，热控涂层有以下几种类型。

(1)电化学型涂层。电化学型涂层分阳极氧化涂层和电镀涂层两类，其原理是利用电化学方法在金属表面形成特定的氧化层或电镀一层所需的金属层。

通常金属铝的表面都有一层很薄的氧化层，这层氧化层对可见光是透明的，而对红外有较强吸收，利用它可降低或调节金属表面的 α_s/ε_h。天然形成的氧化层太薄，不稳定，故用阳极氧化工艺，在金属表面形成厚度一定、致密而稳定的氧化层。

铝阳极氧化可细分为铝(铝合金)光亮阳极氧化和铝着色氧化，铝光亮阳极氧化是在光亮表面上形成透明的氧化铝薄膜，其 ε_h 有较大调整范围，可满足不同 α_s/ε_h 比的要求。

航天器的电镀涂层可以是在抛光铝合金表面上镀金或铝，或在不锈钢表面上镀黑镍。镀金可以得到很低的 ε_h(0.03～0.04)和很高的 α_s/ε_h。不锈钢表面镀黑镍可得到很高的太阳吸收率($\alpha_s>0.9$)而红外发射率可调整范围较大($\varepsilon_s=0.1\sim0.9$)，因此可制成各种 α_s/ε_h 比值的黑表面。

(2)涂料型涂层。涂料型涂层包括有机漆和无机漆，这种涂料主要由基料(黏结剂)和颜料组成。采用不同的颜料和配比，可以得到范围较宽的热辐射性质。有机漆的黏结剂为有机硅聚合物(如硅橡胶、硅树胶、氟树脂、环氧树脂等)。加入不同的无机颜料可制成白漆、黑漆、灰漆或金属漆。例如，白漆加入颜料为氧化铜等，黑漆加入颜料为炭黑、硫化铜等。有机漆的发射率均较高，而太阳吸收率则与加入颜料的颜色及配比有关。有机金属漆是由有机基料和金属颜料(如铝粉)配制而成，有机金属漆的发射率较低，α_s/ε_h 比接近于 1。

无机漆由无机基料(如硅酸钾、硅酸钠、磷酸盐等)和无机颜料配制而成。有机漆的耐紫外辐照能力较差，而无机漆的耐高温性能和耐紫外辐照性能都比较好。

(3)二次表面反射镜。二次表面反射镜是一种复合表面，由对可见光透明并对红外强吸收的表面层和金属镀层组成。用得最多的二次表面反射镜的表面层材料是玻璃和塑料薄膜。二次表面反射镜对太阳的吸收率主要由金属镀层的性质决定，而它的红外发射率则依赖于表面层的红外吸收特性。二次表面反射镜具有高 ε_h、低 α_s 的特点，吸收辐射比α_s/ε_h可做得很低。

玻璃型二次反射镜又称光学太阳反射镜(OSR)是一种技术上较成熟的二次表面镜，有较好的耐紫外辐照能力。制作方法是在厚度 0.1～0.2mm 的石英玻璃片或铈玻璃片的背面真空沉积铝膜或银膜，玻璃片尺寸、规格有限。由于石英玻璃片或铈玻璃片对可见光透光性极好，但对热红外的吸收率很高，玻璃二次反射镜 α_s 很低，ε_h 一般在 0.8 左右，吸收辐射比 α_s/ε_h 可低达 0.06，是航天器阳光照射部位散热面的主要热控涂层。

薄膜型二次反射镜的原理与玻璃型二次反射镜相仿，只是用几十微米厚的塑料薄膜取代了玻璃。目前应用较多的薄膜材料有氟 46 薄膜和聚酰亚胺薄膜。由于红外吸收随膜厚变化,控制膜厚可以得到不同 α_s/ε_h 的二次表面镜。塑料薄膜型二次反射镜的耐紫外辐照能力不如玻璃型二次反射镜,但它可成卷生产,尺寸可以做得较大,使用较方便。

1.8　自然辐射源

1.8.1　概述

红外辐射源分自然辐射源和人工辐射源。自然辐射源泛指自然形成的辐射源,包括地物、大气以及地球外物质等,其中地物是地球表面所有自然资源、自然材料以及人工建造物的总称。大气指地球大气组成气体及其悬浮粒子,地球外物质包括太阳、行星、恒星等天体。

光电系统的探测对象总称为目标,在系统的探测或观测视场内、除目标以外的其他景物都可称为背景。目标或背景辐射源可以是自然辐射源,也可以是人工辐射源。目标与背景是相对而言的,因探测任务不同而异。如图 1.25 中,坦克是机载光电侦察相机所要探测的目标,相机视场内除坦克等军事目标外的植被、作物等景物均是背景。但对用于农业调查的机载遥感仪器来讲,植被、作物等便成了目标。

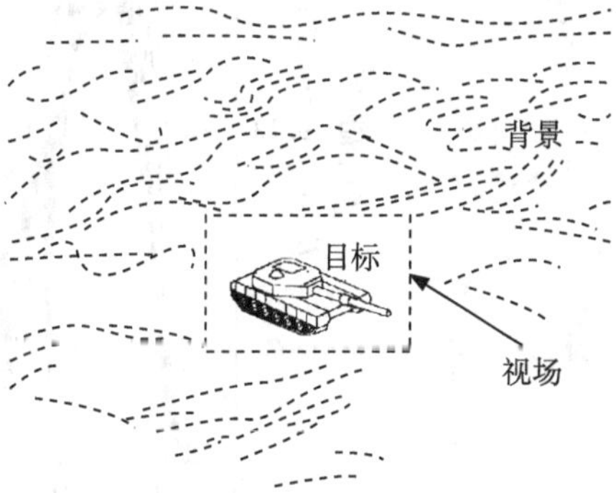

图 1.25　光电探测的目标和背景

环境辐射泛指目标周边辐射源的辐射。以飞行器为探测目标时,太阳、天空、云、地物都是环境辐射源。在系统探测视场内的环境辐射源即构成目标探测的背景,太阳等视场外的环境辐射源的辐射虽不能直接被系统接收,但能通过直接或间接的方式,将辐射传递到目标或背景并影响它们的辐射特征。如太阳直射光或太阳经天空、云、地物的散射光均能照射到目标表面,产生漫反射。

自然辐射源可能本身就是我们所要探测的目标,如云、大气是气象卫星的辐射计的主要目标,也可能是我们执行目标探测任务时的背景或环境,如云、大气是地基导弹告警系统的背景。无论属何种情况,了解这些自然辐射源的辐射特征对目标辐射测量或目标探测均至关重要。

1.8.2　太阳辐射

太阳是天然的强辐射源,遥感仪器观测到的地球反照或热辐射直接或间接地来目太阳。太阳辐射相当稳定,可用作空间遥感仪器可见、近红外波段地面或在轨辐射定标的标准。

通常认为太阳的辐射特性与 5900K 的黑体相当,即太阳的辐射温度为 5900K。太阳的亮度温度随波长的增加而降低。精确测量表明:太阳在 4μm 处的亮度温度为 5626K,5μm 处的亮度温度为 5270K,而 11.1μm 处的亮度温度为 5036K。大气层外和海平面太阳正入射的光谱辐照度如图 1.26。

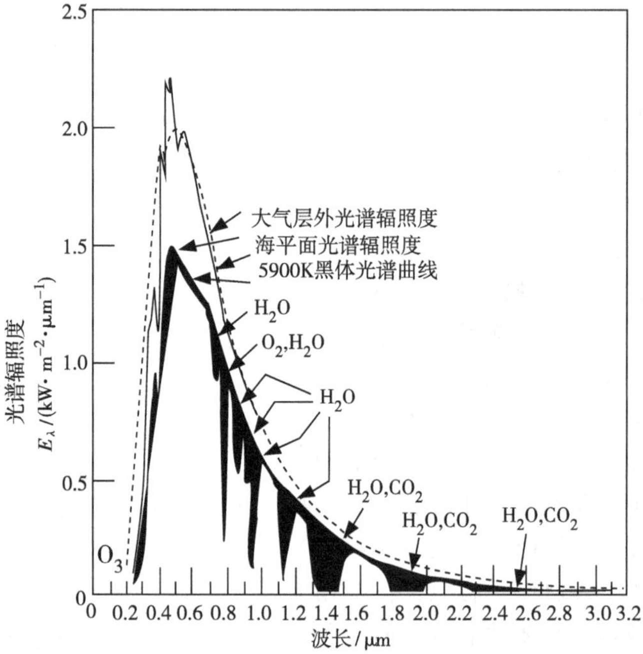

图 1.26 大气层外和海平面太阳光谱辐照度

太阳辐射的峰值波长在 0.5μm 处,辐射能量的 98%在 0.15～3μm 波段内,即主要集中在可见光至短波红外波段。

太阳的半径为 6.9627×10^5 km,地球绕太阳公转的轨道是偏心率很小的椭圆,太阳在它的一个焦点上。日地之间的平均距离为 1.495×10^8 km(1 个天文单位)。太阳对地球的张角约为 0.53°,太阳照射地球表面的光束可近似认为是平行光束。太阳常数定义为平均日地距离处,地球大气层外太阳正入射的辐照度。

从 1900 年以来,太阳常数的测量值几乎不变,参考值 $1400W\cdot m^{-2}$。1981 年世界气象组织推荐使用的太阳常数是 $1367W\cdot m^{-2}$。太阳常数是平均日地距离处的太阳辐照度,由于地球绕太阳公转的轨道是椭圆,在夏至(远日点)太阳辐照度为 $1322W\cdot m^{-2}$,在冬至(近日点)太阳辐照度为 $1414W\cdot m^{-2}$。地球表面的太阳辐照度大约是这个值的 2/3,约为 $900W\cdot m^{-2}$。

由于地球赤道面和绕太阳公转的黄道面之间的夹角为 23.5°,而且总是维持在一定的方向上。地球上各处太阳光入射角度的大小，决定了气候区域的划分。寒带是距两极 23.5°以内的区域，在寒带地区，太阳在一些月份里不升起，另外一些月份内不下落，带内气候严寒。热带的界限是赤道南北 23.5°的两个回归线，在这一带内正午太阳可以来到天顶，一年内昼夜长短、温度的变化不大。介于寒带与热带中间的区域为温带。

1.8.3　天体和宇宙背景

1.8.3.1　行星

太阳行星（包括地球）、地球行星（如月球）的辐射特性有相似之处，它们发射的辐射包括自身的热辐射和对太阳光的反射。行星对太阳光的反射光谱与太阳发射光谱相似，峰值波长为 0.5μm。行星表面的反射率不同，如月面对太阳辐射的平均半球反射率为 0.073，地球近邻金星、火星的半球反射率分别为 0.59 和 0.15。行星热辐射与行星表面温度有关，如月球表面温度为 119.7～373.6K，金星为 527～567K，火星为 115～253K。

1.8.3.2　恒星

恒星绝大多数是具有黑体辐射特征的高温辐射源。在天文学中，色温和星等是描述恒星性质的重要参数。天体表观亮度的相对强弱可用星等表示，星等通常是根据天体在地球大气层外的照度定义的，星等值越大，照度越小，观察到天体的亮度越暗。同一个天体用不同光谱响应特性的光电光度计可测得不同的星等。目前最常用的星等有与人眼视觉响应最接近的目视星等（V 波段）。

色温可描述恒星的光谱特征，根据色温恒星可分为 O、B、A、F、G、K、M 等光谱类别，每个光谱类别还可进一步细分。根据恒星的光谱类别和星等，可计算它的峰值光谱辐照度。

恒星通常是空间目标探测的背景，恒星数是全天球亮于某个星等的恒星的总数。空间探测仪器的灵敏度越高，星等值越大，需要处理的背景恒星数也越多。

温度较低、发射的电磁辐射全部或者主要为红外辐射的恒星称为红外恒星。大多数主序列星（如 A 至 M 矮星）的红外辐射与温度等于恒星分布温度的黑体辐射非常接近。许多巨星、超巨星的红外辐射则强于根据分布温度算得的预计值，其发射光谱是由包围星体的云状、壳状颗粒物（如碳、硅）的发射峰构成的非连续谱。

1.8.3.3　太空背景

工作在地球大气层以外的红外系统可以观察到一个深冷的外层空间背景。太空背景辐射也称宇宙背景辐射，主要来自宇宙空间物质各向同性的微波辐射，故宇宙背景辐射也称为微波背景辐射。

宇宙背景探测卫星于 1989 年测得宇宙背景的辐射温度为（2.735±0.06）K。对宇宙背景和恒星所产生的辐亮度进行精确的积分计算，可得到外层空间的有效温度为 3.5K。

1.8.4 地球大气

1.8.4.1 大气辐射

大气辐射是地球大气的气体分子和云、雾、霾等气溶胶粒子的自身热辐射及其对环境辐射的散射之和。

地球大气是由多种气体混合而成的选择性辐射体，其热辐射的主要能量集中在红外波段。大气中二氧化碳、水汽等吸收气体在红外波段有若干个强吸收带，它们同时也是大气辐射的强发射带。红外窗口内的大气吸收很小，其辐射表现为叠加了一些弱谱线或弱谱带的连续辐射。大气热辐射是体辐射，外层空间探测到的大气热辐射是各层大气的热辐射上传后叠加的总和。

大气散射是大气气体分子和气溶胶对太阳光的单次或多次的散射，大气散射也称大气漫反射。大气散射的能量主要集中在可见光、近红外波段，热红外波段的散射可忽略。

1.8.4.2 天空辐射

天空辐射是地面对天观测到的地球低层大气的背景辐射。波长大于 4μm 天空辐射主要来自大气热辐射，波长小于 3μm 的辐射主要来自对太阳光的散射。

大气热辐射的光谱辐亮度与观察路径的大气光谱吸收有关。图 1.27 给出了以不同仰角观察到的夜空热辐射的光谱辐亮度。低仰角观察时，大气路程非常长，大气吸收率接近于 1，天空辐亮度相当于低层大气温度下黑体的辐亮度。高仰角观察时，大气路程较短，在红外大气窗口内，观察到的是高层大气的辐亮度，故较弱。在 6.3μm 的水蒸气吸收带和 15μm 的二氧化碳吸收带处，由于有强吸收，天空辐射较强。大气的臭氧吸收带在 9.6μm 处，该处天空的光谱辐亮度也相对较强。

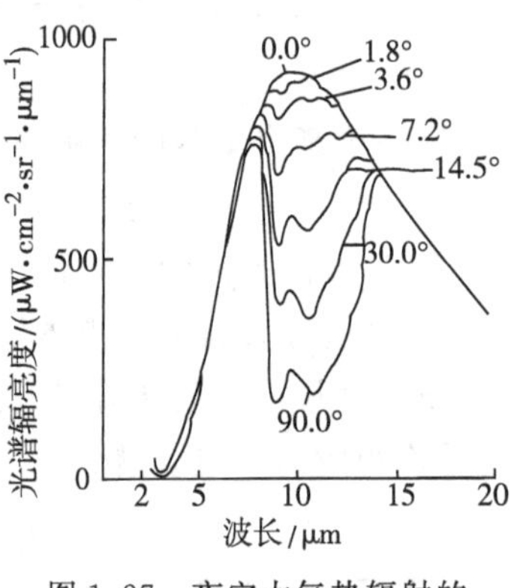

图 1.27　夜空大气热辐射的光谱辐亮度

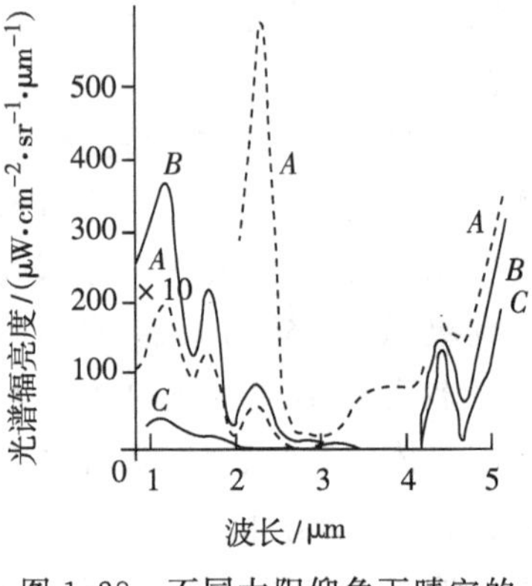

图 1.28　不同太阳仰角下晴空的光谱辐亮度

太阳与观察者的相对位置对太阳散射区的天空辐亮度有很强的影响，对大气热辐射区的影响很小。而大气温度对大气热辐射区的天空辐亮度有很强影响，但对太阳散射区的影响却很小。

图 1.28 给出了不同太阳仰角下晴空的光谱辐亮度。图中曲线 A、B、C 的太阳仰角分别为 70°、41°、15°，观察方向为正上方。由图可见，4μm 以上大气热辐射区的天空光谱辐亮度是相似的，与太阳仰角的关系不大。3μm 以下的太阳散射区有 0.94μm、1.1μm、1.4μm、1.9μm、2.7μm 水汽吸收带，以及 2.7μm 的二氧化碳吸收带。

1.8.4.3　云辐射

云的辐射包括云在近红外波段的太阳散射和热红外波段自身辐射。云的近红外波段的太阳散射的空间分布呈现很强的前向特征，散射光的辐亮度取决于太阳、观察点、云层的相对位置。

厚云是很好的黑体，在地面以高度角 14.5°测得的积云光谱辐亮度如图 1.29 所示。图中，在 8～13μm 大气窗口处测得的辐亮度是云底的辐亮度，等于与－10℃云底温度对应的黑体辐亮度。在 6.3μm 水汽和 15μm 二氧化碳强吸收带处，云的热辐射不能透过大气，测得的辐亮度实际上是低层大气的辐亮度，等于与＋10℃环境温度对应的黑体辐亮度。

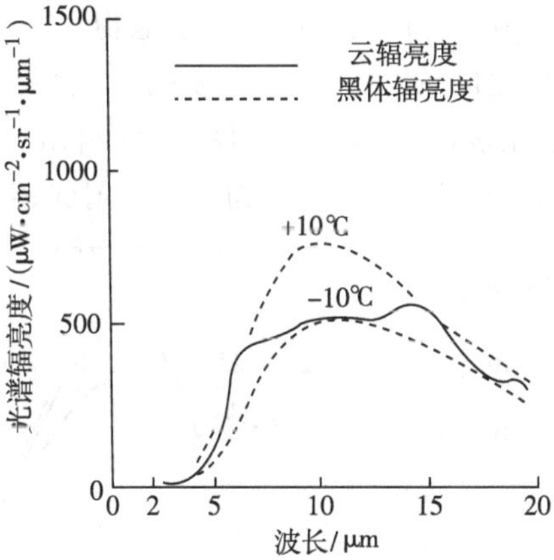

图 1.29　地面实测积云的光谱辐亮度

云是气象卫星的主要探测目标，卫星云图有可见光云图、红外云图。红外云图可提供云顶的温度信息并据此判断云的高度。可见光云图可提供云的漫反射率信息，从而估算出云的厚度。

1.8.4.4　极光、气辉

极光、气辉均是非热激发产生的大气发光现象。极光是高层大气分子或原子受来自太阳活动区的带电高能粒子流(太阳风)的激发后电离而产生的发光现象。由于地磁场的作用，这些高能粒子转向极区，所以极光常见于高磁纬地区。极光的光谱线范围约为 3100～6700Å，其中最重要的谱线是 5577Å 的氧原子绿线，称为极光绿线。

气辉是行星(包括地球)的高层大气受太阳辐照、宇宙射线激发或高层大气的氧、氮原子和分子与 OH^- 离子相互作用而产生的微发光现象。由于参与作用的气体成分和过程的不同，气辉可呈现不同色彩。气辉很暗，用敏感的仪器才能发现。夜间出现的气辉比较明显，称为夜辉。气辉是连续出现的，而且随纬度的不同发生小量变化。气辉能量在红外波段要比在可见光区大。

极光受地磁场控制，常见于高磁纬地区，而且它的出现与太阳活动有关。与此不同，气辉同太阳活动关系不大，而且有季节性和周期性的变化，任何纬度都可能观察到气辉。气辉产生的大范围背景光限制了地基光学天文望远镜观测微弱星体的灵敏度。

1.8.5　地物

1.8.5.1　地物光谱

地物是地球表面植被、森林、沙漠、海洋、冰川等自然资源和各种自然材料、人造材料的总称。地物辐射包括它对太阳辐射的反射和自身热辐射。地物光谱泛指地球表面的各种自然或人造物体对太阳辐射的反射光谱或吸收光谱，以及自身热辐射的红外发射光谱。

白天地物出射的光谱辐亮度分布曲线有两个峰值，短波峰值是反射的太阳辐射产生的，峰值波长约为 0.5μm，而长波峰值来由于地物自身的热辐射，峰值波长约为 10μm。最小值在两个峰值之间约 3.5μm 处。夜间，反射太阳辐射部分消失了，其光谱特征就与温度等于地表温度的灰体相当。图 1.30 给出了雪、草地、土壤和纯沙等典型地物的光谱辐亮度。可以看出，这类地物红外发射光谱的特征差别并不明显。

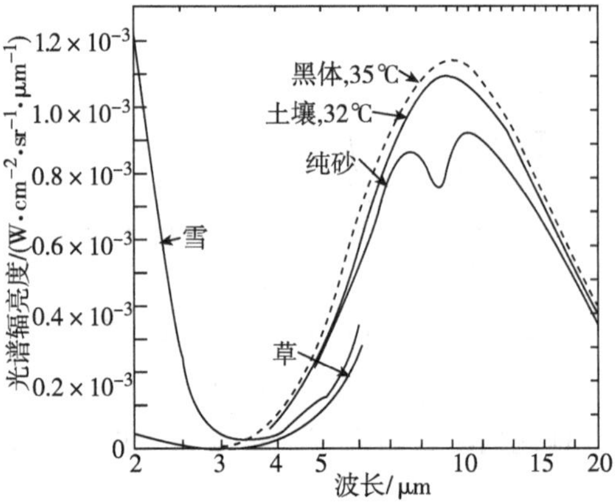

图 1.30　白天观察到典型地物的光谱辐亮度

地物的特征吸收峰通常出现在地物的太阳反射光谱区。以植物为例，由于植物的主要组分都是水、纤维素和叶绿素等，不同种类的植物的反射光谱或发射光谱均十分相似。但是，植物反射光谱在波长 0.68μm 和 1.4～2μm 处，分别有叶绿素和水的特征吸收带，介于其间的是绿色植物均具有的高反射带。健康生长的植物同时有叶绿素吸收带和水吸收带，利用不同生长期叶绿素、水吸收峰特征的变化，可以判断植物的生长状况(见图 1.31)。

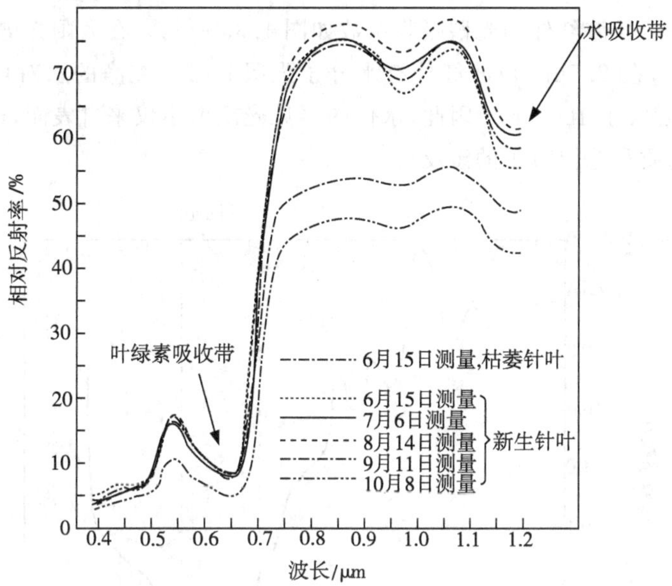

图 1.31　不同生长期植物的太阳反射光谱

1.8.5.2　水的辐射

水的辐射主要包含水面对太阳光的反射和自身的热辐射。全球海洋的面积约占地球表面积的 71%,用于海洋环境和灾害监测、预报和预警的海洋水色、水温探测实质上是对水在太阳光谱区的反射率和在热红外波段的辐射温度的检测。对物质水分的红外探测其实是对短波红外水的吸收峰的检测。

可以先从水的光学性质分析它的辐射特性。水的折射率较低,正入射时水面的可见光反射率仅 2%。非掠射情况下,随入射角的增加,水的镜面反射率虽均有增加,但相差不大。大入射角掠射时,水面反射率增加在一个量级以上,如图 1.32 所示。为简化计算,工程手册通常给出非掠射前提下的波段平均反射率,并视为朗伯漫反射体。

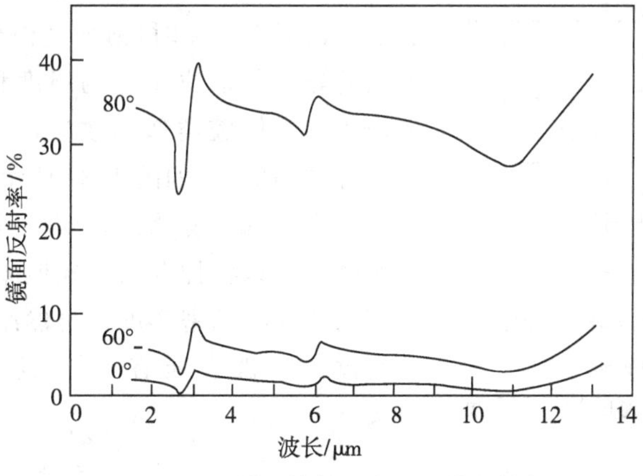

图 1.32　不同入射角的水面光谱反射率

水在紫外至长波红外的光谱吸收系数如图 1.33 所示。在太阳光谱区，水对真空紫外有强吸收，在 2.7μm 短波红外有水分子强吸收带。纯净的水对可见光是透明的，其穿透深度大于 1000cm。因此，水体的可见光反射不仅来自表面，也可能来自水体内部溶解物质和悬浮粒子的漫反射。

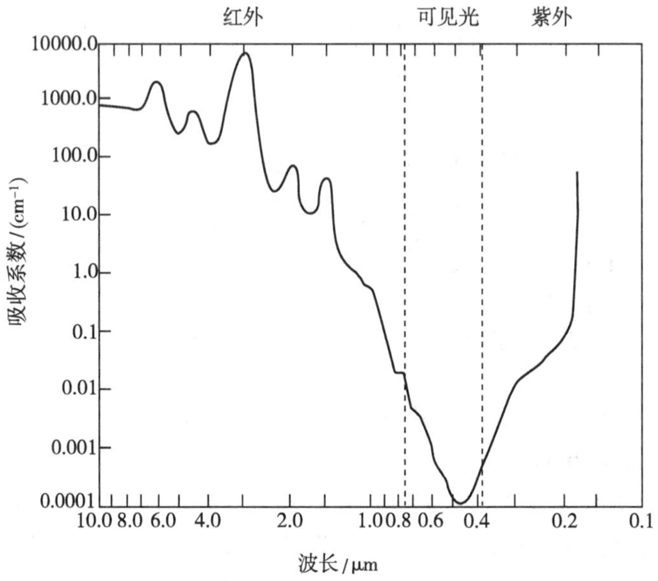

图 1.33　海水在紫外至长波红外的光谱吸收系数

水是很好的红外吸收体和辐射体，纯水的热红外发射率可达 0.96。水对 3μm 以上红外辐射基本上不透明，穿透深度小于 0.01mm。由于水体的红外吸收及反射主要集中在表面的薄层，水体的热辐射主要取决水体表面的温度和粗糙程度(如有无波浪等)，与水体内部状况无关。

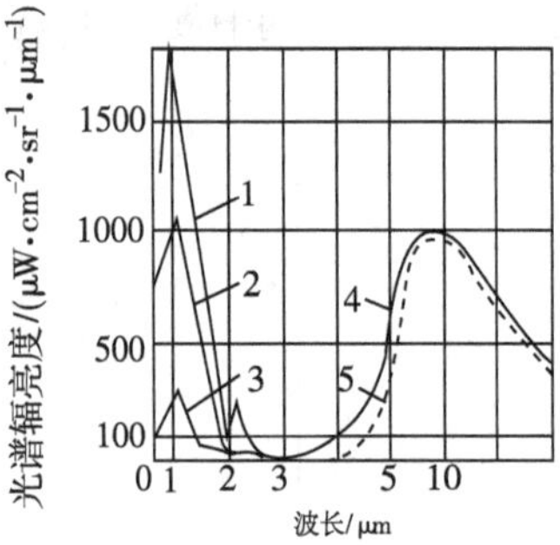

1. 海浪；2. 巨浪；3. 平静海面；
4. 海面热辐射；5. 黑体

图 1.34　海面辐射的光谱辐亮度

海浪在太阳光谱区和热辐射区对海面辐射有影响。白天有日照时，海面波浪会产生阳光闪烁。海面的热辐射取决于它的温度和表面状态，浪花能产生与黑体腔类似的效应，有波浪的海面将成为良好的辐射体，如图 1.34 所示。

固态的水统称为冰，雪是由可降水形成的冰。在水体表面以各种自然方式形成的自然冰可以有不同的内含物和密实度。自然冰、雪的反射、辐射除与冰的一般性质有关外，还与游离水等因素有关。

1.8.6　地球-大气系统

1.8.6.1　地球辐射的收支平衡

地球表面和大气构成地球-大气系统，简称地气系统。地球-大气系统的辐射是地球反照和地球热辐射的总和。

太阳辐射能量主要集中在可见光和近红外，太阳辐射进入地球大气层后，约有30%的能量以大气散射(6%)、云散射(20%)及地球表面反射(4%)的形式返回太空，这部分能量称为地球反照。另有19%的太阳辐射为大气、云所吸收，51%为地球表面所吸收。被吸收了的太阳辐射能，转化为热能后又以长波热辐射的方式辐射到空间去，这部分能量称为地球热辐射或地球红外辐射，如图1.35所示。

从长期看，地球-大气系统从太阳获取的能量和以地球反照和地球热辐射方式向太空释放的能量应保持辐射的收支平衡。

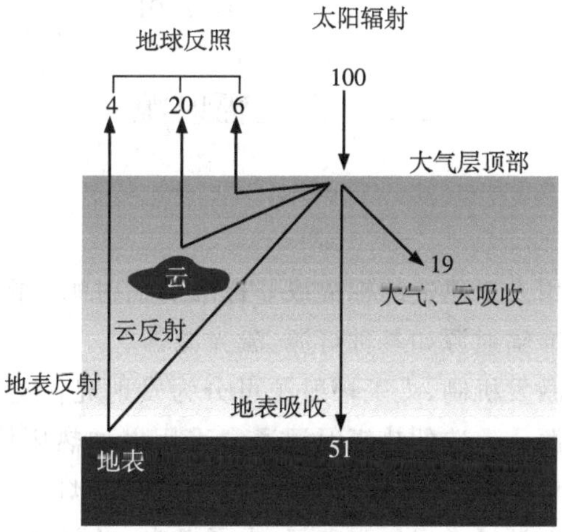

图1.35　地球-大气对太阳辐射的反射与吸收

1.8.6.2　地球反照

地球反照是被地球-大气系统漫反射的太阳辐射。地球反照的能量主要集中在可见光至短波红外波段，其光谱特性与太阳5900K黑体辐射的光谱特性相似。

地球反照率定义为地球-大气系统对太阳光漫反射的出射度与太阳辐照度(太阳常数)之比，即地球-大气系统对太阳辐射的漫反射率。地球反照率与气象条件，特别是与大气中云层的分布状况有关，也与地球表面的地理性质有关，如地表为海洋、冰川、沙漠等。工程计算中全球的平均地球反照率一般取0.35左右，并假定地球反照的空间分布符合朗伯余弦定律。

1.8.6.3　地球热辐射

地球热辐射是地球-大气系统以热辐射形式向太空发射的红外辐射。地球热辐射的能量主要集中在热红外波段，又称地球红外辐射。地球热辐射受地球表面温度及覆盖的云量影响，所以随地区和时间而变化。工程计算中通常取全球常年的平均值，认为地球热辐射与 250K 黑体相当。

从地球辐射的收支平衡角度，可建立热平衡方程，计算地球-大气系统的辐射温度。从长期看，太阳始终照射地球的半个球面，地球-大气吸收的太阳辐射，应等于地球的整个球面向太空发射的辐射。可得

$$(1-a)\cdot \pi R^2 \cdot S = M \cdot 4\pi R^2$$

式中：a 为地球反照率；$(1-a)$为地球-大气对太阳辐射的吸收率；R 为地球半径；S 为太阳常数；M 为地球红外辐射的出射度。

如果地球反照率按 0.3 计，地球红外辐射的出射度为

$$M = S(1-a)/4 = 239\mathrm{W}\cdot\mathrm{m}^{-2}$$

可算得地球-大气系统的辐射温度为

$$T_{\mathrm{r}} = (M/\sigma)^{1/4} \approx 250\mathrm{K}$$

1.9　人工辐射源

1.9.1　概述

人工辐射源泛指用人工建造的标准或非标准的辐射源。标准辐射源如黑体型辐射源、积分球等，非标准辐射源如各种灯源、激光源等。

根据光谱特征和激发机制，人工辐射源可分为发射光谱连续的热辐射源和光谱不连续的选择性辐射源。人造的热辐射源通常采用电加热固体的方法，典型的有各种黑体型辐射源以及可统称为非气体白炽光源的能斯特灯、硅碳棒、钨丝灯、卤素灯等。人造的选择性辐射源通常采用强电场、电子撞击、光照射、化学反应等激发方式，如弧光灯、气体放电灯、发光二极管、激光器等。

有的人工辐射源兼有以上两种激发机制，可称为混合型的辐射源，如碳弧灯、钨弧灯等，其发射光谱既有炽热电极的连续辐射，又有弧光的发射谱带或谱线。

1.9.2　黑体型辐射源

黑体型辐射源是最常用和最接近黑体辐射的人造辐射标准源，简称黑体。根据形状，分为腔型黑体、平面型黑体。根据温度，分为高温黑体、中温黑体、低温黑体等。

黑体型辐射源的发射率非常接近 1，而且在一定的光谱范围内与波长无关，在一定的空间范围内辐射的分布遵循朗伯余弦定律。黑体型辐射源虽然俗称黑体，但有别于作为物理模型的绝对黑体。

黑体可用作光电仪器红外辐射定标的标准源，腔型黑体的有效发射率较高，但开

孔较小，可采用成像辐射定标方式。平面型黑体有效发射率稍低，是一个可输出标准出射度的漫射面源。仪器不对黑体成像，属于非成像辐射定标。

1.9.2.1　腔型黑体辐射源

1860 年，基尔霍夫指出：在一个等温密封腔的腔壁上开一小孔，小孔发出的辐射可逼真地模拟黑体辐射。他进一步指出，无论密封腔的几何形状或制作材料如何，都不影响这个结果。重要的是，密封腔必须是真正等温的，小孔的面积必须比密封腔内表面的面积小得多。

绝对黑体要求对任何波长的辐射 100% 吸收，材料本身无法做到这一点。但是，入射到密封腔小孔的辐射却能被密封腔壁完全吸收。图 1.36 可用来说明人造黑体的工作原理。图中，等温容器 A 上开了一个小孔 B，所有由小孔 B 入射的光线必须经过多次反射才能由 B 射出。当腔壁的吸收率较高，反射次数较多时，只有极小部分的光才能从 B 射出。例如，把 A 的内表面涂黑，设腔壁的吸收率为 0.9，反射率为 0.1，经三次反射后，它就吸收了入射光的 0.999，已经非常接近黑体了。因此，只要腔壁近似等温，开孔比腔体小得多，就有可能制作一个黑体源。

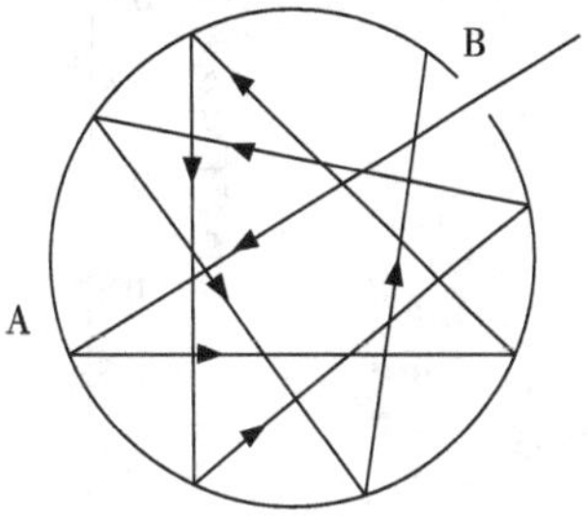

图 1.36　基尔霍夫黑体腔模型

根据黑体空腔理论，增加空腔的辐射面积，改善空腔内部温度的均匀性，提高腔壁材料发射率(即吸收率)是提高腔型黑体有效发射率的有效途径。腔型黑体的有效发射率可通过计量标定和理论计算得到。

Gouffe 对黑体设计问题作了分析，给出了黑体腔有效辐射率的计算公式。虽然他的某些方法是否合理尚有争议，大多数论述高精度黑体结构的文章，都利用了 Gouffe 的方法来计算黑体的有效发射率。

假定腔体是漫反射体，且忽略温度变化，Gouffe 给出的黑体腔有效发射率的计算公式为

$$\varepsilon' = \frac{\varepsilon}{\varepsilon(1-A/S)+A/S}\cdot(1+k) \tag{1.74}$$

$$k = (1-\varepsilon)(A/S - A/S_0) \tag{1.75}$$

式中：ε' 为腔体的有效发射率；ε 为腔壁材料的发射率；A 为开孔面积；S 为包括开孔面积在内的腔体总表面面积；S_0 为直径等于腔体深度(从开孔平面到腔体最深点)的球体表面积；k 是根据腔体形状对有效发射率的修正因子，可正可负，近似为零。

根据黑体腔的腔长与开孔半径比 l/r、腔壁材料的发射率，可用 Gouffe 公式计算常用的球形、圆柱形、圆锥形黑体腔的有效发射率，如图 1.37 所示。设计一个腔型黑体除要求其有效发射率尽量接近于 1 外，还希望腔长短、开孔大，腔体温度均匀。由 Gouffe 公式可知，l/r 相同的腔体中，球形腔体的有效发射率最高，但制作较难，也难

以均匀加热。因此,圆柱或圆锥形腔体还是经常采用的。一些大口径腔型黑体的有效辐射面和附罩加工成同心 V 形槽,V 形槽的深度远大于槽的宽度,即有较大的腔长与开孔半径比,可提高辐射面的有效发射率。

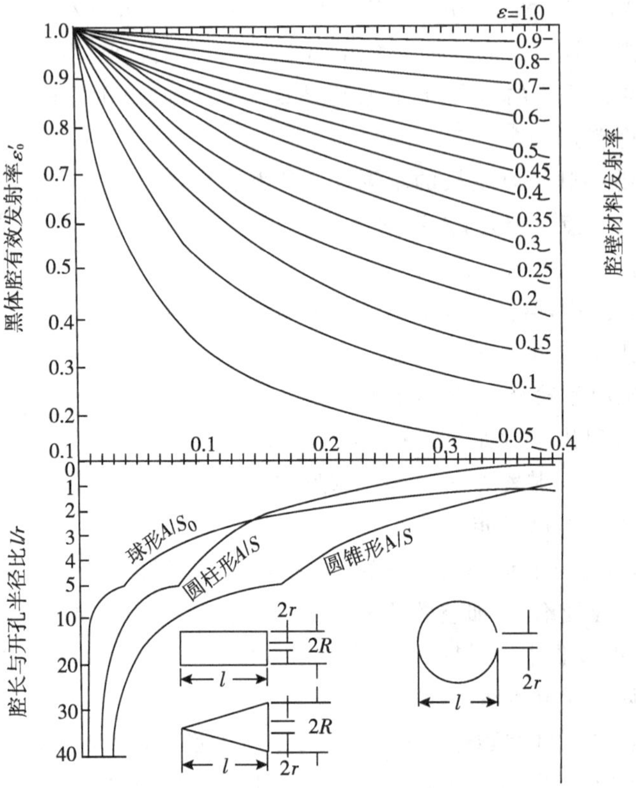

图 1.37　用 Gouffe 公式计算黑体腔的有效发射率

腔型黑体的典型结构如图 1.38。黑体腔体的大块材料称为芯子,芯子材料有较高的热传导系数,温度梯度很小。在高温时,要求芯子材料有抗氧化能力,不易剥落,并且有较高的发射率。1400K 以下黑体源的芯子材料一般都选用不锈钢,因为不锈钢有良好的导热系数,氧化表面的稳定性也很高。铜导热虽好,但受热后形成的氧化层不稳定。1400K 以上高温黑体的芯子可用石墨或陶瓷制成。

芯子一般用绕在其外围的镍铬丝通电加热。为改善腔体温度的均匀性,可改变芯子的外型轮廓或采取非均匀绕组,尽量使每圈绕组加热的金属体积不变。在腔体的开孔附近热损失较大,可在此部位增加圈数。

由于开孔端很难均热,腔型点源黑体的出口处通常设置光阑盘,光阑盘上开有多个不同直径的光阑孔。受光阑孔的限制,待定标的仪器只能看到黑体腔的温度较为均匀的中心部分。黑体源的辐射面积等于光阑孔的面积,光阑孔出射的辐亮度可根据黑体温度用普朗克定律算得。

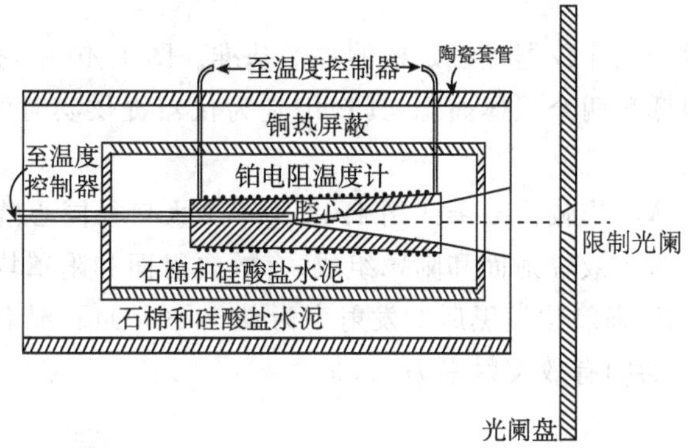

图 1.38　腔型黑体的典型结构

黑体源的辐射功率对温度十分敏感。黑体腔温度为 800K 时，温度变化 1K，辐射功率约变化 0.5%。因此，黑体源常用铂电阻测温，PID 精密温控的精度可达 0.1K。

腔型黑体的辐射定量精度很高，但开孔较小，俗称点源黑体。光阑孔出射的黑体辐射仅在与轴线夹角不超过 5°～10°范围内才符合朗伯余弦定律，需用平行光管扩束后，才能充满待定标仪器的光学入瞳，用于实验室红外辐射定标，如图 1.39 所示。

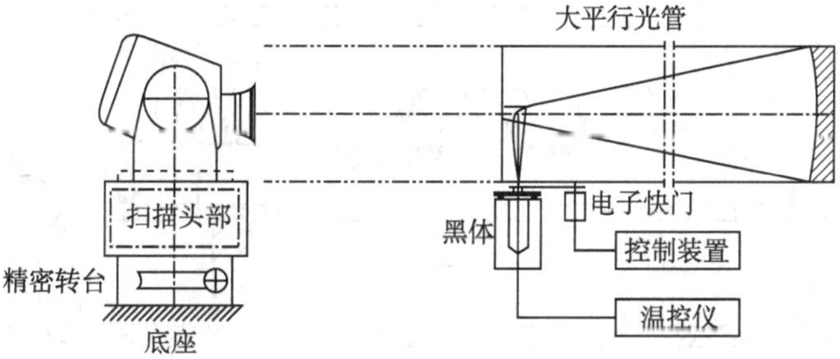

图 1.39　点源黑体辐射定标装置

1.9.2.2　平面型黑体辐射源

平面型黑体源的辐射面通常是涂有高发射率漫射黑漆的金属平板，或由许多蜂窝或小圆锥组成。平面型黑体源的有效发射率、温度均匀性不如腔型黑体，但辐射面积较大，黑体辐射向半球均匀漫射，俗称面源黑体。平面型黑体距仪器入瞳较近时，出射的辐射可以充满入瞳，可视为漫射面源。平面型黑体一般用半导体热电元件实现温控，温控范围－40～60℃，或用电加热片和液

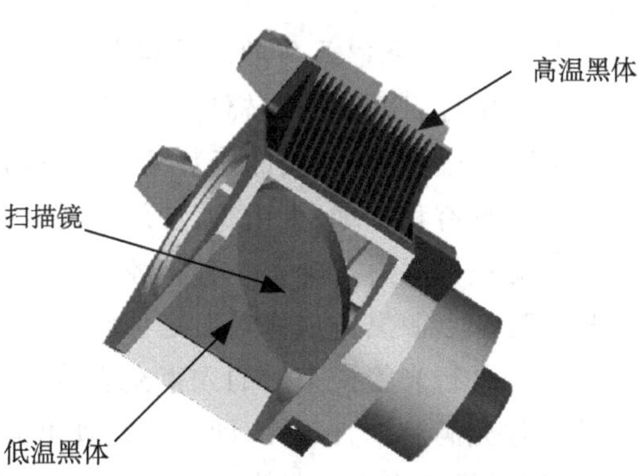

图 1.40　平面型黑体用于在线辐射定标

氮盘带进行温控。

平面型黑体适合用作仪器在线定标的辐射基准。图 1.40 中，扫描辐射计在扫描镜前设置了高温和低温两个黑体面源，其作用是为仪器提供实时的黑体辐亮度或黑体温度的参考基准。

腔型的面源黑体制作较为复杂。图 1.41 为一个大口径同心槽低温面源，工作温度 150～350K。它由有效辐射面和附罩组成，有效辐射面和附罩均加工成同心 V 形槽。材料用 SY12 铝，强氧化发黑后的发射率为 0.93～0.94。理论上，空腔有效发射率可达 0.998，辐射面的有效发射率为 0.9972。

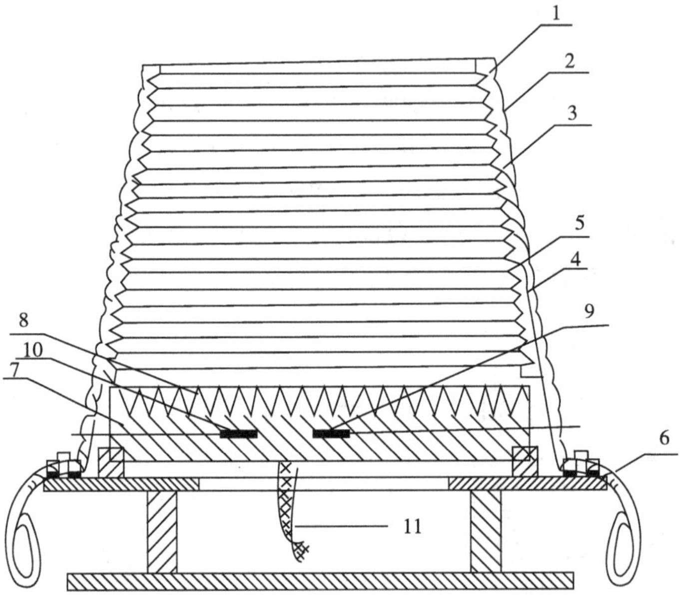

1. 附罩；2. 附罩加热槽；3. 附罩辐射面；4. 附罩测温传感器；5. 附罩控温传感器；6. 附罩散热铜辫；7. 有效辐射面；8. 锥形同心槽；9. 辐射面测温传感器；10. 辐射面控温传感器；11. 辐射面散热铜辫

图 1.41　腔型大口径同心槽低温面源黑体

1.9.2.3　点源黑体的成像辐射定标

辐射定标目的是确定辐射测量仪器的数字或模拟输出与仪器入瞳处的辐射量（如辐亮度、辐照度）之间的函数关系，即确定仪器的响应函数。可见光、近红外辐射定标标准源有积分球、太阳等，红外辐射定标主要用黑体。

点源黑体辐射定标是一种将腔型黑体的光阑孔直接成像于仪器探测器光敏面的定标方法。点源黑体成像辐射定标装置参见图 1.42。点源黑体开孔较小，通常要求用大口径平行光管扩束后的光束充满待定标仪器的入瞳。此外，还要求光敏面上光阑孔的像充满整个光敏元，即平行光管出射光束的发散角大于光敏元对应的视场角。

例如，平行光管口径为 Φ400mm，焦距为 4000mm。黑体光阑孔取 Φ10mm，此时平行光管出射光束的发散角为 0.14°(2.5mrad)，如用来对视场角小于 1mrad 的仪器辐射定标，均可测得稳定的结果。

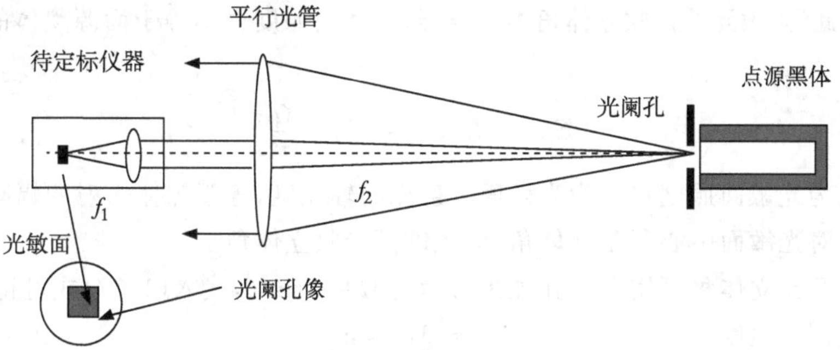

图 1.42　点源黑体成像辐射定标的原理

点源黑体成像辐射定标的步骤为：

(1)根据黑体源温度，计算光阑孔出射的辐亮度。

(2)校正或忽略平行光管的传输损失，计算仪器接收到辐亮度。

(3)改变黑体温度，测量不同辐亮度下仪器输出。

(4)建立仪器输出与仪器入射辐亮度的函数关系。

1.9.2.4　面源黑体的非成像辐射定标

利用面源黑体也可对光电仪器进行非成像的红外辐射定标。面源黑体是辐射特性接近黑体的漫射面源，其辐射面积较大，距仪器入瞳较近时可以充满入瞳。尽管面源的辐射面不直接在仪器光敏面上成像，入瞳面上能被探测元接收到的有效辐射通量是确定的。

扫描辐射计的黑体参考源入射至入瞳的有效辐射通量为

$$\Phi_{\mathrm{eff}} = A_{\mathrm{o}}\omega L_{\mathrm{o}} = \varepsilon A_{\mathrm{o}}\omega L_{\mathrm{bb}}(T_{\mathrm{b}}) \tag{1.76}$$

式中：A_{o} 为辐射计的入瞳面积；ω 为辐射计的瞬时视场立体角；$L_{\mathrm{bb}}(T_{\mathrm{b}})$ 为等于温度为 T_{b} 黑体参考源的辐亮度；ε 为黑体参考源的有效发射率；L_{o} 为入瞳面辐亮度。

面源黑体除了可设置在光学系统前作为仪器实时校正的辐射基准外，还可直接用来向红外焦平面探测器提供标准的辐照度，以测定器件的响应率和温度灵敏度。测试时，将面源黑体尽量靠近被测器件，面源黑体相对于探测器光敏元即可视为无穷大，如图 1.43 所示。

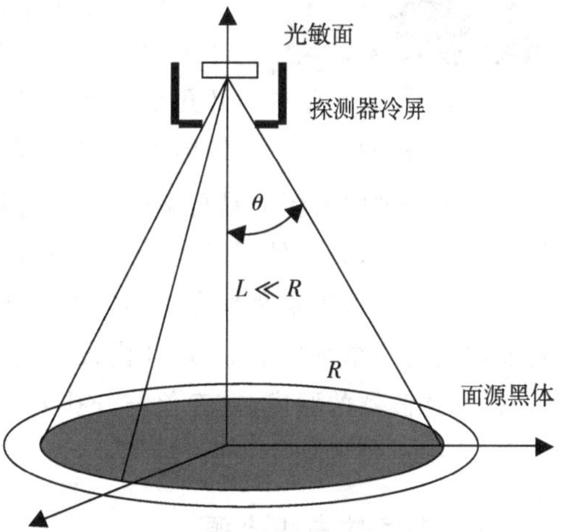

图 1.43　面源黑体用于红外焦平面探测器性能测试

本章 1.6.3.1 节已介绍了无穷大面源在近距离面元上的照度的计算方法。

但是,必须注意的是,一些致冷型红外探测器的光敏面前通常都设置了限制背景辐射的冷屏。因此,光敏元的接收立体角不是半球,光敏面照度也不等于面源黑体的出射度,应为

$$E_{det} = L_{det}\Omega = M_{bb} \cdot \frac{\Omega}{\pi} \quad (1.77)$$

式中:E_{det}为光敏面照度;L_{det}为光敏面入射光的辐亮度,等于黑体出射的辐亮度;Ω为冷屏开孔对光敏面中心所张立体角,即光敏面接收立体角。

冷屏开孔立体角可用它的孔径角表示为$\Omega=\pi\sin^2\theta$,代入(1.77)式可得

光敏面辐照度 $$E_{det} = M_{bb}\sin^2\theta \quad (1.78)$$

光敏面辐射通量 $$\Phi_{det} = M_{bb}A_d \cdot \sin^2\theta \quad (1.79)$$

如探测器未设置冷屏,即$\theta=\pi/2$,则光敏面的照度直接等于面源黑体的出射度,即$E_{det}=M_{bb}$。

以上论述表明:如果用面源黑体照射带冷屏的红外探测器,光敏面照度与距离无关,光敏面照度虽不等于面源黑体的出射度,由于探测器的冷屏孔径角、光敏元尺寸都是确定的,用黑体出射度算得的光敏面辐射照度和功率也是可确定的。

1.9.3 积分球

图 1.44 积分球外形照片

积分球是内表面涂有漫反射特性的白色涂料的中空球体(见图 1.44)。球体有较大开孔,白色涂料在较宽光谱范围内有高而平坦的漫反射率。入射至积分球内表面任何一点的光线经多次漫反射,均匀分布至其余各点,各点的照度仅与入射光的功率有关,与入射光方向无关。

积分球用于可见光、近红外波段的光谱辐射定标时,内部通常有多个辐射通量及光谱特性已知的白炽灯。积分球开孔是一个理想的朗伯漫射面源,调节灯的个数可给出不同的出射度,在待定标仪器的入瞳处产生标准的照度。

如积分球内放置的是待测灯源,通过测量积分球出射孔处的照度可计算该灯源的总辐射通量,其好处是可消除由于灯源辐射的方向性带来的测量误差。

积分球还可用来测量样品的漫射率或激光束的功率,此时,积分球不再是一个漫射面源而是一个漫反射器,球体内设置的不是灯源而是探测器。由于积分球的漫反射特性,探测器的照度、功率仅与开孔入射光束的辐射通量有关,与光束的形状、入射方向、入射点位置均无关系。

1.9.4 非气体白炽光源

非气体白炽光源是采用将固体加热至炽热状态产生高温辐射的光源的统称,典

型的有能斯特灯、硅碳棒、钨丝灯、卤素灯、汽灯等。

1.9.4.1 能斯特炽热灯

能斯特炽热灯是一种开放的、由非金属电热元件构成的固体白炽光源，其发光体通常是用氧化锆、氧化钇等材料压制成细长的圆棒或圆管，故特别适合用作光谱辐射计狭缝的照明源。发光体在室温不导电，800℃左右开始导电、发光。工作温度约1500℃，使用时须加镇流器限流。

能斯特炽热灯可利用的光谱范围从可见光至波长30μm的甚远红外。能斯特炽热灯在小于15μm光谱范围的辐射特性相当于发射率大于0.75的灰体，超过15μm辐射效率稍低。

1.9.4.2 硅碳棒

硅碳棒是一种开放的、由非金属电热元件构成的固体白炽光源。硅碳棒用高纯度绿色六方碳化硅为主要原料，按一定料比制成棒状，经高温硅化再结晶烧结而成。硅碳棒的两端较粗，中间较细的实心棒为发光体，工作温度约1300℃。

硅碳棒的光谱发射率在2～15μm内略有变化，平均值约为0.8，是红外分光计中常用的光源。

1.9.4.3 钨丝灯

钨丝灯是一种将钨丝通电加热至白炽状态而发光的封闭式白炽灯。钨丝灯灯泡内充有惰性气体，钨丝温度可达3300K，发射光谱连续，如图1.45所示。灯的光色和集光性好，受玻璃外壳透过特性的限制，钨丝灯的辐射波长通常在2.5μm以下，2.5μm以上的红外辐射来自被加热的玻壳而非灯丝，仅可用作照明光源或近红外辐射源。

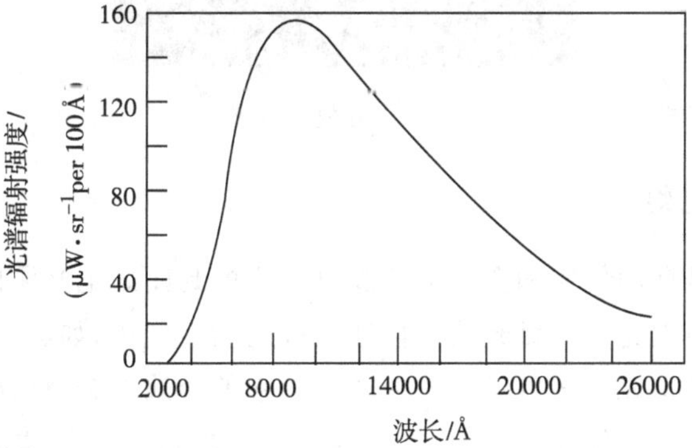

图1.45 钨丝灯辐射的光谱分布

钨丝灯的发光效率很低，一般民用钨丝灯泡的电功率仅有10%转换为可见光辐射，有70%转换为近红外辐射，还有20%被灯泡内的气体及玻璃外壳所吸收。钨丝灯的光通量随灯丝电流迅速变化，用作标准灯时需恒流供电。

1.9.4.4 卤素灯

卤素灯是一种改进的钨丝灯，也称卤钨灯。卤素灯的玻璃外壳中充有一些卤族元素气体(通常是碘或溴),当灯丝发热时,钨原子被蒸发后向玻璃管壁方向移动,当接近玻璃管壁时,钨蒸气被冷却到大约800℃并和卤素原子结合在一起,形成卤化钨(碘化钨或溴化钨)。卤化钨因热流向玻璃管中央继续移动,又重新回到被加热的灯丝上。由于卤化钨是一种很不稳定的化合物,其遇热后又会重新分解成卤素蒸气和钨,这样钨又在灯丝上沉积下来,弥补被蒸发掉的部分。通过这种再生循环过程,灯丝的使用寿命大大延长,几乎是白炽灯的4倍。由于灯丝可以工作在更高温度下,与钨丝灯相比,卤素灯具有更高的光亮度、色温和发光效率。

1.9.5 弧光灯

弧光灯通常指早期研制的开放式碳弧灯,如图1.46所示。碳弧灯的电极为碳棒,电极之间间隙为空气。在两个碳电极之间施加直流或交流电压时,电极间隙的空气因电压击穿而被离子化,正离子与电子再次复合产生的弧光的色温可达3800K至6500K。弧光放电时会产生高温将电极烧损,碳弧灯工作时需要不断调整电极间距。

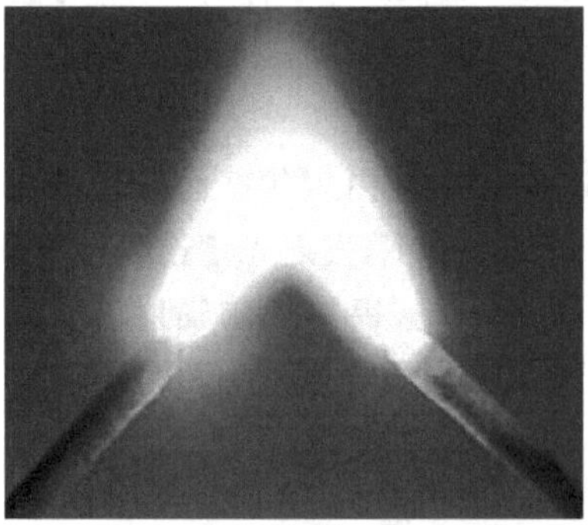

图1.46　开放式碳弧灯

1.9.6 气体放电灯

气体放电灯是利用气体和金属蒸气放电发光的封闭式电光源的总称。最初的气体放电灯仅在灯泡内充一些弧光放电性能较好的惰性气体,如氩、氖、氪、氙等或混合气体。其后的改进是充一些可见光发射能力较强的金属或金属卤化物,如汞、钠等。

气体放电灯既有气体弧光放电,又有金属蒸气的放电。气体放电灯弧光放电的原理与碳弧灯并无实质差别,但电弧的热量可使金属蒸发,离子化气体的自由电子在电场作用下加速,并与气体、金属原子碰撞,将处于原子轨道的电子激发至较高能态。受激发的原子在返回至较低能态时发射特定频率的红外、可见光或紫外辐射。气体放电灯启辉后的发光几乎全部来自金属蒸气的放电。

气体放电灯可用灯泡内气体或金属蒸气命名,如氖灯、氩灯、氪灯或钠灯、金属卤化物灯、汞灯等,或用电极材料命名,如锆弧灯、钨弧灯等。根据金属蒸气的压强,气体放电灯有低压、高压、超高压等种类,低压气体放电灯的发射光谱通常是叠加了一系列发射尖峰的连续谱。随蒸气压强的增加,发射谱线被展宽,尖峰趋于消失,如图 1.47 所示。

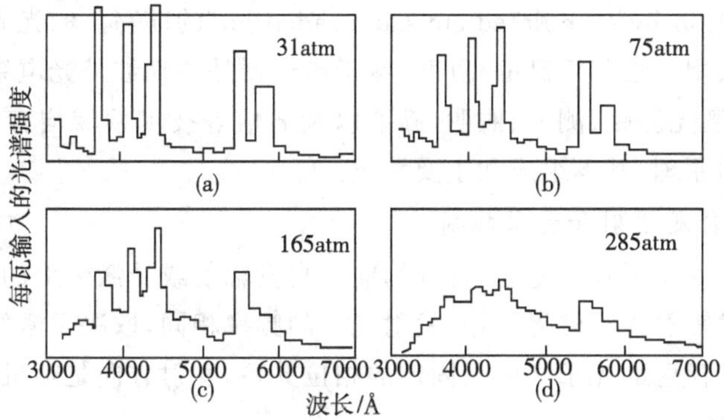

图 1.47　不同蒸气压强的高压汞弧灯的发射光谱

有的气体放电灯灯泡内壁有荧光质涂层,利用荧光质涂层吸收了气体放电短波长辐射后的荧光效应,可获得较连续的荧光光谱,以改善光色,这类气体放电灯称为荧光灯。例如,日光灯是典型的荧光低压汞灯,日光灯的汞蒸气发射的短波紫外线被荧光质涂层吸收后,可发出光谱较为连续的可见光。

气体放电灯是非热激发的、发射光谱不连续的光源。辐射能量集中在可见光波段的气体放电灯主要用于照明,是一种高能效的电光源。紫外气体放电灯有紫弧灯、杀菌灯、黑光灯等。气体放电灯除个别(如氙灯)外,在红外光电工程中极少应用。氙灯可发射与太阳自然光接近的白光,是较理想的太阳模拟光源。

1.9.7　发光二极管

发光二极管是采用电流激发产生复合辐射而发光的半导体二极管,通常用Ⅲ-Ⅴ族半导体材料制成,如 GaAs 等。

发光二极管复合辐射的原理如图 1.48 所示。当 p-n 结加正向偏置电压时,p-n 结界面处高能量的导带中存在电子,低能量的价带中存在空穴(不存在电子),即处于电子数反转分布的状态。当导带电子跃迁到价带,与价带的空穴复合时,将以发光的形式释放能量,即产生复合辐射。复合辐射的发光频率取决于半导体材料的禁带宽度。

发光二极管结构小、易集成,是一种高能效、长寿命的发光元件。其发射有方向性,辐射谱段不宽,多见于可见光波段,少量工作在红外波段。

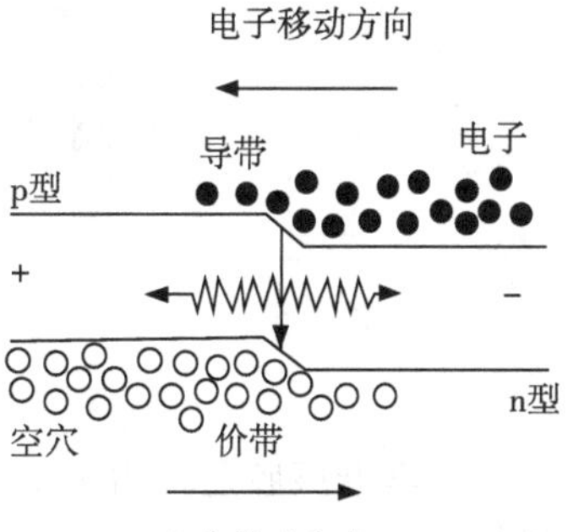

图 1.48　发光二极管复合辐射的原理示意

1.9.8 激光器

激光器是利用受激辐射光学放大的原理研制的光源，激光的英文名“laser”是“light amplification by stimulated emission radiation”的缩写。激光光束具有很好的单色性、方向性、相干性和极高的亮度。鉴于激光器是主动红外光电系统必须配置的光源，在目标的激光测距、测速、照明、瞄准以及通信等技术领域均有应用，本节拟简要介绍激光器的原理、基本组成和主要种类。

1.9.8.1 自发辐射和受激辐射

处于激发态的原子在向基态跃迁时，能以自发辐射或受激辐射的方式发射光子，释放能量。自发辐射无须外界作用，发射光子的频率相同，取决于激发态与基态之间的能级差。自发辐射的光子之间无固定的相位关系，发射方向是随机的，典型自发辐射如荧光、热辐射等。

受激辐射是处于激发态的原子受到频率与能级差相对应的外来光子的激励后产生的辐射，受激辐射的光子不仅频率与入射光相同，传播方向、相位以及偏振方向也与入射光相同。激光是典型的受激辐射。

1.9.8.2 激光源的基本组成

激光器由泵浦、光增益介质、光学谐振腔等基本部件组成，如图 1.49 所示。泵浦是外部激发源，用来激发更多的激光原子至高能级，产生粒子数反转。激励的方式可以是气体放电(如气体激光器)、光照射(如固体激光器)等。光增益介质是承载激光原子、分子或离子的工作物质，可以是固体、液体或气体。

根据受激辐射的原理，必须用频率、传播方向、相位、振动方向固定不变的入射光去激发处于激发态的原子，方可得到单色、准直、相干、线偏振的受激辐射，激光。激光器的这一任务是由光学谐振腔完成的。

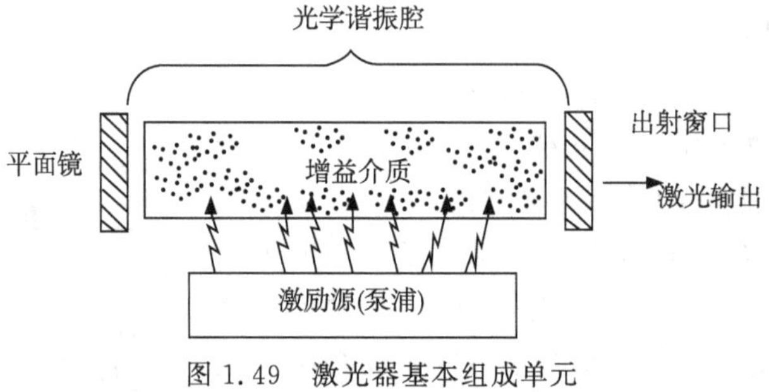

图 1.49　激光器基本组成单元

光学谐振腔通常由一对精细对准的平面或球面反射镜组成，其中一块反射镜的反射率近似为 1，另一块反射率略小于 1 的反射镜即激光出射窗口，增益介质介于其间。激光器开始工作时，自发辐射的光子向各个方向发射，引起的受激辐射也是各个方向的。但受激辐射中只有那些基本沿着轴向并在谐振腔的两反射镜之间能多次来回反射的光，才能不断得到增强，并有一部分从出射窗口射出。

激光的方向性、单色性主要或很大程度上取决于光学谐振腔的结构。为产生激光，要求光在谐振腔内来回一次的增益足以补偿其损失。如果泵浦能以稳定速率提供高能级原子，激光器可输出连续激光。如果泵浦只是短时间工作，激光器只能输出脉冲激光。

1.9.8.3　固体激光器

固体激光器是掺有离子杂质的玻璃棒或晶体棒为增益介质的激光器。固体激光器通常采用光学泵浦方式，泵浦源可以是闪光灯或其他强辐射源，如图 1.50 所示。

典型的固体激光器有红宝石激光器、钕玻璃激光器、YAG(掺钕镱铝石榴石)激光器等。掺入的低浓度杂质离子通常是过渡金属或稀土元素离子，如镱离子、钛离子等。杂质离子是发射激光的主体，玻璃棒或晶体棒只是离子的载体，不直接参与激光的发生。激光辐射波长是离子的特征，稍受载体材料的影响。玻璃棒或晶体棒发热产生温度梯度会改变折射率，其影响类似于变焦透镜，固体激光器需冷却。

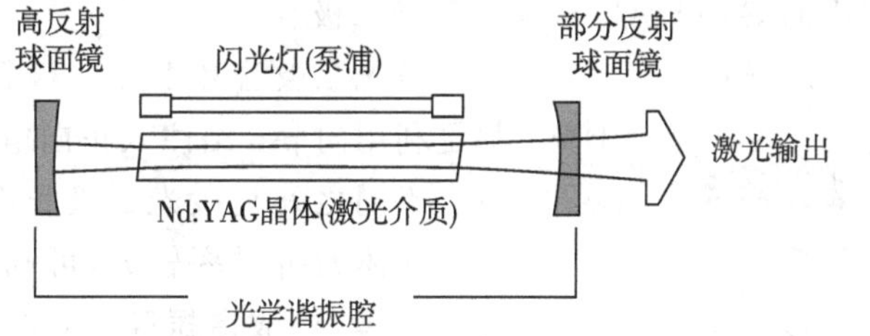

图 1.50　YAG 固体激光器结构

固体激光器可提供大功率的激光脉冲，其单脉冲能量为几毫焦至几百毫焦，脉冲宽度 0.1ns～1ms。制造连续的固体激光器很难，需要提供大功率连续泵浦源。

1.9.8.4　气体激光器

气体激光器是以气体为增益介质的激光器，气体激光器通常采用气体放电激励方式，如图 1.51 所示。气体激光可以是气体原子或分子受电子撞击、激发后直接发射的，如 CO_2气体激光。也可以是受激原子或分子将激发能量传递给其他种类的原子或分子后发射的，如 He-Ne 激光。气体激光器通常用玻璃管或石英管封装，管的两端装有谐振腔的反射镜或是有偏振反射特性的布儒斯特窗口。低压气体激光器的谱线很窄，光束质量较好，典型的有氦氖、氩离子、二氧化碳等气体激光器。

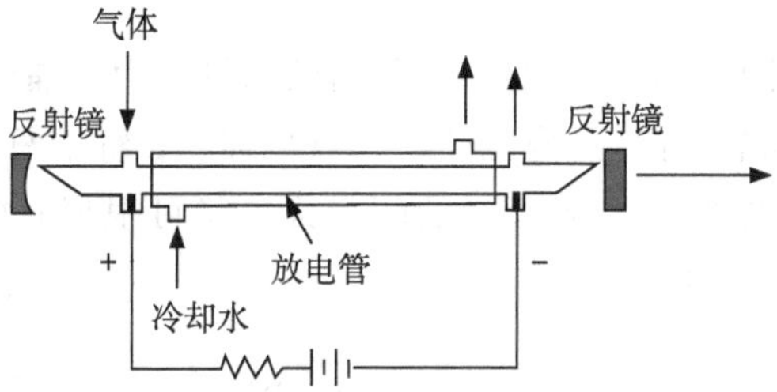

图 1.51　气体激光器结构

氦氖激光器的主要输出波长为 632.8nm、1.152μm 和 3.391μm。氦氖激光器稳定性很好，波长 632.8nm 的红光激光束常用作位置校正的基准。当气体放电的电流密度很大时，可得到一些惰性气体离子的可见光和紫外波长激光，典型的如氩离子激光。氩离子的高能级和低能级有许多子能级，氩离子激光有多色输出，其发光效率小于 0.1%，可连续出光。

气体分子振动-转动状态的能级差较小，能级之间跃迁可产生中波、长波红外激光，典型的有 CO_2 气体激光器。CO_2 气体激光器充 CO_2、N_2、He 的混合气体，CO_2 是激光发射分子，N_2 有助激励作用，He 对低能级去激励起重要作用。CO_2 气体激光波长可在 9～11μm 范围内调谐，CO_2 气体激光器主要输出波长为 10.6μm，输出功率 10^2～10^5 W，是一种高能效的、可脉冲或连续出光的大功率激光器。

1.9.8.5　半导体激光器

半导体激光器是采用电激励方法产生激光的半导体二极管。典型的有用Ⅲ-Ⅴ族半导体材料制成的 GaAs、AlGaAs 等激光二极管。

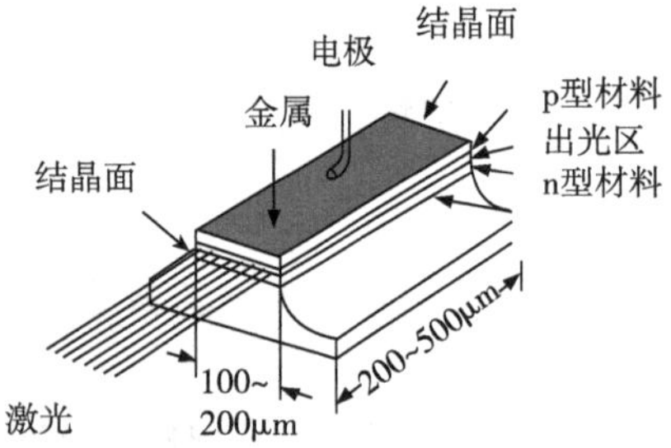

图 1.52　GaAs 激光二极管结构

激光二极管和发光二极管发光原理相同，都是利用向 p-n 结注入正向电流后产生复合辐射。不同之处是激光二极管有光学谐振腔，由于半导体的折射率较大，可利用它的结晶面作为反射镜，构成谐振腔，如注入电流足够大，满足增益阈值条件，即可产生激光。GaAs 激光二极管结构如图 1.52 所示。

半导体激光器的特点是体积小、效率高、适合批量生产。激光波长范围为0.63～1.58μm，可连续或脉冲方式出光，连续出光功率在毫瓦至数十瓦。它现已广泛用于光纤通信、光盘、激光打印、固态激光器的激光泵浦等。

1.10　人工目标辐射计算

1.10.1　有动力飞行器辐射计算

喷气飞机、导弹等有动力飞行器在远距离处都可视为由辐射特性不同的面元(如尾焰、尾喷管和气动加热表面等)构成的红外点目标。目标的总辐射强度是各个面元在观察方向的辐射强度之和，而各面元的辐射强度又可根据它的辐亮度及面元在观察方向的投影面积算得，即

$$I_\theta = \sum_{i=1}^{n} L_i A_i \cos\theta_i \tag{1.80}$$

式中：L_i 是面元 i 的辐亮度，包括自身热辐射和环境反射的辐亮度；$A_i\cos\theta_i$ 是面元 i 在与法线夹角为 θ 方向的投影面积。

面元可以是热辐射体，或是选择性辐射体。以波音 707 涡轮喷气机为例，涡轮喷气发动机有两个高温热辐射源，即尾喷管的热金属和高速排出的热气流（也称尾焰）。从无加力燃烧室的后部看，尾喷管的辐射远大于尾焰。但有了加力燃烧室后，尾焰便成了主要辐射源。另一个温度较低的热辐射源是飞机蒙皮，飞机在大气中高速飞行时蒙皮会被加热，称为空气动力加热。蒙皮、尾焰是辐射特性完全不同的辐射源，现分述如下。

飞机蒙皮可认为是发射光谱连续的灰体，蒙皮温度通常认为是均匀的，可根据环境温度、航速算得

$$T_s = T_0(1 + 0.164M^2) \tag{1.81}$$

式中：T_0 为周围大气温度；M 为航速的马赫数。

如环境温度为 230K，飞机巡航速度 $0.7M$，则蒙皮温度约 250K，高于环境温度 20K。

蒙皮辐亮度只取决于表面温度和发射率。如蒙皮发射率以 0.9 计，用热辐射定律可算得中波红外波段（3.2～4.8μm）飞机蒙皮的辐亮度为

$$L_{\text{surf}} = \frac{\varepsilon}{\pi}\int_{3.2}^{4.8} M_{\text{bb}}(\lambda, 250\text{K})\,d\lambda = 1.31 \times 10^{-5}(\text{W}\cdot\text{cm}^{-2}\cdot\text{sr}^{-1})$$

长波红外波段（8～12μm）飞机蒙皮的辐亮度为

$$L_{\text{surf}} = \frac{\varepsilon}{\pi}\int_{8}^{12} M_{\text{bb}}(\lambda, 250\text{K})\,d\lambda = 1.3 \times 10^{-3}(\text{W}\cdot\text{cm}^{-2}\cdot\text{sr}^{-1})$$

飞机蒙皮热辐射的能量主要在长波红外，部分在中波红外。可近似认为蒙皮温度是均匀的，表面漫射特性接近朗伯面。由于机身在不同观察方向的投影面积相差不大，远距离观察到飞机蒙皮的辐射强度无明显方向性。

尾焰是选择性辐射源，主要成分是燃烧生成的 CO_2、H_2O 或 CO 等高温气体，尾焰中波红外的辐射能量几乎全部集中在 4.3μm 波长的 CO_2 发射带，如图 1.53 中虚线曲线所示。由于中心波长处的尾焰辐射在传输过程被大气 CO_2 吸收，观察到尾焰的光谱辐亮度呈双峰结构，分别称为蓝峰和红峰，如图 1.53 中实线曲线所示。可近似将尾焰等效为波长范围为 4.3～4.55μm、发射率为 0.5 的灰体，如图 1.53 中虚线框所示。

对亚音速涡轮喷气机，随排出气体膨胀到周围的压力，膨胀后气体温度将比尾喷管里气体温度低 15%，可取 643K（370℃）。可求出红外中波波段单台发动机尾焰的等效辐亮度为

$$L_{\text{plume}} = \frac{\varepsilon}{\pi}\int_{4.3}^{4.55} M_{\text{bb}}(\lambda, 643\text{K})\,d\lambda = 5.6 \times 10^{-3}(\text{W}\cdot\text{cm}^{-2}\cdot\text{sr}^{-1})$$

尾焰在长波红外的辐射能量可以忽略。

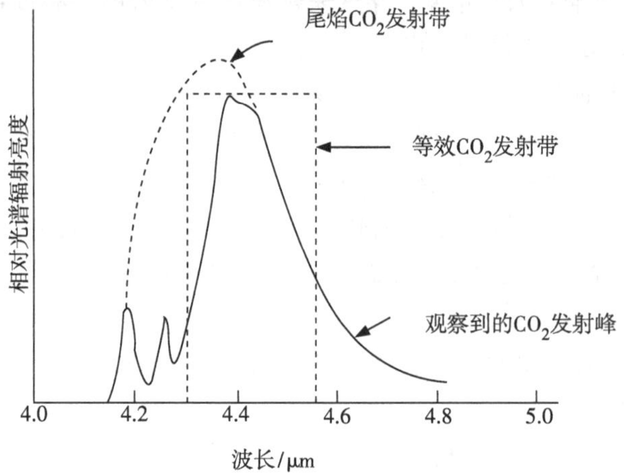

图 1.53　涡轮喷气发动机尾焰的 CO_2 发射带

以上计算结果仅是对尾焰在沿喷射方向的辐亮度的近似估计，实际尾焰的辐射要复杂得多，可参阅本章参考资料[4]。首先，尾焰是高温气体辐射，不是固体表面辐射。尾焰辐射场由高温核、扩散区组成，其温度、压强的空间分布可用多层同心圆筒的简化模型描述，如图 1.54 所示。

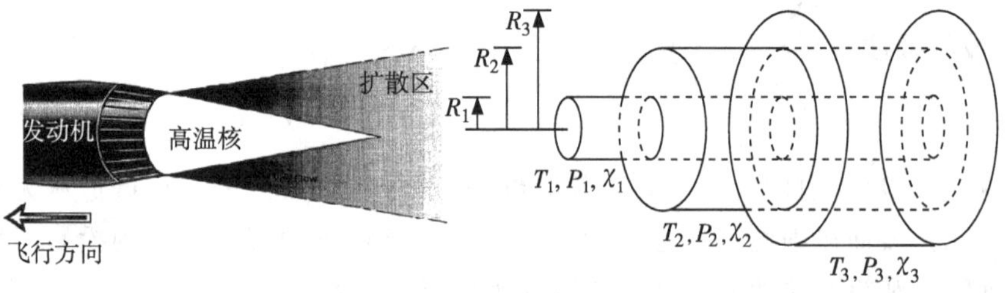

图 1.54　发动机尾焰辐射的空间分布和计算模型

尾焰辐射有明显的方向特征，观察到的辐亮度是沿视线方向各层尾气热辐射产生的辐亮度之和。在追尾方向，飞机尾焰的辐射最强，侧向次之，迎头观察时尾焰辐射将被遮拦。

本章参考资料[4]按观察方向和波段，分别计算了不同观察方向、飞机自身辐射（蒙皮、尾焰）、环境光（太阳直射光、大气热辐射、地球热辐射）反射产生的辐射强度和总辐射强度，计算结果如图 1.55 所示。表中，观察方向分迎头（nose）和侧面（beam），波段分中波红外（MWIR）、长波红外（LWIR），辐射强度单位：$W \cdot sr^{-1}$。由于采用的计算方法前面已讲述，不在此一一罗列，但表中给出的结果还是值得回味的。

观察方向和波段	蒙皮辐射	地球热辐射的反射	大气热辐射的反射	太阳直射光反射	尾焰辐射	总辐射强度
Ventral						
beam—MWIR	63.1	2.3	2.5	0.5	700.0	770
Nose—MWIR	55.8	0.0	3.1	451	0.0	510
Ventral						
beam—LWIR	1760	67.0	118	0.0	0.0	1940
Nose—LWIR	1560	4.4	153	135	0.0	1850

图 1.55　飞机的红外辐射强度计算结果摘录

可以看出：地对空探测飞机目标时，蒙皮对太阳直射光、大气热辐射、地球热辐射等环境辐射的红外反射也是不能低估的。对中波红外影响较大的是有一定方向性的太阳直射光反射，对长波红外影响较大的是大气热辐射、地球热辐射等低温灰体辐射的反射。与大气热辐射相比，由于地球热辐射在飞机表面不同部位的照度差较大，不同方向观察到的辐射强度差也较大。

1.10.2　空间目标的平衡温度

航天器的热平衡是热设计的基础，在轨运行的卫星处于热平衡时，卫星吸收的热流等于它向太空散发的热流。热流是热辐射计算的常用术语，热流定义为单位时间辐射加热或散热的功率，即辐射通量，单位为 W。

用热流表达的热平衡方程为

$$Q_1 + Q_2 + Q_3 + Q_4 + Q_5 = Q_6 + Q_7 \tag{1.82}$$

式中：Q_1 为太阳直接加热的热流；Q_2 为地球反照加热的热流；Q_3 为地球红外辐射加热的热流；Q_4 为空间背景加热的热流；Q_5 为卫星内热源加热的热流；Q_6 为卫星向太空辐射散热的热流；Q_7 为卫星内能的时间变化率。

上式中 Q_1、Q_2、Q_3 是主要的空间外热流，空间背景加热 Q_4 可忽略。热平衡状态下卫星内能的时间变化率 Q_7 为零，如不计卫星内热源加热的 Q_5，热平衡方程改写为

$$Q_1 + Q_2 + Q_3 = Q_6 \tag{1.83}$$

如将一个绕太阳同步轨道运行的卫星简化为金属球体，球体内部无热源，空间热流取一个轨道周期的平均值，可计算球体达到稳态热平衡时的温度。在日照区太阳直射、地球反照、地球热辐射对球体的半个球面加热，卫星进入地球阴影区后，球体向空间辐射能量，辐射面积是整个球面的面积。

1.10.2.1　太阳直接加热的热流

$$Q_1 = S\alpha_s \pi r^2 \phi_1 \tag{1.84}$$

式中：S 为太阳常数；α_s 为球体表面对太阳辐射的吸收率；r 为球半径；ϕ_1 称为太阳辐射角系数。

太阳辐射角系数 ϕ_1 也称受晒因子，它表示在一个轨道周期内卫星能被太阳照射的时间比，可根据轨道参数计算 ϕ_1。太阳始终能照射到卫星的轨道称为全日照轨道，全日照轨道受晒因子等于 1，如太阳同步卫星轨道[见图 1.56(a)]，也称晨昏轨道。另一种轨道如地球同步轨道[见图 1.56(b)]，太阳只有部分时间能照射到卫星。

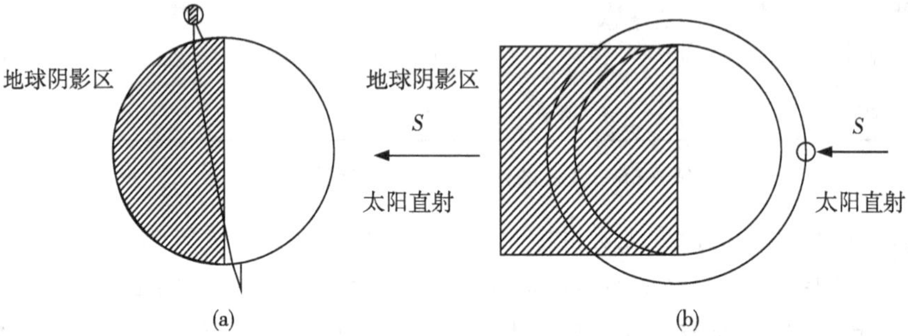

图 1.56　太阳同步轨道与地球同步轨道的地球阴影区

(a)太阳同步轨道；(b)地球同步轨道

1.10.2.2　地球反照加热热流

$$Q_2 = aS\alpha_s \pi r^2 \phi_2 \tag{1.85}$$

式中：a 为地球反照率；ϕ_2 称为地球反照角系数。

地球反照角系数 ϕ_2 是地球表面对卫星的角系数，等于地球反照光照射卫星的照度与地球反照光出射度之比。地球反照角系数与卫星、地球的相对几何位置及太阳天顶角有关。

1.10.2.3　地球热辐射加热热流

$$Q_3 = \frac{(1-a)S}{4}\varepsilon_h \pi r^2 \phi_3 \tag{1.86}$$

式中：$\frac{(1-a)S}{4}$为地球热辐射的出射度；ε_h 为球体的红外发射率，即红外吸收率；ϕ_3 称为地球热辐射的角系数。

地球热辐射的角系数 ϕ_3 等于地球热辐射照射卫星的照度与地球热辐射平均出射度之比。ϕ_3 计算较简单，它与太阳天顶角无关，仅与卫星、地球的相对几何位置有关。

卫星球体的热平衡方程为

$$S\alpha_s \pi r^2 \phi_1 + aS\alpha_s \pi r^2 \phi_2 + \frac{(1-a)S}{4}\varepsilon_h \pi r^2 \phi_3 = \varepsilon_h \sigma 4\pi r^2 T^4$$

整理可得

$$T^4 = \frac{1}{4\sigma}\left[(S\phi_1 + aS\phi_2)\cdot\frac{\alpha_s}{\varepsilon_h} + \frac{(1-a)S}{4}\cdot\phi_3\right] \tag{1.87}$$

如卫星轨道高度为 240km，太阳常数 S 取 1367W · m^{-2}，地球平均反照率 a 取 0.3，地球热辐射出射度 $\frac{(1-a)S}{4}=239$W · m^{-2}，可计算太阳同步轨道和地球同步轨道的角系数，进而计算不同表面涂层的球体的平衡温度，如表 1.12 所示。

表 1.12 太阳同步轨道和地球同步轨道不同涂层球体的平衡温度

球体表面涂层	白漆	黑漆	镀金
涂层太阳吸收率 α_s	0.15	0.9	0.25
涂层红外发射率 ε_h	0.9	0.9	0.04
α_s/ε_h	0.17	1.0	6.3
太阳同步轨道 $\phi_1=1, \phi_2=0.15, \phi_3=0.93$	−61℃	+20℃	+176℃
地球同步轨道 $\phi_1=0.59, \phi_2=0.7, \phi_3=0.93$	−70℃	−2℃	+138℃

上述热平衡方程是将卫星简化为一个低温球体，从总能量平衡角度导出的。实际上，不能反映卫星真实的热状态，因为卫星都有一定的形状、尺寸，卫星本体表面有的是隔热面，有的是散热面，不同类型表面的太阳吸收能力和热辐射能力差别很大。在轨运行时，不同表面接收到的空间热流差异很大。另外，由于卫星内部有发热量很大且工作模式不同的仪器设备，它们都不可能是等温的。

严密的做法是根据卫星不同位置的表面和内部设备情况，将卫星分为不同节点。各个节点本身是均温的，但节点之间有温差，存在复杂的辐射换热和传导换热关系。可以建立一组热平衡方程，而不是一个热平衡方程，通过对方程组进行数值计算最终得到卫星的温度场。

1.11 红外辐射的大气传输

1.11.1 大气特性

1.11.1.1 大气层

根据大气温度随高度的变化，地球大气可分为对流层（troposphere）、平流层（stratosphere）、中间层（mesosphere）、热层（thermosphere）等水平层。

海拔高度 10km 以下为对流层，大气温度以 6.5K · km^{-1}的速率下降。对流层空气的起伏上下造成旋转的气流（湍流），而且经常有水气形成的云。对流层大气通常称为低层大气，低层大气包含了很多不利于辐射传输的成分，如吸收气体、灰尘、雾、雨、雪和云等。

海拔高度 10～24km 为平流层，大气温度保持恒定，故平流层也称同温层。平流层大气只能作水平方向的移动，剩余的水汽很少。平流层大气的氧分子经太阳紫外辐射的作用形成臭氧，O_3 对波长小于 0.3μm 的紫外线有很强的吸收。

24～80km 高度为中间层，大气温度随高度先是增加，在 48km 以上又随高度增加而下降。光学传输只需考虑至中间层，中间层以上认为是光学透明的。

80km 高度以上至 8000km 为热层，在 100～240km 范围内，大气温度随高度增加而增加，在更高的高度，温度保持恒定。受到外来高频辐射的激发或高能粒子的碰撞，热层的气体分子不但分离为原子，而且更由原子分离为离子与电子。因此，热层也称为电离层，利用无线电波在电离层和地面之间的连续反射，可实现无线电短波的远程通信。

大气温度随高度的变化规律与地理纬度、季节有关，图 1.57 给出了 100km 以下 6 种大气模型的温度-高度分布曲线。

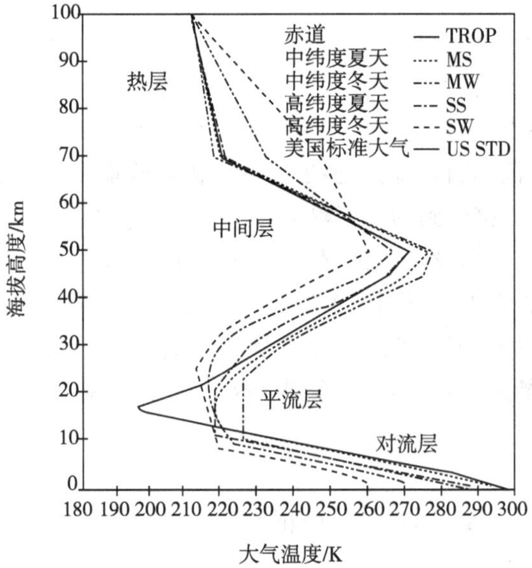

图 1.57 不同纬度、季节大气温度的高度分布

1.11.1.2 大气气体成分

地球大气是混合气体，干燥大气由氧气、氮气，此外还有氩、氖、氦等惰性气体以及二氧化碳、甲烷、氧化氮等吸收气体组成。这些气体在大气中混合比不随高度变化，被称为大气的不变成分。大气中还有一些含量随大气温度、海拔高度和地理位置变化的吸收气体，如水汽、臭氧等，称为大气的可变成分。

干燥地球大气的组成及其含量、红外吸收能力如表 1.13 所示。

表 1.13　干燥地球大气的组成

成 分	化学符号	体积的百分比	2～15μm 间的吸收
氮	N_2	78.084	无
氧	O_2	20.946	无
氩	Ar	0.934	无
二氧化碳	CO_2	0.032	有
氖	Ne	1.818×10^{-3}	无
氦	He	5.24×10^{-4}	无
甲 烷	CH_4	2.0×10^{-4}	有
氪	Kr	1.14×10^{-4}	无
氧化氮	N_2O	5.0×10^{-5}	有
氢	H_2	5.0×10^{-5}	无
氙	Xe	9.0×10^{-6}	无

大气中含量最丰富的氧气、氮气等双原子分子和惰性气体单原子分子都不吸收红外。地球大气中能吸收红外的气体分子主要是一些非对称多原子分子，如水汽、二氧化碳、臭氧、甲烷、氧化氮、一氧化碳等。

1.11.1.3　大气压强变化

给定海拔高度的大气压强等于单位截面上承受的、位于它上面的空气柱的总重量，大气压强随高度增加而减少。根据大气压强和温度，用理想气体方程可计算大气密度。不同纬度、季节的大气压强随高度变化规律的差异很小(见图 1.58)。

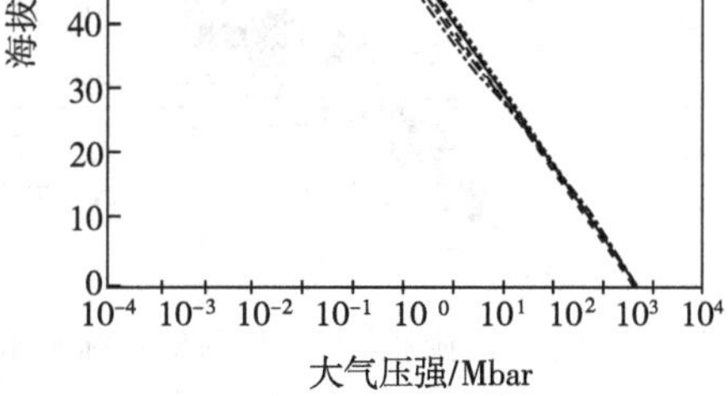

图 1.58　不同纬度、季节大气压强的高度分布

1.11.1.4 气溶胶粒子

气溶胶是大气及其弥散在大气中的固体或液体悬浮粒子总称，细小悬浮粒子也称气溶胶粒子。

霾、雾是典型的气溶胶粒子。霾是细小的固体微粒，如盐晶粒、尘埃、烟屑等，半径一直到 0.5μm。在湿度较大的地方，湿气凝聚在这些微粒上，可使它们变得很大。当凝聚核增大为半径超过 1μm 的水滴或冰晶时，就形成了雾。云的形成原因和雾相同，只是雾接近地面而已。

1.11.1.5 大气传输效应

大多数红外光电系统必须通过地球大气才能观察到目标，目标辐射在传输过程中会被大气中某些气体有选择地吸收，或被大气中悬浮微粒散射，吸收、散射均会使目标辐射发生衰减，称为大气衰减，如图 1.59 所示。

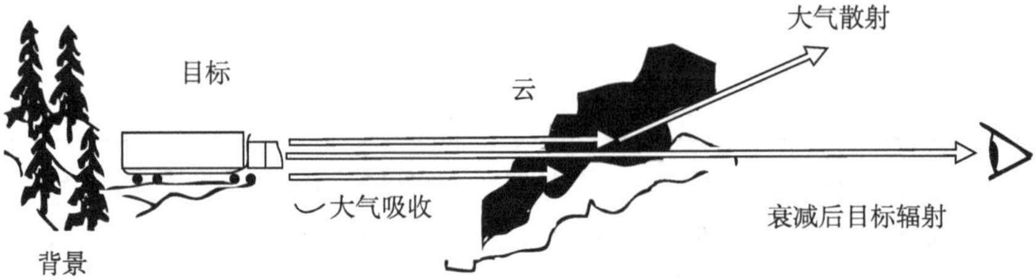

图 1.59 大气吸收、散射对目标辐射的衰减

光电系统沿视线方向接收到的目标辐射实际上由两部分组成，如图 1.60 所示。一部分是被大气吸收、散射衰减后的目标辐射，另一部分是叠加在目标和背景上的路径辐射。可见光、近红外波段的路径辐射主要是太阳光、天空光经大气、云散射后进入路径的辐射，红外波段的路径辐射主要是大气、云等的热辐射。路径辐射将增加系统探测的背景噪声，降低目标与背景的对比度。

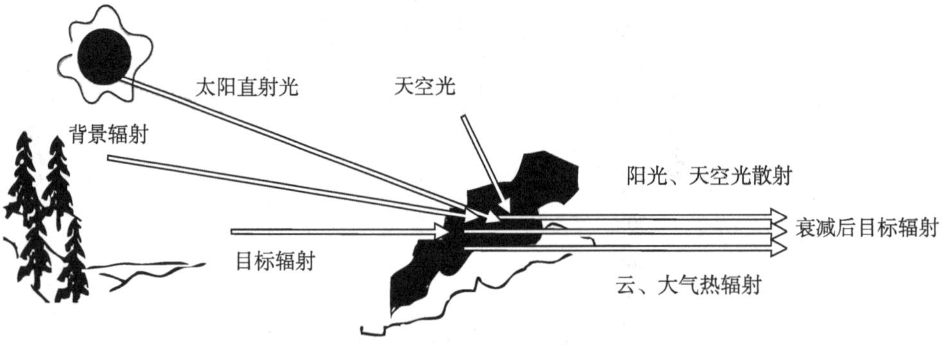

图 1.60 太阳、天空光散射和大气热辐射对目标对比度的影响

本章主要介绍地球大气吸收、散射等效应对目标传输影响，对大气折射、光学湍流、热晕等效应和空气动力学效应只作简单介绍。

1.11.2 大气吸收

1.11.2.1 红外大气窗口

地球大气在红外波段有许多吸收带，在吸收带之外存在大气透过率较高的谱段称为大气窗口。可粗略地认为地球大气有1～3μm、3～5μm和8～14μm等三个红外大气窗口。

海平面上2km长水平路径所测得的大气光谱透过率曲线如图1.61所示，图的下部给出了水汽、二氧化碳和臭氧分子吸收带的位置。更确切地讲，大气在近红外有0.95～1.05μm窗口，在短波红外有1.15～1.35μm、1.5～1.8μm、2.1～2.4μm等窗口，在中波红外有3.3～4.2μm、4.5～5.1μm等窗口，长波红外窗口为8～13μm。

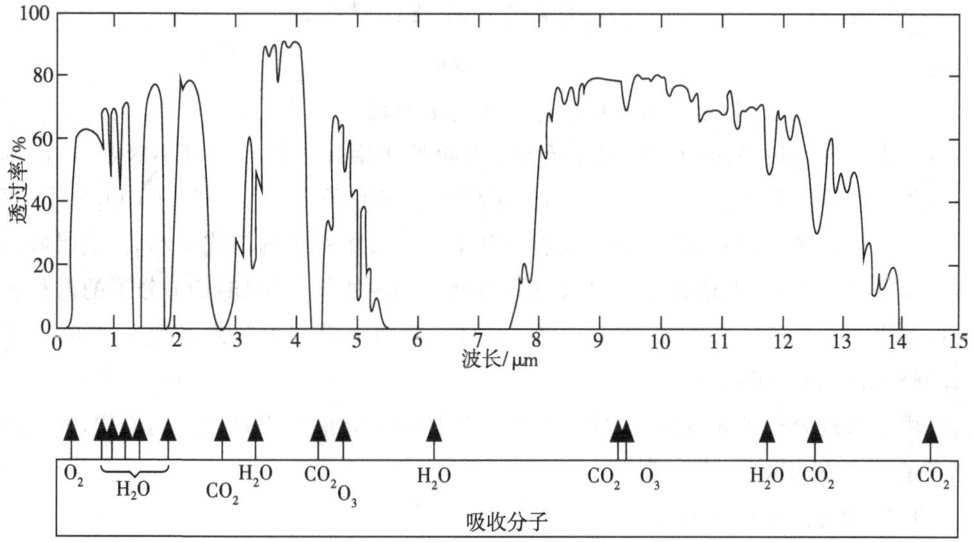

图1.61 海平面上2km路程的大气透过率

1.11.2.2 大气分子吸收

大气吸收是由于地球大气所含吸收气体的分子振动或转动能态发生变化产生的吸收。

地球大气中红外吸收气体主要有水汽、二氧化碳、臭氧、甲烷、氧化氮、一氧化碳等。这些多原子气体分子转动状态的能量差很小，转动吸收光谱主要出现在远红外波段。分子振动态之间的能量差比转动态之间的能量差要大许多倍，由此产生的振动吸收光谱出现在大约2～30μm常见的红外波段。地球大气及其所含主要吸收气体的红外吸收光谱如图1.62所示。

振动吸收带是由分子振动能级差所决定的、对特定波长红外辐射的选择性吸收

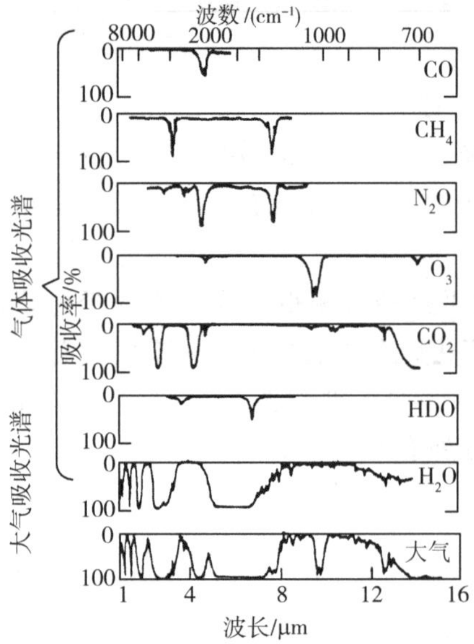

图1.62　地球大气及其主要吸收气体的红外吸收光谱

谱带。大气含量最多的 O_2、N_2 双原子分子及单原子惰性气体分子都不吸收红外，因为这类分子的振动不会引起分子电偶极矩变化。多原子分子，如 H_2O、CO_2 分子，可以有多种振动模式，当它们以某种能引起分子电偶极矩变化的模式振动时，能吸收特定频率的红外光子，形成特定的吸收谱线，如图 1.63 所示。例如：CO_2 分子的对称拉伸振动模式不会产生红外吸收，而非对称拉伸、弯曲等模式可分别产生 4.256μm 和 14.986μm 的特征吸收谱线。

由于邻近分子的相互作用，实际观察到气体吸收光谱并不是分立的谱线，而是由许多谱线构成的振动-转动谱带。

1.11.2.3　连续光谱吸收

大气红外窗口不是完全透明的，红外窗口处存在较弱的、随波长缓慢变化的连续吸收，在连续的吸收背景上还有一些局部的吸收谱线。

长波红外窗口处的大气吸收光谱主要是 CO_2、HDO(半重水)等气体的弱吸收带构成的连续谱，在连续背景上还叠加了一些 H_2O 的吸收谱线。长波红外大气窗口的连续吸收不仅影响路径透过率，也是大气温室效应的起因。大气中 CO_2 等红外吸收气体也称温室气体，它们对太阳的可见光、近红外辐射是透明的，但能吸收地球的红外热辐射，阻止其向太空发散。温室气体浓度过高，会破坏地球辐射的收支平衡，导致全球气候转暖。

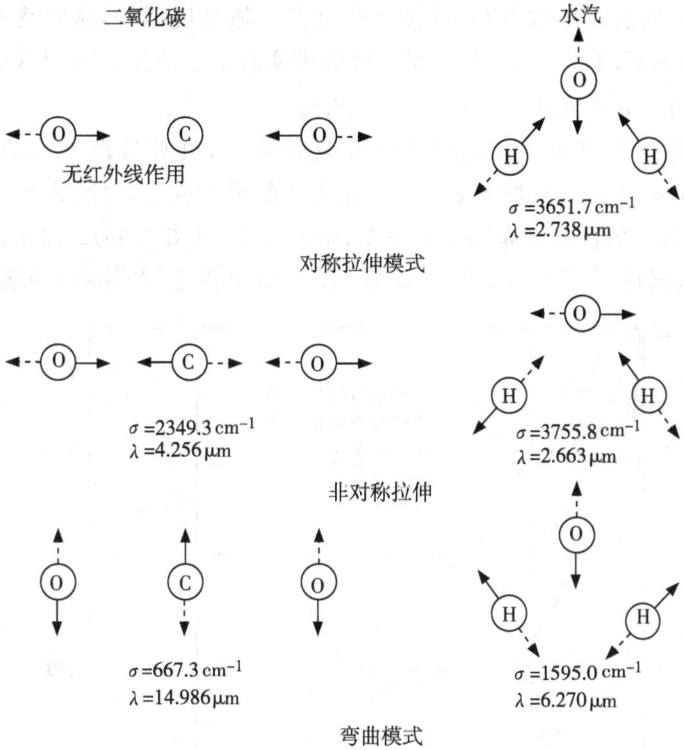

图 1.63　CO_2、H_2O 的振动模式与吸收谱线

1.11.2.4　二氧化碳吸收

二氧化碳是地球大气中主要的红外吸收气体，在红外波段的强吸收带在 2.7μm、4.3μm 和 15μm 波长处。

CO_2是大气的不变成分，也称均匀混合气体。CO_2在大气中的混合比直至 50km 高度均维持在 0.32%。CO_2气体压强随高度的衰减规律如同大气压强，即高度每增加 16km，压强衰减 10 倍，而水汽压强是高度每增加 5km 衰减 10 倍。随高度增加，水汽吸收迅速减少，而 CO_2 吸收的减少比较缓慢，其吸收可持续到 50km 高度。

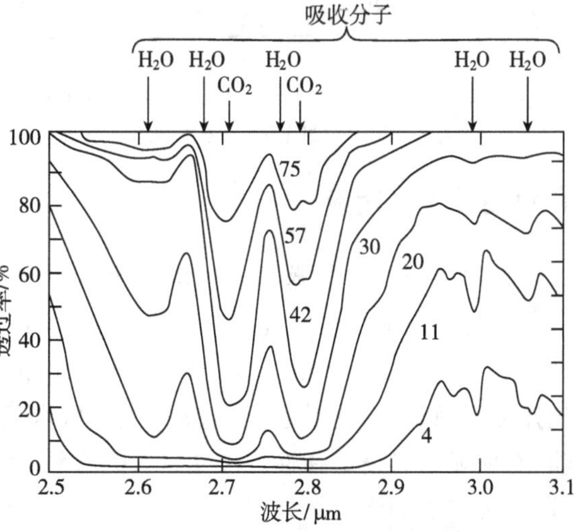

图 1.64　波长 2.7μm 附近二氧化碳和水汽吸收与海拔高度的关系

在波长 2.7μm 附近、不同高度（单位：kft）处的大气透过率如图 1.64 所示。图中，3km 处低层大

气的吸收主要是水汽吸收，CO_2 吸收带被掩盖。随高度增加，水汽含量迅速减少，CO_2吸收带开始显现。10km 以上，水汽吸收带实际上已消失，仅剩下 CO_2吸收带。

1.11.2.5 水汽吸收

水汽是地球大气中主要的红外吸收气体之一，红外波段水汽的强吸收带在 0.94μm、2.7μm 和 6.3μm 波长处。水汽是大气的可变成分，水汽的含量随高度增高而迅速减少，含量的高度分布因地理纬度、季节而异(见图 1.65)。海平面高度潮湿大气中水汽含量很高，大气吸收主要是水汽吸收。12km 以上，水汽吸收可忽略不计。

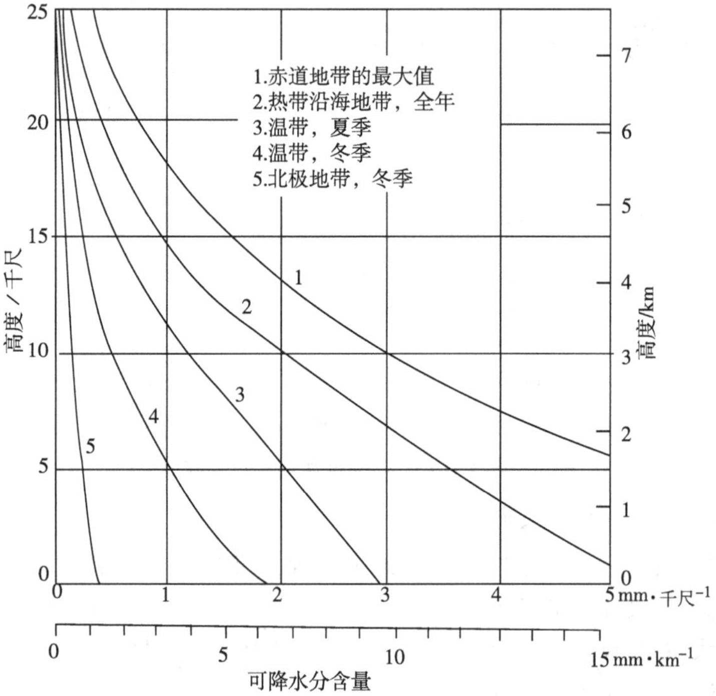

图 1.65 不同纬度、季节大气水汽含量的高度分布

1.11.3 大气散射

1.11.3.1 大气散射的光谱选择性

大气的散射粒子有气体分子(半径 10^{-4} μm)、气溶胶粒子(半径 10^{-2}～1μm)，以及雾、云(半径 1～10μm)、雨(半径 10^2～10^4 μm)等尺寸较大的水滴。大气散射包括气体分子散射(瑞利散射)和气溶胶散射(米氏散射)。分子散射主要影响可见光传输，有明显的光谱选择性。尺寸较大的雾粒、雨滴等气溶胶粒子对长波红外有较强的散射，无明显的光谱选择性。

大气散射的光谱选择性取决于粒子的散射效率，与散射粒子与入射光波长的相对大小有关。粒子的散射效率可用它的散射面积与截面积之比 K 表示，K 值与散射

粒子的半径波长比 r/λ 的关系如图 1.66 所示。当散射粒子的尺寸小于波长时，K 值随波长减小迅速增加，表现出对短波长辐射的选择性强散射，典型的选择性散射如瑞利散射。

当半径等于波长时，K 值最大，约为 3.8，散射最为强烈。微粒半径进一步增大，K 值轻微震荡，最终趋近于 2。由于此时的 K 值与波长无关，呈现为非选择性散射，典型的非选择性散射如米氏散射。

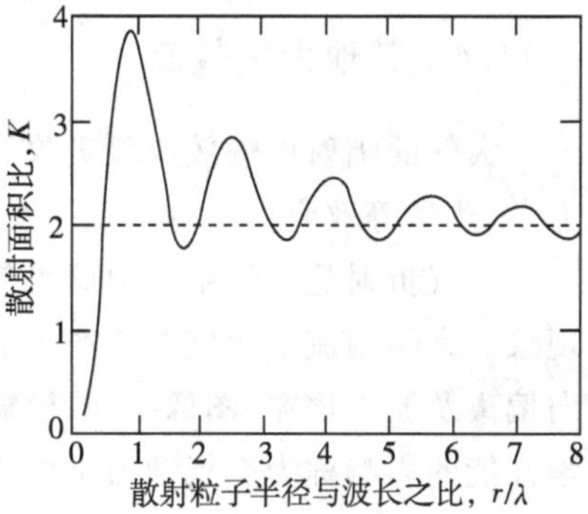

图 1.66　散射面积比与散射粒子半径波长比的关系

1.11.3.2　瑞利散射

线度小于入射光波长的粒子产生的散射称为瑞利散射。大气分子散射是典型的瑞利散射。

瑞利散射的散射系数与波长的四次方成反比，有很强的光谱选择性。如我们仰望晴空时，看到的是大气气体分子对阳光的散射光。由于气体分子对波长较短的蓝光有更强的散射，晴空呈现蔚蓝色。当我们平视落日时，看到的是阳光穿越很长的大气路程的透射光，由于波长较长的红光散射损失较小，看到的落日呈现红色。

1.11.3.3　米氏散射

线度大于入射光波长的粒子的散射称为米氏散射。雾、霾等气溶胶粒子的散射是典型的米氏散射。

米氏散射无明显光谱选择性。颗粒较大的烟雾，由于对可见光的各种色光都有较高的散射效率，散射光呈白色。雾粒半径在 0.5～80μm，尺寸分布的峰值一般在 5～15μm。雾天可见光、红外的大气透过率都很低，但如是雾粒较小的薄雾，长波红外的透过率还是要比可见光高一些。薄雾天气、1km 水平路径的红外光谱透过率如图 1.67 所示，长波红外的峰值透过率约 18%。

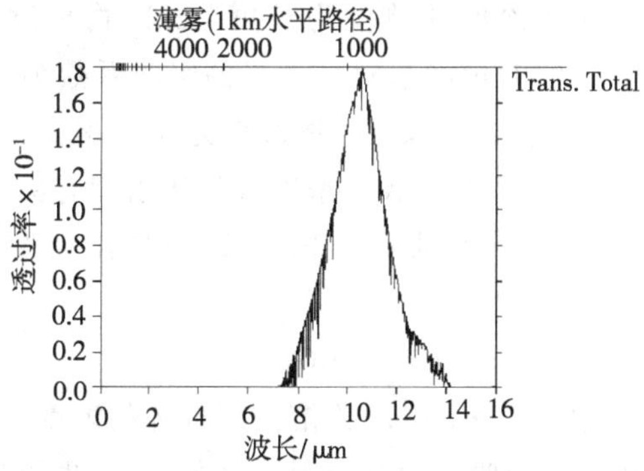

图 1.67　薄雾(1km 水平路径)的透过率

1.11.4　其他大气效应

大气的辐射传输效应除吸收、散射、热辐射外，还有大气折射、光学湍流、空气动力学、热晕等效应。

大气折射是一种由于地球大气折射率的非均匀而导致光线传播偏离直线的物理现象。光学湍流是大气湍流产生的折射率的起伏，光学湍流可产生强度闪烁、激光方向偏离及波束增宽、图像晃动、模糊等效应。空气动力学环境对高速机载系统总体光学性能的影响称为空气动力学效应，简称气动效应。热晕是高能激光束穿越大气时产生的“热散焦”效应。

1.11.5　大气传输计算

1.11.5.1　比尔定律

比尔定律是描述辐射在均匀的吸收介质中传输时吸收规律的物理定律。辐射在通过相同厚度的均匀吸收介质时，其辐射通量衰减的比例是相同的，辐射通过厚度为 $\mathrm{d}x$ 介质的吸收率可表达为

$$\frac{\mathrm{d}\Phi}{\Phi}=-\alpha\mathrm{d}x \tag{1.88}$$

如辐射通过厚度为 L 的均匀介质后，通量由 Φ_0 衰减至 Φ_1，上式两边积分：

$$\int_{\Phi_0}^{\Phi_1}\frac{\mathrm{d}\Phi}{\Phi}=-\int_0^L\alpha\mathrm{d}x$$

可得到

$$\ln(\Phi_1/\Phi_0)=\ln\tau=-\alpha L \tag{1.89}$$

或

$$\tau=\Phi_1/\Phi_0=\exp(-\alpha L) \tag{1.90}$$

式中：τ 为厚度为 L 的均匀介质的透过率；α 称为吸收系数，是单位厚度介质的吸收率，cm^{-1}；αL 称为光学深度，也称对数透过率，无量纲。

辐射在均匀介质中传输时，辐射通量是按指数函数规律衰减的。吸收系数的倒数 $1/\alpha$ 也称穿透深度。穿透深度的单位为长度(cm)，物理意义是透过率为 $1/\mathrm{e}=0.368$ 时的介质层厚度。例如，纯净水对可见光的吸收系数为 $0.001\mathrm{cm}^{-1}$，其穿透深度为 1000cm，即可见光透过 1m 厚水层的透过率为 36.8%。

溶液、气体的吸收系数与所含吸收物浓度或气体密度有关，它们的吸收系数通常约定为单位浓度的吸收系数，称为质量吸收系数，或称比吸收系数。透过率即可表达为

$$\tau=\exp(-\alpha cl) \tag{1.91}$$

其中：α 称为质量吸收系数，$\mathrm{g}^{-1}\cdot\mathrm{cm}^2$；$c$ 为溶液或气体的浓度，$\mathrm{g}\cdot\mathrm{cm}^{-3}$。

比尔定律不仅适用于介质吸收引起辐射衰减的计算，也用来计算液体、气体中悬浮粒子散射引起的辐射衰减。

1.11.5.2　大气衰减

大气衰减是大气吸收和散射引起目标辐射的衰减，可用比尔定律计算大气吸收、散射引起辐射的总衰减。辐射在均匀大气层中传输的路径透过率为

$$\tau_a = \exp(-\sigma x) = \exp(-\tau_{OD}) \tag{1.92}$$

式中：τ_a 为大气透过率；x 为路径长度，cm；$\sigma=\alpha+\gamma$ 为大气衰减系数，cm^{-1}；$\tau_{OD}=\sigma x$ 为大气光学深度，有时也称大气的光学厚度，无量纲。

大气衰减系数是描述大气吸收、散射引起辐射传输衰减强弱的参数，也称消光系数。大气衰减系数是吸收系数 α 与散射系数 γ 之和，数值上等于辐射衰减 1/e 倍时传输距离的倒数。

非均匀的地球大气可分割为若干个性质均匀的水平层，路径的总透过率是各层透过率的乘积。通常是先求各层大气光学深度 $\tau_{OD}(i)$，取和得到路径的总光学深度，再计算路径的总透过率。

$$\tau_a = \exp(-\tau_{OD}) = \exp\left[-\sum_i \tau_{OD}(i)\right] \tag{1.93}$$

式中：$\tau_{OD}=\sum_i \tau_{OD}(i)$ 是非均匀大气路径的总光学深度。

由于大气衰减与吸收气体分子和气溶胶粒子的浓度有关，各层大气的衰减系数 σ_i 必须是单位浓度的衰减系数，即质量衰减系数或比衰减系数。各层大气如有多种吸收气体，应分别计算它们的光学深度，然后求和。

1.11.5.3　大气辐射传递方程

观察点沿视线方向接收到的总辐亮度称为总路径辐亮度，总路径辐亮度即光电探测系统透过大气测得的目标的表观辐亮度，如图 1.68 所示。总路径辐亮度与目标出射辐亮度之间的关系可用辐射在大气中的传递方程表示为

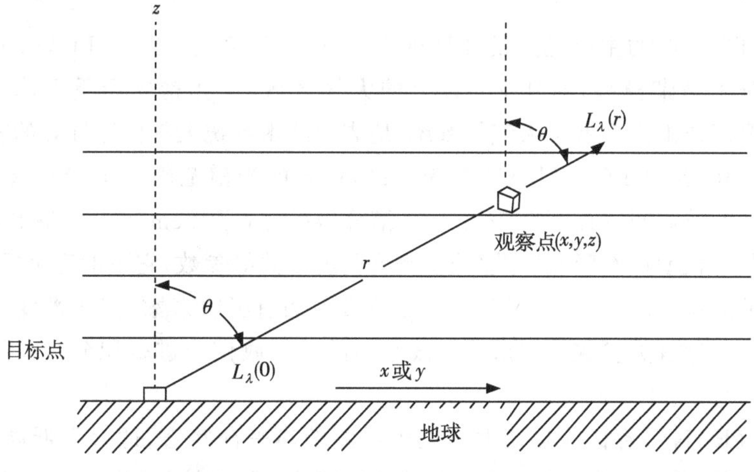

图 1.68　大气辐射传递方程图示

$$L_\lambda(r)=L_\lambda(0)\exp[-\tau_{OD}(r)]+\int_0^r J_\lambda(r')\exp[\tau_{OD}(r')-\tau_{OD}(r)]\mathrm{d}r' \quad (1.94)$$

式中：$L_\lambda(r)$相距 r 观察点接收到的总路径辐亮度；$L_\lambda(0)$为目标出射的光谱辐亮度；$\tau_{OD}(r)$是路径的总光学深度；$J_\lambda(r')$是路径点散射或热辐射的光谱辐亮度。

上式右端有两个相加项，第一项 $L_\lambda(0)\exp[-\tau_{OD}(r)]$是观察点处衰减后的目标光谱辐亮度，其中 $\exp[-\tau_{OD}(r)]=\tau(r)$称为路径透过率。第二项是对路径各点传递至观察点散射或热辐射光谱辐亮度的积分，称为路径辐亮度。

如路径辐亮度可忽略，路径透过率可简化为

$$\tau(r)=\frac{L_\lambda(r)}{L_\lambda(0)}=\exp[-\tau_{OD}(r)] \quad (1.95)$$

如大气衰减也可忽略，即路径透过率为 1，路径大气的光学深度为 0，可得 $L_\lambda(r)=L_\lambda(0)$。说明辐射在无吸收、散射的均匀介质中传输时，辐亮度是守恒的。

1.11.5.4 大气传输计算软件

特定大气条件下的路径透过率和辐亮度可采用模型化方法计算。目前常用的大气传输计算软件有 LOWTRAN（低光谱分辨率）、MODTRAN（中光谱分辨率）和 HITRAN（高光谱分辨率）等，光谱范围可从紫外至微波。输入大气模型、气溶胶模型、路径类型等参数，可计算路径的透过率、热辐射辐亮度、有散射的路径辐亮度和太阳直射光的照度等。

LOWTRAN 是美国地球物理管理局开发的低光谱分辨率大气传输计算软件，最高版本是 1989 年发布的 LOWTRAN7。LOWTRAN 计算的光谱分辨率较低，仅为 $20\mathrm{cm}^{-1}$。利用近似分子谱带模型及分子连续吸收、分子散射、气溶胶吸收和散射等模型，LOWTRAN7 可以计算特定大气路径的透过率、路径辐亮度、太阳直射照度。

LOWTRAN7 的主要优点是计算迅速，结构灵活多变。由于 LOWTRAN 中采用了近似分子谱带模型，对 40km 以上的大气区域，计算精度严重下降。LOWTRAN7 主要用作工作于低层大气的系统、地表面战术系统大气传输计算的辅助工具。

MODTRAN 是 LOWTRAN 升级产品，计算的光谱范围与 LOWTRAN 相同，但光谱采样的波数间隔提高至 $1\mathrm{cm}^{-1}$，光谱分辨率提高至 $2\mathrm{cm}^{-1}$。LOWTRAN 的近似分子吸收带模型仅有吸收系数、分子密度刻度函数等参数，它不能完全反映大气吸收与温度的关系。MODTRAN 的分子吸收带模型有吸收系数、谱线密度、平均谱线密度等 3 个温度有关参数。在对采样波数间隔内吸收谱线进行积分时，还考虑了谱线的形状。

MODTRAN 计算的前提是大气处于局部的热平衡状态，适合于低高度和中等高度大气路径，路径高度大于 60km 时，MODTRAN 要谨慎使用。MODTRAN 拥有自己的光谱数据库，且有 LOWTRAN 的全部功能。

HITRAN 是包含了 28 种大气气体分子巨量的谱线数据的数据库。数据库的谱线参数包括位置、强度、半宽度、较低能级等，是国际公认的大陆大气吸收和辐射特性的计算标准和参考。HITRAN 数据库是独立的，既可为 FASCODE 提供直接输入数据，也可为 LOWTRAN、MODTRAN 提供间接的输入数据。

FASCODE 由美国地球物理管理局开发，能对大气吸收谱线进行精确的逐线计算的运行代码。FASCODE 的所有谱线数据存于 HITRAN 数据库中，逐线计算使它比 MODTRAN 有更高的光谱分辨率，适合用于高光谱分辨率系统或激光系统大气传输效应的计算。由于需要复杂计算，FASCODE 的运行速度较低。

LOWTRAN、MODTRAN 和 HITRAN 的主要区别在光谱计算的模型、方法和分辨率，它们设置的大气、气溶胶、路径等模型及其运行模式极为相似，本章将择要介绍目前较为常用的 MODTRAN 大气传输计算软件。

1.12 MODTRAN 介绍

本节内容可参阅 MODTRAN 的用户手册，见本章参考资料[5]。

1.12.1 大气模型

大气传输计算软件通常为用户提供两种定义大气参数的方法，一种是由用户提供气象数据，另一种是将大气分割为若干个物理性质均匀的水平层，建立一些标准的大气模型并给出了这些标准大气的气压、温度，以及 H_2O、CO_2、O_3 等吸收气体含量在各个高度层的分布，用于各层大气传输的计算。

如 MODTRAN 将大气划分为非等厚的 34 层，建立的标准模型大气有：

(1)1976 年美国“标准”大气。1976 年，由美国制定，用中纬度平均值表示。

(2)赤道：北纬 15°。

(3)中纬度夏天：北纬 45°，7 月。

(4)中纬度冬天：北纬 45°，1 月。

(5)亚北极夏天：北纬 60°，7 月。

(6)亚北极冬天：北纬 60°，1 月。

上述 6 种标准的模型大气概括了季节、纬度对大气温度和压强高度分布的影响，如图 1.57、图 1.58 所示。根据标准的模型大气温度和压强的高度分布，可确定二氧化碳等均匀混合吸收气体的密度随高度的分布。除标准模型外，用户也可以自定义大气模型，另行输入大气温度和压强随高度的分布参数，或水汽、臭氧等非均匀混合吸收气体的密度随高度的分布参数。

1.12.2　气溶胶模型

大气传输计算软件能为用户提供的标准化的气溶胶模型。如 MODTRAN 可提供包括农村、近海、海洋、对流层、雾、沙漠以及自定义等 11 种气溶胶模型。这些气溶胶模型主要根据地理环境和天气条件划分的。为更精确计算气溶胶衰减，还可对选定的气溶胶模型进行季节、气象距离(能见度)等参数的修正。

0～2km 边界层大气的气溶胶对辐射传输影响最大，受地理、天气条件影响也较大，农村、都市、海洋和沙漠的气溶胶的组分和分布有明显的差异。例如，都市环境的气溶胶含有较多燃烧和工业源的生成物。海面的气溶胶含海水喷沫蒸发后产生的盐颗粒，在高湿度环境下水汽凝结在盐颗粒上又增加了它的尺寸。

2～10km 的对流层的气溶胶对当地的地表资源就不太敏感，与空气特别清澈的地表情况相仿。10～30km 的同温层的气溶胶呈全球均匀分布，只有一些光化学反应产生的硫酸盐颗粒，相当于无大颗粒的农村模型。同温层的气溶胶也称作背景气溶胶。影响同温层气溶胶分布和性质的主要因素不是地理条件、天气的变化，而是季节的变化。更高的上层大气只有一些流星灰。

1.12.3　大气路径类型

MODTRAN 将目标辐射源的表面称为边界层(boundary)，边界层至观察点辐射传输的路径称为大气路径。路径透过率和辐亮度不仅与路径长度有关，也与路径如何穿越大气层有关，因此，用户必须输入路径的类型和相应的路径参数。

MODTRAN 可选的路径类型有水平路径、倾斜路径、倾斜路径至空间等。不同类型的路径需输入的路径参数也不同。确定水平路径只需输入 2 个路径参数，如观察点高度、路径长度。确定斜路径需输入 3 个路径参数，如路径参数可以是起始高度、终止高度、天顶角，可以是起始高度、天顶角、斜程，或者是起始高度、终止高度、斜程。确定至太空的斜路径仅需要输入 2 个路径参数，如起始高度和天顶角。

1.12.4　运行模式

运行模式是要求大气传输软件计算的内容。MODTRAN 有透过率(transmittance)、热辐亮度(thermal radiance)、有散射辐亮度(radiance with scattering)、太阳直射照度(direct solar irradiance)等四种运行模式，其中最完整描述目标辐射在大气中传递的是有散射辐亮度运行模式。

1.12.4.1　透过率模式

透过率模式可计算路径的总透过率以及气体分子带吸收、气体连续吸收、气溶胶吸收等分量的路径透过率。路径的总透过率为各个分量的路径透过率之积。

1.12.4.2　热辐射亮度模式

热辐射亮度模式可计算大气路径的总透过率，还可计算大气热辐射产生的路径辐亮度、边界层透过大气的辐亮度和总辐亮度。热辐射亮度模式不考虑太阳散射产生的路径辐亮度和太阳地面反射的辐亮度，可适用于热红外波段地物辐射的大气传输计算。

对热红外探测系统来讲，太阳散射光的影响可忽略，到达观察点的总路径辐亮度是大气热辐射的路径辐亮度和透过大气的目标热辐射亮度之和，其中大气的路径辐射是沿观察路径各层大气热辐射叠加的结果。

为便于理解，现假设仪器从某一海拔高度对地物进行观察，地表至仪器的大气路径可分为 3 个均匀的大气层，参见图 1.69。路径的总光谱辐亮度可表达为

$$\begin{aligned} L(\lambda) = & [\tau_2(\lambda) - \tau_1(\lambda)]L_{bb}(\lambda, T_1) + [\tau_3(\lambda) - \tau_2(\lambda)]L_{bb}(\lambda, T_2) \\ & + [1 - \tau_3(\lambda)]L_{bb}(\lambda, T_3) + \tau_1(\lambda)\varepsilon(\lambda)L_{bb}(\lambda, T_b) \end{aligned} \tag{1.96}$$

式中：T_b 为地表温度；T_i 为第 i 层大气的辐射温度；$\tau_i(\lambda)$ 为第 i 层大气层底部至观察点的大气透过率；$L_{bb}(\lambda, T)$ 为温度等于地表或大气层温度的黑体的光谱辐亮度。

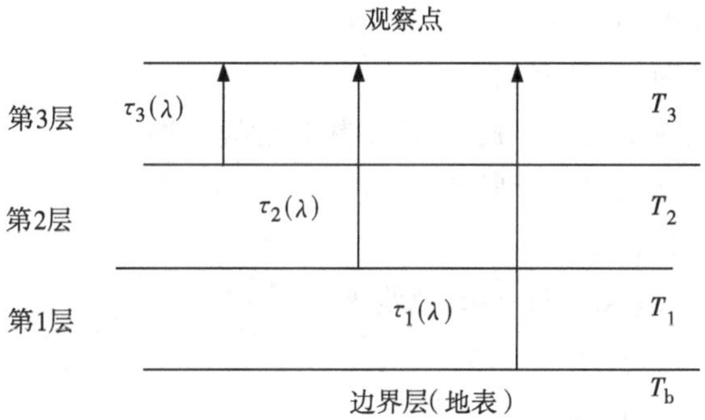

图 1.69　空对地观察的总路径辐亮度计算图示

空对地观察时，每一层大气对路径辐亮度的贡献取决于它的温度和发射率，各层的发射率即该层的吸收率，等于其顶部与底部至观察点的透过率之差，如第 1 层大气的光谱发射率为

$$\varepsilon_1(\lambda) = \alpha_1(\lambda) = \tau_2(\lambda) - \tau_1(\lambda)$$

MODTRAN 假设边界层均为不透辐射的灰体，用户可输入边界层的绝对温度和表面反射率，其发射率等于(1－表面反射率)。MODTRAN 也提供了几种典型的地物，如雪、森林、植被、草地、海洋、沙漠等，这些典型地物在红外波段的光谱反射率都是确定的，用户只需明确探测的是何种典型地物即可。

1.12.4.3　有散射辐亮度模式

有散射辐亮度模式保留了热辐射亮度模式的全部功能，增加了太阳等路径外辐

射源产生的大气散射辐亮度和地面反射辐亮度的计算。

路径大气的散射有分子散射、气溶胶散射，分子散射主要影响可见光波段的路径辐亮度，气溶胶散射对近红外、中波红外影响较大。散射光的辐亮度和观察方向与太阳/月亮照射方向的相对位置有关，计算时须输入太阳/月亮几何位置参数。路径外辐射源的辐射经大气散射进入路径将增加路径的辐亮度。

1.12.4.4 太阳直射照度模式

太阳直射照度模式可计算大气层外太阳入射光和观察点处太阳直射光的光谱辐照度以及路径透过率。这里的太阳照度约定为正入射照度，运行时用户只需输入观察点高度和太阳天顶角。不同的太阳天顶角，大气层外太阳照度相同，观察点处的太阳照度因大气路径增长而减小。

1.12.5 计算实例

假设有一个星载海洋水色、水温扫描仪，卫星轨道高度 796km，现用 MODTRAN 的有散射辐射亮度模式计算扫描仪以 45°倾角观察海面的路径辐亮度和透过率。输入的主要参数为

大气模型：中纬度、夏天；

气溶胶模型：洋面，能见度 23km；

运行模式：有散射辐亮度模式，夜间用热辐射模式即可；

边界层：温度 300K，表面反射率 0.03；

路径类型：斜路径；

路径参数：$H_1=100$km，$H_2=0$，视线天顶角 135°；

太阳天顶角：0°；

波长范围：0.4～16μm；

采样间隔：30cm^{-1}。

注：

(1) $H_1=100$km 是观察点高度，实际高度 798km，大气效应只需计算至 50km，100km 是 MODTRAN 能够计算的最大高度。

(2) 视线天顶角是扫描仪视线与天顶线的夹角，太阳天顶角是太阳在海面入射角。

输出的可见光至长波红外的路径辐亮度曲线如图 1.70 所示。红外中波、长波波段的路径辐亮度（实线）是海面热辐射（点划线）和路径大气热辐射（长划线）辐亮度之和，红外波段的海面反射和太阳散射均可忽略。

将可见光至近红外部分曲线放大，如图 1.71 所示。可见光、近红外波段的路径辐亮度（实线）是太阳散射（点线）和海面反射光（长划线）辐亮度之和。可见光、近红

外波段海面和路径大气的热辐射均可忽略。在可见光、近红外波段,太阳散射辐亮度远大于海面反射辐亮度。由于大气分子强散射,星上接收到的短波可见光几乎全部来自太阳散射光,这对海洋水色的探测是极其不利的。

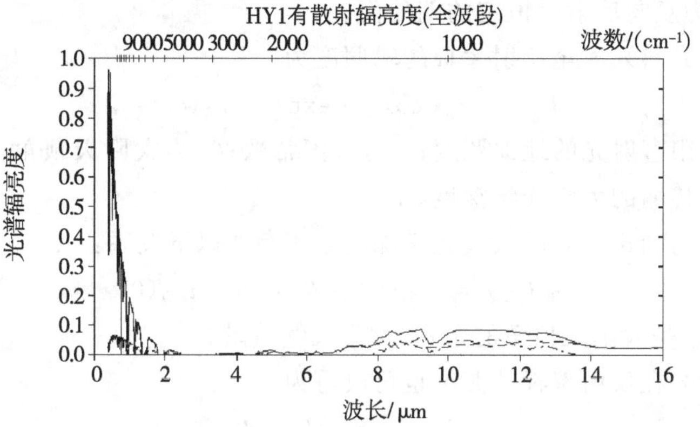

图 1.70　海洋卫星斜视海面的路径辐亮度(VIS-LWIR)

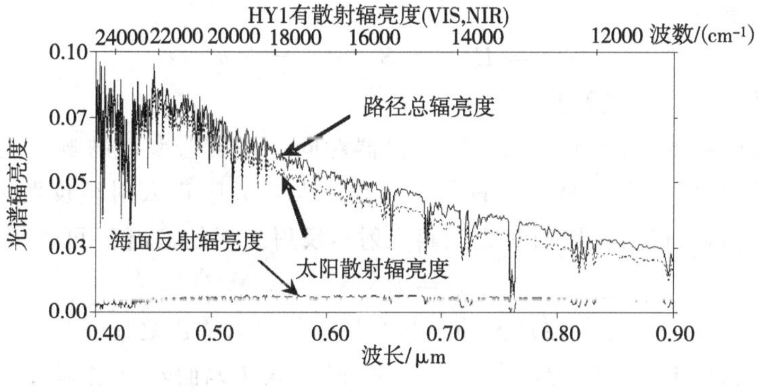

图 1.71　海洋卫星斜视海面的路径辐亮度(VIS-NIR)

1.13　大气传输效应的应用

1.13.1　太阳辐射定标

辐射定标的目的是通过对标准辐射源的测量,建立仪器输出和入瞳辐亮度之间的函数关系。航天遥感仪器可见光、近红外通道发射前的实验室辐射定标通常用积分球,室外辐射定标则为太阳辐射定标。太阳辐射定标可建立星上仪器输出与地物反照率之间的函数关系,最终确定的定标方程可将仪器响应反演为地物的反照率。

太阳是天然的强辐射源，太阳常数几近恒定。由于仪器地面定标和在轨运行的辐射源都是太阳，无需对定标源的光谱特性进行修正。太阳辐射定标时，待定标的遥感仪器采集到是太阳直射光在标准反射率板的漫射光。标准反射率板的漫反射率是已知的，可视为双向反射率恒定的朗伯面。

太阳直射光斜入射至反射率板的辐照度为

$$E_{sol} = S \cdot \cos\theta_z \cdot \exp[-\tau_{OD}(\theta_z)] \tag{1.97}$$

式中：E_{sol}即太阳直射光的地面照度；S为太阳常数；θ_z为太阳天顶角；$\tau_{OD}(\theta_z)$为太阳光沿倾斜路径传输的大气光学深度。

太阳斜入射和正入射的大气光学深度之间存在以下关系：

$$\tau_{OD}(\theta_z) = \tau_{OD}(0)\sec\theta_z = m \cdot \tau_{OD}(0) \tag{1.98}$$

式中：$m=\sec\theta_z$是太阳天顶角的余割，称为大气质量。

太阳直射光在反射率板的照度也可改写为

$$E_{sol} = S\cos\theta_z \cdot \tau_0^m \tag{1.99}$$

式中：$\tau_0=\exp[-\tau_{OD}(0)]$是大气的垂直透过率。

对待定标的仪器来讲，反射率板是漫射面源，漫反射光在入瞳的照度E_{opt}等于反射率板的出射度，即

$$E_{opt} = E_{sol}\rho = S\cos\theta_z \cdot \tau_0^m \cdot \rho \tag{1.100}$$

式中：ρ是标准反射率板的漫反射率。

如仪器对辐射的输出响应是线性的，仪器对同一块反射率板的响应正比于入瞳照度，也正比于反射率板的照度。假定仪器在星上对太阳正入射至反照率为100%地物的输出为R，则仪器在地面对太阳斜入射至反射率板的输出Y可表示为

$$Y = R \cdot X \tag{1.101}$$

式中：$X=\cos\theta_z \cdot \tau_0^m \cdot \rho$是仪器地面输出与在星上的最大输出之比。

R是仪器在星上对地物的最大输出响应，但仪器在地面对反射率板的输出将受到太阳入射角、大气透过率、漫反射率等因素的影响而减小，X是这些因素的综合表达。

上式可改写为

$$Y/\cos\theta_z = \rho R \cdot \tau_0^m \tag{1.102}$$

两边取对数

$$\ln(Y/\cos\theta_z) = \ln(\rho R) + (\ln\tau_0)m$$

或表达为

$$YY = a \cdot m + b \tag{1.103}$$

式中：$YY=\ln(Y/\cos\theta_z)$是仪器在地面对反射率为ρ标准板的归一化输出的自然对数；$b=\ln(\rho R)$是仪器在星上对反照率为ρ地物输出响应的自然对数；$a=\ln\tau_0$是大气垂直透过率的自然对数。

在定标期间,可认为大气垂直透过率 τ_0 不变,即 a 为常数。如以大气质量 $m=\sec\theta_z$ 为横坐标,归一化输出的自然对数 YY 为纵坐标,YY 与 m 两者之间为线性关系。将同一块反射率板在不同时刻测得的输出 Y 换算为 YY,并进行线性回归,可得到一直线,如图 1.72 所示。此直线的斜率即 $\ln\tau_0$,直线延长后在 $m=0$ 轴上的截距即 $\ln(\rho R)$是仪器在星上对同样反射率地物归一化输出的自然对数。

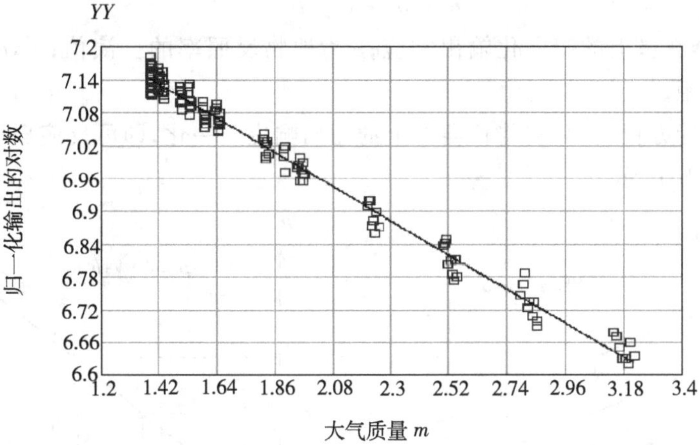

图 1.72　同一块反射率板、不同时刻的仪器归一化输出

太阳天顶角可根据定标点的地方时、地理纬度和地球绕太阳运行的位置求得,然后可计算测量时刻的大气质量(见图 1.73)。

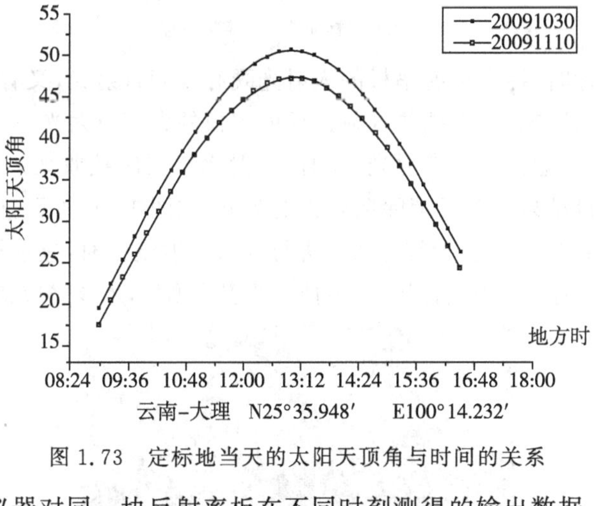

图 1.73　定标地当天的太阳天顶角与时间的关系

如前所述,仪器对同一块反射率板在不同时刻测得的输出数据,经处理后可推算出仪器在星上对同样反照率地物的归一化输出 ρR,如是模拟电压输出,即

$$V(\rho)=\rho R=e^{b(\rho)} \tag{1.104}$$

式中:$b(\rho)=\ln(\rho R)$是地面定标时 YY-m 直线的截距。

辐射定标的最终目的是确定可将仪器星上输出响应反演为地物反照率的定标方程。为此，需要在不同时刻测分别测量仪器对多块反射率板的响应，得到一组仪器归一化输出的对数与大气质量的关系曲线，如图 1.74(a)所示。图中的 $\rho_1 R$，$\rho_2 R$，$\rho_3 R$ 分别是仪器在星上对反照率为 ρ_1，ρ_2，ρ_3 地物的归一化电压响应的推算值 $V(\rho_1)$，$V(\rho_2)$，$V(\rho_3)$。如仪器响应线性，线性回归可得到定标方程：

$$\rho = a' \cdot V + b' \tag{1.105}$$

式中：V 为仪器在星上的归一化输出响应；ρ 为地物反照率的反演值；a'，b' 为定标曲线的斜率和截距。

建立了定标方程后，只需将仪器星上的输出响应归一化，即可反演出地物的反照率，如图 1.74(b)所示。

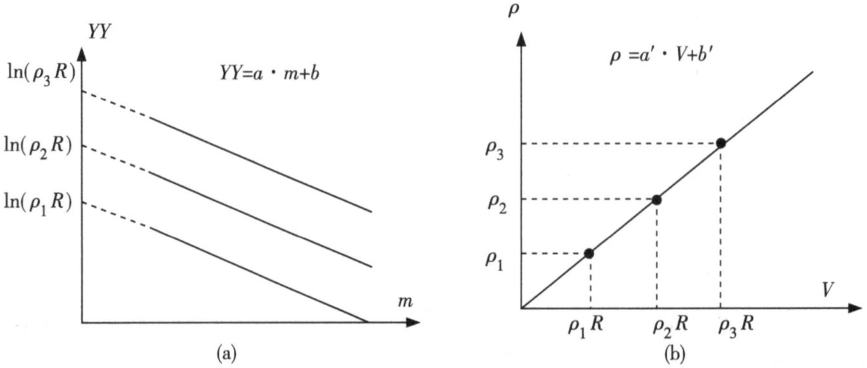

图 1.74　太阳辐射定标方程的确定

(a)地面定标曲线；(b)定标方程

太阳辐射定标时，标准反射率板的入射光既有太阳直射光，又有天空散射光。为消除天空散射光的影响，可先挡住入射到反射率板的太阳直射光，让它仅能接收到天空散射光。然后，不遮挡太阳直射光，此时，反射率板同时接收太阳直射光和天空散射光。取两次测量结果之差可消除散射光的影响，如图 1.75 所示。

对辐射计的某个可见光、近红外通道进行太阳辐射定标时，应选择在多个时间点，对多块不同反射率的标准板进行挡光、不挡光的多次测量，才能完成整个定标过程。

图 1.75　太阳辐射定标现场照片

太阳定标受定标场地的环境影响较大，为保证定标精度，定标场地最好选择低纬度地区，定标时太阳天顶角不要超过 60°。要求大气透过率高，一般应大于 70%。大气稳定性好，一般应小于 5%。定标场地空旷，最好在制高点，周围无杂物。

1.13.2 地空目标探测的大气效应

地对空目标探测需要考虑大气的透过率和路径辐亮度的影响。大气透过损失会影响目标信号的幅度，路径辐射将增加背景噪声，降低目标与背景的对比度，对高灵敏度探测极其不利。

远距离目标的探测仰角(也称高度角)很小，倾斜路径的大气透过损失和路径辐射也将随之增加。图 1.76 给出了用可见光、中波红外和长波红外等波段在白天或夜间、仰角范围(EL)15°～90°、中等(STD)或湿热(TROPICAL)天气进行地对空目标探测时的大气透过率和路径辐亮度。图中实线框表示大气透过率随仰角的变化范围，虚线框表示昼夜路径辐亮度的变化范围。

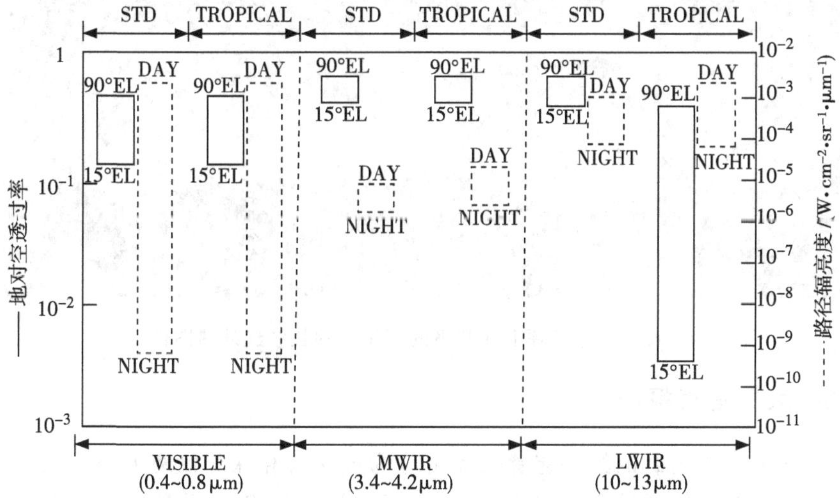

图 1.76　不同波段地空探测的大气透过率和路径辐亮度比较

由图可见，中等气象条件、低仰角探测时，各波段的大气透过率均有不同程度的降低，中波红外波段能保持较高的透过率而且下降最少，可见光波段的透过率下降较多。湿热天气对中波、可见光波段的大气透过率几无影响。由于水汽吸收，湿热天气长波红外的大气透过率随之下降，而且随仰角的减少急剧下降。

可见光探测的路径辐亮度主要受太阳光照影响，昼夜的路径辐亮度之比最高可达 10^6，但与大气温度、湿度的关系不大。红外波段的路径辐亮度与大气湿度、温度有关，昼夜变化相对较小。长波波段的路径辐射总体上要强于中波，湿热天气长波红外不仅透过率比中波红外有更多的下降，路径辐亮度也有较多的增加，这对目标探测是非常不利的。

3～5μm 中波红外和 8～12μm 长波红外是地空目标探测常选的工作波段。设计远距离目标的红外搜索、捕获、跟踪系统时，必须兼顾目标的辐射特性和目标辐射的大气传输特性。中波红外较适合对尾焰等高温热源的探测，低仰角探测时，路径辐亮度变化不大，大气透过率下降也较少，对探测巡航导弹、掠海导弹等低空、超低空目标较为有利。但是，白天太阳散射、海面反射会产生较严重的干扰。此外，尾焰辐射有很强的方向性，甚至会被遮挡。

长波红外较适合对飞行器蒙皮等低温热源的探测，蒙皮有较大的辐射面积和较好的漫射特性，不同方向观察到的辐射强度差别不大。但当目标仰角很小时，大气透过率急剧下降，目标背景对比度很差。从拍摄的某军用机场的长波红外图像（见图 1.77）看，高仰角天空背景较暗，云彩也较暗，称之为“冷云”。低仰角天空的辐亮度与远处机场跑道的辐亮度已十分接近。

图 1.77　停机坪上和起飞的军用机的长波红外热图像

1.13.3　大气垂直探测原理

目前气象卫星搭载的红外遥感仪器可分为成像仪和探测仪两大类。风云一号和风云二号上装载的辐射计都是成像仪器，主要探测地物和云顶温度的二维分布。用于探测地球大气温度、湿度的三维空间分布的定量遥感仪器通常称为大气垂直探测仪（vertical atmospheric sounder），如风云三号装载的红外分光计（infrared sounder）。大气垂直探测仪可探测大气温度、湿度的垂直分布，为数值天气预报和中长期天气预报提供重要依据。大气垂直探测仪的原理、方法和应用均有别于红外热成像仪。

大气可视作水平均匀的分层介质，各层的物理参数只是高度的函数。对红外辐射来说，可以忽略 50km 以上大气的辐射和吸收。星载大气垂直探测仪接收到的总路径辐亮度是地表上传辐亮度和各层大气热辐射的辐亮度之和，可用大气辐射传递方程表达为

$$L(\nu) = L_{\text{surf}}(\nu)\tau(\nu, p_s) + \int_{p_s}^{0} B(\nu, T)\mathrm{d}\tau(\nu, p) \tag{1.106}$$

式中：$L_{\mathrm{surf}}(\nu)$为地表出射的光谱辐亮度；ν 为波数；$\tau(\nu,p_{\mathrm{s}})$为地表上传至探测仪的光谱透过率；p_{s} 为地表大气压强；$B(\nu,T)$为某层大气的黑体光谱辐亮度；T 为该层大气温度；$\tau(\nu,p)$为某层大气上传至探测仪的光谱透过率；p 为该层大气压强。

上式右边的第一项反映了地表辐射的贡献，探测仪的工作波段通常选择大气的强吸收带，来自地表的辐亮度近似为零。第二项是积分项，反映了各层大气辐射的贡献，其中 $\mathrm{d}\tau(\nu,p)$是压强为 p 的大气层的吸收率，即该层的发射率。

在大气的红外强吸收带，地表上传辐亮度可以忽略，大气垂直探测的辐射传递方程可表达为

$$L(\nu)=\int_{p_{\mathrm{s}}}^{0}B(\nu,T)\mathrm{d}\tau(\nu,p)=\int_{\ln p_{\mathrm{s}}}^{\infty}B(\nu,T)K(\ln p)\mathrm{d}(\ln p) \tag{1.107}$$

式中：$K(\ln p)=\dfrac{\partial\tau(\nu,p)}{\partial(\ln p)}$称为权函数。

大气压强 p 随高度按指数规律衰减，对数大气压强 $\ln p$ 随高度呈线性衰减。因此，权函数 $K(\ln p)$是大气压强的函数，也是高度的函数。权函数可反映不同高度大气层辐射对探测仪接收到总辐射贡献的权重。对波数 ν 一定的辐射来讲，权函数在某一高度或大气压强处有一峰值，大气垂直探测仪接收到的辐射主要来自压强(高度)与权函数峰值相对应的大气层。低层大气吸收气体的辐射较强，但上传至星上的透过率接近于零，高层大气至星上的透过率接近于 1，但吸收气体的辐射极弱，它们对总辐射几无贡献。

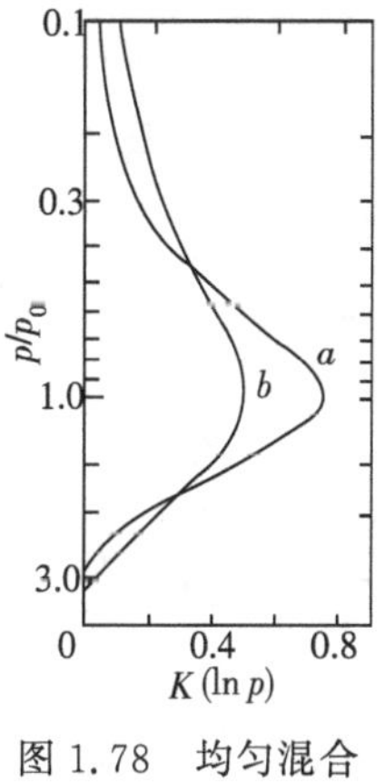

图 1.78　均匀混合吸收气体的权函数

图 1.78 是均匀混合气体吸收气体的权函数与 p/p_0 关系曲线，其中 p_0 是权函数最大的大气层的压强。与 p_0 值对应大气层的高度与选择的探测波长有关。权函数曲线的宽度与波长无关，与探测通道的光谱带宽有关。图 1.78 中的曲线 a 是单色辐射的权函数，曲线 b 是有一定光谱带宽辐射的权函数。

大气垂直探测的辐射传递方程也可用高度表达为

$$L(\nu)=\int_{0}^{H}B(\nu,T(z))K(z)\mathrm{d}z \tag{1.108}$$

如果已知大气温度随高度的垂直分布 $T(z)$和均匀吸收气体的权函数 $K(z)$，利用辐射传递方程可以求得仪器的光谱辐亮度 $L(\nu)$。如在大气混合比较稳定的二氧化碳吸收带内选择多个波段同时进行测量，测到多个光谱通道的大气辐亮度 $L(\nu_1)$，$L(\nu_2)$，$L(\nu_3)$，…，用解积分方程的方法也可以反演出大气温度的垂直分布 $T(z)$。

目前，通常使用 15μm 和 4.3μm 的二氧化碳吸收带进行大气温度的垂直探测，辐射的二氧化碳在大气中均匀分布，星上仪器接收到的大气辐射只依赖于大气温度的垂直分布。为了求解大气温度垂直分布，必须在吸收带中选择十几个甚至上百个光谱通道进行测量。

参 考 文 献

[1] Zissis G J. Sources of Radiation, The Infrared and Electro-Optical Systems Handbook, Volume 1, Environment Research Institue of Michigan & SPIE, 1993. 1.1.1 Radiometric Symbol and Nomenclature.

[2] 高文琦等.光学.修订版.南京:南京大学出版社,2001. 3.2.2 电磁波能流密度和光强.

[3] Zissis G J. Sources of Radiation, The Infrared and Electro-Optical Systems Handbook, Volume 1, Environment Research Institue of Michigan & SPIE, 1993. 1.3.4 Reflection, Reflectance, and Reflectivity.

[4] Dudzik M C. Electro-Optical Systems Design, Analysis, and Testing, The Infrared and Electro-Optical Systems Handbook, Volume 4, Environment Research Institue of Michigan & SPIE, 1993. 6.8 Engine Exhaust Plumes.

[5] Ontar Co. PcModWin Manual, Version 4.0, 2001.

第 2 章　红外光学系统

2.1　光的波动理论

2.1.1　光的波粒二象性

光的波动理论认为，光是振动频率极高的电磁波，是高频振荡的电场强度和磁感应强度在真空或介质中的传播。光速是电磁波传播的速度，各种波长的光在真空中的传播速度都相等，在介质中的光速小于真空中的光速，介质折射率是真空中的光速与介质中光速之比。真空的折射率为 1，空气的折射率与真空折射率非常接近，约为 1.00029。

光的干涉、衍射、偏振等效应是光的波动性最有力的证明，但光的黑体辐射、光电效应等又表明光具有微粒性，即量子性。光究竟是波还是粒子？正确的回答是光具有波粒二象性，当然这里的波和粒子已不是经典理论中的概念了，严格的表述将由量子电动力学给出。因此，我们用波动理论描述光的传播、叠加，或用光子的概念去解释光子探测器的光电效应，两者并不矛盾。

2.1.2　光矢量

高频振荡的电场强度和磁感应强度是矢量，可分别用电矢量 $\boldsymbol{E}$ 和磁矢量 $\boldsymbol{B}$ 表示。由于光对物质的作用主要是电场的作用，在光学中大多数情况下只研究电场强度的变化规律，因而电矢量 $\boldsymbol{E}$ 也称为光矢量，或称 $\boldsymbol{E}$ 矢量。$\boldsymbol{E}$ 矢量的方向即电场振动的方向，$\boldsymbol{E}$ 矢量的模（长度）即为电场强度。

空间各点电场强度的正弦振动可表示为

$$\boldsymbol{E} = E_0\cos\varphi = E_0\cos(2\pi\nu t + \varphi_0) \tag{2.1}$$

式中：E_0 是电场强度振动的振幅；ν 是电场强度振动的频率，也称光频率；$\varphi=2\pi\nu t+\varphi_0$ 是振动的相位，其中 φ_0 是 $t=0$ 时刻的初相位。

如光的频率用圆频率 $\omega=2\pi\nu$ 表示，可得

$$\boldsymbol{E}=E_0\cos(\omega t+\varphi_0) \tag{2.2}$$

电场强度可用复数表达为

$$\boldsymbol{E}=E_0\mathrm{e}^{\mathrm{i}(\omega t+\varphi_0)}=E_0[\cos(\omega t+\varphi_0)+\mathrm{i}\sin(\omega t+\varphi_0)] \tag{2.3}$$

复数电场强度的模 E_0 是电场强度正弦振动的振幅，也称场强。复数电场强度的幅角$(\omega t+\varphi_0)$即振动的相位。

电磁波是横波，$\boldsymbol{E}$ 矢量、$\boldsymbol{B}$ 矢量与电磁波传播的方向矢量相互垂直，彼此构成右手螺旋，如图 2.1 所示。

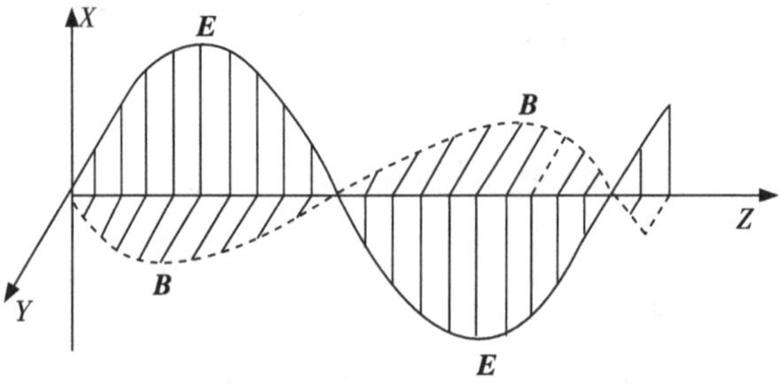

图 2.1　线偏振光电场强度和磁感应强度的空间分布

根据电磁场的线性叠加原理，几个不同光源在空间某一点的电场强度是各个光源单独存在时在该点的电场强度之和，可用复数电场强度简单相加：

$$\boldsymbol{E}=E_{01}e^{i\varphi_1}+E_{02}e^{i\varphi_2}+E_{03}e^{i\varphi_3}+\cdots \tag{2.4}$$

由于光强是电场强度振幅的平方 E_0^2，总光强不是各个光源光强之和，应为

$$I=|\boldsymbol{E}|^2=\boldsymbol{E}\cdot\boldsymbol{E}^* \tag{2.5}$$

式中：$\boldsymbol{E}$、$\boldsymbol{E}^*$ 分别为复数总电场强度和它的共轭复数。

干涉、衍射光的光强都是按这一原则计算的。

2.1.3　自然光和偏振光

实际光源有数目众多且相互无关的发光分子或原子，它们的 $\boldsymbol{E}$ 矢量虽然垂直于传播轴，但振动方向与振幅都随时间作无规则的变化。$\boldsymbol{E}$ 矢量只有单一振动方向的称为线偏振光，也称平面偏振光。如果各个方向的 $\boldsymbol{E}$ 矢量振幅的时间平均值是相等的，这样的光称为自然光，介于两者之间的是部分偏振光。

2.1.4　光的传播

光波是电磁振动在空间的传播。沿传播方向、具有相同振动相位的两个相邻点之间的距离称为波长，如两个相邻波峰或波谷之间的距离即等于波长。光速即电场强度正弦振动相位传播的速度，如波峰或波谷传播的速度。

光速与波长、频率之间满足：

$$V=\lambda\nu \tag{2.6}$$

式中：V 为介质中的光速；λ 为波长；ν 为光频率。

光频率（s^{-1}）与定义为波长倒数的波数（cm^{-1}）有时都用符号 ν 表示，其实它们的物理含义和量纲是不同的，只有一点相同，它们都与光的波长成反比。

光源是向空间发射电磁波的波源，振动相位相同的各空间点在某一时刻所构成

的曲面称为波阵面，或波前。波阵面的形状可以是平面、球面或任何曲面，与此对应的光波则称为平面波、球面波等。图 2.2 中，点光源发射的光波是球面波，其波阵面为球面。无限远点光源发射的光波是平面波，其波阵面为平面。

图 2.2　光源、光线和波阵面

在几何光学中，我们把光源发出的光抽象成无数条能传播能量的光线，形成光束。光线的方向代表光波的传播方向，在各向同性的介质中，光沿着波阵面的法线方向传播，即光线垂直于波阵面。

点光源发出的光束是发散的同心光束，由于像差的作用，经光学系统出射的光束将不再是同心光束，其波阵面与完善成像的球面波阵面之间偏差可用来评价光学系统的像差，称为波像差。几何光学的特点是利用了光线、波阵面等概念和一些基本定律，用几何方法处理本质上十分复杂的光能传播与光学成像问题。

2.2　几何光学基本定律

2.2.1　直线传播和独立传播定律

几何光学的基本定律包括光线的直线传播定律、独立传播定律和折射与反射定律。根据几何光学成像理论，光线在各向同性的均匀介质中是沿直线方向传播的。不同光源发出光束的光线是独立传播，光束会聚成像点时，像点的光强是各光线光强之和。此外，每一根光线通过光学系统的踪迹都可以用反射或折射定律计算。

光线的直线传播定律和独立传播定律是在光的波动性可以忽略的前提下才能成立的。实际上，当光通过小孔或狭缝时，光的传播就会偏离直线，发生衍射现象。如果考虑光的波动性，当两束有固定相位差的相干光作用于同一点时，会产生光的干涉现象。因此，同一点发出、经不同传播途径的光线在空间某点交会时，交会点的光强不是光强的简单叠加，可能增强，也可能减弱，取决于它们的相位差。因此，光线的独立传播也是有前提的。

在干涉、衍射等光的波动效应可以忽略的前提下，运用几何光学的基本概念和计算方法，可大大简化光学系统设计过程。当然，设计高空间分辨率、高光谱分辨率的光电仪器时，衍射效应对光学像质的影响不可忽略，而且薄膜光学、高分辨率分光技术还利用了光的干涉、衍射效应。

2.2.2 反射定律

反射定律是描述光在两种不同折射率介质的光滑界面处发生反射时，入射光线与反射光线传播方向之间关系的几何光学基本定律，即镜面反射的反射光线与入射光线同在入射光线与界面法线构成的入射面内，且反射角 θ_r 等于入射角 θ_i。

空间光线的反射定律可用矢量形式表示，参见图 2.3，为

$$\boldsymbol{A}'=\boldsymbol{A}-2\boldsymbol{N}\cdot(\boldsymbol{A}\cdot\boldsymbol{N}) \tag{2.7}$$

式中：$\boldsymbol{A}$、$\boldsymbol{A}'$、$\boldsymbol{N}$ 分别为入射光线、反射光线和法线的单位方向矢量。

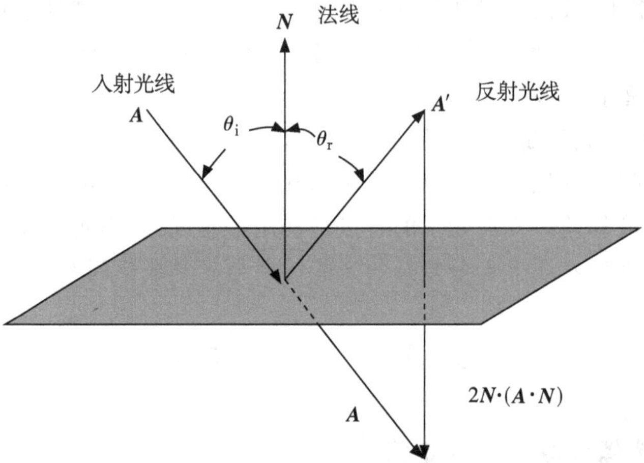

图 2.3　空间光线的反射定律

空间光线的反射定律还可用矩阵形式表达。如入射矢量、反射矢量、镜面法向矢量分别用它的三个坐标分量构成的矩阵为

入射矢量 $\boldsymbol{A}=\begin{bmatrix}A_x\\A_y\\A_z\end{bmatrix}$；反射矢量 $\boldsymbol{A}'=\begin{bmatrix}A'_x\\A'_y\\A'_z\end{bmatrix}$；法线矢量 $\boldsymbol{N}=\begin{bmatrix}N_x\\N_y\\N_z\end{bmatrix}$

反射定律的矩阵表达式为

$$\begin{bmatrix}A'_x\\A'_y\\A'_z\end{bmatrix}=\begin{bmatrix}A_x\\A_y\\A_z\end{bmatrix}-2\cdot\begin{bmatrix}A_x\\A_y\\A_z\end{bmatrix}\cdot(A_xN_x+A_yN_y+A_zN_z) \tag{2.8}$$

整理可得

$$\boldsymbol{A}'=\boldsymbol{R}\cdot\boldsymbol{A} \tag{2.9}$$

其中

$$R=\begin{bmatrix}1-2N_x^2 & -2N_xN_y & -2N_xN_z\\-2N_xN_y & 1-2N_y^2 & -2N_yN_z\\-2N_xN_z & -2N_yN_z & 1-2N_z^2\end{bmatrix} \tag{2.10}$$

称为反射特性矩阵或反射作用矩阵。

2.2.3　折射定律

折射定律是描述光在两种不同折射率介质的光滑界面处发生折射时，入射光线与折射光线传播方向之间关系的几何光学基本定律，又称斯涅耳定律（Snell's law）。折射定律可表述为

$$n_1 \cdot \sin\theta_1 = n_2 \cdot \sin\theta_2 \tag{2.11}$$

式中：θ_1、θ_2 分别为入射角、折射角，即入射、折射光线与法线的夹角；n_1、n_2 分别为入射介质、折射介质的折射率。

折射率高的介质称为光密介质，折射率低的介质称为光疏介质。如光线由光密介质进入光疏介质，由于 $n_1 > n_2$，按折射定律折射角 θ_2 将大于入射角 θ_1，当入射角达到某个临界角 θ_c 时，折射角可等于 90°。如入射角继续增加，入射光在界面上将不发生折射，而是被全部反射，如图 2.4 所示。临界角 θ_c 可按下式计算：

$$\sin\theta_c = \frac{n_2}{n_1}\sin 90° = \frac{n_2}{n_1} \tag{2.12}$$

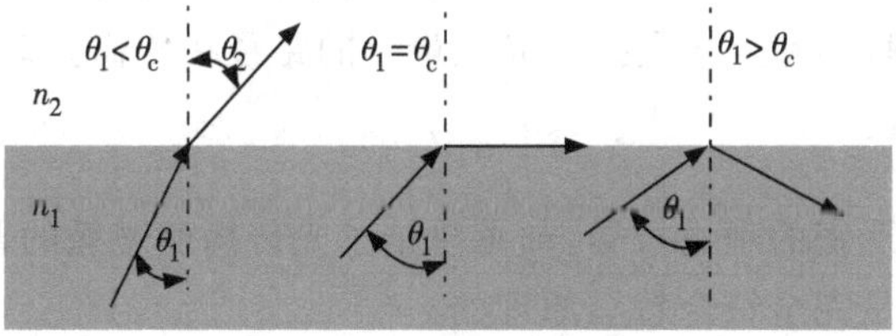

图 2.4　界面折射与全反射

如光线从锗介质入射到空气，空气的折射率近似为 1，锗的折射率为 4，可算得临界角为 14.5°，入射角大于 14.5°的光线全部反射回锗中。

光纤是光的全反射原理的最典型的应用。除此之外，光学仪器常常利用光在棱镜中的全反射来转折光路。与镀高反射膜的平面反射镜相比，全反射棱镜有许多优越之处。首先，全反射时无能量损失，而镀金属膜或介质膜的反射镜都有一定的能量吸收。其次，全反射棱镜的反射面可以有多种多样的组合，能满足各种光路转折的要求。

反射定律可视为折射定律的一种特殊情况。在折射定律的公式中，只要令 $n_2 = -n_1$ 便得 $\theta_2 = -\theta_1$，折射定律就可以转化为反射定律。反射光、入射光均在同种介质中传播，将介质折射率作这样人为的定义似与折射率的物理意义相违，但这种做法在工程光学中有实用价值，工程光学的空间光线追迹公式虽然是从折射定律导出的，也适用于界面反射。光线遇到反射界面时，只需将 $n' = -n$ 代入折射形式的光线追迹公式，同样可得出正确的结果。

2.2.4 费马原理

费马原理阐述了光在不均匀介质中的传播的普遍规律(见图 2.5)。费马原理指出:光由任一介质中的 A 点至另一介质中的 B 点时,是沿着所需时间最小的路径传播的。

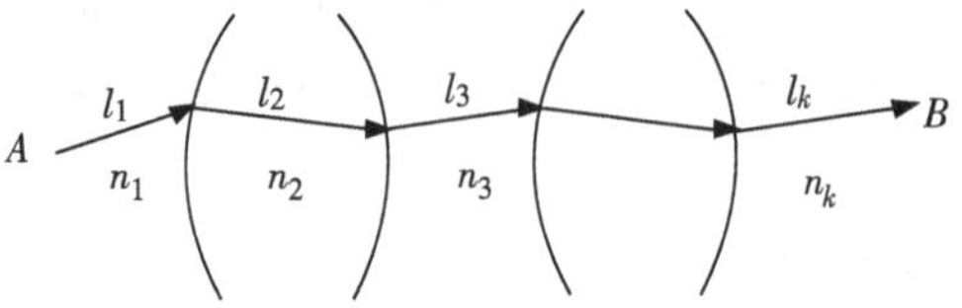

图 2.5 费马原理

图 2.5 中,设有 K 层不同折射率的均匀介质,光从介质折射率为 n_1 的 A 点传至介质折射率为 n_k 的 B 点所需时间为

$$t=\frac{l_1}{V_1}+\frac{l_2}{V_2}+\frac{l_3}{V_3}+\cdots+\frac{l_k}{V_k}=\sum_{i=1}^{k}\frac{l_i}{V_i}=\frac{1}{c}\sum_{i=1}^{k}n_i l_i \tag{2.13}$$

式中:c 为光速;l_i、V_i 分别为光在折射率为 n_i 介质中传输路程的长度和传输速度;$n_i l_i$ 称为光在折射率为 n_i 的介质中传输的光程。

上式表明:光在介质中传输一段路程所需要的时间主要取决于光在该介质中传输的光程,而不是实际路程。如果光线在折射率连续改变的介质中,从 A 点传输到 B 点,根据费马原理,实际上光是按总光程最小的路径在传输。即应满足:

$$\delta\int_A^B n\,\mathrm{d}l=0 \tag{2.14}$$

费马原理并无严密的理论推导,却是总结了光传播所遵循的普遍规律。例如,光的反射和折射定律是完全符合费马原理的。

图 2.6 中,假定 A 点发出的光线经镜面 CC' 反射后可以有两种不同的路径到达 B 点,路径总光程分别为 $(AD+DB)$ 或者是 $(AD'+D'B)$。如果 B' 点是 B 点相对于镜面 CC' 的镜像对称点,由于 $DB=DB'$,$D'B=D'B'$,A 点至 B 点路径长度等于 A 点至 B' 点路径长度。因为两点之间最短距离为直线,如果连线 AB' 与镜面 CC' 的交点为 D 点,则 $A\to D\to B$ 是总光程最小的路径,根据几何关系,此时的入射角应等于反射角。这表明:当入射光线和反射光线满足反射定律时,光线的总光程取得极小,完全符合费马原理。

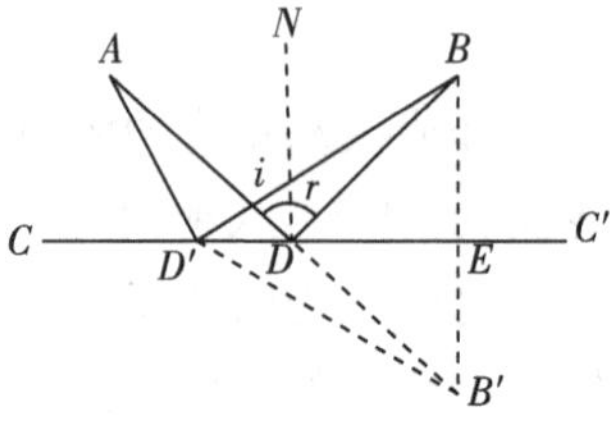

图 2.6 反射定律符合费马原理

用费马原理也可导出光学系统理想成像的必要条件。根据费马原理,光线是沿着光程最短的路径传播的。因此,一个物点发出的发散光束有许多光线,这些光线经光学元件的折射或反射后,如要理想地会聚于同一个像点,必须要求这些光线经不同路径到达像点的总光程相等。

一些特定的光学元件确实也存在一对可以理想成像的物像共轭点。例如,图 2.7 所示的旋转椭球凹面镜的两个焦点就是一对这样的共轭点。如果我们在焦点 A

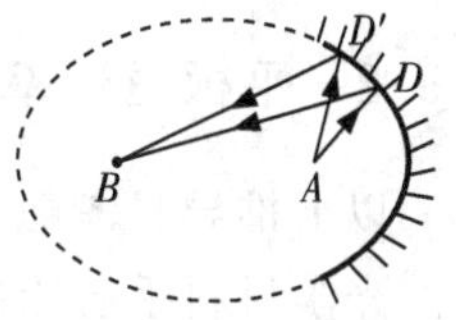

图 2.7　旋转椭球面镜理想成像与等光程原理

上放置一点光源，该物点发出的所有光线经椭球凹面镜反射后，都能会聚于椭球凹面镜的另一个焦点 B，形成理想的像点。这是因为椭圆的两个焦点引至椭圆上任一点的向径之和为一常数。A 点发出的光线经椭球凹面镜反射达到 B 点，无论反射点在 D 点或是 D' 点，总光程为常数，满足理想成像的等光程要求。数学上也可以证明，根据反射定律，无论 A 点发出的光线在椭球凹面镜的何处反射，反射光线始终通过 B 点，在 B 点能形成 A 点的完善像。

根据光的波动理论，与光波传输中的相位延迟直接有关的是光程，不是传输的几何路程。参照(2.13)式，也可推得光线经 K 层不同折射率的均匀介质，由 A 点传至 B 点的相位延迟。

$$\Delta\varphi = \frac{2\pi}{\lambda}\sum_{i=1}^{k} n_i l_i \tag{2.15}$$

初相位相同的光线经不同路径传输后，光线之间的相位差取决于它们的光程差，而不是几何路程差。如光程差为波长整数倍，相位差是 2π 的整数倍，即能保持同相位。如果物点发出的各光线传输至像点的总光程相等，彼此之间无相位差，在像点处子波叠加结果是相互增强，形成理想的像点。

2.3　红外光学元件的反射损失

2.3.1　界面反射率

红外光学元件有反射元件、折射元件等分类。透镜、窗口、棱镜等折射元件的传输能量损失包括介质吸收和在界面反射。由于红外折射元件材料的折射率较高，界面反射引起的能量损失不可低估。

光学元件表面的反射率、透射率可定义为反射光、透射光与入射光的辐射通量之比，利用菲涅耳公式，可导出自然光在两种不同介质界面上的镜面反射率为

$$R=\frac{1}{2}\left[\frac{\sin^2(I-I')}{\sin^2(I+I')}+\frac{\tan^2(I-I')}{\tan^2(I+I')}\right] \tag{2.16}$$

式中：I、I' 分别为光在界面的入射角、折射角。

上式的导出详见本书第 4 章有关章节。

当自然光近似正入射至界面时，$I=I'\approx 0$，上式中的正弦和正切可用弧度表示，再利用小角度的折射定律 $n'I'=nI$，可得

$$R=\left(\frac{n'-n}{n'+n}\right)^2 \tag{2.17}$$

利用上式可分别计算光从空气($n=1$)正入射到玻璃($n'=1.5$)、锗($n'=4$)和硅($n'=3.42$)时的镜面反射率分别为 0.04(玻璃)、0.36(锗)、0.3(硅)。

2.3.2　平板透过率

以上推导只考虑了一个折射面的情况，光学平板有两个平行平面，即有两个折射面。光学材料手册给出的透过率通常是给定厚度平板正入射时的透过率，也称外部透过率。光学平板(如玻璃平板、锗片、硅片)的透过率可计算如下。

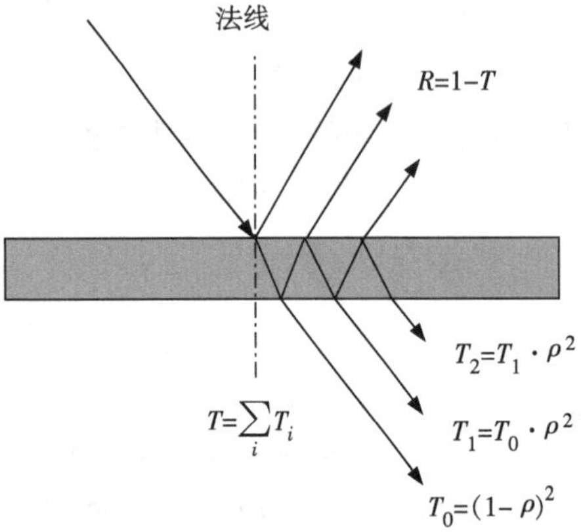

图 2.8　光通过平板时的反射损失

假设光学平板材料的折射率为 n，平板两侧为空气，自然光由空气正入射至平板。图 2.8 中，平板透射光束的总辐射通量是直接透射光束和板内多次反射后透射光束的辐射通量之和。如令这些透射光束与入射光束的通量比分别为 $T_0, T_1, T_2, \cdots$，平板的透过率应为 $T=\sum_i T_i$，平板的反射率为 $R=1-T$。

平板直接透射的通量损失应包括两次反射损失和长度为 x 的路程吸收损失，故直接透射光束与入射光束的通量比：

$$T_0=(1-\rho)\cdot e^{-\alpha x}\cdot(1-\rho)=(1-\rho)^2\cdot e^{-\alpha x}$$

式中：ρ 为平板与空气之间的反射率；α 为平板材料的吸收系数；x 为平板厚度。

与直接透射光束相比，在板内一次往返后出射光束增加了两次反射和长度为 $2x$ 的路程吸收的能量损失。辐射通量的衰减比为

$$\frac{T_1}{T_0}=\rho^2\cdot e^{-2\alpha x}$$

以后各次出射光束的辐射通量均较前一次衰减同样倍数。因此，平板的总透过率是一个等比级数之和，即为

$$T=T_0+T_1+T_2+\cdots=\frac{(1-\rho)^2\cdot e^{-\alpha x}}{1-\rho^2 e^{-2\alpha x}} \tag{2.18}$$

如忽略材料吸收，$\alpha\approx 0$，并将 $\rho=\left(\frac{n-1}{n+1}\right)^2$ 代入，可有

平板透过率　　$$T=\frac{(1-\rho)^2}{1-\rho^2}=\frac{2n}{n^2+1} \tag{2.19}$$

平板反射率　　$$R=1-T=\frac{n^2-2n+1}{n^2+1} \tag{2.20}$$

据此可算得：锗片的能量透过率约为 0.47，反射率为 0.53。硅片的能量透过率约为 0.54，反射率为 0.46。(2.17)式是在正入射前提下推导出来的结论，但计算表明：入射角达 45°时也能应用，而且没有显著误差。

2.3.3　折射元件的表面增透

由于红外材料的折射率都较高，界面反射的能量损失较大，红外光学系统可能由多个反射或折射元件组成，系统的光学效率通常指它的光学透过率，等于所有反射面的反射率或折射面的透过率相乘，表面反射损失的影响将被进一步放大。因此，红外折射元件的表面均需镀膜增透。

增透膜是在光学元件的表面用真空蒸发的方法镀上的单层或多层介质薄膜，增透膜的光学原理是利用了光在单层或多层光学膜层的多个界面上反射产生的多光束干涉效应，干涉结果是使反射光得以削弱，达到增加透过率的目的。本书第 4 章“红外分光系统”还将对这部分内容进行详细介绍。

2.4　近轴光学理论

2.4.1　共轴光学系统

任何光学系统都是由一个或多个反射或折射光学元件所组成，如透镜、棱镜、反射镜等。每个光学元件的表面可以是平面、球面或非球面。入射光线依次在不同介质的表面上折射或反射，形成光线的踪迹。如果这些球面或非球面是对称的旋转曲面，且所有曲面有共同的对称轴，这样的光学系统称为共轴光学系统，这根共同的对称轴称为光轴。光学系统中大部分为共轴光学系统，非共轴光学系统较少使用。

光轴可以是直线或折线。如各个曲面的对称轴重合，即曲面顶点的曲率中心都在同一直线上，光轴为直线。如曲面的对称轴经平面反射镜光路折转后才重合，系统的光轴为折线。图 2.9 是某成像光谱仪的光路图，该仪器的主镜的对称轴与准直镜和各个探测通道会聚镜或透镜的对称轴并不在同一直线上，但经折向镜、分色片反射后是重合的，故仍是共轴系统，其光轴是图中用点划线表示的折线。尽管仪器的光轴是折线，主镜的轴上光线或近轴光线分光后仍是各通道会聚镜的轴上光线或近轴光线。

2.4.2　近轴理论和应用

光学系统有多个折射面，从原理上讲，只要在每一个与光线相遇的曲面处应用折射定律，就可精确跟踪光线的踪迹。但是，直接应用折射定律要涉及大量的三角函数运算，计算极其繁琐。实际上，非常靠近光轴的光线的会聚角、入射角均很小，这些角的三角函数值完全可用它们幂级数展开后的前一项或两项代替。例如，正弦函数可展开为

$$\sin\varphi=\varphi-\frac{\varphi^3}{3!}+\frac{\varphi^5}{5!}-\frac{\varphi^7}{7!}+\cdots \tag{2.21}$$

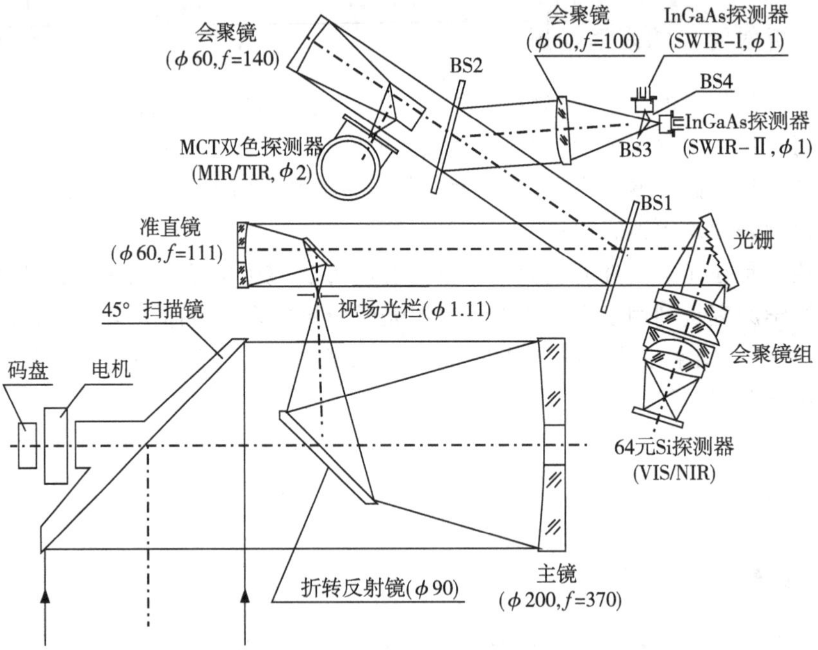

图 2.9　某成像光谱仪的光路和光轴

近轴光学理论是在以正弦函数幂级数展开式的第一项作为正弦函数近似值的基础上发展而来的，近轴光学的计算方法可用于光学系统的初步设计。高级理论(三级理论或五级理论)则分别要求取级数展开的前两项，或前三项，结果也更为精确，一般用于高级像差计算。

对近轴光线，会聚角和入射角可满足：

$$\sin U \approx U \approx \tan U$$

$$\sin I \approx I \approx \tan I$$

折射定律即可简化为

$$n \cdot I = n' \cdot I'$$

近轴光学中的角度量或长度量的符号均用小写字母，如折射定律写为

$$n \cdot i = n' \cdot i' \tag{2.22}$$

近轴光学简练地阐明了光学系统近轴区域物像之间的共轭关系，利用近轴光学理论，只需要用线性运算就可以计算光学系统的主要参数，确定物像关系和放大率等。近轴光学理论还可用于系统像差分析，由于光学系统像差是由各个折射、反射面所产生的像差传递到像空间后相加得到的，各面对像差的贡献可用像差分布式表达。将实际像差分布式中三角函数作近轴近似，就可得到较为简洁的初级像差分布式。

严格地讲，只有靠近光轴的不大空间的细光束才满足上述近似的前提，才能完善成像，无像差。实际光学系统都有一定视场范围和光束宽度，并不满足这一条件。为

此，可引入理想光学系统的概念，即设想上述近似关系在整个空间都成立，这样的无像差光学系统称为理想光学系统（或近轴光学系统、高斯光学系统）。研究这种光学系统的方法叫理想光学（或近轴光学、高斯光学）。理想光学系统的像面也称高斯像面。

在借助近轴光学理论和设计方法，确定了光学系统的结构参数后，仍需直接运用折射定律，进行空间光线追迹，根据追迹的结果评价系统像质并修改有关结构参数。

对大多数光学系统，由于加工、检测等因素，球面反射镜和球面透镜的使用最为广泛，而且各球面的球心在一光轴上，这样的光学系统称为共轴球面系统。共轴球面系统是本章讨论的重点。

2.4.3　共轴球面系统近轴光计算

2.4.3.1　基本概念和符号法则

一个复杂的共轴球面系统的光路包含多次的折射和反射，其近轴光计算的基础是单球面近轴光折射的计算公式。

近轴光光路图中的角度和长度的符号须遵循以下规定（见图 2.10）。

(1)角度量和长度量是有正负的，但图中标注的角度值和长度值必须为正值。

(2)光线自左向右为正向光路，反之为逆向光路。

(3)长度从坐标原点算起，向右、向上为正，向左、向下为负。不同长度量的坐标原点是不同的，如焦距、曲率半径以表面顶点为原点，物高（或像高）以轴上点为原点等。

(4)角度均以锐角度量。对会聚角（倾角、孔径角）规定从光轴转向光线，顺时针为正，逆时针为负。对入射角、折射角规定从光线转向法线，顺时针为正，逆时针为负。

(5)对反射光线，取 $n'=-n$，即反射后的介质折射率为反射前介质折射率的负数。

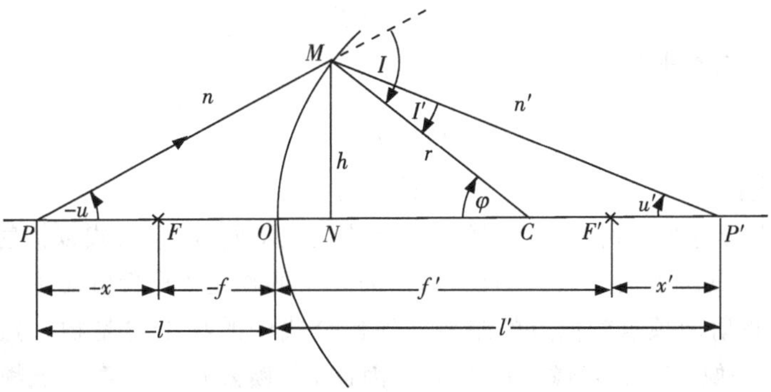

图 2.10　光在单个球面上的折射

2.4.3.2 单球面折射计算

1. 物像关系

图 2.10 中，轴上物点 P 发出近轴光线经球面折射后，与光轴相交于像点 P'。对近轴光，折射定律可简化为

$$n'i'=ni$$

根据几何关系，$i'=\varphi-u'$，$i=\varphi-u$，代入上式，可得

$$n'(\varphi-u')=n(\varphi-u)$$

对近轴光来讲，$\tan(-u)\approx\frac{h}{-l}\approx-u$，$\tan u'\approx\frac{h}{l'}\approx u'$，$\sin\varphi=\frac{h}{r}\approx\varphi$。

代入整理得到物像关系公式：

$$\frac{n'}{l'}-\frac{n}{l}=\frac{n'-n}{r} \tag{2.23}$$

式中：l、l' 是球面顶点至物点和像点的距离，称为物距和像距；r 为球面的半径；n、n' 分别为入射介质、折射介质的折射率。

2. 像方焦距和物方焦距

物在无限远时的像点称为像方焦点，像距称为像方焦距 f'。令(2.23)式中 $-l=\infty$，可得

$$f'=l'=\frac{n'}{n'-n}\cdot r \tag{2.24}$$

物在物方焦点时，其像在无限远处，此时的物距称为物方焦距 f。令(2.23)式中 $l'=\infty$，可得

$$f=l=-\frac{n}{n'-n}\cdot r \tag{2.25}$$

比较以上两式，可得到像方、物方焦距的关系：

$$\frac{f}{f'}=-\frac{n}{n'} \tag{2.26}$$

如物面、像面在同种介质（如空气）中，$n=n'$ 可得

$$f'=-f \tag{2.27}$$

3. 高斯公式和牛顿公式

高斯公式：
$$\frac{f'}{l'}+\frac{f}{l}=1 \tag{2.28}$$

牛顿公式：
$$xx'=ff' \tag{2.29}$$

牛顿公式与高斯公式对物距、像距度量的起点不同，高斯公式以折射面的顶点为起点，牛顿公式以焦点为起点。例如，高斯公式中的物距 l 是折射面顶点到物点的距离，像距 l' 是折射面顶点到像点的距离。牛顿公式中的物距 x 是物方焦点到物点的距离，像距 x' 是像方焦点到像点的距离。因此，牛顿公式对计算由于物距变化引起的离焦量很有用处。

4. 垂轴放大率

放大率有垂轴、轴向和角放大率之分，这里仅介绍应用较多的垂轴放大率。如用牛顿公式推导垂轴放大率，参见图 2.11。可得到垂轴放大率为

$$\beta=\frac{y'}{y}=-\frac{f}{x}=-\frac{x'}{f'} \tag{2.30}$$

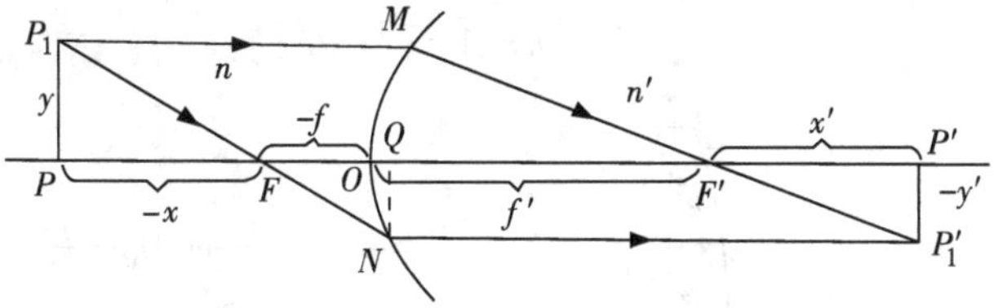

图 2.11　用牛顿公式推导垂轴放大率

如用高斯公式推导垂轴放大率，参见图 2.12。可得到垂轴放大率为

$$\beta=\frac{y'}{y}=\frac{nl'}{n'l} \tag{2.31}$$

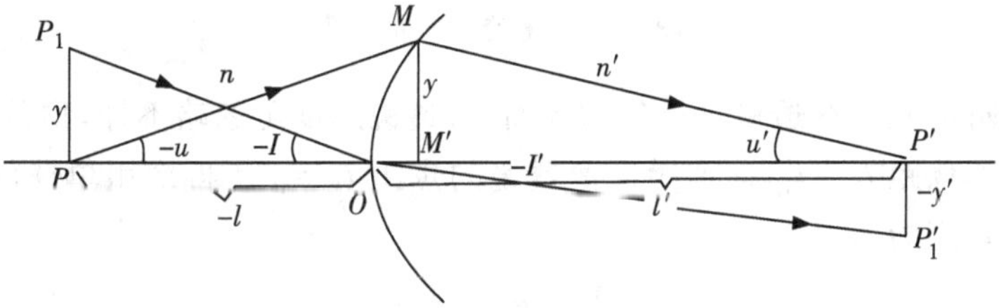

图 2.12　用高斯公式推导垂轴放大率

2.4.3.3　简单光学元件计算

应用单球面折射公式可计算一些简单光学元件的近轴光焦距。对薄透镜和凹面镜，无限远物体发出的平行光束将会聚于焦点，薄透镜的焦距是透镜中心到焦点的距离，凹面镜的焦点是反射镜表面顶点到焦点的距离。

1. 凹面镜

凹面镜焦距计算如图 2.13 所示。对球面镜反射，可认为 $n'=-n$，代入(2.24)像方焦距计算公式，得凹面反射镜焦距为

$$f'=\frac{n'}{n'-n}\cdot r=\frac{r}{2} \tag{2.32}$$

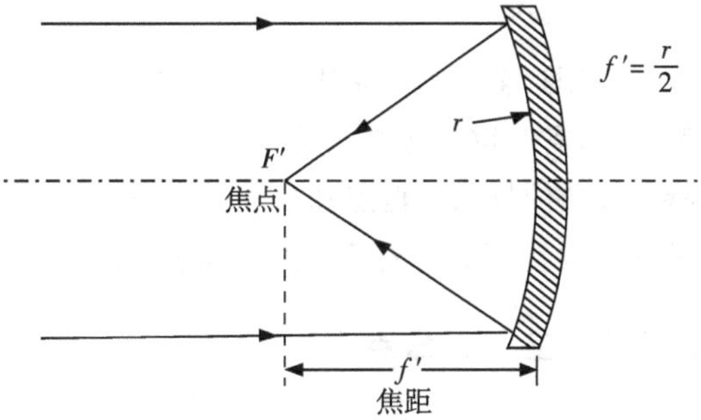

图 2.13　凹面镜焦距计算

2. 薄透镜

薄透镜焦距计算如图 2.14 所示。

连续两次运用单球面折射物像关系公式，可求出薄透镜焦点的位置。如透镜折射率为 n，第一次折射发生在空气至透镜的界面，物距 l_1 为无穷大，用单球面折射公式，可求得像距为

$$\frac{n}{l_1'}-\frac{1}{l_1}=\frac{n-1}{r_1}$$

即

$$l_1'=\frac{n}{n-1}\cdot r_1$$

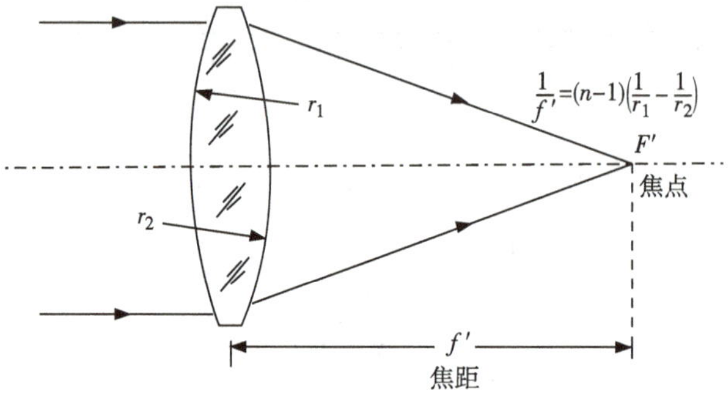

图 2.14　薄透镜焦距计算

第二次折射发生在透镜至空气的界面，薄透镜厚度可忽略不计，物距即已求得的第一次折射的像距 $l_2=l_1'$，而像距即薄透镜的焦距 $l_2'=f'$。再次用单球面折射公式，可得薄透镜焦距为

$$\frac{1}{f'}-\frac{n}{l_1'}=\frac{1-n}{r_2}$$

将 l'_1 的计算结果代入，整理可得

$$\frac{1}{f'}=(n-1)\left(\frac{1}{r_1}-\frac{1}{r_2}\right) \tag{2.33}$$

2.5　理想光学系统

利用近轴光学的基本公式，可以计算一个共轴球面系统的物像关系，但当物面位置改变时，需要重复地逐面计算，十分繁复。共轴理想光学系统的基点和基面是一些具有特定性质的物像共轭点和共轭面，当这些共轭点和共轭面的位置确定后，光学系统的成像性质也就完全确定了。主点和焦点以及主平面和焦平面是最常用的基点、基面。

2.5.1　主点和焦点

图 2.15 所示为一个多个镜片组成的透镜组，平行于光轴的入射光线被多个折射面折射，最后会聚于焦点 F'。我们可以用一个虚构的折射面来代替所有的光学元

件，这个折射面引起的光线偏折与真实情况下透镜组出射光线的偏折是等效的。只要将平行于光轴的入射光线和透镜组的出射光线延长相交，根据交点就可确定等效折射面的位置。

在近轴理论中，这个等效折射面是垂直于光轴的平面，称为主平面。在高级理论中，这个等效折射面是一个中心在焦点的球面，简称为主面。在这两种情况中，主平面或主面与光轴的交点 H' 都称为主点，主点至焦点的距离称为等效焦距。

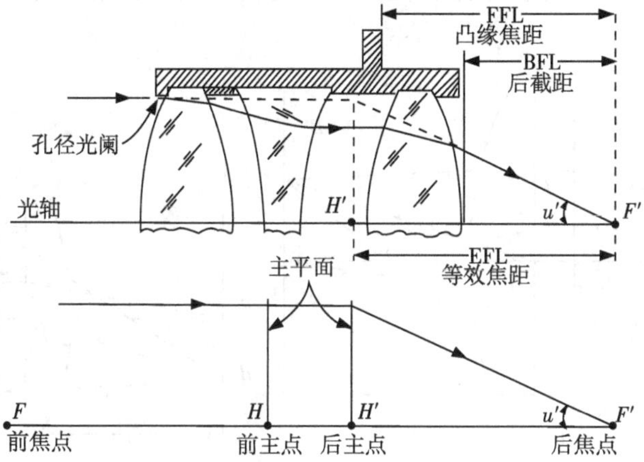

图 2.15　透镜组的主点、焦点和焦距

最后一个光学表面的顶点到焦点的距离称作后截距，它是一个很重要的设计参数，因为大多数系统的探测器的光敏面就位于焦平面上，探测器壳体和机械安装都要求最后的光学表面与焦平面之间留有一定的间距。

平行光束自左向右进入透镜组最后会聚的焦点 F' 称为像方焦点（或后焦点、第二焦点），对应的主平面、主点 H' 分别称为像方主面（也称后主面、第二主面）、像方主点（也称后主点、第二主点）。同样，也可让光线从相反方向自右向左入射，形成的焦点称为物方焦点 F，对应的主平面、主点 H 则分别称为物方主面（也称前主面、第一主面）、物方主点（也称前主点、第一主点）。

主平面具有以下性质：假定物空间的任意一条入射光线和物方主平面的交点为 I，与其共轭的出射光线和像方主平面交于 I'，则 I 和 I' 至光轴的高度相等。也可以认为：物方主平面和像方主平面是一对垂轴放大率为 1 的共轭面，如图 2.16 所示。

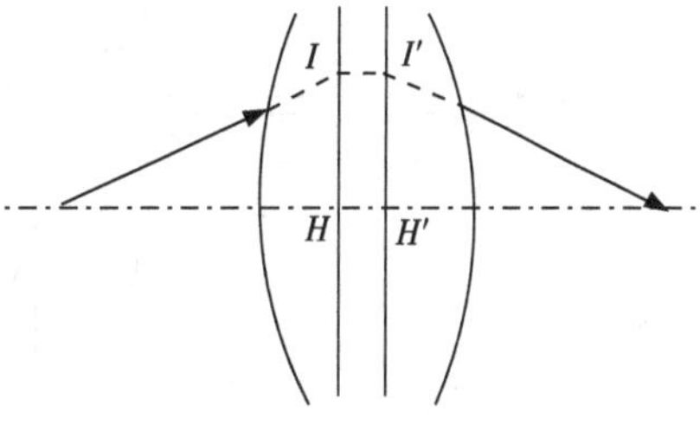

图 2.16　主平面的性质

无限远的轴上物点和像方焦点 F' 是一对共轭点，无限远的轴上像点和物方焦点 F 是一对共轭点，而物方焦点 F 和像方焦点 F' 点不共轴。无限远的轴外物点发出的光束可以看作是与光轴成一定夹角的平行光束，其像点 B' 位于像方焦平面上。由于空气中的光学系统的主点也是它的节点，通过物方主点 H 的入射光线从像方主点 H' 以相同的倾角出射，根据像方焦距和倾角可确定像点 B' 的高度，如图 2.17 所示。

从物方焦平面上的轴外点 B 发出的发散光束，经光学系统后，成为与光轴成一定倾角的平行光束。由于主点也是节点，通过物方主点 H 的入射光线从像方主点 H' 以相同的倾角平行出射，根据物方焦距和物高可确定出射平行光束的倾角，如图 2.18 所示。

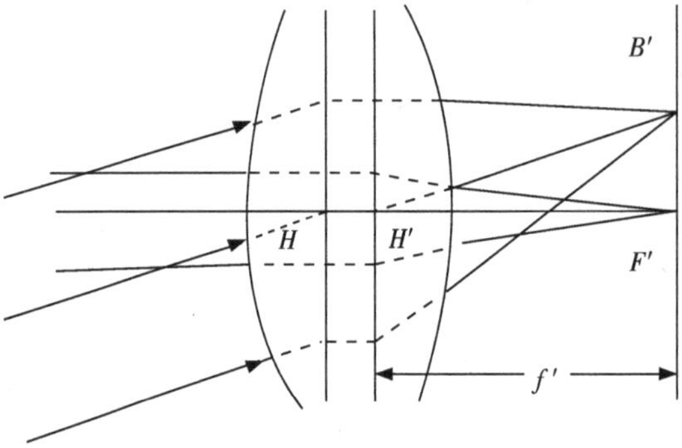

图 2.17　像方焦面的性质

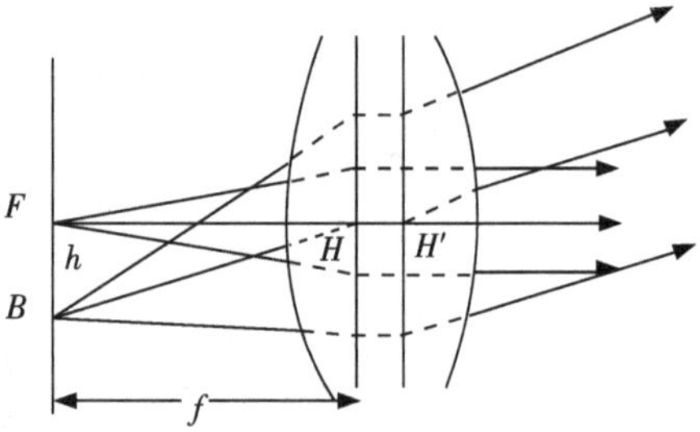

图 2.18　物方焦面的性质

2.5.2　物像关系

只要求出系统主点和焦点的位置，一个共轴球面系统的物像关系也就完全确定了。

参见图 2.19，根据共轴理想光学系统的基点和基面的性质，可推导出以下常用的公式。

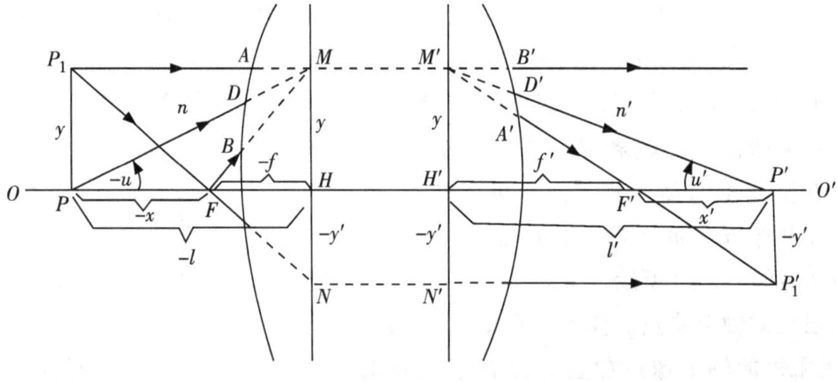

图 2.19　共轴球面系统主点、焦点和物像关系

(1)物像关系。

高斯公式：
$$\frac{f'}{l'}+\frac{f}{l}=1 \quad (\text{主点为原点}) \tag{2.34}$$

牛顿公式：
$$xx'=ff' \quad (\text{焦点为原点}) \tag{2.35}$$

(2)焦距关系。

$$\frac{f}{f'}=-\frac{n}{n'} \tag{2.36}$$

(3)光焦度关系。

$$\Phi=\frac{n'}{f'}=-\frac{n}{f} \tag{2.37}$$

光焦度可用来度量光学系统会聚本领(或发散本领)。如短焦距光学系统有较大的光焦度,它将使出射光线相对于入射光线偏折得很厉害,而平行平板,因对光线不起偏折作用,其光焦度为零。

(4)拉赫公式。

$$nuy=(-1)^K n'u'y' \tag{2.38}$$

式中：K 是光学系统所有反射面的面数。

由拉赫公式可导出像高与物高之比的垂轴放大率为

$$\beta=\frac{y'}{y}=(-1)^K\frac{nu}{n'u'} \tag{2.39}$$

理想的共轴球面光学系统的成像公式和单个折射球面的成像公式形式上完全一致,只是物距、像距、焦距的参考原点要改为主点,而不是球面的顶点。

2.5.3 焦深和景深

对于固定焦距的光学系统来讲,物距变化造成的离焦会影响成像的清晰度。对于理想光学系统,高斯像面上的波像差为零,按照瑞利判据,只要离焦所产生的波像差小于四分之一波长,就不会影响像质,这一离焦量称为焦深。当物距变化时,只要像面位置与高斯像面轴向位置的偏差不超过焦深,像点的亮度不会有明显的变化。

根据波像差理论,焦深 d 由下式给出：

$$d=4\lambda F^2 \tag{2.40}$$

像的移动等于焦深时,与此对应的物距变化称为景深。物距变化超出景深范围会导致像点能量弥散,表现为点目标探测信噪比下降或图像分辨率的降低。

假定光学系统对无限远的物体能精确地聚焦于焦深间隔的中心,如对有限远物体成像时,像点移动了一半焦深,即

$$x'=\frac{d}{2}=2\lambda F^2$$

根据牛顿公式求出该物体仍能保持清晰成像的最小物距为

$$x=\frac{f^2}{x'}=\frac{f^2}{2\lambda\cdot F^2}=\frac{D^2}{2\lambda} \tag{2.41}$$

由于红外波长较长，红外成像的景深范围比可见光成像要大一些。例如，一个对无限远景物对焦的中波红外成像系统，如光学孔径为 5cm，只要物距不小于 318m，不影响成像清晰度。同样孔径的可见光成像系统，物距约须大于 2400m，方可保持成像清晰。因此，用于远距离探测的红外系统除有极高空间分辨率要求的情况外，一般不设置复杂的调焦机构。

2.5.4　光学系统的组合

红外仪器的光学系统可以由多个子光学系统（也称光组）组成。每个光组都可包含一个或多个光学元件如透镜、反射镜等。根据两个共轴光组的主点、焦点的位置，可以计算出组合光学系统的焦距、光焦度等光学参数。参见图 2.20，如一个光学系统由两个光组组合而成，组合后光学系统的焦距为

$$f'=-\frac{f'_1 f'_2}{\Delta} \tag{2.42}$$

式中：f'_1，f'_2 分别为两个光组的像方焦距；$\Delta=d-f'_1+f_2$ 称为焦点间隔，是两个光组焦点之间的距离 F'_1F_2；d 称为主点间隔，是两个光组的主点之间的距离 H'_1H_2。

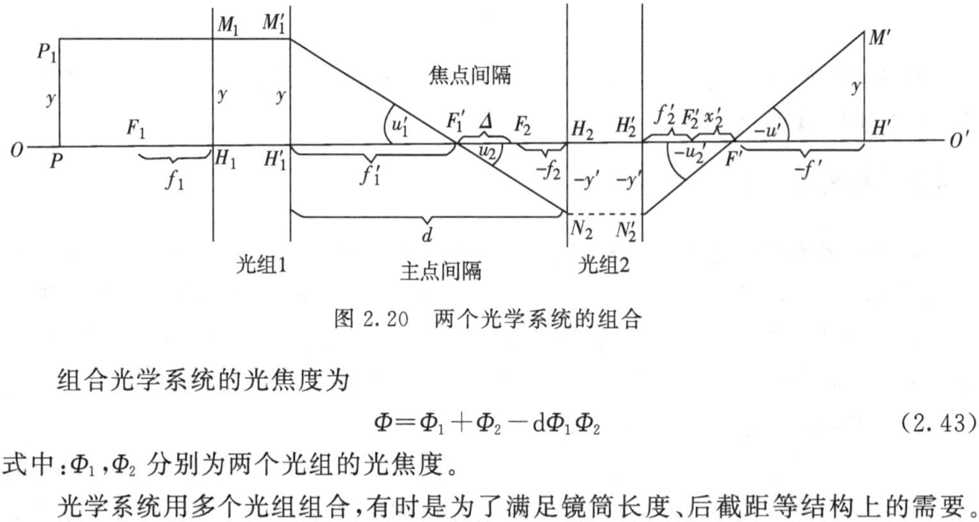

图 2.20　两个光学系统的组合

组合光学系统的光焦度为

$$\Phi=\Phi_1+\Phi_2-\mathrm{d}\Phi_1\Phi_2 \tag{2.43}$$

式中：Φ_1，Φ_2 分别为两个光组的光焦度。

光学系统用多个光组组合，有时是为了满足镜筒长度、后截距等结构上的需要。如有两个薄透镜组，一个是具有正光焦度的会聚透镜，另一个为具有负光焦度的发散透镜。采取不同的组合方式，可构成结构差别极大的远摄型透镜组和反远距型透镜组。远摄型透镜组的光路中会聚透镜在前，发散透镜在后。由于组合后系统像方主面的位置在镜筒前，较短的镜筒长度可得到较长的焦距。反远距型透镜组与远摄型透镜组光路结构相反，光路上发散透镜在前，会聚透镜在后。如果系统焦距较短，这样的组合方式可获得较大的后截距，短焦镜头通常采取这种组合方式。

有多个光谱探测通道的扫描辐射计通常由主光学系统和后光学系统组合而成。主光学系统是用来收集目标辐射各个波段能量的公用物镜，处于红外光学系统的前部，所以又称前光学系统。后光学系统由主光学系统后面的各种光学元件组成，有分光、光路折向、像面传递、像差校正等功能。

2.6　实际光学系统

实际光学系统接收目标辐射受到两个限制：一是对能够无遮挡地通过系统的轴上光束直径的限制；二是对物平面上或物空间的成像范围或探测范围的限制。为此，工程光学引入了光学孔径和光学视场的概念，孔径和视场是光电仪器最重要的光学参数。

2.6.1　光学孔径

2.6.1.1　孔径光阑和入瞳

光学元件的通光面积、光路中设置的光阑孔都可能限制轴上光束的直径，最有效地限制此光束宽度的通光孔称为孔径光阑。孔径光阑被设置在前面的光学零件所成的像称为入瞳。例如，照相物镜的光圈就是孔径光阑，从物镜前方看到的光圈的像就是入瞳。入瞳孔径称为光学系统的有效孔径，或称光学孔径。

孔径光阑可用以下方法确定。图 2.21 中，将所有光学元件、光阑等通光孔对前面光学系统成像，比较这些像对轴上点 O 的张角的大小，像的张角最小的通光孔即孔径光阑。图中，孔径光阑 Q_1Q_2 被前面光学系统所成的入瞳 P_1P_2 的张角为最小。孔径光阑被后面光学系统所成的像 $P'_1P'_2$ 为出瞳，与其他通光孔被后面光学系统所成像对像点 O' 的张角相比，出瞳 $P'_1P'_2$ 的张角最小。当物在无限远时，可比较所有像的高度，其中入瞳高度最小。

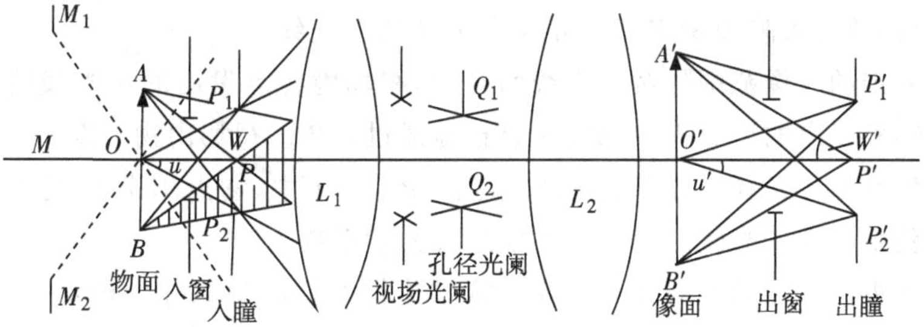

图 2.21　光学系统的孔径和视场

2.6.1.2　F 数及数值孔径

F 数的定义为系统的等效焦距与光学孔径之比，记作 F 或 f/D。F 数的倒数称为相对孔径。

$$F=\frac{f}{D} \tag{2.44}$$

数值孔径定义为

$$NA=n'\sin u' \tag{2.45}$$

式中：n'是最后一个光学表面与像方焦面之间介质的折射率；u'是像方会聚光束的半锥角，即像方孔径角。

光学系统的 F 数或数值孔径可用来表述光学系统的聚光能力。物在有限远时，如显微系统，较多用数值孔径。物在无限远时，如望远系统，较多用 F 数。在高级理论中，主面是一个中心在焦点的球面。故 F 数和数值孔径可通过以下关系换算：

$$F=\frac{f}{D}=\frac{1}{2\sin u'}=\frac{1}{2NA} \tag{2.46}$$

理论上数值孔径的最大值为 1，即 F 数为 0.5，其物理意义是焦点会聚光束的半锥角为 90°。由于像质太差，F 数为 0.5 的光学系统是没有实用价值的。

2.6.2　光学视场

2.6.2.1　视场光阑和视场

探测器光敏元、光路中的光阑孔、光学元件通光孔的大小都可能限制光学系统的可成像范围，其中最有效的限制物平面上或物空间可成像范围的通光孔称为视场光阑。

视场光阑被前面部分光学系统所成的像称为入射窗，被后面部分光学系统所成的像称为出射窗。入射窗对入瞳中心的张角称为物方视场角，出射窗对出瞳中心的张角称为像方视场角。物在无限远时，光学系统的视场通常用物方视场角表示。物在有限远时，视场也可用物高表示。

图 2.21 中，物方视场角 $2W$ 决定了有限远物面成像的最大物高 AB，也决定了无限远物体成像的最大角范围。边缘点 A 发出轴外光束中通过入瞳中心 P 的光线称为主光线，通过入瞳边缘 P_1、P_2 的光线称为边缘光线。

视场限定的成像范围是对主光线而言的，视场内物点发出的主光线能通过系统并不意味轴外光束的所有光线都能无遮拦地通过系统。视场内物点发出的充满入瞳的光束中仍有部分光线会被其他光孔遮挡。图 2.21 中，物点 B 发出光束中阴影部分的光线就由于视场光阑的遮挡而不能通过光学系统。

轴外光束的边缘光线被光阑或光学零件边框遮拦的现象称为渐晕，渐晕会减小轴外像点的照度。为消除渐晕，除了使入射窗和物面重合外，还应使其他光阑孔和透镜框做得足够大。

2.6.2.2　瞬时视场

光电遥感仪器探测的目标可认为在无限远处，探测器通常放在光学系统的焦平面上。光电成像仪有扫描和凝视等成像方式，扫描型成像仪又有单元、多元或线列等扫描方式，与探测器光敏元对应的光学视场称为瞬时视场。瞬时视场是在系统扫描的某一瞬时单个光敏元能看到的空间的角范围。瞬时视场如用它能看到地物的线度表示，即称为地面瞬时视场。

如光路中不设视场光阑，光敏元即视场光阑，其等效光路图如图 2.22 所示。由图可知，入射窗即光敏元经前面光学系统在物面上所成的像。由于探测器后面不再有光学系统，光敏元既是视场光阑，又是出射窗。

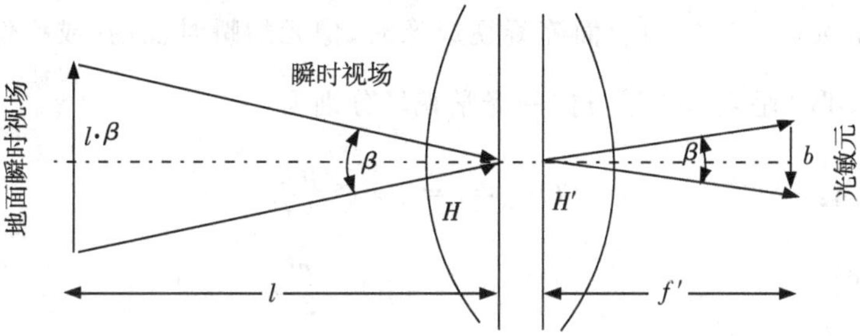

图 2.22　以光敏元为视场光阑的等效光路图(垂直维)

如果 l 为物距，光敏元尺寸为 $a \times b$(水平×垂直)，瞬时视场很小，利用主点、焦点的性质可算得二维方向的瞬时视场分别为

水平方向：
$$IFOV_{\mathrm{H}} = \alpha = \frac{a}{f'} \tag{2.47}$$

垂直方向：
$$IFOV_{\mathrm{V}} = \beta = \frac{b}{f'} \tag{2.48}$$

式中：α,β 是二维方向的瞬时视场。

地面瞬时视场是光敏元在二维方向的地面投影，等于 $l\alpha \times l\beta$(水平×垂直)。

单元探测器扫描成像的瞬时视场即它的光学视场。线列扫描、面阵凝视成像的瞬时视场或像元视场只是光学视场 $\alpha \times \beta$ 的一部分，如图 2.23 所示。

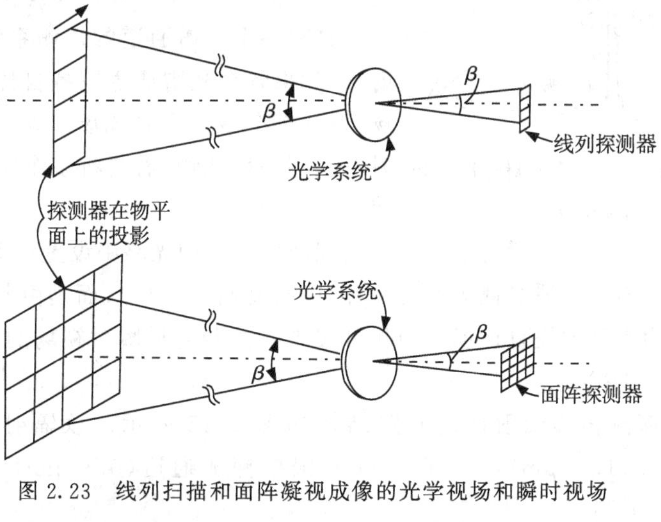

图 2.23　线列扫描和面阵凝视成像的光学视场和瞬时视场

图 2.23 中，如光敏元尺寸为 $a\times b$（水平×垂直），$l\times n$ 元（水平×垂直）线列扫描的瞬时视场仍为 $\frac{a}{f'}\times\frac{b}{f'}$（水平×垂直），在二维方向的光学视场分别为

水平方向：
$$FOV_H=\alpha=\frac{a}{f'} \tag{2.49}$$

垂直方向：
$$FOV_V=\beta=2\tan^{-1}\frac{nb}{2f'} \tag{2.50}$$

用 $m\times n$ 元（水平×垂直）面阵凝视成像时，像元的瞬时视场（或称像元视场）仍为 $\frac{a}{f'}\times\frac{b}{f'}$（水平×垂直），二维方向的光学视场分别为

水平方向：
$$FOV_H=\alpha=2\tan^{-1}\frac{ma}{2f'} \tag{2.51}$$

垂直方向：
$$FOV_V=\beta=2\tan^{-1}\frac{nb}{2f'} \tag{2.52}$$

2.6.2.3　扫描视场

为满足空间分辨率的需要，系统瞬时视场一般都比较小。受到探测器像元数、光学像质等因素的限制，红外光学系统的视场非常有限。为获得较大的成像范围，可以用光学机械方法对物方空间进行扫描，如此形成的视场称为扫描视场。

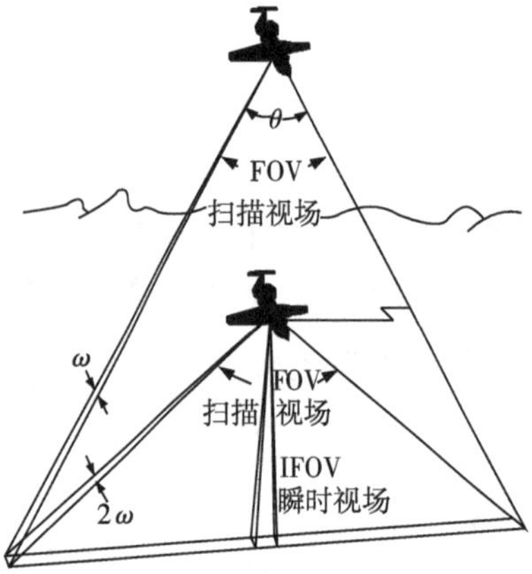

图 2.24　光机扫描成像的瞬时视场和扫描视场

扫描视场的大小、形状主要取决于光机扫描机构，与光学系统的视场无直接关系。单元或多元探测器的瞬时视场、光学视场很小，但利用光机扫描可得到很大的扫描视场，如图 2.24 所示。采用不同的扫描方式，还可得到直线、圆锥曲线等形状的扫描图形。

2.6.2.4　多个瞬时视场的配准

具有多个光谱通道的探测系统，如多光谱辐射计，如果各个光谱通道以各自探测器为瞬时视场，系统将有多个瞬时视场。为了保证它们能同时看到同一块地物，需要将多个瞬时视场进行空间位置的配准。

扫描成像系统多个瞬时视场的空间配准可在共用光路中设置一个共用的视场光阑。这样各个通道的瞬时视场不再由各自的探测器所决定，而是由共同的视场光阑所决定。共用光路中设置视场光阑除可实现各探测通道瞬时视场的配准外，还可以抑制杂散光的干扰。

某卷云探测扫描辐射计的光路结构如图 2.25 所示。该辐射计有 2 个短波通道（1.39μm、1.67μm），1 个近红外的偏振探测通道（0.94μm）和 1 个可见光

通道，可见光通道再用带滤光片的光锥细分为 0.93μm、0.88μm、0.76μm、0.65μm 等波段。

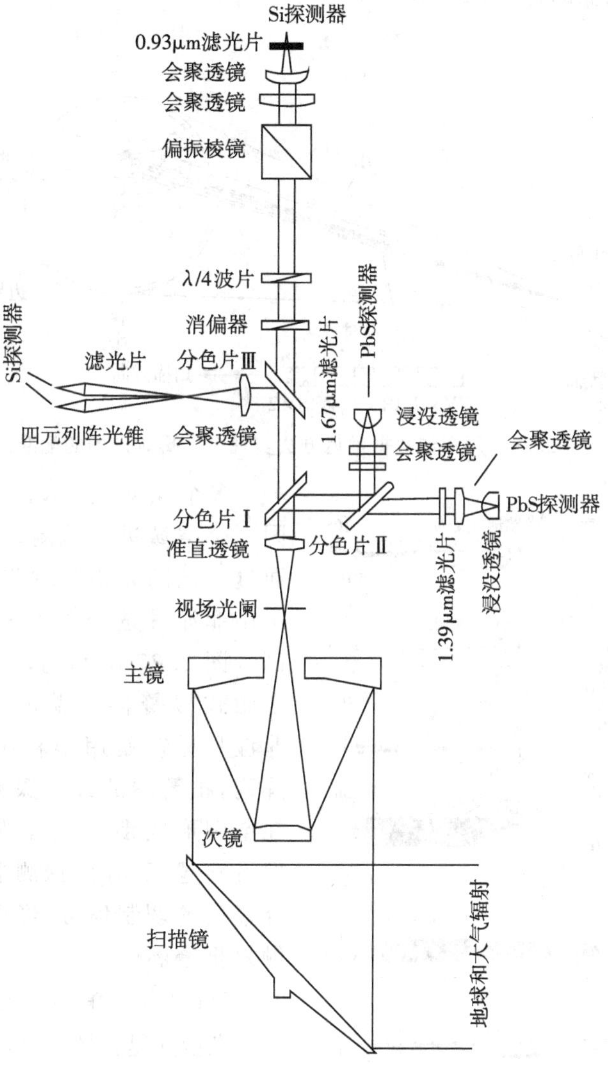

图 2.25　设置共用视场光阑实现多个瞬时视场的配准

该辐射计在主光学系统的焦面上设置了 4 个光谱通道共用的视场光阑，视场光阑的出射光分光后经不同放大倍率的中继光学系统到达各自的探测器。各通道的探测器尺寸可以不同，组合焦距也可以不同，但是它们的瞬时视场均相等，而且在空间是配准的。

除了设置共用视场光阑的方法外，还可用图像数据延迟的方法实现多光谱通道瞬时视场的配准。如 FY2 扫描辐射计有红外（IR）、水汽（WV）、可见光及近红外

(VIS)等3个光谱通道。红外、水汽通道采用单元扫描,可见光通道4元并扫,探测器分两组,一组运行,另一组备份。所有光敏元的瞬时视场是用探测器输出电信号时间延迟的方法配准的,如图2.26所示。

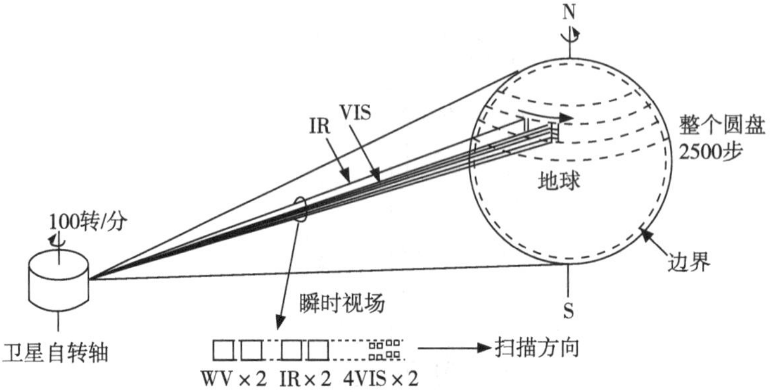

图 2.26 用图像数据延迟方法实现多个瞬时视场的配准

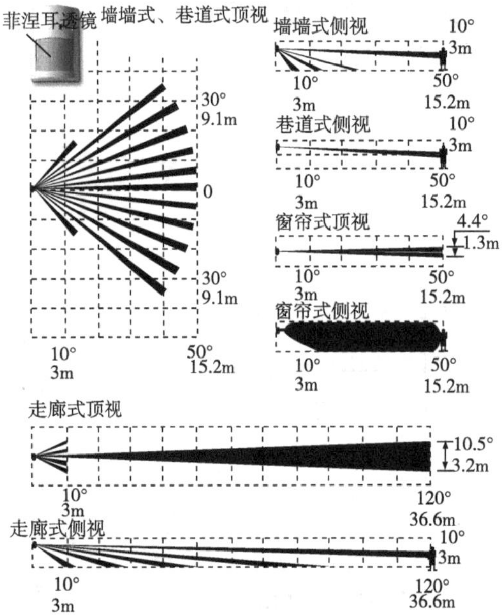

图 2.27 红外入侵报警器的警戒视场

多个探测元可以通过视场配准对同一个空域进行监测,单个探测元也可通过不同的光路同时监测不同的空域。采用菲涅耳透镜的红外报警器就是一例。图2.27所示为墙墙式、窗帘式和走廊式报警器覆盖的空间警戒视场。菲涅耳透镜是用塑料压制的片状透镜阵列,报警器的红外探测器经不同透镜在空间形成多个监控视场。当非法入侵者穿越视场时,探测器接收到人体红外辐射的调制信号,经适当的信号处理触发报警。

2.6.2.5 消杂散光阑

杂散光是视场外辐射源发出的经非正常光路到达像面的非成像光线。当系统入瞳无限小时,视场外物点发出的光线无法进入物镜。实际上,由于入瞳总有一定大小,一部分视场外的杂散光可通过系统内壁和零件的多次反射最终到达探测器,其结果是严重影响目标像的对比度,如图2.28所示。

可见光的杂散光来自太阳直射光或环境的反射、散射光,红外杂散光来自环境和仪器腔体的热辐射。消杂散光的关键在于对仪器光机结构件的被照射面、关键面、重要面的分析。被照射面是外部杂散光仅通过光学元件就能直接照射到的光

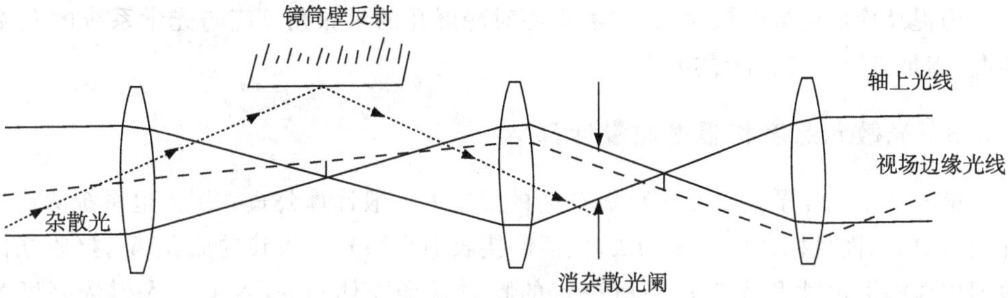

图 2.28　杂散光产生的机理

机结构件表面,对入射的杂散光线进行正向追迹可得到被照射面。关键面是指探测器仅通过光学元件就能看到的表面,以探测器为源进行光线反向追迹可得到被照射面。既是被照射面又是关键面的表面称为重要面,杂散光干扰主要来自重要面。

图 2.29 中,未加杂散光挡板时,镜筒的内壁既是能被杂散光照射到的被照射面,也是探测器通过光学元件能看到的关键面,故为重要面。设置了消杂散光挡板后,正常光路的成像光线不受影响,由于重要面大大缩小,可有效抑制杂散光干扰。另外,内壁、挡板表面发黑处理也可增加对杂散光的吸收。

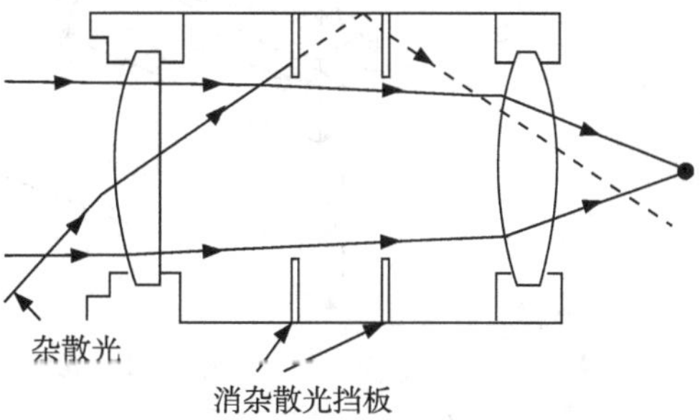

图 2.29　消杂散光挡板的原理

消杂散光阑通常设置在中间实像处(即视场光阑)或物镜出瞳处,轴上或视场边缘的成像光线均不受此光阑的遮拦。内壁漫反射的杂散光大部分为光阑所遮挡。

2.6.2.6　冷光阑

冷光阑是为阻止视场外的红外杂散光传输而在光路中设置的低温光阑,俗称冷屏。通常将冷光阑作为光学系统的孔径光阑或出瞳,此时的冷光阑是一种致冷的里奥光阑。

红外系统的杂散光主要来自光学或机械零部件的热辐射。致冷型红外探测器一般封装在真空杜瓦瓶内,在器件光敏面前设置了冷屏、冷滤光片。冷屏可限制来自视场外的红外杂散光,冷滤光片可抑制视场内的红外杂散光,如图 2.30 所示。高灵敏度长波红外探测还需要对筒壁和光阑进行冷却,即采用冷光学系统。

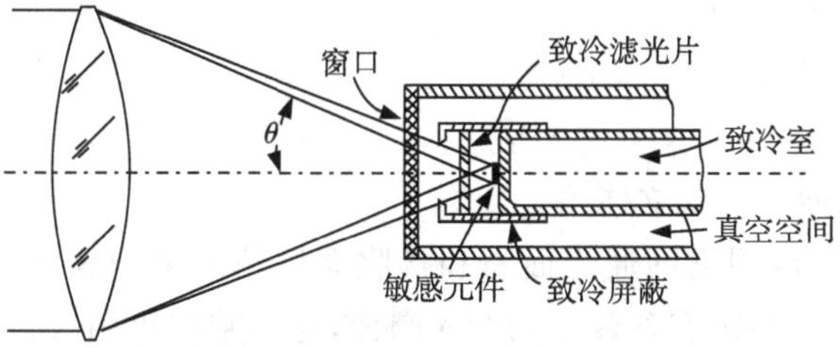

图 2.30　红外探测器冷屏设置

为提高冷屏的屏蔽效率，探测器中心对冷屏孔的半张角 θ 应与光学系统的 F 数匹配，满足 $F=1/(2\sin\theta)$ 的要求。

2.6.3 光敏元照度和辐射通量计算

第 1 章 1.4.4 节已介绍了面源产生的照度的一般计算公式。用光电系统测量目标辐射时，如面目标的辐亮度为 L，仪器的接收面积即光学入瞳的面积 A_o，接收立体角即由探测器尺寸和光学焦距所决定的瞬时视场立体角 ω，入瞳处入射辐亮度为 $L\tau_a$，其中 τ_a 为大气透过率，如图 2.31 所示。

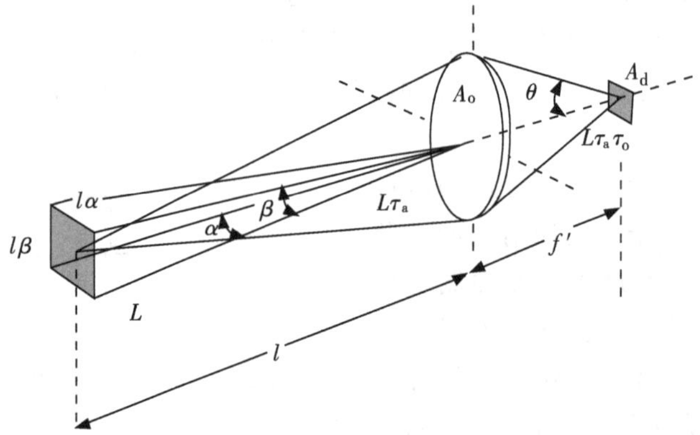

图 2.31 光敏元照度和辐射通量

光敏面的辐射通量可以用两种方法计算。一种方法是先计算入瞳面的辐照度和辐射通量，再根据光学效率计算光敏面的辐射通量。

入瞳辐亮度：
$$L_{opt}=L\tau_a \tag{2.53}$$

入瞳辐照度：
$$E_{opt}=L_{opt}\omega \tag{2.54}$$

入瞳辐射通量：
$$\Phi_{opt}=E_{opt}A_o=L\tau_a\cdot A_o\omega \tag{2.55}$$

光敏面辐射通量：
$$\Phi_{det}=\Phi_{opt}\tau_o=L\tau_a\tau_o\cdot A_o\omega \tag{2.56}$$

式中：τ_o 为光学效率；$\omega=\alpha\beta$ 是瞬时视场立体角，其中 α、β 为二维方向的瞬时视场。

另一种方法是直接根据光敏面的辐亮度计算它的辐照度和辐射通量。

光敏面辐亮度：
$$L_{det}=L\tau_a\tau_o \tag{2.57}$$

光敏面辐照度：
$$E_{det}=L_{det}\Omega=L\tau_a\tau_o\Omega \tag{2.58}$$

光敏面辐射通量：
$$\Phi_{det}=E_{det}A_d=L\tau_a\tau_o\cdot A_d\Omega \tag{2.59}$$

式中：A_d 为光敏面的面积；Ω 为光敏面的接收立体角。

光学系统接收辐射通量的能力可以用它的通光面积和接收立体角的乘积表示，这是一个是与仪器光学孔径、视场有关的固有参数。如在入瞳面，这一乘积可用入瞳面积与瞬时视场立体角之积 $A_o\omega$ 表示，在探测器的光敏面，则可用光敏元面积与接

收立体角之积 $A_d\Omega$ 表示。

物在无限时，如光学系统的会聚角为 θ，光敏面接收立体角与 F 数关系为

$$\Omega=\pi\sin^2\theta=\frac{\pi}{4F^2} \tag{2.60}$$

如入瞳为圆形，可以证明：

$$A_o\omega=\frac{\pi D^2}{4}\cdot\frac{A_d}{f^2}=A_d\Omega \tag{2.61}$$

根据(2.61)式，可以看出：上述两种方法算得的光敏面辐射通量(2.55)、(2.59)是一致的。

光敏面照度和通量也可直接用 F 数计算，即

$$E_{det}=L\tau_a\tau_o\Omega=\frac{\pi L\tau_a\tau_o}{4F^2} \tag{2.62}$$

$$\Phi_{det}=L\tau_a\tau_o\Omega A_d=\frac{\pi L\tau_a\tau_o A_d}{4F^2} \tag{2.63}$$

光敏面照度与入瞳面照度之比也称光学增益，由于光学系统的传输损失，光敏面的辐射通量有所衰减，但照度大大增强，因此，光学系统的主要用途是聚光，即用尽可能小的光敏元接收较多的辐射通量。面目标成像时，轴上点的光敏面照度与光学系统 F 数的平方成反比。因此，光学系统的 F 数或数值孔径可用来表示它对辐射的聚光能力。

以上仅分析了轴上点的像面照度，轴外点的像面照度将按 $\cos^4 W'$ 的倍数衰减，其中 $2W'$ 为像方视场角。如像方视场角不超过 60°，在没有渐晕时，最边缘一点的照度约为中心点照度的 0.56 倍。扫描成像系统自然不存轴外点照度衰减的问题，用于目视观察的中小视场的凝视成像系统，影响也不大，广角视场的凝视成像系统还是应考虑其影响的。

2.7　光学像差

2.7.1　像差概述

2.7.1.1　衍射和像差

与理想光学系统不同，物空间的一个物点发出的光束经实际光学系统后，不再会聚于像空间的一点，而是形成一个弥散的像斑。有两个因素能影响到光学系统成像的完善性。其一是由于光的波动性产生的衍射效应，另一个是由于光学表面几何形状和光学材料色散产生的像差。

除个别情况外，光学系统成像都存在像差，完全消除像差是不可能的，也是没有必要的。光学设计者的任务也就是把影响像质的主要像差校正到某一允许的公差范

围内，以满足系统的技术性能指标的要求。

衍射则不同于像差，衍射效应在系统通光口径确定后是无法控制的。即使光学系统本身无任何像差，点源像也不是一个几何点，而是一个弥散斑。出现这种情况，我们认为该光学系统的像质已达到了极限，称为衍射限。

近轴光学系统是一种理想的、无像差的光学系统，只有近轴的小物体以细光束成像时才符合。任何一个实际光学系统都有一定的孔径和视场，也不可避免地存在像差。

2.7.1.2 像差的起因和分类

单色光成像会产生性质不同的五种像差，即球差、彗差、像散、场曲和畸变，这五种像差统称为单色像差。球差是球面不能完善成像产生的，共轴球面系统轴上光束成像只有球差，没有其他 4 种像差。轴外宽光束成像既存在球差，还存在彗差、像散、场曲、畸变等轴外像差。

由于光学介质对不同的色光有不同折射率，不同色光通过光学系统时，因折射率不同而导致成像位置和放大倍率的差异，称为色差。色差有两种，不同色光成像位置差异的像差称为位置色差，不同色光的成像放大倍率差异的像差称为倍率色差。以上 7 种像差都是在几何光学基础上定义的，统称为几何像差。

2.7.2 球差

2.7.2.1 球差产生与定义

由于球面成像的不完善性，轴上点发出的同心光束经共轴球面光学系统后，不再是同心光束，不同入射高度(物在无限远)或孔径角(物在有限远)的光线将交光轴于不同位置，交点位置相对于近轴理想像点的轴向偏离称为轴向球差，简称球差。由于球差的存在，在高斯像面上的点源像已不再是一个点，而是一个圆形的弥散斑，弥散斑的半径也称作垂轴球差，如图 2.32 所示。

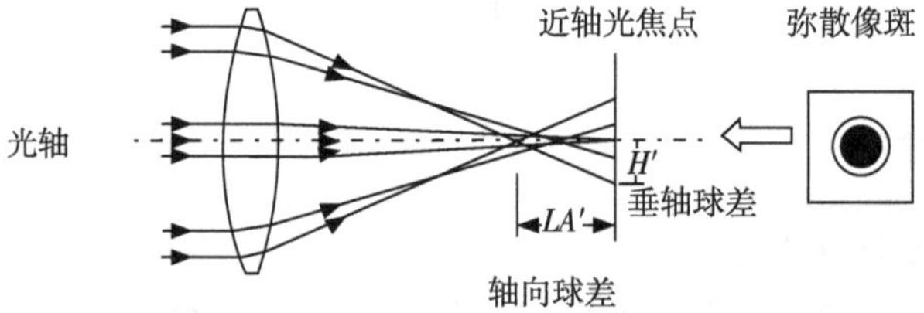

图 2.32 球差及其形成的弥散像斑

轴向球差 LA' 可表示为

$$LA' = L' - l' \tag{2.64}$$

式中：L' 是实际光线的像距；l' 是近轴光线的像距。

球差只与孔径有关，即球差仅是入射光线的高度(物在无限远)或孔径角(物在有

限远)的函数。物在无限远时,轴向球差可用高度 h_1 的幂级数展开为

$$LA'=A_1h_1^2+A_2h_1^4+A_3h_1^6+\cdots \tag{2.65}$$

由于球差具有轴对称性,幂级数展开式中不存在 h_1 的奇次项。由于轴上光线 $h_1=0$ 没有球差,幂级数展开式中没有常数项。幂级数展开式的第一项称为初级球差,第二、三项分别称为二级球差、三级球差。二级以上球差称为高级球差,孔径较大时高级球差才起作用。大部分光学系统二级以上球差很小,可以忽略,球差的幂级数展开式可只取两项。孔径较小时,主要是初级球差。

2.7.2.2　初级球差系数

光学系统的球差是由系统各个折射面产生的球差传递到像空间后相加得到的,因此,系统球差可以用球差分布式表示为各个折射面对球差的贡献之和。

实际球差分布的计算较为繁复,需要用到大量的三角运算,不准备在此作详细介绍。如果将实际球差分布式中角度的正弦用弧度值代替,角度的余弦用 1 代替,就可得到形式较为简洁的初级球差分布式。用初级球差分布式表达的球差称为初级球差。

如光学系统由 k 个折射面组成,其初级球差 LA' 可用初级球差分布式表示为

$$LA'=-\frac{1}{2n'_k u'^2_k}\sum_1^k S_{\mathrm{I}} \tag{2.66}$$

式中:n'_k, u'_k 分别为最后一个折射面的折射率和折射光线的孔径角;$\sum_1^k S_{\mathrm{I}}$ 为初级球差系数。

每个面初级球差分布系数为

$$S_{\mathrm{I}}=luni(i-i')(i'-u) \tag{2.67}$$

不仅是球差,以下介绍的其他像差均定义了相应的初级像差分布系数,并给出了初级像差的表达式。用近轴光追迹可得到各个折射面的初级像差分布系数,从而可计算总初级像差和各个折射面对像差的贡献,以便修改光学结构参数。

2.7.2.3　球差校正

对于 F 数较大而视场较小的红外光学系统,初级像差与实际像差的误差不大。初级像差求得后,就能根据像差的要求确定系统结构参数的初值。然后进行实际光线追迹,求出实际像差,再对结构参数进行修改,使实际像差小于允许值。

像差校正的过程也就是反复修改结构参数,如修改折射面的曲率半径、间距、面型,或调换不同折射率的材料等,以求得像差的平衡。所谓像差平衡,是指正负像差的相消。以球差为例,共轴球面系统的单透镜本身不能校正球差。单个正透镜边缘光线的偏向角比近轴光线的偏向角大,将产生负球差。同理,单个负透镜则会产生正球差。如果将正负透镜组合,则有可能消除球差。

校正球差只能使光学系统的某一带的球差为零,不能消除所有带的球差,如

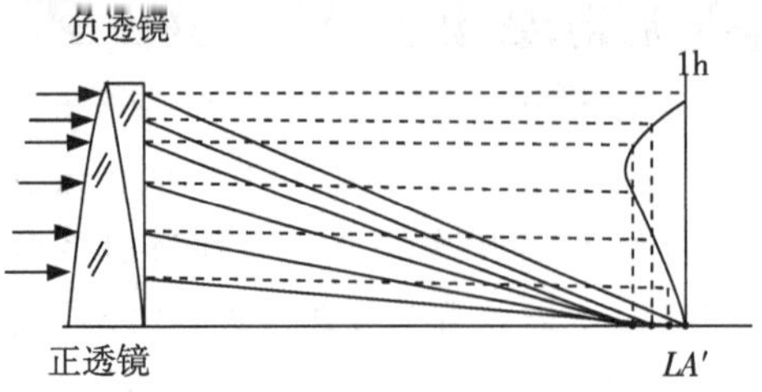

图 2.33　球差校正原理

图 2.33 所示。如果仅考虑初级、二级球差，通过改变结构参数，边缘光线的球差已校正到零，即

$$LA'_m = A_1 h_m^2 + A_2 h_m^4 = 0$$

式中：LA'_m 为边缘光线的球差；h_m 为边缘光线的入射高度。

算得 $A_1 = -A_2 h_m^2$，则入射高度 h 的光线的球差为

$$LA' = A_1 h^2 + A_2 h^4 = A_2 h^2 (h^2 - h_m^2)$$

令球差对高度的导数为零，得到 $h = 0.707 h_m$。这一结果表明：如边缘带的球差已校正到零，其他带有仍有剩余球差，高度为边缘光线高度 0.707 倍的环带的剩余球差最大。

2.7.3　轴外像差

2.7.3.1　子午面和弧矢面

工程光学中，我们将轴外点发出的光束中通过入瞳中心的光线称为它的主光线，主光线和光轴构成的平面称为子午面，包含主光线并与子午面垂直的平面叫作弧矢面，如图 2.34 所示。

共轴球面系统轴上点发出的光束的主光线始终与光轴重合，光束始终保持相对于光轴的对称性，任意一个光束截面内光线的踪迹都是相同的。对轴上点发出的光线追迹时，可以任取一个截面定义为子午面，没有必要再定义弧矢面。

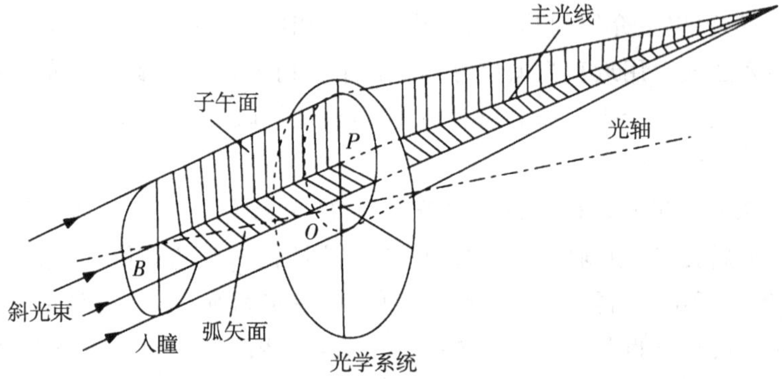

图 2.34　子午面、弧矢面的定义

对共轴光学系统来讲，从轴外点发出的、处于同一子午面内的光线不管经过多少次折射或反射，还是保持在原先定义的子午面内。入射时与子午面对称的弧矢面内的光线对，虽然折射后还与子午面对称，但折射光束的弧矢面已不是入射光束的弧矢

面了。因此，弧矢面是变化的，子午面是不变的，需要同时考察子午面和弧矢面内光线的踪迹才能反映轴外光束的成像质量。

2.7.3.2　子午像差

轴外点发出宽光束通过光学系统时，除产生轴外点球差外，还会引入彗差、场曲、像散等轴外像差，最终在高斯像面上像点的弥散要严重得多。轴外光线的像差必须按子午面和弧矢面分别定义。

图 2.35 给出了子午面轴外像差的定义。图中，BP 为子午面内轴外光束的主光线，BM^+ 和 BM^- 为轴外光束的边缘光线。BM^+ 和 BM^- 经透镜折射后，已不再与出射光束的主光线对称，这种像差称为子午彗差。

按照理想光学系统的要求，轴外光束的像点应位于高斯像面上，实际并非如此，轴外细光束的像点，即图中子午近轴光线对的交点 B'_t 是在曲面 t 上，即像面是弯曲的，称为子午场曲。同样，轴外宽光束的像点，即图中子午边缘光线对的交点 B'_T 位于另一个曲面 T 上。B'_T 与 B'_t 沿光轴方向的偏离，即曲面 t 和曲面 T 的轴向偏差称为轴外子午球差。

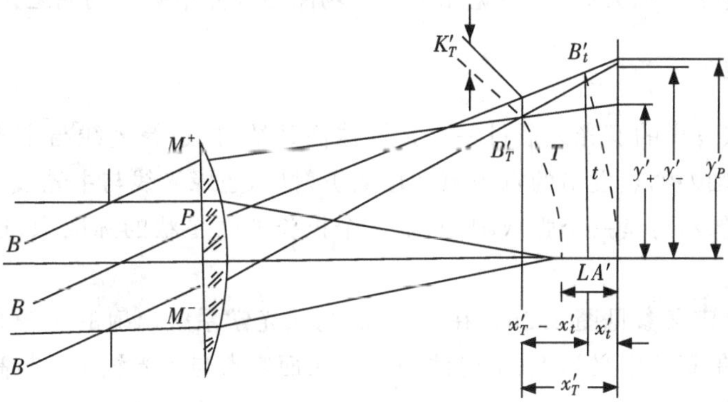

图 2.35　轴外像差定义(子午面)

图 2.35 中，定义的子午面轴外像差如下：

K'_T 为子午彗差；

x'_T 为宽光束子午场曲，系子午边缘光线对的交点至高斯像面的距离；

x'_t 为细光束子午场曲，系子午近轴光线对的交点至高斯像面的距离；

$x'_T - x'_t$ 为轴外子午球差，系宽光束子午场曲与细光束子午场曲之差。

2.7.3.3　弧矢像差

图 2.36 给出了弧矢面轴外像差的定义。图中，BP 为弧矢面内轴外光束的主光线，BD^+ 和 BD^- 为光束的边缘光线。弧矢近轴光线对的交点 B'_s 在曲面 s 上，弧矢边缘光线对的交点 B'_S 位于另一个曲面 S 上。与子午面情况相似，曲面 s 和曲面 S 的轴

向偏差称为轴外弧矢球差。

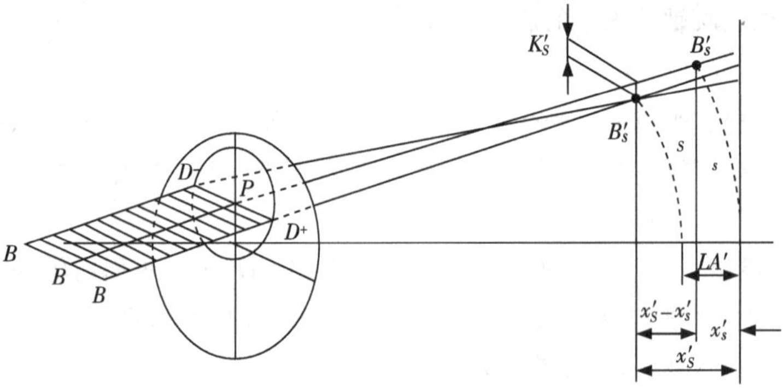

图 2.36 轴外像差定义(弧矢面)

图 2.36 中,定义的弧矢面轴外像差如下:

K'_S为弧矢彗差;

x'_S为宽光束弧矢场曲,系弧矢边缘光线对的交点至高斯像面的距离;

x'_s为细光束弧矢场曲,系弧矢近轴光线对的交点至高斯像面的距离;

$x'_S-x'_s$为轴外弧矢球差,系宽光束弧矢场曲与细光束弧矢场曲之差。

2.7.4 彗差

轴上物点发出的宽光束通过一个共轴球面系统时,边缘光线与主光线始终保持对称。但是,轴外物点发出的宽光束在球面折射后,边缘光线与主光线不再对称。此时,轴外点的像不再是一个弥散圆,而是一个拉长的彗星状的弥散像,这种像差称为彗差。

子午彗差定义参见图 2.35。在子午面内,从光学系统出射的边缘光线不再与主光线对称,子午彗差定义为上、下光线与高斯像面交点与主光线 BP 与高斯像面交点之间的高度差,即

$$K_T{}'=(y'_++y'_-)/2-y'_p \tag{2.68}$$

式中:y'_p是主光线 BP 与高斯像面交点的高度;y'_+ 和 y'_- 是上、下边缘光线与高斯像面交点的高度。

弧矢彗差参见图 2.36。从弧矢面看,边缘弧矢光线对 BD^+ 和 BD^- 出射后关于子午面仍是对称的,它们的交点必然在子午面上。弧矢彗差定义为弧矢光线对的交点到主光线的距离 K'_S,弧矢彗差与子午彗差之间的关系为

$$K'_S=\frac{1}{3}K'_T \tag{2.69}$$

彗差是与孔径、视场都有关的像差。初级子午、弧矢彗差的分布式可表达为

子午彗差 $$K'_T=-\frac{3}{2n'_k u'_k}\sum_1^k S_{\mathrm{II}} \tag{2.70}$$

弧矢彗差　　$$K'_S=-\frac{1}{2n'_k u'_k}\sum_1^k S_{\mathrm{II}} \tag{2.71}$$

式中：$\sum_1^k S_{\mathrm{II}}$ 为初级彗差系数；S_{II} 为折射面的初级彗差分布系数。

初级彗差分布系数　　$$S_{\mathrm{II}}=S_{\mathrm{I}}\cdot\frac{i_p}{i} \tag{2.72}$$

式中：i_p 为主光线的入射角。

彗差因其引起的弥散像斑呈彗星状而得名，如图 2.37 所示。靠近主光线的细光束在像面上形成彗星状像斑的亮点。偏离主光线的不同孔径的光线束形成直径渐增的圆环。圆环边缘至亮点的距离 δ_c 是子午彗差产生的，圆环的直径取决于弧矢彗差。由于弧矢彗差为子午彗差的 1/3，圆环直径为 $2\delta_c/3$。

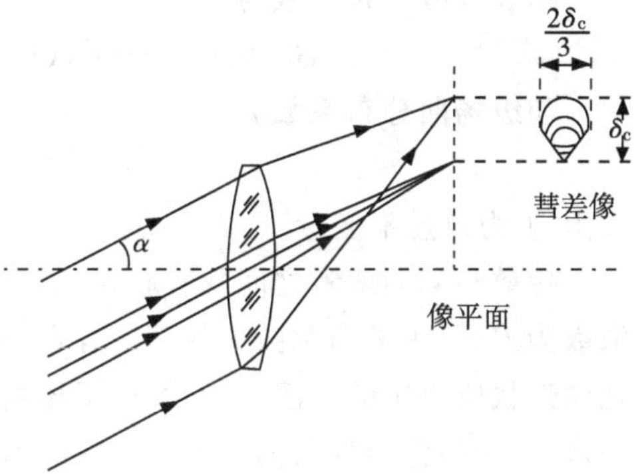

图 2.37　彗差引起的弥散像斑

2.7.5　场曲和像散

场曲是由于球面的几何形状引起的像面弯曲。无论光束宽度如何，大视场光学成像均存在场曲。即使把一个光学系统的孔径光阑缩到无限小，只允许沿主光线的无限细的光束通过，轴外点球差、彗差可接近于零，可获得清晰像点。但由于整个像面是一个曲面，在高斯像面上仍得不到清晰的图像。

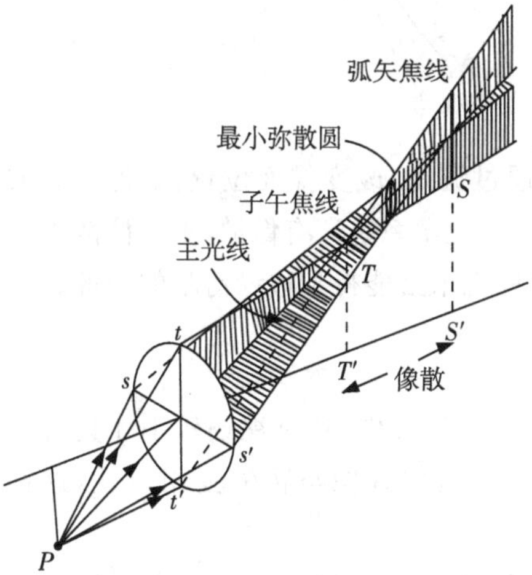

图 2.38　轴外宽光束成像的像散效应

轴外细光束成像时，子午光线的像点和弧矢光线的像点并不重合，两者分开的轴向距离称为像散，像散可描述子午和弧矢焦点之间的散焦现象。图 2.38 中，轴外宽光束成像时，子午光束所成的像是一条垂直于子午面的短线 T，叫子午焦线。而弧矢光束所成的像是一条垂直于弧矢面的短线 S，叫弧矢焦线。彼此垂直的两条焦线之间的轴向距离即像散，最小弥散圆位于其间的某一位置。

如细光束的子午场曲和弧矢场曲分别为 x'_t 和 x'_s，则像散定义为

$$\Delta l'=x'_t-x'_s \tag{2.73}$$

初级像散和场曲分布公式为

初级子午场曲　　$$x'_t=-\frac{1}{2n'_k u'^2_k}\sum_1^k(3S_{\mathrm{III}}+S_{\mathrm{IV}}) \tag{2.74}$$

初级弧矢场曲　　$x'_s = -\frac{1}{2n'_k u'^2_k}\sum_1^k (S_{\mathrm{III}} + S_{\mathrm{IV}})$　　(2.75)

像散　　$x'_t - x'_s = -\frac{1}{n'_k u'^2_k}\sum_1^k S_{\mathrm{III}}$　　(2.76)

以上公式中：

初级像散分布系数为

$$S_{\mathrm{III}} = luni(i-i')(i'-u)(i_p/i)^2 = S_{\mathrm{I}}(i_p/i)^2 \tag{2.77}$$

初级场曲分布系数为

$$S_{\mathrm{IV}} = J^2(n'-n)/nn'r \tag{2.78}$$

式中：J 为拉赫不变量。

像散和场曲两者之间既有联系，又有差别。像散必然增加像面的弯曲，但是即使像散为零，子午像面和弧矢像面重合在一起，像面也不是平的，因为场曲是球面本身几何形状所决定的。图 2.39 给出了场曲产生的弯曲像面（匹兹凡面），由于像散，弧矢像面、子午像面的弯曲有不同程度的增加。

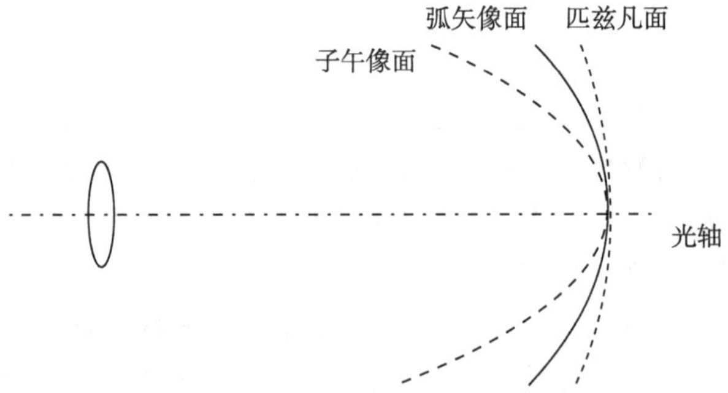

图 2.39　场曲、像散产生的像面弯曲

如果一个成像系统仅存在场曲，使用者可以通过调焦，改变像面位置，获得中心或边缘清晰的图像，但无法获得全视场的清晰图像。如光学系统还有像散，由于像散不仅与像面位置有关，还与物的形状取向有关，即使调焦也未必能得到边缘清晰的图像。

2.7.6　畸变

理想光学系统的垂轴放大率为常数，在实际光学系统中，只有视场较小才具有这一性质。当视场较大或很大时，放大率要随视场而变，导致像与物失去相似性，这种成像缺陷称为畸变。

畸变可认为是主光线的像差，不同视场的主光线通过光学系统后与高斯像面的交点的高度不等于理想像高，其差别即畸变。初级畸变定义为

$$\delta y'_p = y'_p - y' = -\frac{1}{2n'_k u'_k}\sum_1^k S_{\mathrm{V}} \tag{2.79}$$

式中的初级畸变分布系数为

$$S_{\mathrm{V}}=(S_{\mathrm{III}}+S_{\mathrm{IV}})\cdot(i_p/i) \tag{2.80}$$

畸变仅是视场的函数，不同视场的实际垂轴放大倍率不同，畸变也不同。如物面上为一等距离同心圆，畸变像为非等距的同心圆。负畸变时，放大倍率随视场增大而减小，实际像高小于理想像高，像的边缘被压缩，畸变图像呈桶形。正畸变时，放大倍率随视场增大而增大，实际像高大于理想像高，像的边缘被拉伸，畸变图像呈枕形。如图 2.40 所示。

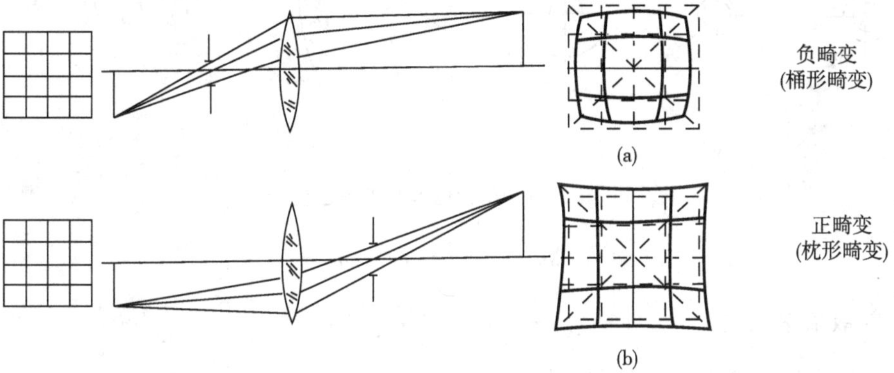

图 2.40　桶形畸变和枕形畸变

与其他像差不同，畸变使像变形但不影响像的清晰度。但是，当要利用像的大小来测定物体大小时，畸变就成为主要缺陷了，因为它直接影响测量精度，必须校正畸变。

2.7.7　色差

所有色差起因都是由于折射率因波长不同而变化。白光中红光波长较长，传播速度大，折射率就小，而蓝光波长短，折射率大。由于折射率不同随之引起不同色光焦距的变化，导致光学成像位置和放大倍率的变化。

对于轴上点，不同色光成像位置的差异称为位置色差，又称纵向色差。校正了位置色差的光学系统，只是使轴上点的不同色光的像重合，但并不能使它们的焦距相等。由于焦距不等，放大倍率不同，同一物体、不同色光成像的大小就不同，即为倍率色差，又可称为横向色差。如图 2.41 所示。

初级位置色差

$$l'_{\mathrm{C}}-l'_{\mathrm{F}}=\frac{1}{n'_k u'^2_k}\sum_1^k C_{\mathrm{I}} \tag{2.81}$$

式中：C_{I} 为初级位置色差分布系数。

$$C_{\mathrm{I}}=luni\left(\frac{\Delta n'}{n'}-\frac{\Delta n}{n}\right) \tag{2.82}$$

式中

$$\Delta n=n_{\mathrm{F}}-n_{\mathrm{C}},\ n=n_{\mathrm{d}}$$

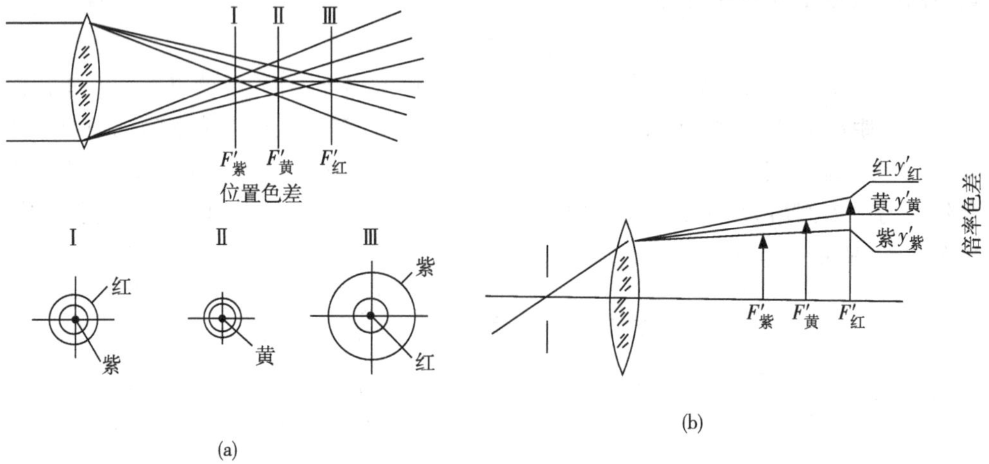

图 2.41　位置色差和倍率色差

$$\Delta n' = n'_{\mathrm{F}} - n'_{\mathrm{C}}, n' = n'_{\mathrm{d}}$$

初级倍率色差　　$$y'_{\mathrm{C}} - y'_{\mathrm{F}} = \frac{1}{n'_k u'_k} \sum_1^k C_{\mathrm{II}} \tag{2.83}$$

式中：C_{II} 为初级倍率色差分布系数。

$$C_{\mathrm{II}} = C_{\mathrm{I}} (i_p / i) \tag{2.84}$$

工程光学中可见光的红光、黄光、紫光分别称为 C 光、d 光和 F 光，以上公式中 C 光、d 光和 F 光的介质折射率分别用下标 C、d、F 表示。在红外波段计算色差时，只需将下标 C 理解为波长最长的红外光，下标 F 理解为波长最短的红外光，下标 d 理解为平均波长的红外光，就可以沿用这些公式。

2.7.8　初级像差概要

以上定义的单色像差和色差的初级像差都是沿光轴方向或垂轴方向度量的长度量。其中，彗差、畸变、倍率色差等像差是垂轴度量的，称为垂轴像差。它们的初级像差与最后出射光线的孔径角 u'_k 的一次方成反比。球差、场曲、像散、位置色差等像差是轴向度量的，称为轴向像差，它们的初级像差与最后出射光线的孔径角 u'_k 的二次方成反比。垂轴像差可直接反映像点弥散斑的尺寸大小，轴向像差必须乘以 u'_k 才能换算为垂轴像差。

弥散像斑的尺寸大小并不能完全反映光学像质。因为直接影响系统空间分辨率的不是弥散斑的线度，而是弥散斑张角的角度。弥散斑的角半径是它的线半径与光学系统焦距之比。垂轴像差弥散斑的大小确实受光学孔径和视场的制约，但影响光学像质的弥散斑角半径主要取决于光学系统的相对孔径（即 $1/F$）和视场。

球差产生的原因是球面成像的不完善性，轴上单色光束成像仅有球差。球差只

与光学系统的 F 数或数值孔径有关，彗差、像散、场曲等轴外像差既与光学系统的 F 数或数值孔径有关，又与视场有关。这种关联表现为它们的初级像差分布系数与 S_{I} 以及 i_p/i 因子有关。S_{I} 反映了轴外像差与孔径的关系，i_p/i 是主光线入射角与入射角之比，与视场有关。

光学系统应尽量减小 F 数，以增强聚光能力，还应有较大的视场，以增加系统探测的空间范围。但是，大视场、小 F 数的光学系统的像质往往很难保证，势必影响系统的空间分辨率。因此，红外光学系统有两类典型的结构：一类是大孔径、大 F 数、小视场的反射式或折反射式光学系统，另一类是孔径、F 数较小，但视场较大的折射式光学系统。详见本章 2.11 节的介绍。

2.8　光学系统像质评价

衍射和像差都能影响到光学系统成像的完善性。衍射效应决定光学系统点分辨能力的极限。如果衍射影响可忽略，光学系统的成像质量主要与像差有关，设计光学系统必须考虑像差的校正。但是任何光学系统都不可能也没必要把所有像差校正为零，必然还有剩余像差，剩余像差的大小直接关系到成像质量。为此，人们提出多种光学系统成像质量的评价方法，这些方法不仅能用于光学设计结果的评价，也能用于光学元件加工后像质的最终检测。红外光学系统常用的像质评价方法有分辨率、点列图和光学传递函数等方法。

2.8.1　衍射限点分辨率

按照波动理论，无限远物点发出的平面波，在遇到零件边缘、光阑等障碍物时，又会发出许多次波，各种不同振幅和相位的次波在像面叠加，产生衍射图样，如图 2.42(a)所示。平行光束通过通光孔径较小的圆孔时，波阵面上各点的子波在远场叠加，在像面上形成一个有明亮的中心圆斑和若干明暗相间圆环的衍射像斑，这一类衍射称为夫琅禾费圆孔衍射，其中心亮斑也称艾利斑，其能量约占整个像斑的 84%，如图 2.42(b)所示。

在满足夫琅禾费近似条件的前提下，利用衍射积分公式，(参见本章参考资料[1])对均匀照明出瞳面上所有子波源在某个方向的场强进行积分，可计算远场衍射斑光强的二维分布。

$$I(\theta)=I(0)\left[\frac{2J_1(u)}{u}\right]^2 \tag{2.85}$$

式中：$I(0)$，$I(\theta)$分别为中心和角半径为 θ 的圆环的光强；$J_1(u)$为一阶贝塞尔函数，其数值可查数学手册的贝塞尔函数表；参变量 $u=\dfrac{\pi D\sin\theta}{\lambda}$ 是圆环各点与中心点的相位差。

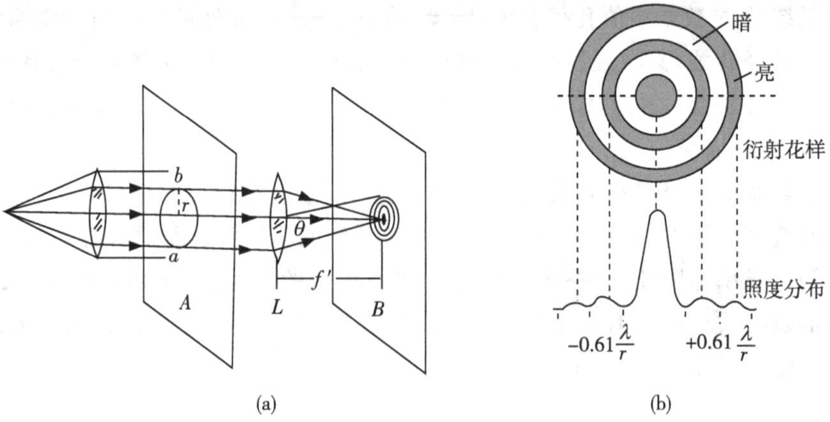

图 2.42　夫琅禾费圆孔衍射与艾利斑能量分布

当 $u=3.83$ 时，$J_1(u)=0$，可算得衍射斑第 1 暗环的角直径，即

艾利斑角直径为
$$\delta=\frac{2.44\lambda}{D} \tag{2.86}$$

艾利斑线直径为
$$d=2.44\lambda\cdot F \tag{2.87}$$

由于红外波长较长，红外光学系统的衍射效应较可见光系统明显。例如，一个 F 数为 2、工作波长 4μm 的中波红外光学系统，艾利斑直径约为 20μm，大致与目前探测器的尺寸相当，衍射效应尚可忽略。同样 F 数、工作波长为 15μm 的长波红外系统(如卫星红外地平仪)，艾利斑直径增加为 73μm，就可能比常规的探测器的尺寸大，其衍射效应是不能忽视的。

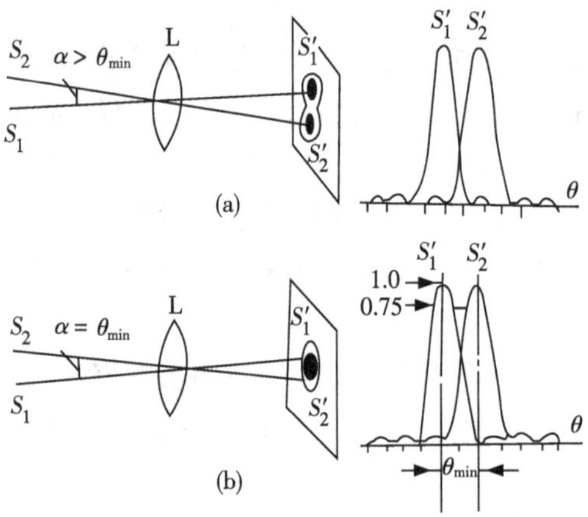

图 2.43　衍射限光学系统点分辨率瑞利准则

由于衍射现象，即使是无像差、无制造缺陷的理想光学系统，它对两个非常靠近的物点的分辨本领也不是没有限制的，角距离超过一定限度，两个衍射像斑几近重合，就无法分辨了。实际光学系统的点分辨率的极限可用瑞利准则和斯派罗(Sparrow)准则表述。

瑞利准则给出了两个相邻、等亮度点源的可分辨的极限。斯派罗准则给出了两个相邻、亮度不一定相等的点源的可分辨极限。瑞利准则认为：如果有两个相邻、等亮度的点源像的艾利圆，其中一个圆心与另一个像的第一暗环重合，则认为这两个点源是可分辨的，如图 2.43 所示。两个点源之间的张角称为最小分辨角，为

$$\theta_{\min}=\frac{1.22\lambda}{D} \tag{2.88}$$

式中:D 为光学孔径。

斯派罗准则给出了两个相邻、亮度不一定相等的点源的可分辨极限,其最小分辨角为

$$\theta_{\min}=\frac{\lambda}{D} \tag{2.89}$$

瑞利准则认为两个点源不可分辨是指双峰衍射斑的对比度已下降至某个可分辨阈值,斯派罗准则以双峰消失为可分辨的极限。瑞利准则或斯派罗准则都是针对无像差、无成像缺陷的光学系统提出的,给出了受衍射限制的理想光学系统所能达到的最高点分辨率,通常可用作设计标准,表明一个特定尺寸光学系统的极限性能。

由于衍射限制的系统角分辨力与 λ/D 成正比,红外光电系统的空间分辨率较可见光系统差,却比微波雷达的空间分辨率高得多。由于雷达波长约是红外波长的上千倍,红外系统能以较小的孔径获得相当高的角分辨力。若雷达和红外搜索装置用来跟踪同一群飞机,一般情况是:雷达手不能确定这群飞机的数目,而红外设备的操作人员却能容易地确定飞机的数目甚至每架飞机发动机的数目。雷达的长处是全天候工作、能获取距离信息,红外的优点在于被动探测、很高的角分辨力,两者相辅相成,成为现代电子对抗战不可或缺的侦察手段。

2.8.2　分辨率法

分辨率是指光学系统分辨物体细节的能力。检验分辨率用的分辨率板可刻成黑白相间,宽度相等的条纹,其透过率按矩形波规律变化。测量装置由平行光管、夹持器和观察系统组成,三者均安装在同一光具座上,以保证光轴重合。分辨率放在平行光管的物方焦面上,用光源通过毛玻璃均匀照明,如图 2.44 所示。

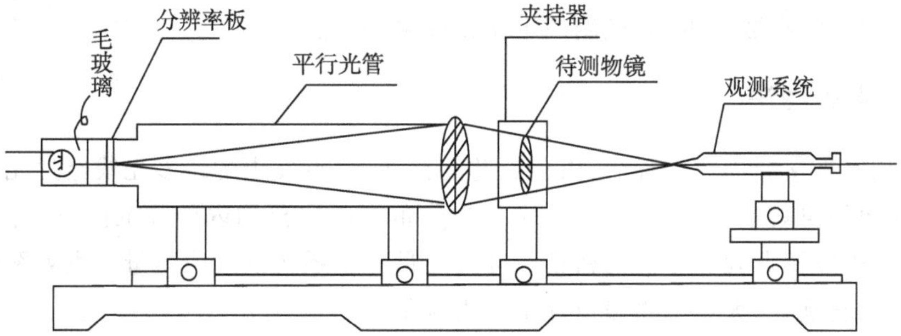

图 2.44　用分辨率板检测物镜的像质

根据被测系统的要求和用途不同,有多种分辨率图案。我国普遍采用的 WT1005-

62 型标准图案如图 2.45 所示。按照线宽由细到粗，全套共有 5 块分辨率板，每块分辨率板含 25 个单元，每个单元又由 4 个不同方向的线条组成。

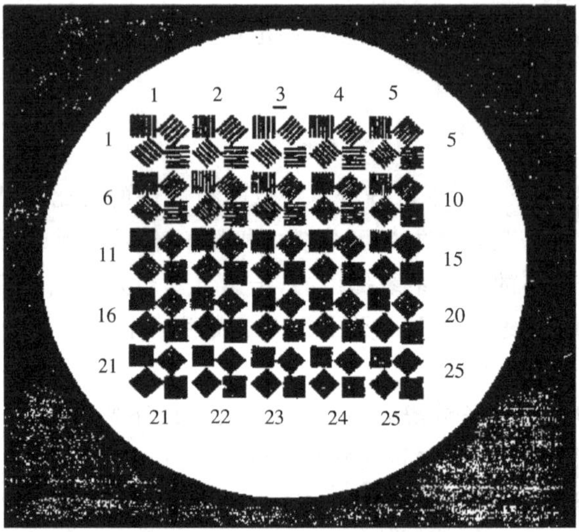

图 2.45　分辨率板图案

分辨率板的优点是指标单一，便于测量，常用于物镜和其他成像器件成像质量的检验。该方法的缺点是只能表达细节能不能分辨的极限，对于较粗线条的成像质量，不能作出定量评价。即是说，有两个物镜分辨率一样，但粗线条的明晰程度不同，其成像质量的差别无法反映，只能由检测人员用看"像质"的办法作主观估计。有时还会出现"伪分辨"现象，即有时较粗的一组条纹已不能分辨，对更密的一组条纹反而可以分辨。像质要求较高时，分辨率法不能满足检测需求。

对较高的像质要求，常用星点法检测。星点检测就是观察点光源通过物镜所得的像斑形状。物镜无像差或接近无像差时，像斑呈艾利圆。由于像差、离焦、不同心等原因，光斑会发散、不对称或不规则。星点检测虽然可保证较高像质，仍属于主观检测，对星点没有数值说明，检测规定比较抽象、笼统。

2.8.3　点列图法

在几何光学的成像过程中，由于像差的存在，物点发出的许多光线经过光学系统后，在像面不再集中于一点，而是形成一个分布在一定范围内的弥散图形，称为点列图。我们可以用点列图中点的密集程度来衡量光学系统的成像质量。点列图法简便易行，结果直观，在大像差物镜设计中广为应用。

利用几何光学中光线追迹的方法可精确表示出物点的成像情况。具体做法是先按直角坐标或极坐标把入瞳面划分为大量等面积的小面元，并认为发自物点且穿过每一个小面元中心的光线代表了通过该面元的光能量，追迹光线并求出光线与像面的交点，则交点的分布密度就代表光能的分布密度。对同一个物点，追迹的光线条数越多，像面上的点数就越多，越能精确地反映像面上光能的分布情况。当物在有限远时，入射光束是来自不同高度的物点而充满入瞳的发散光束，物在无限远时，入射光束是不同倾角的平行光束。实验表明：在大像差光学系统中，用几何光线追迹所确定的光能分布与实际成像情况是符合的。

用点列图时，可用一定能量集中度的弥散斑直径来评价像质。例如，能量集中度为90%的弥散斑直径为30μm，是指所有的追迹光线中有90%的点落在以弥散斑质心为圆心的直径30μm的圆内。

图2.46是对一个视场(2W)为6.2°，F数为1，焦距为75mm的长波红外透镜光线追迹得到的点列图。由于该透镜是望远物镜，可认为物在无限远。这里取了视场角为零的轴上点和5个不同视场角的轴外点。图中所标的弥散圆直径是根据能量集中度为90%算得的。比较得到的点列图，可以发现：视场边缘像质与轴上相比已明显变差，但由于90%能量集中度的弥散圆直径仍小于光敏元的实际尺寸25μm，设计结果能满足使用要求。

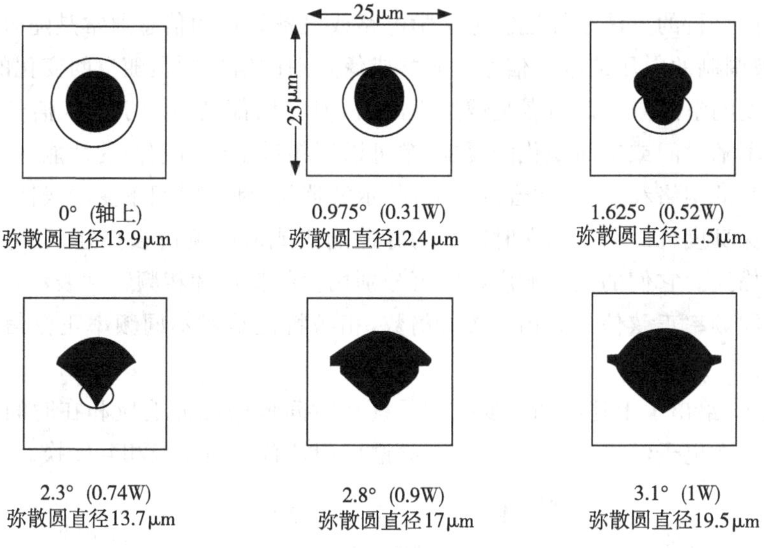

图2.46　长波红外透镜光线追迹点列图

2.8.4　光学传递函数法

点列图法主要用于设计阶段的光学像质评估，由于有像差系统的弥散斑图样很复杂，很难作定量的计算和测量。用分辨率板检测光学系统分辨能力很直观，但又有许多不客观的因素。物面的亮度分布、照明以及接收器性能都会影响分辨效果，在某些情况下它基本上不反映系统像差的大小。

光学传递函数的理论始于 20 世纪 40 年代，由于光学传递函数既与像差有关，又与衍射有关，故可全面评价光学系统的成像质量，能同时适用于像差影响为主的大像差系统和衍射影响为主的小像差系统。光学传递函数法已普遍应用于光学自动设计、结果评价和检验以及光学信息处理。它为光学仪器的设计、制造和使用提供了共同的技术术语和统一的评价标准。

分辨率法和点列图法都是把物体看作发光点的集合，是根据像面上像点能量的分布来评价光学系统的像质的。光学传递函数方法将物面辐亮度的二维分布看作由各种空间频率的频谱分量组成，分析光学系统对各个空间频率分量的传递关系，即分析光学系统的空间频率响应就可以定量地评价它的像质。

2.9　调制传递函数

2.9.1　脉冲响应和频率响应

从理论上讲，任何具有线性不变性的网络和装置(电子学的、光学的或其他)，都可以用频谱分析的方法来描述。电子学电路或设备处理的信息通常是随时间变化的信号，如被调制的电压或电流信号。光学成像处理的信息则是随空间变化的信号，如物面辐亮度的空间分布。两者是截然不同的，但它们都满足对于输入信号的响应线性且响应不随时间或空间变化的要求，都可以用频谱来分析它们的性能。

电子学的网络和装置，如音频放大器、示波器等，都是时间不变的线性系统，其信号传递的保真度可以用它们在时间域的脉冲响应或阶跃响应去描述，也可以它的频率响应去描述。它们的频率响应特征可分别用幅频特性和相频特性表示。幅频特性是它对不同频率正弦信号振幅的放大倍数，相频特性是对不同频率正弦信号放大后的相位移。

图 2.47 给出了上述时间不变线性系统在时间域的脉冲响应和在时间频率域的频率响应。在电子学中，时变信号与其频谱可用拉普拉斯变换相互转换。

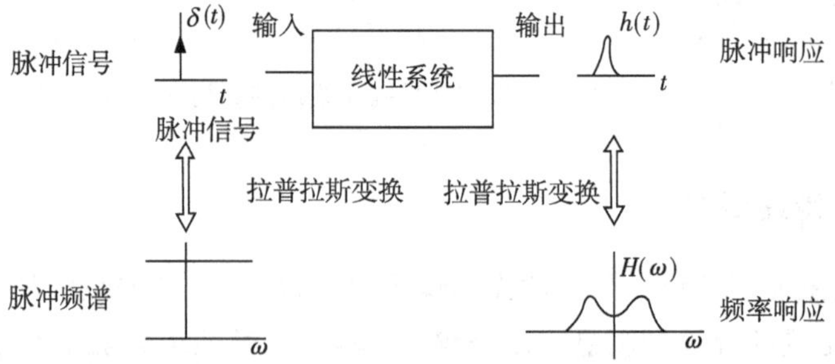

图 2.47　时间不变线性系统的脉冲响应和频率响应

光学成像系统是一个空间不变的线性系统，在空间域的脉冲响应即点扩散函数，点扩散像可用来分析光学成像的像质，如用点列图法、星点法等。同样，也可用傅里叶变换的方法求得辐射场的二维亮度分布函数的空间频谱，通过研究光学系统在空间频率域的频率响应来评价像质。光学传递函数是光学系统在空间频率域的频率响应，其幅频特性通常用不同空间频率的像与物的调制度之比表示，称为调制传递函数。

2.9.2　点扩散函数

由于衍射、像差、光学元件材料和工艺缺陷以及光学装配误差等多种因素的影响，实际光学系统对点光源所成的像不是理想的几何点，而是扩散的弥散像斑。

如以三维坐标来表示像平面上弥散斑的亮度分布，可得到如图 2.48 所示的“山包”状的亮度分布函数 $h(\xi',\eta')$，称之为点扩散函数，这里 (ξ',η') 为像面坐标。点扩散函数可认为是光学系统对点光源的脉冲响应。点光源是能量有限但集中于一个无限小的几何点的光源，数学上可用 δ 函数表示。

亮度均匀的线光源经光学系统所成线状像的亮度在沿截面方向也会扩散，其亮度分布函数 $h(\xi')$ 称为线扩散函数，如图 2.49 所示。

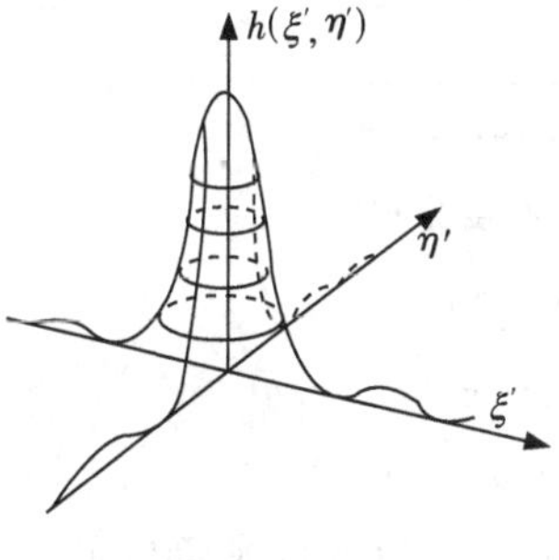

图 2.48　点扩散函数

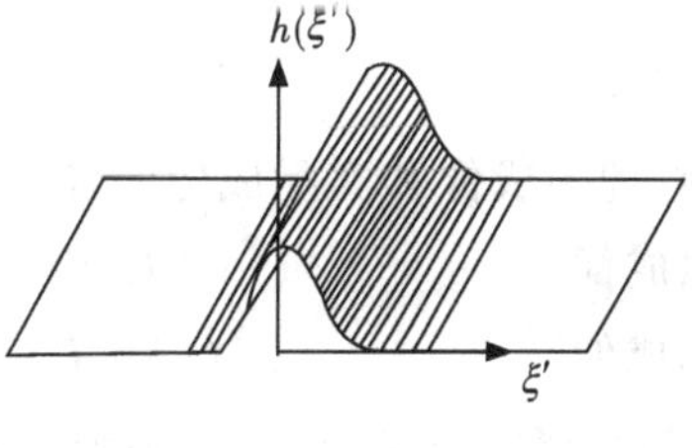

图 2.49　线扩散函数

2.9.3　调制度

根据频谱分析理论，可用傅里叶积分将一个非周期函数表示为对连续频率的正弦波分量的积分。参见本章 § 2.9.8 “附录：傅里叶变换的数学基础”。

如随时间连续变化的电压信号 $v(t)$ 可分解为

$$v(t)=\int_{-\infty}^{\infty}V(f)\exp(\mathrm{i}2\pi ft)\mathrm{d}f \tag{2.90}$$

式中：f 为正弦波分量的频率；$V(f)$ 为单位频率的振幅，也称谱函数。

谱函数 $V(f)$ 可用傅里叶积分算得为

$$V(f)=\int_{-\infty}^{\infty}v(t)\exp(-\mathrm{i}2\pi ft)\mathrm{d}t \tag{2.91}$$

由(2.90)式可见:信号 $v(t)$ 的频谱由直流分量和无数个不同频率交流分量组成,交流分量的振幅 $V(f)$ 即谱函数,直流分量 $V(0)$ 是信号的时间平均值。

$$V(0)=\int_{-\infty}^{\infty} v(t)\mathrm{d}t=\overline{v(t)} \tag{2.92}$$

时间频率的单位为 Hz 或 s^{-1},用频谱分析光学成像时,应采用空间频率。空间频率定义为物面或像面上单位长度内正弦波光栅条纹的线对数或周期数,单位:$\mathrm{lp\cdot mm^{-1}}$ 或 $\mathrm{cycle\cdot mm^{-1}}$。物在无限远时,还可用单位视场角的线对数或周期数表示,即单位为:$\mathrm{lp\cdot mrad^{-1}}$ 或 $\mathrm{cycle\cdot mrad^{-1}}$。

正弦波光栅条纹可看作是由无数条线光源或线像组成,其亮度在一维方向按正弦波规律调制。图 2.50 为一个正弦光栅条纹像沿 x 方向的亮度分布。亮度正弦调制的频率为 f_x,调制的振幅(即交流分量)为 L_a,条纹像的平均亮度(即直流分量)为 L_0。

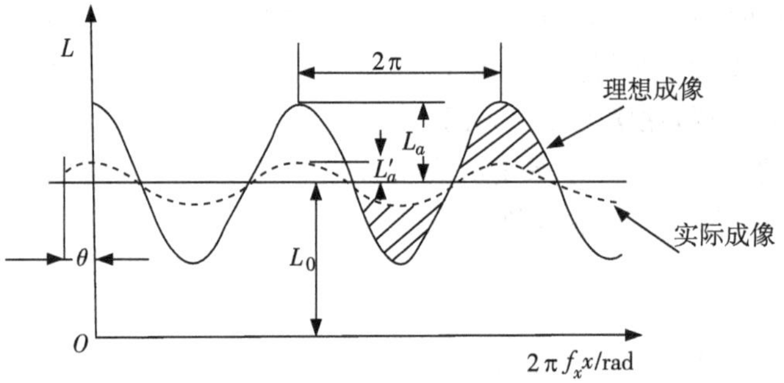

图 2.50　正弦光栅条纹像的亮度分布

图中,理想成像和实际成像时像条纹的亮度分别为

理想成像　$$L(x)=L_0+L_a\cos 2\pi f_x x \tag{2.93}$$

实际成像　$$L'(x)=L_0+L_a'\cos(2\pi f_x x-\theta) \tag{2.94}$$

式中:f_x 为亮度沿 x 方向正弦调制的频率,$\mathrm{lp\cdot mm^{-1}}$;θ 为理想成像与实际成像条纹之间的相位差。

与理想成像的像条纹相比,实际成像条纹的平均亮度和调制频率均不变,但幅度已下降,相位也有移动。正弦波幅度的下降表现为像条纹对比度下降,而正弦波相位的移动表现为像条纹位置的移动。像条纹位置的移动并不响应成像的清晰度,像条纹对比度下降是关注的重点。

正弦光栅条纹的对比度称为调制度,定义为亮度正弦调制的振幅与平均亮度之比:

$$M=\frac{L_a}{L_0}=\frac{L_{\max}-L_{\min}}{L_{\max}+L_{\min}} \tag{2.95}$$

式中:$L_{\max}$,$L_{\min}$ 为正弦光栅条纹亮度的峰值和谷值。

电子学放大器的幅频特性是放大器对不同频率正弦输入信号振幅的放大倍数,

光学成像的幅频特性也可以说是光学系统对不同频率正弦光栅条纹振幅的放大倍数。但光学成像频谱分析通常不用振幅，而用调制度，调制度是对直流分量的相对振幅。与电子学的放大倍数相对应，光学频谱分析引入了调制传递函数的概念。

调制传递函数（英文缩写 MTF）定义为像与物的调制度之比：

$$MTF(f)=\frac{M'(f)}{M(f)} \tag{2.96}$$

式中：$M'(f)$，$M(f)$分别正弦光栅条纹像与物的调制度；f 为物面或像面上正弦波光栅条纹的空间频率。

光学成像时，像的调制度只会减小，不会增加，任何空间频率的 MTF 均小于或等于 1。在空间频率域，光学系统相当于一个低通滤波器，景物低频分量成像后的调制度不会下降或下降极少，其 MTF 值等于 1 或略小于 1。景物高频分量成像后的调制度将会下降，空间频率越高，MTF 下降越多。

电子学放大器的幅频特性可用信号带宽表示，带宽越宽，放大器对瞬变信号的时间分辨率越高。光学成像也是如此，景物频谱的高频分量反映景物的细节，中频分量反映景物的层次，低频分量与景物的轮廓相对应，直流分量即景物的平均亮度。高频分量 MTF 的下降将影响从光学像中对景物细节的分辨。

高频分量 MTF 的下降也将影响背景中小目标的探测和识别。用红外热像仪观察一个均匀背景下的点目标时，由于均匀背景频谱中主要是低频成分，成像过程中几无衰减，而点目标具有丰富的高频成分，由于热像仪的 MTF 将随空间频率增加而下降，目标的高频成分被大幅衰减，导致与背景的对比度下降，最终消失于背景中。为此，热像仪通常用噪声等效温差 $NETD$ 来描述对低空间频率的面目标的温度分辨率，而用最小可分辨温差 $MRTD$ 和最小可探测温差 $MDTD$ 来描述系统对不同空间频率的线目标和点目标的温度分辨率。$MRTD$ 和 $MDTD$ 除与系统的噪声等效温差有关外，还与系统的调制传递函数 MTF 有关。

2.9.4　光学传递函数

一个广延物可视作由无数个点光源组成的扩展面源，$o(\xi,\eta)$是物面亮度的分布函数，称为物函数。$i(x,y)$是像面亮度分布函数，称为像函数。如果光学系统可视作空间不变的线性系统，即物面各点发出的光是不相干的，且有相同的点扩散函数。像面上(x,y)点的亮度是物面上所有点的点扩散函数在该点的叠加。

$$i(x,y)=\int_{-\infty}^{+\infty}\int_{-\infty}^{+\infty}o(\xi,\eta)h(x-\xi,y-\eta)\,\mathrm{d}\xi\mathrm{d}\eta \tag{2.97}$$

上式的数学表述为：广延物的像函数 $i(x,y)$是点扩散函数 $h(x,y)$和物函数 $o(x,y)$的卷积。记作

$$i(x,y)=h(x,y)*o(x,y)=\int_{-\infty}^{+\infty}\int_{-\infty}^{+\infty}o(\xi,\eta)h(x-\xi,y-\eta)\,\mathrm{d}\xi\mathrm{d}\eta \tag{2.98}$$

根据傅里叶变换的性质，两个函数卷积的傅里叶变换等于这两个函数傅里叶变换之积。

$$I(\omega_x,\omega_y)=H(\omega_x,\omega_y)\cdot O(\omega_x,\omega_y) \tag{2.99}$$

式中：$I(\omega_x,\omega_y)$，$O(\omega_x,\omega_y)$分别为像和物的空间频谱；$H(\omega_x,\omega_y)$为点扩散函数的傅里叶变换，称为光学传递函数；ω_x,ω_y为用圆频率表示的二维空间频率。

广延物的像函数是点扩散函数和物函数的卷积，而广延物的像的谱函数仅是光学传递函数和物的谱函数的简单乘积。

对点扩散函数进行傅里叶变换，可得到光学传递函数。

$$\begin{aligned}H(\omega_x,\omega_y)&=\int_{-\infty}^{+\infty}\int_{-\infty}^{+\infty}h(x,y)\exp[-\mathrm{i}(x\omega_x+y\omega_y)]\mathrm{d}x\mathrm{d}y\\&=\int_{-\infty}^{+\infty}\int_{-\infty}^{+\infty}h(x,y)\exp[-2\pi\mathrm{i}(xf_x+yf_y)]\mathrm{d}x\mathrm{d}y\end{aligned} \tag{2.100}$$

$H(\omega_x,\omega_y)$即光学传递函数，可记作$OTF(\omega_x,\omega_y)$。OTF是个复数，可表达为

$$OTF(\omega_x,\omega_y)=\frac{I(\omega_x,\omega_y)}{O(\omega_x,\omega_y)}=|H|\mathrm{e}^{\mathrm{i}\psi} \tag{2.101}$$

式中：$|H|$为复数OTF的模，称为调制传递函数MTF；ψ为复数OTF的辐角，称为相位传递函数PTF。

2.9.5 调制传递函数计算

为全面了解一个实际光学系统的性能，需要计算很多MTF曲线，包括轴上和不同视场的轴外光，每个视场要算子午方向(T)和弧矢方向(R)，如图2.51所示。每个视场要算若干个离焦位置，如果不是单色光，还要算多个波长。MTF可由计算机用快速傅里叶变换(FFT)算法实现。

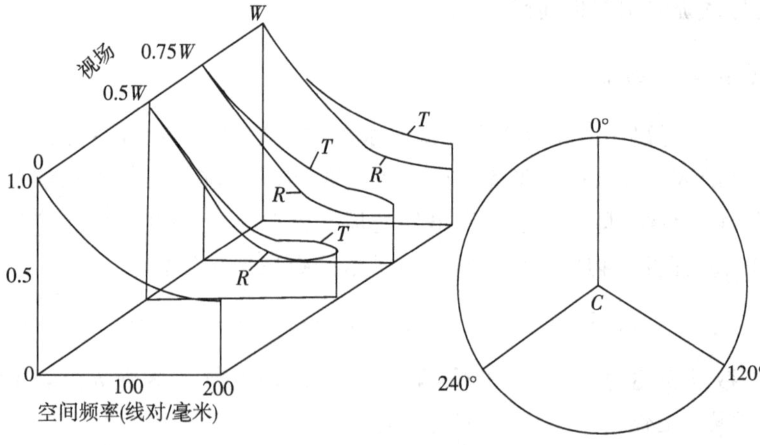

图 2.51　MTF曲线计算

MTF 可用两种方法计算:一种是点扩散函数法,即光学传递函数是点扩散函数的傅里叶变换;另一种是自相关函数法,即光学传递函数等于光瞳函数的自相关函数。如需详细了解自相关法的计算原理,可参考本章参考资料[2]。

光学成像的点扩散响应源自衍射和光学像差,其 MTF 是衍射 MTF 和光学像差 MTF 的乘积。一个理想的无像差光学系统的 MTF 曲线完全由衍射 MTF 所决定。即使一个光学系统 MTF 的设计值已达到或接近衍射限,由于光学加工、装配工艺误差等因素的影响,MTF 实测值必然会比理论设计值有所降低。由于光学传递函数只是整机传递函数的一个组成环节,光学设计时根据应用需求,确定最大的空间频率和合理的 MTF 设计指标。

图 2.52 给出了一个长波红外透镜具体的设计结果。图中给出了衍射效应、光学像差的 MTF 以及透镜系统的总 MTF,透镜的总 MTF 是衍射、光学像差 MTF 的乘积。

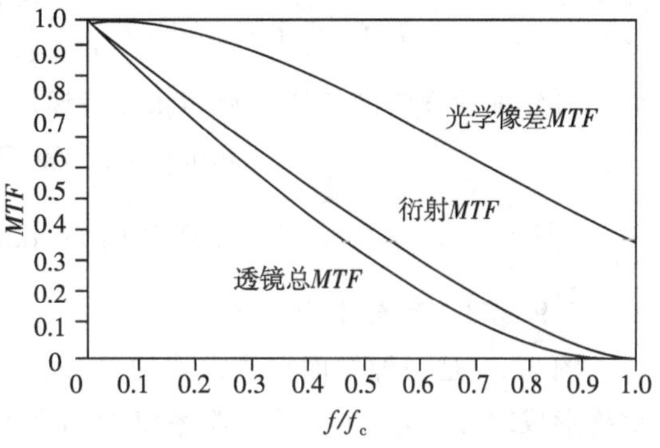

图 2.52　红外透镜的 MTF

2.9.6　调制传递函数检测

MTF 的检测方法有两类。一类称为干涉法,主要测量被测波阵面与标准波阵面的干涉条纹,算出 MTF。干涉法使用不太普遍,用得较多的是线扩散函数法。

2.9.6.1　测量原理

假设一个均匀线光源经被测光学系统成像,在像面上得到扩散线,如图 2.53 所示。线扩散像沿 x 轴方向的亮度分布,即线扩散函数为 $L(x)$,如图 2.54 所示。

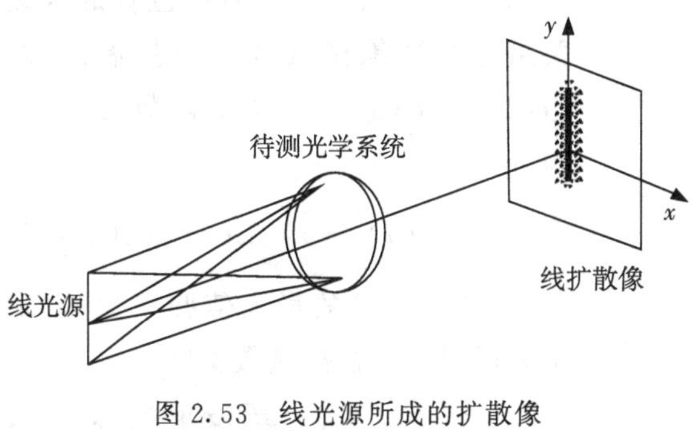

图 2.53　线光源所成的扩散像

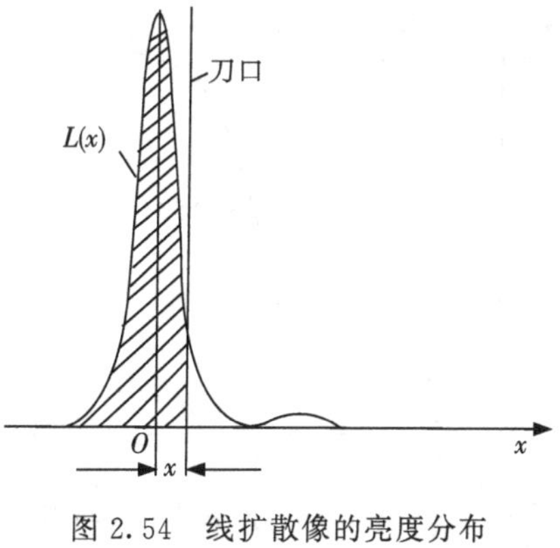

图 2.54　线扩散像的亮度分布

线扩散像的谱函数是被测光学系统的光学传递函数和线光源的谱函数的乘积。由于线光源的谱函数恒等于1,可得

$$FT\{L(x)\}=OTF(f)\cdot FT\{\delta(x)\}=OTF(f) \tag{2.102}$$

可以得知,光学传递函数 OTF 即线扩散函数的傅里叶变换,可算得 OTF 复数的实部和虚部分别为

$$R(f)=\mathrm{Re}[OTF(f)]=\int_{-\infty}^{+\infty}L(x)\cos(2\pi fx)\cdot \mathrm{d}x \tag{2.103}$$

$$I(f)=\mathrm{Im}[OTF(f)]=\int_{-\infty}^{+\infty}L(x)\sin(2\pi fx)\cdot \mathrm{d}x \tag{2.104}$$

再分别计算调制传递函数和相位传递函数:

$$MTF(f)=\sqrt{R(f)^2+I(f)^2} \tag{2.105}$$

$$PTF(f)=\tan^{-1}\frac{I(f)}{R(f)} \tag{2.106}$$

2.9.6.2 测量方法

图2.55是一种像面扫描方式的刀口法(也称刀刃法)的测试装置。用光源照明狭缝形成线光源,置于被测光学系统的物面上。所用刀片刀刃的直边应与狭缝像的纵向严格平行,以步进方式驱动刀刃直边,沿横向切割狭缝像。

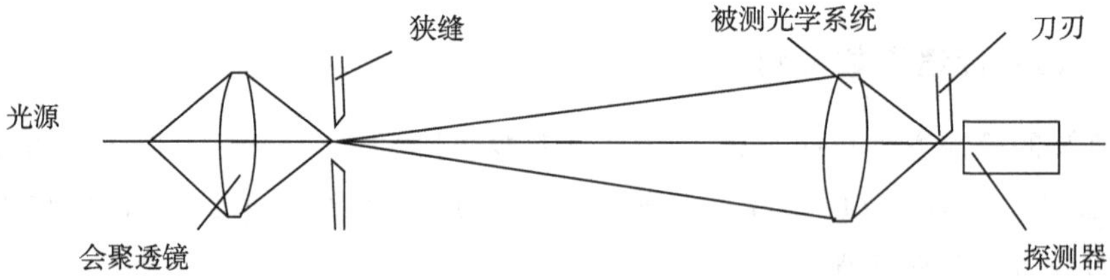

图2.55 刀口法测量 MTF 的装置

在像面后放置探测器,开始扫描时,完全挡住狭缝像的光,随刀片移动,到达探测器的光通量增加,最后保持恒定,如图2.56所示。光通量与刀口位置的函数关系称为边缘函数或边缘扩展函数。边缘函数 $E(x)$ 是线扩散函数 $L(x)$ 的积分,即

$$E(x)=\int_{-\infty}^{x}L(x)\mathrm{d}x \tag{2.107}$$

如对 $E(x)$ 的最大值归一化,并求微分可得到线扩散函数:

$$L(x)=\frac{\mathrm{d}E(x)}{\mathrm{d}x} \tag{2.108}$$

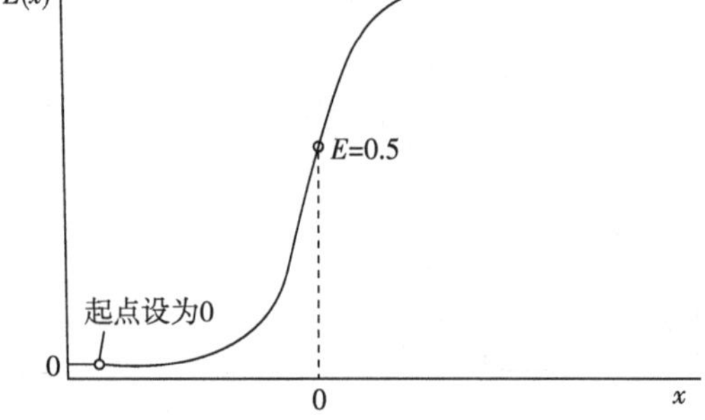

图2.56 探测器响应与刀口位置的关系(边缘函数)

对线扩散函数进行傅里叶变换，可求得光学传递函数。刀口法测量的最大好处是有较高的测量信噪比。

2.9.6.3　系统 *MTF* 测量

整机的调制传递函数是各个不同环节的调制传递函数的乘积，其中也包括光学系统的调制传递函数。以采用焦平面器件的红外相机调制传递函数测试为例，由于相机视场较大，点扩散与焦面上像点位置有关，即光学系统不能看作全视场范围内都是空间不变的，测量相机 *MTF* 时先要选定像元位置。其次，由于光敏元尺寸通常很小，面阵器件都有密封窗口，很难用刀口或狭缝在像面扫描，只能采用物面扫描的方法。

图 2.57 为一个红外焦平面相机 *MTF* 测量装置，在黑体前可设置狭缝或倾斜刀口，出射光经长焦距的平行光管准直后，照射被测红外相机，在焦平面上形成位置可移动的线光源像或刀口光源像，线扩散函数可从相机输出的图像数据中处理并获取。狭缝扫描可直接得到线扩散函数，刀口扫描需对边缘函数求微分得到线扩散函数，对线扩散函数进行傅里叶变换可得到相机的 *MTF*。

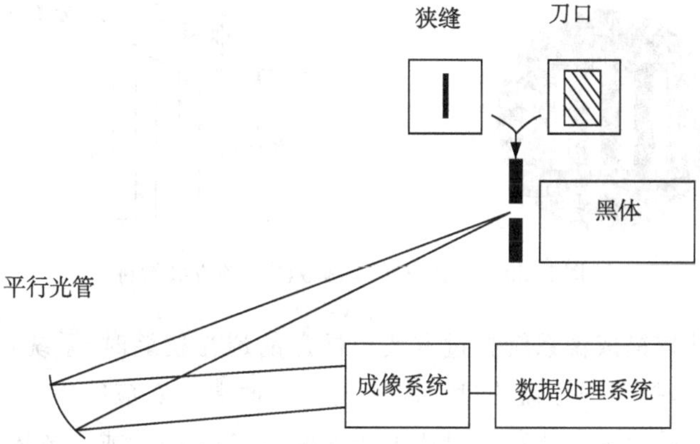

图 2.57　红外相机 *MTF* 测量装置

除狭缝或刀口物面扫描的方法外，还可用非扫描的方法获得焦平面上的线扩散函数。具体做法是在平行光管焦面上设置小孔阵列或狭缝阵列的目标靶，如图 2.58 所示。由于小孔像或狭缝像的间距非像元间距的整数倍，可重构线扩散函数。详见本章参考资料[3]。

2.9.7　方波传递函数

严格地讲，调制度是按特定频率正弦光栅条纹定义的，测试必须采用透射光亮度正弦变化的光栅作为目标靶标。这是很难制作的，为便于 *MTF* 实验室测试，通常采用方波靶标。

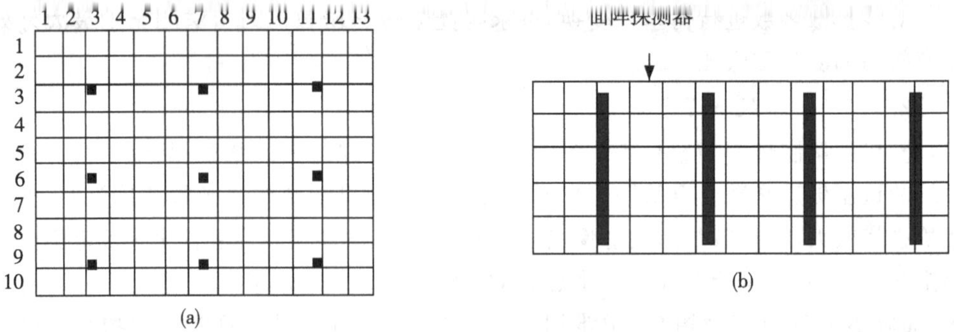

图 2.58　焦平面上小孔阵列和狭缝阵列目标靶的像

(a)小孔阵列像;(b)狭缝阵列像

较常用的方波靶标由等间距的 4 个透光狭缝组成。狭缝的高度、宽度和间距之间满足 7∶1∶1 的比例,如图 2.59 所示。黑体源的辐射从长狭缝中透过,准直为平行光束后,入射至被测系统。狭缝宽度等于狭缝间距,方波靶标的空间频率是狭缝中心距与平行光管焦距之比的倒数,$\mathrm{lp \cdot mrad^{-1}}$。

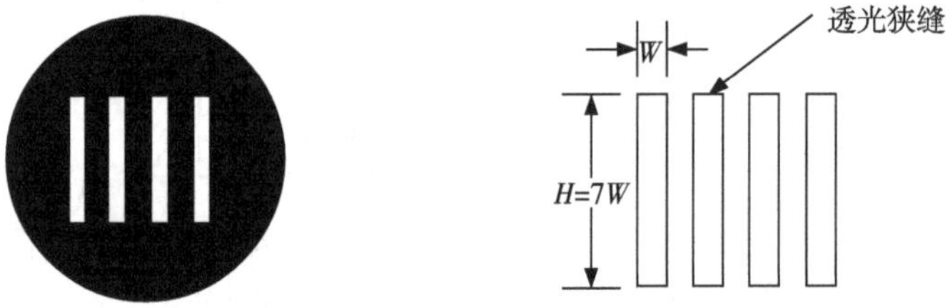

图 2.59　对比度传递函数测试的方波靶标

当一个红外扫描成像系统扫过方波靶标盘的透光狭缝时,系统输出与黑体温度对应的峰值 $V_{\max}$,扫至靶标盘的盘面时输出与盘面温度对应的谷值 $V_{\min}$。信号波动的幅度与平均信号电平之比称为对比度传递函数 $CTF(f_x)$或方波传递函数 $S(f_x)$。

$$CTF(f_x)=\frac{V_{\max}-V_{\min}}{V_{\max}+V_{\min}} \tag{2.109}$$

由于方波信号可用傅里叶级数展开为它的基频及其倍频的交流信号之和,对比度传递函数也可表示为方波信号的基频及其倍频的 MTF 之和:

$$CTF(f_x)=\frac{4}{\pi}\left[MTF(f_x)-\frac{MTF(3f_x)}{3}+\frac{MTF(5f_x)}{5}-\cdots\right] \tag{2.110}$$

同样,如已测得方波信号的基频及其倍频的对比度传递函数,即可换算为该基频的 MTF,即

$$MTF(f_x)=\frac{\pi}{4}\left[CTF(f_x)+\frac{CTF(3f_x)}{3}-\frac{CTF(5f_x)}{5}+\frac{CTF(7f_x)}{7}-\cdots\right] \tag{2.111}$$

当方波信号的频率大于 1/3 截止频率时，CTF 的高次项均可忽略，即

$$MTF(f_x)=\frac{\pi}{4}CTF(f_x) \tag{2.112}$$

本节内容详见本章参考资料[4]

2.9.8 附录:傅里叶变换的数学基础

本节内容参见本章参考资料[5,6]。

2.9.8.1 周期函数的傅里叶级数展开

周期函数可展开为傅里叶级数，即可用由直流分量和基频及其倍频的交流分量组成的频谱表示。如有一个周期为 T 的时变函数 $g(t)$，满足 $g(x)=g(x+T)$。其傅里叶级数展开的三角函数表达式为

$$g(t)=\frac{a_0}{2}+\sum_{n=1}^{\infty}(a_n\cos 2\pi nft+b_n\sin 2\pi nft) \tag{2.113}$$

式中：f 为频谱中的基频，基频及其倍频交流分量的振幅为

$$a_n=\frac{2}{T}\int_0^T g(t)\cos(2\pi nft)\mathrm{d}t \tag{2.114}$$

$$b_n=\frac{2}{T}\int_0^T g(t)\sin(2\pi nft)\mathrm{d}t \tag{2.115}$$

频谱中的直流分量即函数的周期平均值：

$$\frac{a_0}{2}=\frac{1}{T}\int_0^T g(t)\mathrm{d}t \tag{2.116}$$

傅里叶级数展开的复数表达式为

$$g(t)=\sum_{n=-\infty}^{\infty}c_n\exp(\mathrm{i}n\omega t) \tag{2.117}$$

式中：

$$c_n=\frac{1}{T}\int_0^T f(t)\exp(-\mathrm{i}n\omega t)\mathrm{d}t \tag{2.118}$$

2.9.8.2 非周期函数的傅里叶变换

非周期函数可延拓为无限大区间的周期函数，并用复函数积分的形式表示为直流分量和无数频率连续的交流分量之和，称为傅里叶积分，如图 2.60 所示。

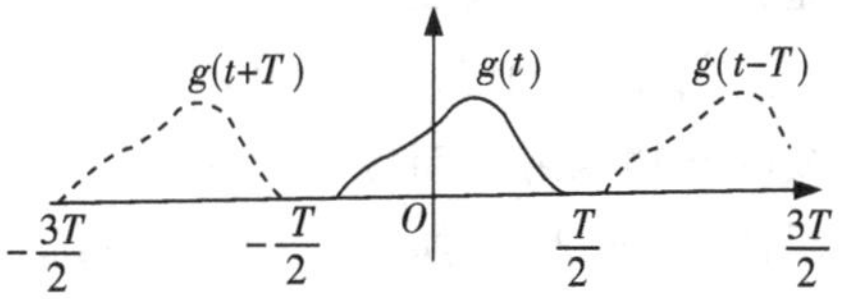

图 2.60　非周期函数的傅里叶变换

图 2.60 中，一维非周期时变函数 $g(t)$ 可被延拓为在无穷大区间内、周期为 T 的周期函数，并用复函数积分的形式表示为

$$g(t)=\int_{-\infty}^{\infty}G(f)\exp(\mathrm{i}2\pi ft)\mathrm{d}f \tag{2.119}$$

式中：f 为连续频谱中交流分量的频率；$G(f)$ 为频谱函数的谱密度，也称谱函数。

谱函数 $G(f)$ 也可用原函数 $g(t)$ 的傅里叶积分计算：

$$G(f) = \int_{-\infty}^{\infty} g(t)\exp(-\mathrm{i}2\pi ft)\mathrm{d}t \tag{2.120}$$

如 $g(t)$ 为偶函数，谱函数是实数，为

$$G(f) = 2\int_{0}^{\infty} g(t)\cos(2\pi ft)\mathrm{d}t \tag{2.121}$$

由原函数计算谱函数 $G(f)$ 的傅里叶积分也称傅里叶变换，写作

$$G(f) = \mathscr{F}\{g(t)\} = \int_{-\infty}^{\infty} g(t)\exp(-\mathrm{i}2\pi ft)\mathrm{d}t \tag{2.122}$$

由谱函数计算原函数 $g(t)$ 的傅里叶积分称为傅里叶反变换，写作

$$g(t) = \mathscr{F}^{-1}\{G(f)\} = \int_{-\infty}^{\infty} G(f)\exp(\mathrm{i}2\pi ft)\mathrm{d}f \tag{2.123}$$

傅里叶变换和反变换的符号也可用 $\mathrm{FT}\{\quad\}$ 和 $\mathrm{FT}^{-1}\{\quad\}$ 表示，如：

$$G(f)=\mathrm{FT}\{g(t)\} \quad 和 \quad g(t)=\mathrm{FT}^{-1}\{G(f)\}。$$

二维函数 $g(x,y)$ 经傅里叶变换，可得到它的频谱 $G(f_x,f_y)$ 为

$$G(f_x,f_y) = \mathscr{F}\{g(x,y)\} = \int_{-\infty}^{\infty}\int_{-\infty}^{\infty} g(x,y)\exp[-\mathrm{i}2\pi(f_x x + f_y y)]\mathrm{d}x\mathrm{d}y \tag{2.124}$$

式中：f_x，f_y 分别为二维方向的空间频率。

二维频谱函数经傅里叶反变换，可得到它的原函数 $g(x,y)$：

$$g(x,y) = \mathscr{F}^{-1}\{G(f_x,f_y)\} = \int_{-\infty}^{\infty}\int_{-\infty}^{\infty} G(f_x,f_y)\exp[\mathrm{i}2\pi(f_x x + f_y y)]\mathrm{d}f_x\mathrm{d}f_y \tag{2.125}$$

2.10　系统调制传递函数

2.10.1　概述

光学调制传递函数反映了与光学成像像质直接有关的物像空间频谱的调制度传递关系。调制传递函数概念的应用不限于光学成像，完全可以扩展到整机系统。

例如，一个扫描型的红外前视仪（FLIR）可视为是一个连续的数据采样系统，连续的景物辐射分布经扫描采样、光学成像、探测器光电转换、信号处理，最终显示全帧图像，如图 2.61 所示。FLIR 系统也可以认为是线性的，因为至少在极小的成像范围内这种假设是成立的。整个成像过程链由多个信息传递环节串联而成，光学成像只是其中一个环节。

一个连续、线性系统在空间域中的输出函数是系统的脉冲响应函数与输入函数的卷积。系统的脉冲响应也可以看作是一种点扩散效应，系统的脉冲响应函数可完整地描述系统输出的图像重构景物细节的能力，即图像分辨率。

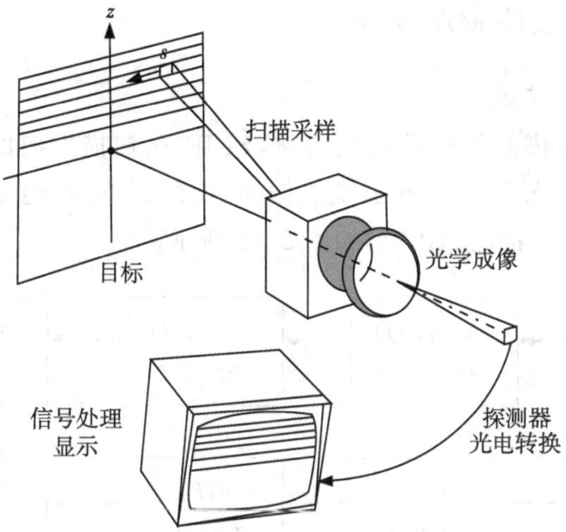

图 2.61　扫描型红外前视仪的组成

系统的每一信息环节都有各自的脉冲响应函数,系统的脉冲响应函数可以对所有单元脉冲响应函数逐个进行卷积得到。在频率域中,系统的脉冲响应函数的傅里叶变换是各个环节脉冲响应函数的傅里叶变换的乘积,计算就可以简化。

傅里叶变换结果是一个复数形式的系统传递函数,复数的模即系统的调制传递函数。它是系统输出信号的调制度与输入源信号的调制度之比,等于各个串联信息传递环节的调制传递函数之积,即

$$MTF = MTF_1 \cdot MTF_2 \cdots MTF_n \tag{2.126}$$

诸多串联环节中,传递空间变化信息环节的传递函数是用空间频率定义的,如扫描采样、光学成像(包括衍射、像差)、图像显示等环节。传递时间变化信息环节的传递函数是用时间频率域定义的,如探测器光电转换、信号放大、处理等。频率定义不同的环节需要进行转换,方可互联。

扫描系统的时间频率与空间频率之间的转换关系为

$$f_t = \omega f_x \tag{2.127}$$

式中:ω 为扫描速度,$\mathrm{mrad \cdot s^{-1}}$;$f_t$ 为时间频率,也称电频率,Hz 或 $\mathrm{s^{-1}}$;f_x 为沿扫描方向的空间频率,$\mathrm{cycle \cdot mrad^{-1}}$。

各个串联环节的脉冲响应即它们对“点源”的输出响应,所谓的“点源”应具备空间或时间尺度为零,而幅度为无限大的特征,“点源”的数学模型是 δ 函数(狄拉克函数)。点光源可视作传递空间变化信息环节的“点源”,持续时间极窄的电脉冲可视作传递时间变化信息环节的“点源”。

2.10.2 扫描成像系统 *MTF* 分析

2.10.2.1 信息传递环节

以单元探测器扫描的红外前视仪为例，FLIR 在扫描方向的 *MTF* 受到孔径衍射、探测器空间采样、光学像差、仪器随机振动、探测器响应、电子学前放和信号处理电路、CRT 显示的频率特性的影响，如图 2.62 所示。

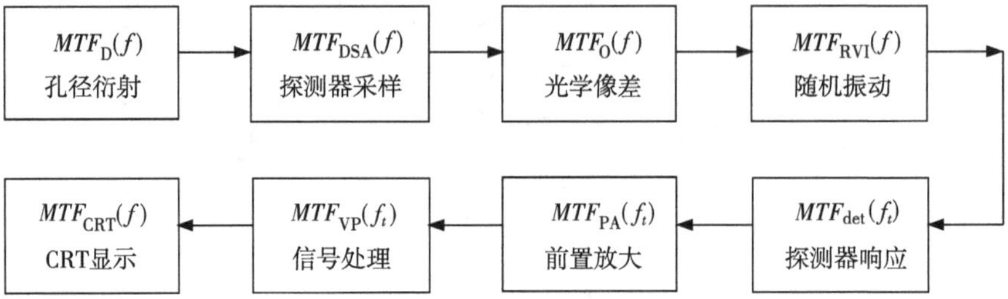

图 2.62　单元扫描 FLIR 调制传递函数分析

各个环节的调制传递函数的计算详见本章参考资料[7]，简述如下。

2.10.2.2 孔径衍射的 *MTF*

单色光圆孔衍射的 *MTF* 可通过计算光瞳函数的自相关函数得到

$$MTF_D=\frac{2}{\pi}\{\cos^{-1}(f/f_c)-(f/f_c)[1-(f/f_c)^2]^{1/2}\} \tag{2.128}$$

式中：f 为空间频率，cycle · mrad^{-1}；$f_c=D_o/\lambda$ 为截止频率，即 $MTF_D(f_c)=0$。

衍射 *MTF* 的线性近似表达式为

$$MTF_D=1-1.27(f/f_c)=1-(f/f_D) \tag{2.129}$$

式中：$f_D=f_c/1.27$ 为衍射 *MTF* 线性近似的截止频率。

单色光圆孔衍射 *MTF* 及其线性近似，如图 2.63 所示。

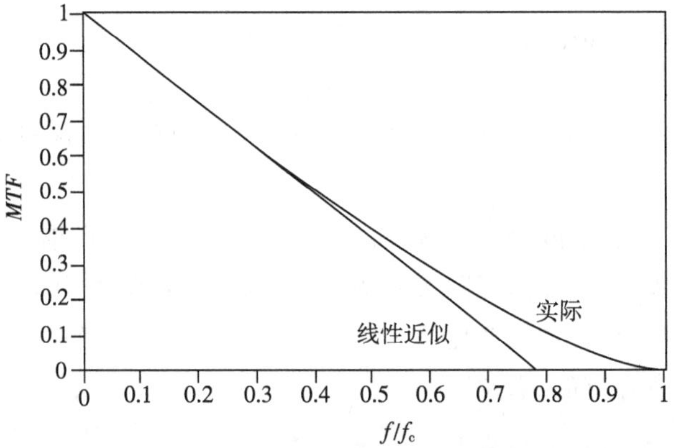

图 2.63　单色光圆孔衍射 *MTF* 及其线性近似

2.10.2.3　探测器采样的 MTF

假定探测器光敏元为矩形，系统在扫描方向的瞬时视场为 α。探测器对物面上的一个点光源的脉冲响应是宽度等于 α 的矩形函数。探测器采样的 MTF 为该矩形函数的傅里叶变换，为 sinc 函数，即

$$MTF_{\mathrm{DSA}}=\frac{\sin\pi f\alpha}{\pi f\alpha}=\mathrm{sinc}(\pi f\alpha) \tag{2.130}$$

式中：f 为扫描方向的空间频率，cycle · mrad^{-1}。

探测器采样相当于空间频率域的低通滤波，如图 2.64 所示。探测器采样的 MTF 有两个重要的特征频率，一个是 sinc 函数的第一个零点的频率 $f_c=\frac{1}{\alpha}$，称为探测器采样 MTF 的截止频率。

$$MTF_{\mathrm{DSA}}(f_c)=MTF_{\mathrm{DSA}}\left(\frac{1}{\alpha}\right)=0 \tag{2.131}$$

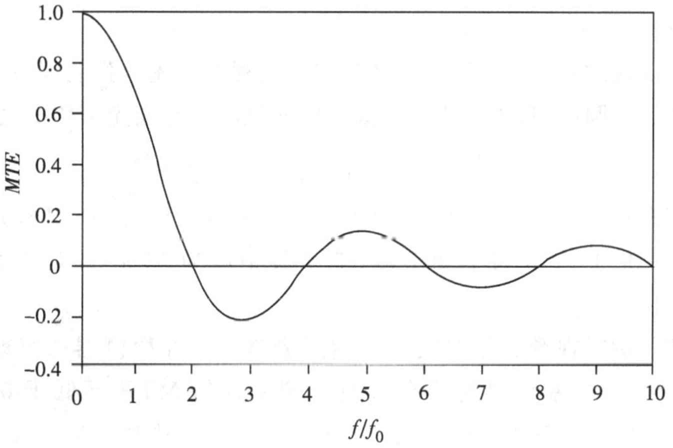

图 2.64　探测器采样的 MTF

另一个特征频率 f_0 等于探测器采样 MTF 截止频率的一半，称为奈奎斯特频率。在奈奎斯特频率处，探测器采样的 MTF 为

$$f_0=\frac{1}{f_c}=\frac{1}{2\alpha} \tag{2.132}$$

$$MTF_{\mathrm{DSA}}(f_0)=\frac{2}{\pi}=0.64 \tag{2.133}$$

由此可见，系统对亮度正弦变化周期为 2α 的景物扫描采样时，像的对比度将下降至原来的 0.64 倍。对亮度正弦变化周期为 α 的景物扫描采样时，像的对比度将下降至零，即系统无法探测一个瞬时视场内景物亮度的变化。探测器采样 MTF 的截止频率通常小于衍射 MTF 的截止频率，它决定了 FLIR 分辨能力的极限。

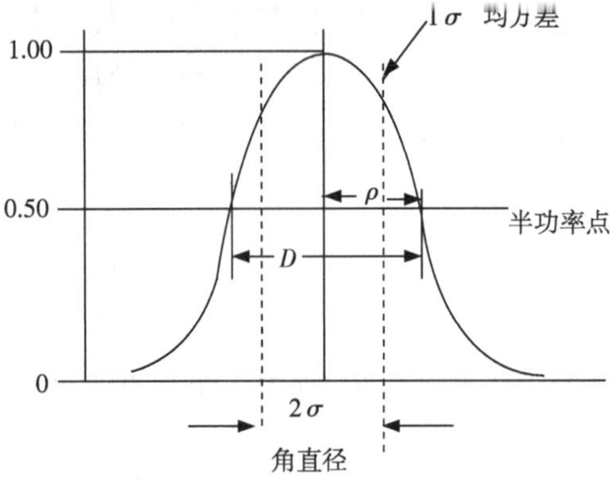

图 2.65　高斯像斑亮度的径向分布

2.10.2.4　光学像差的 *MTF*

球差、彗差、像散等光学像差决定的调制传递函数 MTF_O 可用光线追迹方法计算。如光学弥散斑的能量分布接近高斯分布(见图 2.65),光学成像对中心亮度归一化的点扩散函数 $h(x)$ 可近似用高斯分布函数表示为

$$h(x)=\exp\left(-\frac{x^2}{2\sigma^2}\right) \tag{2.134}$$

式中:x 为光斑角半径,mrad;σ 为高斯分布的均方差,mrad。

该点扩散函数的傅里叶变换即光学成像的 *MTF*:

$$MTF_O(f)=\exp[-2(\pi\sigma f)^2] \tag{2.135}$$

式中:f 为空间频率,cycle · mrad^{-1}。

高斯分布函数的均方差 σ 可表示能量集中的程度。光学弥散斑的能量集中度是以高斯像斑质心为圆心,角半径为 r 的圆内的光斑功率与全光斑功率之比,为

$$p=P(r)/P(\infty)=1-e^{-\frac{r^2}{2\sigma^2}} \tag{2.136}$$

高斯像斑在角半径为 σ 处的亮度为中心亮度的 $e^{-0.5}=0.607$ 倍,光斑的能量集中了全光斑的 39.3%。ρ 为半功率点(能量集中度为 50%)的角半径,如图 2.65 所示。

高斯像斑与瞬时视场的相对大小决定了光学像差在探测器奈奎斯特频率处的 *MTF*。如要求光学像差在探测器奈奎斯特频率处的 *MTF* 不低于 0.9,可将 $f=1/(2\alpha)$ 代入(2.135)式,算得像斑的均方根角直径与瞬时视场之比 $2\sigma/\alpha$ 为 0.28,即通常光学设计要求的像差弥散像斑的均方根角直径控制在瞬时视场的 1/4～1/3。

2.10.2.5　随机振动的 *MTF*

测量系统和被测目标之间可能存在正弦振动或随机振动。随机振动产生的位移能导致像点模糊成高斯图样。系统视轴随机振动的调制传递函数为

$$MTF_{RVI}=\exp(-2\pi^2\sigma^2 f^2) \tag{2.137}$$

式中:f 为空间频率,cycle · mrad^{-1};σ 是视轴随机振动的均方根角位移,mrad。

2.10.2.6　探测器响应的 *MTF*

探测器的响应速度表现为景物辐照突变时输出响应的时间滞后,其时间常数定义为施加阶跃辐照、输出由零上升至稳态值的 0.707 倍所需的时间。探测器时间常数产生的调制传递函数为

$$MTF_{det}=[1+(f_t/f_{3dB})^2]^{-1/2} \tag{2.138}$$

式中：f_t 为辐射时间调制的频率，Hz；f_{3dB} 为探测器响应较直流或低频响应下降 3dB 时辐射变化频率，Hz。

如探测器时间常数为 τ，可按 $f_{3dB}=1/(2\pi\tau)$ 计算 f_{3dB}。

2.10.2.7　放大、处理电路的 *MTF*

前置放大、信号处理等电子学电路均有信号带宽限制，它们的调制传递函数表现为低通滤波电路的频率响应特性。MTF_{PA} 和 MTF_{VP} 的计算公式与前面所述 MTF_{det} 形式上十分相似，即

$$MTF_{PA}=[1+(f_t/f_{3dB})^2]^{-1/2} \tag{2.139}$$

$$MTF_{VP}=[1+(f_t/f_{3dB})^2]^{-1/2} \tag{2.140}$$

式中：f_t 为电信号的时间频率，Hz；f_{3dB} 为电子电路的 3dB 信号带宽，Hz。

2.10.2.8　CRT 显示的 *MTF*

荧屏显示的光斑强度分布呈高斯状，其调制传递函数为

$$MTF_{CRT}=\exp(-2\pi^2\sigma^2 f^2) \tag{2.141}$$

式中：f 为空间频率，cycle · mrad^{-1}；σ 是光斑的均方根角半径，mrad。

2.10.2.9　结论

扫描成像系统的 *MTF* 为上述各环节 *MTF* 之积，即

$$MTF=MTF_D\cdot MTF_{DSA}\cdot MTF_O\cdot MTF_{RVI}\cdot MTF_{det}\cdot MTF_{PA}\cdot MTF_{VA}\cdot MTF_{CRT} \tag{2.142}$$

由上式可得出结论：

(1)由于系统的任意一个串联环节的 *MTF* 均小于 1，系统的 *MTF* 不仅小于 1，而且小于任意一个串联环节的 *MTF*。

(2)*MTF* 最小的环节制约了系统 *MTF*。系统设计的目标是提高该关键环节的 *MTF*，并对其他环节 *MTF* 进行合理分配。

2.10.3　成像系统的分辨率

系统的空间分辨率(也称角分辨率)主要取决于探测器响应元对光学系统的张角，即瞬时视场或像元视场。像元视场内辐射分布是无法探测的，系统的角分辨率与像元张角在同一数量级。

瞬时视场确定后，在奈奎斯特频率 f_0 处的探测器采样 *MTF* 即为

$$MTF_{det}(f_0)=MTF_{det}(1/2\alpha)=0.64$$

该 *MTF* 值通常决定了系统在奈奎斯特频率处 *MTF* 的极限，即系统空间分辨率的极限。以红外前视仪(FLIR)为例，如选用时间常数极小的光子探测器，前放、信号处理电路有足够的带宽，衍射、光学像差在奈奎斯特频率处的 *MTF* 设计值分别选为

$$MTF_{diff}(f_0)=0.7,\quad MTF_{opt}(f_0)=0.9$$

则 FLIR 的传感器系统在奈奎斯特频率处的 MTF 是以上三项 MTF 的乘积，约 0.4。一般显示装置 MTF 可优于 0.6。因此，可以预计该 FLIR 在 f_0 处的系统 MTF 大于 0.24，用四杆目标靶测得的 CTF 约为 0.31。因此，任何成像系统实际的空间分辨率总是要大于由瞬时视场决定的角分辨率。

2.11　红外光学系统的主要类型

光学孔径、视场、焦距等是光学系统最基本的参数。为满足探测灵敏度、空间覆盖范围和空间分辨率的要求，红外光学系统有两类典型的光学结构：一类是大孔径、小视场的反射式或折反射式光学系统，通常用于扫描成像系统；另一类是孔径较小但视场较大的折射式光学系统，通常用于凝视成像系统。

2.11.1　反射式系统

反射式系统是由反射式光学元件，如平面反射镜、球面或非球面反射镜（如旋转二次曲面镜）等组成的光学系统。受到结构的限制，反射式系统只能采用数量较少的反射镜。采用两片反射镜的称为双反射系统，三片的则称为三反射系统。对于长焦距系统，反射式光学系统的镜筒较之折射式系统短得多，故它广泛用于天文望远镜、红外雷达及航天遥感仪器中。

反射式系统的特点是无色差和大孔径。反射式光学系统对红外和可见光成像的像质是相同的，其红外像质可以用光学方法检测。折射式红外光学系统的光校、检测只能利用探测器输出的电信号。由于反射镜基体可实施轻量化，且大口径镜坯如石英、微晶玻璃、碳化硅等也易于获取，反射镜的口径可以制作得较大。

双反射系统可以用来校正像差的反射镜面形参数很少，只能用于大 F 数、小视场系统。遥感用扫描辐射计的光学结构大都为双反射式，利用孔径大的优点，可弥补聚光能力的不足，利用光机扫描可扩大其视场。进一步减小双反射系统的 F 数和增加其视场的方法是采用折反射系统或三反射系统。

2.11.1.1　球面反射镜

球面反射镜是最简单的反射式物镜，它的像质接近单透镜，但没有色差。如图 2.66 所示，当孔径光阑置于球心时，由于任一通过光阑中心的主光线都可以作为此物镜的光轴，因此任一角度投射到物镜的光束，其像质都和轴上点的像质一样，这样就在整个视场范围内得到均匀良好的像质。因为主光线与球面法线重合，没有彗差、像散、畸变等轴外像差，仅有的轴外像差是球差和场曲。

一般情况孔径光阑位于球面反射镜处，此时球面反射镜的球差、彗差和像散都较大。总之，球面反射镜仅适用于视场较小、F 数较大、像质要求不高的场合。

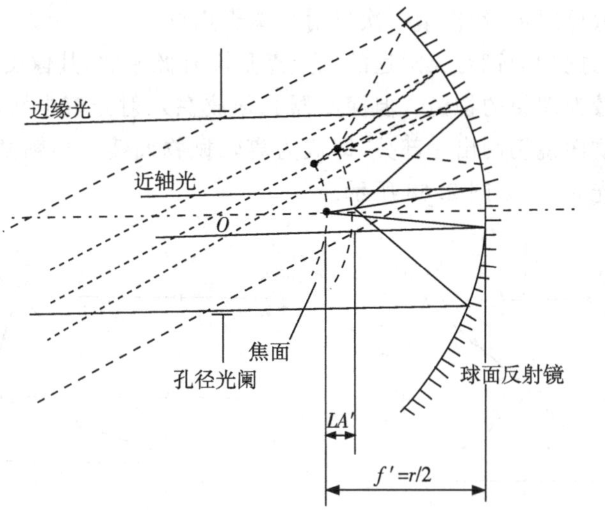

图 2.66　球面反射镜

2.11.1.2　旋转二次曲面镜

旋转二次曲面镜包括双曲面镜、椭球面镜和抛物面镜等，它们分别是双曲线、椭圆和抛物线等二次曲线绕对称轴旋转而形成的曲面。

二次旋转曲面的一些几何性质可以帮助我们完全消除某种像差。例如：抛物面反射镜可以把平行于曲面对称轴的平行光严格会聚于焦点，椭球面反射镜可使一个焦点发出的光束会聚于另一个共轭的焦点，双曲面反射镜则可使会聚于一个焦点的光束会聚于另一个共轭的焦点，如图 2.67 所示。根据二次曲面的几何性质和几何光学的等光程原理可以证明这种成像的完善性。

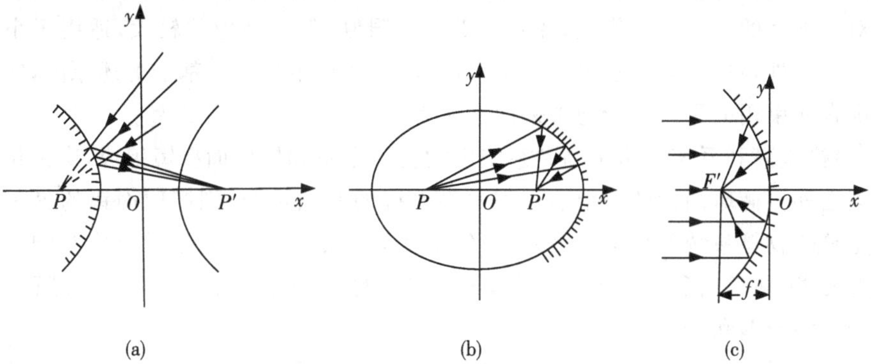

图 2.67　双曲面镜、椭球面镜和抛物面镜
(a)双曲面镜；(b)椭球面镜；(c)抛物面镜

受到结构上的限制，双曲面镜和椭球面镜很难单独使用。对实际红外系统，可以认为物在无限远处，在双反射系统中，次镜与主镜是配合起来使用的。平行光束经主

反射镜会聚至次反射镜,经次镜二次反射会聚于焦点。

旋转对称的抛物面镜对无限远的轴上点是没有像差的,其像质只受衍射限制,是小视场情况下较为理想的物镜。但探测器必须放在入射光束中间,使用不方便。将旋转对称的抛物面镜切割出一部分,即成为离轴抛物面镜。离轴抛物面镜能将它的焦点移到入射光束外,如图 2.68 所示。

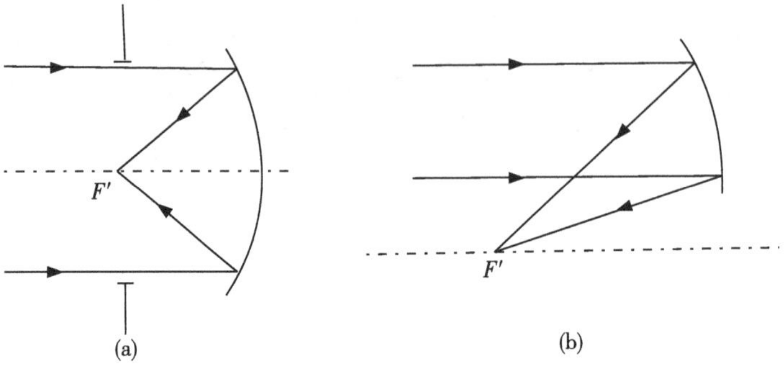

图 2.68 旋转对称抛物面镜和离轴抛物面镜

(a)旋转对称抛物面镜;(b)离轴抛物面镜

2.11.1.3 双反射系统

双反射系统由主镜与次镜组成。按主、次镜面型的不同,它可分为多种类型光学系统,但常用的是卡塞格伦系统、格里高利系统、牛顿系统(见图 2.69)及其衍生出来的里奇-克莱琴系统(R-C 系统)、双反射镜无光焦度系统等。

(1)牛顿系统。牛顿系统由抛物面主镜和平面镜次镜组成。对入射光起会聚作用的只是主镜,平面镜次镜处于主镜焦点附近,可将焦点引到入射光束的一侧。牛顿系统对无限远的轴上点无像差,像质只受衍射限制,但轴外像差较大,适用于小视场的场合。另外,对同样焦距,牛顿系统镜筒最长,使用不方便。基于上述原因,实验室产生准直光束用的平行光管通常采用牛顿系统。

(2)格里高利系统。格里高利系统由抛物面主镜和椭球面次镜组成,次镜位于主镜焦点之外。椭球面镜的一个焦点和抛物面镜的焦点重合,则椭球面镜的另一个焦点就是整个物镜系统的焦点。因此,系统对无限远的轴上点也是没有像差的。根据消像差要求,格里高利系统也可采取其他配合,例如:主镜、次镜都采用椭球面,则系统可同时消球差和彗差。

(3)卡塞格伦系统。卡塞格伦系统由抛物面主镜和双曲面次镜组成,次镜位于主镜焦点之内。双曲面镜的一个焦点和抛物面镜的焦点重合,双曲面镜的另一个焦点就是整个物镜系统的焦点。因此,系统对无限远的轴上点是没有像差的。卡塞格伦系统的优点是镜筒短而焦距长,结构紧凑,会聚光束通过主镜中心的孔,便于在焦面上放置探测器。

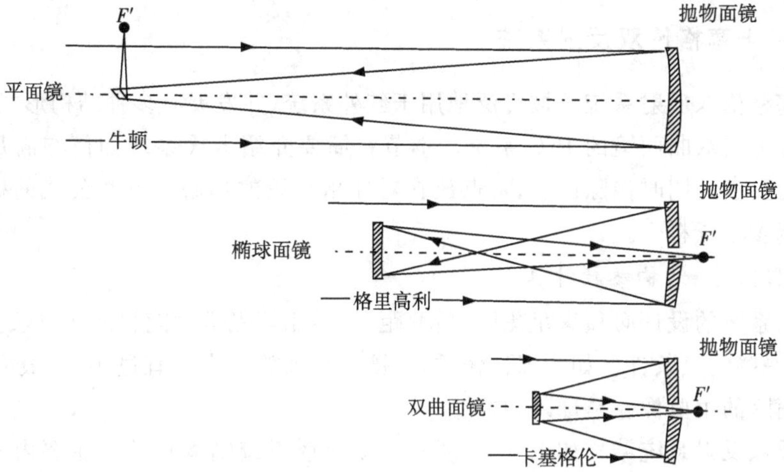

图 2.69　相同焦距和孔径的三种典型双反射系统比较

双反射系统的共同特点是结构简单，无色差。上面所述的三种双反射系统都只能对轴上点消像差，一旦视场和相对孔径增大，像质会迅速恶化。此外，双反射系统的次镜将挡掉一部分像质较好的近轴光，影响光学效率。因而，双反射系统较多用作扫描成像系统的主光学系统。

2.11.1.4　三反射系统

三反射系统由三面反射镜组成，可分为同轴三反射系统及离轴三反射系统。同轴三反射系统由三块旋转对称的反射镜组成，且光轴重合，一般光路中有中间遮拦，如图 2.70 所示。

离轴三反射系统由三块旋转对称反射镜的一部分组成，其光轴可以重合，也可不重合，一般光路中无中间遮拦。由于三反射系统较之双反射系统有更多的变量可用于像差校正，故其使用视场较双反射式光学系统大得多，可广泛应用于大口径可见及红外光学系统上。

目前最常见的离轴三反射式光学系统为 Cook-TMA（见图 2.71）与 Rug-TMA（见图 2.72）两种类型，前者没有中间像产生，但可用光学视场很大，可达几十度。Rug-TMA 有一次中间成像，但可用光学视场较小。

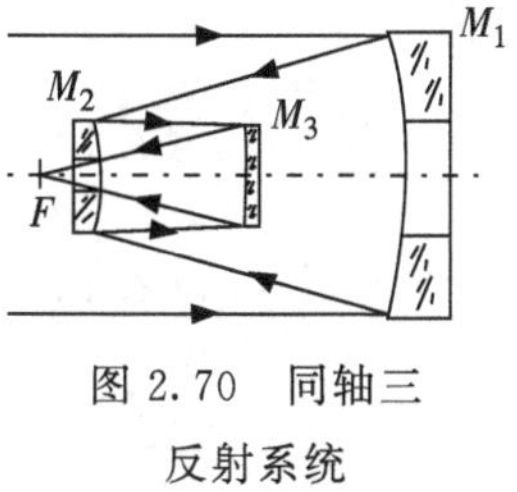

图 2.70　同轴三反射系统

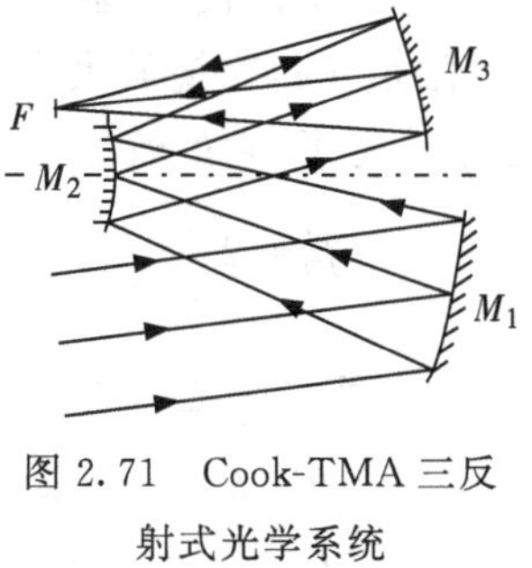

图 2.71　Cook-TMA 三反射式光学系统

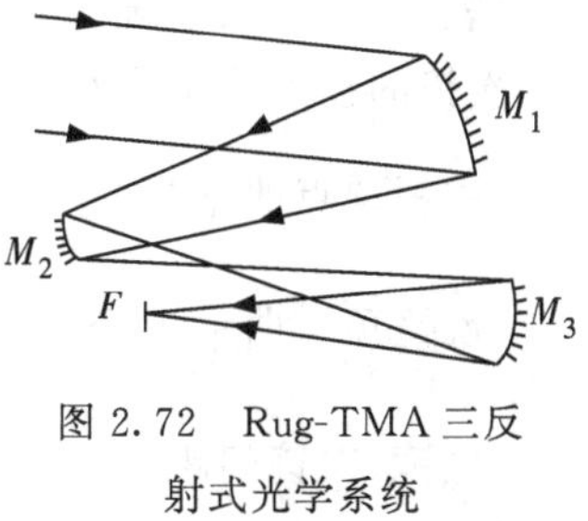

图 2.72　Rug-TMA 三反射式光学系统

2.11.2 卡塞格伦双反射系统

卡塞格伦双反射系统已被广泛地用于红外系统，并发展有多种结构形式，例如主镜和次镜都用双曲面镜的 R-C 系统。本节将简要介绍卡氏系统如何在满足光学性能和结构要求的同时消除像差，重点放在对导出结论的理解。有些公式的推导过程详见本章参考资料[8]。

2.11.2.1 结构参数计算

卡氏系统的设计必须满足焦距、后截距、遮拦比等光学性能和结构要求。除此之外，还有一些约束条件。如为保证像质，次镜的垂轴放大率不宜过小，一般应大于 2。系统要消除的主要像差是球差、彗差。

卡氏双反射系统结构如图 2.73 所示。双反射系统结构设计的主要内容是选择主镜、次镜的曲面面形和间距。一个旋转二次曲面(包括球面)的形状可用顶点的曲率半径 r_0 和偏心率 e 来表示。球面 $e^2=0$，椭球面 $0<e^2<1$，抛物面 $e^2=1$，双曲面 $e^2>1$。

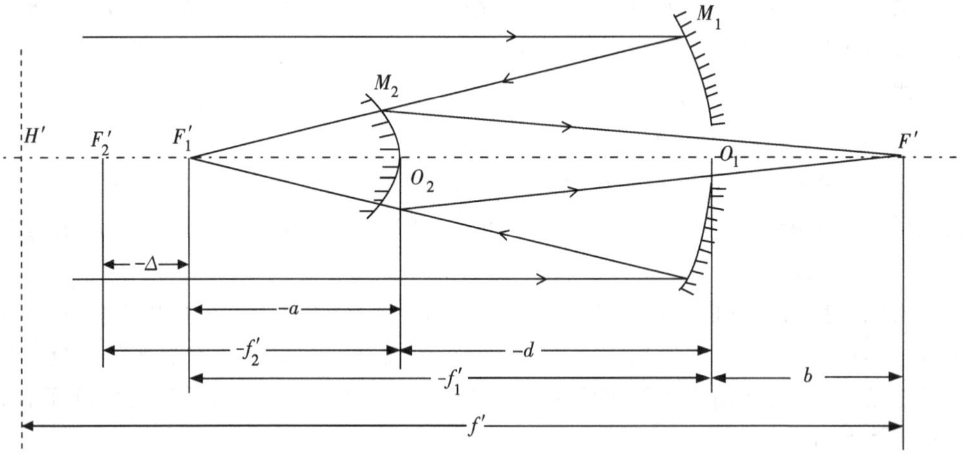

图 2.73 卡氏双反射系统结构

由于球面镜或非球面镜对近轴光是一样的，卡氏系统的近轴光计算可利用球面反射的近轴公式，仅需将球面半径改为二次曲面(包括球面)顶点的曲率半径。计算结果表明：如卡氏系统的焦距 f'、后截距 b 和次镜放大率 β 作为设计要求已限定，主镜、次镜的顶点曲率半径及间距也就确定了，它的遮拦比也是定值。

主镜顶点曲率半径 $$r_{01}=2f_1'=2\frac{f'}{\beta} \tag{2.143}$$

次镜顶点曲率半径 $$r_{02}=2f_2'=\frac{2(-f'+\beta b)}{\beta^2-1} \tag{2.144}$$

主镜、次镜间距 $$d=\frac{f'-b}{\beta-1} \tag{2.145}$$

遮拦比
$$\alpha=\frac{a}{f'_1}=\frac{\beta b-f'}{(\beta-1)f'} \tag{2.146}$$

式中：a 为次镜的物距。

2.11.2.2　像差分析

由于卡氏系统的主镜、次镜的顶点曲率半径、间距的选择必须满足 f'、b、β 等光学性能及结构方面的要求，要消除双反射系统的球差、彗差，唯一可选择的反射镜参数只有主镜、次镜的偏心率 e_1、e_2。

卡氏系统的初级球差和彗差系数分别为

初级球差系数

$$\sum_1^2 S_{\mathrm{I}}=\frac{-(\beta^2-1)\left(1-\beta\frac{b}{f'}\right)-\beta^3}{4}+\frac{\beta^3}{4}e_1^2+\frac{(\beta+1)^3\left(1-\beta\frac{b}{f'}\right)}{4(\beta-1)}e_2^2 \tag{2.147}$$

初级彗差系数

$$\sum_1^2 S_{\mathrm{II}}=\frac{\beta^2\left(1-\frac{b}{f'}\right)+\left(1-\frac{b}{f'}\right)}{4}-\frac{(\beta+1)^3\left(1-\frac{b}{f'}\right)}{4(\beta-1)}e_2^2 \tag{2.148}$$

由以上两式可知：

(1) 主镜、次镜均为球面时，$e_1^2=e_2^2=0$，无法消除球差、彗差。如果仅有主镜或次镜为球面，系统可消球差。例如，主镜选球面，$e_1=0$，令初级球差系数为零，可求得次镜偏心率 e_2。但是，这类系统的彗差很大。

(2) 主镜为抛物面，次镜为双曲面，系统可消球差。

此时，$e_1^2=1$，令初级球差系数为零，解得 $e_2^2=\left(\frac{\beta-1}{\beta+1}\right)^2$。

由于卡氏系统次镜 $\beta<0$，$e_2^2>1$ 为双曲面，这种系统主镜光学焦点与双曲面次镜的几何焦点重合。由于抛物面对平行光，双曲面对会聚于几何焦点的光束能完善成像，系统没有球差，彗差也很小。由于较容易加工，次镜挡光少，红外装置中用得较多。

(3) 主镜、次镜均为双曲面，系统同时消球差、彗差。

令初级球差和彗差系数为零，可解得

$$e_1^2=1-\frac{2\left(1-\beta\frac{b}{f'}\right)}{\beta^3\left(1-\frac{b}{f'}\right)} \quad 和 \quad e_2^2=\frac{(\beta-1)\left[\beta^2\left(1-\frac{b}{f'}\right)+\left(1+\frac{b}{f'}\right)\right]}{(\beta+1)^3\left(1-\frac{b}{f'}\right)}$$

对一般 b、β 值，主镜为接近抛物面的凹双曲面镜，次镜为凸双曲面镜。

由两个双曲面组成的卡氏系统，也称 R-C 系统，是像质最好的双反射系统。

以上分析表明：双反射系统只有个别组合方式可以消球差、彗差。如要求小 F 数，大视场，双反射系统是难以获得较好像质的。由于三反射式光学系统有更多的变量可用于像差校正，其使用视场较双反射式光学系统大得多。

2.11.3 折反射系统

折反射系统由反射式物镜与折射式校正透镜组合而成的光学系统，它集中了反射式系统孔径大和折射式透镜校正轴外像差的能力强的优点。与反射式系统相比，折反射系统的视场较大，F 数较小。折反射系统的主光学系统通常是大孔径反射式物镜，校正透镜可以设置在物镜前或物镜后的光路中。

2.11.3.1 物镜前设置校正透镜

1. 施密特系统

施密特系统是由施密特校正板和凹面球面反射镜组成的光学系统。图 2.74 中校正板位于球面反射镜球心，且它的厚度随高度变化以抵消球面镜的球差，同时它又是光学系统的孔径光阑，故光学系统没有彗差、像散和畸变。它的优点是能在很大的视场内(20°内)保持优良的像质。它的缺点是大口径的校正板材料难以获得，且光学系统焦点位于光路中，当放置探测器时会发生遮拦。为了克服这两个缺点，可将校正板做成反射板。

图 2.75 是一个全反射、离轴无遮拦施密特系统，它既保持了光学系统大视场的优良像差，又使探测器位于光路外。该系统常用于天文望远镜及其他大视场的红外望远镜。

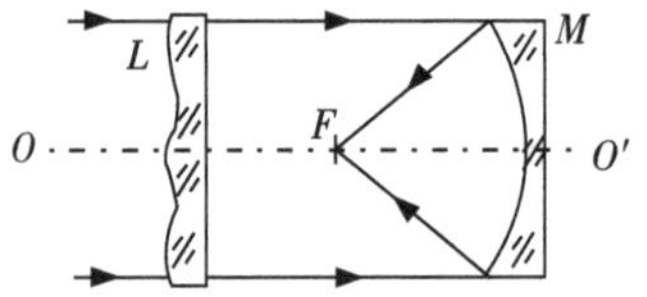

图 2.74 施密特系统

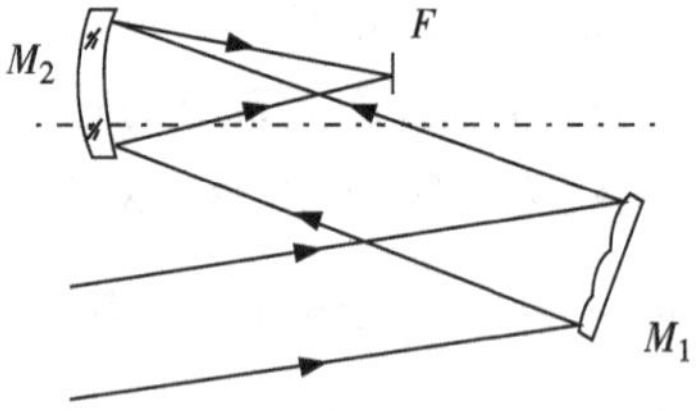

图 2.75 全反射、离轴无遮拦施密特系统

2. 马克苏托夫系统

马克苏托夫系统由主反射镜和一片弯月形的校正透镜组成，如图 2.76 所示。所有的表面都是球面，明显的优点是加工可简化，镜筒长度大大缩短，如 F 数不是太小，像质可与施密特系统相比。

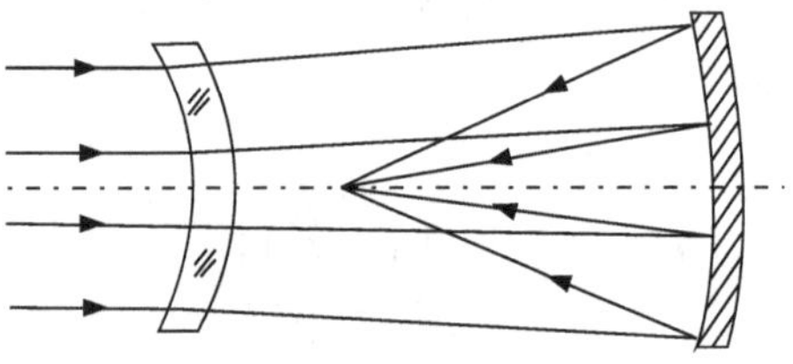

图 2.76 马克苏托夫系统

3. 曼金折反射镜

曼金折反射镜将校正透镜和主反射镜合为一个光学零件，如图 2.77(a)所示。曼金折反射镜是一个弯月形折射透镜，并在透镜的第二表面上镀了反射膜。入射光线被第一表面折射，从第二表面反射回来，在第一表面再次被折射。曼金折反射镜的功能相当于一片有校正透镜的主反射镜，曼金折反射镜也可用作次镜，如图 2.77(b)所示。

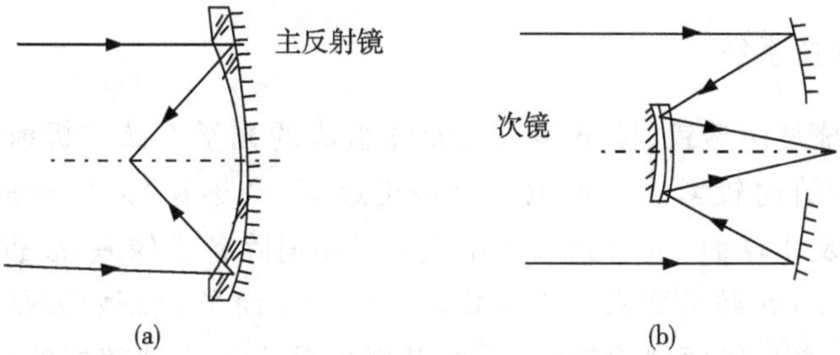

图 2.77　曼金折反射镜

(a)用作主镜；(b)用作次镜

2.11.3.2　物镜后设置校正透镜

在双反射物镜系统的后光路中也可设置校正透镜，构成折反射系统。图 2.78 为“风云二号”多通道扫描辐射计的光路图。该仪器有可见光、红外和水汽等探测通道。它们共用了一个焦距 3000mm、口径 400mm 的双反射主光学系统。在水汽、红外通道的后光路中设置了中继透镜，中继透镜对主光学系统的实像进行二次成像，实像点被缩小成像于红外探测器的光敏面上。

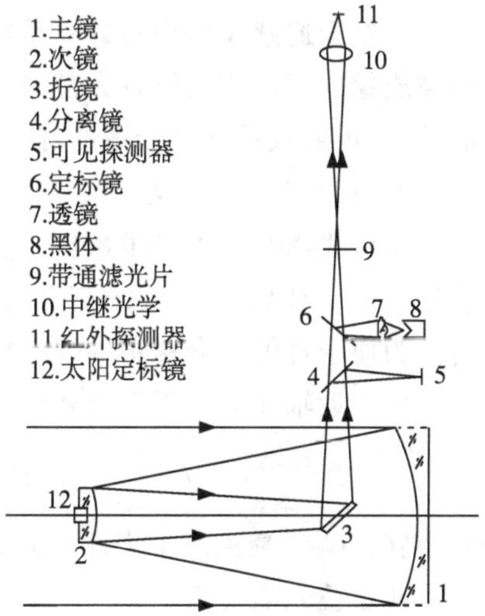

图 2.78　“风云二号”多通道扫描辐射计光路图

图 2.79 为“风云二号”多通道扫描辐射计等效光路图。图中，主光学系统 F 数（f'_1/D_1）为 7.5，设置中继透镜后，F 数（f'/D_1）减小为 1.28，水汽、红外通道的光敏面照度与主系统实像面照度相比，可增加约 35 倍，聚光能力的增强显而易见。这里的中继透镜既能减小 F 数并校正像差，又能将主系统的像面传递至红外探测器的光敏面，以满足安装探测器辐射制冷器对结构的要求。

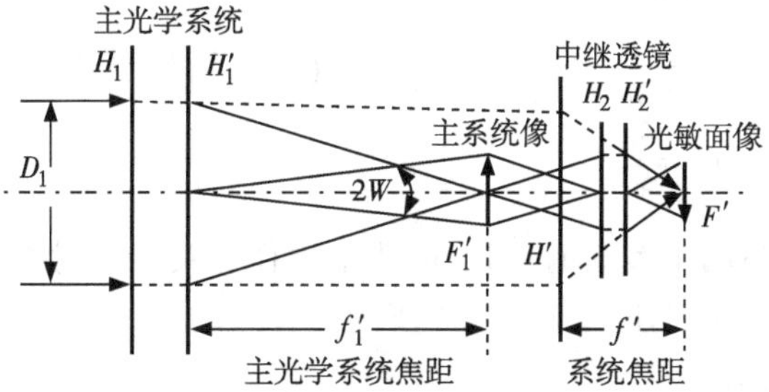

图 2.79　“风云二号”多通道扫描辐射计等效光路图

2.11.4 折射式系统

折射式系统是用透镜、棱镜等透光元件组成的光学系统。折射式系统通常由多片透镜组成，结构较紧凑。透镜可以是正透镜(凸透镜)或负透镜(凹透镜)，镜面可分为球面及非球面，组合起来可在较大视场消除各类像差，故折射式光学系统可满足大视场、小 F 数的要求。折射式红外光学系统的最新发展是采用高次非球面技术，通过改变几何面型消除像差，可以用少量零件达到较好的像质，但加工工艺复杂。

在可见光波段，由于可选用的光学材料较多，通过不同材料的组合，可很好地消色差。由于目前能满足各种物理、化学、机械性能要求而且透过波段较宽的红外光学材料不多，为了消色差，红外镜片材料还需要有不同光学性能(如折射率、色散)，这样材料的选择余地就更小了。此外，红外透镜不易获得大口径材料。

在航天遥感仪器中折射式系统常作为后光学系统使用。一些凝视成像或推帚式扫描成像的军事侦察设备大都采用了大面阵或长线列红外焦平面器件，由于光学视场较大，折射式系统是合适的选择。

2.11.4.1 单透镜

折射式物镜可以是单透镜，也可以是由多个单透镜组成的复合透镜。单透镜像质较差，只能用于像质要求不高的系统。视场较大、F 数较小的折射系统都是复合透镜。为便于理解复合透镜的像差校正原理，先介绍单个薄透镜如何校正像差。

根据近轴光球面折射公式，可得到空气中薄透镜焦距为

$$f'=\frac{1}{(n-1)(1/r_1-1/r_2)}=\frac{1}{(n-1)(C_1-C_2)} \tag{2.149}$$

式中：C_1，C_2 为透镜两个表面的曲率。

薄透镜光焦度为

$$\Phi=\frac{1}{f'}=(n-1)(C_1-C_2) \tag{2.150}$$

(1)薄透镜的球差。

物在无限远时，球差弥散圆角直径为

$$\delta\theta_s=\frac{1}{32\,(n-1)^2F^3}\times\left[n^2-(2n+1)k+\frac{n+2}{n}k^2\right] \tag{2.151}$$

式中：$k=\dfrac{C_1}{C_1-C_2}$ 为形状系数。

单透镜的球差与两个表面的形状，即曲率半径有关。折射率确定后，选择适当的形状系数可将球差减至最小，如图 2.80 所示。

(2)薄透镜的彗差。

物在无限远时，彗差弥散圆角直径为

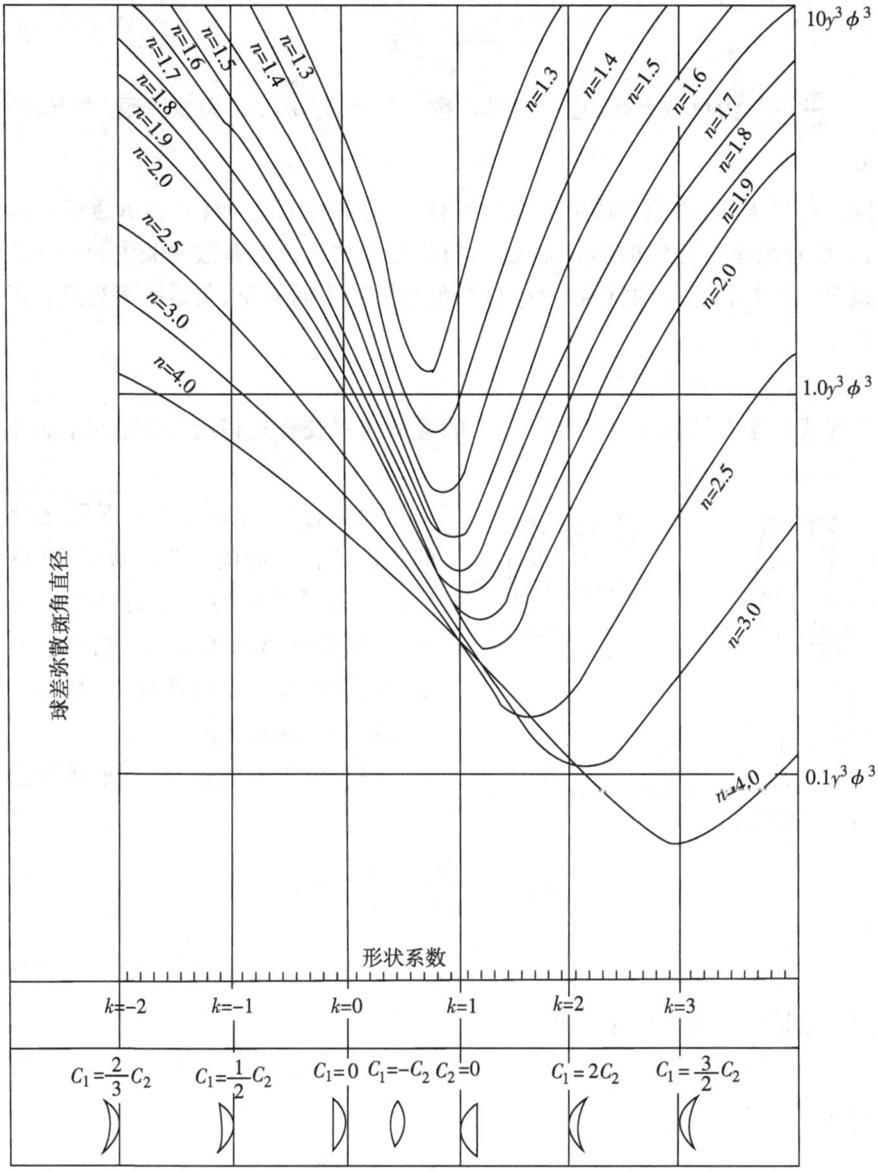

图 2.80　单透镜球差弥散斑角直径与形状系数的关系

$$\delta\theta_c=\frac{W}{8n(n-1)F^2}\cdot[-(n+1)k+n^2] \tag{2.152}$$

式中：W 为半视场角；$k=\dfrac{C_1}{C_1-C_2}$ 为形状系数。

(3)薄透镜的色差。

位置色差弥散圆角直径为

$$\delta\theta_{ch}=\frac{1}{2\nu F} \tag{2.153}$$

式中：$\nu=\dfrac{n_m-1}{n_s-n_l}$ 为色散系数，也称阿贝常数。其中 n_s、n_m、n_l 为短波限、中点、长波限折射率。

以上结果表明：改变单透镜的面形组合，可以减少球差、彗差。单透镜不能消除色差，其位置色差与透镜的形状无关，只与焦距和材料色散系数有关。利用正透镜与负透镜产生球差和色差的符号相反，材料色散性能不同的正、负透镜适当组合可以消除色差。

2.11.4.2 双胶合透镜

折射式光学系统是由多片相互分离的透镜或双胶合透镜组合而成的，如图 2.81 所示。

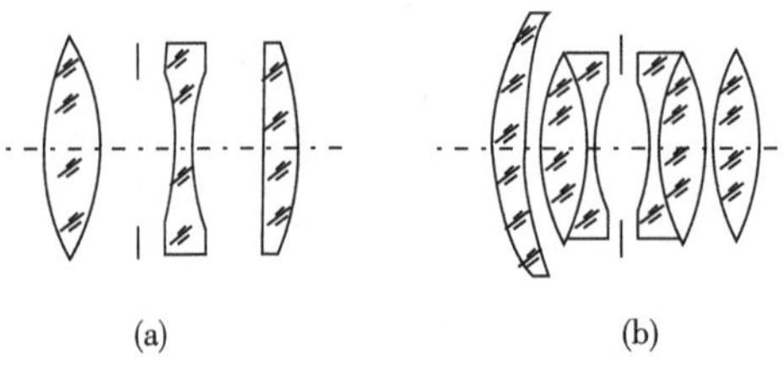

图 2.81 折射式光学系统的组成

(a)分离透镜；(b)双胶合透镜

双胶合透镜是由两片不同光学材料的正透镜和负透镜胶合而成的，凸透镜的后表面和凹透镜的前表面具有相同的曲率半径，是透镜的胶合面。消色差的关键是在总光焦度给定的前提下，如何合理地分配各透镜的光焦度。

根据消色差要求，两块单透镜的光焦度 φ_1 和 φ_2 应满足：

$$\sum C_1 = h^2\left(\frac{\varphi_1}{\nu_1}+\frac{\varphi_2}{\nu_2}\right)=0 \tag{2.154}$$

即

$$\frac{\varphi_1}{\nu_1}+\frac{\varphi_2}{\nu_2}=0 \tag{2.155}$$

胶合透镜的总光焦度应满足：

$$\varphi=\varphi_1+\varphi_2-\mathrm{d}\varphi_1\varphi_2\approx\varphi_1+\varphi_2 \tag{2.156}$$

以上两式联立得

$$\varphi_1=\frac{\nu_1}{\nu_1-\nu_2}\varphi,\quad \varphi_2=\frac{-\nu_2}{\nu_1-\nu_2}\varphi \tag{2.157}$$

根据(2.150)式，两片透镜的光焦度分别为

$$\varphi_1=\frac{1}{f_1'}=(n_1-1)(C_1-C_2) \tag{2.158}$$

$$\varphi_2=\frac{1}{f_2'}=(n_2-1)(C_2-C_3) \tag{2.159}$$

式中：C_1 为凸透镜前表面的曲率；C_2 为胶合面的曲率；C_3 为凹透镜后表面的曲率。

由(2.155)、(2.156)式可见，具有一定光焦度的双胶合和双分离镜组，只有用两

种不同材料($\nu_1 \neq \nu_2$)制造的正负透镜组合，才能消色差。消色差时，为使 φ_1、φ_2 不致太大，ν_1 和 ν_2 之差应尽可能大。

三个折射面中有一个面的曲率是自由的，通常把胶合面的曲率 C_2 选为变数。改变 C_2 以校正球差，当 C_2 变时，应改变 C_1 和 C_3，从而维持光焦度 φ_1 和 φ_2 不变。可以证明，如果适当选择两片透镜的材料，能在满足焦距和消色差要求的同时消除系统的球差和彗差。

为消色差，胶合镜片材料应分别选用高色散系数(低色散)和低色散系数(高色散)，由于目前透红外的材料不多，很难选择得当。胶合透镜消球差从原理上讲是利用胶合面两边折射率的差异，产生足够的负球差来校正第一面和第三面的正球差，由于其曲率半径较小，高级球差较大。因此，胶合镜有较大的剩余球差，双胶合透镜的剩余球差也限制了其相对孔径的增大。受胶合工艺的限制，双胶合透镜的口径不能超过 100mm。

由于上述原因，折射系统大多采用双分离式的，即两块透镜之间有一定间隙。此时，两片双分离的透镜除有四个曲率半径可变外，两片之间的距离又为设计增加一个自由变数，可以对任意选定的两种透镜材料在满足焦距和消色差的同时做到消系统球差和彗差。双分离透镜可利用空气间隙的距离来校正剩余球差，所以它可以具有较大的相对孔径。双分离物镜的口径只受材料的限制，如锗透镜的口径目前最大可达 250mm，其主要缺点是装配比较困难。

双片透镜组成系统的视场和相对孔径还是有限的，要增加视场和相对孔径就得选用三片以上的组合透镜。设计多片组合红外透镜要考虑多种因素，如为提高光学效率，透镜材料的总厚度必须加以控制，镜片上应镀增透膜。设计透镜组时，探测器窗口、设备保护窗口也应作为光学零件包括在系统内。

2.11.4.3　非球面折射系统

非球面透镜是一个或两个表面采用二次或高次非球面曲面的透镜。用非球面透镜替代球面透镜，可最大限度地消除球差，用较少镜片得到较大视场和较小 F，并有较高的像质。例如，一个高像质的变焦镜头，需用 10 片或者更多的透镜组合，用了一片或两片非球面透镜后可以大大减少透镜的片数并获得类似或更好的像质。

图 2.82 是一个短焦、大后截距的红外广角镜头的光路图，该物镜视场为 120°，$F/0.8$，由三片非球面透镜组成。其中第一块透镜的第二面、第二块透镜的第一面和第三块透境的第二面为非球面。第一块透镜用于消场曲并增加视场；第二块透镜用于消球差和彗差；第三块透镜用于消除像散、场曲和畸变。镜头像质接近衍射限。

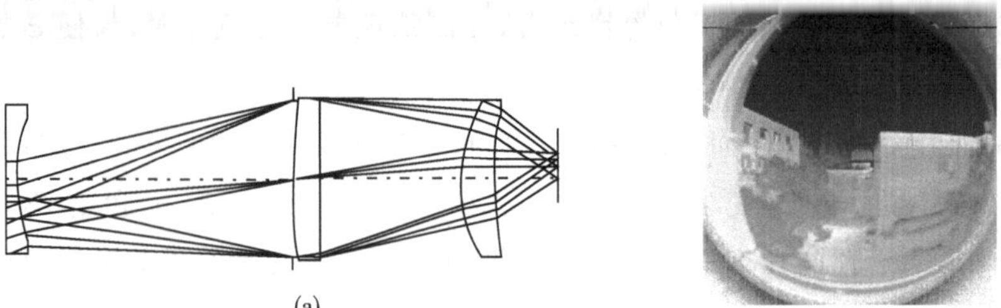

(a)　　(b)

图 2.82　红外非球面广角镜头及拍摄的热图像

(a)红外非球面广角镜头；(b)拍摄的热图像

2.12　辅助光学系统

当光学系统的焦距、视场确定后，探测器的尺寸也就确定了。若光学系统的焦距、视场较大，尺寸较大的探测器噪声也较大，系统的信噪比将降低。在物镜和探测器之间设置场镜、浸没透镜、光锥可以缩小探测器尺寸，减小探测器噪声，提高信噪比。因为这些光学部件是放在物镜后，因此称作辅助光学系统。光导纤维可用于光学像面和探测器光敏面之间的光耦合，也将它归入辅助光学系统。

2.12.1　场镜

场镜一般为单片透镜，可放置在物镜的焦面上或离焦面较近处。场镜并非直接对景物成像，而是将物镜的出瞳成像于探测器，如图 2.83 所示。在焦面处设置的场镜对轴上光束无影响，轴上光束按原来方向均匀投射至探测器的光敏面。轴外光束被场镜折向并均匀充满整个光敏面。

设置场镜可缩小探测器光敏面尺寸，提高信噪比。由于光敏面上各点的响应是不均匀的，如不加场镜，探测器输出与像斑亮度的均匀性有关。加入场镜后，视场内各点发射的光束均匀充满整个光敏面，探测器输出与光敏面各点的响应是否均匀无关。

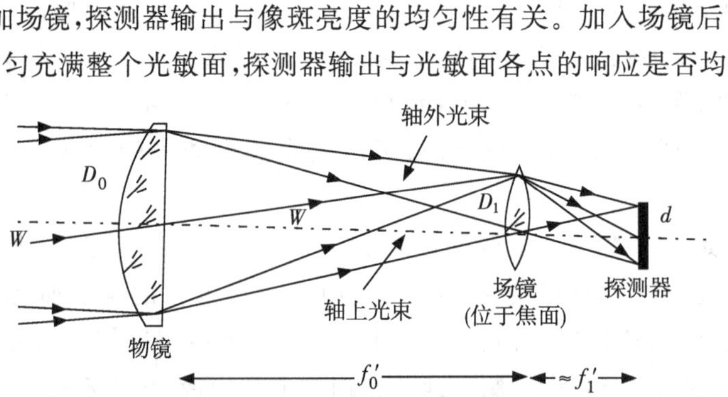

图 2.83　在物镜的焦面上设置场镜

图 2.83 中，如物镜的口径为 D_0，探测器尺寸为 d，场镜将物镜出瞳成像于探测器，其垂轴放大率为 d/D_0。通常场镜焦距比物镜焦距小得多，可认为场镜的像距等于它的焦距，则垂轴放大率近似为

$$\beta=\frac{d}{D_0}=\frac{l'}{f'_0}\approx\frac{f'_1}{f'_0} \tag{2.160}$$

式中：f'_0、f'_1 分别为物镜、场镜的焦距；l' 为场镜像距，即场镜至探测器距离。

如场镜的孔径为 D_1，加场镜相当于可将探测器尺寸由 D_1 缩小为 d，即相当于有效焦距 f'_e 变短了，有效 F 数由未加场镜的 F_0 减小为 F_e。

$$F_0=\frac{f'_0}{D_0}=\frac{D_1/2W}{D_0} \tag{2.161}$$

$$F_e=\frac{f'_e}{D_0}=\frac{d/2W}{D_0} \tag{2.162}$$

加场镜后有效 F 数减小的倍数为

$$\frac{F_0}{F_e}=\frac{D_1}{d}\approx\frac{D_1}{D_0\cdot(f'_1/f'_0)}=\frac{F_0}{F_1} \tag{2.163}$$

即

$$F_e\approx F_1 \tag{2.164}$$

式中：F_0 为物镜的 F 数；F_1 为场镜的 F 数；F_e 为加场镜后的有效 F 数。

以上分析表明：加了场镜后，光学系统的有效 F 数缩小了，缩小的倍数等于物镜 F 数与场镜 F 数之比。或者说，加了场镜后系统有效 F 数近似等于场镜的 F 数。由于加场镜后有效 F 数减小，相对孔径增加，探测器的照度也将增加。对原来 F 数较大的物镜系统（如卡塞格伦系统），使用场镜特别有利。若物镜的 F 数较小，使用场镜的价值是不大的。

由于场镜不是把目标成像于探测器，而是将出瞳成像于探测器，场镜的像差对目标像的质量没有直接影响。但是，场镜像差太大，会有较多光线溢出探测器。场镜 F 数也不能太小，否则要校正球差、彗差，宽波段工作的还要消色差。

正因为场镜不对目标成像，设计物镜系统时不应将场镜作为其中的一个单元，如果把场镜和物镜一起进行像差平衡，必将破坏物镜系统的结构。正确做法应是先单独设计好物镜，再设计场镜。

2.12.2　光锥

光锥是一种非成像的聚光元件，有空腔圆锥、实心圆锥、角锥等类型。其大端一般放置在焦面附近，借助内壁的连续反射或全反射，把辐射引导到放置在其小端的探测器，可以起到缩小探测器尺寸的作用。

图 2.84 为空腔圆锥光锥工作原理的示意图。空腔圆锥内壁镀高反射膜，如入射光线的入射角为 θ，圆锥的半锥角为 β。光线经锥壁反射后，下一次反射的入射角将减少 2β。多次反射后入射角将越来越小，小到一定程度，光线没到达小端就会折回大端。因

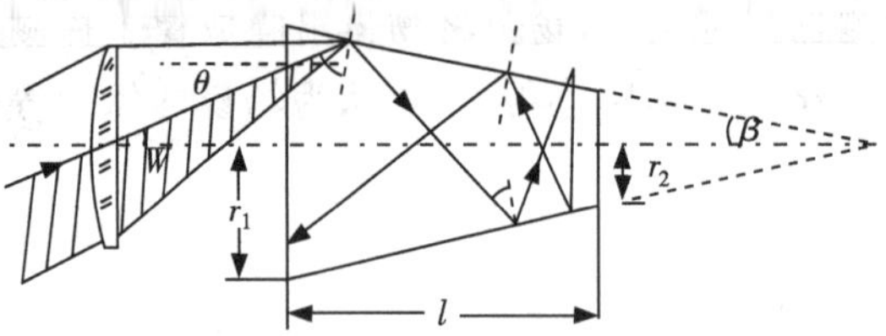

图 2.84 空腔圆锥工作原理示意

此,光线要到达小端,光锥的入射角 θ 必须大于某一临界角,即光锥对与其匹配的光学系统的 F 数、视场是有限制的。

为了增大接收临界角,光锥常常与场镜合用。合用时,场镜粘贴在光锥大端,放置在物镜焦面上,光锥的小端放置探测器。大气探测红外分光光度计将场镜、光锥组合成为一个探测器组件,如图 2.85 所示。

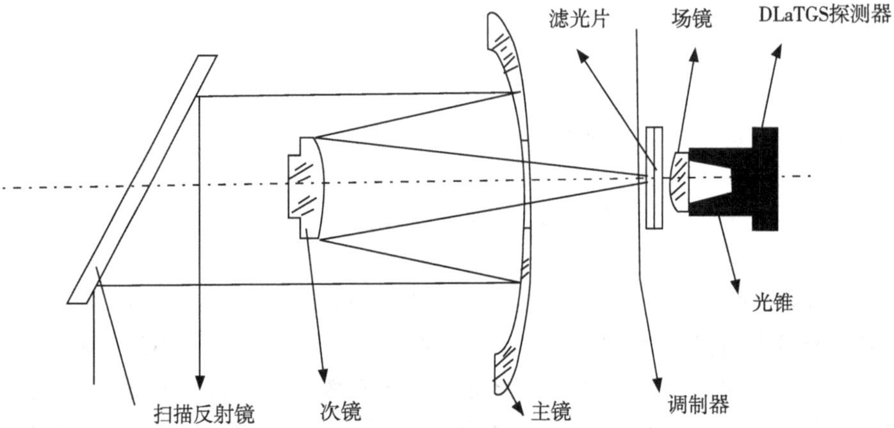

图 2.85 场镜和光锥的组合使用

实心圆锥光锥是利用了全反射原理的光锥,它的优点是对视场的限制放宽了 n 倍(n 为光锥材料的折射率)如图 2.86 所示。设计时应注意:实心光锥与探测器之间要采取适当的胶合方式,避免出射时发生全反射。另外要尽量减小光路长度,反射次数不能太多,以减少吸收。场镜与实心圆锥光锥合用时,可以把光锥的大端磨成与场镜曲率一样的凸球面。

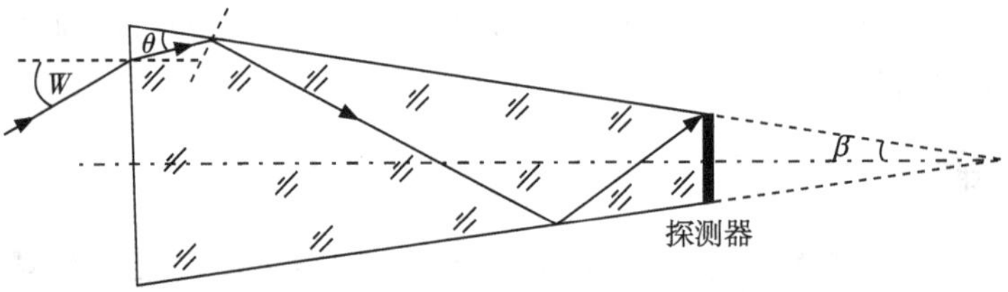

图 2.86 实心光锥工作原理示意

2.12.3 浸没透镜

浸没透镜是由高折射率红外材料制成的平凸透镜,将探测器光敏面用折射率匹配的介质粘接在透镜的平面端。在红外系统瞬时视场一定的情况下,使用浸没透镜可以减小探测器光敏元面积，提高信噪比。

浸没透镜有半球、超半球等种类。常用的半球浸没透镜的厚度等于折射面的曲率半径，探测器中心与球心重合。轴上光束经浸没透镜后仍会聚于原处，且不会产生附加的像差，轴外光束经浸没透镜后会聚于探测器边缘，如图 2.87 所示。

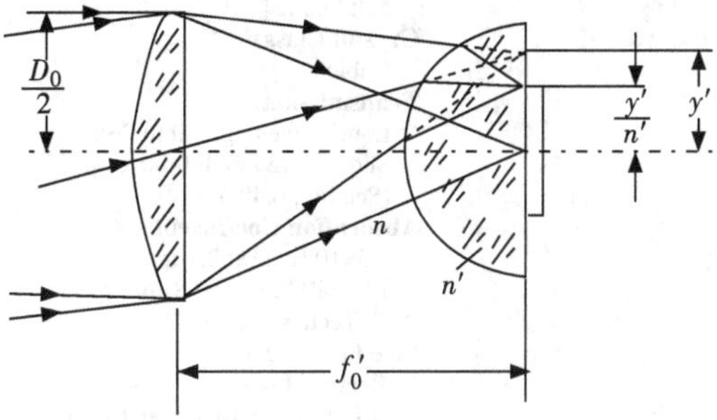

图 2.87　半球浸没透镜原理

图 2.87 中，未加浸没透镜时，轴上光束经物镜后会聚于物镜的焦点，即光敏元的中心，轴外点所成像的像高为 y'。加入的半球浸没透镜对物镜像进行二次成像，轴上光束仍会聚于焦点，轴外点的像高可根据单球面折射的垂轴放大率算得为

$$\beta=\frac{nl'}{n'l}=\frac{l'}{n'l} \tag{2.165}$$

式中：n，n'分别为空气和浸没透镜介质的折射率。

根据半球浸没透镜的几何特性，二次成像的物距、像距均等于它的厚度和曲率半径。即 $l=l'=r=d$。浸没透镜的垂轴放大率为 $\beta=\frac{1}{n'}$，即轴外点像高将由 y'减小为 $\frac{y'}{n'}$。得出的结论是：在系统瞬时视场不变的情况下，探测器光敏元面积可减小到原来的$\frac{1}{n'^2}$。系统的信噪比可以提高到原来的 n'倍。

2.13　红外光学材料

2.13.1　主要特性参数

可用来制作红外光学元件的材料的特性主要包括光学、热学、化学、机械等方面的特性，可分别用一些特性参数描述，如图 2.88 给出了摘录自光学材料手册中的锗材料特性参数。

2.13.1.1　光学性能

光学特性包括材料的透过特性、吸收系数、反射损失、折射率、折射率的温度系数、色散性能等。

材料的透过特性即材料的透明度，用光谱透射范围及透过率表示。反射损失用光学平板的光谱反射率表示。固体材料的吸收能力通常用吸收系数表示。

Germanium, Ge
Molecular Weight
72.60
Specific Gravity
5.35[g/cm^3]
Crystal Class
Cubic
Transmission
Long-wavelength limit 23μm
Short-wavelength limit 1.8μm
(See Fig. 6.49.)
Absorption Coefficient
1.3×10^{-3} cm^{-1} at 2.7μm
13.5×10^{-3} cm^{-1} at 3.8μm
(Cal. Tech. sample)
(See Fig. 6.50.)
Reflection Loss
52.9% for two surfaces at 10μm
(See Fig. 6.51.)
Refractive Index
(See Table 6.24.)
Temperature Coefficient of Refractive Index
(See Table 6.25.)
Dispersion
(See dispersion equation, Table 6.24.)
Dielectric Constant
16.6 for 9.37×10^9 Hz at 300 K
15.8 for 10^6 Hz at 77 K
Melting Temperature
1210 K
Thermal Conductivity
165.8 W/(m·K) at 125 K
59 W/(m·K) at 293 K
43.95 W/(m·K) at 400 K
Thermal Expansion
2.4×10^{-6} K^{-1} at 100 K
6.1×10^{-6} K^{-1} at 298 K
8.0×10^{-6} K^{-1} at 1200 K
Specific Heat
0.074 [cal/(g·K)] at 273-373 K
0.095 [cal/(g·K)] at 853 K
Debye Temperature
370 K
Hardness
800 kg/mm^2
(Knoop number)
Bandgap
0.67 eV
Solubility
Insoluble in H_2O
Elastic Moduli
Elastic stiffness
c_{11}=129 GPa
c_{12}=48 GPa
c_{44}=67.1 GPa
Elastic compliance
s_{11}=9.73 TPa^{-1}
s_{12}=-2.64 TPa^{-1}
s_{44}=14.9 TPa^{-1}
Young's modulus
102.66 GPa
Shear modulus
67.04 GPa
Bulk modulus
77.86 GPa
Poisson's ratio
0.278

Notes: Germanium can be used as an optical material both as a single crystal and in polycrystalline form. It is hard and brittle at room temperature. Germanium has zero cold-water solubility but can be dissolved in aqua regia and hot sulfuric acid. Its transmission is very tmperature sensitive, becoming opaque near 100℃.

图 2.88　光学材料手册中给出的锗材料特性

折射率与波长的关系用色散方程表示，如：

$$n^2 = A_0 + \sum_{i=1}^{n} \frac{A_i\lambda^2}{\lambda^2 - \lambda_i{}^2} \tag{2.166}$$

折射率与温度的关系用 dn/dT 方程表示，如：

$$2n\frac{\mathrm{d}n}{\mathrm{d}T} = B_0 + B_1(n^2 - 1) + \sum_{i=2}^{n} \frac{B_i\lambda^4}{(\lambda^2 - \lambda_i{}^2)^2} \tag{2.167}$$

2.13.1.2　热学和物理化学性能

热性能用熔化温度、软化温度(K)、比热(cal · g^{-1} · K^{-1})、热导率(W · m^{-1} · K^{-1})和热膨胀系数(K^{-1})等参数表示。物理化学性能包括材料的可溶性、吸潮性等。

2.13.1.3　机械特性

机械性能包括硬度和弹性模量。硬度用压痕的面积度量(kg · mm^{-2})。大部分弹性模量是用单位面积的应力(即压强)与应变(相对形变)之比定义的，单位为压强。

如果力垂直于物体,则应力是拉伸或压缩的。如果力平行于表面,则应力就是剪切力。膨胀应变可以通过长度的变化除以长度的平均值或初始长度来描述。切应变是两个平行平面位移之差除以两者的距离。

常用的弹性模量有:

杨氏模量—压应力与应变(压力方向长度变化)之比,即$\frac{F/A}{dl/l}$;

剪切模量—切应力与切应变(剪切角)之比,即$\frac{F_{\parallel}/A}{\theta}$;

体积模量—压应力与体积应变之比,即$\frac{F/A}{dV/V}$;

泊松比—横向应变除以线性膨胀应变,即一个方向的伸长与另一个方向上的收缩之比。

2.13.2 红外光学晶体

随红外技术的发展,目前已能制造的红外光学材料可分为玻璃、晶体、陶瓷、塑料等大类。其中晶体是使用得最多的光学材料。

能透射红外辐射的光学晶体有离子晶体和半导体晶体,具有透射长波限较长、折射率和色散的变化范围大、物理化学性能多样化等特点。离子晶体主要包括碱卤化合物晶体、铊-卤化合物晶体、碱土-卤族化合物晶体、氧化物晶体和无机盐晶体。半导体晶体主要包括Ⅳ族单元素晶体、Ⅲ-Ⅴ族化合物晶体、Ⅱ-Ⅵ族化合物晶体。晶体的缺点是:不容易培育大尺寸的晶体,价格昂贵。

2.13.2.1 离子晶体

1. 碱卤化合物

如 NaCl、KCl、CsI 等,碱卤化合物有很高的透过率、很长的透射长波限,如图 2.89 所示。碱卤化合物容易培育成大尺寸均匀单晶,因而在实验室被广泛地用作红外光谱仪等仪器中棱镜和窗口。碱卤化合物有吸潮性,需镀保护膜,并且硬度低,熔点不高,机械强度差,不宜在野外使用。

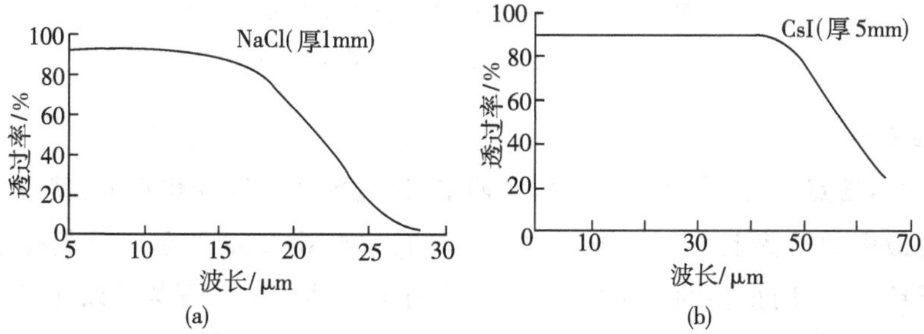

图 2.89　NaCl 和 CsI 晶体的透过特性

(a)NaCl 晶体透过特性;(b)CsI 晶体透过特性

2. 铊-卤化合物

铊-卤化合物是金属铊与卤族元素的化合物，如溴化铊（TlBr）、氯化铊（TlCl）以及混合晶体 KRS-5（溴化铊-碘化铊）、KRS-6（溴化铊-氯化铊）。它们的透射波段宽，微溶于水，易潮性比碱卤化合物好，宜作实验室仪器的窗口和透镜，如图 2.90 所示。

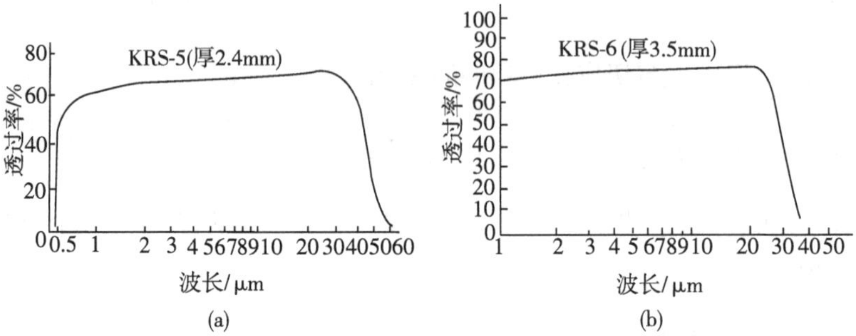

图 2.90　KRS-5 和 KRS-6 晶体的透过特性

(a)KRS-5 晶体透过特性；(b)KRS-6 晶体透过特性

3. 碱土-卤族化合物

主要是氟化物，如氟化镁（MgF_2）、氟化钙（CaF_2），其机械强度和硬度比碱卤化合物高得多(特别是 MgF_2)，只微溶于水或不溶于水。透过率高，但透射长波限比碱卤化合物短，如图 2.91 所示。

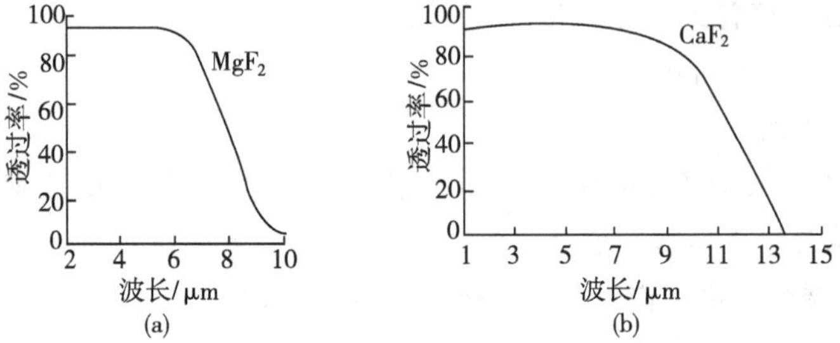

图 2.91　MgF_2 和 CaF_2 晶体的透过特性

(a)MgF_2 晶体透过特性；(b)CaF_2 晶体透过特性

4. 氧化物

硬度大，熔点高，耐腐蚀，耐磨损，耐冲击，透过率随温度变化不大，其中最有代表性并用得最多的是蓝宝石（Al_2O_3）和石英（SiO_2），如图 2.92 所示。石英有晶态石英和融熔石英两种，用得多的是融熔石英，又称石英玻璃。融熔石英可以加工成各种尺寸和形状的光学零件，但在 2.7～4.3μm 有水吸收带，限制了它的广泛应用。氧化物晶体的长波限不长，只能在近红外、中红外使用。除蓝宝石、融熔石英外，不宜用来培育大尺寸晶体，价格也很贵。

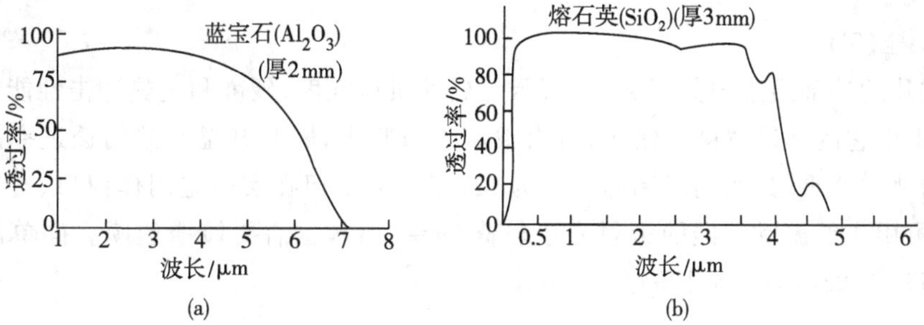

图 2.92　蓝宝石和融熔石英的透过特性

(a)蓝宝石的透过特性；(b)融熔石英的透过特性

2.13.2.2　半导体晶体

半导体晶体一般是共价晶体，如金刚石(C)、锗(Ge)、硅(Si)等。它的光谱透过特性取决于本征吸收、杂质吸收和自由载流子吸收。在与禁带宽度相对应的波长以下，由于本征吸收强烈，对小于该波长的光是不透明的，如锗透过带的起始波长 1.8μm，硅起始波长 1.1μm。由于自由载流子吸收与波长的平方成正比，在更长的波长(大于二三十微米)，半导体晶体也是不透明的。温度升高时，电子与晶格相互作用增加，自由载流子吸收增加，透过率明显下降。半导体晶体的折射率一般很高，适合作浸没透镜、场镜和透镜，但反射损失大，需镀增透膜。

常用的半导体晶体有以下几种。

1. 金刚石(C)

金刚石是很好的光学材料，但由于单晶小，硬度大，难于加工，价格很贵，一般不直接用来制作零件，而是用于窗口、镜头镀增透膜后在第一面加镀保护膜。

2. 锗(Ge)

锗的化学性能稳定。锗单晶的直径可达 250mm，锗多晶可超过 600mm。锗的透过范围为 1.8～23μm，在远红外、微波波段也有较好的透过特性。锗片的外部透过率如图 2.93 所示。由于锗的电子吸收截面为空穴吸收截面的 1/20，可选高纯度的 n 型锗以获得较好的透过特性和温度特性。锗材料广泛用作窗口、透镜、滤光片基片等，由于折射率高 ($n=$

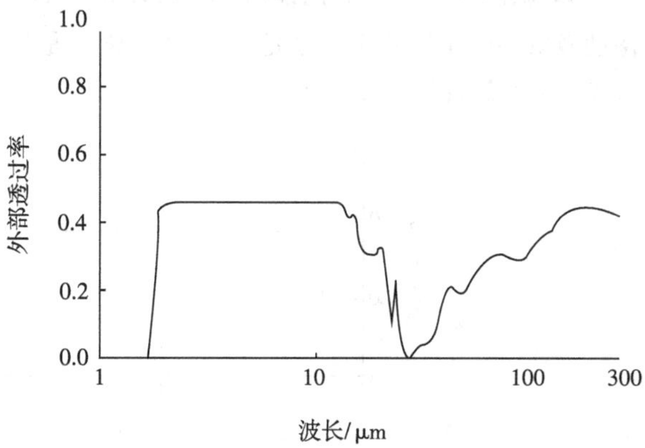

图 2.93　Ge 片的外部透过率

4)，必须镀膜增透。锗的缺点是较软，透过率随温度上升显著下降，实用限制温度约为 150℃。

3. 硅(Si)

硅片的外部透过率如图 2.94 所示。硅的机械强度、硬度和抗热冲击性能比锗好得多，由于它的禁带宽度比锗大，自由载流子吸收少，因此升温对硅的透过率的影响没有锗那样严重，其实用限制温度约为 325℃。硅不但在实验室用作窗口、透镜的材料，也可用作整流罩。硅的折射率也较高($n=3.4$)，也需要镀增透膜。硅单晶的直径已超过 150mm，多晶已超过 400mm。

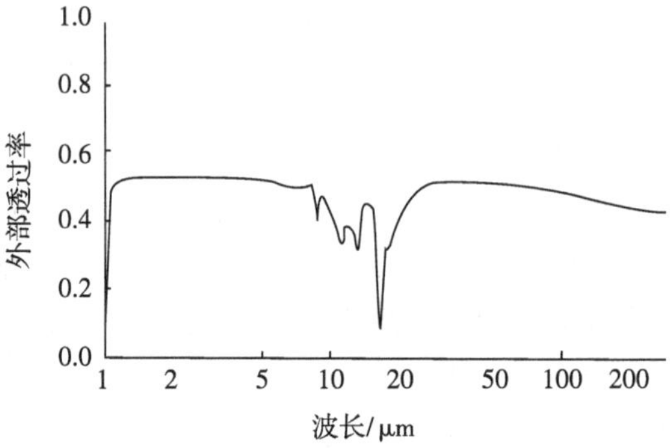

图 2.94　Si 片的外部透过曲线

4. Ⅲ-Ⅴ族化合物

如锑化铟(InSb)、砷化镓(GaAs)，除可用来制作探测器外，也是性能良好的高折射率红外光学材料。由于砷化镓熔点高，在 10.6μm 处透过率较高，常常用来作为大功率二氧化碳激光器的窗口。

5. Ⅱ-Ⅵ族化合物

如硫化镉(CdS)、硒化镉(CdSe)、碲化镉(CdTe)等，特点是化学性能稳定，透过特性较好，可用作窗口和滤光片基片。缺点是硬度低，尺寸小，抗反射膜不易镀牢。CdTe 的透射特性如图 2.95 所示。

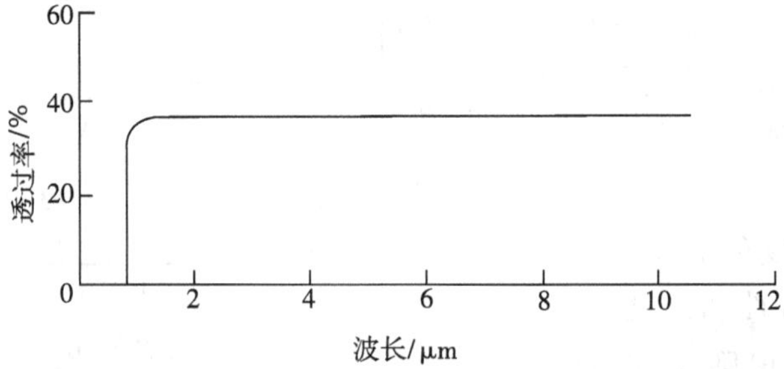

图 2.95　CdTe 的透射特性

硒化锌(ZnSe)是一种特殊材料，具有从可见到 24μm 红外的透明区间，是宽带响应的探测器理想的窗口材料。ZnSe 外部透过率曲线如图 2.96 所示。

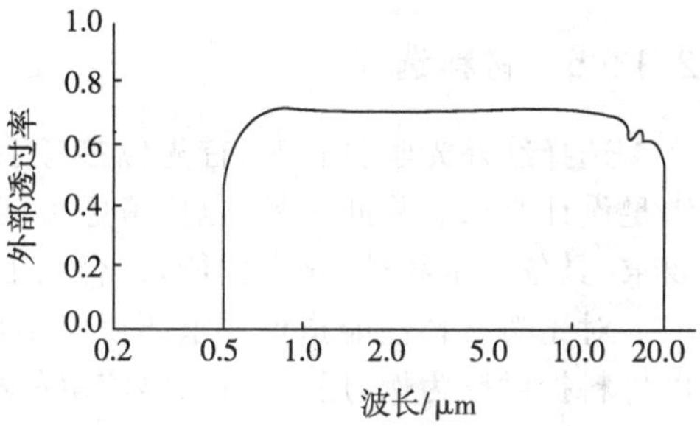

图 2.96　ZnSe 外部透过率曲线

2.13.3　红外光学玻璃

红外光学玻璃可透红外辐射。光学玻璃可分为氧化物玻璃和非氧化物玻璃(硫族玻璃)两大类。氧化物玻璃一般只能用于可见光、近红外和短波红外波段，只有少数氧化物玻璃可用于中波红外波段。硫族玻璃可用于短波、中波和长波红外波段。目前比较常用的硫族玻璃有锗砷硒玻璃、锗锑硒玻璃等。

玻璃的优点是光学均匀性好，易于熔铸和加工成各种外形和尺寸。玻璃不会解理，具有较高的机械强度，表面硬度较大，易于加工、研磨和抛光。大多数玻璃对大气作用稳定不会潮解。玻璃原料丰富，制造简单，价格低廉。

(1)氧化物玻璃。氧化物玻璃又可分硅酸盐玻璃和非硅酸盐玻璃。硅酸盐玻璃按光学性质有冕牌玻璃和火石玻璃之分。冕牌玻璃低折射率、高色散系数，主要由氧化硅和氧化硼组成。火石玻璃高折射率、低色散系数，主要由氧化硅和氧化铅组成。制造复合透镜利用这两类玻璃不同的光学性质可有效地消除色差。非硅酸盐玻璃如锗酸盐、碲酸盐等，都是原子量较大的氧化物。硅酸盐透射长波限约 3μm，非硅酸盐透射长波限也不超过 7μm。

(2) 硫族玻璃。由于氧化物中的氧化学键在大于 7μm 时要引起强烈吸收，硫族玻璃用Ⅵ族中较重元素 S、Se、Te 代替氧，作玻璃的主要成分，提高长波限。如再加入一些Ⅳ族和Ⅴ族元素，透过波长和使用温度可进一步提高。如锗砷硒玻璃，组分为 $Ge_{33}As_{12}Se_{55}$，(国外命名 AMTIR-1，国内简称为锗玻璃)，透射波段 1～16μm，覆盖了三个大气窗口，最高使用温度可达 400℃。

2.13.4　红外光学塑料

塑料是一种无定型的高分子聚合物，常用的红外光学塑料有聚乙烯、聚丙烯、聚四氟乙烯和有机玻璃等。塑料是复杂的高分子聚合物，分子振动和转动吸收带以及晶格振动吸收带正好在中波波段，因此塑料在中红外波段的透过率很低。有若干种塑料在近红外和长波红外有良好的透过率，如聚乙烯、聚丙烯、聚四氟乙烯等塑料在长波红外有较高的透过率。

塑料价格低廉，容易成型，耐腐蚀，不溶于水，适合大批量生产。红外入侵报警器的菲涅耳透镜既是物镜，又是报警器的窗口，就是用透长波红外塑料的粒子压制的。

2.13.5 材料选择

选择红外光学材料时，首先应参考手册所列材料的光学、热、机械性能参数，能否满足设计要求。除此之外，也应考虑可能制备的样品尺寸。但是，光学性能符合使用要求，具备一定物理、化学性能，适合加工，价格适宜的红外光学材料并不多。

对光学材料性能指标要求要视应用场合而定，并非越高越好，也不是越低越好。以材料折射率为例，用于窗口、整流罩的材料应要求折射率低一些，以减小反射损失。光学成像透镜尽量选择高折射率材料，以减小像差。分光棱镜的性能直接与材料的折射率和色散有关，要求在透射波段宽、折射率大、高色散。复合透镜为了消色差和其他像差，需用分别选用高色散系数(低色散)和低色散系数(高色散)的材料。

选择材料时，应根据不同的光学零件实际需求，侧重考虑某几项性能指标。如致冷探测器的窗口除考虑透过率、自身辐射等常规要求外，其热膨胀系数要与外壳封接材料的膨胀系数匹配。又如导弹前端的整流罩，由于高速飞行过程中的气动加热，整流罩温度很高，要求材料有较高的熔点和软化温度，有较好的热稳定性。整流罩往往尺寸和曲率都很大，因此，材料硬度要大，便于加工、研磨和抛光，又不致被飞扬的尘土和砂石擦伤。因此，导弹的整流罩材料不能选用锗。锗尽管有很好的红外透过特性，但是较脆，软化温度低，随温度上升透过率显著下降。有些材料如金刚石尽管性能完美，但无法做成大尺寸，价格昂贵，也是无法选用的。

参考文献

[1] Rogatto W D. Electro-Optical Components, The Infrared and Electro-Optical Systems Handbook, Volume 3, Environment Research Institute of Michigan & SPIE, 1993. 2.8.1 Diffraction Integral.

[2] 麦伟麟. 光学传递函数及其数理基础. 北京：国防工业出版社，1979. 9.3 非相干光照明的成像.

[3] Dudzik M C. Electro-Optical Systems Design, Analysis, and Testing, The Infrared and Electro-Optical Systems Handbook, Volume 4, Environment Research Institute of Michigan & SPIE, 1993. 4.8.1 Digitization and Phasing Effects.

[4] Dudzik M C. Electro-Optical Systems Design, Analysis, and Testing, The Infrared and Electro-Optical Systems Handbook, Volume 4, Environment Research Institute of Michigan & SPIE, 1993. 4.9 Contrast Transfer Function.

[5] 麦伟麟. 光学传递函数及其数理基础. 北京：国防工业出版社，1979. 第 2 章傅立叶级数，第 7 章傅立叶变换.

[6] 顾得门 J W. 傅立叶光学导论. Introduction to Fourier Optics 中译本. 北京：科学出版社，1979. 2.1 二维傅立叶分析.

[7] Campana S B. Passive Electro-Optical Systems, The Infrared and Electro-Optical Systems Handbook, Volume 5, Environment Research Institute of Michigan & SPIE, 1993. 1.5 System Moduation Transfer Function.

[8] 张幼文. 红外光学工程. 上海：上海科学技术出版社，1982. 5.2.2 双反射镜.

第 3 章　红外探测器

3.1　概　　述

红外探测器是能把接收到的红外辐射转换成一种便于计量的物理量(通常是电量)的器件。一个红外探测器除了有对红外辐射响应的响应元外,通常还包括响应元的支架、密封外壳和透红外辐射的窗口。有时还包括致冷部件、光学部件和电子部件等。

红外探测器中实现辐射能转换功能的芯片或装置称为响应元,现代红外探测器中的响应元通常是在半导体或介质衬底材料上制作了光敏元或热敏元的薄片,它能实现光电或热电转换的功能。在红外焦平面探测器的芯片中还带有读出电路。响应元是红外探测器的核心,因此在一些学术文章中,常把响应元直接称为探测器。

响应元中能独立接受红外辐射的区域称为敏感元。红外探测器的响应元可分为热探测器和光子探测器两大类,相应的敏感元分别称为热敏元或光敏元。单元探测器的芯片上只有一个敏感元,而多元探测器的芯片上就包含多个敏感元。

热探测器是利用响应元接受红外辐射后引起温度的升高,从而导致某一物理量(通常是电量)变化的热敏效应,通过检测这一物理量的变化探测红外辐射的器件。光子探测器是利用敏感元吸收光子后,产生内光电效应或外光电效应探测辐射的器件。各种光子探测器、热探测器的作用机理虽然各有不同,但其基本特性都可用响应率、噪声等效功率、探测率等参数描述。

3.2　探测器特性参数

3.2.1　响应率

3.2.1.1　定义

响应率定义为单位辐射通量入射到探测器上产生的信号电压或信号电流,分别称为电压响应率和电流响应率。探测器的响应率可以电压形式表示,对输出短路电流的光伏探测器,也可用电流响应率表示。即

电压响应率：
$$R_V=\frac{V_s}{\Phi_e}\quad (\mathrm{V\cdot W^{-1}}) \tag{3.1}$$

电流响应率：
$$R_i=\frac{I_s}{\Phi_e}\quad (\mathrm{A\cdot W^{-1}}) \tag{3.2}$$

式中：Φ_e 为探测器光敏面辐射通量的变化量，W；V_s、I_s 分别为探测器输出电压（V）或电流（A）的变化量。

表面上看，探测器响应率较低并不影响探测器的使用，因为可以用增加电路放大倍数的方法弥补。实际上，高倍率的前置放大器会引入更多噪声，降低输出电信号的信噪比。因此，探测器的响应率和探测率是同样值得关注的。

探测器的响应率与入射辐射的波长和调制频率有关，与探测器噪声无关。探测器响应率的光谱特性可用它的光谱响应率表示。响应率的频率特性与探测器的响应时间有关。

3.2.1.2　光谱响应率

探测器响应率随波长的变化可用光谱响应率描述。探测器的光谱响应率是探测器对单色辐射的响应率，也称单色响应率。光谱电压响应率和光谱电流响应率可分别用符号 $R_V(\lambda)$ 和 $R_i(\lambda)$ 表示。如光谱电压响应率为

$$R_V(\lambda)=\frac{V_s}{\Phi_e(\lambda)\Delta\lambda}\quad(\mathrm{V\cdot W^{-1}})\tag{3.3}$$

式中：$\Phi_e(\lambda)$ 为入射至光敏面单色光的光谱辐射通量，$\mathrm{W\cdot\mu m^{-1}}$；$\Delta\lambda$ 为单色光的光谱带宽，μm。

用黑体作为辐射源测得的探测器响应率称为黑体响应率，如用温度为 T 黑体为辐射源，辐射调制频率 f 测得的黑体电压响应率为

$$R_V(T,f)=\frac{V_s}{\int_0^{\infty}\Phi_{bb}(T,\lambda)\mathrm{d}\lambda}\tag{3.4}$$

式中：$\Phi_{bb}(T,\lambda)$ 为入射至光敏面的光谱辐射通量，$\mathrm{W\cdot\mu m^{-1}}$；$T$ 为黑体温度，红外探测器测试通常用 500K 或 1000K 黑体。

探测器在低调制频率段的响应较为平坦，超过转角频率后响应明显下降。未注明调制频率的响应率，默认为低频段的响应率响应。

光子探测器和热探测器的光谱响应曲线是不同的，理想情况下光子探测器和热探测器的光谱响应曲线如图 3.1 所示。其中，图 3.1(a)是光谱响应率定义输出电压与单色辐射通量之比测得的相对响应。

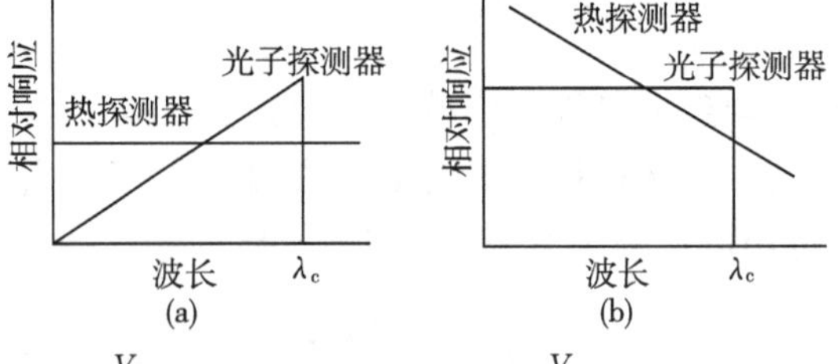

$R_V=\dfrac{V_s}{\Phi_e}(\mathrm{V\cdot W^{-1}})$　　　　$R_V=\dfrac{V_s}{\Phi_q}\mathrm{V/(photon\cdot s^{-1})}$

图 3.1　光子探测器和热探测器的光谱响应曲线

图 3.1(a)中，由于热探测器的响应只与吸收的辐射通量有关，用辐射通量定义的光谱响应率不随波长变化，热探测器的相对光谱响应曲线为一平坦直线。光子探测器的响应正比于入射的光子辐射通量，由于相同辐射通量的单色光子辐射通量与波长成正比，其光谱响应率随波长线性上升。光子探测器的响应有一长波限，当入射光波长超过某一截止波长 λ_c 后，探测器迅速下降为零。这是因为此时入射光的单光子能量 hc/λ_c 已小于产生内光电效应所必需的极小值。由图 3.1(a)可见，光子探测器的相对光谱响应曲线呈锯齿状。

图 3.1(b)中，光谱响应率用单色光子辐射通量定义，光子探测器的相对光谱响应为一平坦直线，到某一截止波长时突降为零。由于相同光子辐射通量的单色辐射通量与波长成反比，热探测器的相对响应随波长增加而线性下降。

系统的工作波段通常是根据目标辐射光谱特性和应用需求确定的，选用的探测器应在此波段中有较高的光谱响应。因为光子探测器响应截止的斜率很陡，不少探测器的窗口并不镀带通滤光膜，而是镀短波截止滤光片，即可起到抑制背景的效果。

3.2.1.3　响应时间

当一定功率的辐射突然照射到探测器上时，探测器输出信号要经过一定的时间延迟才能上升到与这一辐射通量相对应的稳定值。当辐射突然去除时，输出信号也要经过一定时间才能下降到辐照之前的值。这种上升或下降所需的时间延迟称为探测器的响应时间。探测器的响应时间通常定义为输出信号上升至稳定终值的(1－1/e)，即 0.632 倍所需的时间，也称为探测器的响应时间常数。

探测器的响应时间也可用它的频率响应特性表示。在辐射调制频率的低频段探测器的响应较为平坦，超过转角频率后，响应明显下降。根据一阶低通网络的频率特性，其频率响应可表示为

$$R(f)=\frac{R(0)}{(1+4\pi^2 f^2\tau^2)^{1/2}}\quad (\mathrm{V\cdot W^{-1}}) \tag{3.5}$$

式中：$R(f)$为探测器对正弦调制频率为 f 的交流辐照的响应率；$R(0)$为探测器对正弦调制频率为零的恒定辐照的响应率；τ 为探测器响应时间常数。

探测器响应率下降至低频响应率的 0.707 倍(3dB)的调制频率 f_0 是探测器的特征频率，特征频率与探测器响应时间常数之间的关系为

$$f_0=1/(2\pi\tau)\quad (\mathrm{Hz}) \tag{3.6}$$

在远小于特征频率的低频段，探测器响应率可认为是恒定的。在远大于特征频率的高频段，响应率近似与调制频率成反比。系统设计时，应保证在系统带宽范围内探测器的响应率与辐射的调制频率无关。

光子探测器的响应时间常数可达数十纳秒至微秒，在一个很宽的频率范围内，频率响应是平坦的。热探测器的响应时间常数较大，如热敏电阻为数毫秒至数十毫秒，因此频率响应平坦的范围仅几十赫兹。

检测瞬变辐射信号时,也应根据入射辐射的频率特性,选择响应速度适当的探测器。如激光功率计在检测连续波激光时,激光探头的探测器可以选用响应较慢的热电堆,检测脉冲激光时则必须用响应速度较快的热释电探测器。如果激光脉宽很窄,就需要用光子探测器检测。

3.2.2　噪声等效功率

探测器输出信号等于探测器噪声时,入射到探测器上的辐射通量定义为噪声等效功率。由于信噪比为 1 时功率测量不太方便,可以在稍高的辐照功率下测量探测器输出的信噪比,再根据下式计算噪声等效功率:

$$NEP=\frac{\Phi_e}{V_s/v_n}=\frac{E_d A_d}{SNR}\quad (W) \tag{3.7}$$

式中:E_d 为光敏面照度调制信号的基频分量的均方根值;A_d 为光敏面面积;V_s 为探测器输出信号电压的基频分量的均方根值;v_n 为探测器输出噪声电压的均方根值。

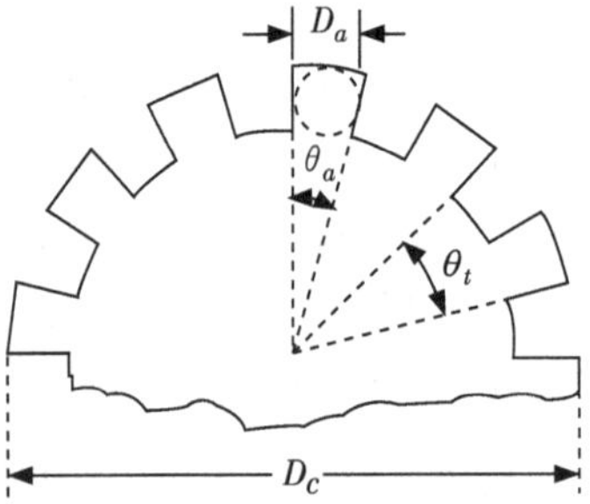

图 3.2　黑体辐射调制盘

测量红外探测器的噪声等效功率时,点源黑体发出的辐射经调制盘调制照射到探测器光敏面上,如图 3.2 所示。根据黑体和调制盘温度可计算辐照度调制信号的峰峰值,换算为照度基频分量的均方根值。光敏面照度为频率固定、波形接近正弦波的调制信号,由于波形与调制盘齿距与光斑大小的比例有关,峰峰值至均方根值换算因子需要修正。探测器输出的基频信号和噪声的均方根电压可用均方根电压表测量。

噪声等效功率也可用响应率计算,即

$$NEP=\frac{v_n}{R_V}=\frac{i_n}{R_i}\quad (W) \tag{3.8}$$

式中:v_n,i_n 分别为探测器输出的噪声电压和噪声电流。

噪声等效功率可以反映对弱信号的探测能力,但不等于系统无法探测到强度弱于噪声等效功率的辐射信号。如果采取相关接收技术,即使入射功率小于噪声等效功率,由于信号是相关的,噪声是不相关的,也是可以将信号检测出来的,但是这种检测是以增加检测时间为代价的。

另外,强度等于或大于噪声等效功率的辐射信号,系统不一定能可靠地探测到。目标探测系统通常要求最小可探测功率数倍于噪声等效功率,以保证探测系统有较高的探测概率和较低的虚警率。辐射测量系统由于有较高的测量精度要求,对探测信噪比的要求更高。

3.2.3 探测率

3.2.3.1　D^*

噪声等效功率被用来度量探测器的探测能力，但是噪声等效功率最小的探测器的探测能力却是最好的，很多人不习惯这样的表示方法。Jones 建议用噪声等效功率的倒数表示探测能力，称为探测率。探测率可表达为

$$D=\frac{1}{NEP} \quad (\mathrm{W}^{-1}) \tag{3.9}$$

探测器的探测率与测量条件有关，包括：

(1)入射辐射波长；

(2)探测器温度；

(3)调制频率；

(4)探测器偏置；

(5)光敏元面积；

(6)测量探测器噪声电路的带宽；

(7)光学视场外热背景。

为了对不同测试条件下测得的探测率进行比较，采取的做法是：

(1)辐射波长、探测器温度可在测量条件中加以说明；

(2)辐射调制频率选得足够低，或注明调制频率；

(3)探测器偏置电流或偏置电压一般调到使探测率最大；

(4)对光敏元面积和测量电路带宽作归一化处理。

广泛的理论和实验研究表明，探测器输出的信噪比与光敏面面积的平方根成正比，即探测率与光敏元面积的平方根成反比。探测器总噪声功率谱在中频段较为平坦，可认为噪声电压只与测量电路带宽的平方根成正比，即探测率与测量电路带宽的平方根成反比。因此，可定义一种对光敏元面积和测量电路带宽归一化的探测率，即 D^*。

$$D^*=D\,(A_\mathrm{d}\Delta f)^{1/2}=\frac{(A_\mathrm{d}\Delta f)^{1/2}}{NEP} \quad (\mathrm{cm\cdot Hz^{1/2}\cdot W^{-1}}) \tag{3.10}$$

D^* 是归一化的探测率，称为比探测率，读作 D 星。D^* 的物理意义是 1W 辐射通量入射到光敏元面积 $1\mathrm{cm}^2$ 探测器上，并用带宽为 1Hz 电路测量所得的信噪比。D^* 单位为 $\mathrm{cm\cdot Hz^{1/2}\cdot W^{-1}}$，即 Jones。用 D^* 来比较两个探测器噪声性能的优劣，可避免光敏元面积或测量带宽不同对探测率测量结果的影响。

由于探测率 D 未对光敏元面积、带宽归一化，确无多大实用意义，一般文献报告中的探测率均指 D^*，而不是 D，本书将沿用这一约定。

3.2.3.2　黑体 D^* 和光谱 D^*

用黑体辐射源测得的 D^* 称为黑体 D^*，为了进一步明确测量条件，可在后面加括号，注明黑体温度和调制频率，用 $D^*(T,f)$表示。如 D^*(500K,800)表示用 500K

黑体，辐射调制频率为 800Hz 所测得的黑体 D^*。黑体 D^* 可简化表示为 D^*_{bb}。

用波长为 λ 的单色辐射源测得的 D^* 称为光谱 D^*，也称单色 D^*，用 $D^*(\lambda,f)$ 表示，或简化表示为 $D^*(\lambda)$ 或 D^*_λ。光谱 D^* 和黑体 D^* 的单位均为 $\mathrm{cm\cdot Hz^{1/2}\cdot W^{-1}}$。

黑体 D^* 与光谱 D^* 之间满足：

$$D^*(T,f)=\frac{\int_0^\infty D^*(\lambda,f)\Phi_e(T,\lambda)\mathrm{d}\lambda}{\int_0^\infty \Phi_e(T,\lambda)\mathrm{d}\lambda}=\frac{\int_0^\infty D^*(\lambda,f)E_e(T,\lambda)\mathrm{d}\lambda}{\int_0^\infty E_e(T,\lambda)\mathrm{d}\lambda} \tag{3.11}$$

式中：Φ_e、E_e 分别为光敏面上黑体辐射通量和辐照度；T 为黑体温度。即黑体 D^* 是光谱 D^* 在全波段范围内、以普朗克函数为权重的平均值。

3.2.3.3　D^* 和响应率

根据 D^* 的定义和 NEP 与响应率的关系，可得到 D^* 与电压响应率或电流响应率的关系：

$$D^*=\frac{(A_d\Delta f)^{1/2}}{v_n}\cdot R_V=\frac{(A_d\Delta f)^{1/2}}{i_n}\cdot R_i \tag{3.12}$$

式中：v_n 为光子探测器的噪声电压；i_n 为光子探测器的噪声电流。

由上式可见：D^* 的光谱特性除与响应率的光谱特性有关外，还与噪声的类型有关。光子探测器的光谱响应率与波长成正比，但由于背景光子噪声与波长的平方根成正比，其光谱 D^* 约与波长的平方根成正比。

3.2.3.4　D^*

红外探测器为减少来自接收视场外的腔体热背景的噪声，通常在探测器光敏面前设置一个冷屏，以增加探测率。设置冷屏后，探测器接收的有效立体角由 π 减小为 Ω，如图 3.3 所示。

$$\Omega=\pi\sin^2\theta \tag{3.13}$$

式中：θ 为冷屏开孔的半孔径角。

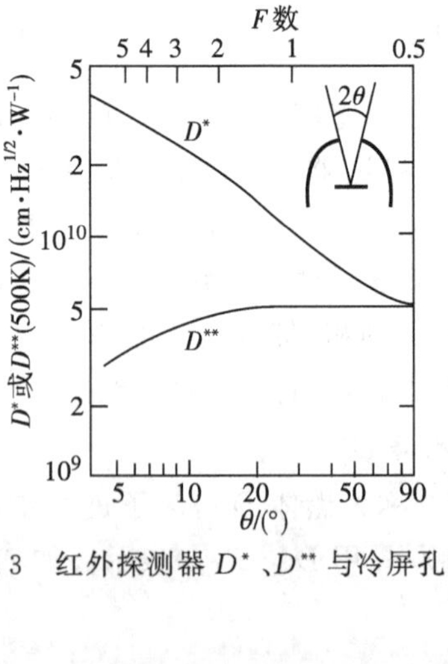

图 3.3　红外探测器 D^*、D^{**} 与冷屏孔径角

设置冷屏可减少背景噪声，测得的 D^* 会有不同程度地增加，冷屏孔径角越小，F 数越大，D^* 增加越多。为此，可用 D^{**}（D 双星）真实反映探测器本身的噪声性能。D^{**} 是对探测器的接收立体角进行了归一化处理的 D^*：

$$D^{**}=\left(\frac{\Omega}{\pi}\right)^{1/2}D^* \quad (\mathrm{cm}\cdot\mathrm{Hz}^{1/2}\cdot\mathrm{W}^{-1}) \tag{3.14}$$

未加冷屏时，探测器在整个半球接收光子，D^{**} 等于 D^*。D^{**} 实际上是将测得的 D^* 折算为半球背景下的探测率。D^{**} 对红外探测器研制者有指导意义，在工程中不常使用。制造商提供的红外探测器的 D^* 通常是指含冷屏的探测器组件的探测率，使用者只需注意冷屏的孔径角（F 数）是否与光学系统 F 数匹配。

3.3 热探测器

3.3.1 热敏效应

热探测器是对入射红外辐射引起的温度变化敏感的红外探测器。热探测器也称为能量探测器或平方律探测器，它利用了响应元吸收了红外辐射后引起温度的升高，从而导致某一物理量（通常是电量）变化的热敏效应，通过检测这一物理量的变化可探测红外辐射。目前在各类热探测器中被实际利用的热敏效应有：测辐射热计效应（或称热电导效应、电阻温度效应）、热伏效应、热气动效应和热释电效应。

由于各种热探测器都是先将辐射转化为热并产生温升，而这一过程通常很慢，热探测器的响应时间常数要比光子探测器大得多。热探测器的探测率也不像光子探测器那样有些已接近背景极限。因此，热探测器不适合用于快速、高灵敏度的探测。热探测器的最大优点是光谱响应范围较宽且较平坦，可以在非致冷状态下工作。

3.3.2 测辐射热计

测辐射热计，俗称热敏电阻，是通过检测由于红外辐射热效应引起的材料电阻率随温度的变化来探测红外辐射的器件。

图 3.4(a) 中，热敏电阻采用桥式电路读出，两个热敏电阻具有相同的温度特性，并封装在一起，分别用于测量和补偿。补偿热敏电阻光敏面用掩膜遮盖，无红外辐射照射时，环境温度的变化不会破坏电桥的平衡，输出信号为零。图 3.4(b) 给出了一种较为简单的测量电路，热敏电阻输出的电压信号与放大电路采用交流耦合，只有交变红外辐射信号引起热敏电阻交流输出才能通过耦合电容传给放大电路。

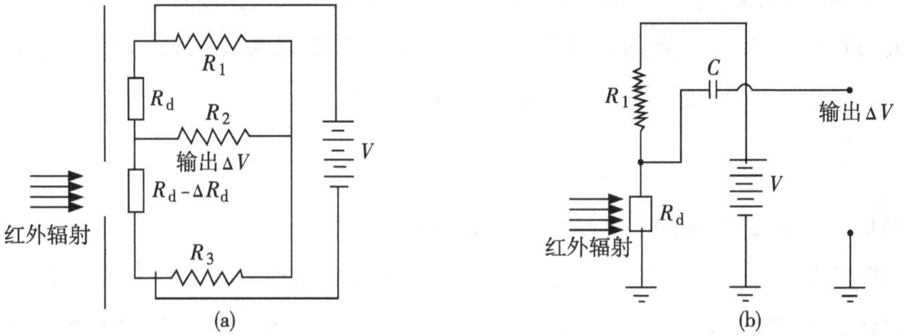

图 3.4　热敏电阻信号读出电路

辐照变化引起热敏电阻温度变化有一个时间延迟，此延迟取决于热敏电阻内部的热学结构。用热平衡方程可表达为

$$C\frac{\mathrm{d}\Delta T_{\mathrm{d}}}{\mathrm{d}t}+G_{\mathrm{e}}\Delta T_{\mathrm{d}}=\Delta\Phi \tag{3.15}$$

式中：$\Delta\Phi$ 为入射辐射通量增量，即吸收的热流，W；ΔT_{d} 为热敏元的温度增量，K；G_{e} 为热敏元的有效热导，$\mathrm{W\cdot K^{-1}}$；C 为热敏元的热容，$\mathrm{J\cdot K^{-1}}$。

该热平衡方程的表述使用了一些热学中常用的物理量，为帮助理解，可以将它们的定义及其与对应的电子学的物理量作一类比，如表 3.1 所示。

表 3.1　热学和电子学物理量的类比

热学量	定义	单位	电学量	定义	单位
热流	单位时间热量	W	电流	单位时间电量	A
温差	温度差	K	电压	电位差	V
热导	热流/温差	$\mathrm{W\cdot K^{-1}}$	电导	电流/电压	$\mathrm{A\cdot V^{-1}}$
热阻	温差/热流	$\mathrm{K\cdot W^{-1}}$	电阻	电压/电流	$\mathrm{V\cdot A^{-1}}$
热容	热量/温差	$\mathrm{W\cdot s\cdot K^{-1}}$	电容	电量/电压	$\mathrm{A\cdot s\cdot K^{-1}}$
热时间常数	热阻×热容	s	电时间常数	电阻×电容	s

热平衡方程的物理意义是：热敏元吸收的热流一部分通过传导和辐射方式耗散了，耗散的功率取决于热敏元的热导；另一部分以蓄热方式储存起来，该部分取决于热敏元的热容。

如入射辐射按正弦变化：

$$\Delta\Phi=\Delta\Phi_0\cos\omega t$$

该微分方程的稳定解为

$$\Delta T_{\mathrm{d}}=\frac{\varepsilon\Delta\Phi_0}{G_{\mathrm{e}}\ (1+\omega^2\tau^2)^{1/2}} \tag{3.16}$$

热敏电阻的电阻变化为

$$\Delta R_{\mathrm{d}}=\Delta T_{\mathrm{d}}R_{\mathrm{d}}\alpha=\frac{R_{\mathrm{d}}\alpha\varepsilon\cdot\Delta\Phi_0}{G_{\mathrm{e}}\ (1+\omega^2\tau^2)^{1/2}} \tag{3.17}$$

式中：R_{d} 为热敏元的电阻；α 为温度系数；ε 为热敏元的发射率（即吸收率）；ω 为辐射

调制的圆频率；τ 为热容与有效热导之比 C/G_e，即热时间常数。

热时间常数为热容与有效热导之比，要减小热时间常数，响应元应有较小的热容和较大的热导。但是，热导大即热阻小，意味着同样的入射辐射通量产生的温升较小，就会影响响应率。因此，热敏电阻的热敏元通常具有薄片状结构，以增大接收面积和减小热容。

用热特性不同的基片，热敏电阻的时间常数可为 1～50ms。热敏电阻通常由高温度系数的金属氧化物烧结而成，由于材料本身吸收不是很好，制作时必须黑化。

热敏电阻噪声主要是 $1/f$ 噪声和热噪声。对于有最佳信噪比的大偏置电流的情况，主要噪声源是 $1/f$ 噪声。偏置电流足够小时，热噪声起主要作用。此时，热敏电阻的噪声功率谱是平坦的，仅依赖于热敏元的电阻和温度。

3.3.3　热电偶和热电堆

热电偶是利用双金属结或半导体结的热伏效应将红外辐射热转变为电压信号的器件。如果把两种金属或半导体材料的两端接触在一起形成一个结点，而另两端开路，则就形成了一个热电偶结构。

加热热电偶的接点时，结点为热端，开路端为冷端。结点与开路端之间有温度差，在开路的两端会产生一定的热电势，这是由于温度梯度使得材料内部的载流子向冷端移动造成冷端电荷积累的结果。这一现象被称为塞贝克(Seebeck)效应，或称为热伏效应、温差电效应。如果热端作为探测器的敏感元，则在冷端就可以测到由于敏感元吸收红外辐射后引起的温升产生的热电势。

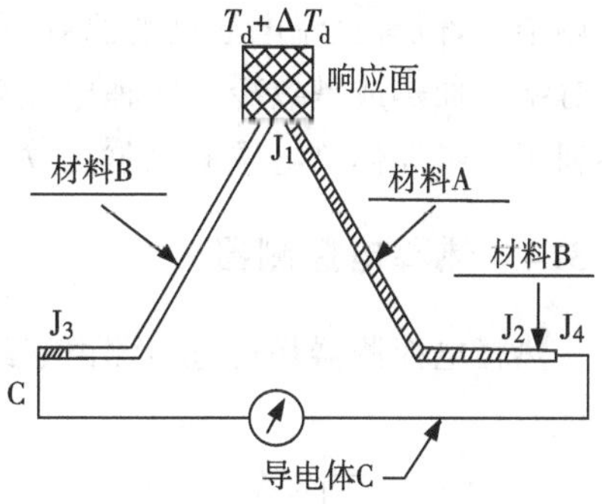

图 3.5　热电偶探测器结构图

图 3.5 中，如两种不同材料 A 和 B(如铋-银、铜-康铜等)的金属丝连接成热接点 J_1，固定在黑化的接收器上，构成敏感元。冷接点 J_2 保持基准温度 T_d，当敏感元温度从 T_d 上升到 $T_d+\Delta T_d$ 时，热接点 J_1 也上升到同样温度，建立的开路热电动势为

$$V_o=P_{ab}\Delta T_d=P_{ab}\varepsilon\Phi\mathcal{L} \tag{3.18}$$

式中：P_{ab} 为两种材料的热电率；ε 为接收器的发射率，即吸收率；$\mathcal{L}$ 为热接点和敏感元热阻之和。

开路情况下，热电偶对恒定的入射辐射的响应率为

$$R=\frac{V_o}{\Phi}=\varepsilon P_{ab}\mathcal{L} \tag{3.19}$$

热电偶对交流调制的入射辐射的响应率为

$$R=\frac{\varepsilon P_{ab}\mathcal{L}}{(1+\omega^2\tau^2)^{1/2}} \tag{3.20}$$

式中：$\tau=C\mathcal{L}$ 为热电偶的时间常数；ω 为辐射调制的圆频率。

热电偶的响应时间受到热结构的限制，一般在几十毫秒。

为了提高热电偶的响应率，可以把 N 个热电偶串联起来形成一个热电堆探测器，其所有的热端都与敏感元相连，而所有的冷端处于同一温度，因此热电堆的输出信号可以提高 N 倍。

双金属型热电偶的热伏效应是不显著的，用两块 N 型和 P 型的半导体制作电偶对的效应就比较显著。图 3.6 是一个激光功率计(也称卡路里计)的结构示意图。它采用的探测器是有多个半导体热电偶串联构成的热电堆。

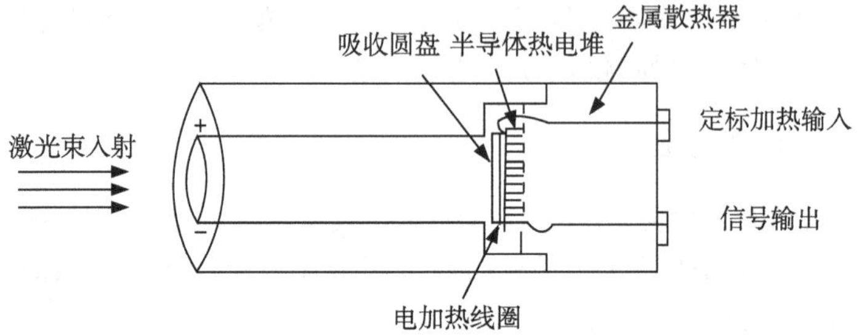

图 3.6　用半导体热电堆构成的激光功率计

热伏效应有可逆性，加热热电偶的结点会在开路端产生电势。与之相反，如果不加热结点，但有直流电通过电偶对，在电偶对的两端将产生温差。改变电流的方向，可对结点加热或是致冷。这种电热效应称为佩尔捷(Peltier)效应，半导体制冷器主要利用了半导体热电堆的佩尔捷效应。

3.3.4　热释电探测器

热释电探测器是通过检测由于红外辐射热效应引起的敏感元表面电荷随温度的变化来探测红外辐射的器件。在一切极性分子构成的晶体中，极性分子正负电荷中心偏离形成分子电矩，分子电矩的有序排列形成宏观电极化，即自发极化。当晶体温度变化时，自发极化随之发生变化，从而导致表面电荷变化，这就是热释电效应，如图 3.7 所示。

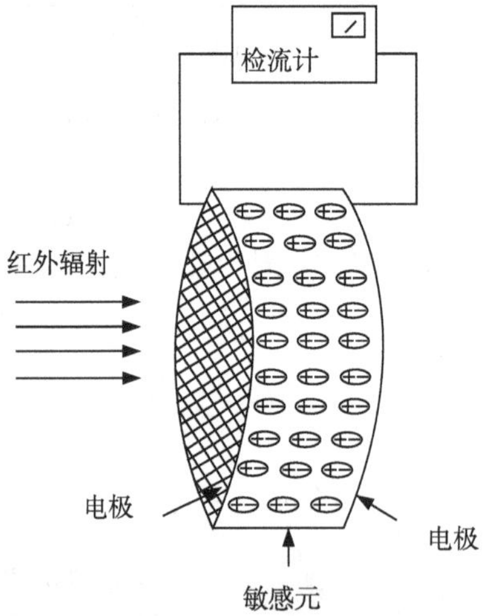

图 3.7　热释电效应

如果用这种具有自发极化的热释电晶体或铁电晶体作为介质做成一个电容器，那么这个电容器吸收红外辐射后引起的温升会使自发极化发生变化，从而输出电流。由于它的输出电流是与自发极化的变化成正比，因此在使用时常常需要在探测器前加斩波器以调制入射的红外辐射。

与其他热探测器一样，热释电探测器的工作原理也可以用三个过程来描述：辐射→热为吸收过程，热→温度为加热过程，温度→电则为测温过程。热释电探测器的加热过程与热敏电阻、热电偶是类似的。根据热平衡方程，对周期变化的红外辐射敏感元温升为

$$\Delta T_{\mathrm{d}}=\frac{\varepsilon\Phi}{G\left(1+\omega^{2}\tau_{T}{}^{2}\right)^{1/2}} \tag{3.21}$$

式中：Φ 为正弦调制的辐射通量；ω 为辐射调制的角频率；ε 为热敏元的发射率；G 为热敏元的热导；τ_T 为热敏元的热容与有效热导之比$\dfrac{C}{G}$，即热时间常数。

热释电探测器是电容性的低噪声器件，等效电路如图 3.8 所示。

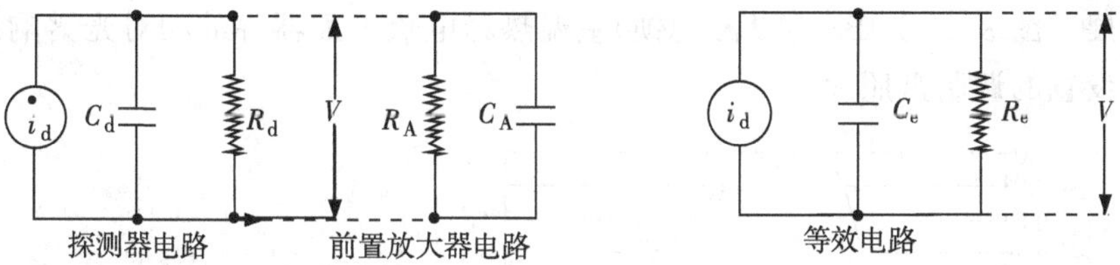

图 3.8 热释电探测器的等效电路

热释电电流与辐射调制的角频率、热敏元面积、温升成正比，可表达为

$$i_{\mathrm{d}}=\omega PA_{\mathrm{d}}\Delta T_{\mathrm{d}} \tag{3.22}$$

式中：P 为热电系数；ΔT_{d} 为温升。

信号电压为

$$V_{\mathrm{s}}=i_{\mathrm{d}}\cdot|Z|=\omega PA_{\mathrm{d}}\Delta T_{\mathrm{d}}\cdot R_{\mathrm{e}}\left(1+\omega^{2}\tau_{\mathrm{e}}^{2}\right)^{-1/2} \tag{3.23}$$

式中：$\tau_{\mathrm{e}}=R_{\mathrm{e}}C_{\mathrm{e}}$ 为电时间常数；ω 为辐射调制的角频率；R_{e}、C_{e} 分别为探测器和前放的等效输入电阻和电容。

将(3.21)式得到的温升代入(3.23)式，整理可得热释电探测器的响应率为

$$R=\frac{V_{\mathrm{s}}}{\Phi}=\frac{\omega PA_{\mathrm{d}}\varepsilon R_{\mathrm{e}}}{G}\cdot\left(1+\omega^{2}\tau_{T}^{2}\right)^{-1/2}\cdot\left(1+\omega^{2}\tau_{\mathrm{e}}^{2}\right)^{-1/2} \tag{3.24}$$

由上式可见，热释电探测器的频率响应可分为三段，如图 3.9 所示。

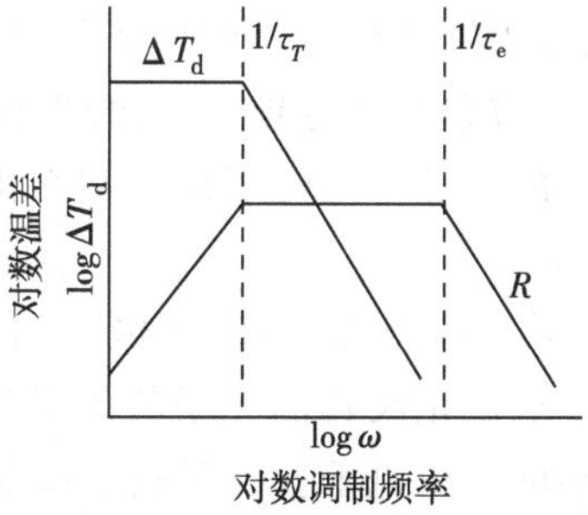

图 3.9 热释电器件热、电时间常数对频率响应的影响

(1)低频段：$\omega \leqslant 1/\tau_T$。

$\omega=0$ 时，热释电探测器的直流响应为零。在低频段，热、电时间常数对响应率影响可忽略，热释电探测器的响应率主要受辐射调制频率的影响，低频段响应与角频率成正比。

(2)中频段：$1/\tau_T \leqslant \omega \leqslant 1/\tau_e$。

受辐射调制频率、热时间常数的影响，热释电探测器在中频段响应率为常数。

(3)高频段：$\omega \geqslant 1/\tau_e$。

受电时间常数的影响，热释电探测器在高频段响应率与调制频率成反比。

热释电探测器光谱响应范围很宽，可以非致冷工作，已被广泛用于辐射测量。由于探测器性能均匀、功耗低，用铁电薄膜材料制成的热释电探测器正在向红外焦平面方向发展。图 3.10 为 BST(钛酸锶钡)室温热释电焦平面器件的相对光谱响应及焦平面前设置的调制盘照片。

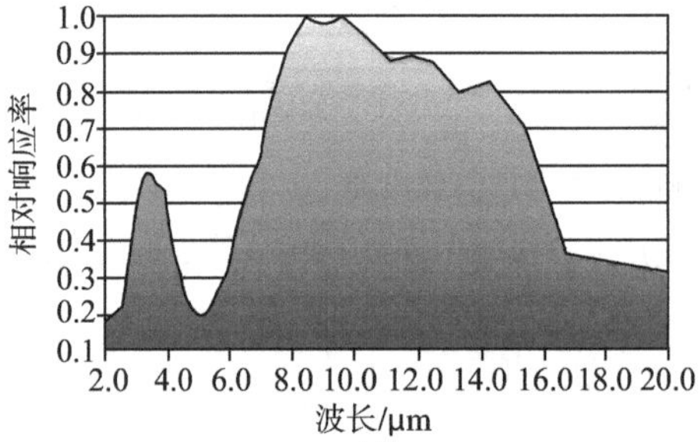

(a)

(b)

图 3.10　BST 热释电焦平面相对光谱响应及辐射调制盘

(a)相对光谱响应；(b)辐射调制盘

3.4　光子探测器

3.4.1　光电效应

光子探测器是利用敏感元的内光电效应或外光电效应探测辐射的器件。外光电效应，也称光发射效应，是金属或半导体中电子吸收光子后逸出表面变成自由电子，从而产生电流的效应。内光电效应包括光电导效应、光生伏特效应(简称光伏效应)、光磁电效应等，它们是固体内部的电子吸收光子后引起自由载流子(电子或空穴)的变化从而产生电流或电压的效应。

利用外光电效应制成的探测器件有光电管、光电倍增管、变像管、像增强器等。外光电效应存在一个长波限，超过截止波长的光子的能量均低于光电子发射所需的逸出功，不足以产生自表面逸出的自由电子。由于电子逸出功与材料特性有关，光发射探测器的响应只能延伸到近红外的一个小范围。

能量小于逸出功的光子虽然不足以产生电子发射，但仍可产生内光电效应。利用内光电效应制成的探测器由于是依赖光子的直接吸收而不需要经过加热物体的中间过程，因而响应的速度都很快，而且探测率也很高，因而是红外探测器中最重要的类型。

3.4.2 固体能带理论

固体能带是表示固体中电子能量分布方式的一种简便方法，可有助于理解探测器内部产生的光电效应。

在经典的波尔原子模型中，绕原子核旋转的电子被限制在分立的能级上，它们各有各的轨道直径。除非原子被激发，电子都占据着较低能级的轨道。固体的原子靠得很近，根据量子力学理论，单个原子的分立能级扩展成近于连续的能带，这些能带被电子的禁带所隔离。能级最低的能带称为价带，价带为电子完全占有。价带完全充满时，价电子对材料的电导率没有贡献。下一个较高的能带，无论有无电子占有，都称为导带。导带中的电子对材料的电导率有贡献。将价带、导带隔离的能带称为禁带，禁带中不可能有电子占有。禁带的能带宽度也称带隙(band gap)。

导电体、绝缘体和半导体有不同的能带结构(见图3.11)。导电体的禁带较窄，仅有几分之一电子伏特，导带为电子部分充满，如图3.11(a)所示。绝缘体的电子刚好占据了价带中的全部能级，导带是空的。由于绝缘体的禁带很宽，为3eV或更大些。价电子不可能获得足够的能量跃迁到导带中去，如图3.11(b)所示。

半导体的导电率介于绝缘体和金属之间。纯净的本征半导体的禁带宽度也是介于绝缘体和金属之间，相对窄一些，如图3.11(c)所示。在室温下，半导体的一些价电子能获得足够的能量，跃过禁带而到达导带，这些电子原来占据的位置成了带正电荷的空穴，即产生电子空穴对载流子。存在外电场时，空穴也能像电子一样流过材料，但两者流动的方向相反，贡献各自的电导率。

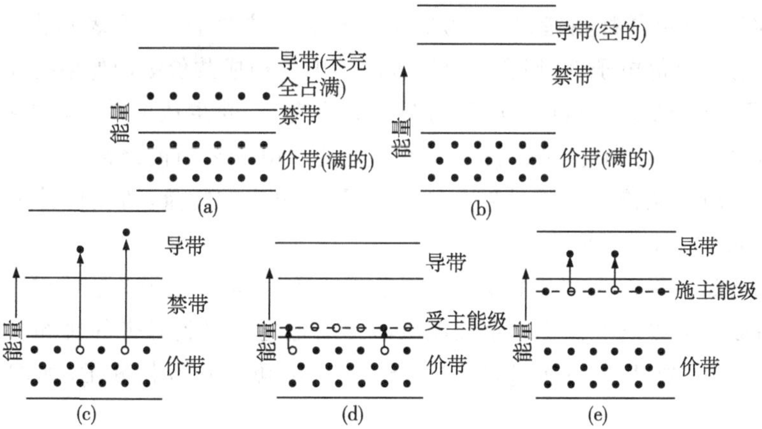

图3.11 导体、绝缘体、半导体的能带结构

(a)导电体；(b)电绝缘体；(c)本征半导体；(d)非本征半导体(p型)；(e)非本征半导体(n型)

入射光子的能量必须大于半导体材料禁带的宽度，电子才能被激发到导带，产生电子空穴对载流子。因此，材料的禁带宽度决定了光子探测器光谱响应的截止波长。

单光子能量单位可用波长或光频率算得为

$$E=h\nu=h\cdot\frac{c}{\lambda}\quad(\mathrm{J})\tag{3.25}$$

如单光子能量的单位用电子伏特（1eV＝1.6×10^{-19}J），波长单位用 nm。单光子能量可按下式计算：

$$E=\frac{1240}{\lambda}\quad(\mathrm{eV})\tag{3.26}$$

则光子探测器的截止波长为

$$\lambda_c=\frac{1240}{E_g}\quad(\mathrm{nm})\tag{3.27}$$

式中：E_g 为探测器材料的禁带宽度，eV。

例如，本征硅的能带隙为 1.12eV，硅探测器光谱响应的截止波长为 1100nm，因此，硅探测器的光谱响应仅限于可见光、近红外波段。

普通本征半导体的禁带宽度均超过 0.18eV，其响应的长波限将小于 7μm，要增加探测器响应的长波限就必须减小半导体材料的禁带宽度。如碲镉汞（$Hg_{1-x}Cd_xTe$）探测器采用了通过改变镉的含量（即组分）的方法改变碲镉汞材料的禁带宽度，其禁带宽度所对应的光子波长可覆盖整个红外波段。

增加红外探测器响应长波限的另一种方法是在纯净半导体中加入少量的其他杂质，称为掺杂，所得到的材料称为非本征半导体。非本征半导体电子的能级跃迁发生在价带至杂质或杂质至导带之间。由于杂质的能级非常接近价带或导带，非本征半导体探测器响应的长波限可延伸至甚远红外。

许多红外探测器都用锗、硅作为非本征材料的主体材料，可表示为 SiX、GeX。锗、硅原子有 4 个价电子，它们和 4 个周围的价电子构成共价键。如果把 3 个价电子的杂质原子掺到锗或硅中，短缺电子的杂质称为受主，受主从主体材料中接收电子，在价带中产生一个过剩的空穴，材料成为 p 型的。由于杂质能级恰好靠近主体材料价带的顶部，电子从价带跃迁到杂质空穴，只需要很小的能量，留在价带中的空穴成为载流子，如图 3.11(d)所示。

与此类似，如果掺入有 5 个或更多价电子的杂质，多余电子的杂质成为电子的施主，掺杂后成为 n 型材料。由于杂质能级非常靠近主体材料导带的底部。杂质电子跃迁到导带只需要很小的能量，跃迁至导带中的电子成为载流子，如图 3.11(e)所示。

与本征半导体不同，非本征半导体材料只有一种载流子提供导电率，n 型材料的载流子是电子，而 p 型材料的载流子是空穴。

3.4.3　光电导型红外探测器

光电导型红外探测器简称光导红外探测器，是一种利用半导体吸收红外辐射后引起电导变化的光电导效应来探测红外辐射的器件（见图 3.12）。光电导效应是由于入射红外辐射引起半导体材料中自由载流子的平均数或迁移率的变化，从而导致电导率变化的效应。光电导探测器的特性决定其工作时必须要施加偏压或偏流。

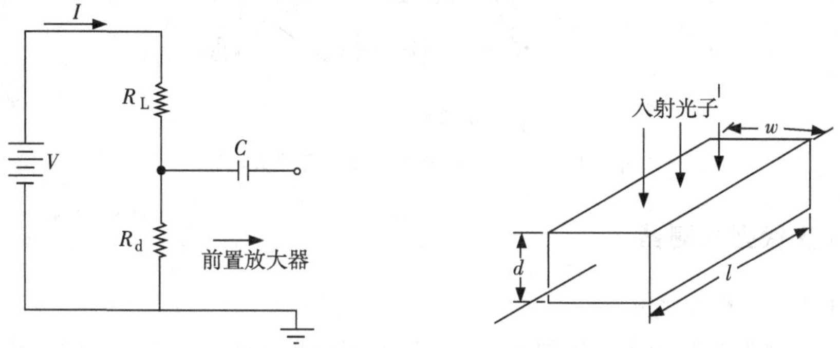

图 3.12　光电导型红外探测器结构和信号输出

光导探测器的电阻可表示为

$$R_d = \frac{l}{\sigma A_d}$$

式中：l 为长度；A_d 为敏感元面积；σ 为电导率。

光导探测器的响应率正比于光照后半导体电导率的相对变化：

$$\frac{\Delta\sigma}{\sigma} = \frac{\eta\tau\mu e}{d \cdot \sigma} \tag{3.28}$$

式中：η 为量子效率；τ 为自由载流子寿命；μ 为迁移率；e 为电子电荷量；d 为探测器厚度。

从(3.28)式中可看出，提高光导探测器的响应率必然要求探测器有较高的量子效率、迁移率，较长的自由载流子寿命，尽可能小的厚度。自由载流子寿命取决于载流子复合过程，在一定程度上可由材料配方和杂质含量来控制。自由载流子寿命是一个极其重要的参数，除影响响应率外，还影响探测器的响应时间常数。

提高响应率还要求探测器在无光子辐照时有较低的电导率，即将非光子效应产生的载流子数降低到最小。红外长波探测器的材料必须有较窄的禁带宽度，但禁带宽度小，在室温下，无光照也会产生大量热激发载流子，只能通过致冷探测器来解决。一般来讲，如不致冷的话，大多数光电导探测器的响应波段不会超过 3μm。响应波段在 3～8μm 的光电导探测器，要求中等致冷(77K)。响应超过 8μm 的，要求致冷至更低的温度。当光导探测器的光敏元面积一定时，高响应率需要高的量子效率，以便尽可能利用所有入射光子，可在敏感元后面设反射器或敏感元表面镀增透膜。

光导探测器前置放大的典型电路如图 3.13 所示。光导探测器的输出阻抗较低，要求毫安级的恒流偏置，通常做法是用恒压源经一个串联的负载电阻产生所需的偏流。负载电阻阻值应远大于探测器内阻，电压源要求低纹波，避免引入噪声。探测器输出的交流信号通过电容耦合到低噪声前置放大器的输入端。

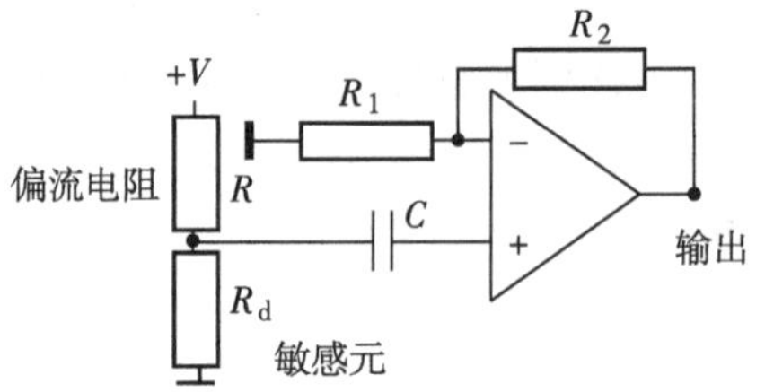

图 3.13　典型的光导探测器前置放大电路

3.4.4　光伏型探测器

3.4.4.1　光伏效应

光伏探测器是利用半导体的 p-n 结受红外辐射在其两端产生电压的光伏效应来探测红外辐射的器件，也称光伏二极管。光伏探测器的特征是在 p 型半导体和 n 型半导体的交界处形成了一个 p-n 结。由于 n 区电子和 p 区空穴的相互扩散运动，在 p-n 结边界附近形成一个空间电荷区。该空间电荷区产生的结电场将阻止载流子继续扩散，在这一区域中，能移动的载流子很少，称为耗尽层。

探测器受到辐照后，入射光子在 p-n 结处或 p-n 结附近被吸收，产生的电子空穴对被结电场所分开。在结电场的作用下，空穴向 p 侧迁移，电子向 n 侧迁移。在探测器输出开路情况下，可形成正向的光电压。如将探测器输出短路，可产生反向的光电流，如图 3.14 所示。

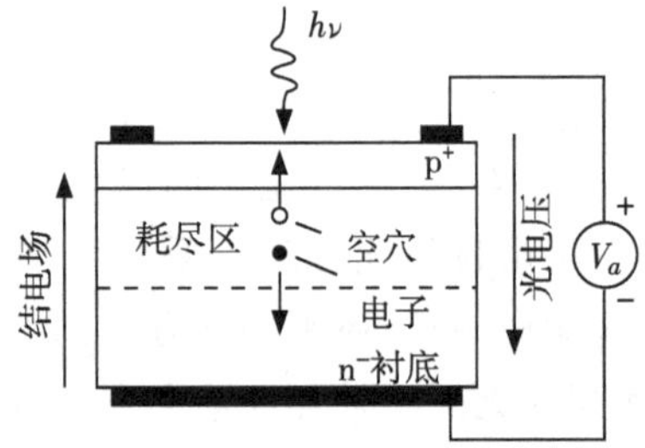

图 3.14　光伏探测器结构和原理

3.4.4.2　I-V 特性

光伏二极管输出电流与端电压之间的关系可用它的电流-电压(I-V)特性表示为

$$I = I_{sa}\left[\exp\left(\frac{eV}{\beta kT}\right) - 1\right] - I_{sc} \tag{3.29}$$

式中：I_{sa}为无光照时二极管的反向饱和电流；I_{sc}为有光照时二极管输出的短路电流；V为二极管的端电压，理想二极管 $\beta=1$，实际二极管 $\beta=2$；e 为电子电量；k 为玻尔兹曼常量；T 为二极管结温。

光伏二极管的 I-V 特性曲线特性与普通二极管相同(见图 3.15)，但受到辐照后的 I-V 曲线将会下移。输出短路时的光电流为

$$I_{sc}=\eta e E_q A_d \tag{3.30}$$

式中：η 为量子效率；e 为电子电量；E_q，A_d 分别为光敏面的光子辐照度和面积。

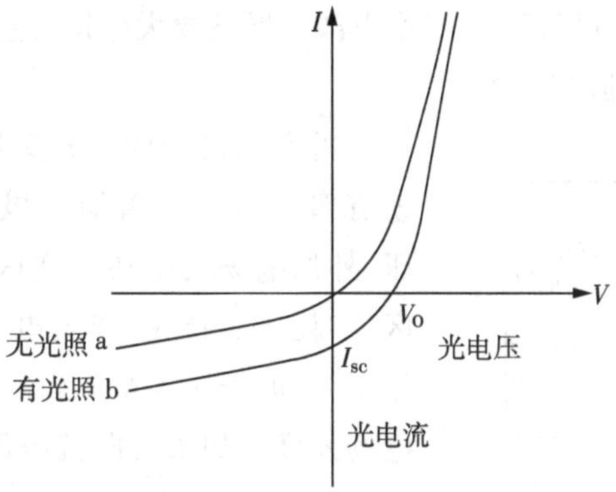

图 3.15　光伏探测器的电流-电压特性

3.4.4.3　前置放大和偏置方式

光伏二极管采用输出短路的工作方式时，前置放大器可采用低输入阻抗的电流-电压放大电路。若以开路方式工作，探测器输出电压信号，后接的前置放大器应采用有较高输入阻抗的电压放大器。

光伏探测器输出短路时，探测器偏置电压为零，称为零偏置状态，此时，光伏探测器电流响应有较宽的线性范围，且有最佳信噪比。

光伏探测器零偏置的前置放大电路如图 3.16 所示。如在图中运算放大器同相输入端加一反向偏置电压，即为反向偏置。由于反向偏置电压能增加耗尽层的厚度，增加信号光子在耗尽层附近被吸收的概率，从而可以减小自由载流子从吸收处迁移至耗尽层需用的时间。因此，反向偏置的光伏探测器有较快的响应速度和较好的高频特性。

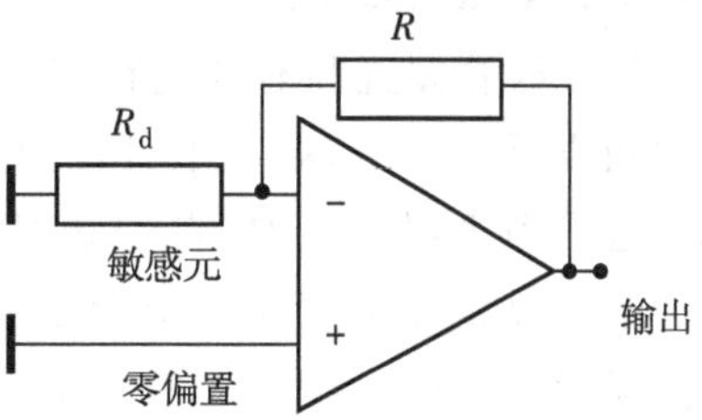

图 3.16　光伏探测器零偏置前置放大电路

光伏探测器在理论上能达到的最大探测率比光导探测器大 40%。另外，光伏探测器能零偏置工作，即使加反向偏置，由于是高阻抗器件，偏置功耗很低。光伏探测

器较容易与同样为高阻抗的 CMOS 读出电路匹配，红外焦平面光子探测器至今均是光伏型的。

光伏器件既可用于辐射探测，也可用作能量转换。如太阳能电池或光电池就是在不加偏置电压条件下工作的光伏器件，其工作点在电流-电压曲线的第四象限，工作机理也是光生伏特效应，只是器件结构更注重能量的转换效率而已。

3.4.4.4　雪崩光电二极管

雪崩光电二极管 APD (avalanche photodiode)是一种高速、高灵敏度的光伏探测器。APD 在加反向电压后，探测器内部有增益放大作用，主要用于远程光通信、激光测距等近红外波段的弱光检测。

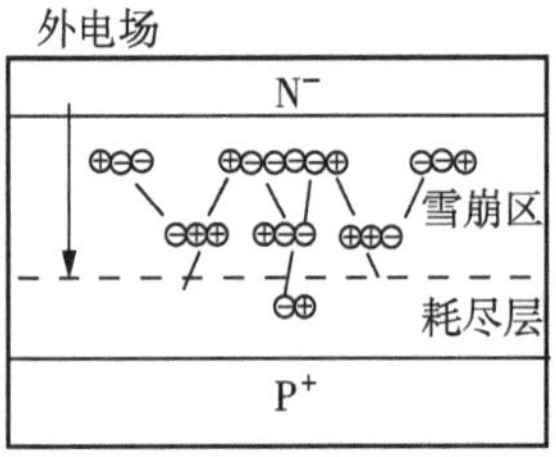

图 3.17　雪崩光电二极管工作原理

雪崩二极管的 p-n 交界面除形成耗尽层外，还有雪崩区。在雪崩二极管的 p-n 结加反向电压，外加电场集中在雪崩区。入射光子穿越雪崩区，被耗尽层吸收，产生电子-空穴对。在外电场作用下，电子注入至雪崩区，电子迁移速度取决于电场强度。如果反向偏压足够大，电子迁移加速，并与晶格碰撞，产生新的电子-空穴对。新的载流子还将重复这一过程，发生连锁反应，光电流得到倍增放大，称为雪崩效应。雪崩光电二极管工作原理如图 3.17 所示。

APD 的增益可用倍增因子表示，倍增因子定义为由起初的单个电子-空穴对激发产生的平均电子-空穴对的数目。硅 APD 的倍增因子可达 10^6 左右。APD 的增益与反向偏压、温度等因素有关。反向电压越高，雪崩区所加的电场强度越大，增益越大。电压超过某一极限，暗电流迅速增大，即出现“击穿”现象。因此，APD 的最大增益受到击穿电压的限制。

雪崩二极管偏置和前放电路如图 3.18 所示。加同样反向电压，温度上升，APD 增益会下降。这是因为温度升高，晶格震荡加剧，载流子由于与晶格碰撞而达不到足够的触发能级。为保持 APD 增益稳定，必须根据温度变化调整反向电压或设法保持探测器温度恒定。APD 是高压器件，产生的过剩电压可能超出电源电压而损坏低噪声前放，放大电路输入端应接入限流电阻。

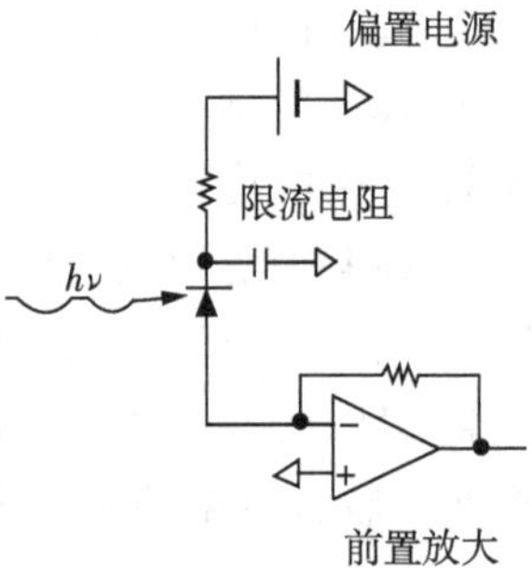

图 3.18　雪崩二极管偏置和前放电路

3.4.5　光磁电型红外探测器

光磁电型红外探测器由本征半导体材料薄片和稀土永久磁铁组成，入射光子产生的电子空穴对被外加磁场所分开，不需要电偏置，如图 3.19 所示。

光磁电型红外探测器不需致冷，可响应到 7μm。主要特点是响应时间常数很小，可小于 1ns。由于光磁电型红外探测器的探测率比光电导型和光伏型的低得多，一般很少使用。

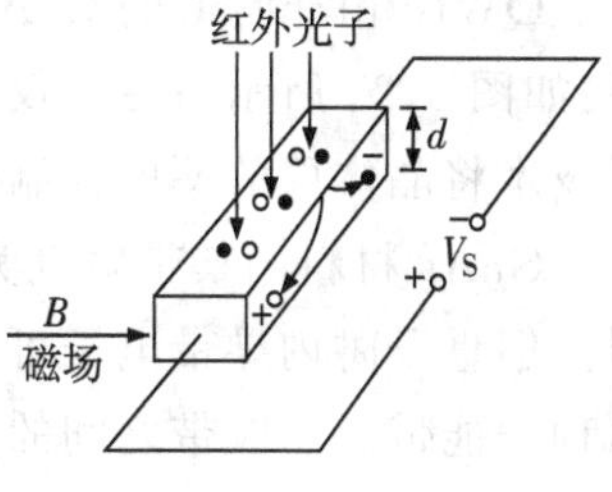

图 3.19　光磁电效应

3.4.6　光发射型探测器

光发射型探测器通常指能产生外光电效应的器件，这类探测器在可见、短波红外有很高的灵敏度，响应波长可达 1.5μm。

光电倍增管就是一种利用光电发射效应的探测器，可用于弱光（光照度 10^{-2}～10^{-6} lx）、微弱光（光照度小于 10^{-6} lx）的检测，具有高响应速度、高灵敏度等特点。光电倍增管由光电阴极 K、阳极 A 和 8～19 级倍增级组成，阳极与阴极之间加有高电压，如图 3.20 所示。入射光子为光电阴极材料表面所吸收后，有自由电子从表面逸出。发射的电子加速打到另一个电极上，在电极上每一个电子会产生许多二次电子。这些电子又依次加速打到第三电极，并多次重复这一过程，得到很高的内部放大增益。

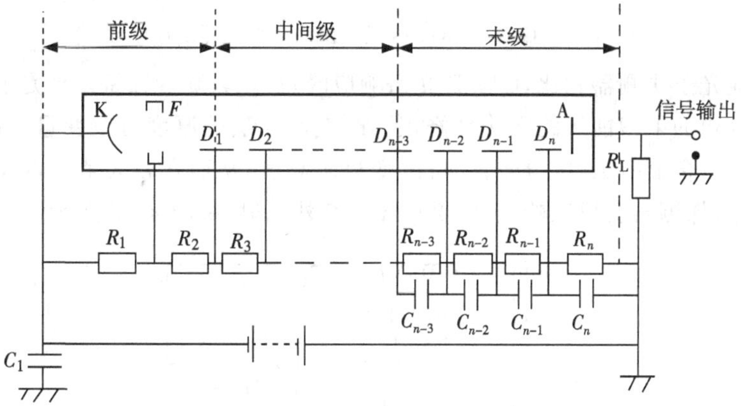

图 3.20　光电倍增管结构

硅化铂（PtSi）探测器也是一种光发射探测器，与光电倍增管不同，金属铂吸收光子后，将载流子发射到半导体材料中。

3.4.7　量子阱红外探测器

量子阱红外探测器，全称量子阱红外光子探测器（QWIP），是一种利用吸收光子后电子在量子阱中子带间的跃迁引起电导或电动势变化来探测红外辐射的光电导型探测器。

QWIP 由非常薄的 GaAs 和 $Al_xGa_{1-x}As$ 晶体层交叠而成，在内部形成多个量子阱，如图 3.21 所示。由于仅当阱宽尺度足够小时才能形成量子阱，需要用分子束外延技术将晶体层的厚度控制到几个到几十个原子层。

GaAs 材料的禁带宽度为 1.35eV，通常不能制造响应波长大于 0.92μm 的探测器。但量子阱内导带电子可处于束缚态或初激发态，如图 3.21 中①、②所示，即处于两种子能带。子能带之间的能级差较小，在吸收红外光子后，势阱中的电子可发生在导带子能带间跃迁等多种跃迁过程，导致材料电导率的变化。利用这一效应可制成量子阱红外探测器。

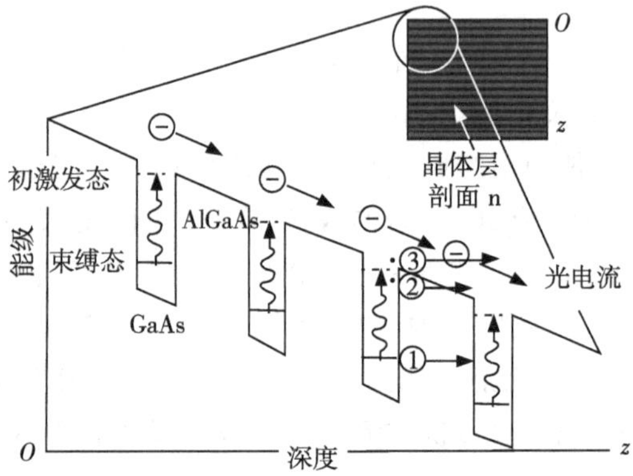

图 3.21　GaAs/AlGaAs 量子阱光子探测器工作原理

与其他光子探测器相比，QWIP 光谱响应峰较窄、较陡。独特之处是响应特性可通过制造理想的束缚能级的方法来修正。改变晶体层的厚度可改变量子阱的宽度，改变 AlGaAs 合金中 Al 的分子比，可改变势阱高度，从而在较大范围内调整子带之间的能级差，探测器就可以响应 3～20μm 的红外辐射，如图 3.22 所示。

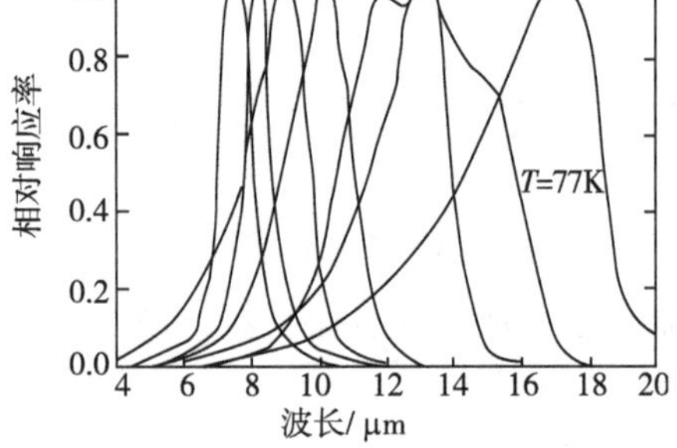

图 3.22　GaAs/AlGaAs 量子阱探测器归一化光谱响应

由于量子效率低、暗电流大，量子阱探测器必须工作在较低的温度下，性能也比

HgCdTe 探测器差。因此单元的量子阱红外探测器很少应用。但是由于 GaAs 工艺成熟、材料均匀性好、成品率高、热稳定性好、抗辐照以及低成本等一系列优点使 QWIP 焦平面与 HgCdTe 焦平面有一定的竞争潜力。QWIP 面阵的峰值波长、截止波长可以灵活、连续地剪裁，有望在同一块芯片上制造出双色、多色面阵。

3.5 常用红外探测器

3.5.1 探测器发展历史

20 世纪 40 年代后期到 50 年代，为提高红外探测器的灵敏度和响应速度，光子探测器得到迅速发展。PbS 是第一种实用的红外探测器，响应波长可至 3μm，在第二次世界大战前 PbS 在德国开始发展，并在战争期间中得到多种应用。

20 世纪 40 年代后期到 50 年代，多种红外探测器材料发展起来。例如，研制了 3～5μm 大气窗的 PbSe、PbTe 和 InSb 材料，它们的响应波长都超过了 PbS。同时出现了响应波长在 8～14μm 长波红外大气窗口和 14～30μm 甚远红外大气窗口的非本征锗的光电导型器件。

Ⅲ-Ⅴ、Ⅳ-Ⅵ和Ⅱ-Ⅵ族半导体合金的概念在 20 世纪 40 年代末已提出。这种合金允许调整与光谱响应所对应的禁带宽度，满足不同响应波段的需要。HgCdTe 半导体合金于 20 世纪 50 年代末由英国人提出，现已成为应用最广泛的探测器材料。

20 世纪 60 年代初，产生了第一个非本征锗掺汞长波线列，并应用于红外前视系统。非本征锗掺汞要求两级制冷，工作温度 25～40K。20 世纪 60 年代末和 70 年代初，发展了第一代 HgCdTe 光导探测器线列。HgCdTe 光导器件工作温度为 80K，只需采用单级制冷机。这就使系统结构更为紧凑、轻便，功耗也大幅度下降，用于战术应用的光导 HgCdTe 线列已大批生产了十多年。在此期间得到发展的还有非本征硅器件和利用硅工艺的中波 PtSi 器件。

第一代红外成像系统使用了探测器线列，每个光敏元都有一根独立的信号引线引至室温工作的前置放大器，由于引线必须通过真空杜瓦瓶壁，这种结构限制了第一代线列的元数必须少于 200。英国发明的 SPRITE 器件，将普通的光导 HgCdTe 技术和信号的时间延迟积分(TDI)糅合在单个延长的敏感元上。尽管只是 10 元左右的线列，但它提供了一代半的技术。

20 世纪 60 年代后期，硅 CCD 的发明使人们预见到有可能研制出集成模拟信号读出电路的第二代探测器阵列，读出集成电路能多路传输极大规模的探测器阵列的信号。由于读出电路是直接集成在位于焦平面的探测器芯片上的，称为焦平面阵列(focal plane array，FPA)。

先期技术评估表明：只有 InSb、PtSi 和 HgCdTe 那样的光伏探测器和 PbSe、PbS

之类高阻抗光导器件才能与多路传输器的场效应管输入级匹配。由于光导 HgCdTe 是低阻抗器件，偏置功耗也较大，并不合适制成焦平面阵列。因此，20 世纪 70 年代后期，甚至整个 80 年代，HgCdTe 技术研究几乎集中在光伏器件的研制并最终取得了突破。作为第二代红外探测器标志的 2D 焦平面有两大类：一类是可用于扫描成像的 TDI 功能线列，另一类是可用于凝视成像的面阵。

单片结构的非本征硅阵列在 20 世纪 70 年代已有报道，但由于量子效率低、工作温度等原因最后被放弃了。单片结构的 PtSi 阵列由于可以先制作读出电路，后制作探测器阵列，至今还在应用。目前有许多探测器材料可制作各种类型 FPA，包括 InGaAS、PbS、PbTe、PtSi 、光伏 HgCdTe 和 InSb、QWIP 等。

自 20 世纪 60 年代末 CCD 发明到红外探测器阵列与焦平面上读出电路集成技术的成熟，经历了近 20 年时间。红外焦平面器件集成读出电路已具有敏感元阵列信号的前置放大、多路传输、信号处理、视频放大、A/D 转换等功能。红外传感器技术至今正处于向第三代器件转化的时期，第三代器件的特征是具有更强的片上信号处理能力和双色(多色)焦平面。

3.5.2 探测器种类和性能

常用光子探测器和热探测器的种类如表 3.2 所示。

表 3.2 常用光子探测器和热探测器

光子探测器		热探测器	
本征光电导型	HgTeCd、InSb、PbS 和 PbSe	热敏	V_2O_5、多晶 Si、锰钴镍氧化物
本征光伏型	HgCdTe、InSb、InGaAs、Si	热伏	双金属 半导体
非本征光电导型	Si:X,Ge:X	热释电	晶体：TGS、$LiTaO_3$ 陶瓷：$PbZrO_3$、$PbTiO_3$ 氧化物 铁电薄膜：BST 等
光发射型	PtSi		
量子阱	GaAs/AlGaAs		

光子探测器的响应截止波长越长，要求探测器的工作温度也越低。一些典型的红外探测器的光谱响应范围和工作温度及致冷方式如表 3.3 所示。

表 3.3 红外探测器光谱响应范围(μm)和工作温度及方式

工作温度/K	300	190	80	1.5～60
致冷方式	室温	四级热电，氟利昂 13，干冰	液氮、焦汤致冷，单级机械致冷	二级、三级机械致冷，液氖，液氢或液氦
PbS	3.0	3.3	3.6	—
PbSe	4.4	5.4	6.5	—

续表

工作温度/K	300	190	80	1.5～60
InSb	7.0	6.1	5.5	5.0
PtSi	—	—	4.8	—
光伏 HgCdTe	1～3	1～5	3～12	10～16
光导 HgCdTe	1～11	3～11	5～25	12～25
非本征硅	—	—	—	8～32
非本征锗	—	—	—	7～200

3.5.2.1　本征光电导型红外探测器

本征半导体材料有锗单晶、硅单晶以及按化学计算比例构成的化合物等种类。本征光电导型探测器是利用检测半导体对红外辐射的本征吸收引起的电导变化来探测红外辐射的器件。

由于本征吸收的吸收系数很高，特别是对直接能隙半导体更是这样。因此它可做成薄片或薄膜状，便于集成。本征光电导探测器的另一个重要优点是它的工作温度比非本征光电导探测器要高。当前最主要的本征光电导探测器有以下几种。

(1)碲镉汞(HgTeCd)光导探测器。

根据组分的不同，已有工作在 77K 至室温不同温度下，探测波段在 1～3μm、3～5μm 和 8～14μm 的各种 HgTeCd 光导探测器。它们的性能已接近背景限。一种典型的 180 元 HgTeCd 线列探测器，工作在 77K，8～14μm，其 D^* 为(2～8)×10^{10} cm · $Hz^{1/2}$ · W^{-1}。它 20 世纪八九十年代被广泛应用于光机扫描型红外前视和热成像系统。

(2) 锑化铟(InSb)光导探测器。

工作温度 77K 的 InSb 光导探测器，响应波段为 1～5μm，D^* 为 5×10^{10}～10^{11} cm · $Hz^{1/2}$ · W^{-1}，已接近背景限。工作温度 300K 的 InSb 光导探测器，响应波段可扩展到 7μm，但 D^* 只有 1×10^8 cm · $Hz^{1/2}$ · W^{-1}。

(3) 硫化铅(PbS)和硒化铅(PbSe)光导探测器。

20 世纪 40 年代发展起来的多晶薄膜型探测器。硫化铅工作在 1～3μm 波段，195K 温度下，D^* 达(1～3)×10^{11} cm · $Hz^{1/2}$ · W^{-1}，但响应时间在毫秒量级。硒化铅工作在 1～5μm 波段，195K 温度下，D^* 达(1～6)×10^{10} cm · $Hz^{1/2}$ · W^{-1}，响应时间在几十微秒量级。

3.5.2.2　非本征光电导型红外探测器

非本征光电导型探测器是利用检测半导体对红外辐射的非本征吸收引起的电导变化来探测红外辐射的器件。材料中杂质的电离能决定了这类探测器的响应截止波长。选择不同的杂质可以得到几到几百微米响应波长的探测器。非本征吸收的吸收系数很低，大约比本征吸收系数小 3～4 个量级。为了提高探测器的吸收效率必须增大入射辐射在敏感元中的光程，因此非本征光导探测器的线度都较大，很难做成薄膜状，难于集成。此外，为了降低杂质的热激发，提高器件性能，非本征光电导探测器必须工作在很低的温度下。

20 世纪 60 年代发展较成熟的锗掺杂探测器有 Ge:Au、Ge:Hg、Ge:Cu、Ge:Zn 等。其中 Ge:Hg 工作在 8～14μm 波段(40K 低温)，获得了较成功的应用。但不久即被 77K 工作的 HgCdTe 探测器所取代。80 年代开始，人们重视非本征硅探测器的研究，主要希望发展能与读出电路单片集成的焦平面。主要研究的探测器有：Si:In、Si:Bi、Si:Ga、Si:As、Si:Sb 等，它们的截止波长和工作温度如表 3.4 所示。

表 3.4　硅掺杂探测器的截止波长和工作温度

硅中杂质	截止波长/μm	工作温度/K
In	8	40～60
Bi	18	20～30
Ga	19	20～30
As	23	13
Sb	32	10

以上一些甚长波响应的探测器已应用在低背景条件的目标探测。

3.5.2.3　光伏型红外探测器

与光电导型探测器相比，光伏型红外探测器具有响应速度快以及高阻抗、低功耗，易于和 CCD 或 CMOS 读出电路耦合等优点。表 3.5 是当前最主要的几种光伏型红外探测器的响应波段、工作温度和大致的峰值探测率。这些器件的探测率已经都能做到接近于背景限。

表 3.5　常用光伏型红外探测器的主要性能参数

探测器	响应波段/μm	工作温度/K	峰值探测率/$(cm \cdot Hz^{1/2} \cdot W^{-1})$
HgCdTe	1～3	300	$10^9 \sim 10^{10}$
	1～5	190	$\sim 10^{11}$
	3～12	80	$\sim 10^{10}$
InSb	3～5	80	$10^{11} \sim 10^{12}$
InGaAs	0.8～1.6	300	$\sim 10^{13}$
	0.8～2.6	300	$\sim 10^{11}$
Si	0.2～1.1	300	$10^{12} \sim 10^{13}$

PIN 光电二极管是 PN 光电二极管的扩展，其工作原理与 PN 光电二极管(光伏探测器)一样，结构上只是在 P 区与 N 区之间增加了一个 I 区，I 区的引入在 p-n 结之中增加了一个很宽的耗尽区。

宽耗尽区的存在给 PIN 光电二极管带来如下的好处：由于结电容的减小和耗尽

区中载流子漂移速度的增加，使光电二极管的响应速度提高。由于在耗尽区中激发的光生载流子都转变为光电流，可以提高光电二极管的量子效率，特别是在吸收系数小的长波段。然而宽耗尽区的存在也会使光电二极管的暗电流增大。通常用 Si、Ge 和 InGaAs 材料做成 PIN 光电二极管，其性能比较如表 3.6 所示。

表 3.6　Si、Ge 和 InGaAs 材料 PIN 光电二极管

参数	Si	Ge	InGaAs
响应波段/nm	400～1100	800～1650	1100～1700
峰值波长/nm	900	1550	1550
电流响应率/($A \cdot W^{-1}$)	0.4～0.6	0.4～0.5	0.75～0.95
量子效率/%	65～90	50～55	60～70
暗电流/nA	1～10	50～500	0.5～2.0
上升时间/ns	0.5～1	0.1～0.5	0.05～0.5
带宽/GHz	0.3～0.7	0.5～3	1～2
偏压/(−V)	5	5～10	5
电容/pF	1.2～3	2～5	0.5～2

3.5.2.4　热电堆和热释电探测器

近年来，已经研制出各种新型的集成化的热电堆探测器。其中尤以多晶硅和金属及 P-多晶硅和 N-多晶硅构成的热电堆最为成功。其典型的性能：D^* 约为 $1\times10^8 cm \cdot Hz^{1/2} \cdot W^{-1}$，响应时间为几十毫秒。虽然与热敏电阻和热释电探测器相比，热电堆不是最灵敏的，但是由于其高可靠性和高性价比以及使用时无需偏置电源和斩波器的优点，它在非接触测温（体温计、高温计）、气体分析仪中已获得广泛应用。此外，还有热电堆的线列器件在卫星地平仪中应用的实例。

有多种材料可以制成热释电探测器，其中以硫酸三甘肽（TGS）、钽酸锂（$LiTaO_3$）、铌酸锶钡（$Sr_{1-x}Ba_xNb_2O_6$）等单晶为代表制成的热释电探测器性能最好。在 10Hz 频率时，D^* 可达 $2\times10^9 cm \cdot Hz^{1/2} \cdot W^{-1}$，而且到 1kHz 频率时，$D^*$ 仍可保持在 $1\times10^8 cm \cdot Hz^{1/2} \cdot W^{-1}$ 的水平。

用锆酸铅（$PbZrO_3$）、钛酸铅（$PbTiO_3$）等氧化物陶瓷制成的热释电探测器尽管 D^* 只有 $10^8 cm \cdot Hz^{1/2} \cdot W^{-1}$ 的水平，但因其成本低，稳定性好已在入侵报警、红外遥控等领域广泛使用。用铁电薄膜材料制成的热释电探测器正在向红外焦平面方向发展。

3.6　探测器噪声

3.6.1　噪声概述

红外系统的探测性能受到噪声的限制，这里所说的噪声是指探测器、电路元件产生的随机电噪声。电噪声是电压或电流相对于平均值的随机涨落，称为噪声电压或噪声电流。例如,电流是由电子流组成的,每一个电子都带有一份独立的电荷。电子通过电路中某一点的速率的随机起伏,就表现为电噪声,如图 3.23 所示。

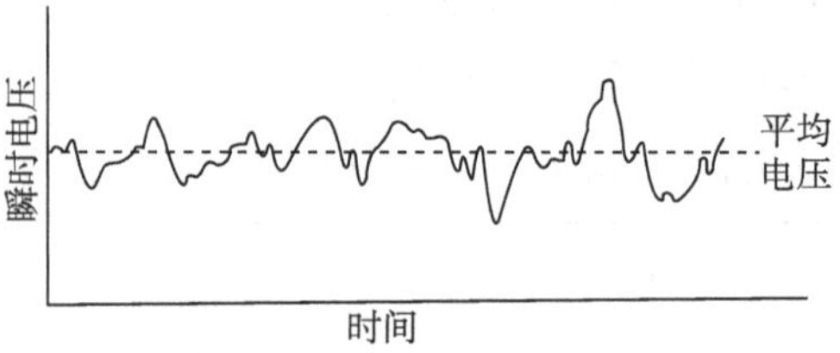

图 3.23　电噪声

电噪声是一种随机变量,在任一瞬间,随机变量的幅度和该瞬时前后出现的幅度完全无关,只能用统计的方法去表示某一幅值出现的概率。一定时间间隔内,电压(或电流)随机起伏的均方差称为均方噪声电压(或均方噪声电流),即

均方噪声电压　$$v_n^2 = \overline{(v-\bar{v})^2} = \frac{1}{T}\int_0^T (v-\bar{v})^2 \mathrm{d}t \tag{3.31}$$

均方噪声电流　$$i_n^2 = \overline{(i-\bar{i})^2} = \frac{1}{T}\int_0^T (i-\bar{i})^2 \mathrm{d}t \tag{3.32}$$

式中:v,i 分别为瞬时电压和瞬时电流。

噪声电压(或噪声电流)是电压(或电流)随机起伏的均方根差,即均方噪声电压(或均方噪声电流)的平方根 $\sqrt{v_n^2}$,$\sqrt{i_n^2}$。

均方噪声电压(或均方噪声电流)具有噪声功率的含义。如果电路中存在两个或更多独立的噪声源,总的均方噪声为各个噪声源的均方噪声之和,即各个独立噪声源的噪声功率可以简单相加,而它们的噪声电压或噪声电流是不可以直接相加的。

噪声的特征可用噪声幅度的概率分布、噪声的空间相关长度或时间相关长度以及在频率域的功率谱密度(PSD)描述。噪声功率谱密度是噪声自相关函数的傅里叶变换。定义为单位带宽的均方噪声电压或均方噪声电流,即定义为 $v_n^2(f)/\Delta f$ 或 $i_n^2(f)/\Delta f$。谱密度不随频率变化的噪声称为白噪声。

噪声的谱密度也可定义为单位根号带宽内的噪声电压或噪声电流,即 $v_n(f)/\sqrt{\Delta f}$ 或 $i_n(f)/\sqrt{\Delta f}$。它也可称为噪声电压谱密度或噪声电流谱密度。

3.6.2　探测器噪声分类

探测器的总噪声包括探测器内部固有噪声和背景光子噪声。光子噪声决定了红外光子探测器噪声性能的极限。探测器内部固有的噪声有约翰孙(Johnson)噪声、$1/f$ 噪声、产生-复合(G-R)噪声、散粒(shot)噪声等。这些噪声的产生机理、频谱各有不同,在不同频段,对探测器噪声性能的影响力度也不一样,可用描述谱密度随频率变化的噪声功率谱表示。见本章参考资料[1]。

3.6.2.1　光子噪声

背景光子到达探测器敏感元的速率起伏产生的噪声称为光子噪声，也称背景噪声、辐射噪声。由背景噪声限制的红外光子探测器极限探测率称为背景限探测率。

如入射光为时间不相关的单色光，光子通量较高，探测器在最小的独立探测时间段内吸收的光子数是一个离散的随机量，可认为光子数的统计分布满足泊松分布，光子数随机涨落的均方差与平均光子数之间满足：

$$\sigma_q^2=\overline{Q_q} \tag{3.33}$$

式中：$\overline{Q_q}$是探测器在最小的独立探测时间段内吸收的平均光子数；σ_q 是光子数随机涨落的均方根差。

时间相关的黑体辐射光子通量的方差不能用(3.33)式计算，可用玻色-爱因斯坦方程算得为

$$\sigma_q^2=\overline{Q_q}\cdot\left[\frac{\exp(hc/\lambda kT)}{\exp(hc/\lambda kT)-1}\right]\approx\overline{Q_q} \tag{3.34}$$

即

$$SNR=\frac{\overline{Q_q}}{\sigma_q}=\sqrt{\overline{Q_q}} \tag{3.35}$$

得到的结论是背景限信噪比近似等于平均光子通量的平方根。

如光子通量足够大，离散泊松分布可认为接近连续的高斯分布，噪声幅度的概率分布可用高斯概率密度分布函数表示：

$$p(\xi)=\frac{1}{\sigma_q\sqrt{2\pi}}\exp[-(\xi-\overline{Q_q})^2/2\sigma_q^2] \tag{3.36}$$

式中：$p(\xi)$为噪声幅度为 ξ 的概率密度。

3.6.2.2　约翰逊噪声

约翰逊(Johnson)噪声也称热噪声，是自由电荷载流子与晶格原子碰撞产生的噪声，它与晶格温度有关，而与探测器工作点的偏置状态无关。热噪声存在于所有探测器，其噪声电压可表达为

$$v_n=(4kT_dR_d\Delta f)^{1/2} \tag{3.37}$$

式中：k 为玻尔兹曼常量；T_d 为敏感元绝对温度；R_d 为敏感元电阻；Δf 为电路带宽。

热噪声电压的谱密度为

$$v_n/\sqrt{\Delta f}=(4kT_dR_d)^{1/2} \tag{3.38}$$

热噪声电压与敏感元的电阻、温度有关，热噪声电压的谱密度与频率无关，故为白噪声。

热噪声不仅存在于所有探测器，任何电阻器也都是一个热噪声发生器，同样可用(3.37)式计算它的噪声电压。如果噪声源是一个阻抗而不是纯电阻，它的噪声电压只取决于阻抗的电阻部分，而与电容、电感部分无关。

3.6.2.3 1/*f* 噪声

1/*f* 噪声也称调制噪声或闪烁噪声，1/*f* 噪声存在于所有探测器，其产生物理机理尚不清楚。1/*f* 噪声产生于非欧姆接触晶体表面或晶体本身。1/*f* 噪声对低频段影响较大，可用 $1/f^n$ 来表征它的功率谱，n 取 0.8～2。

3.6.2.4 产生-复合噪声

产生-复合噪声是敏感元自由电荷载流子的产生率和复合率随机起伏产生的电噪声，存在于所有光子探测器。载流子产生率和复合率起伏的可以是载流子或光子与晶格振动原子相互作用的结果，或是背景光子到达率的统计起伏。前一种原因产生的产生-复合噪声也称晶格产生-复合噪声，背景光子到达率的起伏产生的产生复合噪声即光子噪声。

产生-复合噪声的噪声电压为

$$v_{\mathrm{n}}=R_{\mathrm{d}}I\cdot\left[\frac{4\tau\cdot\Delta f}{\overline{N}(1+4\pi^2 f^2\tau^2)}\right]^{1/2} \tag{3.39}$$

式中：τ 为载流子寿命；f 为辐射调制频率；$\overline{N}$ 为敏感元的平均载流子数。

产生-复合噪声在低频端和中谱段有平坦的谱密度，可视作白噪声。产生-复合噪声存在于所有光子探测器，但光伏探测器只有自由载流子产生率起伏的产生噪声，没有载流子复合率起伏的复合噪声，光伏探测器的产生-复合噪声比光导探测器小$\sqrt{2}$倍，光伏探测器的背景限探测率是光导探测器的$\sqrt{2}$倍。

3.6.2.5 散粒噪声

散粒噪声是电荷离散引起的噪声，通常存在于光伏探测器和薄膜探测器。在结电场作用下，流过 p-n 结的电流是由各分离的电子或空穴所产生的电流脉冲构成的。光导探测器不存在散粒噪声。

散粒噪声的噪声电压为

$$v_{\mathrm{n}}=R_{\mathrm{d}}\ (2eI\Delta f)^{1/2} \tag{3.40}$$

式中：I 为通过 p-n 结的直流电流，包括探测器暗电流和光电流；e 为电子电量(1.6×10^{-19} C)；Δf 为电路带宽，Hz。

散粒噪声是白噪声，只存在于光伏探测器和薄膜探测器中。通过 p-n 结的直流电流包括光伏二极管暗电流和光电流，二极管零偏置时暗电流为零，因此信噪比最佳。

暗背景下光伏探测器的 D^* 也可用 R_0A 表示。R_0A 称为电阻面面积，其中 R_0 为二极管在零偏置状态(端电压为零)时的动态电阻，A 为光敏面面积。R_0A 与 D^* 的关系可推导如下。

无光照时光伏二极管仅有暗电流，根据 I-V 特性，可得

$$I=I_{\mathrm{sat}}\left[\exp\left(\frac{eV}{\beta kT}\right)-1\right]-I_{\mathrm{b}}\approx I_{\mathrm{sat}}\left[\exp\left(\frac{eV}{2kT}\right)-1\right] \tag{3.41}$$

式中：I_{sat}为无光照时反向饱和电流；I_b 为背景产生的光电流；V 为二极管的端电压；理想二极管 $\beta=1$，实际二极管 $\beta=2$；e 为电子电量；k 为玻尔兹曼常量；T 为二极管结温。

光伏二极管在零偏置状态的动态电阻为

$$R_0=\left.\frac{dV}{dI}\right|_{V=0}=\frac{2kT}{eI_{sat}}$$

即

$$I_{sat}=\frac{2kT}{eR_0} \tag{3.42}$$

光伏二极管在负偏置状态的暗电流近似等于反向饱和电流，即

$$I_d=I_{sat}\left[\exp\left(\frac{eV}{2kT}\right)-1\right]\approx -I_{sat}$$

如无其他噪声源，如 $1/f$ 噪声、光子噪声等，暗电流产生散粒噪声电流为

$$i_n=(2eI_{sat}\Delta f)^{1/2}=\left(\frac{4kT\Delta f}{R_0}\right)^{1/2} \tag{3.43}$$

如量子效率为 η，光伏二极管光谱响应率为

$$R_i(\lambda)=\frac{e\lambda}{hc}\eta \tag{3.44}$$

将(3.43)式、(3.44)式代入光谱探测率的计算公式，可得

$$D_\lambda^*=\frac{\sqrt{A\Delta f}}{i_n}R_i(\lambda)=\frac{\eta\lambda e}{2hc}\left(\frac{R_0A}{kT}\right)^{1/2} \tag{3.45}$$

暗背景下光伏二极管的光谱 D^* 主要受 R_0A 的限制，即暗电流噪声的限制。可通过测量 R_0得到它的光谱 D^* 。

有光照时，单色背景辐射在光敏面产生的光电流为

$$I_b=eE_qA\eta \tag{3.46}$$

式中：E_q 为单色背景辐射在光敏面的光子辐照度，photon · s^{-1} · cm^{-2}。

背景足够强时，光伏二极管的噪声主要来自背景光电流的散粒噪声：

$$i_n=(2eI_b\Delta f)^{1/2}=(2eE_qA\eta\Delta f)^{1/2} \tag{3.47}$$

将(3.44)式、(3.47)式代入光谱探测率的计算公式，可得

$$D_\lambda^*=\frac{\sqrt{A\Delta f}}{i_n}R_i(\lambda)=\frac{\lambda}{hc}\left(\frac{\eta}{2E_q}\right)^{1/2} \tag{3.48}$$

背景足够强时，光伏二极管的光谱 D^* 主要受光敏面的光子辐照度的限制，即背景光子噪声的限制，此时的光谱 D^* 是光伏管的背景限探测率。有关红外光子探测器背景限探测率的内容，详见本章 3.6.3 节。

3.6.2.6　温度噪声

温度噪声由于敏感元与周边环境辐射换热或与散热器之间传导换热，使敏感元温度发生起伏，继而引起的电压噪声。温度噪声决定了热探测器 D^* 的理论极限。

对于每一种热探测器,可根据敏感元的均方温度起伏,确定其噪声电压。

目前,热敏电阻探测器由于受 $1/f$ 噪声和电阻热噪声的限制,其探测率与理论极限值尚差两个数量级。但是对热释电探测器来说,由于它不是电阻性器件而是电容性器件,不受热噪声限制,电流噪声也较小,因此它的探测率与极限值相差已不到一个数量级。

3.6.2.7　探测器的总噪声

探测器的总噪声是多种产生机理不同的内部噪声和外部噪声共同作用的结果。不同类型探测器,在不同频率段,起主导作用的噪声也是不同的。

图 3.24 给出了一个光导探测器总噪声的频谱,其总均方噪声电压为光子噪声以及探测器的热噪声、$1/f$ 噪声、产生-复合噪声的均方噪声电压之和。

$$(v_n)^2_{total} = (v_n)^2_{ph} + (v_n)^2_J + (v_n)^2_{1/f} + (v_n)^2_{gr} \tag{3.49}$$

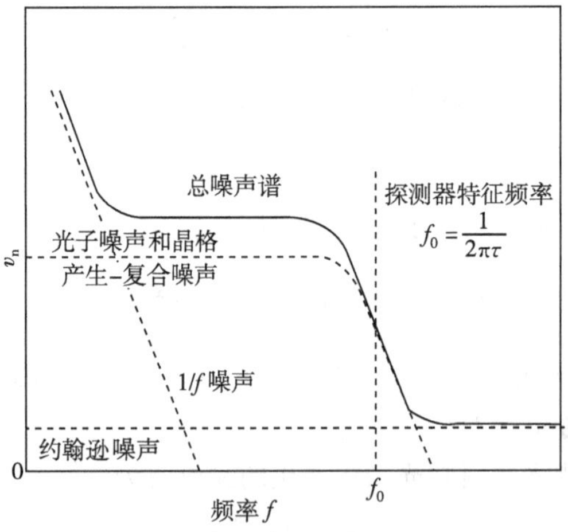

图 3.24　光导探测器总噪声的频谱

致冷型光子探测器的热噪声通常可忽略,$1/f$ 噪声对中频段的影响也可不计。致冷型光导红外探测器的输出噪声主要自来产生复合噪声。产生复合噪声的大小与背景辐射有关,有光照时的光导探测器的产生复合噪声中实际上已包含了背景光子通量起伏产生的噪声。低背景下的产生复合噪声可认为仅是晶格振动产生的内部噪声。

光伏探测器的散粒噪声是光电流脉冲离散性产生的噪声,有光照时的散粒噪声与探测器电流有关,其中包括暗电流和光生电流。此时的散粒噪声实际上已包含了背景的光子噪声,也包含了载流子的产生噪声(无复合噪声)。因此,致冷型光伏探测器的总均方噪声电流近似为

$$(i_n)^2_{total} \approx (i_n)^2_{shot} = 2e(I_d + I_s)\Delta f \tag{3.50}$$

式中:I_d,I_s 分别为探测器的暗电流和光电流(信号电流)。

3.6.3　背景限探测率

背景光子噪声所限制的光伏型红外探测器的最大光谱探测率称为它的背景限探测率，可用 $D^*_{\mathrm{BLIP}}(\lambda)$表示。黑体背景在光敏面的波段光子辐照度为

$$E_{\mathrm{q}} = \frac{\Omega}{\pi}\int_0^{\lambda_{\mathrm{c}}} M_{\mathrm{q}}(\lambda, T_{\mathrm{B}})\mathrm{d}\lambda$$

式中：$\Omega=\pi\sin^2\theta$ 是冷屏开孔对光敏元所张的立体角；η 为量子效率；$\int_0^{\lambda_{\mathrm{c}}} M_{\mathrm{q}}(\lambda, T_{\mathrm{B}})\mathrm{d}\lambda$ 是黑体背景在探测器响应波段的光子出射度。

代入(3.48)式，可得到光伏型红外探测器的背景限探测率为

$$D_{\mathrm{BLIP}}{}^*(\lambda) = \frac{\lambda}{\sqrt{2}hc}\left(\frac{\pi}{\Omega}\right)^{1/2}\frac{\eta^{1/2}}{\left(\int_0^{\lambda_{\mathrm{c}}} M_{\mathrm{q}}(\lambda, T_{\mathrm{B}})\mathrm{d}\lambda\right)^{1/2}} \tag{3.51}$$

光伏型红外探测器只有载流子产生的散粒噪声，光电导型红外探测器既有载流子产生噪声，又有复合噪声，背景产生的噪声为光伏探测器的$\sqrt{2}$倍，光电导型红外探测器背景限光谱 D^* 为光伏探测器的 $1/\sqrt{2}$倍。即

$$D_{\mathrm{BLIP}}{}^*(\lambda) = \frac{\lambda}{2hc}\left(\frac{\pi}{\Omega}\right)^{1/2}\frac{\eta^{1/2}}{\left(\int_0^{\lambda_{\mathrm{c}}} M_{\mathrm{q}}(\lambda, T_{\mathrm{B}})\mathrm{d}\lambda\right)^{1/2}} \tag{3.52}$$

本节内容详见本章参考资料[2]。

常用红外光子探测器和热探测器的光谱探测率和背景限探测率曲线如图3.25所示。图中所有的探测器均对 300K 黑体背景进行测试，探测器未加冷屏，接收立体角为半球。辐射调制频率 InSb 为 1000Hz，热释电为 100Hz ，热电偶为 10Hz ，其余均为 1600Hz 。可以看出：一些光子探测器的峰值 D^* 已接近背景限，热探测器的 D^* 与背景限 D^* 相差 2～3 个数量级。

随波长增加，红外探测器的背景限光谱探测率先下降，后上升，其间有个拐点。其原因是背景限光谱 D^* 取决于单光子能量和背景在探测器响应波段的光子辐照度。前者导致背景限探测率随波长线性增加，后者导致背景限探测率随波长单调下降。

3.6.4　低噪声放大电路设计

探测器输出的电信号非常微弱，需要高倍率放大后才能驱动信号处理等后续电路。低噪声电路设计的目的是尽量降低放大电路引入的噪声，即探测器和前置放大器组件的等效输入噪声尽量接近探测器的噪声。

3.6.4.1　噪声系数

噪声系数也叫噪声因素，是器件或放大电路对于噪声的品质因素。噪声系数定

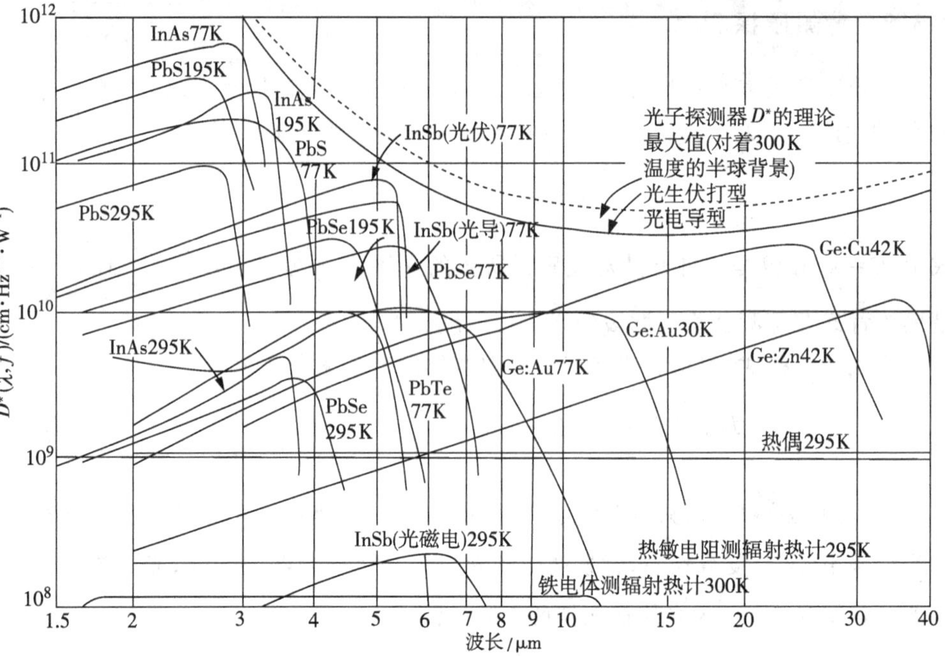

图 3.25　常用红外光子探测器的探测率

义为将输出噪声折算至输入端的等效功率与放大器输入的噪声功率之比：

$$F=\frac{N_o/G}{N_i} \tag{3.53}$$

式中：N_o 为放大器输出的噪声功率；N_i 为放大器输入的噪声功率；G 为放大器的功率增益。

将 $G=S_o/S_i$ 代入上式，可知噪声系数也等于输出端的信噪比与输入端的信噪比之比。即

$$F=\frac{S_i/N_i}{S_o/N_o} \tag{3.54}$$

式中：S_o 为输出端的信号功率；S_i 为输入端的信号功率。

噪声系数是一个无量纲的比值，也可用分贝表示，称为对数噪声系数。

$$NF=10\log F \tag{3.55}$$

噪声系数是放大器引起信噪比恶化程度的量度。一个理想的放大器在进行弱放大信号时不会增加附加的噪声，放大器输出端的信噪比等于输入端的信噪比，其噪声系数 $F=1$。低噪声电路设计的目的是使实际放大器的噪声系数接近这种理想状态。

探测器输出的微弱信号通常需经多级放大器级联放大，可以导出级联网络的噪声系数，以分析各级放大器噪声系数对级联后总噪声系数的影响。图 3.26 中，设有

两级功率增益分别为 G_1 和 G_2 的放大器级联，它们单独使用时的噪声系数分别为 F_1 和 F_2，即

$$F_1=\frac{N_{o1}}{G_1N_{i1}},\quad F_2=\frac{N_{o2}}{G_2N_{i1}}$$

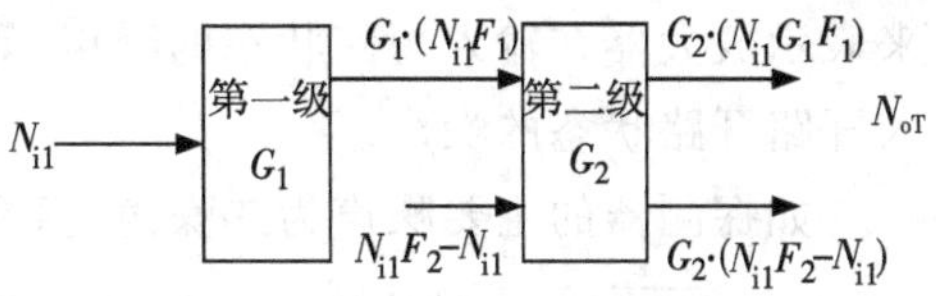

图 3.26　两级级联放大器的噪声特性

式中：N_{i1} 为放大器 1 和 2 单独使用时输入的噪声功率；N_{o1}，N_{o2} 分别为放大器 1 和 2 单独使用时输出的噪声功率。

级联后第一级的输出噪声（即第二级输入噪声）为

$$N_{o1}=N_{i2}=N_{i1}G_1F_1$$

级联后总输出噪声 N_{oT} 可认为由两部分组成。第一部分是第一级输出噪声 $N_{o1}=N_{i2}$ 放大 G_2 倍后形成的噪声，即

$$G_2N_{i2}=G_2(N_{i1}G_1F_1)$$

第二部分则是第二级放大器增加的噪声。按 F_2 的定义，当第二级输入噪声为 N_{i1} 时输出噪声为 $F_2G_2N_{i1}$，由于其中的 G_2N_{i1} 并不是增加的噪声，必须从 $F_2G_2N_{i1}$ 中扣除，才是第二级放大器增加的额外噪声。因此，级联后总输出噪声为上述两部分噪声之和。

$$N_{oT}=G_2(N_{i1}G_1F_1)+G_2(F_2-1)N_{i1}=(F_1G_1G_2+F_2G_2-G_2)N_{i1}$$

上式整理后可得两级级联电路的噪声系数为

$$F_{12}=\frac{N_{oT}}{G_1G_2N_{i1}}=F_1+\frac{F_2-1}{G_1}\tag{3.56}$$

同样，也可导出三级级联电路的噪声系数为

$$F_{123}=\frac{N_{oT}}{G_1G_2G_3N_{i1}}=F_1+\frac{F_2-1}{G_1}+\frac{F_3-1}{G_1G_2}\tag{3.57}$$

由(3.56)式可见：级联网络的噪声系数主要受第一级噪声系数的影响，第二级噪声系数的影响取决于第一级的放大增益。如果第一级增益足够高，第二级噪声系数的影响可以忽略。因此，探测器信号放大电路如有多级，第一级通常为高增益的低噪声放大电路，称为前置放大器，后一级为主放大器。主放大器放大增益较低，对低噪声的要求也较低。

3.6.4.2　最佳源电阻

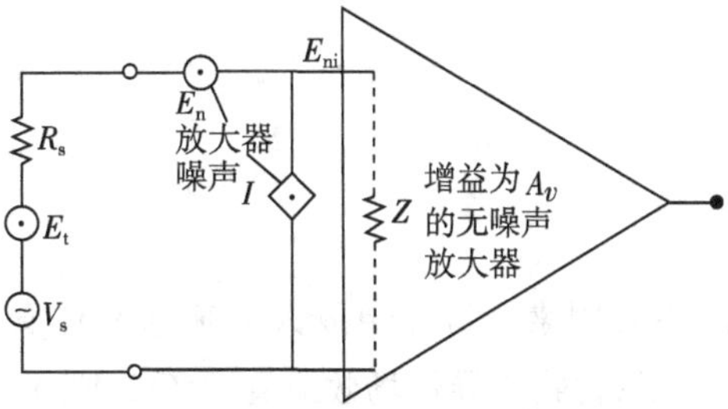

图 3.27　放大器的噪声模型

最佳源电阻是与放大器噪声性能最佳匹配的探测器的源电阻。为便于分析，可以建立一个放大器的噪声模型，如图 3.27 所示。图中，一个有噪声的实际放大器被等效为在输入端串联了噪声电压源 E_n 和并联了噪声电流源 i_n 的无噪声放大器，分别称为等效输入噪声电压和等效输入噪声电流。等效输入噪声电压 E_n 可用

来表示放大器在输入短路状态的噪声，等效输入噪声电流 i_n 可用来表示放大器在输入开路开路状态的噪声。

如探测器的主要噪声为热噪声，探测器可等效为探测器源电阻 R_s 和一个电动势为 $E_t = \sqrt{4kTR_s\Delta f}$ 的噪声电压源的串联。

以上三个噪声源是独立的，它们的噪声功率可在放大器的输入端简单相加，可得到探测器、放大器组件的等效输入均方噪声电压为

$$E_{ni}^2 = E_t^2 + E_n^2 + i_n^2 R_s^2$$

式中：E_{ni}为探测器、放大器组件的等效输入均方噪声电压；E_n，i_n 分别是放大器等效输入噪声电压和等效输入噪声电流。

图 3.28 给出了 E_t、E_n 和 $i_n R_s$ 以及组件的等效输入噪声电压 E_{ni}与探测器源电阻 R_s 的关系曲线。可以看出：当探测器源电阻较小时，E_{ni}主要取决于放大器的电压噪声 E_n。当源电阻较大时，主要是放大器噪声电流在源电阻上的压降 $i_n R_s$ 在起作用。当源电阻 $R_s = R_{opt} = E_n / i_n$ 时，E_{ni}最接近探测器热噪声电压 E_t。此时，放大器增加的噪声最小，噪声系数最小。R_{opt}称为放大器的最佳源电阻。

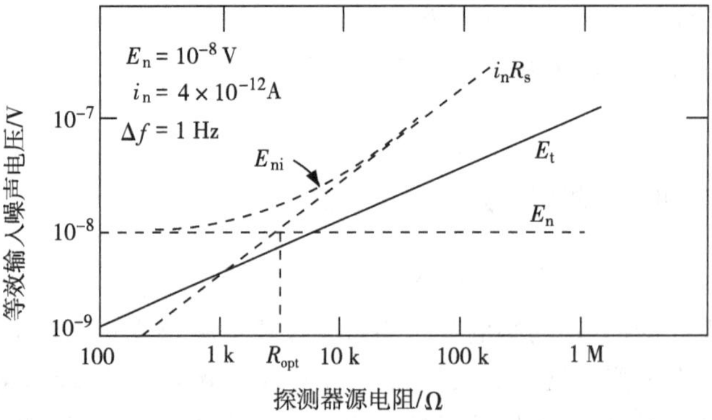

图 3.28 放大器等效输入噪声电压与源电阻关系

放大器的最佳源电阻与它的输入阻抗之间没有直接关系，它是由放大器的噪声机构决定的。最佳源电阻可根据低噪声集成放大器的产品样本给出的输入噪声电压和噪声电流等数据算得。用户可根据探测器电阻选择最佳源电阻与之匹配的低噪声放大器。

3.6.5 晶体管噪声

3.6.5.1 晶体管噪声特性

输入晶体管是影响低噪声放大电路噪声的主要因素。低噪声放大的输入晶体管有双结晶体管(BJT)、结型场效应管(JFET)和金属氧化物半导体场效应管(MOSFET)。

MOSFET 的工作温度范围、功率和噪声特性较好，许多现代读出集成电路都是

由 CMOS 工艺制造的 MOSFET 和其他组件组成的。

N 型沟道的 MOSFET 的结构如图 3.29 所示。在注入形成的 n 型漏区和源区上面引出漏极和源极，源区、漏区之间用 p 型掺杂的硅衬底相隔离。多晶硅栅极生成在源区和漏区之间的半导体表面上，栅极与表面之间有绝缘的 SO_2 介质薄层。如果在栅极与源极之间施加一个正电压，在半导体表面将产生感应电场。当栅源电压超过特定阈值时，电场将排斥多数载流子空穴，吸引电子，在半导体表面形成很薄的 n 型导电沟道。p 型沟道的 MOSFET 工作原理相仿，只是采用相反的掺杂和栅源电压。

MOSFET 和 JFET 的导电机构有所不同，结型的 JFET 是利用改变导电沟道之间耗尽区的大小来控制漏极电流，而绝缘栅的 MOSFET 则是利用感应电荷的多少来改变导电沟道的性质，基本上是没有栅流产生的。

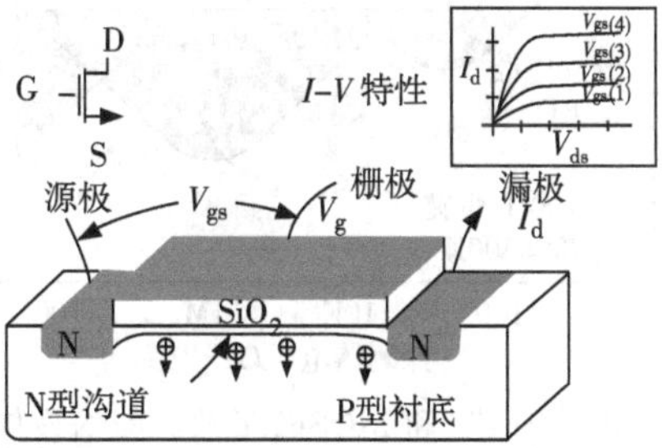

图 3.29　MOS 场效应管的结构

图 3.30 给出了共发射极或共源极 BJT、JFET 和 MOSFET 放大器噪声电压（实线）、噪声电流（虚线）的频谱。MOSFET 的噪声电流很小，图中未画。

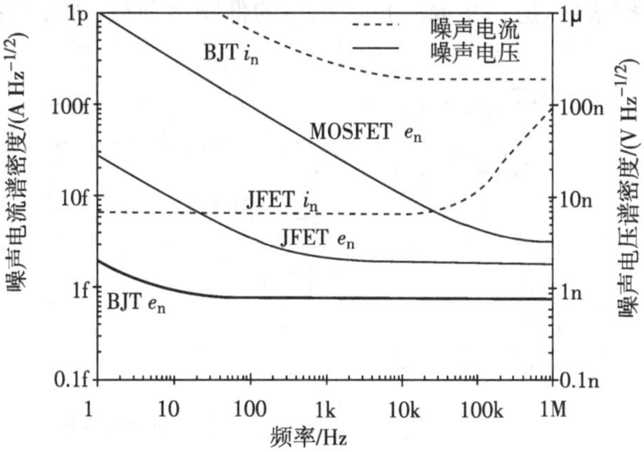

图 3.30　BJT、JFET 和 MOSFET 的噪声性能

BJT、JFET 和 MOSFET 放大器的最佳源电阻不同。BJT 最低，JFET 次之，MOSFET 最高。最佳源电阻不同，与之匹配的探测器源电阻的范围也有所不同，如图 3.31 所示。BJT、JFET 常用于分立元件的放大器中，MOSFET 放大器通常为集成电路。

光伏探测器的阻抗通常大于 1MΩ，可选用 MOSFET 放大器。对阻抗低于 100kΩ 的低阻抗探测器，如光导探测器，MOSFET 并不是最佳选择。在这种情况下，最好选择双结晶体管。

若探测器阻抗小于 100MΩ，JFET 在室温下的性能优于 MOSFET。探测器阻抗大于 100MΩ，低温 JFET 仍具有较好的噪声性能，其原因是因为输入偏置电流及其产生的散粒噪声随温度降低明显减小。

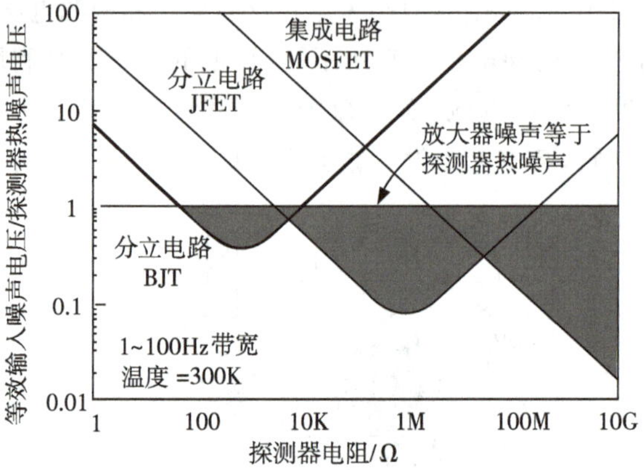

图3.31　BJT、JFET 和 MOSFET 放大器的最佳源电阻

3.6.5.2　前置放大器噪声分析

电压放大器和电流-电压放大器是单元和多元探测器前置放大器常用的形式。电压放大器输入阻抗很高，适用于低阻抗探测器的低噪声前放，如光导探测器。电流-电压放大器，输入阻抗很低，适用于高阻抗探测器的低噪声前放，如光伏探测器。

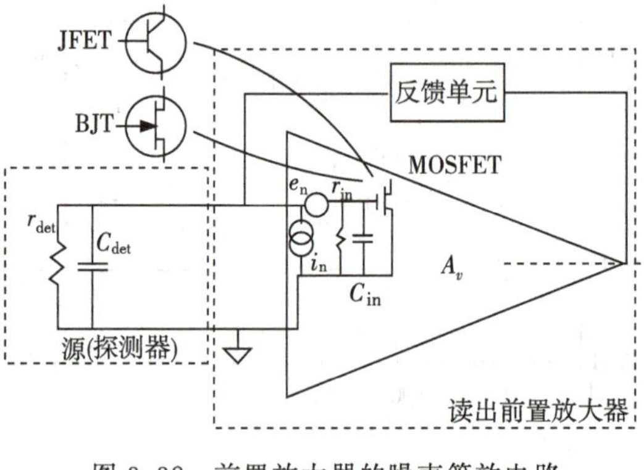

图 3.32　前置放大器的噪声等效电路

利用放大器的噪声等效电路和电压叠加原理，接入探测器后，电压放大器与探测器构成的探测器组件的等效输入噪声电压为

$$e_{in} \approx \left[\left(\frac{e_n r_{in}}{r_{in}+r_{det}}\right)^2 + (i_n \cdot r_{in} \parallel r_{det})^2\right]^{1/2} \approx [e_n{}^2 + (i_n r_{det})^2]^{1/2} \tag{3.58}$$

式中：e_{in}为探测器组件的等效输入噪声电压；e_n 为放大器的等效输入噪声电压；i_n 为放大器的等效输入噪声电流；r_{in}为放大器输入电阻；r_s 为探测器源电阻；$r_{in} \parallel r_{det}$是放大器输入电阻和探测器电阻的并联电阻。

以上分析表明：光导探测器等低阻抗探测器的前放采用电压放大器，可减少放大器噪声电流在探测器电阻产生的噪声电压。如噪声电压用谱密度表示，电压放大器输出的均方噪声电压为

$$v_{out}^2(e_n) = \int A_v^2(f) e_{in}^2(f) \mathrm{d}f \quad (\mathrm{V}^2) \tag{3.59}$$

式中：A_v 为电压放大器的电压增益；e_{in}为探测器组件等效输入噪声电压的谱密度，$\mathrm{V \cdot Hz^{-1/2}}$。

利用放大器的噪声等效电路和电流叠加原理，接入探测器后，电流-电压放大器与探测器构成的探测器组件的等效输入噪声电流为

$$i_{in} \approx \left[\left(\frac{i_n r_{det}}{r_{in}+r_{det}}\right)^2 + \left(\frac{e_n}{r_{in}+r_{det}}\right)^2\right]^{1/2} \approx \left[i_n^2 + \left(\frac{e_n}{r_{det}}\right)^2\right]^{1/2} \tag{3.60}$$

由上式可见，光伏等高阻抗探测器的前放如采用电流-电压放大器，可减少放大器噪声电压在探测器电阻产生的噪声电流。如噪声电流也用谱密度表示，电流-电压放大器输出的均方噪声电压为

$$v_{out}^2(i_n) = \int Z_t^2(f) i_{in}^2(f) \mathrm{d}f \quad (\mathrm{V}^2) \tag{3.61}$$

式中：Z_t 为放大器的跨阻，$\mathrm{V \cdot A^{-1}}$；i_{in}为探测器组件等效输入噪声电压的谱密度，$\mathrm{A \cdot Hz^{-1/2}}$。

3.7　系统灵敏度

3.7.1　灵敏度表达方法

系统灵敏度可用来定量描述系统对目标源的辐射特征量变化的分辨能力，即系统对弱目标的探测能力。探测过程中，目标辐射变化信号总是与噪声相伴随的，这里的噪声包含探测器噪声（内部噪声、背景噪声）和电路噪声等，噪声的功率受到电子学的信号带宽的限制。

噪声等效灵敏度是一种通用的系统灵敏度参数，它定义为当系统在某个输出节点的信噪比为 1 时，即信号差等于该处噪声的均方根值时，与此信号差相对应的入射辐射特征量的变化值。入射辐射量的变化可以是入瞳处辐亮度的变化（NEN）、辐照度的变化（NEI）等。

噪声等效灵敏度的表示方法较为通用，但不够直观。由于系统探测的长波、中波红外辐射的变化主要来自景物温度的变化，短波、可见光辐射的变化主要来自景物对

太阳光反射率的变化,噪声等效灵敏度还可用噪声等效温差、噪声等效反射率差等形式表示。这些参数的物理单位虽然不是辐亮度,但它们能直观地表达系统探测红外或可见光辐射的灵敏度,都可从系统的噪声等效辐亮度导出。

另一类系统灵敏度参数直接用对特定目标的探测能力表示,如探测距离、星等。这类表示方法并不通用,但非常实用。用目标探测能力表示系统的灵敏度时,必须对目标特性、探测条件和探测信噪比有所约定。

3.7.2 系统噪声等效带宽

3.7.2.1 信号带宽和噪声等效带宽

探测器输出信号通常需要用电子电路进行放大,放大电路的频率响应必须有足够的带宽,称为信号带宽,以保证放大信号的保真度。噪声是混杂在信号中的,电子放大电路输出的探测器噪声功率同样受到信号带宽的限制,并可用噪声等效带宽计算。

探测器的信号放大电路的频率响应大都具有低通特征。以一阶低通 RC 滤波电路为例,如图 3.33 所示,如果归一化的幅频特性为 $H_e(f)$,高频电压响应下降至直流响应的 0.707 倍(输出功率减半)时的信号频率定义为该低通滤波电路的特征频率 f_0。

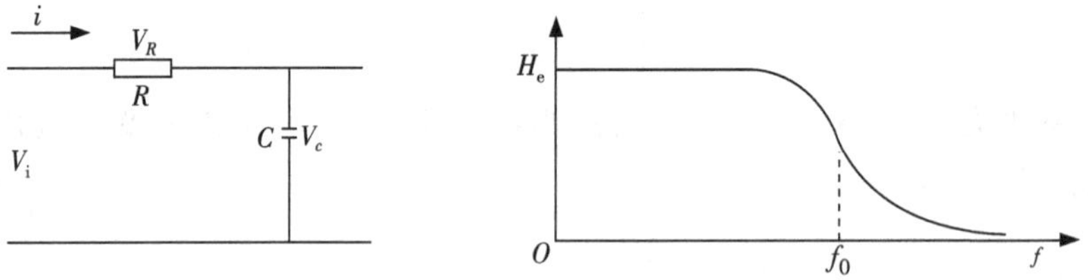

图 3.33 一阶低通滤波电路的频率响应

一阶低通滤波电路对直流响应归一化的幅频特性可表示为

$$H_e = \frac{1}{[1+(f/f_0)^2]^{1/2}} \tag{3.62}$$

式中:f_0 为一阶低通电路的特征频率。

按特征频率 f_0 定义的电子学带宽称为 3dB 带宽,或称信号带宽,记作 $\Delta f_{3dB} = f_0$。一阶低通滤波电路的特征频率与电路时间常数的关系为

$$f_0 = \frac{1}{2\pi RC} = \frac{1}{2\pi\tau} \quad (\mathrm{Hz}) \tag{3.63}$$

式中:$\tau = RC$ 为一阶低通滤波电路的时间常数。

电路的频率响应对输出噪声功率的限制可用它的噪声等效带宽表示。噪声等效带宽 Δf_n 定义为

$$\Delta f_n = \int_0^\infty D(f) H_e^2(f) \mathrm{d}f \quad (\mathrm{Hz}) \tag{3.64}$$

式中：$D(f)$是对峰值归一化的探测器输出噪声功率的谱密度；H_e为对峰值响应归一化的电路幅频特性。

如果探测器噪声为白噪声时，$D(f)\equiv1$，代入上式，可得到噪声等效带宽为

$$\Delta f_n=\int_0^\infty H_e^2(f)\mathrm{d}f=\int_0^\infty\frac{1}{1+(f/f_0)^2}\mathrm{d}f \tag{3.65}$$

可算得

$$\Delta f_n=\frac{\pi}{2}f_0\approx1.5\Delta f_{3dB} \tag{3.66}$$

一阶低通滤波电路的噪声等效带宽约为3dB信号带宽的1.5倍，输入噪声为白噪声时，电路输出噪声的谱功率的谱密度，如图3.34所示。高阶低通滤波电路的幅频响应曲线的趋于矩形，噪声等效带宽与3dB带宽几无差别。

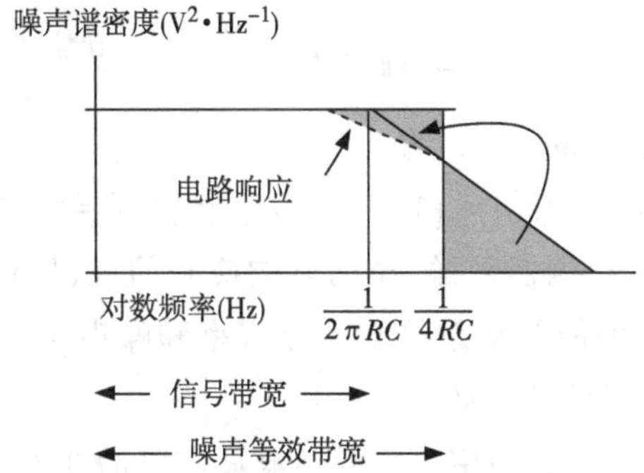

图3.34　一阶低通电路的信号带宽和噪声等效带宽

噪声等效带宽是从输出噪声功率等效的角度定义的，如探测器噪声为白噪声，系统输出的均方噪声即等于探测器的均方噪声谱密度与噪声等效带宽之积。

3.7.2.2　扫描成像的噪声等效带宽

扫描成像系统的瞬时视场基本上确定了系统的空间分辨率。在奈奎斯特频率处，一个矩形瞬时视场沿扫描方向采样的MTF为

$$MTF(f_{naq})=MTF(1/2\alpha)=0.638$$

式中：α为沿扫描方向的瞬时视场，mrad；$f_{naq}=1/2\alpha$为探测器采样的奈奎斯特频率，cycle · mrad^{-1}。

就扫描成像的探测器采样、探测器响应和前放、处理电路等三个信息传递环节而言，光子探测器有足够快的响应速度，其MTF近似为1。探测器采样的MTF是确定的，剩下的问题是前放、处理电路如何选取合适的信号带宽。信号带宽选取过窄，虽能抑制噪声，但会影响系统MTF和空间分辨率。信号带宽选取过宽，又将引入过多的电路噪声。

系统设计时，通常要求前放、处理电路在奈奎斯特频率处有合适的MTF。为确

定电路的信号带宽，可先将探测器空间采样的奈奎斯特频率 f_{naq}（$mrad^{-1}$）按下式转换为对应的时间频率 f_0（Hz，即 s^{-1}）：

$$f_0=\omega f_{naq}=\frac{\omega}{2\alpha}\quad(\text{Hz})$$

式中：ω 为视轴扫描的角速度，$mrad\cdot s^{-1}$。

瞬时视场扫过某个物面点所需要的时间称为像元驻留时间：

$$\tau_d=\frac{\alpha}{\omega}\quad(\text{s})\tag{3.67}$$

即

$$f_0=\frac{1}{2\tau_d}\quad(\text{Hz})\tag{3.68}$$

如放大电路为一阶低通，其 3dB 信号带宽选为 f_0，用像元驻留时间表示为

$$\Delta f_{3dB}=f_0=\frac{1}{2\tau_d}\tag{3.69}$$

放大电路在 f_0 频率点的 MTF 为

$$MTF_{PA}(f_0)=[1+(f_0/f_{3dB})^2]^{-1/2}=0.707$$

在奈奎斯特频率处，探测器采样、探测器响应和前放、处理电路等三项 MTF 的乘积约为 0.45。这是一种能兼顾系统空间分辨率和噪声抑制的扫描型光电系统信号带宽的选择方法，在工程设计中广为应用。

噪声等效带宽在(3.66)式中用一阶低通滤波电路的 3dB 带宽表示，现可用像元驻留时间表示为

$$\Delta f_n=\frac{\pi}{2}\Delta f_{3dB}=\frac{\pi}{4\tau_d}\tag{3.70}$$

由此可知：高帧频、高空间分辨率的扫描成像系统将会引入更多噪声而降低系统灵敏度，这正是系统设计者将面临而必须解决的问题。

3.7.3 测量精度、灵敏度与噪声

准确度(accuracy)和精度(precision)是物理测量的常用术语。准确度是测量结果偏离真值的程度，包括系统误差和随机误差。校正系统误差可提高准确度，但不能改变精度。辐射测量的准确度是辐射测量均值与辐射真值间的偏差，可通过定标解决。

精度是测量结果的可重复性，即测量数据的离散性。精度取决于随机测量误差，可用均方根误差表示。增加测量采样点可提高精度，但不能提高准确度。

对辐射测量仪器来讲，辐射通量足够高时，随机误差的概率分布符合高斯分布。辐射测量精度主要是探测器噪声产生的随机误差，可用高斯分布函数的方差 σ 表示，如图 3.35 所示。

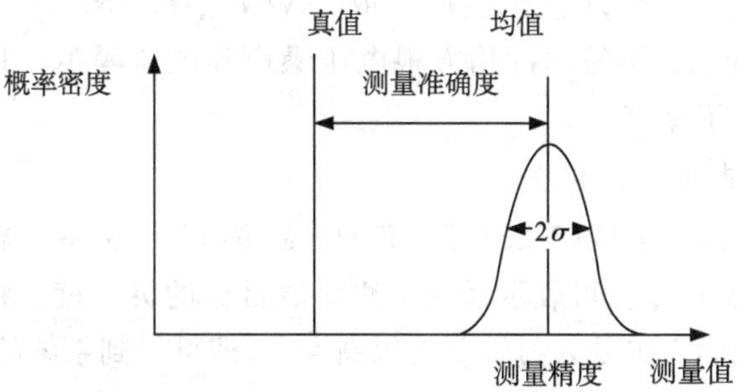

图 3.35　测量准确度、精度和随机误差概率分布

噪声等效灵敏度可用来描述由探测器噪声限制的仪器测量精度，表现为仪器对辐射变化的分辨能力和测量数据的可信度。根据高斯概率密度分布函数，随机误差小于 1σ 数据出现的概率为 0.683。如一个红外测温仪对 300K 黑体的噪声等效温差为 0.5K，即表示仪器对黑体温度变化的最高分辨能力为 0.5K。在同样测量条件下，多次重复测量的数据有 68.3%落在均值±0.5K 的温度范围内。

辐射测量仪器灵敏度有时也直接用信噪比表示，信噪比即均值与方差之比，故信噪比的倒数即相对测量误差。辐射测量系统通常要求较高信噪比，以保证测量精度。目标探测系统不要求对辐射进行定量测量，但也必须有一定的探测信噪比，以提高对目标的探测概率，降低虚警率。

3.7.4　噪声等效灵敏度

3.7.4.1　噪声等效功率

系统的噪声等效功率（NEP）是输出信号差等于输出的均方根噪声时，光学入瞳处辐射通量的变化量。NEP 可表示系统或探测器的噪声灵敏度。

红外探测器的 NEP 可用它的 D^* 算得，但必须将测量电路的带宽改为系统的噪声等效带宽：

$$NEP_{\mathrm{det}}=\frac{(A_{\mathrm{d}}\Delta f_{\mathrm{n}})^{1/2}}{D^*} \tag{3.71}$$

式中：Δf_{n} 为系统噪声等效带宽。

将探测器的 NEP 折算至光学系统入瞳处，可得到系统的 NEP：

$$NEP_{\mathrm{sys}}=\frac{NEP_{\mathrm{det}}}{\tau_{\mathrm{o}}}=\frac{(A_{\mathrm{d}}\Delta f_{\mathrm{n}})^{1/2}}{\tau_{\mathrm{o}}D^*}\quad(\mathrm{W}) \tag{3.72}$$

式中：τ_{o} 为系统光学效率。

因为 D^* 本质上是特定背景噪声下测得探测器的归一化噪声等效功率，用 D^* 计算 NEP 是有局限性的，光子照度和背景噪声变化较大的可见光探测器就不适合用 D^* 计算噪声功率，通常直接用探测器噪声和响应率计算探测器的 NEP，例如：

$$NEP_{\rm det}=v_{\rm n}/R_{\rm v} \quad \text{或} \quad NEP_{\rm det}=i_{\rm n}/R_{\rm i} \tag{3.73}$$

式中：$v_{\rm n}$、$i_{\rm n}$ 分别为探测器输出的均方根电压噪声和电流噪声。其中的噪声包括探测器噪声和背景光子噪声。

3.7.4.2　噪声等效辐亮度

系统的噪声等效辐亮度（NEN 或 $NE\Delta L$）是输出信号差等于输出的均方根噪声时，入瞳辐亮度的变化量。可表示系统探测面源目标的灵敏度。将系统的噪声等效功率等效折算为光学入瞳处入射辐射的辐亮度差，即可得到系统的噪声等效辐亮度：

$$NEN=\frac{NEP_{\rm sys}}{\omega \cdot A_{\rm o}}=\frac{(A_{\rm d}\Delta f_{\rm n})^{1/2}}{\omega \cdot A_{\rm o} \cdot \tau_{\rm o} D^{*}} \quad ({\rm W \cdot cm^{-2} \cdot sr^{-1}}) \tag{3.74}$$

式中：ω 为系统的瞬时视场立体角；$A_{\rm d}$ 为探测器光敏元面积；$A_{\rm o}$ 为入瞳面积；$\tau_{\rm o}$ 为系统光学效率；D^{*} 为探测器的探测率；$\Delta f_{\rm n}$ 为系统噪声等效带宽。

噪声等效辐亮度用于系统探测面目标的信噪比计算较为方便。目标源和系统之间的辐射传递是用辐亮度表达的，光谱探测通道的信噪比是目标在入瞳处的波段辐亮度与噪声等效辐亮度之比。

3.7.4.3　噪声等效辐照度

系统的噪声等效照度（NEI）是输出信号差等于输出的均方根噪声时，入瞳辐照度的变化量。NEI 可表示系统探测点源目标的灵敏度。

计算系统的 NEI，可先将探测器的 NEP 折算为光敏面照度，即得到探测器的 NEI：

$$NEI_{\rm det}=\frac{NEP_{\rm det}}{A_{\rm d}} \tag{3.75}$$

再将探测器的 NEI 折算为系统入瞳处的照度，即为系统 NEI：

$$NEI_{\rm sys}=\frac{NEI_{\rm det}}{\tau_{\rm o}} \cdot \left(\frac{A_{\rm d}}{A_{\rm o}}\right) \quad ({\rm W \cdot cm^{-2}}) \tag{3.76}$$

式中：$A_{\rm o}$ 为系统入瞳的面积；$A_{\rm d}$ 为探测器光敏面的面积；$\tau_{\rm o}$ 为系统的光学效率。

NEI 的单位与照度的单位相同，NEI 用辐照度表示的单位为 ${\rm W \cdot cm^{-2}}$，用光照度表示单位为 lx。NEI 还可以用光子辐照度表示，称为噪声等效光子辐照度。光子辐照度是单位面积的光子通量，单位为 ${\rm photon \cdot s^{-1} \cdot cm^{-2}}$。

3.7.4.4　噪声等效温差

噪声等效温差（$NETD$ 或 $NE\Delta T$）是输出信号差等于输出的均方根噪声时，在指定温度下，黑体辐射源温度的变化量。$NETD$ 可表征红外系统或红外探测器探测黑体面源的温度灵敏度。物体温度、发射率的变化都能引起红外辐射的变化，系统探测灰体面源的温度灵敏度可根据 $NETD$、发射率换算得到。

如红外热像仪探测的是波长 $\lambda \sim \lambda+{\rm d}\lambda$ 的单色辐射。当黑体温度变化 $NETD$ 时，入射至光敏面的辐射通量差应等于探测器的光谱 NEP，即

$$\frac{\partial L_\lambda(T)}{\partial T}\mathrm{d}\lambda \cdot NETD \cdot A_\mathrm{o}\omega \cdot \tau_\mathrm{o}(\lambda) = NEP_{\mathrm{det}}(\lambda,\lambda+\mathrm{d}\lambda) = \frac{\sqrt{A_\mathrm{d}\Delta f_\mathrm{n}}}{D_\lambda^*} \tag{3.77}$$

式中：$\partial L_\lambda(T)/\partial T$ 为黑体的温度微分光谱辐亮度；A_o 为入瞳面积；ω 为系统的瞬时视场立体角；$\tau_\mathrm{o}(\lambda)$ 为光学效率；D_λ^* 为探测器光谱探测率；A_d 为光敏面面积；Δf_n 为噪声等效带宽。

整理可得红外热像仪对单色辐射的 $NETD$：

$$NETD = \frac{\sqrt{A_\mathrm{d}\Delta f_\mathrm{n}}}{A_\mathrm{o}\omega\tau_\mathrm{o}(\lambda)D_\lambda^* \dfrac{\partial L_\lambda(T)}{\partial T}\mathrm{d}\lambda} \tag{3.78}$$

通常红外热像仪的响应波段为波长 $\lambda_1 \sim \lambda_2$ 的宽波段，(3.77)式的两边取积分，整理可得系统 $NETD$ 为

$$NETD = \frac{\sqrt{A_\mathrm{d}\Delta f_\mathrm{n}}}{A_\mathrm{o}\omega\displaystyle\int_{\lambda_1}^{\lambda_2}\tau_\mathrm{o}(\lambda)D_\lambda^* \frac{\partial L_\lambda(T)}{\partial T}\mathrm{d}\lambda} \tag{3.79}$$

如响应波段内的光学效率恒定，上式可改写为

$$NETD = \frac{\sqrt{A_\mathrm{d}\Delta f_\mathrm{n}}}{A_\mathrm{o}\omega\tau_\mathrm{o}\overline{D_\lambda^*}\displaystyle\int_{\lambda_1}^{\lambda_2}\frac{\partial L_\lambda(T)}{\partial T}\mathrm{d}\lambda} \tag{3.80}$$

式中：$\overline{D_\lambda^*} = \dfrac{\displaystyle\int_{\lambda_1}^{\lambda_2} D_\lambda^* \cdot \frac{\partial L_\lambda}{\partial T}\mathrm{d}\lambda}{\displaystyle\int_{\lambda_1}^{\lambda_2}\frac{\partial L_\lambda}{\partial T}\mathrm{d}\lambda}$ 是以光谱微分辐亮度为权重的波段平均探测率。

如入瞳为圆形，可将 $A_\mathrm{d} = \omega f^2 = \omega F^2 D_\mathrm{o}^2$ 代入 (3.80)式，可得

$$NETD = \frac{4F\sqrt{\Delta f_\mathrm{n}}}{\pi\tau_0 D_\mathrm{o}\overline{D_\lambda^*}\sqrt{\omega}\displaystyle\int_{\lambda_1}^{\lambda_2}\frac{\partial L_\lambda(T)}{\partial T}\mathrm{d}\lambda} \tag{3.81}$$

式中：F 为光学系统 F 数；D_o 为光学孔径。

有关 $NETD$ 计算的细节，可参考本章参考资料[3]。

$NETD$ 是标定红外热成像系统温度灵敏度最常用的方法。在实验室环境下，测量系统的输出信噪比或探测器前放输出的信噪比可以很方便地得到 $NETD$。测得的 $NETD$ 通常反映了系统的电噪声性能，其中包括探测器噪声及放大、处理电路噪声。

$NETD$ 可表征红外热成像系统或红外探测器探测面目标的温度灵敏度。当用红外热成像系统观察点目标或栅条目标时，由于系统 MTF 随空间频率增加而下降，目标与背景图像的对比度也将随之下降，需要用最小可探测温差($MDTD$)描述系统对不同张角的点目标的探测能力，或用最小可分辨温差($MRTD$)描述系统对不同空间频率的栅条目标的分辨能力。红外热成像系统的 $MDTD$ 和 $MRTD$ 除与 $NETD$ 有关外，还与系统 MTF、目标的空间频率等因素有关。

3.7.5 目标探测灵敏度

3.7.5.1 探测距离

探测距离是在一定的大气和背景条件下，以要求的探测信噪比，对特定的点目标的最远发现距离，探测距离又称作用距离，或称搜索距离。目标探测系统的信噪比是目标与背景信号差的幅度与系统的均方根噪声之比。由于搜索的远距离目标通常为点源，信号差的幅度主要取决于目标照度。

为便于叙述，作用距离方程推导涉及的辐射量均为波段辐射量。目标在入瞳处的正入射辐照度为

$$E_{\mathrm{o}}=\frac{I\tau_{\mathrm{a}}}{l^2} \tag{3.82}$$

式中：I 为目标在探测方向的辐射强度；τ_{a} 为大气透过率；l 为目标距离。

目标在探测器光敏面的辐射通量为

$$\Phi_{\mathrm{det}}=E_{\mathrm{o}}A_{\mathrm{o}}\tau_{\mathrm{o}}=\frac{IA_{\mathrm{o}}\tau_{\mathrm{a}}\tau_{\mathrm{o}}}{l^2} \tag{3.83}$$

式中：A_{o} 为入瞳面积；τ_{o} 为光学效率。

探测器输出的电压采样信号为

$$V_{\mathrm{s}}=\Phi_{\mathrm{det}}\cdot R_V\cdot\delta=\frac{IA_{\mathrm{o}}\tau_{\mathrm{a}}\tau_{\mathrm{o}}\delta R_V}{l^2} \tag{3.84}$$

式中：R_V 为探测器的电压响应率；δ 为信号过程因子，也称形状因子，为采样信号与峰值信号之比，一般取 2/3。

探测器噪声电压可用电压响应率、D^* 计算：

$$v_{\mathrm{n}}=R_V\cdot NEP=\frac{R_V\sqrt{A_{\mathrm{d}}\Delta f_{\mathrm{n}}}}{D^*}$$

探测器输出信噪比为

$$SNR=V_{\mathrm{s}}/v_{\mathrm{n}}=\frac{IA_{\mathrm{o}}\tau_{\mathrm{a}}\tau_{\mathrm{o}}\delta D^*}{l^2\sqrt{A_{\mathrm{d}}\Delta f_{\mathrm{n}}}} \tag{3.85}$$

则目标探测距离为

$$l=\left(\frac{IA_{\mathrm{o}}\tau_{\mathrm{a}}\tau_{\mathrm{o}}\delta D^*}{SNR\sqrt{A_{\mathrm{d}}\Delta f_{\mathrm{n}}}}\right)^{1/2} \tag{3.86}$$

式中：D^* 为探测器波段探测率；Δf_{n} 为噪声等效带宽；SNR 为目标探测所需最小信噪比。

如入瞳为圆形，可将 $A_{\mathrm{d}}=\omega f^2=\omega F^2D_{\mathrm{o}}^2$ 代入 (3.86)式，可得到作用距离为

$$l=\left(\frac{I\cdot\pi D_{\mathrm{o}}\cdot\tau_{\mathrm{a}}\tau_{\mathrm{o}}\delta\cdot D^*}{4F\cdot SNR\cdot\sqrt{\omega\Delta f_{\mathrm{n}}}}\right)^{1/2} \tag{3.87}$$

式中：F 为光学系统 F 数；ω 为系统瞬时视场立体角。

3.7.5.2　激光测程

激光测距计或激光高度计是一种主动式光电测量仪器，通过测量发射激光脉冲与接收到的回波脉冲之间的时间间隔可计算仪器至目标表面的高程或距离。激光测距计的灵敏度可用它对特定目标的最大测程表示。只要能确定测距计能可靠地检测到的回波脉冲的最小功率，利用测距方程，可从理论上计算最大测程。

根据激光器的单脉冲能量可算得脉冲持续期间的平均功率为

$$P_t = \frac{E_t}{\Delta t} \quad (\mathrm{W}) \tag{3.88}$$

式中：E_t 为激光器发射的单脉冲能量，J；Δt 为脉冲宽度，s。

激光光束均有一定发散角，可以假设在发散角限定的范围内光强为常数，在此范围之外的光强为零。激光测距的对象可以是点目标或是面目标，点目标的面积小于目标所在处激光束的截面积，如对导弹等军事目标的测距。面目标的面积则远大于目标所在处激光束的截面积，如对地球、月球表面的测距。

面目标测距时，入射至目标表面激光束的脉冲功率 P_t' 为

$$P_t' = P_t \cdot \tau_t \cdot \tau_a$$

式中：P_t 为激光器发射的单脉冲功率；τ_t 为激光发射系统的光学效率；τ_a 为大气透过率。

如目标为半球反射率为 ρ 的朗伯面，目标漫反射的脉冲功率 P_r' 为

$$P_r' = \rho P_t' = P_t \cdot \rho \tau_t \tau_a$$

测距计回波接收系统的探测器接收到的回波脉冲的功率 P_r 主要取决于接收系统入瞳对目标所张的立体角，即

$$P_r = P_r' \cdot \left(\frac{A_r/R^2}{\pi}\right) \cdot \tau_a \cdot \tau_r \tag{3.89}$$

式中：A_r 为回波接收系统的入瞳面积；R 为目标距离；τ_r 为回波接收系统的光学效率。

代入整理可得到探测器接收到的面目标的回波功率为

$$P_r = P_t \cdot \frac{\tau_t \tau_r \tau_a^2 \rho A_r}{\pi R^2} \tag{3.90}$$

与面目标不同，点目标测距时发射的激光束仅有部分照射到目标表面。假定在发散角限定的范围内，激光束截面上光强均匀，且不考虑激光束对点目标的瞄准误差，点目标回波脉冲功率应乘上一个面积修正因子$\frac{A\cos\theta}{A_b}$，即点目标表面在激光入射方向的投影面积与目标处激光束截面积之比。

探测器接收到的点目标的回波功率为

$$P_r=\left(P_t\cdot\frac{\tau_t\tau_r\tau_a^2\rho A_r}{\pi R^2}\right)\cdot\left(\frac{A\cos\theta}{A_b}\right)=P_t\cdot\frac{\tau_t\tau_r\tau_a^2A_r}{\pi R^2}\cdot\frac{A_i}{A_b}\tag{3.91}$$

式中：A 为目标表面的面积；$A_i=\rho A\cos\theta$，称为激光雷达截面，其中 θ 为激光的入射角；A_b 为目标所在处激光束的截面积。

激光雷达截面(LRCS)可简单理解为能产生相同回波功率的等效目标面积，关于 LRCS 的完整定义，参见本章参考资料[4]。

如 φ 为光束发散角，将 $A_b=\frac{\pi\varphi^2}{4}R^2$ 代入上式，可得到点目标的回波功率为

$$P_r=\frac{4P_t\tau_t\tau_r\tau_a^2A_iA_r}{\pi^2\varphi^2R^4}\tag{3.92}$$

(3.90)式、(3.92)式表明：面目标的回波功率与距离的平方成反比，而点目标的回波功率不仅与距离的 4 次方成反比，而且与光束发散角、激光雷达截面等因素有关。

如回波接收系统的最小可探测功率 $P_{rmin}=NEP_r\cdot SNR$，其中 NEP_r 为接收系统的噪声等效功率，SNR 为保证可靠探测要求的信噪比。可算得激光测距计的最大测程分别为

面目标：
$$R_{max}=\left(\frac{P_t\tau_t\tau_r\tau_a^2\rho A_r}{\pi P_{rmin}}\right)^{1/2}\tag{3.93}$$

点目标：
$$R_{max}=\left(\frac{4P_t\tau_t\tau_r\tau_a^2A_iA_r}{\pi^2\varphi^2P_{rmin}}\right)^{1/4}\tag{3.94}$$

3.7.5.3　星等

空间目标探测、卫星导航的星敏感器等仪器的最小可探测照度通常用恒星的星等表示。星等是用天体在地球大气层外的照度的相对大小定义的，两个星等分别为 m_1、m_2 的天体与它们在地球大气层外的照度 $E(m_1)$、$E(m_2)$之间的关系为

$$E(m_2)=E(m_1)10^{\frac{m_1-m_2}{2.512}}\tag{3.95}$$

即
$$m_2=m_1-2.512\lg\left[\frac{E(m_2)}{E(m_1)}\right]\tag{3.96}$$

星等值越大，照度越小，观察到天体的亮度越暗。星等测量规定：星等每增加 1 等，照度降低为原来的 0.4 倍，即 $10^{-1/2.512}$倍。反之，星等每减少 1 等，照度增加为原来的 2.512 倍。

目前国际通用的测光系统有 U(紫外)、B(蓝)、V(黄)等波段，如表 3.7 所示。其中 V 波段(中心波长 0.550μm，光谱带宽 0.089μm)是视觉最敏感的波段，测得的星等称为目视星等，我们通常所说的星等即指目视星等。目视零等星的光谱辐照度规定为 $3.72\times10^{-12}\mathrm{W\cdot cm^{-2}\cdot\mu m^{-1}}$，对应的波段光照度为 $2.65\times10^{-6}\mathrm{lx}$。

表 3.7　U、B、V 等测光波段的零等星照度

波段	$\lambda_c/\mu m$	$\Delta\lambda_c/\mu m$	$Flux(m_\lambda=0)/(W\cdot cm^{-2}\cdot \mu m^{-1})$
U	0.365	0.068	4.27×10^{-12}
B	0.44	0.098	6.61×10^{-12}
V	0.55	0.089	3.72×10^{-12}
R	0.70	0.72	1.74×10^{-12}
I	0.88	0.24	8.32×10^{-13}
J	1.25	0.38	3.31×10^{-13}
H	1.65	0.30	1.28×10^{-13}
K	2.22	0.48	4.14×10^{-14}
L	3.6	0.70	6.38×10^{-15}
M	5.0	1.73	1.82×10^{-15}
N	10.6	4.33	8.7×10^{-17}
Q	21	5.8	6.5×10^{-18}

规定了零等星照度后，即可根据天体的星等计算其照度：

$$E(m_v)=E(m_v=0)\times10^{\frac{-m_v}{2.512}} \tag{3.97}$$

或根据天体照度计算其星等：

$$m_v=-2.512\times\lg\left[\frac{E(m_v)}{E(m_v=0)}\right] \tag{3.98}$$

表 3.8 列出了根据照度算得的几种天体的星等和根据星等算得的地球大气层外的照度。

表 3.8　几种天体的目视星等及照度

辐射源	星等	照度/lx
太阳	−26.73	1.30×10^{5}
满月	−12.5	2.67×10^{-1}
金星(最亮)	−4.3	1.39×10^{-4}
天狼星	−1.42	9.8×10^{-6}
零等星	0	2.65×10^{-6}
一等星	1	1.05×10^{-6}
六等星	6	1.05×10^{-8}

恒星是星敏感器、天文观察等仪器探测的目标，也是空间目标探测的背景，空间探测仪器的灵敏度越高，星等值越大，可观察到的背景恒星数也越多，势必增加信号处理的负担。

3.7.5.4　地物反照的信噪比计算

遥感仪器可见光、近红外探测通道的背景光子辐照度变化很大，它们对一些与背景有关的探测器噪声影响很大。因此，可见光、近红外探测通道的灵敏度不宜用噪声等效反射率差表示，而应直接用仪器信噪比来表示。

例如，FY2－01 的扫描辐射计可见光、近红外通道的探测灵敏度就是用特定地球-大气反照率下的信噪比表示的。该仪器要求可见光、近红外通道的 SNR 大于 43（地球反照率 95%）和 SNR 大于 6.5（地球反照率 2.5%）。显然，通道的 SNR 并不与反照率成正比，不同反照率地物的信噪比应分别计算。

可见光、近红外通道的探测器通常用光伏二极管，其 D^* 与背景光子噪声有关，暗背景下探测器 D^* 主要取决暗电流，亮背景下 D^* 近似与信号电流的平方根成反比。当反照率变化很大时，可见光背景的光子噪声变化很大，因此，不能用同一个 D^* 计算通道信噪比。正确的方法是：

先计算入瞳处地物反照的波段辐亮度：

$$L=\frac{S\cdot k\cdot a}{\pi} \tag{3.99}$$

式中：S 为太阳常数；a 为反照率；k 是 5900K 黑体在仪器工作波段的出射度与全波段出射度之比。

再计算探测不同反照率目标的信号电流：

$$I_s=L\cdot\tau_o\cdot\frac{\pi}{4F^2}\cdot A_d\cdot R_i \tag{3.100}$$

式中：τ_o 为光学效率；F 为 F 数；A_d 为光敏面面积；R_i 为探测器电流响应率。

探测器噪声电流：

低反照率　　$i_n=\sqrt{2e(I_d+I_s)\Delta f_n}\approx\sqrt{2eI_d\Delta f_n}$

高反照率　　$i_n=\sqrt{2e(I_d+I_s)\Delta f_n}\approx\sqrt{2eI_s\Delta f_n}$

得到通道信噪比为

$$SNR=\frac{I_s}{i_n} \tag{3.101}$$

探测低反照率目标时，探测器的噪声电流主要取决于暗电流，探测高反照率目标时，暗电流噪声可忽略，探测器噪声电流与光电流的平方根成正比。由于，噪声电流与目标辐射有关，通道的 SNR 并不与目标的反照率成正比。

3.7.6　探测概率和虚警率

红外目标搜索系统主要用于复杂背景下弱小目标的探测、分类和识别，这类系统并不要求对目标辐射进行定量测量，但也必须有一定信噪比，以保证有较高的探测概率和较低的虚警率。

噪声是均匀背景下探测目标时漏警或虚警的主要因素，可用探测概率、虚警概率和虚警率等参数描述。探测概率、虚警概率是告警系统在同等条件下，对目标进行多次独立探测成功的概率和误判的概率。

图 3.36 描述了一个红外搜索告警系统对目标的探测流程。图中，像元驻留时间为 t，探测器输出噪声为白噪声，低通滤波器的噪声等效带宽为 $1/(2t)$。无目标时背景的信号电流为 I_b，有目标时的信号电流为在背景上叠加了一个脉宽为 t、幅度为 I_s 方波脉冲。低通滤波的输出包含了滤波后的目标信号和受滤波器带宽限制的探测器噪声。阈值比较对目标的判断准则是：当有目标时输出电流 $(I_s+I_b+i_n)$ 大于设置的阈值电流 I_t 时，系统判断为背景中有目标存在，否则判为无目标存在。

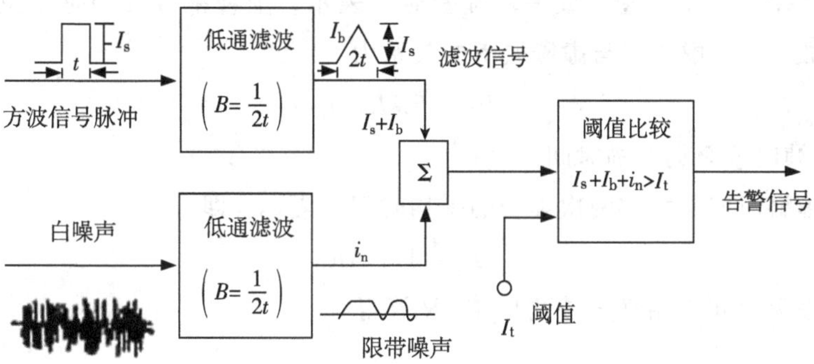

图 3.36　红外搜索告警系统的目标探测流程

均匀背景中无目标或有目标时，信号电流随机涨落的概率密度都可用相同形状的高斯分布函数描述，如图 3.37 所示。应注意：无目标时信号均值为 I_b，即背景信号电流；有目标时信号均值增加为 (I_b+I_s)，即概率分布曲线右移了 I_s，其中 I_s 是背景上叠加的目标峰值电流。由图可见，降低阈值 I_t 可提高探测率 P_d，但无疑会增加系统的虚警概率 P_{fa}。

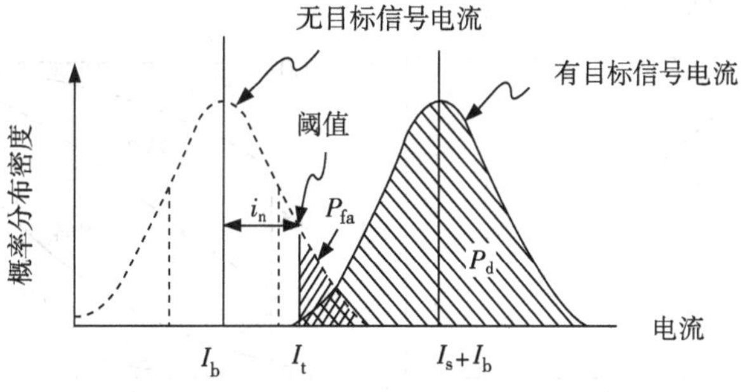

图 3.37　无目标和有目标时信号涨落的概率密度分布

根据高斯概率密度分布函数，可计算均匀背景下、单帧探测的探测概率、虚警概率与信噪比的关系。探测概率是有目标时，信号电流大于阈值的概率：

$$P_d = \int_{I_t}^{\infty} \frac{1}{\sqrt{2\pi} i_n} \exp\left[-\frac{(I - I_b - I_s)^2}{2 i_n^2}\right] dI \tag{3.102}$$

式中：I 为有目标时的信号电流；I_b 为阈值电流；i_n 为均方根噪声电流；I_s 为目标峰值产生的信号电流。

令 $u=(I-I_b-I_s)/i_n$，上式可改写为

$$P_d = \frac{1}{\sqrt{2\pi}} \int_{(TNR-SNR)}^{\infty} \exp(-u^2/2) du \tag{3.103}$$

式中：$SNR=I_s/i_n$ 是目标峰值的信噪比；$TNR=(I_t-I_b)/i_n$ 称为阈值噪声比。

虚警概率通常用虚警率或平均虚警时间表示。虚警率(FAR)是单位时间的平均虚警次数，s^{-1}。虚警率与虚警概率的关系为

$$P_{fa} = FAR \cdot t_s \tag{3.104}$$

式中：t_s 为帧时或全场扫描时间。

平均虚警时间是相邻两次虚警的平均时间间隔，s。即

$$T_m = 1/FAR \tag{3.105}$$

平均虚警时间可用噪声带宽和 TNR 算得

$$T_m = \frac{\sqrt{3}}{f_0} \exp(TNR^2/2) \tag{3.106}$$

式中：f_0 为噪声等效带宽，如扫描成像搜索系统 $f_0=1/2t$，其中 t 为像元驻留时间。帧时凝视成像搜索系统 $f_0=1/2t_s$，其中 t_s 为帧时。

设计一个目标搜索告警系统，应先根据虚警率的要求，先确定适当的 TNR，如图 3.38(a)所示。然后根据 TNR，计算所需的 SNR，如图 3.38(b)所示。目标的探测概率主要取决于(SNR-TNR)，SNR 与 TNR 的差值大于 1.28，探测概率可大于 0.9。

本节内容可参见本章参考资料[5,6]。

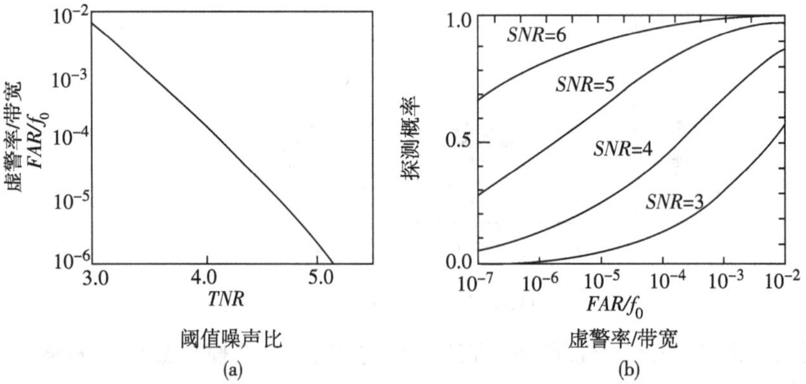

图 3.38 目标搜索告警系统 TNR 和 SNR 的确定

3.8 红外焦平面阵列

3.8.1 概述

红外焦平面阵列,简称红外焦平面(FPA),是将敏感元阵列和读出电路集成于一体的探测器组件。通常红外焦平面由红外探测器(敏感元)阵列和读出电路两部分组成。依据探测器阵列敏感元的排列形式,红外焦平面阵列有线列和面阵两种结构,它们可以分别用于扫描和凝视成像系统。像元是焦平面阵列的最小探测单元,也称像素。在焦平面阵列探测器中一个像元,不仅包含一个敏感元,还可以包含它的读出电路。

读出集成电路(ROIC)具有前置放大、多路传输、视频放大、信号处理等功能。图 3.39 给出了一个凝视面阵的结构和 ROIC 的主要功能。

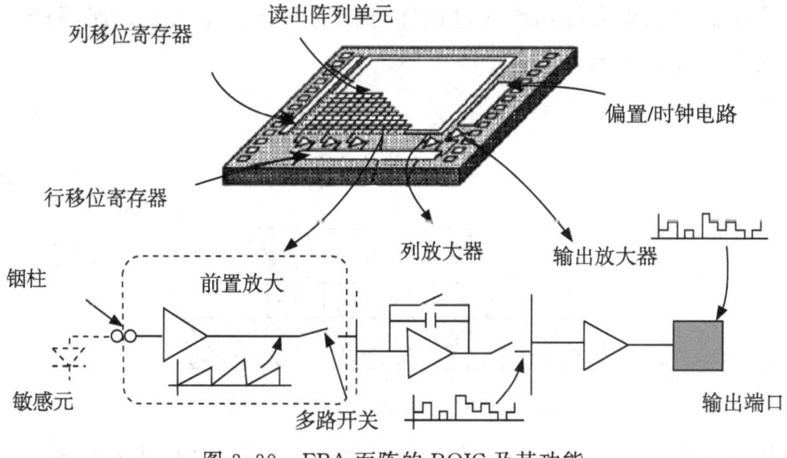

图 3.39 FPA 面阵的 ROIC 及其功能

红外焦平面的使用可大大提高系统探测灵敏度和成像帧频,被称为第二代红外探测器。目前已经研制成从可见到甚长波、致冷和非致冷的各种红外焦平面,其单片焦平面的像元数可以做到大于 10^6。作为第三代红外探测器的双色(多色)红外焦平面也已出现,正在深入研究之中。

3.8.2 红外焦平面器件结构

3.8.2.1 单片型红外焦平面

敏感元阵列和读出电路集成在一个芯片上的红外焦平面称为单片型红外焦平面。依据使用的材料和结构的不同,目前单片型红外焦平面大致有四类。

(1)全硅工艺。其敏感元就用硅光电二极管或硅-金属接触肖特基二极管,读出电路用硅 CCD 或 CMOS，与敏感元阵列集成在一个硅片上。用硅光电二极管作敏感元的焦平面通常被称为 CCD 图像传感器或 CMOS 图像传感器。

(2)读出电路做在硅衬底上，在硅衬底上异质外延上红外材料，如 HgCdTe，在外延薄膜上制作红外探测器。

(3)读出电路做在硅衬底上，在硅衬底上制作红外敏感的微桥结构，微桥结构即各种红外热探测器的敏感元，如很多非致冷型的红外焦平面。

(4)在红外材料上直接做 CCD 或 CID 等多路传输器，因而在同一芯片上可以集成红外敏感元和读出电路。

3.8.2.2 混成型红外焦平面

混成型红外焦平面的敏感元阵列和读出电路分别集成在两个芯片上，敏感元阵列芯片与读出电路芯片通过互连，构成焦平面器件，常用的互连方法有以下几种。

1. 直接混成

将敏感元阵列芯片和读出电路芯片通过铟柱直接电连接的互连方法称为直接混成。每一个敏感元的信号输出端通过铟柱与读出电路的输入端相连，两个芯片也就通过铟柱直接互连在一起，如图 3.40 所示。

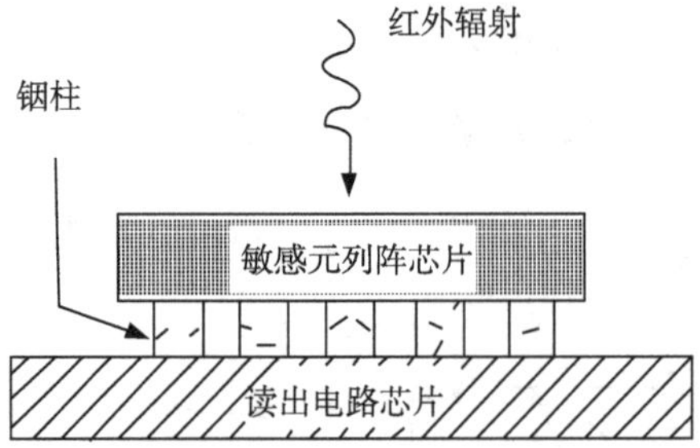

图 3.40　直接混成型红外焦平面的结构

直接混成型红外焦平面是当前发展最成熟的焦平面结构，其优点是：

(1)敏感元阵列芯片和读出电路芯片可分别制作，因而其材料、工艺均可独自优化，而不受牵制。由于读出电路都做在硅片上，因此充分利用了现在高度发展的硅集成工艺技术。

(2)敏感元阵列可获得接近 100%的占空因子。

(3)读出电路可增大信号处理器的面积。

然而，直接混成型红外焦平面的一个重要限制是敏感元材料与硅材料之间热膨胀的不匹配问题。室温下互连后的焦平面在低温条件下工作时，由于两种材料热胀系数的差异会造成敏感元材料开裂而失效。因此这种结构对敏感元芯片的面积有一定的限制。

2. 间接混成

将敏感元阵列芯片和读出电路芯片分别互连到热膨胀系数相匹配的衬底(常使

用宝石片)上,从而实现两个芯片互连的方法称为间接混成。间接混成型红外焦平面结构如图 3.41 所示。

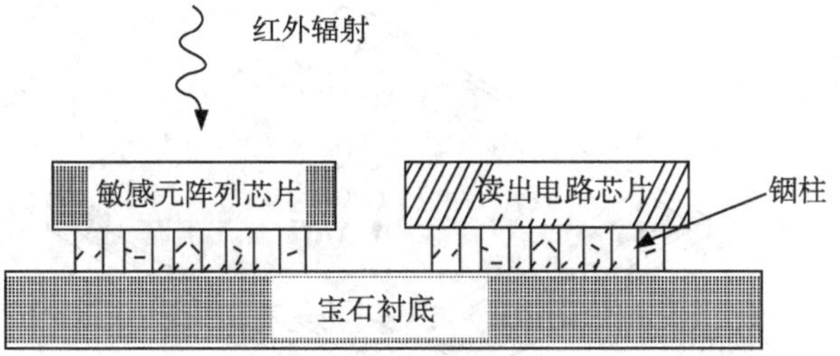

图 3.41　间接混成型红外焦平面的结构

除具有直接混成型的优点外,间接混成型红外焦平面的读出电路芯片面积不受敏感元芯片面积的限制,可以有较灵活的变化,其热胀失配问题也比较好解决。但是衬底上的布线增加了读出电路前放输入端的电容,从而对焦平面的性能会带来一定的影响。间接混成型焦平面结构通常使用在长线列和级数不高的 TDI 面阵焦平面中。

3. 环孔技术

环孔技术是制作混成型焦平面的一种技术。它不用铟柱互连,而是把敏感元材料粘到硅读出电路芯片上,然后将敏感元材料减薄,并在其上制作光伏二极管或 MIS 器件作为敏感元。这些敏感元通过环孔与底层的读出电路相连。环孔的制作方法是首先刻蚀敏感元材料直至跟读出电路的输入端相通,然后金属化环孔。其结构如图 3.42 所示。

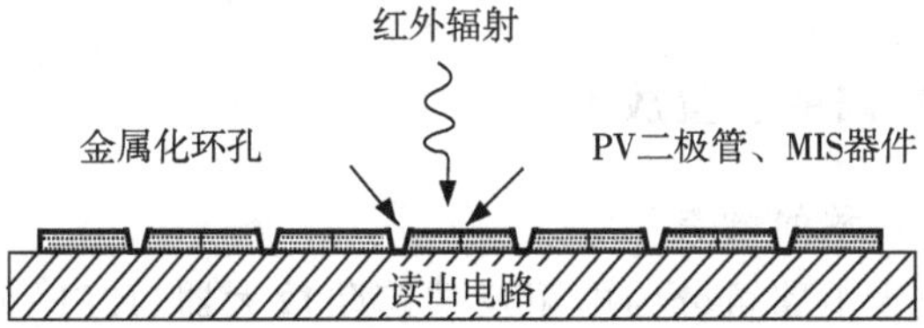

图 3.42　用环孔技术制作的混成型焦平面

由于敏感元材料磨得很薄(小于 10μm),因此热失配问题并不严重。环孔技术已经应用到长波和中波的 HgCdTe 混成红外焦平面,获得了高的性能和可靠性。目前已制成 640×512 元的面阵,其像元尺寸为 15μm,环孔为 2μm。

3.8.2.3　背照式和正照式红外焦平面

由敏感元阵列芯片背面入射辐射的红外焦平面称为背照式红外焦平面,如图 3.43所示。直接混成型红外焦平面中,为了避免硅读出电路对入射辐射的遮挡,辐射只能从敏感元芯片的背面入射。这时辐射要透过衬底才到达敏感元的 p-n 结。因此其衬底对辐射必须是透明的，如果不透明，则要减薄衬底，以尽量减小衬底的吸收。目前研制的直接混成型焦平面都采用背照的方式工作，如图 3.43。

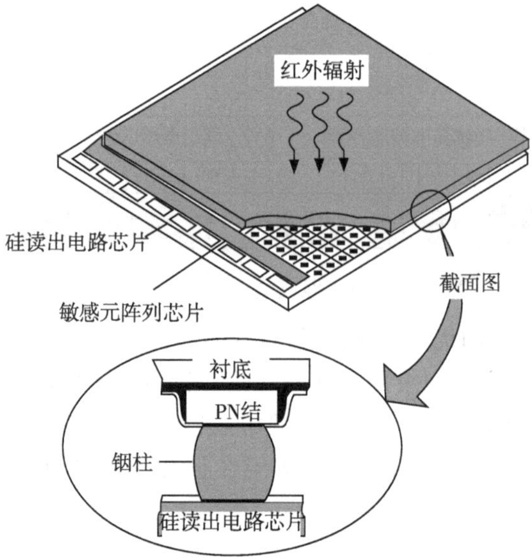

图 3.43　背照式红外焦平面

辐射不经过衬底直接入射至敏感元的红外焦平面称为正照式红外焦平面。单片结构的红外焦平面一般均可采用正照式工作。由于敏感元与读出信号的多路传输器通常处于同一平面，因此其占空因子会受影响。间接混成的红外焦平面如果不用铟柱倒装焊而采用引线键合互连，则由于敏感元芯片的光敏面向上，因此也要正照工作。

3.8.3　读出集成电路的前置放大

3.8.3.1　集成前放的种类

ROIC 的前置放大电路可分为电阻反馈跨阻放大器(RTIA)和复位积分器两大类。RTIA 能连续输出电压信号，如电压放大器、电流-电压放大器等。RTIA 通常用分立元件构成，用于多元探测器前放。ROIC 中，RTIA 大多用作列放大器、视频放大器等，很少用作前放。

复位积分器是能周期性输出电信号并复位的光电荷积分器。典型电路有自积分(SI)、源极跟随自积分(SFD)、电容反馈跨阻放大器(CTIA)等种类，绝大多数焦平面器件敏感元的前放都采用复位积分器。

3.8.3.2　集成前放性能概述

图 3.44 给出了读出集成电路常用的几种前置放大器，除 RTIA 外，均为复位积分器。复位积分器的前置放大的主要功能是完成电荷积分的驱动、放大和一个积分

周期结束后的复位。

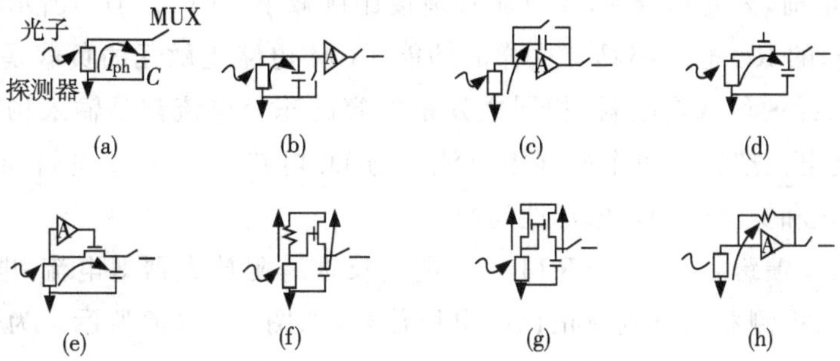

图 3.44　常用 ROIC 前置放大电路

(a)SI；(b)SFD；(c)CTIA；(d)DI；(e)FEDI；(f)CM；(g)RL；(h)RTIA

(1)自积分电路(SI)。自积分电路是最简单的积分复位电路。在给定的一帧时间内，光电荷直接在探测器两端的电容上积分，然后通过多路传输器周期性地传出单元电路。每帧结束，多路传输器对积分电容复位，如图 3.44(a)所示。

(2)加缓冲放大的自积分电路(SFD)。加缓冲放大的自积分电路在 SI 上增加了缓冲放大器，通常在每个探测器后加一个 MOSFET 源极跟随器，如图 3.44(b)所示。当探测器电流在输入端积分时，SI 和 SFD 电路的探测器偏置电压都将发生变化。由于大多数探测器的信号特性随偏置电压变化，会引起响应的非线性。此外，SI 和 SFD 电路都不提供信号增益。

(3)电容反馈跨阻放大电路(CTIA)。电容反馈跨阻放大电路在高增益差分放大器的反相端引入电容反馈，相当于一个积分器，如图 3.44(c)所示。由于光电荷在反馈电容上积分，而不是在探测器两端的电容上积分，这样可使探测器偏置稳定，进而可得到线性更好的信号传递函数。CTIA 可在多路传输前对信号进行放大，其缺点是 CTIA 电路比 SI、SFD 所占的面积大。

(4)直接注入电路(DI)。直接注入电路通过 MOSFET 的源极提供一个低阻抗的探测器接口，有利于探测器偏置恒定，如图 3.44(d)所示。光电荷在 MOSFET 的漏极电容上积分。DI 较适合用于光子通量中等或较高的情况，因为探测器的光生电流减小时，MOSFET 的输入阻抗迅速增加，导致偏置不稳。另外，每一积分周期后 DI 电路的输入结点无复位，前一帧电荷会与下一帧电荷相累积，使频率响应降低。

(5)反馈增强 DI 电路(FEDI)。反馈增强 DI 电路与 DI 电路的差别是在探测器结点和 MOSFET 栅极之间加入了一个反相放大器，可进一步降低低背景应用时的输入阻抗，如图 3.44(e)所示。

(6)电流镜像电路(CM)。

(7)电阻负载电路(RL)。由于尺寸限制，当辐照很强时，单元电路的电容不可能收集所有光电荷，因此积分前，光电流必须按比例减小。图 3.44(f)所示的 CM 电路和图 3.44(g)的 RL 电路都具有这样的功能。CM 电路光敏元的负载是 MOSFET，RL 电路光敏元的负载是电阻，相同之处是电容的积分电流都是输入场效应管感应产生的、与光电流按比例减小的漏极电流。与 DI 电路一样，CM 电路和 RL 电路均存在频率响应和探测器偏置稳定性问题。

(8)电阻反馈跨阻放大器(RTIA)。电阻反馈跨阻放大器即电流-电压放大器，可连续输出与探测器光电流成正比的电压信号，如图 3.44(h)所示。为了提供可与 CTIA 相比的增益，RTIA 电路需要较大反馈电阻。而大电阻要占用较大的单元面积，同时会引起高的 $1/f$ 噪声和漂移。

3.8.4 电流-电压放大器

电阻反馈跨阻抗放大器(RTIA)通常用分立元件构成。RTIA 常用于单元或多元光伏探测器放大电路，能连续地输出与光电流成正比的电压信号。ROIC 的 RTIA 主要用于视频放大。

探测器与电流-电压放大器组件的主要噪声源包括光子噪声、探测器噪声、放大器反馈电阻噪声和放大器晶体管噪声等。设计 RTIA 时，适当增加反馈电阻阻值能减小反馈电阻热噪声对组件总噪声的影响。

反馈电阻注入至输入节点的噪声电流为

$$i_{R_{\mathrm{fb}}} \approx \left(\frac{4kT\Delta f}{R_{\mathrm{fb}}}\right)^{1/2}$$

如探测器热噪声是主要噪声源，应要求反馈电阻噪声小于探测器的热噪声，即

$$R_{\mathrm{fb}} > R_0 \frac{T_{R_{\mathrm{fb}}}}{T_{\mathrm{det}}}$$

式中：R_{fb}为反馈电阻；$T_{R_{\mathrm{fb}}}$为反馈电阻温度；R_0 为探测器电阻；T_{det}为探测器温度。

如果光子噪声是主要噪声源，应要求反馈电阻的噪声电流 $i_{R_{\mathrm{fb}}}$ 小于光子噪声电流 i_{ph}。光伏探测器的光子噪声为

$$i_{\mathrm{ph}} = (2qI_{\mathrm{ph}}\Delta f)^{1/2}$$

故要求

$$R_{\mathrm{fb}} > \frac{2kT_{R_{\mathrm{fb}}}}{qI_{\mathrm{ph}}}$$

式中：I_{ph}为光生电流；Δf 为噪声等效带宽。

从上面分析可以看出：选择较大的反馈电阻可限制它对总噪声的贡献。另外，增益较高也有利于减小对后续放大电路噪声源的影响。但是，反馈电阻过大将使信号容易饱和。

3.8.5 复位积分电路

3.8.5.1 自积分型

自积分型(SI)复位积分器的特征是光电荷存贮于敏感元和结点的电容中，信号通过多路开关传至列放大器，如图 3.45 所示。自积分型的单元电路简单，占用面积极小。为增强自积分型(SI)复位积分的总线驱动能力，可将积分信号经 MOSFET 的源极跟随器缓冲后驱动多路传输总线，即为加缓冲放大的自积分电路(SFD)。许多 CMOS 图像传感器敏感元的信号读出都采用了 SFD 型的复位积分电路。

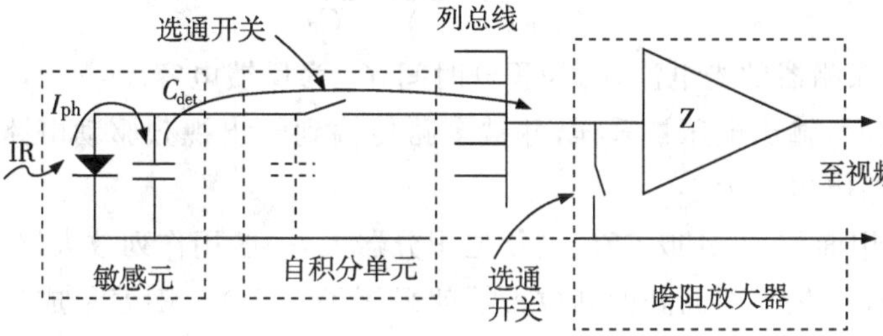

图 3.45　自积分型复位积分器

SI 型和 SFD 型复位积分器均有：无信号增益、光伏二极管无稳定偏置、有开关复位噪声(kTC 噪声)等缺点。

3.8.5.2 电容反馈跨阻抗放大器

电容反馈跨阻抗放大器(CTIA)也称米勒(Miller)复位积分器，如图 3.46 所示。CTIA 能提供稳定的探测器偏置，且有高光电流注入效率、高增益和低噪声等特点，总体性能超过大多数跨阻放大器。而且，CTIA 容易被集成到硅集成电路中，其高频响应和调制传递函数优于大多数其他复位积分器。

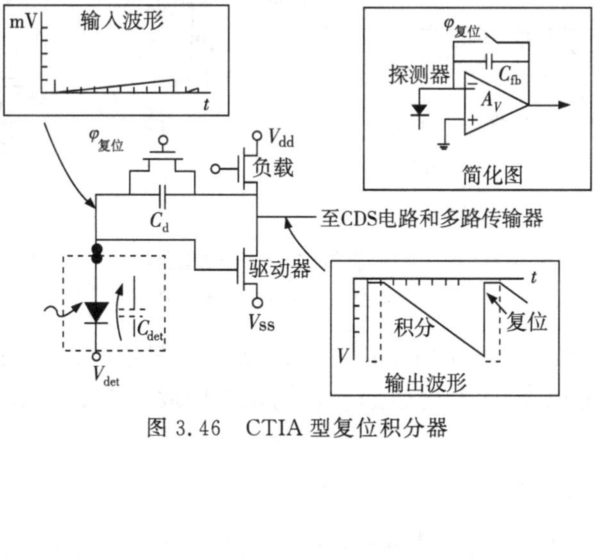

图 3.46　CTIA 型复位积分器

CTIA 是个开环增益高达数百至数万倍的集成放大器。光电流从集成放大器的反相端注入，反相端电平变化微小，接近于电路地，可为光伏探测器提供一个稳定的零偏压。

$$\Delta V_{\text{in}}=\frac{I_{\text{det}}t_{\text{int}}}{C_{\text{fb}}(1+A_V)}\approx 0$$

当与反馈电容并联的复位开关打开时，复位积分放大器开始积分，在整帧积分时间内，输出一个高线性的电压信号，其增益取决于反馈电容而不是探测器两端的电容。

$$V_{\text{out}}=\frac{A_V I_{\text{det}}t_{\text{int}}}{C_{\text{fb}}(1+A_V)}=\frac{I_{\text{det}}t_{\text{int}}}{C_{\text{fb}}} \tag{3.107}$$

式中：I_{det}为光伏探测器的光电流；t_{int}为积分时间；C_{fb}为反馈电容。

在积分结束时，输出电压被采样，并被多路传输到输出视频驱动电路。采样后，复位开关闭合，输出电压为零。

CTIA 的占用面积比 SI 或 SFD 型复位积分器大，一般用作列放大器或视频放大器，如一些室温红外焦平面面阵的列放大器就采用了 CTIA。随着集成技术的发展，CTIA 已可制作在每个像元中。

3.8.5.3　直接注入型

直接注入电路(DI)的特点是光电流经输入晶体管源极流入输出端的积分电容[见图 3.47(a)]或直接注入 CCD 势阱[见图 3.47(b)]。DI 电路用作 CCD 输入已有多年，这种读出结构占用面积很小，与 SI 电路相比，也许是第二种简单的积分复位电路。DI 电路的积分功能是光电荷直接在晶体管输出电容或 CCD 势阱中积累实现的，复位则是靠电容复位或 CCD 势阱电荷的转移。

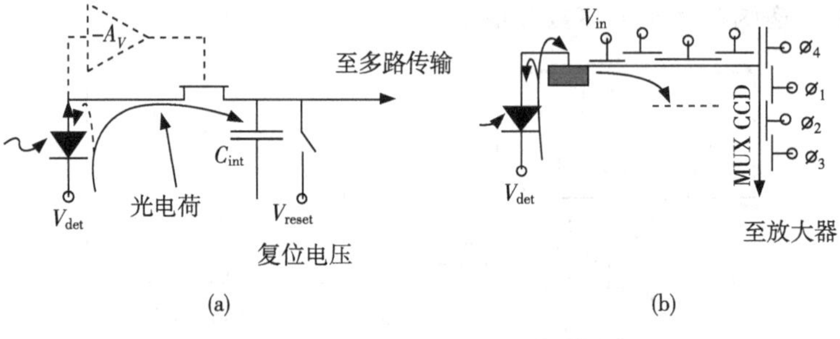

图 3.47　直接注入型复位积分器

(a)注入至积分电容；(b)进入至 CCD 势阱

与 SI、SFD 复位积分器不同，DI 或 CTIA 都有信号增益，注入至电容的 DI 电路的增益取决于积分电容，注入至 CCD 势阱的增益则取决于 CCD 输出场效应管的栅极电容。

3.8.5.4　噪声等效带宽

复位积分器尽管有多种类型，本质上都是时间频率域的低通滤波器。我们可以从分析它的频率响应着手，导出它的噪声带宽与积分时间的关系。

图 3.48 为复位积分电路的简化图。在积分时间内，探测器产生的光电流 $x(t)$ 向积分电容 C_{int} 充电。积分周期结束后，对积分电容上电压进行采样，然后复位。

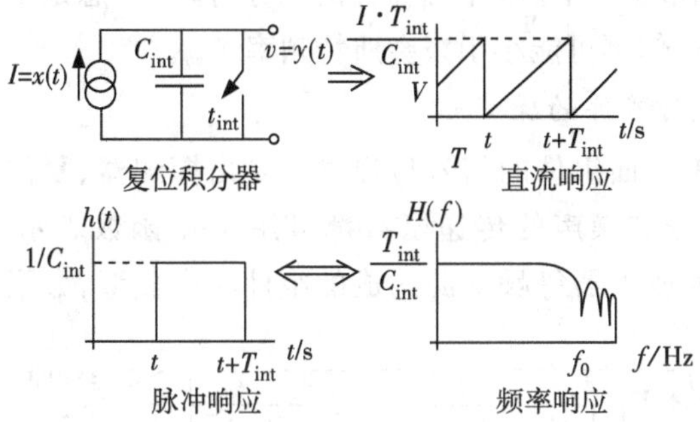

图 3.48　复位积分电路的脉冲响应和频率响应

如光电流 $x(t)$ 为直流信号，积分电容充电电压波形为锯齿波，复位积分器输出信号（即直流响应）是积分结束采得的锯齿波的峰值。假设在积分期内，有一个脉冲电流 $\delta(t)$ 对电容充电，充电电量为 1 个单位电量。复位积分器对脉冲电流的电压响应是积分期内脉冲电流对电容充电的电压，即脉冲响应函数为

$$h(t)=\frac{1}{C_{int}}\int_{t}^{t+T_{int}}\delta(x)\mathrm{d}x \quad (\mathrm{V}) \tag{3.108}$$

式中：T_{int} 为积分时间；C_{int} 为积分电容。

复位积分电路的脉冲响应函数 $h(t)$ 是一个宽度等于 T_{int} 的矩形函数，矩形窗口内电压响应的幅度为 $1/C_{int}$，窗口外响应为零。对脉冲响应函数进行拉普拉斯变换，可得到复位积分电路的频率响应：

$$H(f)=\frac{T_{int}}{C_{int}}\cdot\frac{\sin(\pi f T_{int})}{\pi f T_{int}}=\frac{T_{int}}{C_{int}}\cdot\mathrm{sinc}(\pi f T_{int}) \quad (\mathrm{V}\cdot\mathrm{A}^{-1}) \tag{3.109}$$

复位积分电路的直流响应为 T_{int}/C_{int}，故相对频率响应为

$$H(f)/H(0)=\mathrm{sinc}(\pi f T_{int})$$

相对频率响应为 sinc 函数，它有两个特征频率，一个是相对频率响应下降至零的截止频率 $f_c=1/T_{int}$，即

$$H(f_c)/H(0)=\sin\pi/\pi=0$$

另一个特征频率为截止频率的一半 $f_0=f_c/2=1/(2T_{int})$，该频率处的相对频率响应将下降为

$$\frac{H(f_0)}{H(0)}=\frac{\sin(\pi/2)}{\pi/2}=\frac{2}{\pi}\approx 0.64 \tag{3.110}$$

经复位积分器后，频率为 f_0 的噪声的电压衰减比为 0.64，频率高于 f_0 的噪声被明显衰减，频率高于 $2f_0$ 噪声将衰减至零。工程上，带积分复位读出的焦平面的噪声带宽通常按 $\Delta f_n = f_0 = 1/(2T_{int})$ 计算。

焦平面器件的敏感元信号是按帧读出的，帧频决定了它对运动目标的时间分辨率的极限。焦平面帧频的一半也称为它在时间频率域的奈奎斯特频率，即 $f_{naq} = 1/(2T_s)$，其中 T_s 为帧时。由于焦平面器件的积分时间 T_{int} 总是小于帧时 T_s，增加积分时间可压缩噪声带宽，但不可能小于奈奎斯特频率 f_{naq}。

3.8.5.5　焦平面器件的噪声

自积分型光伏焦平面组件的信号传递过程是由探测器、复位开关、列放大器等环节串联而成的，其信号和噪声的传递函数都可用 sinc 函数表示，在此基础可建立由探测器、复位开关、列放大器等噪声源构成的组件噪声模型，如图 3.49 所示。

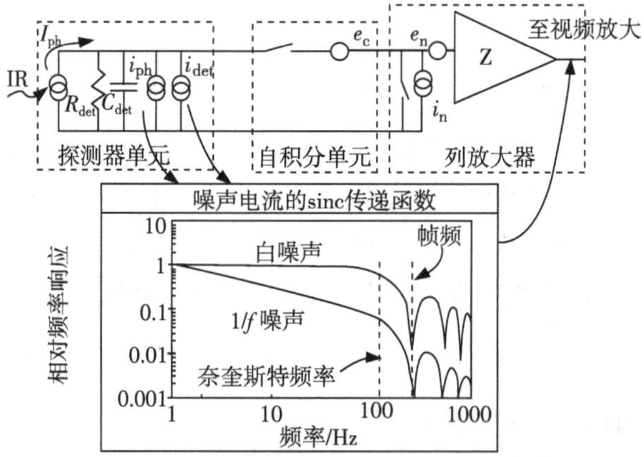

图 3.49　自积分型光伏焦平面器件的噪声模型

探测器噪声包括背景光子噪声和敏感元内部噪声（如热噪声、$1/f$ 噪声），图3.49 中分别用 2 个噪声电流源表示。

SI 或 CTIA 等电路的主要噪声是复位噪声，复位噪声本质上是复位开关导通电阻产生的热噪声。复位开关闭合时，积分电容对导通电阻的热噪声电流进行积分。复位结束时，积分电容上剩余电荷表现为积分开始时复位电平的随机起伏。积分电容与开关导通电阻构成一阶 RC 低通电路，根据热噪声功率谱和噪声等效带宽，可算得在放大器输入结点处复位噪声的均方根噪声电压为 $(kT/C)^{1/2}$。因此，复位噪声也称 kTC 噪声。图 3.49 中用一个噪声电压源表示。

放大器噪声可用等效输入噪声电流和噪声电压表示，如图 3.49 所示。将上述所有噪声源在列放大器的输入端进行电流叠加，即可得到焦平面组件的等效输入噪声电流。

3.8.6 信号多路传输与读出

焦平面阵列探测器都需要将少至数十多达数兆的敏感元信号通过多路传输器(MUX),依序切换为单个或多个信号输出,并送至读出电路放大。最常用的多路传输器有 CCD 和 CMOS 两种。

3.8.6.1 CCD 多路读出

CCD(电荷耦合器件)多路传输的特点是以电荷为传输信号,而不是以电流或电压为传输信号。CCD 多路传输是一个包含电荷注入、存贮以及随后沿半导体表面转移的过程。CCD 信号电荷有光注入和电注入两种方法,CCD 信号电荷转移过程可视为模拟信号的移位寄存。

CCD 基本单元为 MOS(金属-氧化物-半导体)结构。每个单元有 3～4 个栅极,栅极由金属或多晶硅等导电材料制成。在栅极与半导体材料之间有一层氧化物(SiO_2)起隔离作用,埋藏在基片内部的电荷传输沟道采用半导体 Si 材料。

在栅极上加高电平形成可存贮光电荷的势阱 (potential well),势阱的作用相当于可存贮电荷的“桶”。在栅极上加零电压或负电压则形成势垒 (potential barrier),势垒的作用相当于能隔离电荷的“隔板”。

图 3.50 中,当栅极 $P2$ 加正电压,栅极 $P1$、$P3$ 电压为零时,$P2$ 下面形成可存贮电荷的势阱,$P1$、$P3$ 下面形成能隔离电荷的势垒。注入的光电荷被限制在被势垒所包围的势阱中。

按适当的时序改变栅极电压,可依序将势阱中的电荷包传输至输出端。以图 3.51所示的三相 CCD 多路传输器为例,若 φ_1、φ_2、φ_3 分别为三个栅极的电压,当 φ_1 最高,$\varphi_2=\varphi_3=0$ 时,电荷流入并被存贮在第一栅极下面半导体薄层的势阱中。

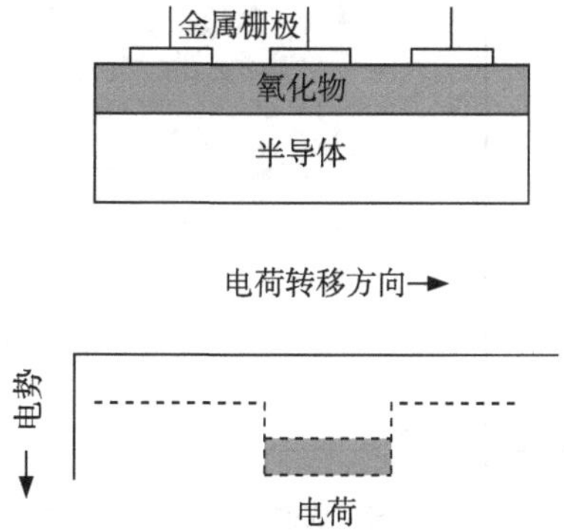

图 3.50 CCD 基本结构与势阱

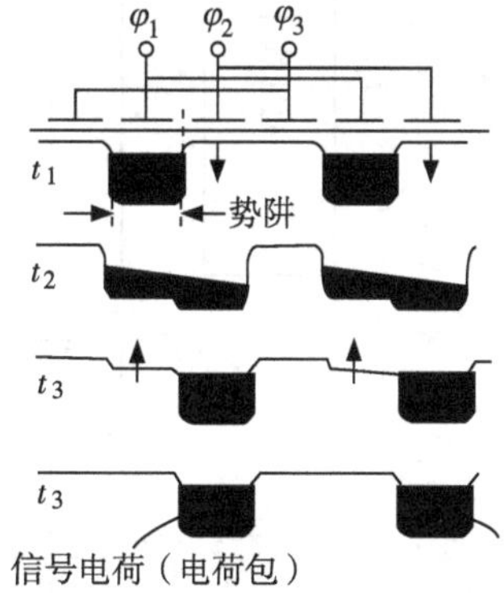

图 3.51 三相 CCD 电荷转移原理

增加 φ_2 并将 φ_1 减少到零将强迫靠近半导体表面的电荷流入第二栅极下的势阱中。这一过程在 φ_2 和 φ_3 之间重复,可将电荷包再次转移至第三栅极下的势阱中。

CCD 的信号电荷最终转存在末端的扩散区，形成的电压信号经源极跟随器驱动输出负载，如图 3.52 所示。源极跟随器的栅极必须在下一个信号到达之前复位。

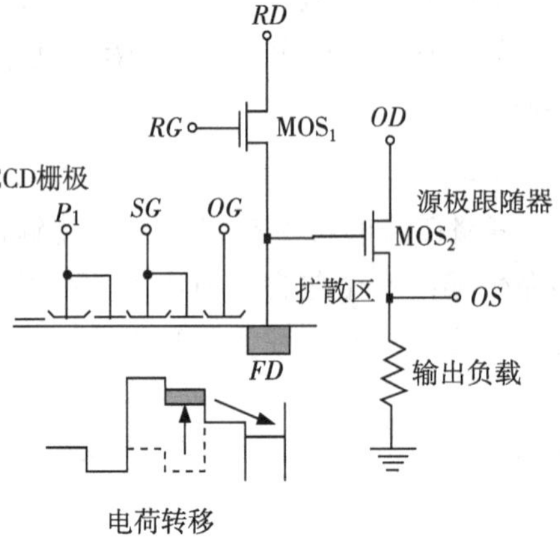

图 3.52 CCD 电荷信号的转移与输出

在电荷转移过程中，CCD 必须提供信号电荷包之间的隔离并有极高的电荷转移效率。电荷的不完全转移不仅导致信号下降，也将产生串音，导致 *MTF* 下降，因为未转移走的电荷会出现在相邻像元的下一个电荷包中。

3.8.6.2 CMOS 多路读出

如将 CCD 多路读出电路类比为一个模拟的移位寄存器，CMOS 多路读出电路则类似于一个模拟开关阵列。利用场效应开关管阵列，可依序选通敏感元阵列的各个敏感元，将光电转换输出的电信号连接至总线并放大读出，如图 3.53 所示。

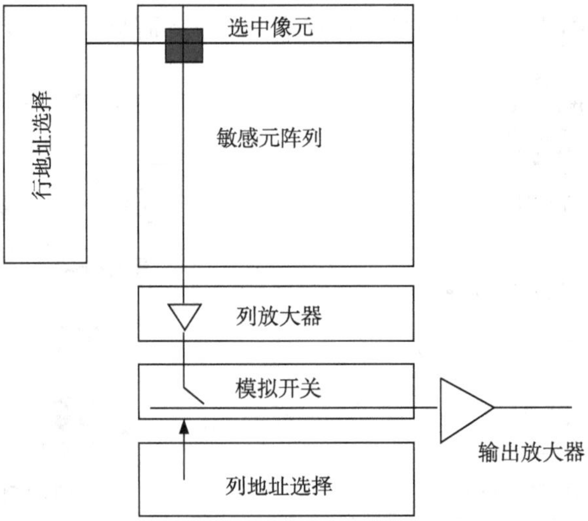

图 3.53 CMOS 多路传输与信号读出

3.8.7 片上信号处理

片上信号处理可以在单元电路内，或在视频输出前的多路传输器内完成。最常用的信号处理是频带限制(由复位积分电路放大器提供)、采样与保持、相关双采样和时间延迟积分。

3.8.7.1 采样与保持

传感器的所有敏感元经常是同时积分的，采用采样保持电路可以在一帧结束时采集前一帧的图像信号，并暂时存贮起来，用于随后多路传输器的读出。最简单的采样与保持电路(S/H)由 MOSFET 采样开关、保持电容和增益为 1 的缓冲放大器组成，如图 3.54 所示。

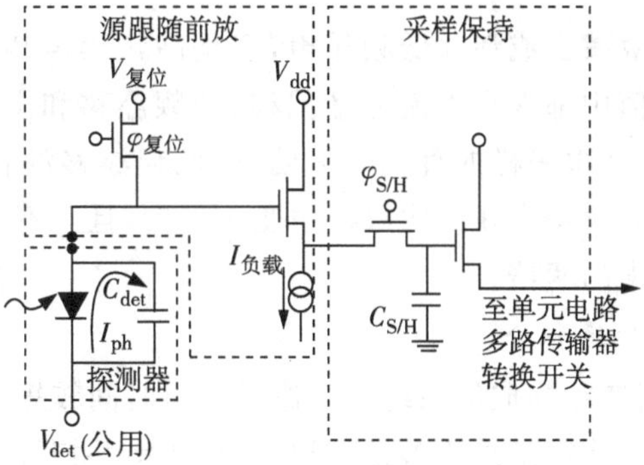

图 3.54 采样保持电路

采样保持电路的采样时间和保持时间分别取决于保持电容的充电和放电的时间常数，输出缓冲器必须能驱动多路传输器的总线电容。采样保持电路的噪声主要是保持电容的 kTC 噪声，一般小于前置放大器的输出噪声。因此，采样保持电路增加的噪声是很小的。

3.8.7.2 相关双采样

漂移和 $1/f$ 噪声通常是读出前置放大器的主要噪声来源。为了达到更低的噪声和更高的绝对精度，在复位积分器开始积分时可用相关双采样周期性地重校放大器电路或重复调零。

相关双采样实际上对每个像元进行了两次采样，分别在帧积分开始时和在每帧积分结束后，最终输出两次采样的差值。这种处理可以在焦平面外的数字处理中完成，也可以在集成芯片的单元电路中完成，如图 3.55 所示。

图 3.55 给出了一个自积分单元(SFD)的相关双采样电路(CDS)的实例，SFD 输出端增设了一个箝位电路。箝位电路由箝位开关和电容组成，其作用是将电荷积分开始时的输出电平箝位至固定值。这种箝位能消除开始积分时 SFD 输出信号电平的直流偏移或低频漂移，但不影响电荷积分产生的信号电平的变化幅度。

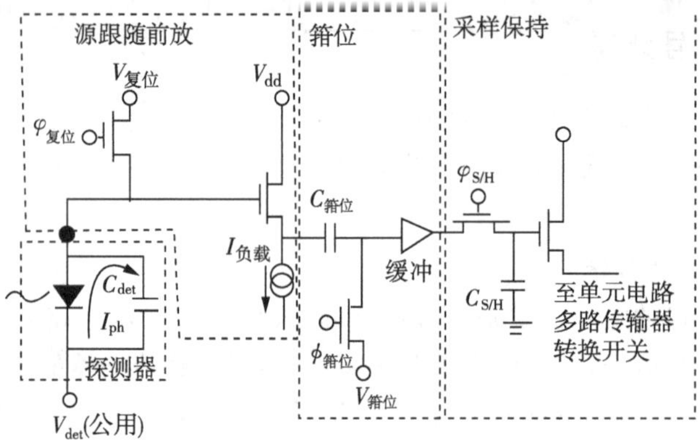

图 3.55　有相关双采样功能的 SFD 单元电路

相关双采样能有效减少或消除低频噪声，但是高频噪声却增加了。这是因为初始采样值和最终采样值中都含有直流电平偏移、低频漂移和高频噪声。由于两次采样在很短时间内进行，两次采样的直流电平偏移、低频漂移没有明显变化，所以在相减处理中被消除。而高频噪声在两次采样中变化很大，且互不相关，最后结果是高频噪声的功率增加为原来的两倍。

3.8.7.3　时间-延迟积分

高空间分辨率、高速扫描成像系统由于像元驻留时间较短，单元扫描系统的探测灵敏度难以提高。解决途径是采用多元并扫、推扫或串并扫等方法。

时间-延迟积分(TDI)是一种串并扫常用的信号处理技术。TDI 技术将串扫时各级像元获取的信号适当延迟后进行配准、相加，然后输出，以增加像元驻留时间。图 3.56 为一个具有 TDI 功能的 8N 线列探测器，该器件的结构相当于一个 8 行×N 列的面阵，沿扫描方向有 8 个光敏元串行扫描，在垂直于扫描的方向有 N 个光敏元并行扫描。

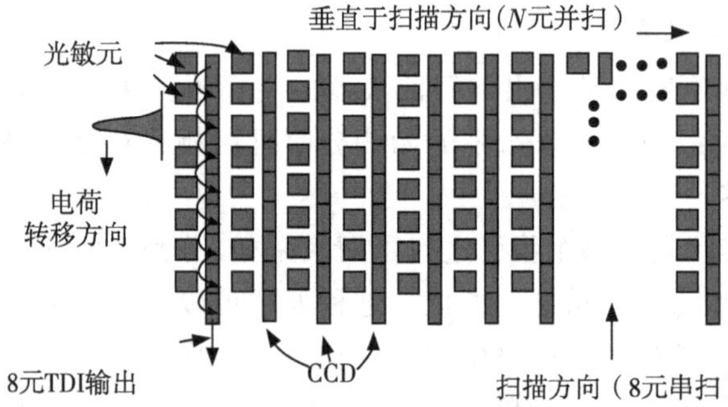

图 3.56　用 CCD 在芯片上实现 TDI 功能

图 3.56 中，同列光敏元相对应的 8 个瞬时视场依次扫过同一个物点，将这 8 次扫描产生的信号电荷通过时间延迟再累加起来。由于短时间内同一景物点的辐射信号是相关的，累加后信号增加为 8 倍，而混杂在信号中噪声是互不相关的，累加后噪

声增加为$\sqrt{8}$倍，即探测信噪比可增加为$\sqrt{8}$倍。由此可见，采用 TDI 技术可以在不降低扫描速率和空间分辨率前提下提高系统的信噪比。

TDI 可以在焦平面外或在读出集成电路芯片上实现。芯片上实现 TDI 的最普遍的方法是采用 CCD 技术。图 3.56 中的 $8N$ 器件有 N 个 CCD，每个 CCD 可完成 8 元信号电荷的移位、累加、读出。CCD 电荷移位的方向与扫描方向相反，电荷移位的速度应与扫描速度同步，以保证 CCD 输出电荷是对同一物点信号电荷的累加。

3.9 焦平面阵列的噪声

3.9.1 时间噪声与空间噪声

焦平面是由敏感元阵列和读出电路集成的组件，焦平面器件的输出噪声包含探测器、复位开关、列放大器等的噪声。为便于焦平面噪声性能的分析和测试，可将其噪声更简单地划分为大两类，即时间噪声和空间噪声。时间噪声或空间噪声又可分为与曝光量有关和无关两种噪声，参见表 3.9 和本章参考资料[7]。

表 3.9 FPA 时间、空间噪声及其与曝光量的关系

噪声类型		与曝光量 exp 的关系
时间噪声	量子噪声	$\propto \sqrt{\exp}$
	读出噪声	无关(加性)
空间噪声(固定图案噪声)	响应率非均匀	$\propto$exp(乘性)
	暗电流非均匀	无关(加性)

焦平面像元的时间噪声是像元响应帧间涨落的均方根噪声，焦平面器件的时间噪声是全帧像元时间噪声的平均值。焦平面器件的空间噪声不随时间变化，也称固定图案噪声，定义为均匀辐照下像元响应相对于全帧像元平均响应涨落的均方根噪声。其中的像元响应通常取多帧的平均值，以消除像元时间噪声的影响。

焦平面器件的时间噪声有量子噪声、读出噪声等，其中量子噪声包含了概率密度分布可以用泊松分布描述的散粒噪声和不能用泊松分布描述的过剩噪声。量子噪声近似与曝光量的平方根成正比，是与背景辐射有关的噪声。

空间噪声包括像元响应率非均匀和像元暗电流非均匀产生的噪声，总称为固定图案噪声，空间噪声不随时间变化。CCD、CMOS 图像传感器也将暗电流的非均匀噪声称为固定图案噪声（FPN），而将响应率的非均匀噪声称为光响应的非均匀性（PRNU），参见本章 3.10.2.1 节中的表 3.11。

读出噪声、暗电流非均匀噪声均与曝光量无关，噪声简单地叠加在信号中，称为加性噪声(additive)。由于像元响应率差异产生的空间噪声正比于曝光量，信号放大时，噪声增加同样倍数，称为乘性噪声(multiplicative)。

3.9.2 信号与噪声电子数

单元或多元红外探测器的噪声性能通常用 D^* 表示，D^* 本质上是在特定背景噪声下测得探测器的归一化噪声等效功率，许多从系统 *NEP* 导出的灵敏度计算公式都是与 D^* 有关。但是，D^* 通常是与背景噪声有关的，用 D^* 计算 *NEP* 是有局限性的。如运行环境的背景噪声与实验室 D^* 测试时的背景噪声相近，可以用 D^* 计算探测器 *NEP*，进而计算系统灵敏度。背景光子噪声变化较大的可见光探测系统的灵敏度计算就不适合用这一方法。

红外焦平面的量子噪声与曝光量有关，即背景噪声不仅与光敏面的背景光子通量有关，也与积分时间有关。此外，与曝光量无关的读出电路噪声和与曝光有关的敏感元量子噪声也是很难分割的。由于上述原因，焦平面的噪声性能不宜用在标准化、归一化测试条件下定义的 D^* 表示。

焦平面器件的噪声性能可用噪声电子数表示。噪声电子数，也称噪声等效电荷，定义为积分结束时像元输出的信号差等于输出的均方根噪声电压时，积分电容上累积的电子数。与噪声电子数相对应，一个积分周期内目标或背景产生并向积分电容注入的光电荷数称为信号电子数，信号电子数即用电子数表示的曝光量。

信号电子数和噪声电子数可以有电子密度或像元电子数两种度量方法。电子密度用单位像面面积的均方根电子数表示（e/m^2），像元电子数用单个像元的均方根电子数表示（e/pixel）。图像传感器生产厂商给出的电子数均指像元电子数，采用的单位简化为 e-。

工程上估算图像传感器的信噪比通常取像元的信号电子数与总噪声电子数之比。电子密度表示方法较多用于存在空间点扩散效应时系统性能的评估，如对热成像系统的最小可探测温差 MDTD 和最小可分辨温差 MRTD 的分析。

计算像元的总噪声电子数时，可先分别计算量子噪声、读出噪声等时间噪声和响应、暗电流非均匀等空间噪声的像元均方根噪声电子数，FPA 像元的总噪声电子数可按下式计算：

$$n_{\mathrm{FPA}}=(n_{\mathrm{Q}}^2+n_{\mathrm{AT}}^2+n_{\mathrm{MFP}}^2+n_{\mathrm{AFP}}^2)^{1/2}\quad(\mathrm{e/pixel})\tag{3.111}$$

式中：n_{Q} 为像元的量子噪声的均方根电子数，e/pixel；n_{AT} 为像元的读出噪声的均方根电子数，e/pixel；n_{MFP} 为像元的响应非均匀噪声的均方根电子数，e/pixel；n_{AFP} 为像元的暗电流非均匀噪声的均方根电子数，e/pixel。

像元的信号电子数是在积分时间内注入的光电荷数，为

$$N_{\mathrm{s}}=\Phi_{\mathrm{q}}\cdot\eta\cdot t_{\mathrm{int}}(\mathrm{e/pixel})\tag{3.112}$$

式中：Φ_{q} 为光敏面的光子辐射通量，photon · s^{-1}；η 为量子效率；t_{int} 为积分时间。

图像传感器像元的探测信噪比为

$$SNR=N_{\mathrm{s}}/n_{\mathrm{FPA}}\tag{3.113}$$

3.9.3 像元的噪声电子数计算

3.9.3.1 量子噪声

FPA的量子噪声包含散粒噪声和过剩噪声。散粒噪声的功率谱符合泊松分布。如暗电流可忽略，光伏型FPA像元的散粒噪声电流为

$$i_{\text{shot}}=(2eI\Delta f_{\text{n}})^{1/2}\approx(2eI_{\text{s}}\Delta f_{\text{n}})^{1/2} \tag{3.114}$$

式中：I为流过p-n结的电流，其中包括光生信号电流I_{s}和暗电流I_{d}；e为电子电量；Δf_{n}为噪声等效带宽。

带复位积分电路的FPA噪声等效带宽为

$$\Delta f_{\text{n}}=\frac{1}{2t_{\text{int}}} \tag{3.115}$$

根据信号电子数与噪声电子数的定义：

$$I_{\text{s}}=\frac{N_{\text{s}}\cdot e}{t_{\text{int}}} \tag{3.116}$$

$$i_{\text{shot}}=\frac{n_{\text{shot}}\cdot e}{t_{\text{int}}} \tag{3.117}$$

式中：N_{s}为信号电子数；n_{shot}为噪声电子数；t_{int}为积分时间。

将(3.115)式、(3.116)式、(3.117)式代入(3.114)式，整理可得散粒噪声的电子数为

$$n_{\text{shot}}=\sqrt{N_{\text{s}}}\quad(\text{e/pixel}) \tag{3.118}$$

如散粒噪声是FPA的主要噪声，像元的信噪比为

$$SNR\approx\frac{N_{\text{s}}}{n_{\text{shot}}}=\sqrt{N_{\text{s}}} \tag{3.119}$$

可得出结论：光伏型焦平面在强背景下的探测信噪比近似等于信号电子数的平方根。由于像元的信号电子数与积分时间成正比，信噪比近似与积分时间的平方根成正比，增加积分时间还是能提高信噪比的。

实际上，FPA的量子噪声中还包含了功率谱不符合泊松分布的过剩噪声，量子噪声并不等于散粒噪声，应为

$$n_{\text{Q}}=Kn_{\text{shot}}\quad(\text{e/pixel}) \tag{3.120}$$

式中：$K>1$，是实测量子噪声电子数与计算的散粒噪声电子数之比。

3.9.3.2 读出噪声

读出噪声是FPA读出电路产生的一种加性时间噪声。读出噪声的电子数近似等于暗背景下测得的时间噪声电子数。

3.9.3.3 响应率非均匀噪声

固定图案噪声是不随时间变化的，其中暗电流非均匀性引起的加性噪声与曝光

无关，像元响应率非均匀性产生的乘性噪声正比于曝光量，暗电流非均匀噪声是低对比度图像的主要噪声源。

像元量子效率的差异、窗口不同部位透射、FPA 结构、晶片处理过程均可造成 FPA 像元响应率的非均匀。焦平面器件的响应非均匀性也可用电子数形式表示为响应非均匀的噪声电子数与平均像元信号电子数之比。

$$U_{\mathrm{MFP}}=\frac{n_{\mathrm{MFP}}}{\overline{N_{\mathrm{s}}}}\quad(\%) \tag{3.121}$$

式中：n_{MFP}是将像元响应涨落的均方根电压转换得到的噪声电子数，e/pixel；$\overline{N_{\mathrm{s}}}$是将平均像元响应电压转换得到的信号电子数，e/pixel。

如测得 FPA 响应率的非均匀性，可算得响应率非均匀的噪声电子数为

$$n_{\mathrm{MFP}}=U_{\mathrm{MFP}}\cdot\overline{N_{\mathrm{s}}} \tag{3.122}$$

3.9.3.4　暗电流非均匀噪声

暗电流的非均匀性产生的噪声是一种暗背景下起主要作用的加性固定图案噪声。如测得 FPA 像元的平均暗电流和暗电流的非均匀性，可先计算平均暗电流的信号电子数。

$$\overline{N_{\mathrm{d}}}=\frac{\overline{I_{\mathrm{d}}}\cdot t_{\mathrm{int}}}{e}\quad(\mathrm{e/pixel}) \tag{3.123}$$

式中：$\overline{I_{\mathrm{d}}}$为像元的平均暗电流；$t_{\mathrm{int}}$为积分时间；$e$ 为电子电量。

再根据暗电流的非均匀性，计算对应的噪声电子数：

$$n_{\mathrm{AFP}}=U_{\mathrm{AFP}}\cdot\overline{N_{\mathrm{d}}}\quad(\mathrm{e/pixel}) \tag{3.124}$$

式中：U_{AFP}为暗电流的非均匀性，%；$\overline{N_{\mathrm{d}}}$为平均暗电流的信号电子数，e/pixel。

3.9.4　实测时间噪声和空间噪声

图 3.57 给出了一个 320×240 元肖特基势垒 FPA 的噪声理论值、实测值与曝光量关系。该 FPA 像元中心距 0.04mm，输出数据率为 2M pixel/s。

FPA 时间噪声测量的是像元响应的帧间均方根起伏的全帧平均值。测量 FPA 空间噪声时，先测量像元响应的多帧均值，消除时间噪声影响，再计算像元响应多帧均值的均方根空间起伏。

FPA 时间、空间噪声与曝光量(信号电子数)关系实测曲线如图 3.57 所示，噪声、曝光量均用电子数/像元表示。图中，实测时间噪声(temporal)曲线用实线表示，实测固定图案噪声(fixed pattern)曲线用长虚线表示。图中的短虚线为散粒噪声的理论曲线，两根点划线分别为 1%、10%响应非均匀噪声的理论曲线。

由实测固定图案噪声曲线可见：曝光量较小时，固定图案噪声与曝光量无关，表现为加性噪声特征；曝光量较大时，固定图案噪声与曝光量成正比，表现为乘性噪声特征。

由时间噪声曲线可见：当曝光量较小时，时间噪声与曝光量无关，主要取决于读

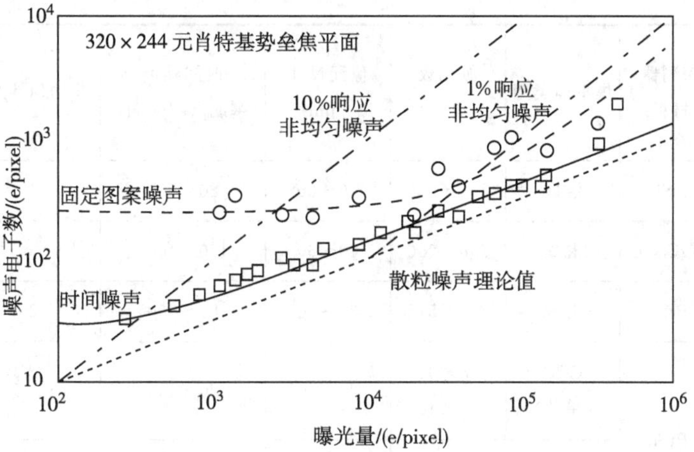

图 3.57　FPA 噪声理论值、实测值与曝光量关系

出噪声；曝光量较大时，时间噪声曲线接近散粒噪声的理论曲线，说明主要的时间噪声是散粒噪声。实测曲线与散粒噪声理论曲线之间产生偏移的原因是 FPA 在实际光电转换的过程中除存在散粒噪声外，还存在不能用泊松分布描述的过剩噪声。

3.10　图像传感器

3.10.1　图像传感器种类

可用于二维凝视成像的焦平面面阵通常称为图像传感器，其光谱响应范围现已能覆盖 UV、可见光和红外等波段。表 3.10 列出了紫外、可见光、短波与中波红外等波段的商用 FPA 面阵的一些基本性能参数，其中包括探测器材料、FPA 类型、FPA 像元数、像元尺寸、时间噪声、响应非均匀性及工作温度等。

表 3.10　FPA 面阵种类和基本性能参数

波段	探测器材料	焦平面类型	像元数（典型）	像元尺寸/μm	时间噪声基底/(e/pixel)	非均匀性/%	工作温度/K
紫外	Si	CCD	400×400	10～30	1～5	1	260～300
可见光	Si	CCD（单片）	488×640 2000×2000	10～30	1～5	1	260～300
		CCD（拼接）	400×400	10～30	1～5	1	260～300

续表

波段	探测器材料	焦平面类型	像元数（典型）	像元尺寸/μm	时间噪声基底/(e/pixel)	非均匀性/%	工作温度/K
中波红外	InSb	混成	256×256	40～60	80～500	4	55～80
	HgCdTe	混成	256×256	40～60	100～1000	5	60～120
	PtSi	混成	512×512	20～40	80～500	2	65～80
	PtSi	CCD（单片）	488×640 400×400	20～40	20～100	0.25	55～80
		CCD（拼接）	400×400	20～40	20～100	0.25	55～80
长波红外	HgCdTe	混成	256×256	40～60	300～3000	20	40～80
	IrSi，GeSi-异质结	CCD（单片）	244×320 400×400	20～40	20～100	1	30～60
		CCD（拼接）	400×400	20～40	20～100	1	30～60
	Bol，BST	单片，混成	245×328 240×336	50	30000	20	300

表3.10是对20世纪90年代初商用图像传感器主要性能的概述。根据所列出的内容，可得到以下启示。

(1)探测器材料。FPA面阵的光谱响应范围是由探测器材料的量子效率所决定的。Si是可见光FPA最为常用的探测器材料。用硅光电二极管作敏感元、读出电路用硅CCD或CMOS的焦平面通常被称为CCD图像传感器或CMOS图像传感器，并广为应用。利用多种技术还可将Si-CCD的响应由可见光波段向紫外方向延伸。中波红外FPA探测器材料有HgCdTe、InSb、PtSi等。长波红外FPA探测器材料有HgCdTe和Si:Ga，Si:As等非本征硅。

(2)像元数与像元尺寸。与可见光面阵相比，中波、长波红外面阵的像元数要少得多，像元尺寸也较小。减小像元尺寸无疑能提高成像分辨率，但存在技术上必要性和制作工艺的可行性问题。由于红外特别是长波红外的光学衍射效应显著，像元尺寸设计过小并不能有效地提高系统的空间分辨率。此外，有些用于天文、空间监测的系统为提高探测灵敏度,采用了长焦距、大孔径光学系统,均需要较大尺寸的光敏元与其匹配。光学衍射效应对紫外影响较小,UV CCD光敏元尺寸做得更小可以提高系统的空间分辨率。但是,受到光刻工艺的限制,UV CCD光敏元之间的最小间隔不能超过数微米。

(3)时间噪声基底。表3.10中的时间噪声基底(temporal noise floor)是用电子数表示的暗背景下焦平面输出的最小时间噪声,如暗电流噪声可忽略,时间噪声基底即读出电路噪声。读出电路噪声包括多路传输的开关噪声、复位积分电路的噪声等。紫外和可见光波段的背景光子通量较小,产生的背景噪声也较小,应要求读出噪声尽可能低,读出噪声电子数小于几个电子/像元是必要的。中波、长波红外的背景光子通量较强,背景噪声较大,几百电子/像元即可满足需要。

(4)工作温度。紫外、可见光波段的FPA可以在室温下工作,中波红外的FPA均要求较低的致冷温度,长波红外则要求更低的致冷温度。表3.10中的钛酸锶钡(BST)是热释电型的长波面阵,工作温度为室温,其暗背景下的时间噪声远大于光子探测器型的FPA。

3.10.2　图像传感器性能参数

3.10.2.1　参数概述

单元红外探测器的主要性能可用响应率、D^*(或等效噪声功率)等参数表示。焦平面阵列的性能参数较多,大致有以下几类。

(1)与敏感元阵列有关的参数:如像元尺寸、像元数等。

(2)与光谱响应有关的参数:如光谱响应范围、量子效率、有效量子效率。

(3)与噪声有关的参数:如时间噪声、暗电流、暗电流和响应非均匀性等。

(4)与信号传递有关的参数:如转换增益、响应率、满阱容量、动态范围、MTF等。

(5)与数据率有关的参数:如帧频、数据率等。

CCD和CMOS图像传感器的很多性能参数都用信号电子数或噪声电子数表示。红外焦平面的噪声性能早期曾用D^*表示,近年来已改用噪声电子数或直接用NETD表示。

表3.11是STAR 250CMOS图像传感器的主要性能参数,表中与信号传递、噪声性能有关的参数大都用电子数表示。各个厂商对有些参数的英文命名和使用的符号不尽一致,为避免混淆,表3.11的参数名均用中文表述。表中给出的一些参数的定义在后续几节中还将深入阐述。

表 3.11 STAR 250 的主要性能参数

参数	典型值	注释
探测器技术	CMOS Active Pixel Sensor	
像元结构	3-transistor active pixel 4 diodes per pixel	Radiation-tolerant pixel design 4 Photodiodes for improved *MTF*
光电二极管	High fill factor photodiode	
敏感元阵列	512 by 512 pixels	
像元尺寸	25μm×25μm	
光谱范围	200～1000nm	See curves
有效量子效率	Max. 35%	Above 20% between 450 and 750nm. (note:metal fill factor (MFF) is 63%)
满阱容量	311K electrons	When output amplifier gain=1
线性度±1%	128K electrons	When output amplifier gain=1
输出信号幅度	1.68V	When output amplifier gain=1
转换增益	5.7μV/e-	When output amplifier gain=1 near dark
读出电路噪声	76 e-	Dominated by *kTC*
动态范围	74dB(5000∶1)	At the analog output
FPN 暗电流非均匀性	1σ<0.1% of full well(typical)	Measured local, on central image area 50% of pixels, in the dark
PRNU 响应非均匀性	Local∶1σ=0.39% of response Global∶1σ=1.3% of response	Measured in central image area 50% of pixels, at $Q_{sat}/2$
平均暗电流	4750e-/s	At RT
DSNU(暗信号非均匀性)	... e-/s RMS(TBC)	At RT, scale linearly with integration time
调制传递函数 *MTF*	Horizontal:0.36 Vertical:0.39	At 600nm

3.10.2.2 量子效率

敏感元产生的光电子数与入射的光子数之比称为响应量子效率，简称量子效率，通常用符号 η 或 QE 表示。量子效率是探测器材料对入射光子的吸收效率和光电子产生效率之乘积。

由于焦平面器件读出电路需占有相当空间,光敏元的有效感光面积小于它占有的面积。光敏元的有效面积与它占有的面积之比称为填充因子。即

$$FF=A_{\mathrm{d}}/A'_{\mathrm{d}} \tag{3.125}$$

式中:A'_{d}为光敏元占有面积;A_{d} 为光敏元有效面积。

$FF \cdot QE$ 是填充因子与量子效率之积,称为有效量子效率。影响图像传感器像元响应的主要是光敏元的有效面积,不是它的占有面积。但是,决定图像传感器空间分辨率的却是由光敏元中心距决定的占有面积。因此,在空间分辨率相同前提下,填充因子较高的图像传感器有较高响应率和灵敏度。CMOS 图像传感器读出电路功能较强,占有空间较大,其填充因子较小。CCD 图像传感器的填充因子相对较大。

3.10.2.3　转换增益

转换增益是由电子数转换为电压的增益。由于输出的信号电压或噪声电压是光生信号电子或噪声电子在积分电容上累积产生的,转换增益的大小取决于积分电容。

转换增益定义为一个光电子在积分电容产生的电压,即

$$G=\frac{e}{C_{\mathrm{int}}} \quad (\mathrm{V/e\text{-}}) \tag{3.126}$$

式中:e 为电子电量,$1.6\times10^{-19}\,\mathrm{C}$;$C_{\mathrm{int}}$为积分电容,F。

图像传感器的转换增益实质上是电荷转换为电压的放大倍数,它仅与积分电容有关。与信号传递和噪声有关的图像传感器参数可用电子数形式表达,也可用电压表示。利用转换增益可将传感器输出的信号电压、噪声电压折算为一个积分周期积累的信号电子数和噪声电子数,即

信号电子数
$$N_{\mathrm{s}}=\frac{V_{\mathrm{s}}}{G} \quad (\mathrm{e\text{-}}) \tag{3.127}$$

噪声电子数
$$n=\frac{v_{\mathrm{n}}}{G} \quad (\mathrm{e\text{-}}) \tag{3.128}$$

3.10.2.4　响应率

分立探测器的响应率通常定义为单位辐射通量入射到探测器上产生的信号输出电压或电流。图像传感器像元的输出电压除与光敏元的光谱响应、转换增益、阵列结构等器件固有特性有关外,还与积分时间有关。因此,图像传感器响应率有两种定义方法:一种方法是沿用分立探测器的响应率定义方法,即用入射到光敏面的辐射通量定义,但必须注明积分时间;另一种较通用的方法是用入射到光敏面的能量密度定义为

$$R_v=\frac{V_{\mathrm{s}}}{E_{\mathrm{d}}t_{\mathrm{int}}} \quad (\mathrm{V\cdot J^{-1}\cdot cm^{2}}) \tag{3.129}$$

式中:$E_{\mathrm{d}}t_{\mathrm{int}}$为光敏面的能密度,$\mathrm{J\cdot cm^{-2}}$;$E_{\mathrm{d}}$ 为光敏面的照度,$\mathrm{W\cdot cm^{-2}}$;t_{int}为积分时

间，s。

积分周期结束，图像传感器像元的输出电压即积分电容上的充电电压：

$$V_s = E_d A_d \cdot \frac{\lambda}{hc} \cdot QE \cdot t_{int} \cdot G \tag{3.130}$$

将 V_s 代入(3.129)式，得到

$$R_V = \frac{V_s}{E_d \cdot t_{int}} = \frac{\lambda}{hc} \cdot A_d \cdot QE \cdot G \tag{3.131}$$

上式可改写为

$$R_V = \frac{\lambda}{hc} \cdot G \cdot (FF \cdot QE) \cdot A_d' \tag{3.132}$$

式中：G 为转换增益；$FF \cdot QE$ 为有效量子效率；A_d' 是光敏元占有的面积。

由上式可见，按光敏面能密度定义的图像传感器的电压响应率与积分时间无关，仅与光敏元的光谱响应、电学及结构特性有关。式中的单光子能量 hc/λ 及量子效率反映了光敏元的光谱响应特性，转换增益是与积分电容成反比的电学特性参数。填充因子、光敏元占有面积均是与敏感元阵列结构有关的参数。

有效量子效率 $FF \cdot QE$ 对图像传感器是十分重要的技术指标，如果有效量子效率恒定，图像传感器的光谱响应与波长成正比，响应曲线为倾斜直线。不少产品在给出光谱响应曲线的同时，也会给出若干条不同有效量子效率的响应直线作为参考，如图 3.58 所示。

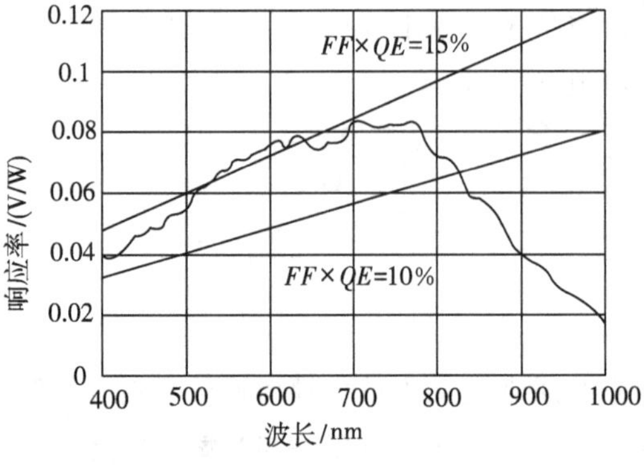

图 3.58　FPA 光谱响应与有效量子效率的关系

3.10.2.5　噪声等效能密度

图像传感器的响应率是按能密度定义的，它的噪声等效灵敏度就得用噪声等效能密度 NEE 表示，而不能用噪声等效功率 NEP 表示。NEE 定义为输出信噪比为 1 时入射到光敏面辐射的能密度，可以用输出噪声电压和响应率计算图像传感器的噪声等效能密度。

$$NEE = v_n / R_V \quad (\text{J} \cdot \text{cm}^{-2}) \tag{3.133}$$

式中：v_n 为图像传感器像元的输出噪声电压，V。

噪声等效能密度也可不用噪声电压计算，而用噪声电子数计算：

$$NEE = n_{\text{FPA}} G / R_V \tag{3.134}$$

式中：n_{FPA} 为图像传感器像元的噪声电子数，e-；G 为转换增益，V/e-；R_V 为图像传感器的响应率，$\text{V} \cdot \text{J}^{-1} \cdot \text{cm}^2$。

低背景下 FPA 的噪声主要来自读出电路，上式可改为

$$NEE \approx n_{ro} G / R_V \tag{3.135}$$

式中：n_{ro} 为读出电路的噪声电子数，即 FPA 的基底时间噪声。

噪声等效能密度与能密度的单位相同，即辐射学单位为 $\text{J} \cdot \text{cm}^{-2}$，光度学单位为 lx · s。可见光图像传感器的 *NEE* 通常均用光度学单位表示，光度学中能密度的单位为 lx · s。用能密度定义的响应率的单位则为 $\text{V} \cdot (\text{lx} \cdot \text{s})^{-1}$。

对波长 550nm 单色光，光度量至辐射量转换关系为：

光通量→辐射通量 1lm= 1/683W

光照度→辐照度 $1\text{lx} = 1.46 \times 10^{-7} \text{W} \cdot \text{cm}^{-2}$

光能密度→辐射能密度 $1\text{lx} \cdot \text{s} = 0.146 \mu\text{J} \cdot \text{cm}^{-2}$

光响应率→辐射响应率 $1\text{V} \cdot (\text{lx} \cdot \text{s})^{-1} = 6.85\text{V} \cdot (\mu\text{J}^{-1} \cdot \text{cm}^2)$

其他波长单色光可根据视见函数，可参照上述方法进行转换。

3.10.2.6　动态范围

图像传感器的动态范围定义为饱和输出电压与暗背景下输出噪声电压之比：

$$DR = V_{\text{sat}} / v_n \tag{3.136}$$

或用对数形式表示为

$$DR = 20\log(V_{\text{sat}} / v_n) \quad (\text{dB}) \tag{3.137}$$

暗背景下图像传感器的输出噪声电压主要为读出电路噪声所决定，不同工作条件(如曝光控制是否使用)下，读出电路噪声的电压值不同，与之对应的动态范围也有所不同。

如果传感器像元输出的信号电压和噪声电压分别用信号电子数和噪声电子数表示，动态范围可定义为饱和信号的电子数与读出电路的噪声电子之比，即

$$DR = N_{\text{sat}} / n_{rd} \tag{3.138}$$

CCD 图像传感器的饱和电子数是势阱能存贮的最大电子数，也称全阱容量(full well capacity)。CCD 图像传感器的暗电流很小，低背景下像元的总噪声电子数近似等于读出电路的噪声电子数，即时间噪声基底。因此，CCD 图像传感器的动态范围也可表达为

$$DR = N_{well}/n_{rd} \tag{3.139}$$

受到电荷存储容量和读出电路噪声的限制，图像传感器的动态范围通常为60～80dB。要获得大的动态范围，必须增加信号的饱和值和尽可能减小读出电路噪声。图像传感器的电荷存贮量总是有限的，如要进一步扩大输入信号的动态范围，可以采用程控积分时间、多斜率积分等方法。

读出电路噪声包含外部电磁干扰噪声以及片上前置放大、多路传输和输出驱动等读出电路的噪声。多路传输引入的噪声是与数据速率有关的，高数据率多路传输需要较大的信号带宽，从而产生较多的噪声。因此，高帧频的大面阵图像传感器通常采用增加芯片的读出端口数的方法降低数据速率，从而达到降低端口的输出噪声的目的。

图像传感器的多路传输噪声电压与数据率的关系如图3.59所示。图中，左侧纵坐标是多路传输器的噪声电压，右侧纵坐标是根据多路传输噪声应选择的AD转换的量化位数。如最大电压为5V，当数据率为1Mpixel/s时，多路传输噪声电压最大约1mV，可选用12～13位AD。数据率增加至5Mpixel/s时，多路传输噪声电压最大约5mV，10～11位AD即可满足需要。

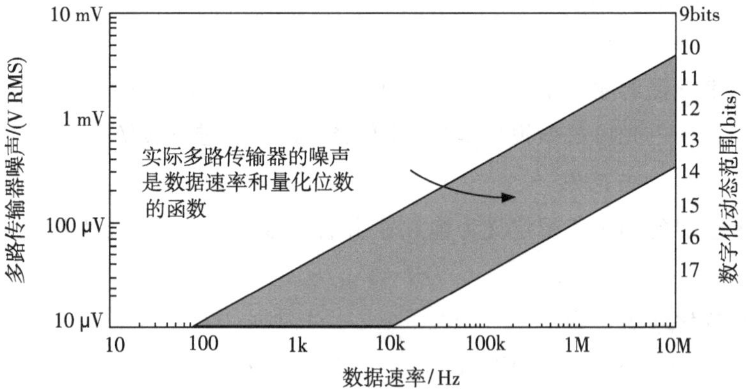

图3.59　多路传输噪声、ADC量化位数与数据率的关系

3.10.2.7　调制传递函数

当光敏面上的照度按不同空间频率的正弦条纹规律调制时，图像传感器输出的正弦调制信号的频率保持不变，但信号的调制度会发生不同程度的衰减。图像传感器的调制传递函数（MTF）定义为给定空间频率下，输出的电荷或电压信号的调制度与输入的电荷或光信号的调制度之比。图像传感器的MTF随空间调制频率增大而衰减，如图3.60所示。

引起CCD图像传感器MTF下降的因素有三个：光敏元的几何尺寸、转移失效率和光学串音。CCD图像传感器的MTF是与光敏元尺寸有关的积分MTF、与转移失效率有关的转移MTF，以及光学串音MTF（也称扩散MTF）等三项的乘积。

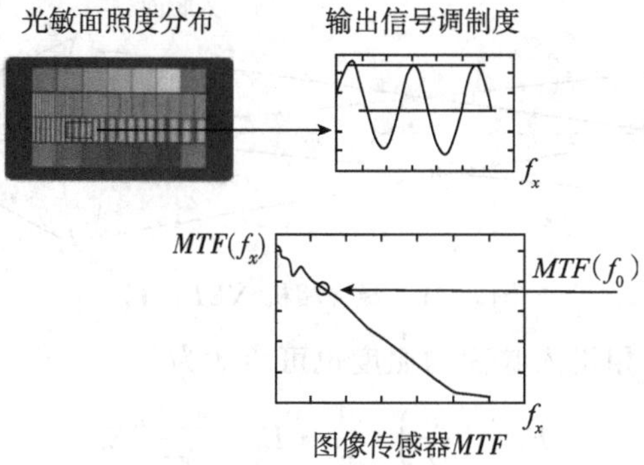

图 3.60　图像传感器的调制传递函数

理想的 CCD 图像传感器 MTF 仅取决于积分 MTF，即

$$MTF(f_x)=\frac{\sin(\pi f_x \Delta x)}{\pi f_x \Delta x}=\mathrm{sinc}(\pi f_x \Delta x) \tag{3.140}$$

式中：Δx 为光敏元沿 x 方向的尺寸，cm；f_x 为 x 方向的空间频率，cycle · cm^{-1}。

如 CCD 图像传感器的填充因子为 1，即光敏元尺寸等于中心距，可得到

$$MTF(f_x)=\mathrm{sinc}(\pi f_x \Delta d)=\mathrm{sinc}\left(\frac{\pi f_x}{2f_0}\right) \tag{3.141}$$

式中：Δd 为光敏元之间的中心距，cm；$f_0=1/(2\Delta d)$ 为图像传感器在空间频率域的奈奎斯特频率，cycle · cm^{-1}。

由于正弦分布的照度很难产生，与光学系统 MTF 测试用方波靶标相仿，图像传感器 MTF 测试时光敏面照度用不同空间频率的方波调制，最后将测得的对比度传递函数 CTF 换算为正弦波的 MTF。

本节内容参见本章参考资料[8]。

3.10.3　凝视成像系统灵敏度计算

3.10.3.1　系统噪声等效照度计算

单元或多元扫描的红外光电系统的噪声等效灵敏度均可从探测器的 NEP 导出，凝视成像系统（俗称相机）的噪声等效灵敏度，如图 3.61 所示。如噪声等效辐照度 NEI，也可从图像传感器的 NEE 导出。

图 3.61 中，相机入瞳面与图像传感器光敏面的照度之间的关系为

$$A_o E_o \cdot \tau_o = A_d E_d$$

即

$$E_o=\left(\frac{A_d}{A_o}\right)\cdot\frac{1}{\tau_o}\cdot E_d \tag{3.142}$$

式中：A_o，A_d 分别为入瞳面积和光敏元面积；τ_o 为相机的光学效率；E_o，E_d 分别为入瞳面和光敏面的照度。

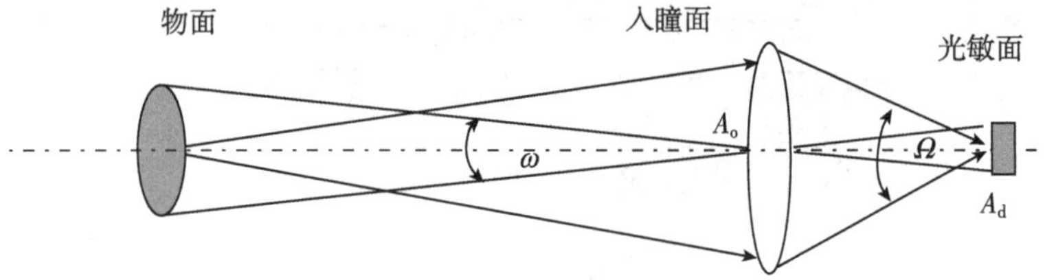

图 3.61　凝视相机 NEI 计算

由于 $A_o\omega=A_d\Omega$，相机入瞳面的照度也可表达为

$$E_o=\left(\frac{\omega}{\Omega}\right)\cdot\frac{1}{\tau_o}\cdot E_d=\frac{4F^2\omega}{\pi\tau_o}E_d \tag{3.143}$$

式中：$\Omega=\pi/(4F^2)$ 为光敏元的有效接收立体角；F 为光学系统的 F 数；ω 为瞬时视场立体角。

相机的 NEI 与图像传感器 NEI 之间的关系与(3.143)式相似，相机的 NEI 为

$$NEI_{\mathrm{CAM}}=\frac{4F^2\omega}{\pi\tau_o}NEI_{\mathrm{FPA}} \tag{3.144}$$

图像传感器 NEI 可用 NEE 计算：

$$NEI_{\mathrm{FPA}}=NEE_{\mathrm{FPA}}/t_{\mathrm{int}} \tag{3.145}$$

可得

$$NEI_{\mathrm{CAM}}=\frac{4F^2\omega}{\pi\tau_o t_{\mathrm{int}}}NEE_{\mathrm{FPA}} \tag{3.146}$$

式中：NEE_{FPA} 为图像传感器的噪声等效能密度；t_{int} 为积分时间。

设有一个全色 CCD 图像传感器在波长 550nm 的 NEE 为 $0.84\mathrm{nJ}\cdot\mathrm{cm}^{-2}$，相机光学系统 F 为 1.3，光学效率为 0.7，IFOV 为 0.6mrad，相机的积分时间(曝光时间)为 15ms。对 550nm 单色光，$1\mathrm{lx}\cdot\mathrm{s}=0.146\mu\mathrm{J}\cdot\mathrm{cm}^{-2}$，可换算得该图像传感器用光度量表达的 NEE 为 5.75×10^{-3}lx，利用(3.145)式、(3.146)式，可算得图像传感器的 NEI 为 0.38lx，相机的 NEI 为 4.21×10^{-7}lx，相当于 2 等星的照度。可以看出，光学系统的聚光能力对相机的照度灵敏度有举足轻重的影响。

3.10.3.2　系统信噪比计算

3.7.5.4 节介绍了单元扫描成像系统信噪比计算，通过计算信号电子数和噪声电子数，也可计算凝视成像系统的光谱探测通道的信噪比。如有一个采用 CCD 图像传感器的推帚式成像光谱仪，可认为仪器有许多光谱带宽极窄的单色探测通道，光敏元接收到的辐射是像元视场内的单色辐射。

利用 3.7.5.4 节介绍的方法，可算得地物反照在仪器入瞳处地物漫反射的光谱辐亮度 L_λ，则中心波长 λ、光谱带宽 $\Delta\lambda$ 的光谱通道接收到的辐射通量为

$$\Phi=L_\lambda\Delta\lambda\cdot\omega A_o\cdot\tau_o \tag{3.147}$$

光敏元接收到的光子辐射通量为

$$\Phi_q=\frac{\lambda}{hc}\Phi=\frac{\lambda}{hc}\cdot L_\lambda\Delta\lambda\cdot\omega A_o\cdot\tau_o \tag{3.148}$$

光敏元在一个积分周期产生的信号电子数为

$$N_s=\Phi_q\cdot\eta\cdot t_{int}=\frac{\lambda}{hc}\cdot L_\lambda\Delta\lambda\cdot\omega A_o\cdot\tau_o\cdot\eta\cdot t_{int} \tag{3.149}$$

式中：ω 为瞬时视场立体角；A_o 为入瞳面积；τ_o 为光学效率；η 为量子效率；t_{int} 为积分时间。

图像传感器的噪声主要来散粒噪声和读出电路噪声，像元总噪声电子数为

$$n_{FPA}=(n_{rd}^2+n_{shot}^2)^{1/2} \tag{3.150}$$

根据 3.9.3 节的分析，散粒噪声的电子数为

$$n_{shot}=\sqrt{N_s+N_d} \tag{3.151}$$

式中：N_s 为光电流信号电子数；$N_d=(I_d t_{int})/e$ 为暗电流信号电子数。

如暗电流噪声可以忽略，暗背景下探测通道的信噪比主要受读出电路噪声的限制，即

$$SNR=\frac{N_s}{(n_{rd}^2+N_s+N_d)^{1/2}}\approx\frac{N_s}{n_{rd}}$$

亮背景下探测通道的信噪比主要受光电流的散粒噪声的限制：

$$SNR=\frac{N_s}{(n_{rd}^2+N_s+N_d)^{1/2}}\approx\sqrt{N_s}$$

此时，光谱通道信噪比等于信号电子数平方根，即等于曝光量的平方根。

3.10.4 CCD 图像传感器

3.10.4.1 CCD 图像传感器种类

30 多年来，随着新型半导体材料的不断涌现和器件细微化技术的日趋完备，CCD 技术得到较快的发展。目前，CCD 技术已广泛应用于信号处理、数字存贮及影像传感等多个领域。

CCD 电荷注入的方法有光注入和电注入两种，光注入是在光电转换的同时将光电荷注入至 CCD 的势阱中，电注入直接将信号电荷注入势阱。这两种电荷注入方式在 CCD 图像传感器的光电荷存贮及图像帧转移中均有应用。

CCD 图像传感器的光照方式有正照和背照两种。正照式 CCD[见图 3.62(a)]的入射光从分布有很多电极的正面透射，被硅材料吸收、转换为信号电荷。由于表面沉积的栅极氧化膜、多晶硅电极、表面保护膜的吸收作用，正照式 CCD 的量子效率较低，对紫外不响应。背照式 CCD[见图 3.62(b)]从背面直接照射半导体材料，受光背面很薄，产生的光电荷存贮在靠近电极面的势阱中，背照式 CCD 有较高的量子效率，适合 X 射线、UV 探测。

注入 CCD 势阱中的信号电荷量与器件的量子效率、入射光的光子辐亮度、曝光时间成正比。其中量子效率、光子辐亮度均与波长有关，如单色光入射且曝光时间固

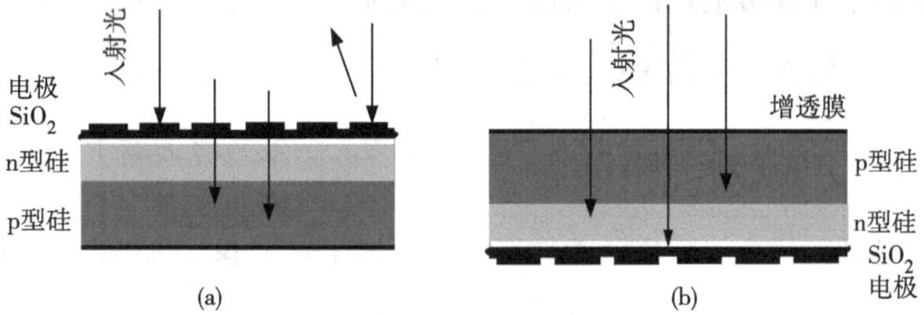

图 3.62　CCD 图像传感器的光注入方式

(a)正照式 CCD;(b)背照式 CCD

定,注入势阱的电荷量与入射光的光子辐亮度之间存在线性关系。

CCD 图像传感器的光电荷存贮在器件表面的势阱中,图像转移读出的过程就是电荷包经一系列连续的势阱转移,最终由片上放大器转换为电压信号的过程。因此,CCD 图像传感器可视为由光电二极管阵列和包含垂直移位寄存器(列方向)、水平移位寄存器(行方向)及输出级等功能块的读出电路组成。

CCD 图像传感器的图像转移方式有帧转移(FT)、全帧转移(FFT)、行间转移(IT)和帧行间转移(FIT)等种类。

3.10.4.2　帧转移型 CCD

帧转移型的 FT-CCD(frame transfer)由图像区(光敏区)、存贮区组成,如图 3.63 所示。入射光透过光敏区的透明电极照射到 CCD 半导体材料,光电转换产生的信号电荷直接注入在电极下面的势阱中。存贮区上面覆盖了不感光的金属膜,已存贮的信号电荷不会再度曝光,主要用于转存前一帧的信号电荷。

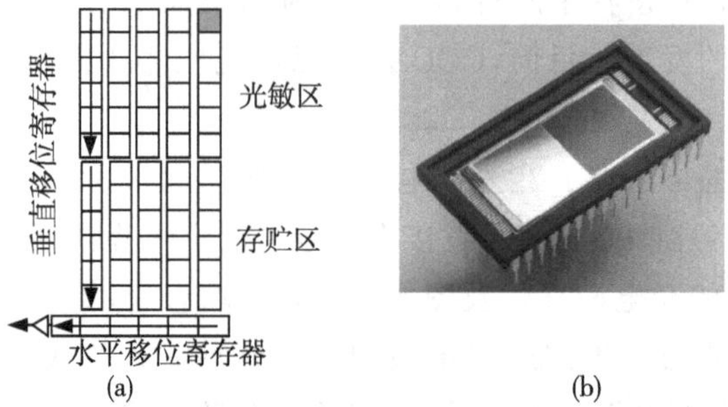

图 3.63　帧转移型 CCD 图像传感器结构和外形

(a)FT-CCD 结构;(b)FT-CCD 外形

FT-CCD 光敏区的每一列像元的光电转换与电荷转移部分是合而为一的,构成一个光注入型的 CCD 垂直移位寄存器。在场消隐期,各列信号电荷以移位寄存的方式传输至存贮区的相应列。由于各列电荷向存贮区的转移是并行的,全帧信号电荷能以极快的速度完成转移。在行消隐期内,存贮区向 CCD 水平移位寄存器注入一行信号电荷,然后逐元传输至输出放大器,转换为电压信号。

帧转移型 FT-CCD 具有较高的填充因子,最高可达 100%。一些高灵敏度、高帧频、大尺寸的 CCD 图像传感器基本上都是帧转移型 CCD。

3.10.4.3 全帧转移型 CCD

全帧转移型 FFT-CCD(full frame transfer)与帧转移型的 FF-CCD 结构上的差别是仅有光敏区,无存贮区,光敏区的列电荷直接注入至垂直移位寄存器中,如图 3.64 所示。FFT-CCD 使用时需要与机械快门配合使用。在快门开启时,光敏区完成光电转换和电荷积分。在快门关闭时,光敏区全帧信号电荷开始转移,帧转移工作原理与 FF-CCD 相仿。

由于无存贮区,同样尺寸的芯片,FFT-CCD 可制作更多的光敏元。FFT-CCD 光敏区结构与 FF-CCD 相同,因此,同样具有较高的填充因子,最高可达 100%。FFT-CCD 使用不太方便,主要用于帧频要求不高,而定量要求较高的光谱测量仪器。

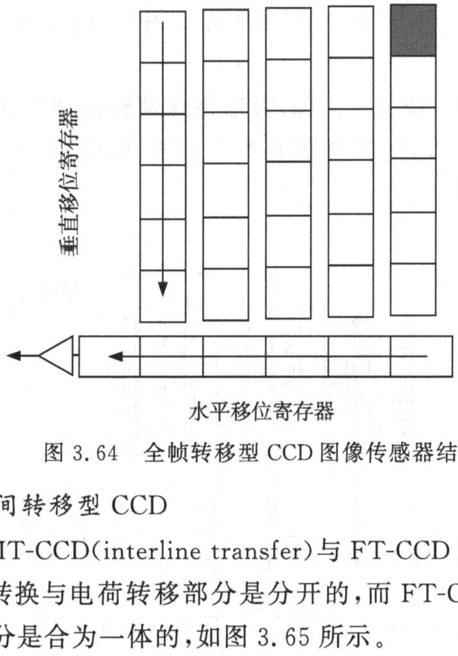

图 3.64 全帧转移型 CCD 图像传感器结构

3.10.4.4 行间转移型 CCD

行间转移型的 IT-CCD(interline transfer)与 FT-CCD 或 FFT-CCD 的最大差别是 IT-CCD 的光电转换与电荷转移部分是分开的,而 FT-CCD 或 FFT-CCD 的光电转换与电荷转移部分是合为一体的,如图 3.65 所示。

IT-CCD 的光电二极管阵列与 CCD 垂直移位寄存器之间用 MOS 开关阵列隔离。在积分期,开关阵列关闭,光电二极管产生的信号电荷存贮在它的结电容上。在场消隐期,传输门加控制电平,开关阵列导通,各列的信号电荷被同时注入对应的垂直移位寄存器中。与 FT-CCD、FFT-CCD 不同, IT-CCD 的垂直移位寄存器是电注入型的 CCD。

IT-CCD 的填充因子较小,转移速度较慢因而帧频较低,但由于结构简单、价格低,一般图像监控、测量用的 CCD 图像传感器大都为行间转移型的。IT-CCD 可获

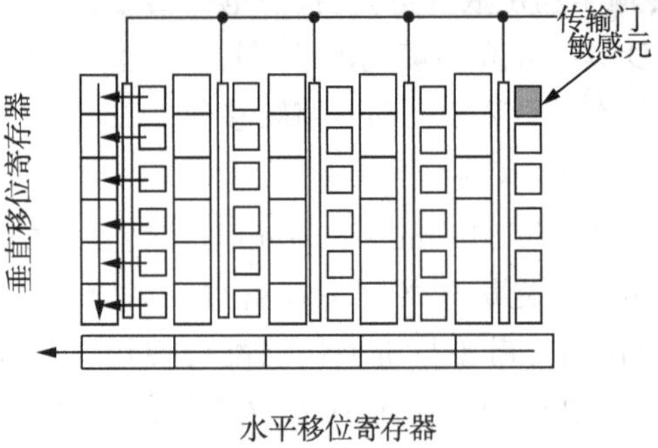

图 3.65 行间转移型 CCD 图像传感器结构

得场频 50Hz(PAL 制)或 60Hz(NTSC 制)标准电视格式的视频数据流。

3.10.4.5 帧行间转移型 CCD

行间转移 CCD 的另一缺点是当信号电荷注入垂直移位寄存器开始移位读出时,与其邻近的光电二极管已开始下一周期的电荷积分,电荷的漏泄形成图像拖尾(smear)。

帧行间转移 (FIT)能解决这一问题,方法是像帧转移型那样设有存贮区。注入垂直移位寄存器的电荷被迅速转移到存贮区保护起来,再逐行逐元读出。如图 3.66 所示。

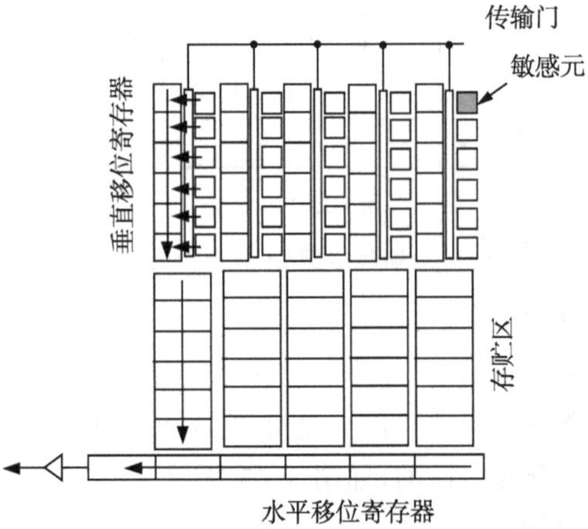

图 3.66 帧行间转移型 CCD 图像传感器结构

3.10.5 CMOS 图像传感器

3.10.5.1 像元基本结构

CMOS 图像传感器由光敏元阵列、场效应开关管阵列、地址选通、输出放大器等单元组成。如将 CMOS 图像传感器比作一个可随机寻访的模拟存储器,一个像元相当于模拟存储器的一个存贮单元。像元被选通后可直接驱动信号总线并放大,依序取出各个像元的光电转换信号可得到全帧图像。

根据像元是否有信号放大、处理功能,可将 CMOS 图像传感器分为两类。像元无信号放大、处理功能的 CMOS 图像传感器被称为 CMOS PPS(passive pixel sensor)。而像元有信号放大、处理功能的 CMOS 图像传感器则称为 CMOS APS(active pixel sensor)。

早期的 CMOS 图像传感器的都是无源结构的 CMOS PPS,它的像元仅由一个光敏元件和一个像元寻址开关构成,无信号放大和处理电路。一个图像传感器需要用大量的列放大器对每列像元的信号进行放大。

CMOS PPS 的最大问题是每个像元都要驱动有较大容性的总线负载,其时间常数限制了信号读出速度。CMOS PPS 的读出噪声较大,其噪声等效电荷约为同类 CCD 传感器的数十倍。此外,列放大器放大性能差异也会形成固定图案噪声。

由于上述原因,尽管 CMOS 图像传感器比 CCD 的出现还早一年,在相当长的时期内,由于无源结构的 COMS 图像传感器存在成像质量差、填充因子小、响应速度慢等缺点,只能用于对图像质量要求较低的应用场合。早期大尺寸、低噪声的图像传感器无疑都选用 CCD 图像传感器。

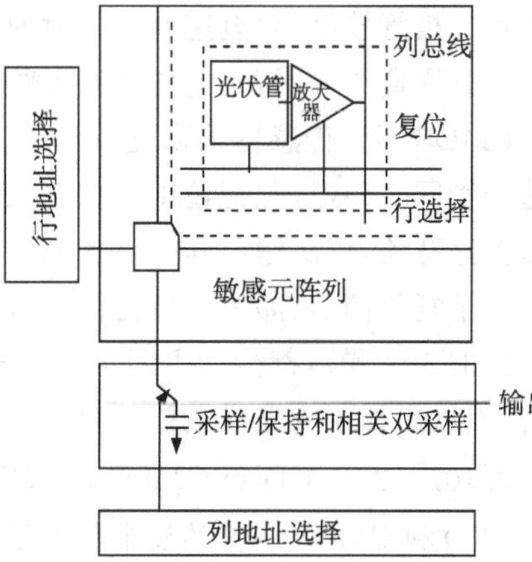

图 3.67　CMOS APS 的组成单元

1989 年以后,有源结构的 CMOS APS 问世。CMOS APS 的像元不仅有光敏元件和像元寻址开关,而且还有信号放大和处理等电路,如图 3.67 所示。因此,CMOS APS 能提高像元探测灵敏度,减小噪声,扩大动态范围,使它的一些性能参数与 CCD 图像传感器相接近,而在功耗、功能集成、尺寸和价格等方面,CMOS APS 均优于 CCD 图像传感器。

3.10.5.2　工作原理

CMOS APS 的像元由光伏二极管及晶体管电路组成。典型的 CMOS APS 像元的读出电路仅含三个晶体管,即用于光伏二极管的复位晶体管、行选择晶体管以及源极跟随晶体管,如图 3.68 所示。

CMOS APS 像元的光电荷存贮在光伏二极管的结点电容中,此结点电容除光伏二极管结电容外,还包括复位管的源极电容、源极跟随管的栅极电容等。源极跟随的作用是缓冲放大,行选择开关管可将像元与列总线接通或隔断。

像元的工作可分为复位与光电转换两个阶段。在复位阶段,复位管导通,结点电

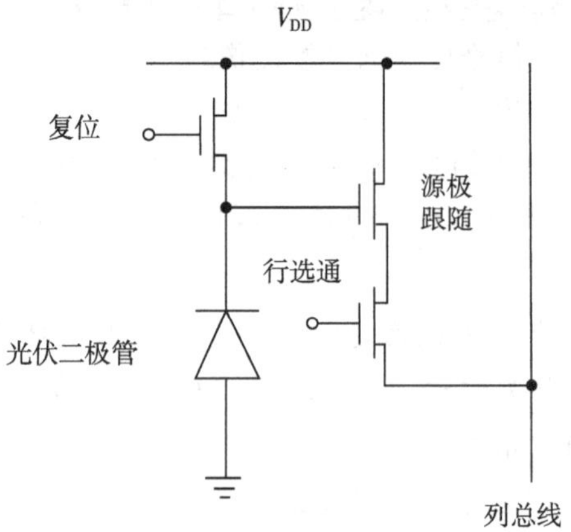

图 3.68　CMOS APS像元的基本组成单元

容被充电至复位电平。当复位管由导通转为关断时,复位结束,结电容在积分时间内向光伏二极管放电,放电速率与入射的光通量近似成正比,积分时间长短受复位管控制。积分周期结束,信号电压经源极跟随器缓冲后驱动列总线。

CMOS 图像传感器采取逐行读出方式,每次选中一行。选中时,同一行像元的行选择管同时导通,并行输出模拟电压,驱动各自的列总线。再利用一个高速切换的模拟多路开关,依次输出同一行各列像元的模拟信号。

由于复位阈值、晶体管性能的随机变化、光敏面几何尺寸的变化、暗电流起伏以及电路的 $1/f$ 噪声都能产生固定图案噪声。像元的复位电压、信号电压需要先采样保持,然后用相关双采样电路(CDS)取其差值以消除固定图案噪声。

3.10.5.3　CCD 和 CMOS 图像传感器比较

CCD 和 CMOS 图像传感器的光敏元都是光伏二极管，光电转换原理相同,两者在技术性能指标方面的差异源自不同的读出方式。

CCD 多路传输的信号是电荷,电荷移位读出需要 3 路以上电源来满足特殊时钟驱动的需要,驱动电路相对复杂,功耗相对较大。CMOS 多路传输的信号是电压,只需加 TTL 电平的时钟、同步信号即可产生选通信号,驱动电路较为简单,仅需单一工作电压供电,如 5V、3.3V 单电源,其功耗较低。由于 CMOS 图像传感器采用选通读出方式,能以较高的帧频输出局部图像的数据。移位读出的 CCD 图像传感器就很难具有这一功能。

CCD 图像传感器难以将时序、驱动及信号处理等电路集成在同一芯片上。这些功能只能由多块芯片组合实现,不利于相机的微型化。CMOS 图像传感器由于采用了标准的 CMOS 工艺,可以将光敏元阵列、信号读取、模拟放大、A/D 转换、数字信号处理、计算机接口电路等集成到一块芯片,使芯片相机(camera on chip)成为现实。如图 3.69 所示。

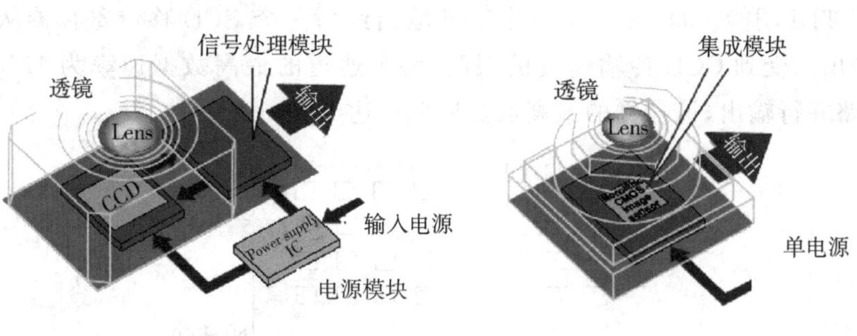

(a)　(b)

图 3.69　CCD 和 CMOS 相机的基本组成单元

(a)CCD 相机的结构;(b)CMOS 相机的结构

CCD 图像传感器在像元数、噪声、动态范围、读出速率等方面有明显的技术优势,适用于对灵敏度、空间分辨率、帧频要求较高的成像系统。近年来随 CMOS APS 技术迅速发展,CMOS 与 CCD 图像传感器在上述性能的差距已明显缩小。由于 CMOS 图像传感器在集成度、功耗、价格等方面见长,其应用范围也在日趋扩大。

3.11　红外焦平面阵列实例

3.11.1　光伏型红外焦平面线列

3.11.1.1　性能概述

法国 SOFRADIR 公司的 TL003(长波)、TM003(中波)是一种致冷型的碲镉汞红外焦平面光伏线列(见图 3.70),探测器通过铟柱连接至硅读出电路,与一个制冷量 0.4W 整体式微型斯特林制冷机一起封装在金属杜瓦内。

图 3.70　TL003/TM003 红外焦平面线列

3.11.1.2　焦平面结构和读出电路

该红外焦平面阵列为 4×288 元的 TDI 结构,如图 3.71 所示。该器件有 288 个探测通道(像元),奇数通道和偶数通道分别为 144 个。每个探测通道有 4 个有独立输入级的光伏二极管(光敏元)。288 个通道在沿扫描方向并扫的同时,同一通道的 4 个光敏元也沿扫描方向 TDI 串扫。所有探测通道的输出信号分别从 16 个端口输出,每个端口输出 18 个通道的 TDI 信号。

图 3.72 为 TL003/TM003 读出电路结构图,同一通道 4 个光敏元的 TDI 和 18 个通道 TDI 输出信号的多路读出都是采用 CCD 技术实现的。每个通道的 4 个光敏元依次扫过同一个目标点时,产生的光电荷通过一个 4 相 11 级的 CCD 传输并累加,

从而实现TDI功能。每18个通道的TDI输出经另一个CCD移位寄存器从相应端口串行输出。受到CCD传输速度的限制,每个通道的最高数据速率为1Mpixel/s,采用16路并行输出,该器件的最高数据速率可达16Mpixel/s。

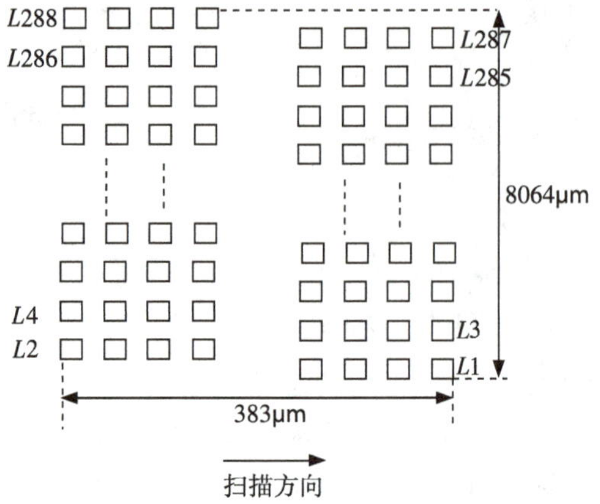

图3.71　TL003/TM003光敏元排列

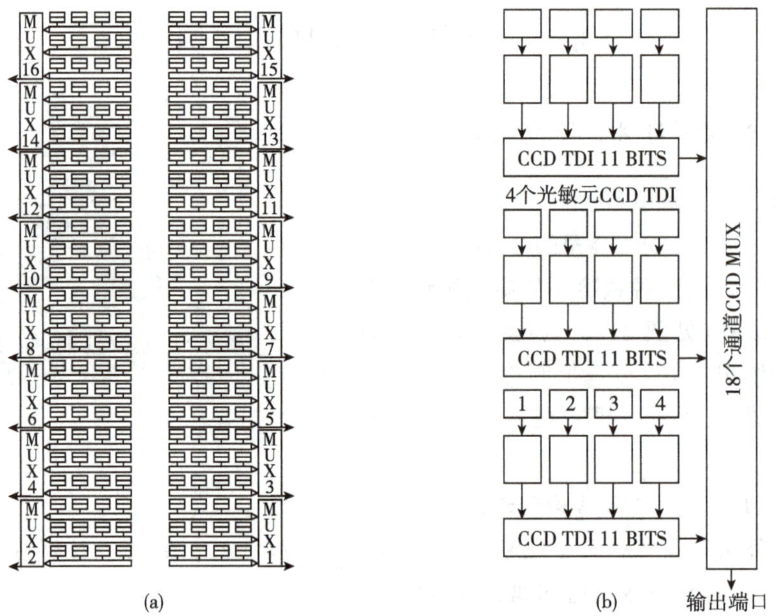

图3.72　TL003/TM003读出电路

(a)焦平面结构;(b)CCD读出

3.11.1.3　运行模式

TL003/TM003的光电荷是直接注入至CCD势阱的,容易引起信号饱和,存在器件探测灵敏度和动态范围的矛盾。为此,该器件的读出电路允许用户改变积分时间,即改变注入 CCD 势阱的电荷量。用户还可选择运行模式,以满足动态范围要求。改变 CCD 两个控制栅的电平,器件可处于不同运行模式,对注入的总电荷进行比例分配,比例分配加撇除后取部分电荷输出,或不作变动全部输出。

图 3.73 中,通过栅极 GPOL 可为所有光伏二极管施加一个合适的偏压,控制栅极 $C1$、$C2$ 的电平决定了势阱的深度,势阱深度决定了电荷存贮量和电荷流向。PH PART 栅极相当于在 $C1$、$C2$ 存贮池之间设置了隔板,在积分时间内,PH PART 的控制脉冲为高电平,隔板打开,电荷存于 $C1$、$C2$ 存贮池中。PH PART 脉冲为低时,隔板关闭,积分周期结束,将 $C2$ 存贮池的电荷传输至 TDI 级。PH PART 高电平脉宽越宽,隔板打开时间越长,$C2$ 存贮的电荷就越多。因此,PH PART 高电平的脉宽即为积分时间。

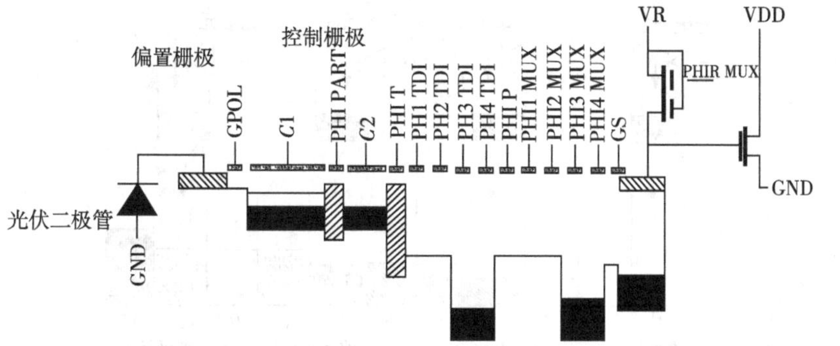

图 3.73　TL003/TM003 光电荷在势阱中的存贮

传输栅 PH T 的原理与此相仿,积分周期结束时,PH T 脉冲为高,$C2$ 与 PH TDI1 之间隔板打开,电荷传输至第一级 TDI 的势阱中。改变 $C1$、$C2$ 控制电平的相对大小可对注入的总电荷进行比例分配,比例分配加撇除等运算,或不作任何运算(无比例分配无撇除),即有三种运行模式。这三种模式运行时,最大可存贮电荷量各不相同,如表 3.12 所示。

表 3.12　TL003/TM003 控制栅极电平与运行模式的关系

模式	$C1$/V	$C2$/V	功能	最大电荷存贮量/pC
1	5	5	比例分配	1.3
2	5～9.5	5	撇除加比例分配	2.4
3	2.5	6.5	无比例分配/无撇除	0.4

$C1$、$C2$ 所加的电平决定了它的势阱深度。模式 1 中,$C1$、$C2$ 加同样电平,势阱深度相等,但 $C1$ 电容约为 $C2$ 的 3 倍,输出电荷与输入总电荷按 1∶4 的比例分配。模式 2 中,$C1$ 势阱比 $C2$ 深,输出电荷为总电荷撇除部分后再按比例分配,故这种模式电荷存贮量最大。而模式 3 中,$C2$ 势阱比 $C1$ 深,电荷几乎全部存于 $C2$ 的势阱

中,既无撇除又无比例分配,这种模式的电荷存贮量最少。

3.11.1.4　TDI 技术

TL003/TM003 的每一通道用一个 4 相 11 级的 CCD 实现 TDI,如图 3.74 所示。当一个积分周期结束时,每个通道的 4 个光敏元的输入级分别向 TDI 的第 1 级、第 4 级、第 7 级、第 10 级的 CCD 势阱注入当前帧的光电荷。其中第 4 级、第 7 级、第 10 级势阱注入后的电荷是当前帧电荷与上一帧转移电荷之和。然后,各级电荷均向输出级(第 11 级)方向移动 1 级,再开始下一积分周期。输出级的电荷则转移至多路开关 MUX 的输入级。积分周期 T 结束的输出电荷是光敏元 1 的电荷延时 9 帧、光敏元 2 的电荷延时 6 帧、光敏元 3 的电荷延时 3 帧,以及光敏元 4 当前帧电荷的累加。

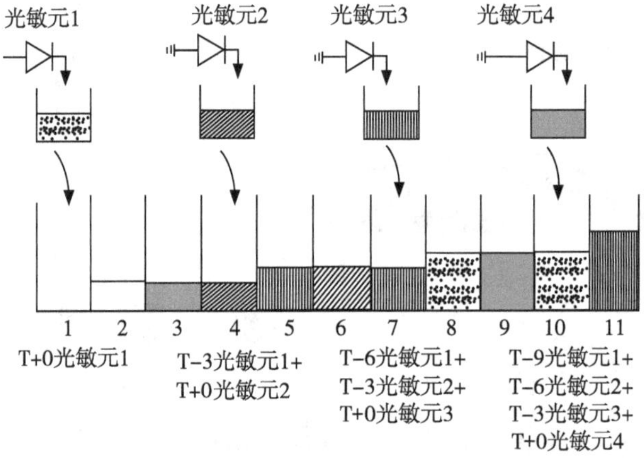

图 3.74　TL003/TM003 探测通道 TDI 原理

TL003/TM003 的 TDI 和多路传输均采用 CCD 读出,数据率高,运行方式灵活,但是需要提供 5 个模拟低纹波偏置电源和 13 个时钟脉冲时序。相比之下,CMOS 读出的焦平面器件的使用要简单、方便得多。

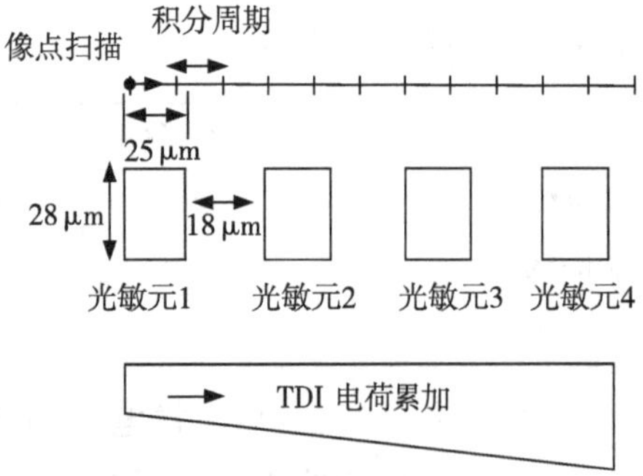

图 3.75　TDI 时间延迟与光机推扫同步要求

TDI 器件一般用于长线列推扫,使用时要求 TDI 的电荷转移与光机推扫的速度同步,即 TDI 相邻光敏元先后扫过同一物点所需的时间等于光敏元电荷转移至相邻光敏元所需的时间。图 3.75 中所需时间为 3 个积分周期,以保证 TDI 的积分是对同一目标不同时刻光电荷的累加。

3.11.2　热敏型非致冷红外焦平面面阵

3.11.2.1　性能概述

常用的非致冷红外焦平面(uncooled IRFPA)面阵有热敏电阻型和热释电型等种类，这一类红外焦平面面阵的工作温度为室温，有时也称室温红外焦平面。法国SOFRADIR 公司的 ML073 可作为热敏型非致冷红外焦平面面阵的一个范例，如图 3.76 所示。ML073 的敏感元用非晶硅材料制成，工作波段为 8～14μm，焦平面阵列为 320×240 像元，探测器与读出电路用微桥连接，如图 3.76(b)所示。

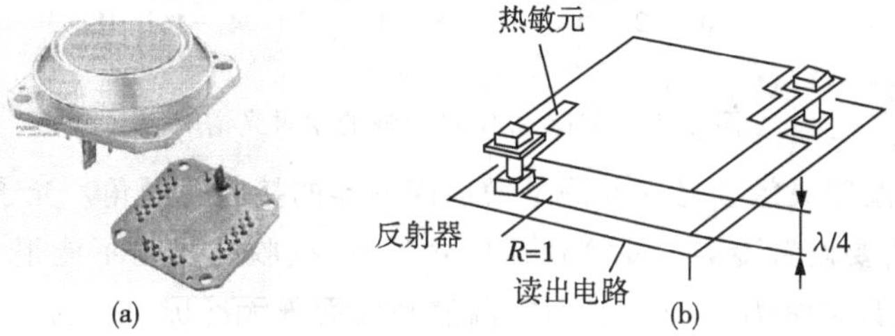

图 3.76　ML073 室温面阵外形和敏感元结构

(a)外形封装；(b)微桥结构热敏元

ML073 封装在小型化的金属壳体内，中间抽成真空，保持光敏元之间的热隔离状态，避免热点的能量向四周扩散形成热图像的亮斑。非致冷红外焦平面很容易被人误解为此类器件不需要制冷器即能正常工作。实际上，为减少热串扰，热敏型面阵、或热释电型面阵都需要用热电制冷其来保持探测器工作温度的恒定，只是它们不像致冷型红外光子探测器那样，须用机械或液氮制冷至极低的温度。ML073 使用了一级热电制冷器，建议工作温度为 30℃。

3.11.2.2　温度灵敏度

热探测器的探测率与光子探测器相比，约有 2 个数量级之差。提高室温红外焦平面面阵温度灵敏度的途径之一是尽量延伸器件光谱响应的长波限。光子探测器即使在低温下工作，其响应的长波限也较短。如工作温度 77K 的碲镉汞面阵响应的长波限不超过 9.5μm，长波限达 11μm 的碲镉汞面阵需要致冷至 70K，致冷功率较大。原理上讲，热探测器应当有相当宽的光谱响应范围，延伸至 14μm 以上并无困难，主要困难在于探测器热敏材料在长波红外的吸收率。

ML073 光敏材料为非晶硅，非晶硅在热红外波段吸收率并不高。因此，在光敏元背面设置了高反射率的反射器，两者距离间隔为 λ/4，参见图 3.76(b)。设计的间隔可保证对 12μm 长波辐射的反射损失小于 3%，在 8～14μm 波段有较均匀的高吸收率。由于干涉效应，波长小于 4μm 辐射的光谱响应起伏很大。器件窗口已镀短波截止滤光膜，滤除小于 8μm 的辐射。图 3.77 为 ML073 室温面阵未加镀膜窗口及加镀膜窗口后的光谱响应。

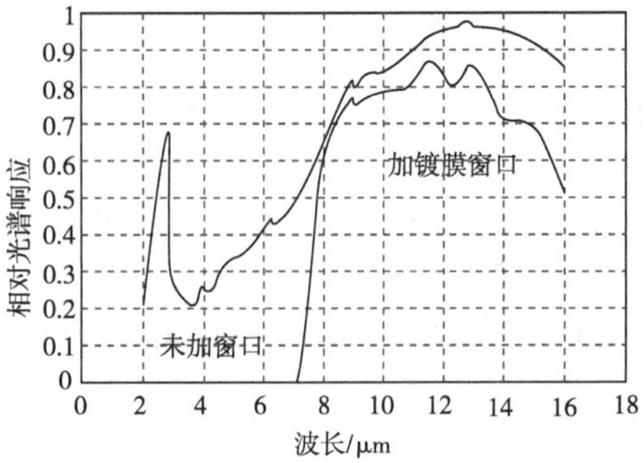

图 3.77　ML073 室温面阵的相对光谱响应

提高系统温度灵敏度另一办法是增加探测器的接收孔径角。光子探测器为减少背景噪声，都需要设置冷屏。受到杜瓦尺寸限制，接收孔径角不能很大，与其匹配的光学系统的 F 数通常为 1.5～2。而室温焦平面面阵无冷屏，接收孔径角可增加。目前，用非致冷红外焦平面的热成像系统可以配 $F/0.8$ 的红外镜头，系统 *NETD* 约 80～100mK。虽然，与用致冷型光子探测器面阵热像仪的 *NETD* 可达 25～40mK 相比，它的温度灵敏度仍较低，但非致冷红外面阵有价格低、可靠性高、功耗省等优点，这些都是需要低温工作的光子探测器所不具备的。

3.11.2.3　焦平面结构和读出电路

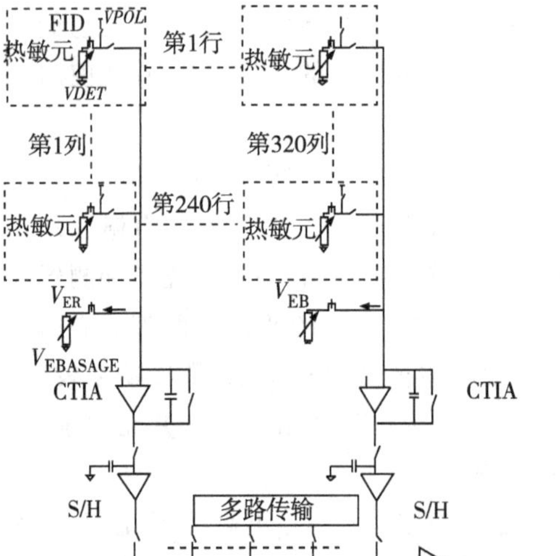

图 3.78　ML073 室温面阵的焦平面结构和读出电路

ML073 采用 CMOS 多路开关读出方式，输出的数据帧按行的顺序依次排列，共 240 行。每行有 320 个像元数据，按列的顺序排列，由列多路开关切换。

图 3.78 中，像元的输入级是由非晶硅热敏电阻、场效应管构成的电流源、场效应管栅极偏置电压 *FID* 等组成。调节 *FID* 可改变热敏电阻的偏置电流，即改变信号动态范围的幅度。同列的 240 个像元分时共用一个电容反馈的复位积分器 CTIA。CTIA 对信号电流进行积分，最大积分时间近似等于行周期，行周期结束时采样并保持积分的结果，积分结果逐行更新。调节 V_{EBSAGE}，可给放大器 CTIA 输入不同偏流，将动态范围作

上下移动。

ML073采用行波式读出方式，即电扫描扫至第 N 行时，第 N 行像元的信号电流被积分，与此同时，输出第 $(N-1)$ 行像元的积分结果。同行不同列的像元信号同时积分，但是同列不同行的像元信号并不同时积分，任何一个像元的最大积分时间都小于行周期。

3.12　红外凝视成像系统性能评价

3.12.1　噪声等效温差

3.12.1.1　*NETD* 的完整表述

3.7.4.4节给出的单元扫描红外成像系统的 *NETD* 公式仅考虑了特定背景下探测器的时间噪声，未考虑不同背景的光子噪声和前置放大电路噪声。由于单元探测器不存在响应率非均匀问题，也不必考虑空间噪声。显然，凝视型红外成像系统的 *NETD* 公式需要全面地考虑上述因素。

凝视成像系统完整的 *NETD* 公式可从像元的总噪声电子数导出。即认为黑体背景温度变化 *NETD* 时，背景信号电子数的变化等于像元的总噪声电子数：

$$NETD \cdot \frac{\partial \xi_{\mathrm{b}}}{\partial T} = n_{\mathrm{FPA}} \tag{3.152}$$

式中：$\partial \xi_{\mathrm{b}}/\partial T$ 称为像元的温度微分信号电子数，e-/K；n_{FPA} 为像元总噪声电子数，e-。

FPA像元的总噪声电子数可根据它的量子噪声、读出噪声等时间噪声的电子数和响应非均匀和暗电流非均匀等空间噪声的电子数算得。将总噪声电子数代入上式，像元的噪声等效温差可完整表述为

$$NETD = \frac{n_{\mathrm{FPA}}}{\partial \xi_{\mathrm{b}}/\partial T} = \frac{(n_Q{}^2 + n_{\mathrm{MFP}}{}^2 + n_{\mathrm{AFP}}{}^2 + n_{\mathrm{AT}}{}^2)^{1/2}}{\partial \xi_{\mathrm{b}}/\partial T} \tag{3.153}$$

式中：n_{Q} 为像元的量子噪声的均方根电子数，e-；n_{AT} 为像元读出噪声的均方根电子数，e-；n_{MFP} 为像元的响应非均匀噪声的均方根电子数，e-；n_{AFP} 为像元的暗电流非均匀噪声的均方根电子数，e-。

3.12.1.2　热图像的温度微分对比度

如工作波段内光学效率、量子效率近似相等，黑体背景产生的像元信号电子数为

$$\xi_{\mathrm{b}} = L_{\mathrm{q}} \omega A_{\mathrm{o}} \cdot \tau_{\mathrm{o}} \cdot \eta \cdot t_{\mathrm{int}} \quad (\mathrm{e}^-) \tag{3.154}$$

式中：L_{q} 为黑体背景在系统入瞳处的波段光子辐亮度，photon · s^{-1} · cm^{-2} · sr^{-1}；ω 为瞬时视场立体角，sr；A_{o} 为入瞳面积，cm^2；τ_{o} 为光学效率；η 为量子效率；t_{int} 为积分时间，s。

背景的温度微分信号电子数是信号电子数对温度的导数，即

$$\frac{\partial \xi_b}{\partial T}=\frac{\partial L_q}{\partial T}\omega A_o \cdot \tau_o \cdot \eta \cdot t_{int} \quad (e\text{-}/K) \tag{3.155}$$

式中：$\partial L_q/\partial T$ 为入瞳处波段的光子微分辐亮度，$photon \cdot s^{-1} \cdot cm^{-2} \cdot sr^{-1} \cdot K^{-1}$。

比较(3.155)与(3.154)两式，可将微分信号电子数表达为

$$\frac{\partial \xi_b}{\partial T}=\frac{\partial L_q/\partial T}{L_q} \cdot \xi_b = C_\Delta \xi_b \tag{3.156}$$

式中：ξ_b 为信号电子数，e-，与积分时间有关；$C_\Delta=(\partial L_q/\partial T)/L_q$ 称为温度微分对比度。

(3.156)式表明：背景的微分信号电子数可分解为两项之积，一项是与积分时间有关的曝光量 ξ_b，另一项是仅与工作波段有关的温度微分对比度 C_Δ。

对比度通常定义为目标与背景的相对反差。能否从图像的背景中识别出目标主要取决于目标与背景的对比度(contrast)。如人工目视识别要求图像有足够的灰度对比度，机器自动识别要求数字图像有足够的数值对比度。红外热图像的对比度通常可用目标与背景的相对光子辐亮度差定义。

$$C=\frac{\Delta L_q}{L_q} \tag{3.157}$$

红外热图像的温度微分对比度(differential-temperature contrast)是图像对比度对温度的导数，当目标与背景的温差很小时：

$$C_\Delta=\frac{dC}{dT}=\frac{\partial L_q(T_b)}{\partial T}\bigg/L_q(T_b) \quad (K^{-1}) \tag{3.158}$$

红外热图像的温度微分对比度与热像仪工作波段的选择有关，与积分时间无关。图 3.79(a)、图 3.79(b) 分别给出了 300K 黑体的光谱光子辐亮度和归一化的光谱温度微分对比度。用积分方法可算得 300K 黑体在长波红外波段(8～12μm)的光子辐亮度约为中波红外波段(3～5μm)的 46 倍。但是，中波红外波段的温度微分对比度 C_Δ 为 0.036，长波红外波段的温度微分对比度 C_Δ 为 0.016。中波约为长波的 2.25 倍。

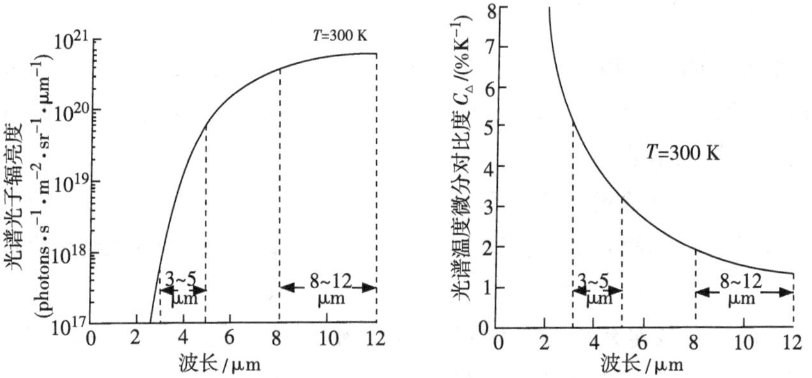

图 3.79　300K 黑体的光谱光子辐亮度和光谱温度微分对比度

(a)光谱光子辐亮度；(b)光谱温度微分对比度

将微分信号电子数用 $C_\Delta \xi_b$ 表示，FPA 像元的噪声等效温差可表达为

$$NETD = \frac{n_{FPA}}{\partial \xi_b / \partial T} = \frac{(n_Q{}^2 + n_{MFP}{}^2 + n_{AFP}{}^2 + n_{AT}{}^2)^{1/2}}{C_\Delta \xi_b} \tag{3.159}$$

3.12.1.3　电荷存贮量和响应非均匀

如果红外 FPA 仅有量子噪声，将 $n_{FPA} = n_Q$ 代入可得到系统的 $NETD$ 为

$$NETD_Q = \frac{n_Q}{C_\Delta \xi_b} \tag{3.160}$$

如果量子噪声中背景的散粒噪声是主要的，将 $n_Q = \sqrt{\xi_b}$ 代入，可得

$$NETD_Q = \frac{1}{C_\Delta \sqrt{\xi_b}} \tag{3.161}$$

红外焦平面面阵的 $NETD$ 与背景的信号电子数(曝光量)的平方根成反比，选择长波波段或增加积分时间均可提高温度灵敏度，需付出的代价是像元电荷存储容量的增加和动态范围的减小。像元的最小电荷存储容量为

$$\xi_b = \frac{1}{C_\Delta^2 \cdot NETD_Q^2} \quad (e\text{-}) \tag{3.162}$$

利用凝视成像 $NETD$ 完整的表达式，还可以计算对 FPA 像元响应率非均匀性的要求。如果红外 FPA 仅有响应率非均匀性噪声，将 $n_{FPA} = n_{MFP}$ 代入可得系统的噪声等效温差为

$$NETD_{MFP} = \frac{n_{MFP}}{C_\Delta \xi_b} = \frac{U}{C_\Delta}$$

即
$$U = NETD_{MFP} \cdot C_\Delta \tag{3.163}$$

式中：$U = n_{MFP}/\xi_b$ 为 FPA 响应率的非均匀性。

(3.163) 式表明：高温度灵敏度势必要求响应率的高均匀性。中波红外波段的温度微分对比度高于长波红外，同样的 $NETD$，中波红外对响应的非均匀要求稍低。

利用(3.162)式和(3.163)式，可给出长波、中波红外 $NETD$ 与像元的电荷存贮量以及允许的响应非均匀性之间的关系，如图 3.80 所示。图中用虚线标出了 $NETD$ 设计指标为 0.1K 时(300K 黑体)，中波、长波红外面阵背景的电荷存贮量、响应均匀性应满足的要求。由图可见，同样的 $NETD$，中波红外面阵 300K 黑体背景的电荷存贮量较小，对响应均匀性的要求也较低。这意味着尽管中波红外面阵温

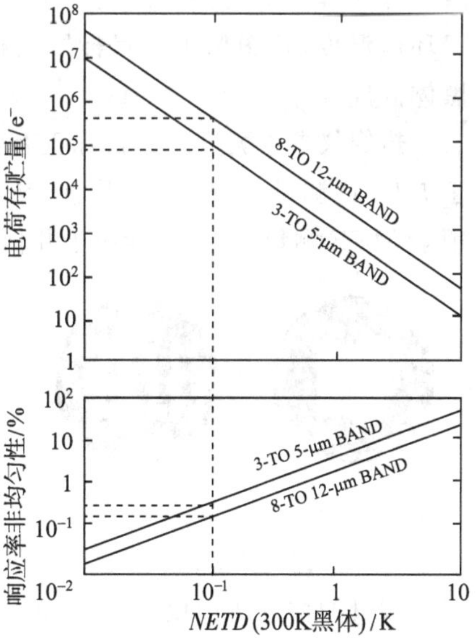

图 3.80　$NETD$ 与响应非均匀性、电荷存贮量的关系

度灵敏度不如长波，但它有较宽的温度探测的动态范围。

3.12.2　热像仪参数测量

3.12.2.1　测量装置

热像仪参数测量用的红外目标发生器由平行光管、黑体、目标盘、目标转盘、控制电路等组成，如图 3.81 所示。红外目标发生器出射的平行光束照射被测热像仪。

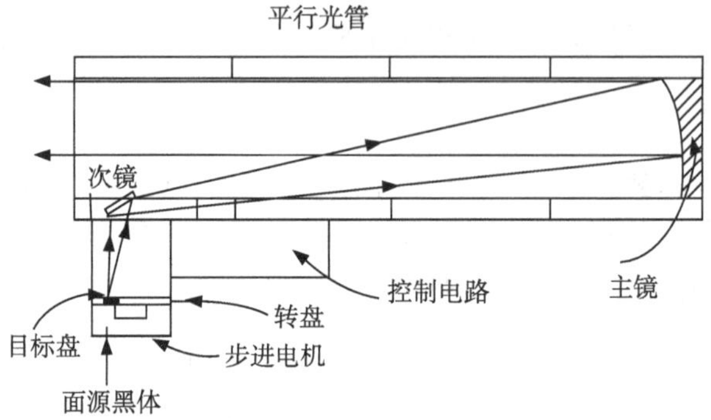

图 3.81　热像仪参数测量用的红外目标发生器

图 3.81 中，目标盘放置在平行光管的焦点处，目标盘用很厚的高热传导率的金属片制成，上面用机械或光刻方法刻出各种图案。目标盘的正面(成像面)涂有高发射率涂料，以模拟黑体背景。目标盘的背面有光滑的高反射率金属镀层，尽量减少黑体辐射对盘面温度的影响。因此，所成热图像的背景即目标盘面，其温度等于环境温度，热图像中的目标即目标盘图案所成的孔状像或杆状像，目标温度等于黑体温度。

热像仪参数测量用的目标盘有多种图案，如图 3.82 所示。其中，大方孔目标用于 *NETD* 测量，四杆目标用于 *MRTD* 测量，圆孔目标用于 *MDTD* 测量，狭缝目标用于 *MTF* 测量，孔阵目标用于几何畸变测量。

图 3.82　热像仪参数测量用的各种目标盘

3.12.2.2　NETD 测量

测量扫描型热像仪 *NETD* 可以用大方孔目标盘，要求方孔像应占较多像元，黑体与盘面温差一般比系统的 *NETD* 大 10 倍以上，以保证系统输出稳定且有足够的信噪比。测量凝视型热像仪也可以用条状孔板，有关国标规定条状孔和孔间隔所成热像的尺寸不小于 4 个像元。

NETD 可按下面公式计算：

$$NETD=\frac{\Delta T}{V_s/V_n}=\frac{\Delta T}{(V_B-V_G)/V_n} \tag{3.164}$$

式中：ΔT 为黑体与目标盘温度（环境温度）之差；V_B 为条状孔热像信号的像元平均值；V_G 为条状隔板热像信号的像元平均值；V_n 为条状孔与隔板信号差值的均方根差。

3.12.2.3 *MRTD* 和 *MDTD* 测量

最小可分辨温差是热成像系统能分辨的栅条目标与背景的最小温差。可综合描述系统的空间分辨率和温度灵敏度性能，它是目标空间频率的函数，与系统调制传递函数、噪声等效温差等因素有关。

测量 *MRTD* 使用的栅条目标通常为 4 杆目标，目标盘上刻有高：宽：间隔＝7：1：1的四杆图案。4 杆目标盘的空间频率 f 为

$$f=f_{光管}/(2W)\quad (\mathrm{cycle}\cdot\mathrm{rad}^{-1}) \tag{3.165}$$

式中：W 为杆的宽度；$f_{光管}$ 为平行光管的焦距。

待测热像仪的奈奎斯特频率为

$$f_0=\frac{1}{2IFOV}\quad (\mathrm{cycle}\cdot\mathrm{rad}^{-1}) \tag{3.166}$$

式中：*IFOV* 为热像仪的瞬时视场。

测量 *MRTD* 曲线需要用一组杆间间隔不同的四杆目标盘，分别测量热像仪对不同的空间频率目标的 *MRTD*。一般将目标盘空间频率 f 选为热像仪奈奎斯特频率 f_0 的 0.2、0.5、1、1.2 倍，如图 3.83 所示。

图 3.83　不同空间频率的四杆目标图案

MRTD 有主观测量法和客观测量法。主观测量法的原理是先升高黑体温度，把观察调到最佳。然后慢慢降低黑体温度，直至四杆图案像不再能分辨为止，此时黑体与环境温度差为 ΔT_+。继续降低黑体温度，使黑体温度小于环境温度，四杆图案像再次出现，如此时黑体与环境温度差为 ΔT_-。则热像仪在该空间频率下的

MRTD 为

$$MRTD(f)=(|\Delta T_+|+|\Delta T_-|)/2 \tag{3.167}$$

通过测量热像仪的调制传递函数 MTF、噪声等效温差 NETD 和一些常数，利用公式计算出最小可分辨温度的方法称为 MRTD 的客观测量法。用简洁的公式可表达为

$$MRTD(f)=\frac{K(f)\cdot NETD}{MTF(f)} \tag{3.168}$$

式中：NETD 为热像仪的噪声等效温差，K；MTF(f) 为被测系统调制传递函数；K(f) 为 MRTD 客观测量法的修正因子，是空间频率的函数。

不少文献从理论上推导了一些典型热成像系统 K(f) 的函数形式，得到的函数形式虽有差异，但均表明 K(f) 与要求的信噪比、目标空间频率与热像仪奈奎斯特频率之比有关，即与杆目标覆盖的瞬时视场数有关。

由于至今尚未形成一致公认客观 MRTD 计算公式，还有另一种将客观计算与主观测量相结合的方法，称为匹配方程法。该方法沿用了客观测量法的计算公式，但 K(f) 不是根据理论计算得到的，而是按照数据拟合的结果。选取的 K(f) 可保证在选取的两个频率点上测量结果与主观测量法的结果相符合。

最小可探测温差(MDTD) 是热成像系统能从均匀热背景中探测到的点目标与背景的最小温差。可描述系统探测点目标的温度灵敏度，它是目标孔张角的函数。MDTD 也有主观和客观两种测量方法。

实测 MRTD 和 MDTD 曲线如图 3.84(a)、图 3.84(b)所示。当 4 杆目标空间频率大于热像仪奈奎斯特频率的 2 倍(截止频率)时，即使增加温差，4 杆目标图案也无法分辨。MDTD 则不同，即使目标孔张角远小于热像仪的瞬时视场，只要有足够高的温差，还是可探测的。

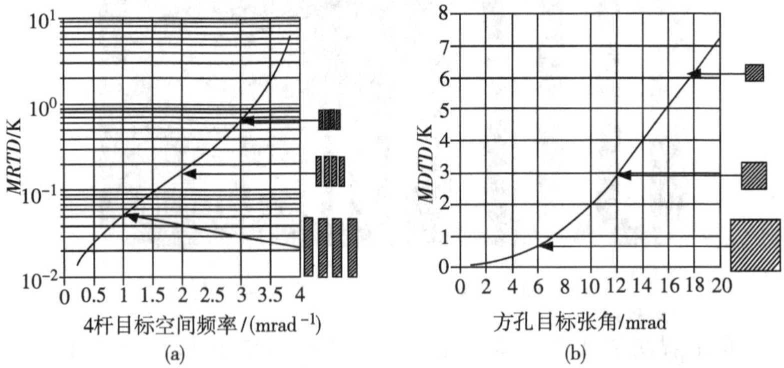

图 3.84　实测 MRTD 和 MDTD 曲线

(a)MRTD；(b)MDTD

3.12.3　目标识别距离预测

设计一个用于目标探测、分类、识别或辨识的红外成像系统时，应根据任务的种类、目标距离确定所需的空间分辨率和在该空间分辨率下的温度灵敏度。同样，根据已有红外成像系统的 *MRTD* 也可评估它的作战性能，如预测它的目标识别距离。

不同的作战任务对空间分辨率的要求是不同的。例如，目标探测（detection）只要求判断某个特定方位是否存在有效的军事目标，对空间分辨率要求最低。目标分类(classification) 要求将探测到的目标归属于某一大类，空间分辨率要求次之。目标识别(recognition) 则要求确定目标的特定种类，空间分辨率要求稍高。而目标辨识(identification) 需要确定目标的特定类型或型号，对空间分辨率要求自然最高。

目标探测、分类、识别或辨识对系统空间分辨率的要求可以直观地用目标像元数或目标线对数表示。即用目标在垂直于视轴的物面上投影尺寸所覆盖的瞬时视场数(像元数)表示，单位：pixel/size。或用覆盖的空间周期数(线对数)表示，单位：lp/size。两者关系为 1 lp/size＝2 pixel/size。由图 3.85 可见，目标的识别、辨识比探测需要目标像有更多的像元数(线对数)，以便获取目标的形状、辐射场分布等细节信息。

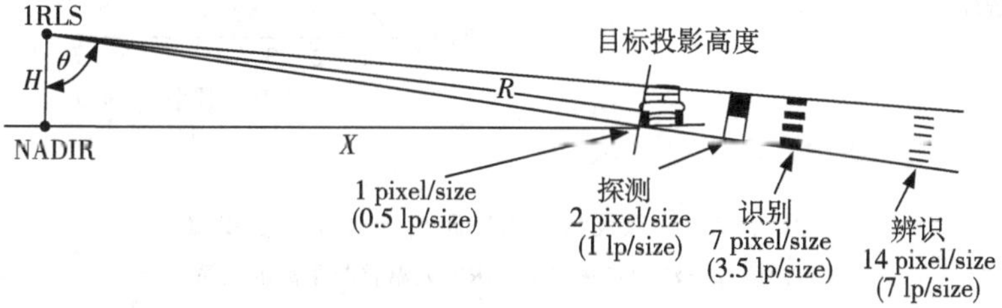

图 3.85　目标探测、识别、辨识与系统空间分辨率

目标线对数决定了目标探测、分类、识别或辨识等任务执行成功的概率。图 3.86 给出了目标为军用车辆、执行不同种类任务的成功概率与目标线对数的关系曲

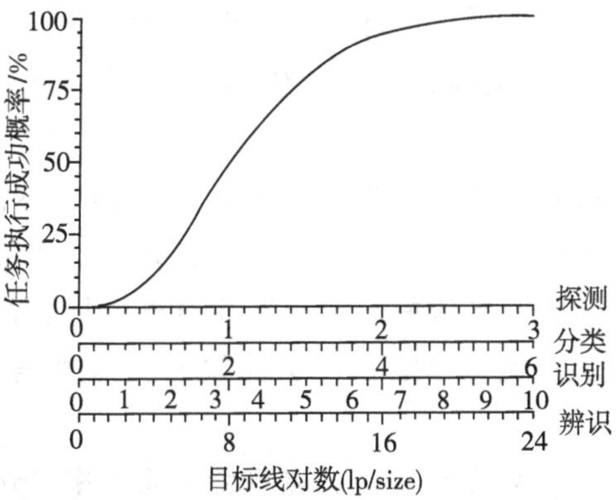

图 3.86　目标探测、分类、识别、辨识所需线对数

线。实际上，对目标空间频率的要求还与目标类型、背景复杂程度等因素有关。

图 3.87 提供了预测一个凝视型红外热像仪目标识别距离的方法和步骤。图中所用的热像仪主要参数如下。

探测器：320×240 像元 PtSi FPA 面阵

瞬时视场：0.133mrad

目标高度：3.3m

大气衰减系数：0.29/km

识别判据：4.8cycle/size

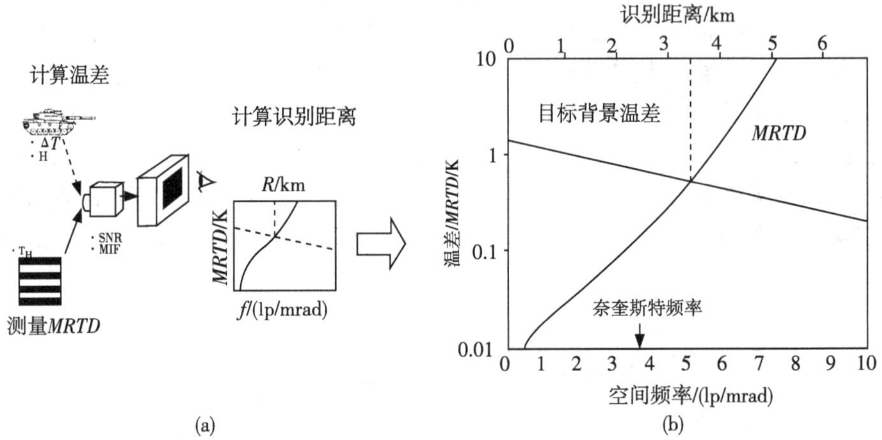

图 3.87　热像仪目标识别距离计算和测量步骤

(a)测算方法和步骤；(b) *MRTD*、温差与距离的关系

为估算红外成像系统对目标的最大识别距离，首先应确定目标识别距离与系统空间频率的关系。识别一个距离为 L 的目标所需的系统空间频率为

$$f=\frac{N}{\varphi}=\frac{N}{H}\cdot L \quad (\mathrm{lp/mrad}) \tag{3.169}$$

式中：N 为执行不同任务所需的目标线对数，lp；$\varphi=H/L$ 为用物高/物距算得的目标张角，mrad。

在实验室测量 *MRTD* 与空间频率的关系曲线，如图 3.87 (b)所示。图中下侧的横坐标为系统空间频率 f(lp/mrad)。上侧的横坐标为利用(3.169)式换算得到的目标识别距离(km)。用大气传输软件计算并给出目标、背景温差信号随距离的衰减曲线，根据温差衰减曲线与 *MRTD*(f) 曲线的交点可确定系统对该目标的识别距离。

本例中，目标识别判据为 4.8 lp/size，则系统空间频率(lp/mrad) 与目标识别距离(km)的关系为

$$f=\frac{4.8}{3.3}L=1.45L \quad (\mathrm{lp/mrad}) \tag{3.170}$$

温差衰减曲线与 $MRTD(f)$ 曲线的交点处的空间频率为 5.1lp/mrad，对应目标识别距离为 3.5km。距离大于 3.5km 的目标，热像仪的 $MRTD(f)$ 大于实际温差，目标将不能可靠识别。

3.13　红外探测器制冷方式

3.13.1　制冷方式介绍

红外探测器制冷方式大体上有辐射制冷、热电制冷、储存式（液体或固体）制冷、机械式制冷等种类，设计者可根据所需的制冷温度、制冷量及运行寿命选择合适的制冷方式，参见图 3.88。另外，红外探测器通常是与制冷器封装为一体的，制冷器的结构也是一个设计要素。

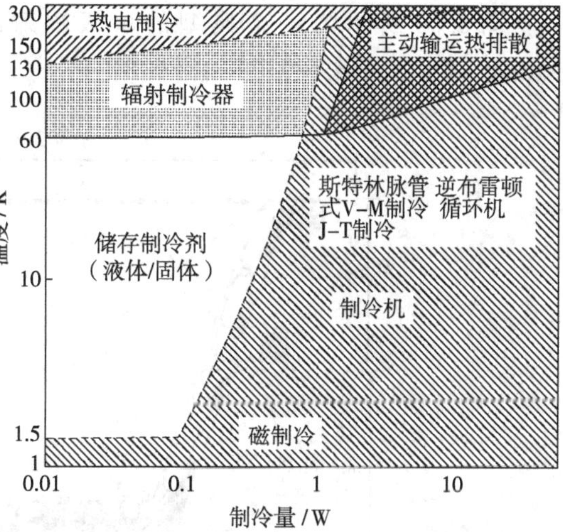

图 3.88　常用制冷方式主要性能参数

3.13.2　辐射制冷

辐射制冷器是航天器上经常使用的、利用辐射交换原理达到局部制冷的装置。通过合理的结构设计，辐射制冷器能向 4K 的深冷空间辐射散热，理论上可达到 60K 的低温。这种制冷方法没有运动部件，使用寿命特别长，而且无功耗。

辐射器具有一个大小合适，且涂以低太阳吸收率、高红外发射率涂层的冷块，冷块在真空环境下向深冷空间辐射能量，并平衡在一个相当低的温度下。此外，冷块必须对航天器本体热屏蔽，减少漏热。

由于航天器还要受到太阳辐射、地球反照和地球红外辐射等空间外热流的加热，应根据轨道和姿态分析将辐射制冷器放置在合适的位置上，并设计合适的屏蔽罩，分别称为太阳屏[见图 3.89(a)]和地球屏[见图 3.89(b)]。太阳屏和地球屏可通过遮挡和反射的方法实现对外热流的屏蔽，并保持对空间冷背景的有效辐射能力。屏蔽罩用高性能低温隔热材料制成，内表面为高反射率镜面，外表面涂以低太阳吸收率、高红外发射率的热控涂层。

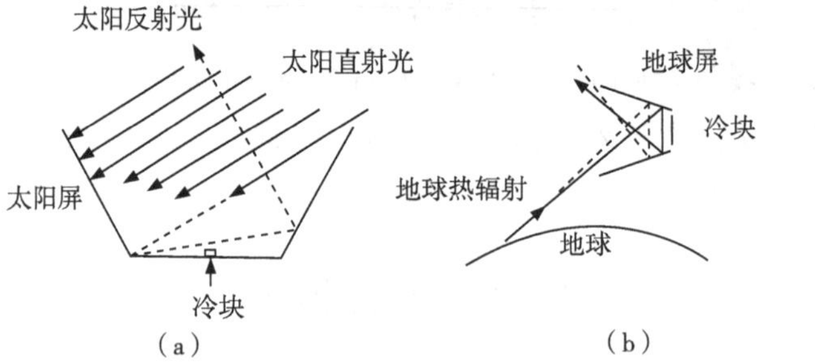

图 3.89 辐射制冷原理和外热流屏蔽

(a)太阳屏;(b)地球屏

图 3.90 所示为一个典型的单级辐射制冷器,在温度 100K 下的制冷量为 10mW,辐射表面 $\alpha_s=0.08$,$\varepsilon_h=0.8$。

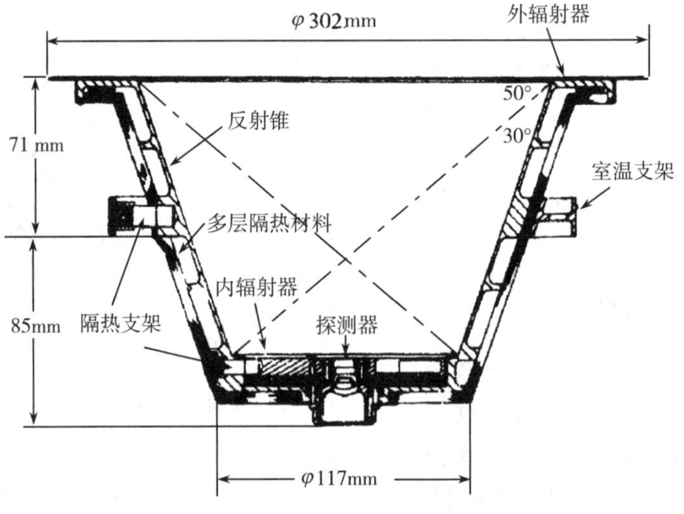

图 3.90 典型辐射制冷器的结构

3.13.3 热电制冷

热电制冷器利用了帕尔帖(Peltier)效应,即热伏效应的反效应。热电制冷器的电偶对通常由 N 型和 P 型碲化铋(Bi_2Te_3)半导体柱组成,中间用金属导体连接形成结点。通电后金属导体成为电偶对的冷端。电偶对的制冷量即冷端吸收的热量,它等于帕尔帖效应产生的制冷量减去电流通过导体时产生的热量,再减去由热端传递到冷端的热量。

多个电偶对级联组成热电堆可提高制冷能力,级联的方法是将多组 N 型和 P 型半导体用铜片串联连接,然后将所有热电偶热端(或冷端)的铜片与导热不导电的阳极氧化铝片热接触，构成电偶堆的热端(或冷端)。因此，构成热电堆的各个电偶对在电性能上是串联的，而在热性能上是并联的。电偶对的多少与热电堆的制冷量直接有关，而与制冷效率无关。

热电制冷适合室温到－100℃范围内的制冷，单级热电制冷可获得大约60℃的温差。要获得更低的温度需要多级热电制冷，将单级热电制冷的热端与另一个的冷端良好接触即构成多级热电制冷器。图3.91为三级热电制冷器的结构示意。

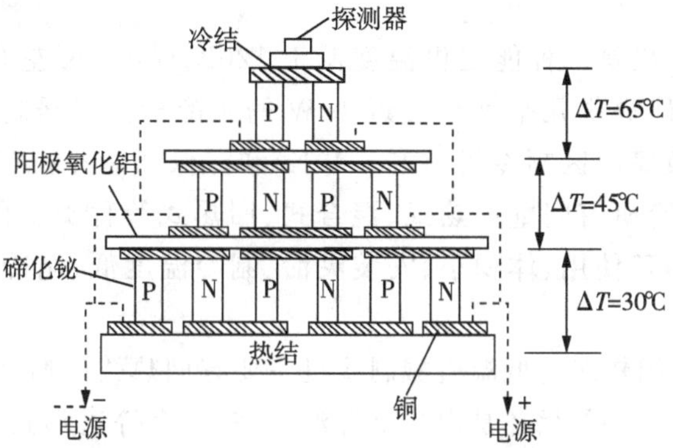

图3.91　三级热电制冷器的结构示意

3.13.4　储存式制冷

储存式制冷的制冷原理是将制冷剂(如液态空气、液氮、固体甲烷、固体氩和干冰等)装在绝热良好的杜瓦瓶中，当有热负载时，制冷剂由液相变为气相或由固相升华为气相而排掉。利用这种原理制成的制冷机有液氮杜瓦瓶和固体制冷机。液氮杜瓦瓶可将探测器致冷至77K。在这类制冷机中，不再收集并重新利用自负载吸收热量后蒸发的制冷剂。

焦耳-汤姆孙(J-T)节流制冷的原理可参见图3.92。J-T节流制冷器储存的制冷剂是高压气体，制冷原理是利用高压下的实际气体通过小孔节流膨胀来实现气体的冷却并最终形成液体冷却探测器。常温常压下的理想气体在节流过程中是不产生制冷效应或温度变化的。但对高压或/和低温下的实际气体来说，膨胀时由于分子力的作用将会引起内能的变化而引起降温。降温后的低压回气经逆流式热交换器，预冷进来的气体，直到气体离开节流阀被液化时为止。

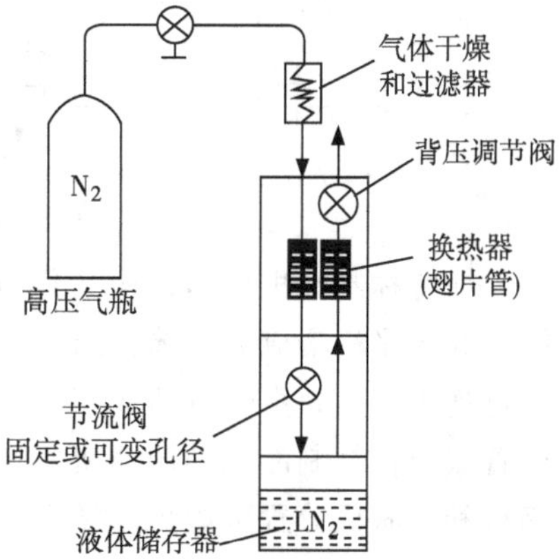

图3.92　J-T节流制冷原理

对于某些气体来说，只有预冷到特定温度以下节流膨胀才能发生这种制冷效应，这个温度称为转变温度。如氦为 45K，氢为 204K，氖为 250K，而大多数气体如氮、氩和空气的转变温度比室温高得多，就不必进行预冷。

节流制冷器有易于微型化、结构简单、在低温端无运动部件、运行可靠等优点，常用于导引头红外探测器的致冷。

3.13.5 低温机械制冷

低温机械制冷机是一种能提供温度低于 120K 直至 1K 左右的机械式制冷设备，在这一温区内能提供几毫瓦到接近 1kW 的制冷量。根据制冷温度的不同，低温制冷机又分为液氮温区制冷机(120～40K)和深低温制冷机(40～1K)。根据换热器不同，低温制冷机有间壁换热式、混合式、回热式等种类。低温机械制冷机的特点是制冷剂可循环使用、体积小、安装灵活、制冷温度低、制冷量大等，但使用寿命有限。

目前在空间应用较多的低温机械制冷机主要有回热式的斯特林制冷机、斯特林型脉管制冷机等。斯特林循环是由一个等温压缩、一个等温膨胀与两个等容回热过程组成的闭式热力学循环。使气体工质通过逆向斯特林循环后实现制冷的设备称为斯特林制冷机。

斯特林制冷机主要由压缩活塞、压缩腔、热端换热器、回热器、冷端换热器、膨胀腔和膨胀活塞等组成，如图 3.93 所示。斯特林制冷机的制冷剂为 10～15 个大气压的氦气，有两套活塞和气缸，分别完成压缩和膨胀功能。

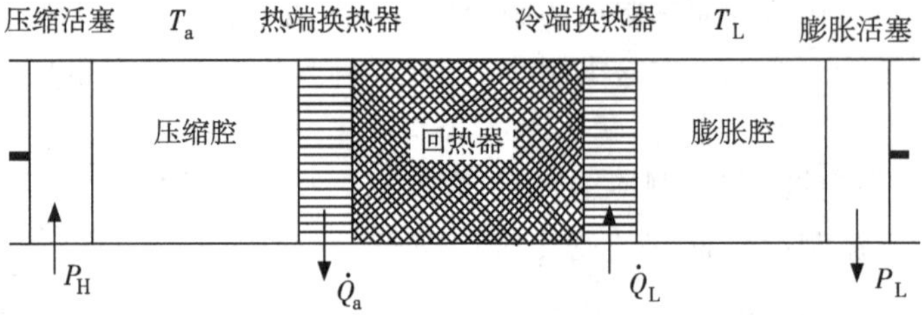

图 3.93 斯特林制冷机的构成

斯特林制冷机根据结构又分为整体式和分置式两种。整体式斯特林制冷机将压缩机和膨胀机集成为一体，分置式斯特林制冷机将压缩机和膨胀机独立地分开布置，通过连管相连。由于有活塞高速运动，斯特林制冷机振动噪声会对探测器产生干扰。分置式斯特林制冷机的压缩机和膨胀机分别用直线电机驱动，制冷量可达 1W。压缩机和膨胀机分置可避免冷端振动，工作寿命约 5000 小时。整体式斯特林制冷机，用旋转式电机驱动，结构较紧凑，但机械噪声较大，工作寿命较短，约 3000 小时。

脉管制冷机同属于回热式制冷机，由压缩机、回热器、冷端换热器、脉(冲)管、热端换热器等组成。通过调相结构调节制冷机内部工质气体的压力波与质量流之间的相位差，从而在冷端产生制冷效应。基本型脉管制冷机的结构如图 3.94 所示。

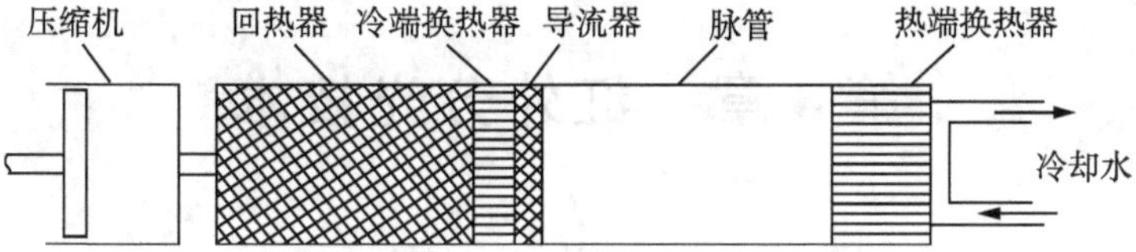

图 3.94　基本型脉管制冷机简图

脉管制冷机冷指内部没有运动部件，具有体积小、振动小、电磁干扰小以及寿命长等优点。经过半个世纪尤其是近十年的发展，脉管制冷机的致冷效率得到大幅提升，成为航天器上可选用的新型制冷机。

参 考 文 献

[1] Dudzik M C. Electro-Optical Systems Design, Analysis, and Testing, The Infrared and Electro-Optical Systems Handbook, Volume 4, Environment Research Institue of Michigan & SPIE, 1993. 1. 2. 1 Noise Characterization.

[2] Rogatto W D. Electro-Optical Components, The Infrared and Electro-Optical Systems Handbook, Volume 3, Environment Research Institue of Michigan & SPIE, 1993. 4. 4. 2 Detector Figures of Merit.

[3] Dudzik M C. Electro-Optical SystemsDesign, Analysis, and Testing, The Infrared and Electro-Optical Systems Handbook, Volume 4, Environment Research Institue of Michigan & SPIE, 1993. 1. 2. 6. 1 NETD.

[4] Fox C S. Active Electro-Optical Systems, The Infrared and Electro-Optical Systems Handbook, Volume 6, Environment Research Institue of Michigan & SPIE, 1993. 1. 5 Target Laser Cross Section.

[5] Campana S B. Passive Electro-Optical Systems, The Infrared and Electro-Optical Systems Handbook, Volume 5, Environment Research Institue of Michigan & SPIE, 1993. 4. 4. 2. 1 Probability of Detection and False-Alarm Rate.

[6] Pollock D H. Countermeasure Systems, The Infrared and Electro-Optical Systems Handbook, Volume 7, Environment Research Institue of Michigan & SPIE, 1993. 1. 4. 2. 1 Gaussian Probability Density Function (Single Event in White Noise).

[7] Campana S B. Passive Electro-Optical Systems, The Infrared and Electro-Optical Systems Handbook, Volume 5, Environment Research Institue of Michigan & SPIE, 1993. 3. 2. 3. 2 Noise Classifications.

[8] 汤定元，糜正瑜等. 光电器件概论. 上海：上海科学技术文献出版社，1989. 7. 2. 7 调制传递函数.

第 4 章　红外分光技术

4.1 引　　言

红外分光技术是利用色散、干涉、衍射等光学效应，将宽波段辐射进行光谱粗分或细分，继而实现多波段辐射测量或光谱测量的专用技术。常用的分光方法有滤光片、棱镜、光栅和干涉分光等。

目标源的红外辐射有强度、光谱、偏振、空间分布、运动等多方面的特征差异，因此，红外光电测量仪器可分成像仪、辐射计、光谱仪等大类，其主要功能区别如下。

(1)成像仪：俗称相机，主要用于宽波段辐射空间分布的二维成像。

(2)辐射计：如测温仪、光度计等，主要用于宽波段辐射的定量测量。

(3)光谱仪：如分光光度计、光谱分析仪等，主要用于光谱测量、物质分析。

近代红外遥感仪器通常将成像、辐射测量和光谱测量等功能融合于一体，如多光谱成像仪不仅是可对目标多波段成像的相机，也是能测量波段辐射量的辐射计。有的波段还可细分，以提取目标的一些光谱特征。成像光谱仪的主要特征是图谱合一，它能同时得到二维空域各个地物点的连续光谱，如高光谱、超光谱成像仪等。本章将对这类仪器采用的分光技术作进一步介绍。

4.2 薄膜光学基础

4.2.1 光学薄膜

光学薄膜通常指镀在光学元件或基片表面可改变其反射特性的单层或多层薄膜，根据膜层材料，光学薄膜有金属膜、全介质膜、金属-介质膜等种类。按膜层结构，光学薄膜可以分为单层膜和多层膜。

光学薄膜可直接镀在光学元件的表面，根据薄膜的功能，有增透膜、反射膜、保护膜等种类。将薄膜镀在基片平板上制成的光学元件称为光学滤光片，光学滤光片(optical filter)的作用类似于电子学滤波器。电子学滤波器有高通、低通、带通滤波器之分。光学滤光片同样有长波通、短波通、带通等分类，可用于光谱的粗分和细分。

薄膜光学的基本原理是利用光在光学膜层界面处多次反射产生的多光束干涉效应。菲涅耳公式则是薄膜光学理论的基石。

4.2.2　菲涅耳公式

菲涅耳公式是从电磁场理论导出的光在两种不同折射率介质的光滑界面处反射和透射能量分配的计算公式。公式分别给出了振动方向在入射面内和垂直于入射面的两种偏振光的振幅反射系数和振幅透射系数。

4.2.2.1　振幅反射和透射系数

根据光的波动理论,一个平面偏振光(线偏振光)可以分解为振动方向相互垂直、初相位相同的两个平面偏振光。因此,由于各向同性,一束自然光可以任意分解为振动方向相互垂直、振幅相等、相位各自独立无关的两个平面偏振光。当一束自然光照射到两种不同介质的分界面时,则可分解为光矢量振动方向在入射面内的 p 偏振光(TM 波)和振动方向垂直于入射面的 s 偏振光(TE 波)。

p 光和 s 光在界面的反射、折射情况是不同的,可分别用各自的反射系数和透射系数表示。由于光矢量可用模为振幅、幅角为相位的复数表示,p 光和 s 光的界面反射系数和透射系数也是复数,复数的模称为振幅反射(或透射)系数,复数的幅角称为相位反射(或透射)系数。因为光强仅与振幅有关,界面反射率和透过率主要取决于振幅反射系数和振幅透射系数。

图 4.1 中,设入射介质和折射介质的折射率分别为 n_1 和 n_2,入射角为 i_1,折射角为 i_2。菲涅耳公式给出的 p 光和 s 光振幅的反射系数和透射系数的一般形式为

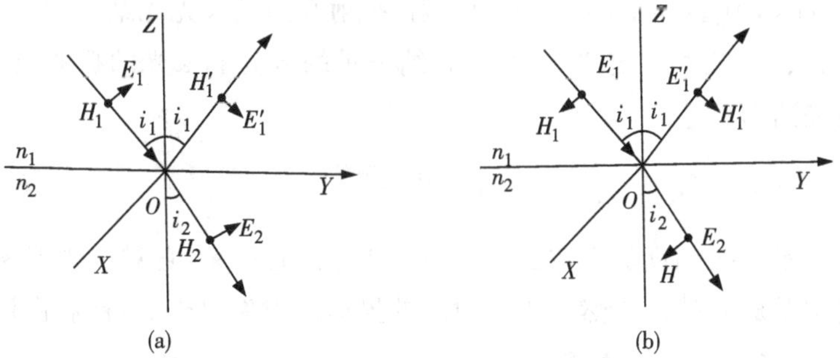

图 4.1　界面反射和折射时的电矢量和磁矢量

(a)p 偏振光;(b)s 偏振光

p 光振幅反射系数为

$$r_p = \frac{n_1/\cos i_1 - n_2/\cos i_2}{n_1/\cos i_1 + n_2/\cos i_2} \tag{4.1}$$

p 光振幅透射系数

$$t_p = \frac{2n_1\cos i_1}{n_1\cos i_2 + n_2\cos i_1} \tag{4.2}$$

s 光振幅反射系数

$$r_s=\frac{n_1\cos i_1-n_2\cos i_2}{n_1\cos i_1+n_2\cos i_2} \tag{4.3}$$

s 光振幅透射系数

$$t_s=\frac{2n_1\cos i_1}{n_1\cos i_1+n_2\cos i_2} \tag{4.4}$$

4.2.2.2 光纳形式的振幅反射系数

薄膜光学引入了光纳的概念，光纳是对折射率的修正，可理解为等效折射率。光纳对 p 光、s 光有不同的定义。

p 光光纳 $$\eta=n/\cos i \tag{4.5}$$

s 光光纳 $$\eta=n\cos i \tag{4.6}$$

式中：n，i 分别为入射介质折射率和入射角，或折射介质折射率和折射角。

p 光的振幅反射系数可用光纳表示为

$$r_p=\frac{\eta_{1p}-\eta_{2p}}{\eta_{1p}+\eta_{2p}} \tag{4.7}$$

式中：$\eta_{1p}=n_1/\cos i_1$，$\eta_{2p}=n_2/\cos i_2$ 分别为入射、折射介质的 p 光光纳。

s 光的振幅反射系数可用光纳表示为

$$r_s=\frac{\eta_{1s}-\eta_{2s}}{\eta_{1s}+\eta_{2s}} \tag{4.8}$$

式中：$\eta_{1s}=n_1\cos i_1$，$\eta_{2s}=n_2\cos i_2$ 分别为入射、折射介质的 s 光光纳。

由于 p 光、s 光光纳的定义不同，用光纳表示的 p 光和 s 光的振幅反射系数形式上可统一地表达为

$$r=\frac{\eta_1-\eta_2}{\eta_1+\eta_2} \tag{4.9}$$

用光纳表示的振幅反射系数公式(4.9)具有普遍意义，它对 p 光或 s 光，倾斜入射或正入射都是成立的。自然光正入射时的界面反射率可作为特例，由该式导出。

4.2.2.3 反射率和透射率

界面的镜面反射率通常定义为反射光束与入射光束的辐射通量之比。由于反射光束与入射光束在同种介质中，且光束截面积相等，反射率等于反射光束与入射光束的能流密度之比，也等于光强之比，即电场强度振幅的平方之比。由于入射自然光的 p 光分量和 s 光分量的光强相等，可得自然光的界面反射率为

$$R=\frac{r_p^2+r_s^2}{2} \tag{4.10}$$

式中：$r_p=\frac{\eta_{1p}-\eta_{2p}}{\eta_{1p}+\eta_{2p}}$，$r_s=\frac{\eta_{1s}-\eta_{2s}}{\eta_{1s}+\eta_{2s}}$分别为 p 光、s 光的振幅反射系数。

自然光正入射时，入射角为零，介质的光纳即该介质的折射率，p 光和 s 光的振

幅反射系数相等并可表示为

$$r=r_s=r_p=\frac{n_1-n_2}{n_1+n_2} \tag{4.11}$$

将上式代入(4.10)式，可得自然光正入射时的反射率为

$$R=r^2=\left(\frac{n_1-n_2}{n_1+n_2}\right)^2 \tag{4.12}$$

必须注意的是反射率 $R=r^2$，透过率 $T\neq t^2$，原因是透射光束进入第二种介质后，光束截面积、折射率均发生了变化，透射率不等于透射光束与入射光束的能流密度之比，更不等于光强之比。正确的方法是利用能量守恒关系 $T=1-R$ 计算透射率。

反射率不可能为负值，但是振幅反射系数 r_s 和 r_p 可以是正的，也可以是负的。光的振幅反射系数为负，表明界面处反射波的相位相对于入射波改变了 π，称为相位突变。光从光密介质(高折射率)射向光疏介质(低折射率)时，振幅反射系数的符号为正，反射波相位未发生突变。反之，光从光疏介质射向光密介质时，振幅反射系数的符号为负，反射波的相位有突变。

4.2.2.4　偏振现象

根据折射定律和三角函数关系，可以得到完全用角度表示的菲涅耳公式：

p 光振幅反射系数

$$r_p=\frac{\tan(i_2-i_1)}{\tan(i_2+i_1)} \tag{4.13}$$

p 光振幅透射系数

$$t_p=\frac{2\sin i_2\cos i_1}{\sin(i_1+i_2)\cos(i_1-i_2)} \tag{4.14}$$

s 光振幅反射系数

$$r_s=\frac{\sin(i_2-i_1)}{\sin(i_2+i_1)} \tag{4.15}$$

s 光振幅透射系数

$$t_s=\frac{2\sin i_2\cos i_1}{\sin(i_1+i_2)} \tag{4.16}$$

由(4.13)式可推得当 $i_2+i_1=\pi/2$，即入射角 $i_1=i_B=\tan^{-1}(n_2/n_1)$时，$r_p=0$，其中 i_B 称为布儒斯特角。自然光以布儒斯特角入射时，反射光中没有 p 光，只有 s 光，因而反射光是完全偏振光，而透射光为部分偏振光。偏振分束片、激光器偏振窗口均利用了这一原理。图 4.2 为从空气入射至玻璃，p 光和 s 光的反射率与入射角的关系。

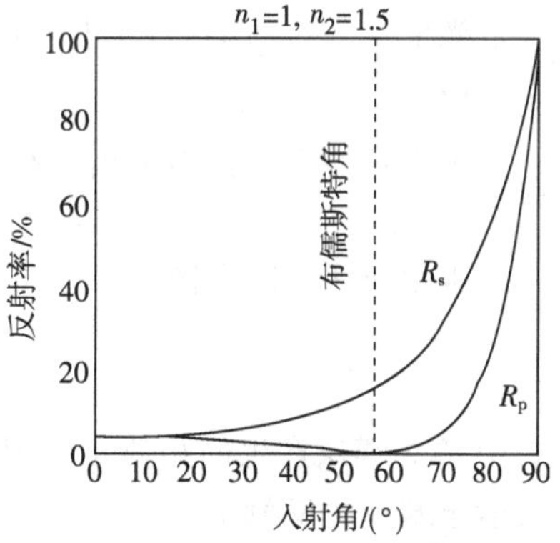

图 4.2　p 光和 s 光的反射率与入射角的关系

4.2.3　单层膜的多光束干涉

光学薄膜尽管有很多种类，其工作原理都是

利用了光在单层膜或多层膜中多次反射产生的多光束干涉效应。现以单层膜为例，予以说明。

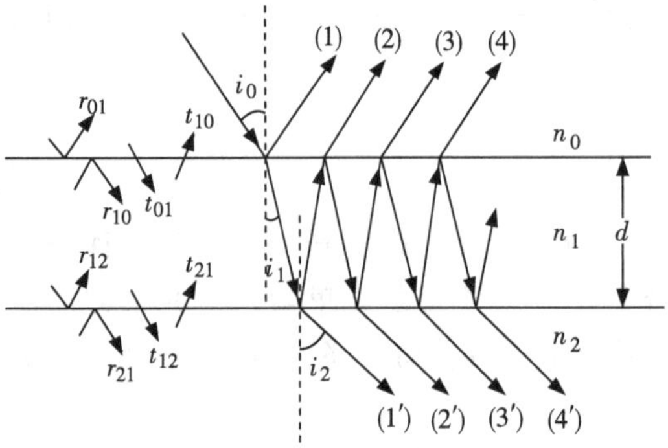

图 4.3　光在单层膜中的多次反射

光在单层膜中的多次反射如图 4.3 所示。图中，折射率 n_2 的基片上镀了厚度为 d、折射率为 n_1 的单层膜，光从折射率为 n_0 的介质入射。这种情况下，可定义 4 个振幅反射系数和 4 个振幅透射系数，以表示光在膜层上表面和下表面的反射、透射特性。r_{ij} 表示光从介质 n_i 入射至介质 n_j 的振幅反射系数，t_{ij} 表示光从介质 n_i 入射至介质 n_j 的振幅透射系数。

光入射至镀有薄膜的基片时，反射光束由多个光束组成，图 4.3 中标注为光束 1,2,3,4,…。其中，光束 1 是入射光在膜层上表面的直接反射光束，光束 2,3,4,… 是透射光在膜层中多次来回反射后再从上表面透射的光束，在膜层中的往返次数分别为 1,2,3,…。

相邻反射光束的光程差可算得为

$$\Delta = 2n_1 d\cos i_1 \tag{4.17}$$

即相邻光束的相位差为

$$\delta = 4\pi n_1 d\cos i_1/\lambda \tag{4.18}$$

如入射光矢量的振幅为 1，则各反射光束的振幅分别为

光束 1　　r_{01}

光束 2　　$t_{01}t_{10}r_{12}e^{-j\delta}$

光束 3　　$t_{01}t_{10}r_{12}e^{-j\delta}\cdot(r_{12}r_{10}e^{-j\delta})$

光束 4　　$t_{01}t_{10}r_{12}e^{-j\delta}\cdot(r_{12}r_{10}e^{-j\delta})^2$

…

由于相邻光束有固定相位差，相干叠加可得到总的振幅反射系数为

$$r = r_{01} + t_{01}t_{10}r_{12}e^{-j\delta}[1 + r_{12}r_{10}e^{-j\delta} + (r_{12}r_{10}e^{-j\delta})^2 + \cdots]$$

根据斯托克斯定律 $t_{01}t_{10} = 1 - r_{01}^2$，$r_{01} = -r_{10}$，代入可得

$$r = \frac{r_{01} + r_{12}e^{-j\delta}}{1 + r_{12}r_{01}e^{-j\delta}}r_{01} = |r|e^{j\varphi} \tag{4.19}$$

式中：δ 为膜层产生的相邻光束相位差；r_{01} 为空气入射至膜层的反射系数；r_{12} 为膜层入射至基片的反射系数。

单层膜的反射光与入射光相比，既有振幅的变化，又存在相位差。相位差与折射率、膜厚及入射角等多种因素有关，这里不准备讨论相位差的一般关系，而主要关注

与反射率密切相关的振幅反射系数的模。

用(4.19)式可计算镀膜基片振幅反射系数的模，得到它的反射率为

$$R=|r|^2=\frac{(r_{01}+r_{12})^2\cos^2(\delta/2)+(r_{01}-r_{12})^2\sin^2(\delta/2)}{(1+r_{01}r_{12})^2\cos^2(\delta/2)+(1-r_{01}r_{12})^2\sin^2(\delta/2)} \tag{4.20}$$

将上式中膜层上下表面的振幅反射系数用光纳表示

$$r_{01}=\frac{\eta_0-\eta_1}{\eta_0+\eta_1} \qquad r_{12}=\frac{\eta_1-\eta_2}{\eta_1+\eta_2}$$

式中：η_0、η_1、η_2 分别为空气、膜层、基片的光纳。

代入(4.20)式，整理可得到镀膜基片的反射率为

$$R=\frac{(\eta_0-\eta_2)^2\cos^2(\delta/2)+(\eta_0\eta_2/\eta_1-\eta_1)^2\sin^2(\delta/2)}{(\eta_0+\eta_2)^2\cos^2(\delta/2)+(\eta_0\eta_2/\eta_1+\eta_1)^2\sin^2(\delta/2)} \tag{4.21}$$

4.2.4 等效光纳

4.2.4.1 单层膜的等效光纳

等效光纳是薄膜光学常用的分析手段。以镀单层膜基片为例，可以把单层膜和基片等效为光纳等于复数 Y 的均匀介质。入射光从空气入射到镀单层膜基片所产生反射光的振幅和相位与入射到等效光纳为 Y 的介质是完全相等的。这样，镀单层膜基片的振幅反射系数 r 就可用两种介质界面的振幅反射系数公式计算。即

$$r=|r|e^{j\varphi}=\frac{\eta_0-Y}{\eta_0+Y} \tag{4.22}$$

式中：η_0 为入射介质的光纳；Y 为单层膜和基片的等效光纳。

单层膜的反射率为

$$R=r^2=\left(\frac{\eta_0-Y}{\eta_0+Y}\right)^2 \tag{4.23}$$

如单层膜的振幅 $|r|$、相位反射系数 φ 已知，可求出镀膜基片的等效光纳为

$$Y=\eta_0\frac{1-|r|e^{j\varphi}}{1+|r|e^{j\varphi}} \tag{4.24}$$

4.2.4.2 多层膜的等效光纳

利用等效光纳的概念，基片镀单层膜等效光纳的计算可方便地递推到基片镀两层或多层膜。图 4.4(a)和(b)分别表示了基片上镀单层膜和双层膜时等效光纳的递推计算方法。

图 4.4(b)中，入射介质折射率为 n_0，折射率为 n_3 的基片上先后镀了折射率为 n_2、厚度为 d_2 的第一层膜和折射率为 n_1、厚度为 d_1 的第二层膜。图中的 r_{ij} 为折射率为 n_i 介质与折射率为 n_j 介质界面的振幅反射系数。

镀双层膜基片的等效光纳计算步骤是：

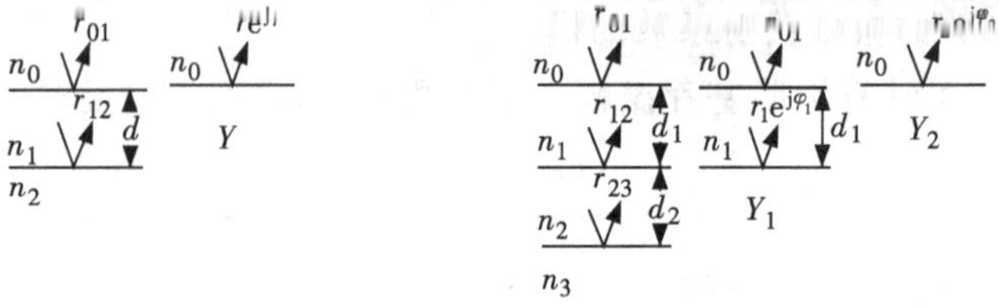

(a)　　(b)

图 4.4　单层膜和多层膜等效光纳的递推计算

(a)单层膜计算；(b)双层膜计算

(1)根据第一层膜层与基片界面的振幅反射系数 r_{23}，计算基片和第一层膜层的等效光纳 Y_1；

(2)计算第二层膜层和等效光纳 Y_1 介质界面的振幅反射系数 $r_1e^{j\varphi_1}$；

(3)根据振幅反射系数 $r_1e^{j\varphi_1}$，计算 Y_1 介质和第二层膜层的等效光纳 Y_2；

(4)计算光由入射介质与等效光纳 Y_2 介质界面的振幅反射系数 $r_2e^{j\varphi_2}$，即基片镀了双层膜后的振幅反射系数。

经上述递推计算可得到基片镀双层膜后的等效光纳 Y_2，则光在镀双层膜基片的反射可完全等效于光在等效光纳为 Y_2 介质的界面上的反射。

4.2.5　两种特殊膜层

4.2.5.1　λ/2 膜层

当入射角及各层厚度均为任意值时，用递推方法计算多层薄膜的反射率还是很烦琐的。但是，有两种特殊膜层，即 λ/2 膜层和 λ/4 膜层，其计算十分简单，结果也很有用。

λ/2 膜层是指薄膜的光学厚度等于 1/2 波长的膜层，光学厚度为折射率与膜厚的乘积。如果在折射率为 n_2 的基片上镀了一层光学厚度 $n_1d=\lambda/2$ 的膜层，入射介质折射率为 n_0，入射光近似正入射时，可算得相邻的反射光束之间的相位差为

$$\delta=4\pi n_1 d\cos i_1/\lambda$$

将 $n_1d=\lambda/2$，$i_1\approx 0$ 代入上式，算得相位差 δ 为 2π，代入(4.21)式，可得

$$R_{\lambda/2}=\frac{(\eta_0-\eta_2)^2\cos^2\pi+(\eta_0\eta_2/\eta_1-\eta_1)^2\sin^2\pi}{(\eta_0+\eta_2)^2\cos^2\pi+(\eta_0\eta_2/\eta_1+\eta_1)^2\sin^2\pi}=\left(\frac{\eta_0-\eta_2}{\eta_0+\eta_2}\right)^2 \tag{4.25}$$

式中：η_0 为空气的光纳；η_2 为基片材料的光纳。

入射光近似正入射时，介质的光纳即它的折射率，上式可改写为

$$R_{\lambda/2}=\left(\frac{n_0-n_2}{n_0+n_2}\right)^2 \tag{4.26}$$

上式表明：基片上镀了 λ/2 膜层后的反射率与未镀膜基片的反射率相同。因此，λ/2 膜层也称为“无影响膜层”。基片上镀了 λ/2 膜层后的等效折射率等于未镀膜基

片的折射率，即 $Y=n_2$。

4.2.5.2　$\lambda/4$ 膜层

$\lambda/4$ 膜层是指薄膜的光学厚度等于 1/4 波长的膜层，全部由 $\lambda/4$ 膜层组成的多层膜称为 $\lambda/4$ 膜系，它是光学薄膜最常用的膜系。

如果在折射率为 n_2 的基片上镀了一层光学厚度 $n_1 d=\lambda/4$ 的膜层，入射介质折射率为 n_0，入射光近似正入射时 $i_1\approx 0$，则相邻的反射光束之间的相位差为

$$\delta=4\pi n_1 d\cos i_1/\lambda\approx\pi$$

将上式代入(4.21)式，可得

$$R_{\lambda/4}=\frac{(\eta_0-\eta_2)^2\cos^2(\pi/2)+(\eta_0\eta_2/\eta_1-\eta_1)^2\sin^2(\pi/2)}{(\eta_0+\eta_2)^2\cos^2(\pi/2)+(\eta_0\eta_2/\eta_1+\eta_1)^2\sin^2(\pi/2)}=\left(\frac{\eta_0-\eta_1^2/\eta_2}{\eta_0+\eta_1^2/\eta_2}\right)^2 \tag{4.27}$$

如基片和膜层的等效光纳为 Y，镀膜基片的反射率为

$$R=\left(\frac{\eta_0-Y}{\eta_0+Y}\right)^2 \tag{4.28}$$

对照(4.27)式，可得知镀了 $\lambda/4$ 膜层基片的等效光纳为

$$Y=\eta_1^2/\eta_2 \tag{4.29}$$

入射光近似正入射时，介质的光纳即它的折射率，(4.27)式可改写为

$$R_{\lambda/4}=\left(\frac{n_0-n_1^2/n_2}{n_0+n_1^2/n_2}\right)^2 \tag{4.30}$$

式中：n_1^2/n_2 为镀了 $\lambda/4$ 膜层基片的等效折射率。

上式表明：如果镀膜后等效折射率比基片折射率高，反射率将增加，如果镀膜后等效光纳比基片折射率低，反射率将降低。

4.2.6　红外光学薄膜

红外光学薄膜是镀制在红外光学元件表面的干涉薄膜，能对能量、光谱、偏振、相位等进行有效调控，常用红外光学薄膜有增透膜、反射膜、保护膜等。

4.2.6.1　红外增透膜

红外增透膜是镀在红外透射光学元件表面的单层或多层干涉薄膜，可减少高折射率材料表面反射的能量损失，又称红外减反射膜。

单层增透膜是最简单的增透膜，仅是在基片镀了光学厚度为 $\lambda/4$ 或者 $\lambda/4$ 的奇数倍的单层膜。正入射时，单层 $\lambda/4$ 膜的反射率为

$$R_{\lambda/4}=\left(\frac{n_0-Y}{n_0+Y}\right)=\left(\frac{n_0-n_1^2/n_2}{n_0+n_1^2/n_2}\right)^2 \tag{4.31}$$

当膜层折射率满足：

$$n_1^2/n_2=n_0\quad 即\quad n_1=\sqrt{n_0 n_2}\ 时 \tag{4.32}$$

$$R_{\lambda/4}=0$$

这一条件称为 $\lambda/4$ 膜层的零反射条件。当 $\lambda/4$ 膜层的折射率满足此条件时，对波长为 λ 的单色光的反射率为零，增透效果最佳。

单层 $\lambda/4$ 增透膜只能使某一波长的反射率为零，或使一有限波段的反射率较低而其他波长的反射率仍很高。为得到较宽的增透带宽，就必须采用双层膜或多层膜。增透膜一般只需镀一、二层，超过三层的情况不多。如镀三层增透膜，各膜层的折射率应满足以下匹配：

$$\frac{n_0}{n_1}=\frac{n_1}{n_2}=\frac{n_2}{n_3}=\frac{n_3}{n_4} \tag{4.33}$$

如对锗片 $n_4=4$，在空气中正入射，$n_0=1$，可求出各膜层的折射率：

$n_1=1.41$　　相近膜料可用 MgF_2，折射率 1.35

$n_2=2.00$　　相近膜料可用 CeO_2，折射率 2.2

$n_3=2.83$　　相近膜料可用 Si，折射率 3.42

镀多层膜有时也是为了折射率的匹配。如玻璃折射率为 1.52，在空气中要求镀折射率为 1.23 的薄膜，很难找到折射率如此低的材料。现采用氧化铝（$n_2=1.7$）、氟化镁（$n_1=1.38$）的双 $\lambda/4$ 膜层。氧化铝膜层和玻璃基片的等效光纳近似为 1.38^2。氟化镁的折射率符合零反射条件，能起到很好增透效果，如图 4.5 所示。

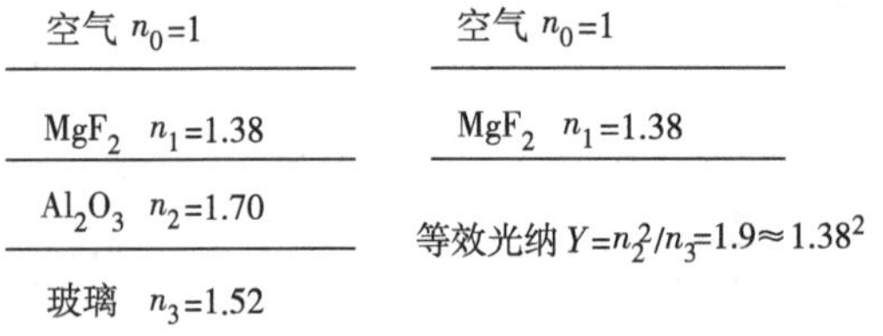

图 4.5　多层增透膜的折射率匹配

4.2.6.2　红外反射膜

红外反射膜是镀制在光学元件表面、可提高表面在红外波段的反射率的光学薄膜。常见的有金属反射膜、全介质反射膜和金属-介质反射膜。

红外光学系统的反射元件，如反射式物镜、扫描镜等，一般都要镀高反射膜。金属反射膜有较宽的高反射率带宽，常用的金属膜材料有铝、金、铑等。铝容易蒸发，能牢固地镀在玻璃甚至塑料上，有良好的紫外、可见光、红外反射特性。但是，铝层表面易氧化，铝膜上还要加镀保护膜。金膜在红外区的反射率最高，但不易镀在玻璃上，膜软且没有合适的保护膜，价格也较贵。由于存在吸收，金属膜不可能获得极高的反射率。

多层介质反射膜是由高、低折射率介质的膜层相互交替构成的多层反射膜。多层介质膜可以获得接近 100％的反射率，并能设计成满足多种需求的反射膜，如窄带或宽带反射膜、双反射带膜或偏振反射膜等。

多层介质反射典型膜系由高、低折射率介质的 $\lambda/4$ 膜层相互交替构成，$\lambda/4$ 膜层的数目为奇数，多层介质反射膜的膜系可表示为

$$\underbrace{GHLHLHL\cdots HLHA}_{\text{奇数层}}$$

其中：G 为基片，A 为空气，H、L 为高折射率和低折射率材料的 $\lambda/4$ 膜层。

定性地看，由于 H、L 膜层的光学厚度均为 $\lambda/4$，相邻反射光束的光程差为 $\lambda/2$，图 4.6 中，奇数编号的反射光束(1)，(3)，(5)，…之间的由于膜层光程差引起的相位差为 2π，彼此同相位。光束(1)与入射光之间无光程差引起的相位差，但入射光在低折射率空气与高折射率 H 膜层的界面反射时，有一次相位突变。因此，反射光束(1)，(3)，(5)，…与入射光之间的相位差依次为 $\pi, 3\pi, 5\pi, \cdots$。

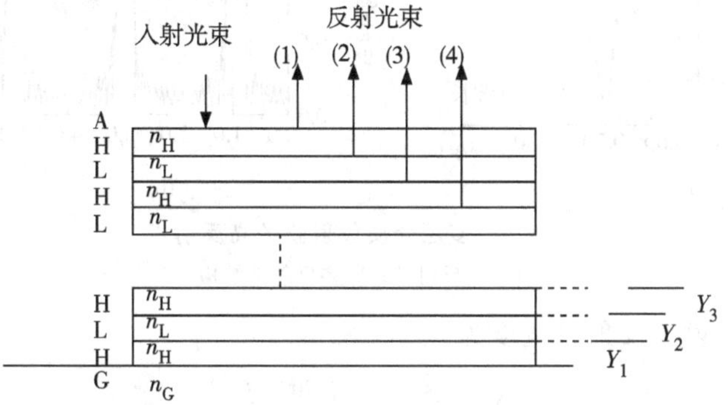

图 4.6　多层介质反射膜的等效光纳计算

同理，图中偶数编号的反射光束(2)，(4)，(6)，…之间由于膜层的光程差引起的相位差也为 2π，彼此也是同相位的。但是，由于光束(2)是从高折射率 H 膜层入射到低折射率 L 膜层的反射光束，在界面上没有相位突变，它与入射光之间只有光程差引起的相位差 π。因此，反射光束(2)，(4)，(6)，…与入射光相位差之间的同样依次为 $\pi, 3\pi, 5\pi, \cdots$。

综上所述，所有的反射光束与入射光束的相位相反，但彼此之间都是同相位的。因此，这些反射光束相干叠加的结果是相互增强，只要膜层的层次足够多，就可以得到极高的反射率。

用单层 $\lambda/4$ 膜的等效光纳和递推算法可求得多层反射膜的等效光纳和反射率。正入射时，如果在基片上镀 $(2k+1)$ 层 $\lambda/4$ 膜，膜层折射率分别为 $HLHL\cdots HLH$。基片每增镀一层 $\lambda/4$ 膜后的等效光纳分别为

$$Y_1=(n_H^2/n_G) \qquad Y_2=n_L^2/Y_1=(n_L/n_H)^2 n_G$$

$$Y_3=n_H^2/Y_2=(n_H/n_L)^2(n_H^2/n_G) \qquad Y_4=n_L^2/Y_3=(n_L/n_H)^4 n_G$$

$$\cdots$$

$$Y_{2k-1}=n_H^2/Y_{2(k-1)}=(n_H/n_L)^{2(k-1)}(n_H^2/n_G) \qquad Y_{2k}=n_L^2/Y_{2k-1}=(n_L/n_H)^{2k} n_G$$

$$Y_{2k+1}=n_H^2/Y_{2k}=(n_H/n_L)^{2k}(n_H^2/n_G)$$

可以看出：基片上镀了第一层 H 膜后，等效光纳为 Y_1。以后每增镀一对 LH 膜

层，等效光纳在原来基础上增加$(n_H/n_L)^2$倍。镀了$2k$对LH膜层后，等效光纳Y_{2k+1}是Y_1的$(n_H/n_L)^{2k}$倍，故$Y_{2k+1}\gg 1$。空气至该多层介质反射膜反射率为

$$R_{2k+1}=\left(\frac{1-Y_{2k+1}}{1+Y_{2k+1}}\right)^2\approx 1 \tag{4.34}$$

多层介质反射膜可以有多个高反射带，如图4.7所示。图4.7(a)的横坐标为波长，图4.7(b)的横坐标$g=\lambda_0/\lambda$为主反射带的中心波长与波长之比，即相对波数。

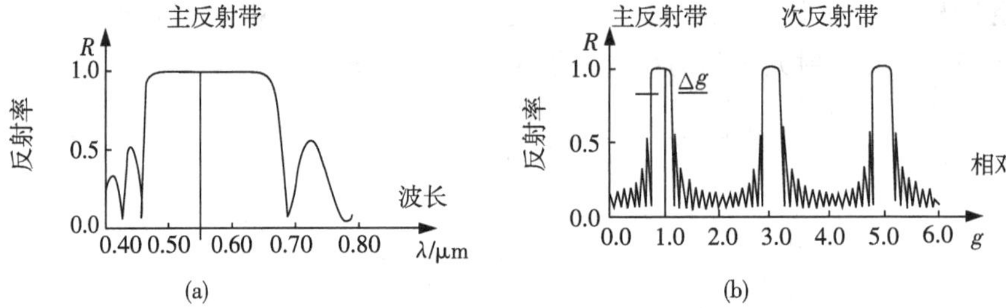

图 4.7　多层介质反射膜的高反射带

(a)主反射带；(b)多反射带结构

多层介质反射膜反射带宽度为

$$\Delta g=\frac{2}{\pi}\sin^{-1}\left(\frac{\eta_H-\eta_L}{\eta_H+\eta_L}\right) \tag{4.35}$$

式中：η_H，η_L分别为高折射率膜层和低折射率膜层的光纳。

多层介质反射膜在反射带的中心波长附近的反射率很高，反射带的宽度与两种膜料的高、低折射率之比有关，比值越大，宽度越宽。当波长与中心波长相差较远时，反射率降至很低的值。

多层介质反射膜除主反射带外，还有多级次反射带。如主反射带的中心波长为λ_0，其他各级反射带的中心波长分别为

$$\lambda_1=\lambda_0/3,\ \lambda_2=\lambda_0/5,\ \cdots$$

该多层介质反射膜膜层光学厚度为$\lambda_0/4$，对波长λ_1、λ_2的单色光来讲，此膜层已不再是1/4波长膜层，其光学厚度分别等于$3\lambda_1/4$、$5\lambda_2/4$。由于增加的光学厚度是半波长的整数倍，1/2波长膜层是无影响膜层，不影响膜系在这些波长的反射特性。反射膜在$\lambda_0/3$，$\lambda_0/5$，…波长处同样存在高反射带。

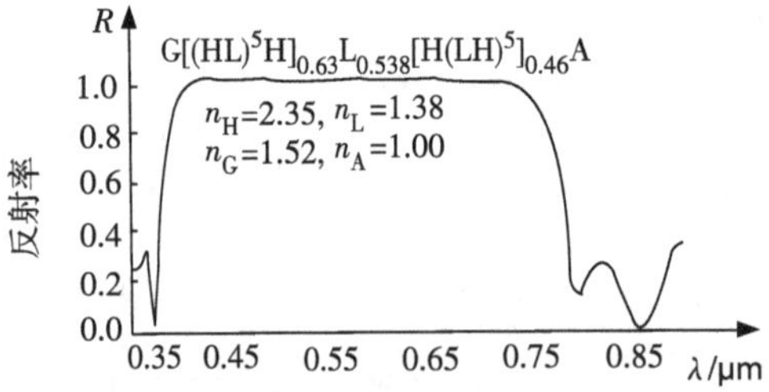

图 4.8　宽带介质反射膜的膜系

由于H、L膜层材料折射率之比不可能很大，高反射带的带宽受到限制。可以把两个膜层中心波长不同的反射膜系叠在一起，以增加反射带宽。为了不使两个反射膜系的首尾层(均为H层)连起来变成2H层，需要在其中夹入一层L层作为匹配层，如采用如图4.8所示的膜系。

4.2.7　红外滤光片及其应用

红外滤光片是基片平板上镀制了干涉薄膜的光学元件，根据滤光片的光谱特性和用途，可分为截止滤光片、分束片、带通滤光片等大类。

4.2.7.1　截止滤光片

红外截止滤光片是能将透射光谱分成极低透过率的截止区和高透过率的通带区的红外滤光片，可分为长波通滤光片和短波通滤光片两类。长波通滤光片能透过入射光的长波部分而抑制其短波部分，长波通滤光片即短波截止滤光片。短波通滤光片能透过入射光的短波部分而抑制其长波部分，故短波通滤光片即长波截止滤光片。

根据短波截止或长波截止采用的方法，截止滤光片可分为薄膜吸收滤光片和干涉截止滤光片等两种。薄膜吸收滤光片的光谱截止利用了薄膜材料的红外吸收特性，干涉截止滤光片的光谱截止主要利用 $\lambda/4$ 反射膜的高反射率。

薄膜吸收滤光片由某种材料的单层薄膜构成，有很高的截止度，但由于它们依赖于主膜料的基本光学性质，其吸收限的位置是固定的。例如，一些半导体材料（如硅、锗、砷化铟和锑化铟等）在短波段有很强的本征吸收，可用这类材料作为膜料制作长波通、短波截止的薄膜吸收滤光片。有些红外材料（如氟化钙、氟化锂、云母和熔融石英等）在长波段有固有吸收，可用来制作短波通、长波截止的薄膜吸收滤光片。

基于 $\lambda/4$ 堆高反射膜的长波通或短波通干涉截止滤光片的光谱特性有很大可塑性。这类干涉截止滤光片的膜系仅是在 $\lambda/4$ 堆的高反射膜上增加了一些匹配膜系，目的是进一步提高透射带的透射率。图 4.9 给出了在一个 15 层的 $\lambda/4$ 堆反射膜基础上制作的长波通或短波通截止滤光片的实例。图中，$\lambda/4$ 堆反射膜的首尾各增加了一个 $\lambda/8$ 层。如果加入的 $\lambda/8$ 层是低折射率的，即首尾各加一个L/2层以提高短波的透过率，即构为短波通、长波截止的滤光片（图中虚线所示）。如果加入的 $\lambda/8$ 层是高折射率的，即首尾各增加一个 H/2 层以提高长波的透过率，则构成长波通、短波截止的滤光片（图 4.9 中实线所示）。

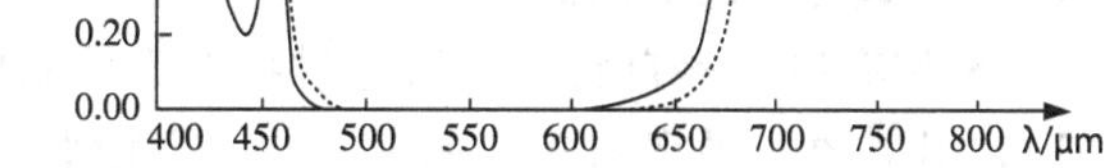

图 4.9　长波通和短波通截止滤光片的膜系

4.2.7.2　分束片

分束片是能将斜入射光束分离为反射光束和透射光束的光学元件，有中性分束、分色分束等类型。中性分束片是能将入射光束分离为光谱成分相同的反射光束和透射光束的分束片，简称分束片。分色分束片是能将入射光束分离为光谱成分不同的反射光束和透射光束的分束片，简称分色片。

中性分束片的分束仅是能量的分割，透射、反射能量各占 50%的分光片叫作半透半反分束片，锗、硅薄片是近似的半透半反分束片。迈克耳孙干涉仪利用半透半反分束片将平行光束分割为两束光强近似相等的透射光束和反射光束。图 4.10 是利用 2 块中性分束片和 1 块反射镜实现激光分束的实例，入射激光束被分割为单脉冲能量相等、发射角等间隔的 3 束激光，一次激光脉冲发射可同时对 3 个物点进行测距。

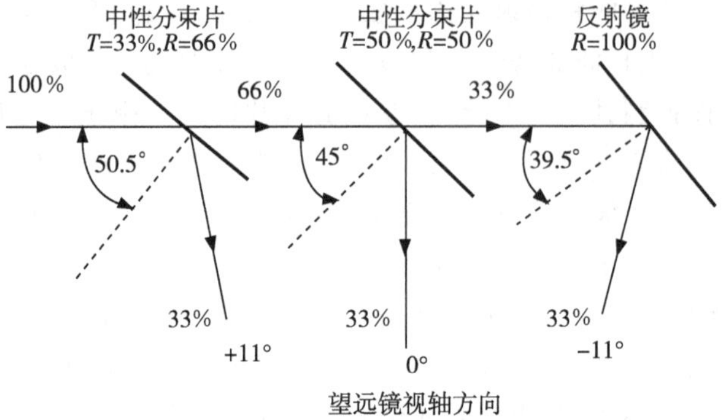

图 4.10　利用中性分束片实现激光分束

4.2.7.3　分色片

分色片本质上是斜入射时的长波通或短波通截止滤光片。例如，采用长波通截止滤光片时，短波段的光被强烈反射，而长波段的光大量透过，即可把入射光分成光谱成分不同的透射光束和反射光束。分色片主要用于多光谱辐射测量仪器的光谱粗分。

图 4.11 中的多光谱扫描仪用了 3 片分色片，均为长波通、短波截止的干涉滤光片。分色片 1 在波长 2μm 附近把入射光分为波长 0.4～2μm 的反射光束和波长 2～14μm 的透射光束。然后，反射光束被分色片 2 在波长 1.1μm 附近再次分色，波长 0.4～1.1μm 的反射光束准直后经棱镜色散会聚于 6 个可见通道的探测器。波长 1.1～2μm 的透射光束会聚于近红外通道的 InAs 探测器。

分色片 1 的透射光束被分色片 3 在波长 6μm 附近再次分色，反射的波长 3～5μm 光束会聚于中波通道的 InSb 探测器，透射的波长 8～14μm 光束则会聚于长波通道的 HgCdTe 探测器。

利用有些材料自身的光谱透射特性也可制成分色片。例如，镀上增透膜后 Si 片或 Ge 片在红外波段有很高的透过率，而强烈地反射可见光，这样就可将入射光束空间上分离为可见光反射光束和红外透射光束。

分色片的设计方法和采用的膜系与截止滤光片相近。由于分色片一般在光路中间倾斜放置，入射光倾斜入射，而非垂直入射，设计时不能用折射率，要用光纳，p 光和 s 光也要分开计算。

4.2.7.4　带通滤光片

带通滤光片是有高透射带且两边都有较深抑制带的滤光片，包括窄带通滤光片

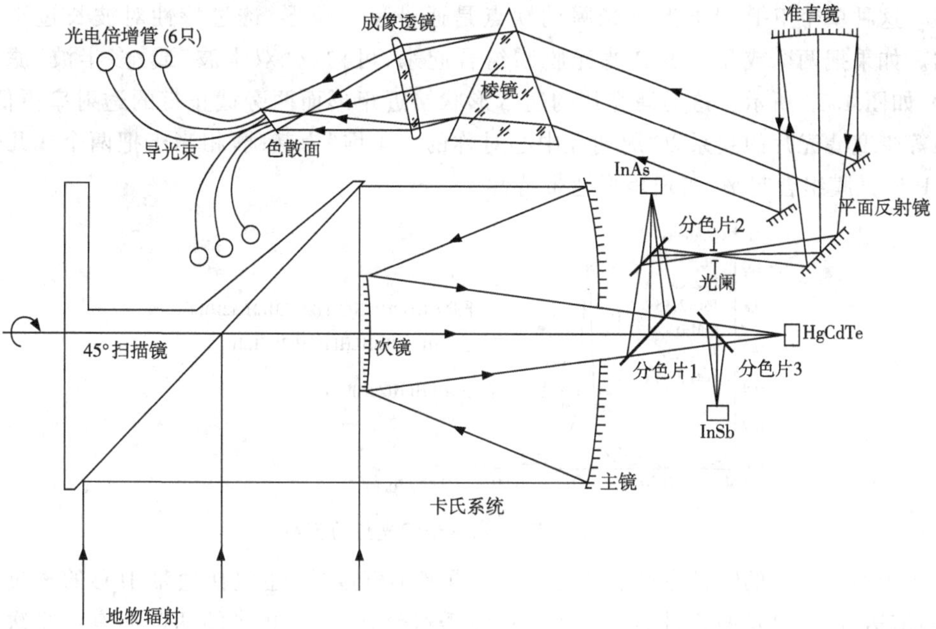

图 4.11　分色片用于多光谱扫描仪的光谱粗分

和宽带通滤光片，两者通常以通带半宽度与中心波长之比区分。通带半宽度与中心波长之比小于 0.01 的带通滤光片称为窄带通滤光片，通常用一个或多个法布里-珀罗(Fabry-Perot) 滤光膜组合而成。通带半宽度与中心波长之比大于 0.1 的带通滤光片称为宽带通滤光片，其膜系通常是长波通滤光膜和短波通滤光膜的组合。

法布里-珀罗干涉是一种平行光束通过两块内侧镀高反射膜的平行平板时产生的多光束干涉效应。图 4.12 中，入射的平行光束在平板内侧面之间多次反射后透射的相干光束会产生干涉，形成等倾干涉条纹，条纹锐度与镀层的反射率有关。

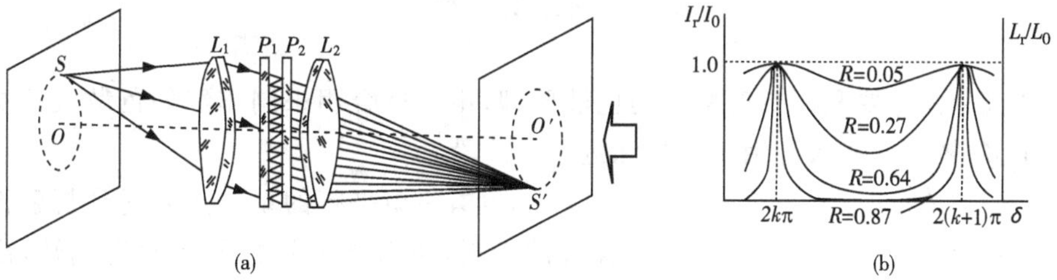

图 4.12　法布里-珀罗多光束干涉及其光强分布

(a)F-P 多光束干涉；(b)等倾干涉条纹的光强分布

仿照法布里-珀罗 (F-P)干涉原理研制的窄带、超窄带滤光片也称法布里-珀罗薄膜滤光片。这两种滤光片膜系的左右两边是 $\lambda/4$ 堆高反射膜，中间拼成一个单半波，让某一波长的光通过，通带呈三角形。窄带滤光片的膜系可以是：

$$G(HL)^k 2mH(LH)^k A \quad 或 \quad GH(LH)^k 2mL(HL)^k HA$$

这种单个 F-P 型干涉滤光膜的缺点是通带呈三角形，透过特性对波长过于敏感。如果把两个或几个 F-P 滤光膜系组合起来，可构成“双半波”或“多半波”滤光片，如图 4.13 所示。这类滤光片的通带形状接近矩形而两旁截止带的透射率更低。中等带宽滤光片的膜系以“周期性中心对称的 $\lambda/4$ 堆”为基础，相当于把两个或几个 F-P 滤光膜组合起来，实现矩形通带特性。

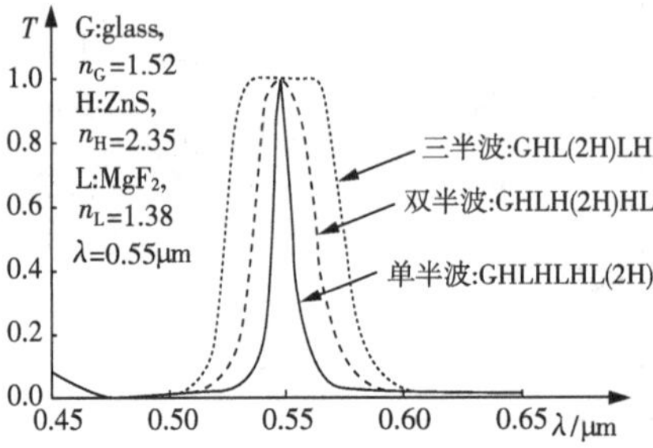

图 4.13　窄带、超窄带滤光片的膜系

带通滤光片的特性参数除中心波长、通带半宽度外，还包括通带中心的透过率(峰值透过率)以及截止带的透过率。在主透过带之外，截止带的两侧尚有不少次透过带，称为次峰。应该根据系统的光谱透过特性决定次峰的抑制范围。当入射倾角较大时，带通滤光片的中心波长会向短波方向移动，并有峰值透过率下降以及通带增宽现象。如果目标辐射的光谱范围很窄，如激光探测背景抑制用的窄带滤光片，就必须考虑上述因素。

带通滤光片分光主要用于光谱的细分，其特点是分光效率高、使用方便，一般设置在实像面上。许多要求对光谱细分的遥感仪器还将不同中心波长的微型窄带滤光片直接覆盖在线列器件的各个探测元前，以求获得较高的信噪比。

4.3　棱镜分光

棱镜分光主要利用折射棱镜的色散原理，由于适合用来制作红外色散棱镜的材料并不多，棱镜分光大都用于可见和近红外波段。

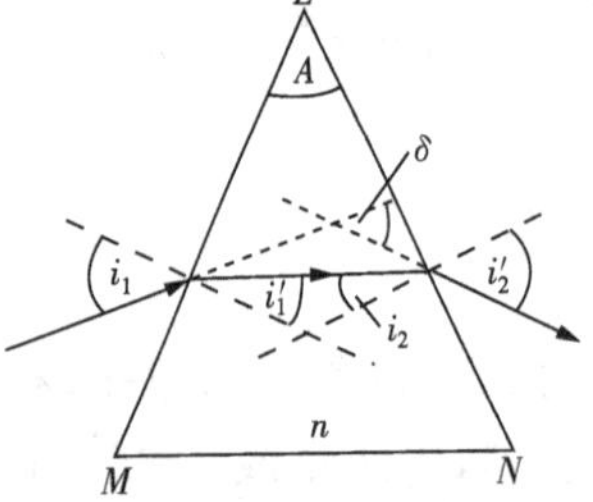

图 4.14　单色光棱镜折射的偏向角

图 4.14 中，设有一束平行的单色光入射到折射棱镜后，由于棱镜的折射，出射光束的方向将发生偏转，出射光线与入射光线之间的夹角称为偏向角，可证明偏向角为

$$\delta=\sin^{-1}(n\sin i_1')+\sin^{-1}[n\sin(A-i_1')]-A \quad (4.36)$$

式中：n 为棱镜材料的折射率；A 为棱镜顶角；i_1' 为入射光线的折射角。

棱镜折射的偏向角在满足下述条件时为最小，即

$$d\delta/di_1'=0;\qquad d^2\delta/d(i_1')^2>0$$

在光谱仪中，特别是单色仪中，棱镜常常安装在最小偏向角位置。因为处于该位置时的偏向角只对折射率敏感，而对入射光束的平行度不敏感。

可以证明：在 $i_1'=A/2$ 即 $i_1=i_2'$ 或 $i_1'=i_2$ 时，偏向角最小。满足这一条件时，入射光线、出射光线相对于棱镜是对称的，最小偏向角可算得为

$$\delta_{\min}=2\sin^{-1}\left(n\sin\frac{A}{2}\right)-A \tag{4.37}$$

最小偏向角随波长的变化率称为棱镜的角色散，即

$$\frac{d\delta_{\min}}{d\lambda}=\frac{d\delta_{\min}}{dn}\cdot\frac{dn}{d\lambda}=\frac{2\sin(A/2)}{\sqrt{1-n^2\sin^2(A/2)}}\cdot\frac{dn}{d\lambda} \tag{4.38}$$

由上式可见：棱镜角色散与棱镜顶角 A、棱镜材料的色散能力 $dn/d\lambda$ 有关。材料的色散能力可用色散公式表示，折射率与波长的关系式有多种形式，基本形式为

$$n_\lambda^2=A_0+A_1\lambda^2+A_2\lambda^{-2}+A_3\lambda^{-4}+A_4\lambda^{-6}+\cdots \tag{4.39}$$

根据光学材料手册给出的色散公式及各项的系数，可算出低端波长和高端波长的折射率，光谱区间的角距离可用下式计算

$$\Delta\delta=(n_L-n_H)\frac{2\sin(A/2)}{\sqrt{1-n^2\sin^2(A/2)}} \tag{4.40}$$

式中：n_L、n_H 分别为棱镜材料在低端波长、高端波长的折射率；n 为棱镜材料的波段平均折射率。

由于折射率与波长的关系是非线性的，棱镜色散后谱线间的角距离并不是与波长成正比的，即色散是非线性的。在棱镜色散光谱中，紫色部分展开的范围比红色部分展开的范围大得多。

为了得到大的角色散，要求材料有较大的色散，而且棱镜的顶角要大。但是，顶角增大时，入射角也增大，光线在界面的反射损失增加，甚至在第二个界面上入射角超过临界角，发生全反射。由于棱镜的截面为三角形，靠近棱镜底边的光线的光学路程较长，吸收损失较大。因此，折射棱镜一般不用于红外分光，小顶角的红外折射棱镜可用于光路转折，如棱镜-光栅-棱镜分光组件（PGP）中的棱镜、圆锥扫描式红外地平仪中的扫描光楔等。

4.4 光栅分光

4.4.1 衍射光栅概述

衍射光栅是一种能将入射光波的振幅和/或相位进行空间周期性调制的光学元件。按照工作方式，衍射光栅可分为利用透射光衍射的透射光栅和利用反射光衍射的反射光栅两类，如图 4.15 所示。反射光栅由于不受材料透过率的限制，可以在紫

外到红外整个光谱段适用。

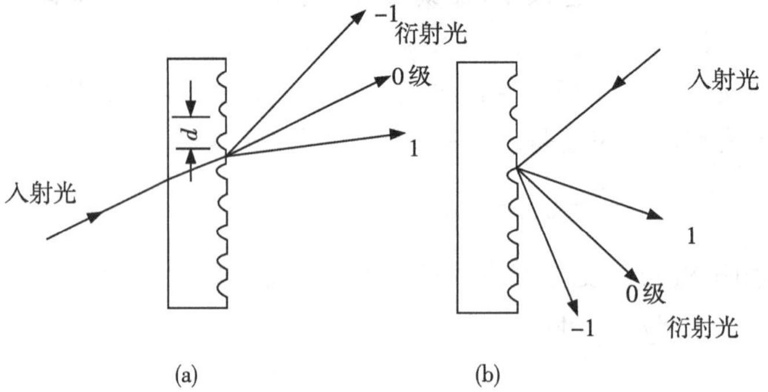

图 4.15 透射光栅和反射光栅

(a)透射光栅;(b)反射光栅

图 4.15 中,透射光栅在透光的光学平板上刻划出许多等间距的刻痕,刻痕处不透光,未刻处是透光的狭缝。反射光栅在金属反射镜上刻划处许多等间距的刻痕,刻痕处发生漫反射,未刻处在反射光方向发生衍射,相当于一组衍射狭缝。这两种光栅都属振幅调制型的衍射光栅。

按光栅工作表面的形状区分,衍射光栅又可分为平面光栅和球面光栅,球面凹面光栅和凸面光栅是应用较为广泛的球面光栅。按对入射波调制的空间区分,衍射光栅又可分为二维的平面光栅、球面光栅和三维的体光栅。

与棱镜分光相比,光栅分光具有适用的光谱范围宽、角色散率大且色散线性、光谱分辨率高等特点,光栅分光是红外波段最常用的分光手段。

4.4.2 衍射光栅分光

4.4.2.1 光栅方程

透射光栅与反射光栅在分光原理上并无本质差别,为便于理解,本节以平面透射光栅为例,导出的光栅方程和结论同样适用于反射型平面光栅。

单色平行光入射至单个狭缝产生的绕射现象称为夫琅禾费单缝衍射,如图 4.16 所示。图中,线光源 S 发出的光束,经准直透镜 L_1,平行入射到一个狭缝上。狭缝的出射光可认为是由许多线状的子波源向不同方向发出的次波,出射光在会聚透镜 L_2 的焦面上的像是这些次波叠加的结果。得到的线光源像并不是符合几何光学成像规律的一条亮线,而是由明暗交替线条纹组成的单缝衍射条纹。

设有一束单色平行光入射至透射光栅,由于透射光栅有许多透光狭缝,入射光束被分割为许多细长的光束,并以不同的衍射角出射。由于所有以同一方向出射的狭缝光束之间存在固定的相位差,多光束干涉结果能在像面上形成干涉条纹,多缝干涉条纹的光强分布如图 4.17(a)所示。由于单个狭缝还存在夫琅禾费衍射效应,衍射光光强的空间分布均如图 4.17(b)所示。光栅的衍射效应是多光束干涉和单缝衍射共同作用的结果。单色光的光栅衍射条纹有多条亮谱线，谱线的位置取决于相邻光束之间的相位差，谱线的光强则取决于单缝衍射条纹的光强分布，如图 4.17(c)所示。

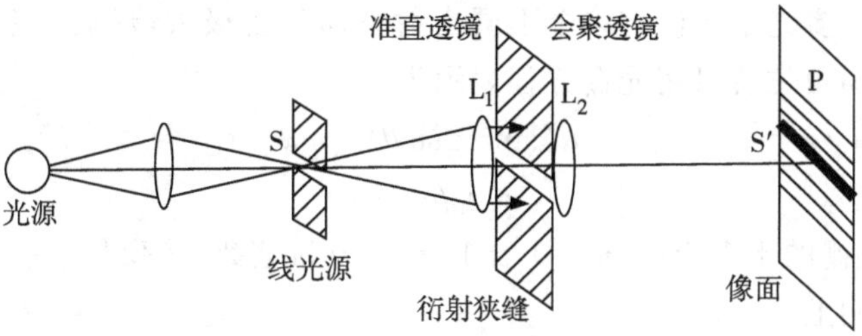

图 4.16　夫琅禾费单缝衍射

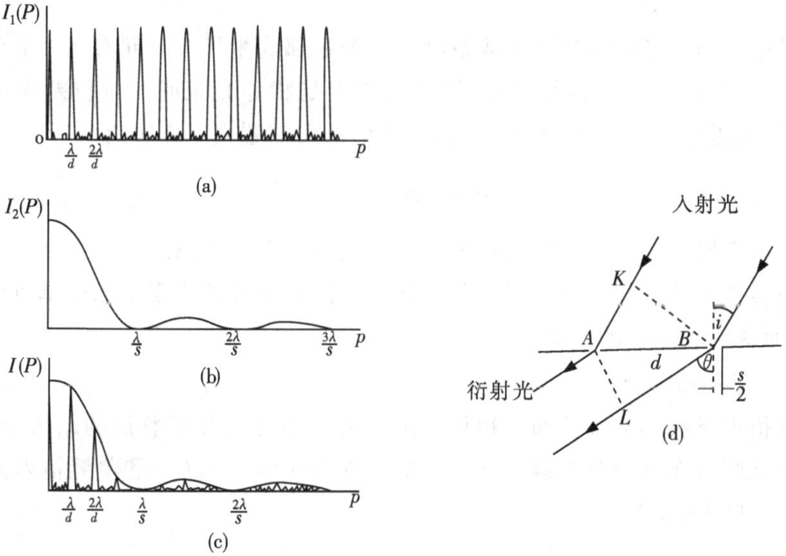

图 4.17　单色光光栅衍射的光强分布

(a)多缝干涉光强分布；(b)衍射光光强的空间分布；(c)光栅条纹光强分布

多光束干涉的结果取决相邻光束之间相位差。图 4.17(d)中，如 A 和 B 为两条相邻狭缝，以衍射角 θ 出射的相邻光束之间光程差可用几何光学算得为

$$\Delta = AK - BL = d(\sin i - \sin\theta) \tag{4.41}$$

式中：i 为入射角，是入射光与光栅法线的夹角；θ 为衍射角，是衍射光与光栅法线的夹角；d 为狭缝之间的中心距，称为光栅常数。

因为衍射光与入射光可以在光栅法线的同侧，也可以在光栅法线的异侧，相邻光束的光程差公式的一般形式可表示为

$$\Delta = d(\sin i \pm \sin\theta) = d \cdot p \tag{4.42}$$

式中参变量 $p=\sin i\pm\sin\theta$ 的正负号，当衍射光与入射光在光栅法线的同侧时取正，当衍射光与入射光在光栅法线的异侧时取负。

当沿某个方向出射的相邻光束的光程差为波长的整数倍时，许多个同相位光束的叠加使光强得到增强，会聚成像后可在像面上得到由多光束干涉的主极大所决定的一条亮谱线。多光束干涉有多个不同出射方向的主极大，形成一系列亮谱线。这些亮谱线的空间角位置可用光栅方程表示为

$$d(\sin i\pm\sin\theta)=m\lambda \tag{4.43}$$

或为

$$d\cdot p=m\lambda$$

式中：m 称为光栅的干涉级次，$m=0,\pm1,\pm2,\cdots$ 为整数；参变量 $p=\sin i\pm\sin\theta$ 的正负号选取原则同上。

(4.43)式给出的光栅方程虽然是以平面透射光栅为例导出的，对反射光栅同样适用。

如光栅有 N 个狭缝，多缝干涉条纹的两个相邻的主极大之间有 $N-1$ 个光强为零的极小，如图 4.17(a)所示。出现极小的原因是相邻光束间的相位差满足一定关系时，N 光束叠加后的光强为零。光强极小值的角位置由下式决定：

$$d(\sin i\pm\sin\theta)=\pm n\frac{\lambda}{N} \tag{4.44}$$

式中：N 为光栅狭缝数；$n=1,2,3,\cdots$ 为整数，但 $n\neq N,2N,3N,\cdots$

光栅多缝干涉条纹光强主极大与相邻极小的角位置差决定了光栅单色谱线的角宽度，从而决定了光栅的光谱分辨率。

4.4.2.2　光强分布

光栅衍射条纹的光强分布可视作许多单缝衍射光束相干叠加的结果，单色光衍射归一化光强分布函数是多缝干涉产生的光强分布函数 $I_1(p)$ 和单缝衍射光强分布函数 $I_2(p)$ 的乘积，即

$$I(p)=I_1(p)\cdot I_2(p) \tag{4.45}$$

其中，多缝干涉产生的光强分布函数 $I_1(p)$ 为

$$I_1(p)=\frac{\sin^2(Nkdp/2)}{N^2\sin^2(kdp/2)} \tag{4.46}$$

式中：N 为光栅狭缝数；d 为光栅常数，即狭缝的中心距；参变量 $k=2\pi/\lambda$，$p=\sin i\pm\sin\theta$。

单缝衍射光强分布函数 $I_2(p)$ 为

$$I_2(p)=\frac{\sin^2(ksp/2)}{(ksp/2)^2} \tag{4.47}$$

式中：s 为狭缝宽度。

当 $\theta=i$ 时，$p=0$，单缝衍射光强达到主极大，即衍射光在入射光的直线传播方向的光强最大。当 $p=\pm n\dfrac{\lambda}{s}(n=1,2,3,\cdots)$ 时，单缝衍射光强达到极小值。

单色光衍射条纹的归一化光强分布为

$$I(p)=I_1(p)\cdot I_2(p)=\frac{\sin^2(Nkdp/2)}{N^2\sin^2(kdp/2)}\cdot\frac{\sin^2(ksp/2)}{(ksp/2)^2} \tag{4.48}$$

上式表明:多缝干涉条纹的光强分布决定了光栅的各级谱线的空间位置,而单缝衍射条纹的光强分布决定了光栅谱线的光强。只有落在单缝衍射主极大区域内的有限几个干涉级次的谱线才有较高的光强。只需将狭缝衍射改为刻槽面衍射,衍射光光强最大在入射光的直线传播方向改为在刻槽面的镜面反射方向,上述结论同样适用于反射型平面光栅。

4.4.2.3　光栅色散率

光栅分光主要利用了光栅的色散原理。如用白炽光源产生并经准直的多色光照射一个透射光栅,在像面上得到的多色光的衍射条纹的光强分布如图 4.18 所示。图中给出了波长 λ_1(如紫光)和波长 λ_2(如红光)的两种单色光衍射条纹的光强分布。

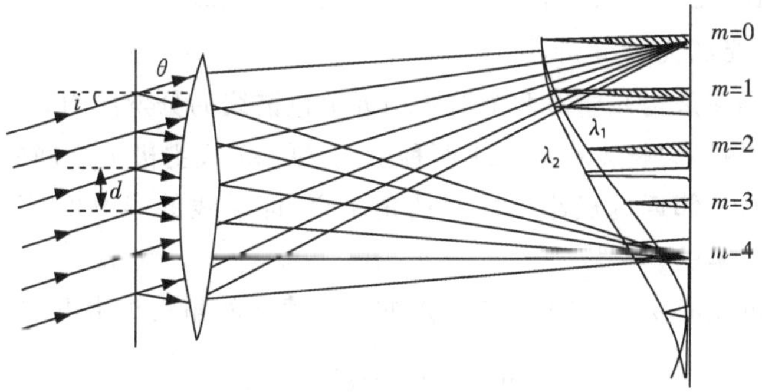

图 4.18　多色光的光栅衍射条纹的光强分布

多色光的光栅衍射条纹由中央白条纹和向中央条纹两侧展开的色散条纹组成。根据光栅方程,各种单色光的零级主极大($m=0$)的空间角位置是相同的,均沿着光的直线传播方向($\theta=i$),故中央条纹为无色散的白条纹。

在中央白条纹的两侧将产生与光栅的干涉主极大对应的各级色散光谱。由于紫光波长小于红光,波长为 λ_1 的紫光的 $m=\pm1$ 级主极大距中央条纹最近,而波长为 λ_2 的红光的同级主极大距中央条纹最远,结果在中央条纹的两侧形成由紫光到红光逐渐向外延伸的两个一级色散光谱。同理,各种色光的 $m=\pm2$ 级、$m=\pm3$ 级和更高级次的主极大将分别形成与中央条纹对称的第二级、第三级和更高级次的色散光谱。图 4.18 仅画了一侧。

根据光栅方程,波长为 λ 单色光的 m 级主极大与波长为 λ' 单色光的 m' 级主极大谱线重合的条件是:$m\lambda=m'\lambda'$。如 $m=1,m'=2$,则 $\lambda'=\lambda/2$。如 $m=2,m'=3$,则 $\lambda'=2\lambda/3$。因此,不同级次的色散光谱是有可能混杂的,例如,一级光谱的波长为 λ 的单色谱线与二级光谱的波长为$\lambda/2$的单色谱线是重叠的。如果探测器在这些较短波长处的响应不可忽略，就需要配置短波截止的滤光片，以避免不同级次色散光谱的混杂。

光栅的分光能力取决于它的色散率和光谱分辨率。光栅的色散率可用单位波长变化的角色散表示。根据光栅方程，可得到光栅色散率为

$$\frac{\Delta\theta}{\Delta\lambda}=\frac{m}{d\cos\theta} \tag{4.49}$$

式中：m为光栅的干涉级次；d为光栅常数；θ为衍射角。

当衍射角θ很小时，光栅色散率为：

$$\Delta\theta/\Delta\lambda\approx m/d \tag{4.50}$$

由此可见：光栅的色散率只取决于光栅常数和光谱级数，与光栅的刻线数无关。由于实用光栅每毫米有几百条刻线甚至上千条刻线，光栅常数很小，光栅可以有很大的色散率。衍射角较小时，色散率为常数，即在一定的波段范围内，色散是线性的。与棱镜色散相比，光栅色散具有高色散、均匀色散等优点。

4.4.2.4　光栅光谱分辨率

光栅的分辨率是指光栅对两个波长相近单色谱线的分辨能力。光栅谱线可分辨的判断准则是：如果波长λ和$\lambda+\Delta\lambda$两种单色光的m级主极大之间的角距离大于单色光的主极大与其邻近的极小值之间的角距离，即谱线的半宽度，则认为这两条m级的谱线是可分辨的。

波长λ单色光的m级主极大与邻近的极小值之间角距离由下式决定：

$$\sin(\theta+\Delta\theta)-\sin\theta=\frac{\lambda}{Nd}$$

即

$$\Delta\theta\approx\frac{\lambda}{Nd\cos\theta} \tag{4.51}$$

根据色散率公式(4.49)，波长λ和$\lambda+\Delta\lambda$单色光的m级主极大之间的角距离为

$$\Delta\theta=\frac{m}{d\cos\theta}\Delta\lambda \tag{4.52}$$

令(4.51)、(4.52)两式表述的角距离相等，整理可得光栅的光谱分辨率为

$$\frac{\lambda}{\Delta\lambda}=mN \tag{4.53}$$

光栅分辨率与光栅常数无关，仅取决于总狭缝数和光谱级数。由于衍射角是有限的，最大光谱级数可从光栅方程算得为

$$m=\frac{d\cdot p}{\lambda}\leqslant\frac{2d}{\lambda} \tag{4.54}$$

如光栅的总宽度为l，光栅的刻线数$N=l/d$，光栅光谱分辨率的理论极限不会超过$mN=(2d/\lambda)\cdot N=2l/\lambda$。由于高级次谱线的强度很弱，实际光栅分光都选用

级次较低的光谱，可能达到光栅光谱分辨率远低于理论极限。

4.4.3 闪耀光栅

4.4.3.1 闪耀光栅与平面反射光栅

平面反射光栅的最大缺点是衍射光的能量大都集中在无色散的零级光谱内，有色散的一级光谱能量较弱，更高级次光谱的能量就非常之弱。闪耀光栅能将衍射能量转移并集中到有色散的某一级光谱上去，实现对该级光谱的闪耀。

从结构上看，平面反射光栅和闪耀光栅的表面都刻有许多窄长、高反射率槽面，唯一的差别是平面反射光栅的槽面与光栅表面是平行的，而闪耀光栅的槽面与光栅表面之间有一夹角，称为闪耀角。

当多色光照射平面反射光栅时，在相对光栅表面法线的镜面反射方向，各种色光的多光束干涉的级次为零，形成无色散的零级光谱。单槽面衍射光光强最大在相对于槽面法线的镜面反射方向，对平面反射光栅来讲，光栅表面法线即槽面法线，衍射光能量将集中于无色散的零级光谱，如图 4.19(a)所示。

当多色光照射闪耀光栅时，由于槽面与光栅面不平行，光栅表面法线与槽面法线并不一致，无色散的零级光谱在相对于光栅表面法线的镜面反射方向，而单个槽面衍射最大的方向在相对于槽面法线的镜面反射方向。因此，衍射光的能量被集中到有色散的某一干涉级次的光谱，如图 4.19(b)所示。

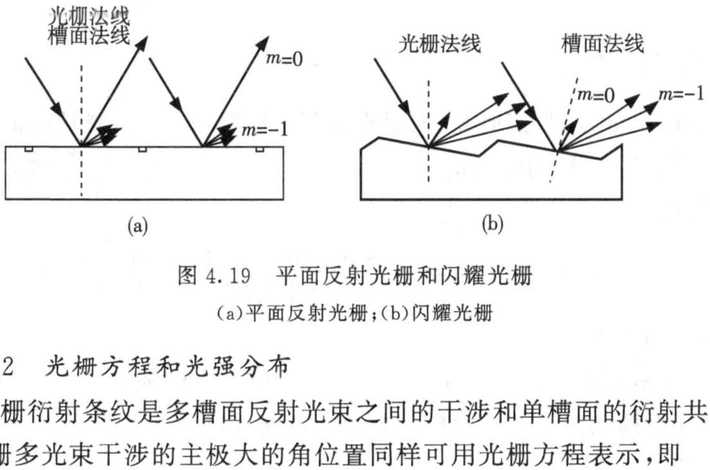

图 4.19 平面反射光栅和闪耀光栅

(a)平面反射光栅；(b)闪耀光栅

4.4.3.2 光栅方程和光强分布

闪耀光栅衍射条纹是多槽面反射光束之间的干涉和单槽面的衍射共同作用的结果，闪耀光栅多光束干涉的主极大的角位置同样可用光栅方程表示，即

$$d(\sin i \pm \sin\theta) = m\lambda \text{ 或 } d \cdot p = m\lambda \tag{4.55}$$

式中：i 为入射角，是入射光与光栅平面的法线的夹角；θ 为衍射角，是衍射光与光栅平面的法线的夹角；d 为刻槽面的中心距，称为光栅常数；m 为闪耀光栅的干涉级次，$m=0, \pm1, \pm2, \cdots$ 为整数；$p=\sin i \pm \sin\theta$ 为参变量，正负号选取原则与平面光栅系统相同。

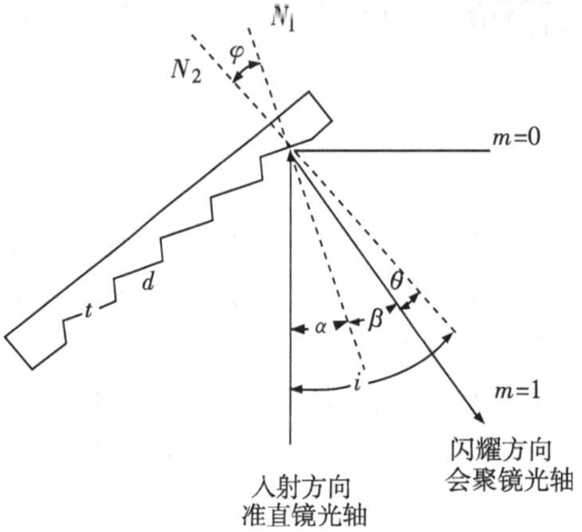

图 4.20　闪耀角和闪耀方向

闪耀光栅衍射的归一化光强分布是多槽面反射光束干涉的光强分布函数 $I_1(p)$ 和单槽面衍射的光强分布函数 $I_2(q)$ 的乘积。设有一单色平行光束照射至闪耀光栅,如图 4.20 所示。图中,闪耀光栅刻槽面的法线为 N_1,光栅平面的法线为 N_2。入射光、衍射光相对于刻槽面法线 N_1 的入射角和衍射角分别为 α、β,入射光、衍射光相对于光栅法线 N_2 的入射角和衍射角分别为 i、θ。

闪耀光栅多光束干涉的归一化光强分布函数为

$$I_1(p)=\frac{\sin^2(Nkdp/2)}{N^2\sin^2(kdp/2)} \tag{4.56}$$

式中:N 为光栅刻槽数;d 为光栅常数,即刻槽面的中心距;参变量 $k=2\pi/\lambda$;$p=\sin i\pm\sin\theta$。

单槽面衍射产生的强度分布为

$$I_2(q)=\frac{\sin^2\left(\frac{ktq}{2}\right)}{\left(\frac{ktq}{2}\right)^2} \tag{4.57}$$

式中:t 为槽面宽度;参变量 $k=\frac{2\pi}{\lambda}$;$q=\sin\alpha\pm\sin\beta$。

参变量 q 的正负号,当衍射光、入射光在刻槽面法线 N_1 同侧时取正,衍射光、入射光在刻槽面法线 N_1 异侧时取负。

闪耀光栅的归一化光强分布为

$$I(p,q)=I_1(p)\cdot I_2(q)=\frac{\sin^2(Nkdp/2)}{N^2\sin^2(kdp/2)}\cdot\frac{\sin^2(ktq/2)}{(ktq/2)^2} \tag{4.58}$$

4.4.3.3　闪耀波长

就单槽面衍射而言,当 $\alpha=\beta$ 时,$q=0$,单槽面衍射光的强度分布 $I_2(q)$ 达到主极大最大,即在相对槽面法线的镜面反射方向衍射光的光强最大。此方向称为闪耀方向,对应的波长叫闪耀波长。

闪耀光栅单色谱线的间距取决于刻槽间距 d,谱线光强则取决于槽面宽度 t,由于槽面宽度与刻槽间距近似相等($t\approx d$),波长 λ_B 衍射光的能量 80% 以上集中在一级光谱,其他级次谱线的能量在总能量中占的比例很少。

图 4.20 中,闪耀光栅刻槽面与光栅面之间的夹角 φ 为闪耀角。如衍射光、入射光在光栅法线的同侧,根据几何关系,$\alpha=i-\varphi$,$\beta=\varphi-\theta$。闪耀方向的衍射光满足 $\alpha=$

β，由此可推得闪耀方向的入射角、衍射角与闪耀角之间应满足：

$$i+\theta=2\varphi \tag{4.59}$$

对光谱仪来讲，闪耀光栅的入射角 i 即准直镜光轴与光栅面法线的夹角，闪耀方向的衍射角 θ 即会聚镜光轴的与光栅面法线的夹角。光栅光谱仪的闪耀波长 λ_B 通常选为光谱段的中心波长，根据色散率要求可确定光栅常数，然后选择合适的干涉级次，即可计算闪耀方向的衍射角和光栅的闪耀角。

以图 4.20 为例，假设衍射光、入射光在光栅法线的同侧，干涉级次 $m=1$，光栅方程可表达为

$$d(\sin i+\sin\theta)=\lambda_{\mathrm{B}}$$

闪耀方向的衍射角为

$$\theta=\sin^{-1}(\lambda_{\mathrm{B}}/d-\sin i)$$

则闪耀角为

$$\varphi=(i+\theta)/2$$

闪耀光栅的同一级光谱中，波长等于闪耀波长的谱线光强最大，由于刻槽面衍射的中央极大到极小有一定的宽度，闪耀波长附近一定波长范围内的谱线也有相当大的光强。利用这一特点，闪耀光栅可用于有一定光谱宽度的多色光的分光。

对波长为 λ_{B} 单色光的一级光谱闪耀的光栅，也能对波长 $\lambda_{\mathrm{B}}/2$ 单色光的二级光谱、波长 $\lambda_{\mathrm{B}}/3$ 单色光的三级光谱闪耀……。因此，与平面光栅一样，闪耀光栅同样存在相邻级数、不同波长的光谱重叠的问题，解决方法可利用探测器的光谱响应特性或可配置适当的短波截止滤光片。

4.4.4　体积相位全息光栅

4.4.4.1　体光栅结构与制作

体积相位全息光栅 VPH (volume phase holographic grating) 也称体全息光栅，简称体光栅。VPH 光栅是一种三维衍射光栅，制作方法不同于在基片上用机械刻划或光刻蚀等方法制作的常用光栅。VPH 光栅的衍射效应是由光栅体内光学乳胶折射率的空间调制条纹产生的。VPH 光栅具有极高的光谱分辨率和衍射效率，工作波段从可见光至短波红外。

制作 VPH 光栅时，用两束近于平行的相干光照射基片上的乳胶薄膜，在乳胶中形成干涉场，如图 4.21 所示。根据空间干涉场的光强，可将乳胶膜分割为许多等间隔、等光强的平行截面，即干涉条纹面(fringe plane)。各个干涉条纹面的折射率将发生与该面上光强相对应的变化，称为折射率的

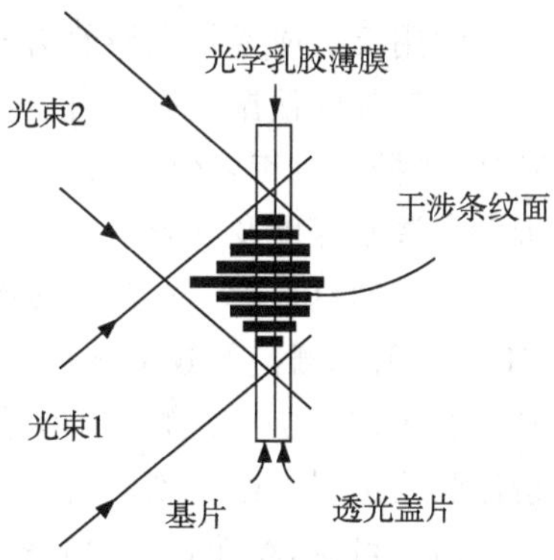

图 4.21　体全息光栅的制作方法

空间调制。然后，用化学处理方法固化乳胶折射率的空间调制条纹，即形成VPH光栅。

VPH光栅一般采用重铬酸盐乳胶（DCG），这种乳胶具有高折射率、高纯度、低色散、低吸收、长寿命等特点。由于乳胶对湿度非常敏感，需要加透光的盖片防潮。

VPH光栅与下面介绍的浮雕式透射光栅均属于相位调制型的光栅，改变光栅材料的光学厚度（几何厚度或折射率）都可以对入射光进行相位调制。VPH光栅采用了改变光学乳胶的折射率的方法，浮雕式的透射光栅采用的则是改变入射光路径长度的方法。

图4.22(a)为一个浮雕式透射光栅，在基片上刻划了许多等间距、锯齿形的刻槽，相当于形成了许多等间距的线状折射棱镜。单色平行光正入射至浮雕光栅时，从许多线状棱镜出射的光束产生干涉衍射效应。在沿光栅平面法线的方向（即直线出射方向）形成干涉的零级谱线，在几何光学折射定律确定的方向，形成最强的某级闪耀谱线。

图4.22(b)为一个VPH光栅。平行光正入射至VPH光栅的乳胶层，从许多折射率周期调制的光栅条纹面上反射的光束同样会产生干涉衍射效应。在沿光栅平面法线的方向（即直线出射方向）形成干涉的零级谱线，在相对于光栅条纹面的镜面反射方向，形成最强的某级闪耀谱线。这两种光栅原理上有相似之处，但是，VPH光栅比浮雕式透射光栅有更高的衍射效率。

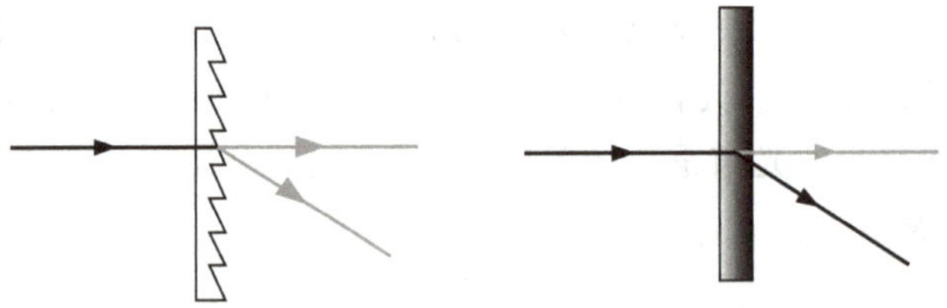

(a)　　　　(b)

图4.22　浮雕式透射光栅与体全息光栅

(a)浮雕式透射光栅；(b)VPH光栅

4.4.4.2　体光栅特点

常用反射或透射光栅的衍射效率与刻槽的形状和镀膜的反射率有关，金属膜通常还有较强的偏振效应。由于没有刻槽边缘，散射光较少，也无镀反射膜的反射面，VPH光栅具有衍射效率高、偏振效应低等特点。VPH光栅的衍射效率与乳胶厚度、折射率调制深度及乳胶层的折射率分布等因素有关。

光栅的色散率、光谱分辨率与刻线的密度，即光栅常数有关。高刻线密度下VPH透射光栅衍射效率显然优于浮雕式透射光栅。图4.23分别给出了浮雕式透射光栅和VPH透射光栅的衍射效率与归一化周期Λ/λ关系。其中：λ为波长；Λ分别指浮雕式透射光栅的刻槽间距和VPH光栅体内条纹的间距。

由图可见，浮雕式透射光栅在Λ/λ大于5时有较高的衍射效率，小于5时开始振荡，Λ/λ等于2时衍射效率下降至最低。而VPH光栅的Λ/λ在1～5的范围内均有极高的衍射效率。因此,浮雕式透射光栅适用于低光谱分辨率分光,VPH 光栅适用于高光谱分辨率分光。

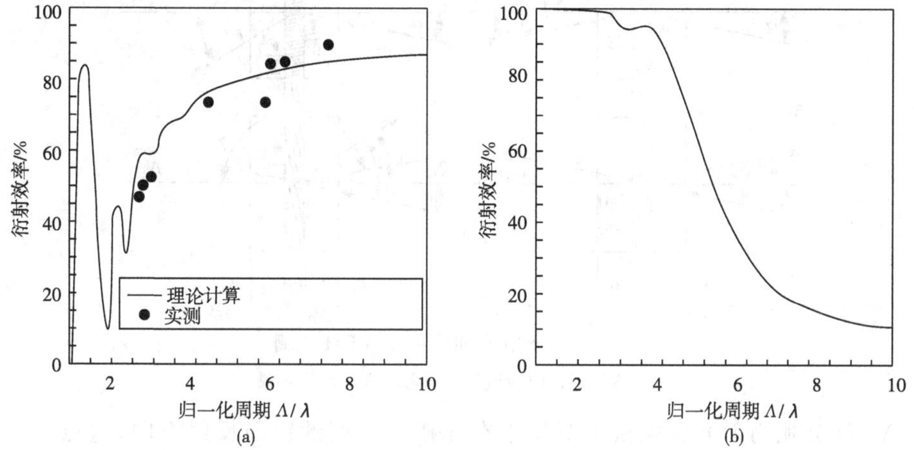

图 4.23　浮雕式与 VPH 光栅衍射效率比较

(a)浮雕式透射光栅;(b)VHP 透射光栅

VPH 光栅理论上能够达到将近 100%的衍射效率,并且空间频率可以达到 5000line/mm。由 DCG 制作的 VPH 光栅在 400～700nm 和 450～950nm 波长范围的实际衍射效率如图 4.24 所示。

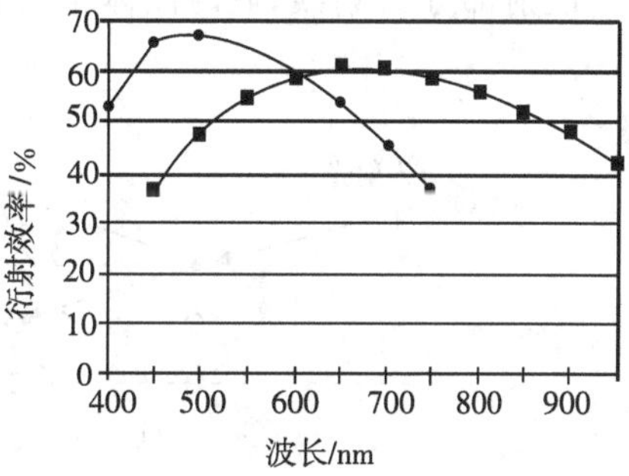

图 4.24　DCG 制作的 VPH 光栅的衍射效率

4.4.4.3　体光栅种类

VPH 光栅可以是透射型或反射型的,取决于光栅条纹面与光栅平面的夹角 γ,如图 4.25 所示。图中:N_1、N_2 分别为光栅平面和光栅条纹面的法线;Λ 为光栅体内条纹的间距,mm;ν 为光栅表面条纹的空间频率,mm^{-1};$1/\nu$ 即光栅常数,mm。

如光栅条纹面与光栅平面的夹角等于 90°,[见图 4.25(a)]或小于 90°[见图 4.25(b)],即构成透射型光栅。如夹角大于 90°[见图 4.25(d)]即为反射型光栅。如夹角等于 0°,条纹面与光栅面平行[见图 4.25(c)],光栅无色散。光栅的条纹面垂直于光栅面是最常用的 VPH 光栅结构形式。

4.4.4.4　光栅方程和衍射特性

VPH 光栅衍射角的计算可沿用传统的衍射光栅方程,即

$$m\nu\lambda = \sin\alpha + \sin\beta \tag{4.60}$$

式中:m 为光栅的干涉级次;ν 为光栅表面条纹的空间频率;α 为入射角,即入射光与光栅表面法线的夹角;β 为衍射角,即衍射光与光栅表面法线的夹角。

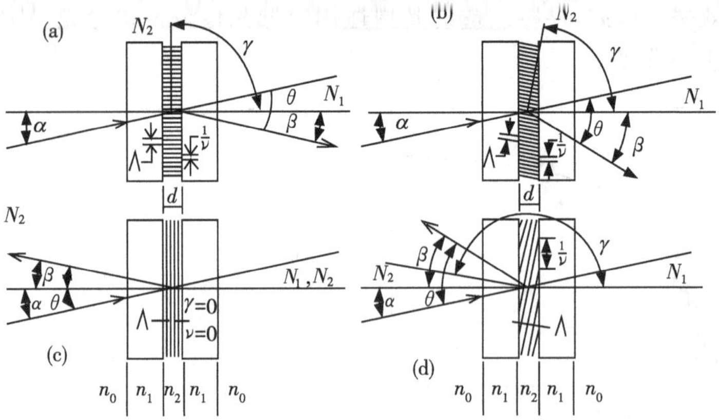

图 4.25　透射型和反射型 VPH 光栅

(a)透射型;(b)透射型;(c)无色散;(d)反射型

VPH 光栅衍射光的能量主要集中在光栅条纹面的镜面反射方向,这点与 X 射线在晶体中的衍射很相似。晶体内部原子是有规律排列的,如按晶体结构将它分割为许多平行平面,当 X 射线掠射至晶体时,每一层平面上的原子均会在镜面对称方向散射部分 X 射线,此时晶体相当于一个体光栅,如图 4.26 所示。

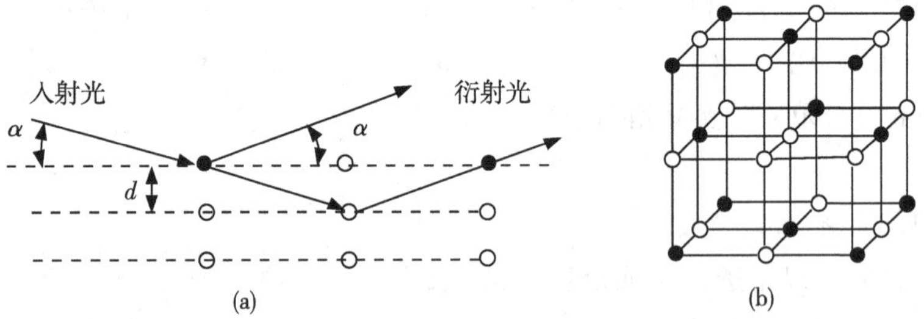

图 4.26　晶体的内部结构和 X 射线衍射

(a)晶体衍射的布拉格条件;(b)晶体原子的排列

晶体 X 射线衍射的能量主要集中在晶体平面的镜面反射方向,在其他方向上的衍射光很弱。在镜面反射方向的衍射光,只要入射角、波长满足布拉格(Bragg)条件,即可取得最大光强。布拉格条件可表述为

$$2d\sin\alpha = m\lambda \tag{4.61}$$

式中:d 为晶体平面之间的间距;m 为整数;α 为入射光线与晶体表面的夹角,也称掠射角。

VPH 光栅衍射光的能量主要集中在光栅条纹面的镜面反射方向,VPH 光栅的布拉格条件表述为

$$2\sin\alpha = m\nu\lambda \tag{4.62}$$

式中:m 为整数,是光栅的干涉级次;ν 为光栅表面的折射率调制的空间频率;α 为相对于光栅表面法线的入射角。

当入射光的波长和入射角满足布拉格条件时，VPH 光栅的衍射光最强。此时的波长也称布拉格波长，入射角也称布拉格角。入射光若不满足布拉格条件，衍射效率较低。若严重偏离布拉格条件，几无衍射效应。

4.4.4.5　PGP 分光组件

将体全息光栅夹在两块棱镜中即组成棱镜-光栅-棱镜分光组件(PGP)，如图 4.27 所示。图中的 VPH 的光栅平面与条纹面垂直，中心波长 λ_B 及其在 VPH 光栅的入射角满足布拉格条件。选择合适的棱镜顶角和折射率，可使中心波长衍射光的方向与入射光一致，从而可将光谱仪设计成较为紧凑的管状结构。图 4.27 中，中心波长 λ_B 的某级次衍射光经会聚镜成像于面阵探测器光谱维的某一列的中心，该级次其他波长的衍射光则会聚于该列的两侧。

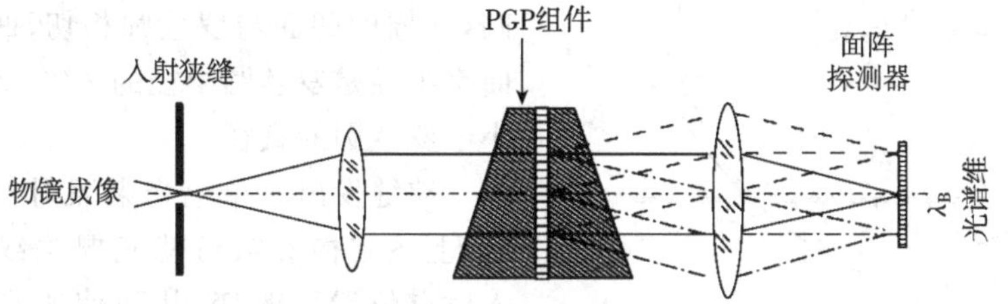

图 4.27　PGP 组件用于分光

PGP 分光组件具有体光栅的线性色散、高色散率、高衍射效率的优点。闪耀光栅通常只能对某一级光谱闪耀，其余级次的衍射效率很低。VPH 光栅各级衍射效率较为均匀，可用作单色光束的分束。图 4.28(a) 给出了一个利用 PGP 组件实现激光分束的实例，如 VPH 的条纹平面与光栅平面垂直，激光束水平入射，从 PGP 组件水平出射的衍射光满足布拉格条件，光强最强。其他级次的衍射光虽不满足布拉格条件，但仍有较高的衍射效率，如图 4.28(b)所示。

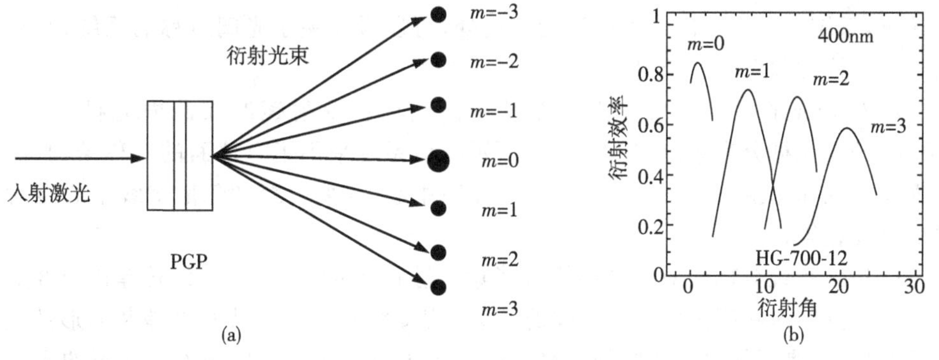

图 4.28　PGP 组件用于激光分束

(a)PGP 激光分束；(b)各级次的衍射效率

4.4.5 球面光栅

平面光栅或闪耀光栅分光都需要将入射光准直并将衍射光会聚成像。反射式准直和会聚光学系统的像差校正能力较差且结构不紧凑；折射式准直、会聚系统会引入色差，在红外、紫外波段的光学效率较低。球面光栅既有光栅的色散功能，又有反射面镜的成像功能。

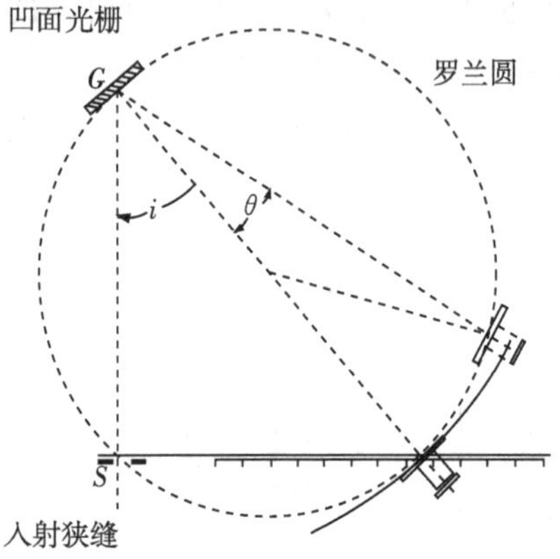

图 4.29　凹面光栅分光原理

常用的球面光栅有凹面光栅和凸面光栅，它们是在凹面或凸面球面反射镜上刻有许多等间隔线条制成的光栅，图 4.29 为凹面分光的原理示意图。图中，入射狭缝、凹面光栅、像面的中心构成的圆称为罗兰圆，光栅的凹面与罗兰圆相切，凹面光栅的曲率半径是罗兰圆半径的 2 倍，光栅尺寸远小于罗兰圆的直径。

狭缝发出的单色光束照射到凹面光栅时，上述结构参数可使光栅法线的方向随入射点位置而改变，从而使所有光线的入射角 i、衍射角 θ 保持不变。单色光照射时，如相邻刻槽反射光束的光程差为该单色光波长的整数倍，在像面中心可得到某个干涉级次的主极大。多色光照射时，同一干涉级次、不同波长的单色光有不同衍射角，像面上可得到该级次的色散光谱。凹面光栅既是色散部件，又是聚焦部件。凹面光栅分光结构庞大且要求比较严格，通常用于实验室的光栅分光单色仪或光谱分析仪。

Offner 凸面光栅分光系统是在 Offner 提出的同心三反射光学系统的基础上发展起来的。Offner 的同心三反射光学系统由两个同心的球面反射镜组成，一个为凹面主反射镜，另一个为凸面次反射镜。主、次反射镜具有相同曲率中心，孔径光阑在次镜上，系统的入瞳和出瞳均位于无穷远处，可以看作关于光阑对称的系统，彗差和畸变因结构对称而相互抵消。

将 Offner 的同心三反射光学系统中的凸面次反射镜改成凸面光栅，即成为 Offner 凸面光栅分光系统，如图 4.30 所示。该系统采用了全球面的对称结构，两块球面反射镜和光栅的凸反射面有共同的曲率中心，入射狭缝和色散谱线中心至对称轴的高度相等。

Offner 系统全球面对称的结构可消除反射面产生的 3 级和 5 级球差以及 3 级彗差。第一反射面和第三反射面之间的 3 级像散、场曲、子午斜光束球差和椭形彗差也能互相抵消，剩下的只有残留的 5 级像散。由于狭缝两端发出的入射光束的主截面与光栅表面的交线和光栅刻槽的夹角非常小，因此谱线弯曲值较小。由于是全球面对称结构，色畸变也很小。

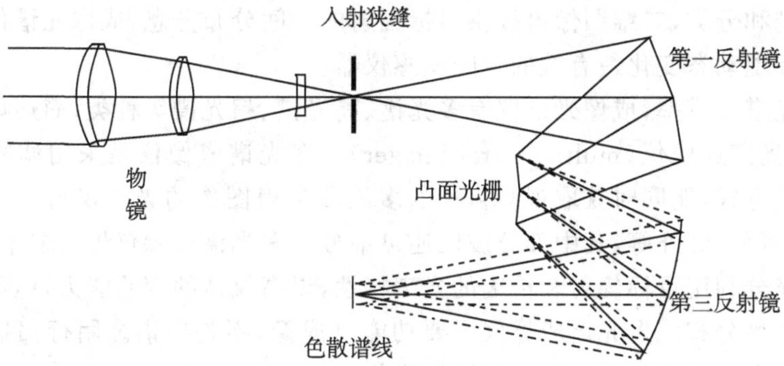

图 4.30　Offner 凸面光栅分光

4.5　成像光谱仪

4.5.1　概述

成像光谱仪(imaging spectrometer)是近 30 年来发展起来的一种图谱合一的遥感仪器。成像光谱仪不仅能获取目标辐射的二维图像,还能同时得到与图像像元所对应的物点辐射的连续光谱。成像光谱仪获取的数据是包括二维空间信息和一维光谱信息的三维数据集,称为图像立方体,如图 4.31 所示。由于光谱信息能用于目标

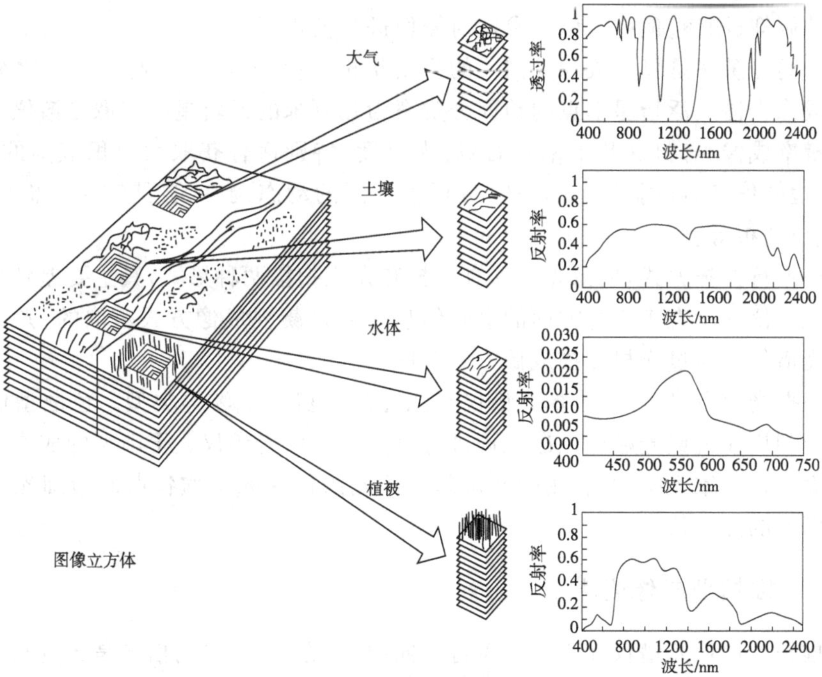

图 4.31　成像光谱仪的图像立方体

属性的识别和分类，二维图像可提供目标辐射的空间分布信息，成像光谱仪成为当前监测地球环境动态变化最有效的空间遥感仪器。

按照光谱分辨率，成像光谱仪有多光谱、高光谱、超光谱等种类，简述如下。

(1)多光谱成像仪(multispectral imager)。多光谱成像仪是采用滤光片、棱镜、光栅等分光方式，能同时获取观测目标的多波段辐射图像的光学仪器。可选的波段包括紫外、可见、红外等，其中部分波段还可细分。多光谱成像仪虽有多个探测波段，多波段可充分利用目标辐射和传输的光谱特性，提高仪器的探测能力，但不能提供波段辐射的光谱分布。多光谱成像仪主要功能是成像，不是摄谱。用行扫描方式获取二维图像的多光谱成像仪也称多光谱扫描仪(multispectral scanner)。

(2)高光谱成像仪(hyperspectral imager)。相对光谱分辨率达到0.01量级，并由几十至上百个波段组成的成像光谱仪称为高光谱成像仪。高光谱成像仪能提供工作波段内目标辐射光谱分布的细节，已具备光谱仪的基本特征，故有的国外文献全称它为高光谱成像光谱仪(hyperspectral imaging spectrometer)。

(3)超光谱成像仪(superspectral imager)。相对光谱分辨率达到0.001量级，并由几百至上千个波段组成的成像光谱仪称为超光谱成像仪。超光谱成像仪能提供工作波段内目标辐射的连续光谱，可全称为超光谱成像光谱仪。

按照仪器装载平台，成像光谱仪有机载、星载等种类。机载、星载成像光谱仪并无本质差别，仅有由于平台、运行环境不同引出的功能差别。如机载成像光谱仪由于飞机平台运动的机动性和姿态变化，需要根据飞行的速高比调整扫描速率，并能根据飞机的俯仰、测滚、偏航等姿态参数对图像进行校正。

空间分辨率是星载成像光谱仪的主要指标，有中分辨率和高分辨率之分。中分辨率成像光谱仪泛指星下点的地面分辨率为几百米的低轨星载成像光谱仪。相对于高分辨率成像光谱仪(几十米左右)属大尺度，特别适合获取大面积范围的海洋、大气、陆地的信息，可用于农业估产、可再生资源的动态调查、自然灾害和海洋环境监测、气象预报等。

根据行扫描方式，成像光谱仪有推扫和光机扫描两种形式，其主要差别是推扫式成像光谱仪在垂直于飞行方向的空间信息是通过凝视成像方式获取的，光机扫描式成像光谱仪是通过光机扫描成像方式获取的。

根据光谱分光方式，成像光谱仪有滤光片、色散、干涉等类型。色散型成像光谱仪泛指利用棱镜或光栅的色散原理进行分光的成像光谱仪。干涉型的成像光谱仪是对物面进行二维光机扫描，用时间调制干涉光谱仪获取景物各点的精细光谱并构建景物图像的光谱仪。

4.5.2 推扫型成像光谱仪

推扫型成像光谱仪在垂直于飞行方向(穿轨方向)的空间信息是通过凝视成像方式获取的，沿飞行方向(沿轨方向或推扫方向)的另一维空间信息则是利用平台移动推扫获得的。

推扫型成像光谱仪的光学视场为线视场，置于物镜焦面的狭缝是物镜系统的视场光阑，狭缝长度和宽度对物镜的张角即仪器在穿轨方向和沿轨方向的光学视场。仪器在穿轨方向的视场决定了对地观察的地面宽度，沿轨方向的视场则决定了地面分辨率。由于仪器沿飞行方向扫过地面时，犹如扫帚扫地，也称推帚式扫描，简称推扫。如图 4.32 所示。

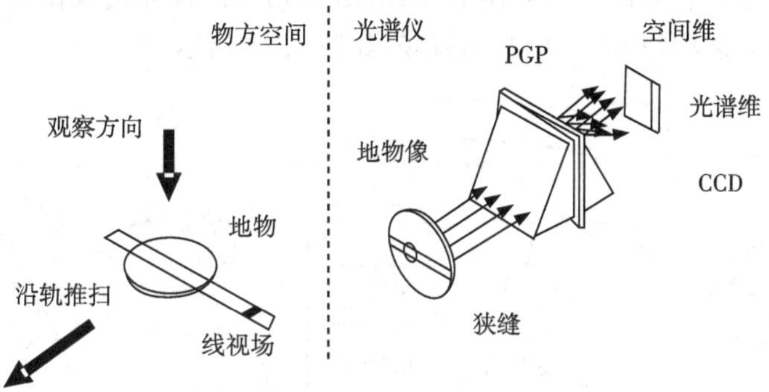

图 4.32　PGP 组件分光推扫型成像光谱仪

推扫型成像光谱仪通常采用面阵探测器（如 CCD、CMOS 图像传感器等）。图 4.32 中，狭缝出射光经准直、光栅色散、会聚，在图像传感器的光敏面上可得到狭缝像的色散谱线。通常将图像传感器沿着狭缝像色散方向的一维称为光谱维，沿狭缝像长度方向，与光谱维正交的另一维称为空间维。

推扫型成像光谱仪对景物推扫时，图像传感器空间维方向的一行接收到的是线视场内景物某一波长的单色辐射的空间分布信息。因此，行的长度应与狭缝长度、穿轨视场相匹配，空间行的像元数应满足仪器的空间分辨率的要求。

图像传感器光谱维方向的一列接收到的是线视场内某个物点辐射的光谱分布信息，光谱列的像元数应满足仪器光谱采样数的要求，并应根据像元在列方向的中心距确定仪器的线色散率。

推扫型成像光谱仪要求有较大的光学视场，通常为数十度，系统 F 数也较小，还需要选用大尺寸、商用大面阵传感器。鉴于这两方面的要求，推扫型成像光谱仪的工作波段一般限于可见光、近红外，选用工艺较为成熟的 CCD 大面阵传感器。闪耀光栅分光或 PGP（棱镜-光栅-棱镜）分光是目前推扫型成像光谱仪较常用的分光方式。

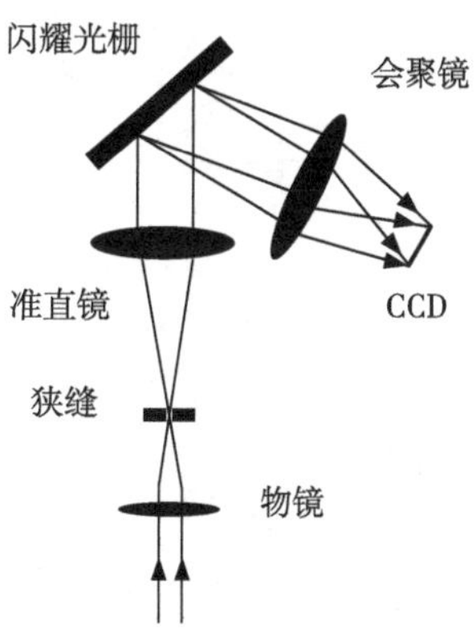

图 4.33　用闪耀光栅分光的推扫型成像光谱仪

图 4.33 给出了一个用闪耀光栅分光的推扫型成像光谱仪光路结构示意图。该仪器物镜最小 F 数为 2.8，光

学视场为 37.8°×0.077°(穿轨×沿轨)。光谱范围400～1000nm,共有 288 个光谱通道,光谱采样间隔为 1.9nm,光谱分辨率为 2.2nm。可以推知,该仪器空间维的像元数约为 510 元,瞬时视场为 0.077°×0.077°(穿轨×沿轨)。仪器光谱维的像元数为 288 元,光谱采样间隔是相邻光谱元中心波长之差为 1.9nm,受狭缝宽度限制的实际光谱分辨率大于光谱采样间隔,为 2.2nm。

推扫型成像光谱仪的光学视场是有限的,要得到更大的视场覆盖,可采取多个相机视场拼接的方法。如欧空局研制的 MERIS 推扫型成像光谱仪由 5 个相同的相机模块扇形分布安装构成 68.5°的观测视场,如图 4.34 所示。

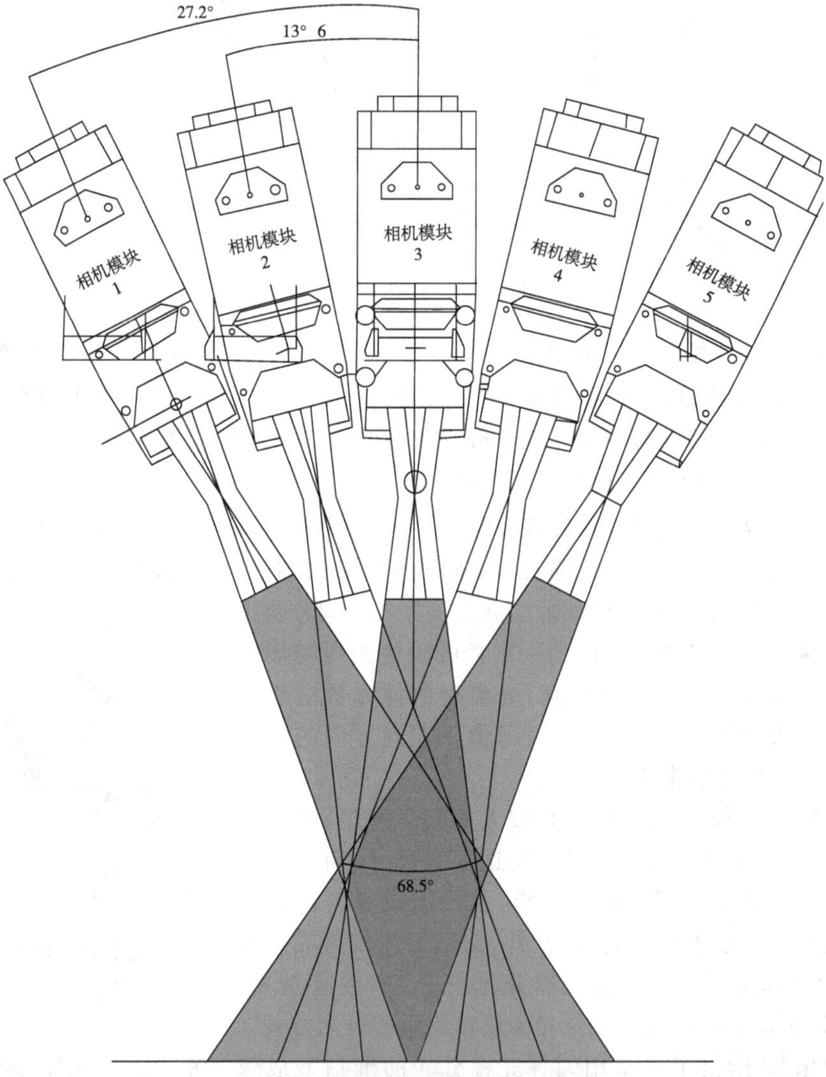

图 4.34　MERIS 相机模块视场拼接

4.5.3　光机扫描型成像光谱仪

光机扫描型成像光谱仪的特点是有较宽的扫描视场，由于光学视场较小，可采用反射式光学系统，能配置多个由可见光至长波红外的工作波段。穿轨方向的光机扫描通常采用单元扫描或多元并扫，分光方式可用滤光片或光栅分光。

某中分辨率成像光谱仪即是一个较典型的光机扫描型的成像光谱仪，如图 4.35 所示。该仪器扫描视场高达 88°，有可见光、近红外、短波红外以及长波红外等光谱波段。其中可见光细分为 20 波段，近红外细分为 10 波段，短波红外 1 波段，长波红外 3 波段。各波段的瞬时视场均为 1.5mrad，地面分辨率中等。

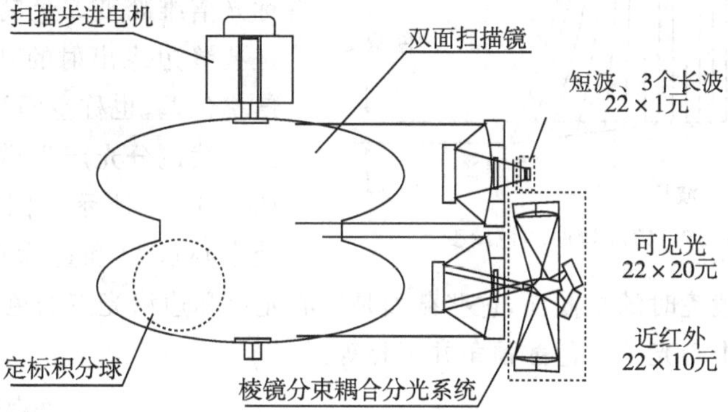

图 4.35　光机扫描型成像光谱仪

该中分辨率成像光谱仪采用 22 元并扫，光学视场为 33mrad(约 1.9°)，故光学系统选用大孔径、小视场的双反射系统。光机扫描方式为双面镜物面扫描，其优点是多元并扫时不产生像旋。仪器的光路结构采取两路并列的形式，其中可见光、近红外通道为一路，短波、长波红外为另一路。

地物辐射经扫描镜反射后，由光学系统会聚。短波、长波红外辐射直接会聚于探测器光敏面。可见光、近红外辐射分别会聚于置于焦面处的两条平行狭缝上。由狭缝出射的可见和近红外辐射经两个不同闪耀波长的凹面光栅色散并会聚于各自的硅探测器面阵。可见光和近红外探测器分别为 22×20 元和 22×10 元(空间维×光谱维)的小面阵。

短波红外探测器及 3 个长波红外波段的探测器均为 22 元光伏 MCT 线列。这 4 条线列探测器集成在一个焦平面上，每个线列各自镶嵌对应波段的微型带通滤光片，采用时间延迟方法实现 4 个线视场的空间配准。红外集成组件用对置式斯特林制冷机制冷至 80K。

4.5.4　谱线弯曲和色畸变

采用面阵推扫的高光谱、超光谱成像仪通常有较大的穿轨视场，无论采用棱镜分光或光栅分光，入射狭缝均有一定长度。狭缝出射光束经棱镜或光栅色散后，在接收像面上形成的谱线都会出现谱线弯曲(smile)和色畸变(spectral keystone)现象，如图 4.36 所示。

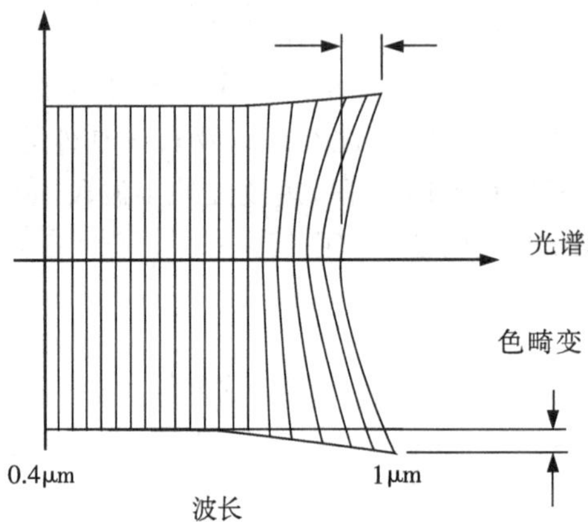

图 4.36　谱线弯曲和色畸变

谱线弯曲是指色散后不同波长色光的谱线弯曲，色畸变是指不同波长色光的谱线长度的畸变。谱线弯曲产生的原因是色散元件对狭缝边缘出射的轴外光束与狭缝中心出射的轴上光束有不同的色散率，也称光谱维畸变。色畸变产生的原因是狭缝边缘出射的轴外色散光束有倍率色差，也称空间维畸变。

棱镜分光产生谱线弯曲的原因如图 4.37 所示。图中标出了从狭缝中心点 O 和边缘点 A、B 出射的平行光束经过棱镜时的主截面，这些截面是中心光束和边缘光束的色散面，边缘光束的色散顶角与中心光束的色散顶角并不相等。

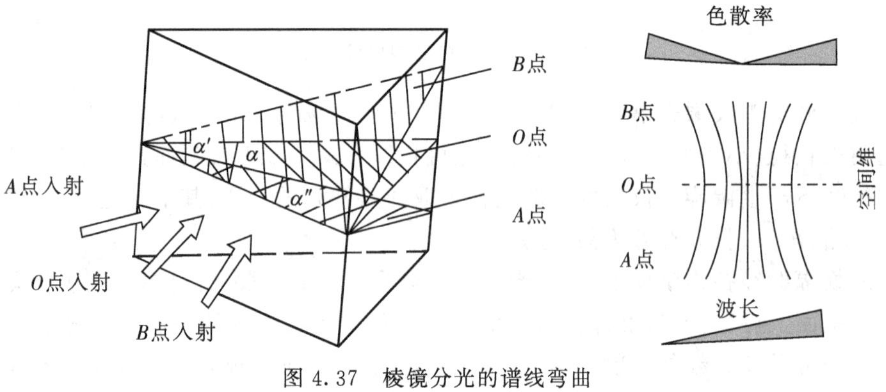

图 4.37　棱镜分光的谱线弯曲

色散面顶角相当于棱镜楔角，如中心光束色散面顶角为 α，边束的色散顶角 α'、α'' 均大于 α。因此，狭缝边缘发出的光束经棱镜后的角色散率较狭缝中心发出的光束的角色散率大，色散后形成的谱线就将发生弯曲。由于边缘光束的色散率较大，棱镜分光产生的光谱维畸变是一种枕形畸变。

光栅分光谱线弯曲的产生原因如图 4.38 所示。图中，狭缝中心出射光束的主截面与光栅的主截面重合，狭缝两端光束的主截面与光栅主截面有一夹角 ε。这两个截面的夹角就是狭缝端点发出准直光束的倾角。

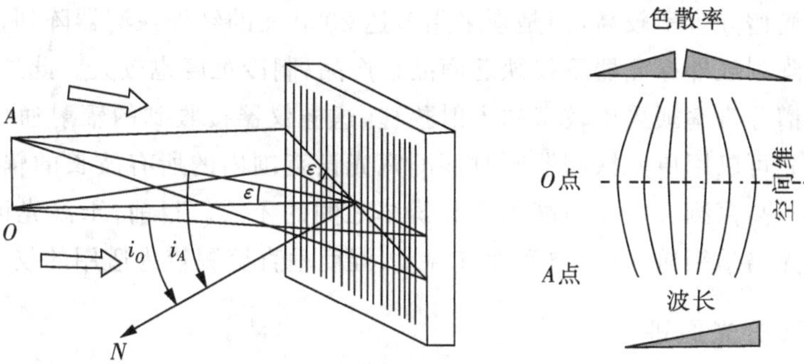

图 4.38　光栅分光的谱线弯曲

由图可见，A 点光束衍射的有效光栅常数是 O 点光束衍射的 $1/\cos\varepsilon$ 倍，故狭缝边缘光束的角色散率将下降至狭缝边缘光束的角色散率的 $\cos\varepsilon$，故形成的谱线将发生弯曲。光栅分光谱线弯曲的方向与棱镜相反，边缘光束的色散率较小，因而光栅分光产生的光谱维畸变是一种桶形畸变。

光栅谱线弯曲的曲率与波长、光谱级次成正比，与光栅常数成反比。与棱镜相比，光栅谱线弯曲对波长变化更为敏感。由于棱镜分光与光栅分光谱线弯曲方向相反，同时使用两种色散元件在某种场合下可以相互抵消一部分谱线弯曲。

4.6　干涉分光技术

4.6.1　概述

色散分光和干涉分光是光谱仪最为常用的分光方法。用光栅、棱镜等色散元件，可将多色光分解为多束空间传播方向不同的单色光，用探测器阵列分别接收单色光辐射，可获取目标辐射的光谱分布。干涉分光是一种利用对双光束干涉的干涉图进行傅里叶变换获取目标辐射光谱分布的分光技术。干涉分光具有高光通量、高光谱分辨率、高波数准确度等一系列显著优点。利用这种分光技术的光谱仪称为干涉光谱仪或傅里叶变换光谱仪。

在气象观测领域，大气温度、湿度以及大气成分随高度的变化信息是天气预报的重要依据。为了提高天气预报的准确性，不仅要求大气垂直探测仪对温度、湿度有较高的探测精度，如要求温度精度优于 1K、湿度精度优于 10%等，还要求有较高的垂直分辨率，高垂直分辨率需要高光谱分辨率才能实现。例如，如果要求温度和湿度的垂直分辨率达到 1.5～4km，在 3.7～17μm 光谱范围内，仪器的光谱分辨率必须达到 0.6～2.7cm^{-1}。因此，大气垂直探测仪必须有很高的探测灵敏度和光谱分辨率。

为了求解大气温度的垂直分布，必须在吸收带中选择多达上百个光谱通道进行测量。滤光片分光的大气探测仪的光谱分辨率一般为几十个 cm^{-1}，无法满足要求。

光栅分光的光谱分辨率较高，但是须采用多达 2000 元的红外探测器阵列接收空间色散信息。大阵列红外探测器不仅缺乏商品化产品，制冷难度也较大。此外，光栅分光计为提高光谱分辨率须采用较窄的入射狭缝，这样仪器接收到的辐射通量就受到限制。干涉分光可以用单元探测器同时探测宽光谱范围内的所有波长的辐射，并能很好地解决仪器高探测灵敏度与高光谱分辨率之间的矛盾。目前，干涉光谱仪已广泛应用于红外光谱学领域，也是空间大气温度、湿度垂直探测较为适用的仪器。

4.6.2　干涉分光原理

目标辐射经分束、相位的时间或空间调制后再叠加可得到干涉图，时间调制型干涉光谱仪的干涉图是利用迈克耳孙干涉原理获取的，典型迈克耳孙干涉仪的光路如图 4.39 所示。

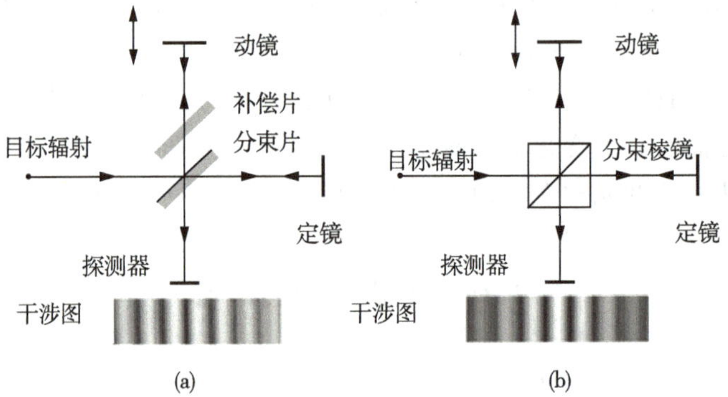

图 4.39　迈克耳孙干涉原理

(a)分束片＋补偿片；(b)分束棱镜

图 4.39(a)中的迈克耳孙干涉仪由相互垂直的两个平面反射镜动镜、定镜以及夹角为 45°的分束片组成。测量时动镜可沿镜轴方向前后移动，定镜保持静止。分束片镀以半透膜，对入射辐射起半透半反作用。入射辐射准直为平行光束，被分束片的半透膜分为反射光束和透射光束。

分束片的反射光束经动镜反射后，透过半透膜后出射。分束片的透射光束经定镜反射后，再经半透膜反射后出射。这两束光束在半透膜中透射、反射的次数均为一次，但穿过分束片基片的次数不等。从动镜返回的光束透过基片一次，从定镜返回的光束透过基片为 3 次。为补偿这两束光的光程差，在动镜侧的光路中插入一块补偿片，补偿片厚度、材质与分束片基片相同。图 4.39(b)的基本光路与图 4.39(a)相同，由于镀半透膜的分束棱镜已能补偿两束光透射的光程差，不必再设补偿片。

由定镜、动镜返回的光束之间存在由动镜位置所决定的相位差，在探测器一侧相干叠加后的光强为

$$I' = I_1 + I_2 + 2\sqrt{I_1 I_2}\cos\delta \tag{4.63}$$

式中：I_1、I_2 为光束的光强；δ 为定镜、动镜返回光束的相位差。

如两束光强相等，即 $I_1 = I_2 = I$，叠加后的光强为

$$I' = 2I \cdot (1 + \cos\delta) = 4I \cdot \cos^2(\delta/2) \tag{4.64}$$

即两束光强相等的相干光叠加后的光强最大为单束光强的 4 倍，最小为零。

如目标源为多色光源，入射的准直光束光强随波数的光谱分布函数为 $B(\nu)$，则两束波数为 ν 至 $\nu + \mathrm{d}\nu$ 的单色光叠加后的光强为

$$\mathrm{d}I'(\nu) = 2B(\nu) \cdot (1 + \cos\delta) \cdot \mathrm{d}\nu \tag{4.65}$$

将光束的相位差用光程差 Δ 表示，则上式改为

$$\mathrm{d}I'(\nu) = 2B(\nu) \cdot (1 + \cos 2\pi\nu\Delta) \cdot \mathrm{d}\nu \tag{4.66}$$

两束多色光相干叠加后的光强为

$$I'(\Delta) = \int_0^\infty 2B(\nu)\mathrm{d}\nu + \int_0^\infty 2B(\nu)\cos(2\pi\nu\Delta)\mathrm{d}\nu \tag{4.67}$$

式中：Δ 为两束光之间光程差，等于动镜移动距离的 2 倍。

当光程差等于零时，即 $\Delta = 0$，则

$$I'(0) = 4\int_0^\infty B(\nu)\mathrm{d}\nu \tag{4.68}$$

利用上式，可将(4.67)式改写为

$$I'(\Delta) = \frac{1}{2}I'(0) + \int_0^\infty 2B(\nu)\cos(2\pi\nu\Delta)\mathrm{d}\nu = \frac{1}{2}I'(0) + I(\Delta) \tag{4.69}$$

由(4.69)式可见：干涉光的强度 $I'(\Delta)$ 由两部分组成，一部分与光程差无关，另一部分 $I(\Delta)$ 是光程差的函数，称为干涉图函数，即

$$I(\Delta) = \int_0^\infty 2B(\nu)\cos(2\pi\nu\Delta)\mathrm{d}\nu \tag{4.70}$$

(4.70)式的被积函数为偶函数，可改为

$$I(\Delta) = \int_{-\infty}^\infty B(\nu)\cos(2\pi\nu\Delta)\mathrm{d}\nu \tag{4.71}$$

上式表明：随光程差变化的干涉图函数 $I(\Delta)$ 可用傅里叶积分表达为许多频率(光的波数)分量之和，各个频率分量的谱密度即该波数的单色光的光强。利用傅里叶变换，可从干涉图函数(原函数)求出目标辐射的光谱分布函数(谱函数)。

$$B(\nu) = \mathrm{FT}\{I(\Delta)\} = \int_{-\infty}^\infty I(\Delta)\cos(2\pi\nu\Delta)\mathrm{d}\Delta \tag{4.72}$$

如果干涉图函数是单一空间频率 ν 的正弦波，其傅里叶变换为 $\delta(\nu)$，表明目标辐射是能量集中在极窄波数间隔内的单色光，如图 4.40(a)所示。多色光可看作由许多不同光强的单色光组成，其干涉图的波形是许多不同频率、振幅的正弦波的叠加，干涉图函数在零光程处($\Delta = 0$)取得极大，并相对于零光程点对称。如目标辐射集中在几个由许多发射谱线构成的发射带中，干涉图的包络线与高斯分布曲线相似，如图

4.40(b)所示。如目标辐射集中在几个较宽发射带中，干涉图的包络线收窄，如图4.40(c)所示。

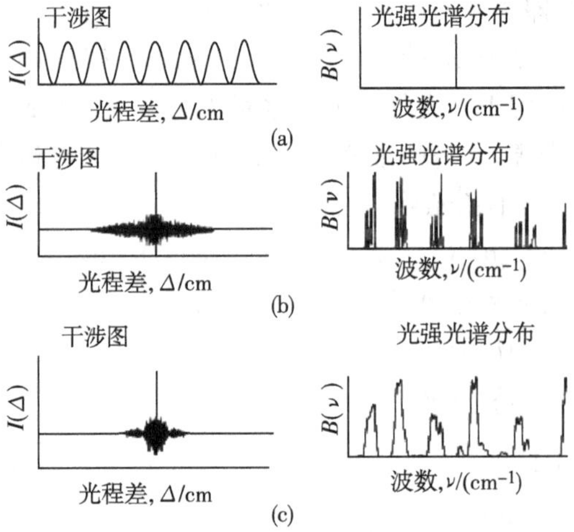

图 4.40　不同光谱特征辐射源的光强分布和干涉图

(a)单色光；(b)发射谱线；(c)发射谱带

4.6.3　干涉分光光谱分辨率

对干涉图函数进行傅里叶变换时，由于干涉光谱仪动镜的行程总是有限的，光程差在$[-L,L]$的范围内，而不可能是$[-\infty,\infty]$。实际上的傅里叶变换是对干涉图函数与一个对称的矩形函数乘积的傅里叶变换，干涉光谱仪实际测得的光谱分布函数应为

$$B'(\nu)=\int_{-\infty}^{\infty}I(\Delta)\cdot \mathrm{rect}(\Delta)\cos(2\pi\nu\Delta)\cdot \mathrm{d}\Delta \tag{4.73}$$

式中：$I(\Delta)$为光程差$[-\infty,\infty]$时的干涉图函数；$\mathrm{rect}(\Delta)=\begin{cases}1, & |\Delta|\leqslant L\\ 0, & |\Delta|>L\end{cases}$为矩形窗口函数；$L$ 为最大光程差。

根据傅里叶变换的基本定理，两个函数乘积的傅里叶变换等于它们的傅里叶变换的卷积，即

$$B'(\nu)=\mathrm{FT}\{I(\Delta)\}*\mathrm{FT}\{\mathrm{rect}(\Delta)\}$$

对光程差范围无限大时干涉图函数进行傅里叶变换可得到目标真实的光谱分布函数 $B(\nu)$，即

$$B(\nu)=\mathrm{FT}\{I(\Delta)\}=\int_{-\infty}^{\infty}I(\Delta)\cdot\cos(2\pi\nu\Delta)\cdot\mathrm{d}\Delta \tag{4.74}$$

矩形窗口函数的傅里叶变换 $A(\nu)$通常称为仪器函数：

$$A(\nu)=\mathrm{FT}\{\mathrm{rect}(\Delta)\}=\int_{-\infty}^{\infty}\mathrm{rect}(\Delta)\cdot\cos(2\pi\nu\Delta)\cdot \mathrm{d}\Delta \tag{4.75}$$

仪器函数为 sinc 函数,可表达为

$$A(\nu)=2L\cdot\frac{\sin(2\pi\nu L)}{2\pi\nu L}=2L\cdot\mathrm{sinc}(2\pi\nu L) \tag{4.76}$$

仪器实测的光谱分布函数是目标真实的光谱分布函数和仪器函数的卷积：

$$B'(\nu)=B(\nu)*A(\nu) \tag{4.77}$$

由此可见,仪器函数可用来表征干涉光谱仪对单色光频谱测量的影响。光学成像的像函数是物函数与点扩散函数的卷积,点扩散函数是光学成像系统的脉冲响应。与此相仿,干涉光谱仪实测的光谱分布函数是目标真实的光谱分布函数与仪器函数的卷积,仪器函数可认为是光谱仪在光谱域对单色光的脉冲响应。

当入射光为波数 ν_0 的单色光时,仪器实测的光谱分布函数为

$$B'(\nu)=\delta(\nu-\nu_0)*A(\nu)=A(\nu-\nu_0)$$

即

$$B'(\nu)=2L\cdot\mathrm{sinc}[2\pi(\nu-\nu_0)L] \tag{4.78}$$

波数 ν_0 单色光的实测光谱分布函数为 sinc 函数。当 $\nu-\nu_0=0$ 时谱线强度达到最大,当 $\nu-\nu_0=1/(2L)$时谱线强度为零。按照瑞利判据,两条能分辨的谱线的最小波数间隔应等于谱线的半宽度：

$$\Delta\nu=1/(2L) \tag{4.79}$$

因此,由光程差限制的干涉光谱仪的光谱分辨率为

$$R=\nu/\Delta\nu=2\nu L \tag{4.80}$$

由于干涉图函数在动镜的极限位置迅速截止,测得单色光的光谱分布函数为 sinc 型函数。sinc 函数在主峰两翼有波瓣(或叫作“趾”),这些“趾”的一些负值将造成分解光谱的困难。因此,干涉光谱仪通常须对干涉图函数进行“去趾”处理,即用三角形窗口函数取代矩形窗口函数,得到的仪器函数由 sinc 型变为 sinc^2 型,如图 4.41 所示。

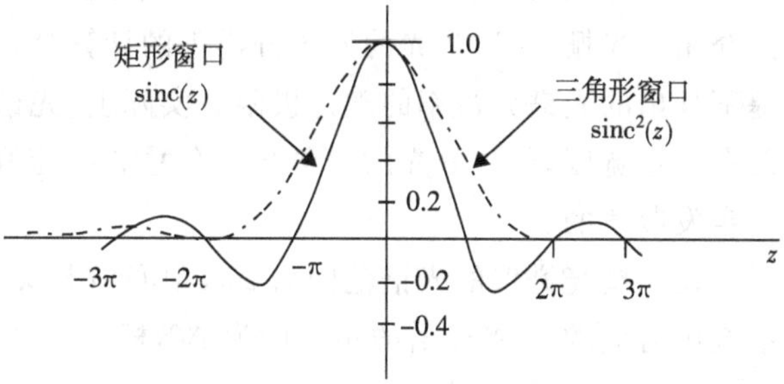

图 4.41　用不同窗口函数测得的单色光光谱分布

$$B'(\nu)=\int_{-\infty}^{\infty}I(\Delta)\cdot h(\Delta)\cdot\cos(2\pi\nu\Delta)\cdot \mathrm{d}\Delta \tag{4.81}$$

式中：三角形窗口函数 $h(\Delta)=\begin{cases}1-\left|\dfrac{\Delta}{L}\right| & |\Delta|\leqslant L\\ 0 & |\Delta|>L\end{cases}$。

仪器函数为

$$A(\nu)=\mathrm{FT}\{h(\Delta)\}=L\cdot \mathrm{sinc}^2(\pi\nu L) \tag{4.82}$$

波数为 ν_0 单色光的实测光谱分布函数为

$$B'(\nu)=\delta(\nu-\nu_0)*A(\nu)=L\cdot \mathrm{sinc}^2[\pi(\nu-\nu_0)L] \tag{4.83}$$

干涉图函数用三角形函数“去趾”处理后，此时，两翼的趾已削弱为原来的 1/4，并不再有负值，但得到单色光谱线会增宽，$\nu=\nu_0$ 时谱线强度为最大，$\nu=\nu_0+1/L$ 时，谱线强度为零。按照瑞利判据，能分辨的最小波数间隔为

$$\Delta\nu=1/L \tag{4.84}$$

由光程差限制的干涉光谱仪的光谱分辨率为

$$R=\frac{\nu}{\Delta\nu}=\nu L \tag{4.85}$$

经“去趾”处理后干涉光谱仪的光谱分辨能力约下降一半。这一结果可作为干涉光谱仪的光谱分辨率的理论极限。

4.6.4 干涉分光特点

光谱仪不仅要求有较高的光谱分辨率，还要求有较高的探测灵敏度，成像光谱仪还有对空间分辨率要求。高灵敏度意味要求光学系统能接收并传递足够高的辐射通量，但这种要求和高光谱分辨率是矛盾的。为提高光谱分辨率，棱镜、光栅色散的光谱仪都必须用较窄的入射狭缝，这样仪器接收到的辐射通量就受到限制。相对而言，干涉光谱仪能较好地解决这一矛盾。

光栅分光或干涉分光的光谱仪的入射光束都必须准直。4.4.2.4 节、4.6.3 节分别介绍了光栅、干涉分光的光谱分辨率的计算公式，它们都是在入射光束严格平行前提下导出的光谱分辨率的理论极限。实际上，光谱仪的视场确定后，光栅分光的狭缝总有一定宽度，干涉分光的视场光阑孔总有一定孔径，因此，准直镜出射的光束是有一定发散角的。

设光栅光谱仪的光谱范围为 $\Delta\lambda$，中心波长 λ，入射光束的发散角为 α，与仪器光谱范围对应的 m 级光谱的角宽度为 $\Delta\theta$，根据光栅方程：

$$\sin i-\sin\theta=m\lambda/d$$

$$\sin i-\sin(\theta+\Delta\theta)=(m+1)\lambda/d$$

两式相减后，可算得该级光谱的角宽度为

$$\Delta\theta\approx\lambda/(d\cos\theta)\approx\lambda/d \tag{4.86}$$

如光栅的光谱分辨率足够高，单色谱线扩展的角宽度近似等于入射光束的发散角，则光栅分光光谱仪的光谱分辨率为

$$R_g=\frac{\lambda}{\Delta\lambda}=\frac{\Delta\theta}{\alpha}=\frac{\lambda}{d\cdot\alpha} \tag{4.87}$$

由此可见，光栅分光光谱仪的光谱分辨率与发散角成反比。

另有一个光谱范围、中心波长、发散角相同的干涉光谱仪，由于入射光束有发散角，波数为 ν 的谱线展宽后的半宽度为

$$\Delta\nu=\nu\left[\frac{1}{\cos(\alpha/2)}-1\right]\approx\frac{\alpha^2\nu}{8} \tag{4.88}$$

则干涉分光光谱仪的光谱分辨率为

$$R_m=\frac{\lambda}{\Delta\lambda}=\frac{\nu}{\Delta\nu}=\frac{8}{\alpha^2} \tag{4.89}$$

由此可见，干涉分光光谱仪的光谱分辨率与发散角的平方成反比，如光谱仪的光谱分辨率相同，干涉分光允许较大的发散角。现举例说明如下。

如有一个工作在波长 4.3μm（波数 2325cm^{-1}）CO_2 吸收带的大气垂直探测仪，要求光谱的波数精度为 2cm^{-1}。如采用干涉分光，则光谱仪的光谱分辨率应为 1163。用（4.89）式，可算得允许的准直光束的最大发散角为 83mrad。如用光栅分光，光栅的 d/λ 选为 2，即光栅常数 8.6μm（116line/mm）。如要求得到同样的光谱分辨率，用（4.87）式可算得允许的最大发散角为 0.43mrad。为满足光束发散角的要求，可以减小狭缝宽度但会降低探测灵敏度，或可增加准直镜焦距，但这种做法又将增加结构尺寸。

光学系统接收、传递辐射的能力可用光束截面积和光束的发散立体角（或会聚立体角）的乘积 $A\Omega$ 表示，英文名为“throughput”，有吞吐量，流通量的含义，中文译名不一致，较确切的译名为仪器通量。光谱仪的仪器通量既可用物镜有效通光面积与光谱仪瞬时视场立体角的乘积 $A_o\omega$ 表示，也可等同地用准直镜有效通光面积与光束发散立体角的乘积 $A_c\Omega$ 表示。

假定准直镜的通光面积相等，光谱分辨率与辐射通量的相互制约关系也可用它的 ΩR 值表示，其中 Ω 为准直光束的发散立体角，R 为光谱仪的实际光谱分辨率。如干涉光谱仪物镜视场光阑孔为圆形，圆锥状准直光束的发散角为 α，即光束发散立体角为 $\Omega=\pi\alpha^2/4$，可算得

$$\Omega R_m=\frac{\pi\alpha^2}{4}\cdot\frac{8}{\alpha^2}=2\pi \tag{4.90}$$

在绝大多数情况下，光栅分光的 ΩR 值不到 0.01。因此，如光栅分光光谱仪和干涉分光光谱仪的光谱分辨率相同，干涉光谱仪能接收到的辐射通量约比光栅光谱仪大两个数量级。

干涉分光光谱仪的高信噪比、高光谱分辨率是以增加测量时间为代价的，它不适用于对实时性要求较高的系统。干涉分光光谱仪用于星载大气垂直探测确是用其所长而避其所短。

4.6.5　干涉光谱仪结构

实用的干涉光谱仪的光路结构如图 4.42 所示。可以看出，原理上它仍是一个的

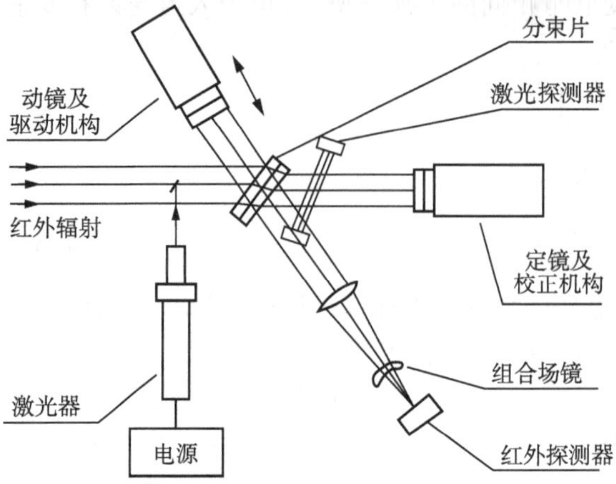

图 4.42　典型的干涉光谱仪的光路结构

迈克耳孙干涉仪。但是，入射光束与分束片法线的夹角为 30°，而不是 45°，减小光束在分束片、补偿片的入射角的目的是减小偏振效应。分束片、补偿片为楔形，以消除由于光束在分束器内多次反射的干涉效应产生的虚假光谱信息。

动镜的精密驱动控制对干涉光谱仪至关重要。实际仪器动镜运动的速度总会有波动，如采用等时间间隔采样就会产生较大的采样位置误差和干涉图误差，导致光谱误差。因此，应提高动镜的稳速精度并采用等光程间隔采样。

另外，在动镜扫描的有效行程中，动镜与定镜应保持理想的对准，即定镜的虚像与动镜应保持平行，动镜姿态的倾斜，包括固定倾斜、或周期性、随机性倾斜都会严重影响仪器性能，如图 4.43 所示。因此，必须建立一套与主干涉系统同时工作的参考激光干涉检测系统。

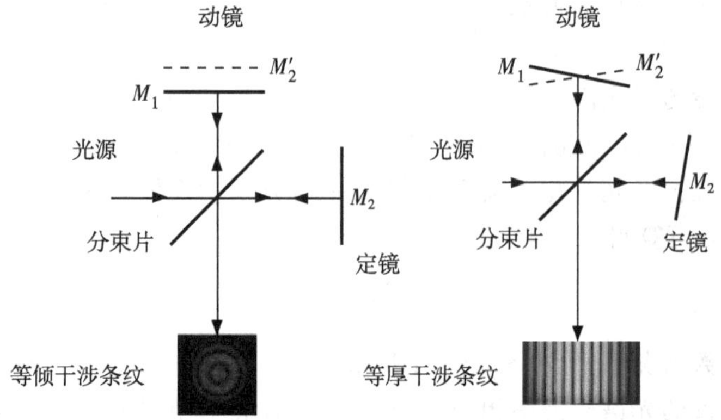

图 4.43　动镜姿态固定倾斜产生的干涉条纹

激光干涉检测具有精度高，测量动态范围大及非接触等特点。激光干涉光路嵌入在干涉光谱仪的主光路中，参考激光与目标辐射一起被主干涉系统以相同方式调制。动镜每移动 1/2 激光波长，产生一个激光干涉的峰值信号，可对动镜行程高精度计数。

为得到动镜运动的方向信号，还可采用偏振移相的方法，如图 4.44 所示。图中，线偏振镜出射的检测激光为与垂直方向成 45°的线偏振光，到达分束器时被分成近似等光强的两束。经动镜反射的一束光仍保持原来的偏振方向，而经过定镜反射的光束，由于两次经过 $\lambda/8$ 波片，等效为经过一个 $\lambda/4$ 波片，成为一束圆偏光。沃拉斯顿棱镜的作用是将入射的线偏振光或圆偏振光分解为以不同方向出射、水平和垂直振动方向的两束线偏振光。动镜反射的 45°线偏振光经沃拉斯顿棱镜分解为振幅相等，位相差为零的两束线偏振光。定镜反射的圆偏振光经沃拉斯顿棱镜分解为振幅相等，位相差为 $\pi/2$ 的两束线偏振光。

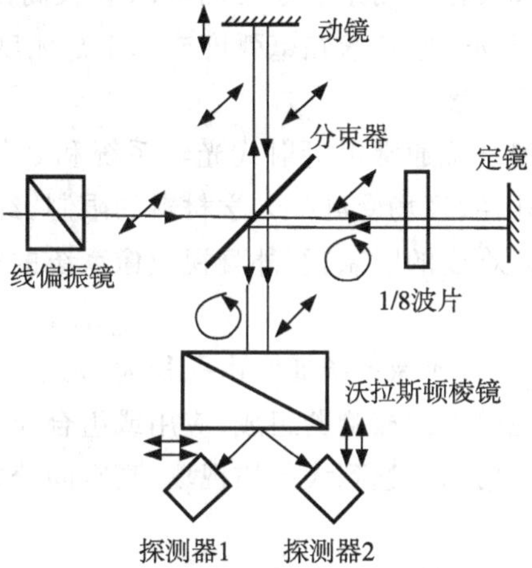

图 4.44　偏振移相动镜激光干涉检测原理

动镜、定镜反射的水平偏振光由探测器 1 接收，动镜、定镜反射的垂直偏振光由探测器 2 接收。探测器 1、2 产生两路相位差为 $\pi/2$ 的激光干涉峰值信号，不仅可对动镜行程高精度计数，还可正确辨别动镜运动的方向。

采用光敏元按特定图案排列的多元探测器可检测动镜的姿态，并可采用定镜动态校正的方法来补偿动镜及系统的准直性误差和一些不能预见的影响所导致的两光束合束后的对准误差。

参考文献

[1] 章志鸣等. 光学. 第 2 版. 北京：高等教育出版社，2000. 第五章费涅耳公式与薄膜光学.
[2] 张幼文. 红外光学工程. 上海：上海科学技术出版社，1982. 5.5 分光系统和光谱仪.
[3] 吴谨光. 近代傅立叶变换红外光谱技术及应用(上). 北京：科学出版社，1994.

第5章　光机扫描技术

5.1　引　　言

红外辐射成像系统或目标探测系统通常均要求有较高的空间分辨率、较大的探测视场。一般系统瞬时视场通常要求在毫弧度或0.1毫弧度量级,甚至更小,而系统视场往往要求几度甚至几十度。

红外大视场凝视成像系统通常由折射式光学系统和红外焦平面面阵组合而成。由于折射式光学系统的孔径、视场受红外光学材料的限制,红外面阵的像元数受探测器材料均匀性和制作工艺难度的限制,红外凝视成像系统的视场、分辨率很难达到可见光相机的水平。

大视场、高分辨率的红外成像系统通常由孔径大、光学视场小的反射或折反射光学系统与单元、多元、小规模阵列探测器组成,应用或组合应用光学机械扫描、固体自扫描、仪器平台运动扫描等方式,达到大扫描视场、高空间分辨率的目的,这是一种以时间换取空间的做法。

光机扫描是用机械机构驱动光学部件,实现对物面或像面的逐点扫描并采样,最终获得大视场、高分辨率景物图像的扫描方式。根据扫描部件设置在物镜前的光路中或是设置在物镜后的光路中,光机扫描方式可划分为物面扫描、像面扫描两大类。目前使用较多的是对物方进行单元扫描,或多元串扫、并扫、串并扫以及长线列推扫。

固体自扫描是采用有焦平面读出能力的面阵或线列探测器的电扫描,可依次读出对一维或二维空间凝视的各个探测元的信号。固体自扫描本质上不是光机扫描,但它与平台运动相组合,同样可扩大探测视场,如各种推扫型或视轴指向二维可控的凝视相机。

利用装载仪器平台的运动也可实现对景物的一维扫描,如绝大多数航空、航天遥感仪器在飞行方向的沿轨扫描。由于这类仪器只要完成垂直于飞行方向的穿轨扫描就能获取二维图像,故统称为行扫描仪。在穿轨方向的扫描可采用单元或多元光机扫描,或长线列凝视。

本章附录简要介绍了与K镜消像旋和二维指向镜控制技术有关的基础理论,虽然这是两个不同的技术问题,它们采用的理论分析方法却是相通的。

5.2　光机扫描种类

5.2.1　物面扫描

物面扫描的特点是在小视场物镜前的光路中设置扫描部件，使系统的物方瞬时视场扫过物面的不同部位，获得较大的空间覆盖。图 5.1 中，物镜前设置了旋转反射棱柱(镜鼓)和摆镜，镜鼓可完成对物面水平方向的扫描，摆镜可完成对物面垂直方向的扫描。

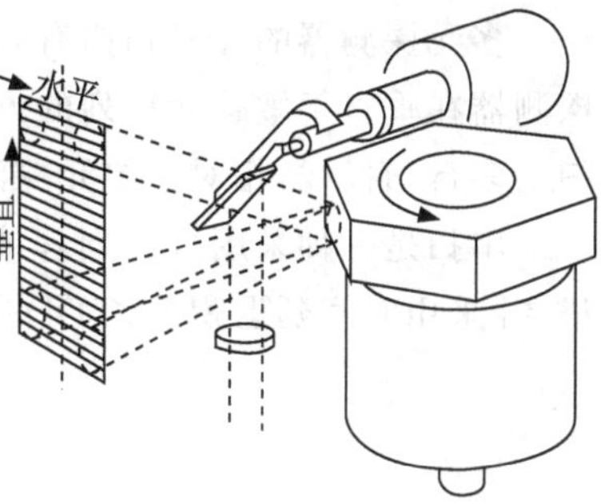

图 5.1　物面扫描范例(镜鼓)

扫描成像系统在一个扫描周期内能有效成像的空间范围称为扫描视场。二维扫描的扫描视场用成像范围的二维张角表示，行扫描仪的扫描视场用穿轨方向成像范围的张角表示。物面扫描的扫描视场尽管很大，物镜的光学视场却很小。

单元探测器物面扫描系统的光学视场即它的瞬时视场，探测元在某一瞬时经光学系统在物面上所成的像(即物方瞬时视场)称为瞬时视场足迹。采样点在物面上移动形成的轨迹，即瞬时视场足迹的中心的运动轨迹称为扫描轨迹。物面扫描时，系统光轴经物镜前的光机扫描部件出射的光线也称视轴或视线，故扫描轨迹也是视轴与物面交点运动的轨迹。二维扫描成像仪单位时间内对物面的扫描帧数称为扫描速率，行扫描仪的扫描速率是单位时间内的扫描行数。

由于扫描光学元件设置在物镜前的平行光路中，对光学像质的影响很小。物面扫描的主要缺点是：由于物镜口径一般较大，要实现大范围物面扫描，特别是二维扫描，扫描机构比较复杂笨重。

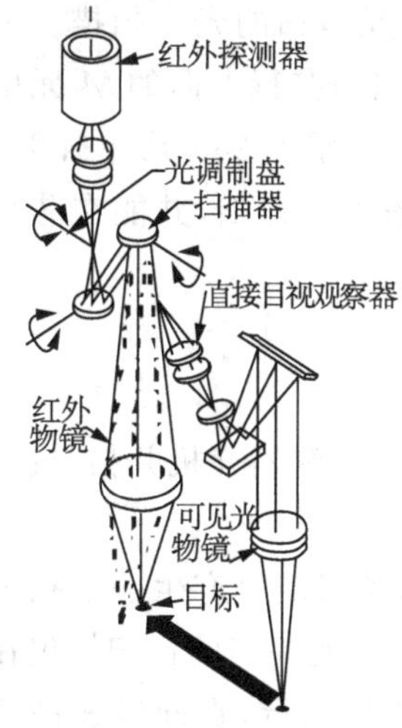

图 5.2　像面扫描范例
(红外扫描显微镜)

5.2.2　像面扫描

像面扫描的特点是在大视场物镜后的会聚光路中设置扫描部件。图 5.2 中，红外扫描显微镜的物镜的会聚光路中分别设置了水平、垂直方向扫描的摆镜。每一瞬间，仅是物镜光学视场内的一小部分景物的辐射会聚于探测器，相当于系统以一个瞬时视场的大小，对物镜所成的像进行逐点扫描、采样。像面扫描需要通过二维扫描，才能完整采集一帧图像。

由于像面扫描部件只是对经物镜会聚后的光束进行偏折，可以做得十分小巧。像面扫描的中继光学系统视场较小，但是物镜视场很大。设置在物镜会聚光路中的摆镜对系统光学像质的影响较大，要得到高像质，设计、制作都有难度。因此，目前航空、航天应用的扫描型光电仪器大多采用物面扫描。

5.2.3 多元扫描

多元探测器的光机扫描有并扫、串扫、串并扫等方式。并扫是一种采用多元列阵探测器在垂直于敏感元排列的方向进行光机扫描的技术。多元并扫可在物面上同时扫出多行扫描线，相对于单元探测器扫描，并扫能增加像元驻留时间。

串扫是一种采用多元列阵或扫积型探测器在沿着敏感元排列方向进行光机扫描，并采用时间延迟积分(TDI)提高探测灵敏度的技术，如图 5.3 所示。

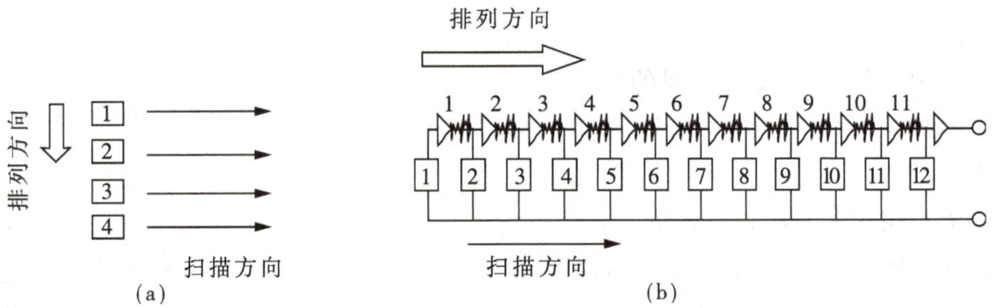

图 5.3 并扫和串扫

(a)并扫；(b)串扫

串并扫采用二维阵列探测器，可同时实现多元并扫和多元串扫的光机扫描。采用一个 N 行×M 列的阵列，可同时实现在列方向的 N 元并扫和在行方向的 M 元串扫。第 3 章 3.11.1.2 节介绍的 4×288 元红外焦平面阵列即采用了 288 元并扫和 4 元 TDI 串扫的扫描方式。目前，大多数红外焦平面线列都采用串并扫，并能在芯片上实现 TDI。

5.2.4 行扫描方式

行扫描仪常用的行扫描方式有单元探测器光机扫描、多元探测器光机并扫，或者长线列探测器凝视等方法，如图 5.4 所示。

单元扫描的行扫描仪虽可获得较大扫描视场，但一个扫描周期只产生一个扫描行，在同样的平台速高比下，单元扫描的像元驻留时间较短。多元并扫的行扫描仪在沿轨方向有多元探测器同时成像，一个扫描周期可产生多个扫描行，在同样速高比下，并扫可增加像元驻留时间，提高系统的探测灵敏度。

长线列推扫型的行扫描仪在穿轨方向采用凝视成像，一个线列读出周期产生一

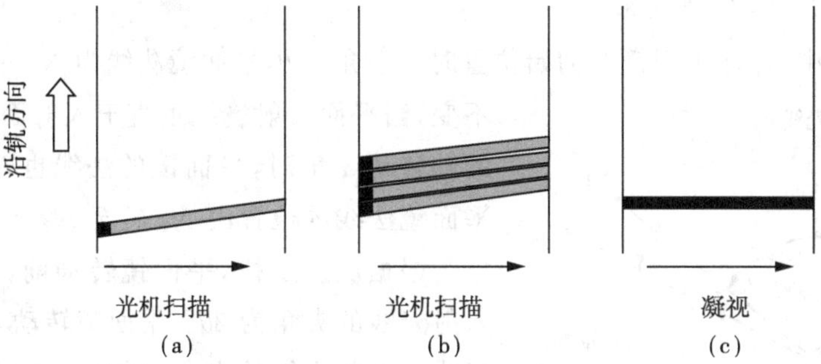

图 5.4　行扫描仪常用的扫描方式

(a)单元扫描;(b)多元并扫;(c)长线列推扫

个扫描行,读出周期与速高比匹配。长线列推扫有像元驻留时间长、信噪比高、无扫描机构、无像旋等优点,但在穿轨方向凝视的视场通常比单元、多元光机扫描的扫描视场小得多。

某些光机扫描方式会产生像面旋转,称为像旋。使用单元探测器的光机扫描系统,即使有像旋,也并不影响系统性能,而多元并扫如有像旋,会破坏系统性能。长线列推扫无光机扫描机构,不会产生像旋。

5.3　光机扫描部件

5.3.1　扫描部件及驱动

光机扫描部件通常是平面镜、棱柱、光楔等反射式或折射式光学元件,也可以是整个传感头。除这些大惯量的扫描部件外,还有一些小惯量的扫描部件,如振荡式反射镜、电光和声光调制器等。

光机扫描是用机械扫描机构驱动光学部件实现的,驱动方式可以是摆动、旋转,或振荡等。摆动、旋转等方式适用于大惯量的扫描部件,振荡方式只能驱动小惯量的扫描部件。

5.3.2　摆动平面镜

平面反射镜是最常用的光机扫描部件。用于物面扫描时,入射光线方向是固定的,保持仪器光轴的方向。当平面反射镜法线的空间指向改变时,反射光线方向即视轴的方向也将随之改变,可用第 2 章 2.2.2 节介绍的空间光线反射定律的矢量表达式计算。

如入射光线方向固定,当平面反射镜绕垂直于入射面的轴转动时,反射光线的转角与平面镜转角之间存在较为简洁的二倍角关系。

5.3.2.1 二倍角关系

图 5.5 中，假定平面镜在初始位置时入射角为 θ，平面镜法线为 N_1。如入射方向不变，当平面反射镜绕垂直于入射面（图中纸面）的轴转动 α 角时，平面镜的法线也转过 α 角，即平面镜法线的位置由 N_1 转至 N_2。

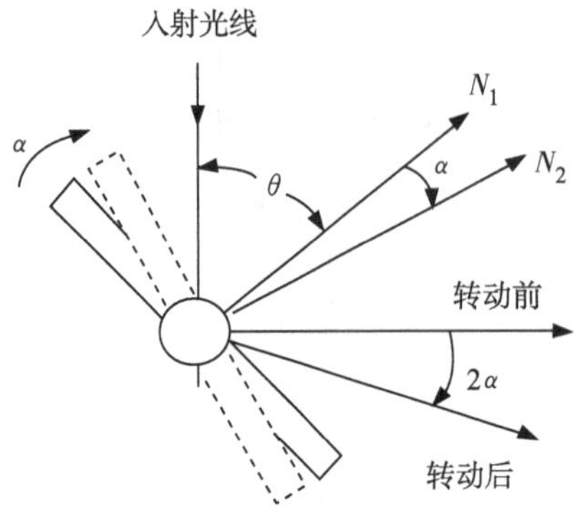

图 5.5 平面镜反射的二倍角关系

根据反射定律，平面镜转动前，反射光线与入射光线的夹角为 2θ。平面镜转动 α 角后，反射光线与入射光线的夹角增加为 $2(\theta+\alpha)$。因此，当平面镜转动 α 角时，反射光线相对于转动前转过了 2α 角。

只要反射镜绕垂直于入射面的轴摆动或转动，这种二倍角关系都存在，包括 4.5.3 节中分辨率成像光谱仪采用的双面镜扫描，及下面要介绍的旋转镜鼓、旋转四方棱镜等方式的扫描。

5.3.2.2 会聚光束中扫描

平面反射镜用作平行光束扫描器时，摆镜放置在望远物镜前的平行光路中，对系统光学像质的影响最小，但是这样做法摆镜尺寸很大。由于摆镜机构的机械惯量很大，静平衡和动平衡也很难设计和校正好。摆动的平面反射镜在会聚光束中扫描时，摆镜尺寸、扫描机构的机械惯量均可减小，但是，摆镜角度变化将引起的光学像点的散焦。

图 5.6 中，假定摆镜处于初始位置（摆镜用实线表示）时，轴上光束经物镜会聚于探测器光敏面。平面镜摆动后（摆镜用虚线表示），轴上光束并不会聚于理想像面上，像面上得到的是位置有移动的离焦像斑。

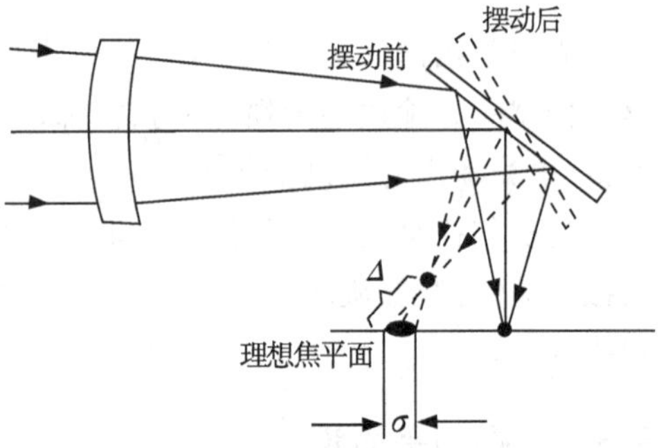

图 5.6 会聚光路平面镜扫描时轴上点成像的散焦

如果在物镜后的会聚光路中设置摆镜，构成一个像面扫描系统。分析摆动前后轴上光束和轴外光束主光线长度的变化，可得出摆镜扫描轴外点时会导致像点离焦的结论。

如图 5.7 所示，图中：O 为光学系统出瞳的中心，Q 为探测器的光敏元。摆镜在初始位置 M_1 时（摆镜用实线表示），摆镜法线为 N_1，轴上光束的主光线即光轴，轴上光束经摆镜反射会聚于 Q 点。当摆镜摆到位置 M_2 时（摆镜用虚线表示），摆镜法线

为 N_2，假设此时轴外光束的主光线 OR 经摆镜 M_2 反射，同样到达 Q 点。令 Q' 为 Q 相对于摆镜 M_2 的镜像对称点。

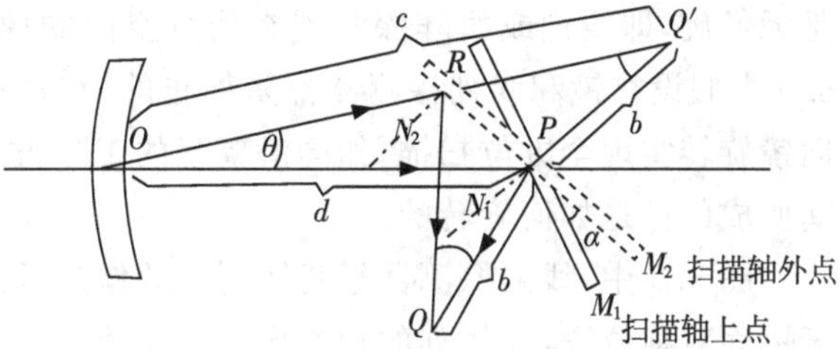

图 5.7　会聚光路平面镜扫描时轴外点成像的散焦分析

轴上光束的主光线的长度为 $OP+PQ=OP+PQ'=d+b$，轴外光束的主光线的长度为 $OR+RQ=OR+RQ'=OQ'=c$。在 $\triangle OPQ'$ 中 $c\leqslant d+b$。根据光学理论分析，这种主光线光路长度的变化会使摆镜扫描轴外点时像点离焦量的增加。

5.3.3　摆动、旋转传感头

5.3.3.1　传感头整体扫描

一些舰载、车载的光电搜索跟踪一体化的设备(IRST)采用了传感头整体扫描搜索的工作模式，传感头内通常装载了多种不同工作波段的传感器组件。由于各个传感器光学系统有各自独立的光学孔径，这类光电系统称为多孔径系统。如图 5.8 所示的双波段红外全方位搜索告警设备的传感头内配置了 2 个长波红外、1 个中波红外线列的传感器组件。

图 5.8　传感头整体旋转的双波段红外告警设备

各个传感组件的视轴是空间配准的，当传感头绕相互正交的方位轴、俯仰轴作整体旋转或摆动时，可以改变传感组件视轴的共同指向，实现大空域范围的二维搜索。这种扫描方式对系统光学像质的影响最小，不需要在物镜前设置结构庞大的摆镜，也不会产生像旋。

全方位光电搜索设备一般采用长线列探测器并扫，如果传感头只作匀速旋转不摆动，线视场在空域平扫，形成 360°全方位的扫描带。扫描带的宽度即线列探测器所对应的光学视场。如果传感头在方位旋转的同时，俯仰方向也同步线性摆动，则可形成螺旋状的扫描带，覆盖更大的俯仰空域。

光学传感头整体旋转、摆动扫描需要驱动机械惯量较大的传感头。由于探测器也随之旋转，如要求全方位搜索，传感头的工作电源、控制信号和探测器输出信号都必须通过滑环(导流环)进出。

与物镜前旋转或摆动折向镜扫描相比，传感头整体旋转或摆动扫描的最大好处是无像旋,即线列或面阵探测器在物方空间的像是不旋转的。为便于比对说明,图 5.9 中假设物镜和线列探测器都是静止的,在物镜前设置的一个 45°折向镜,通过折向镜旋转实现全方位扫描,如同潜望镜的工作方式。可分析此时线列探测器在物空间所成的像是如何旋转的。

图 5.9 中,线列探测器经物镜所成的像是折向镜的虚物,折向镜将虚物再次成像于镜面对称位置,即线列的物方像。折向镜旋转时,虚物并不旋转,但所成的线列像却是空间旋转的,折向镜旋转 180°后,线列像也转过 180°,像旋的角速度即折向镜旋转的角速度。

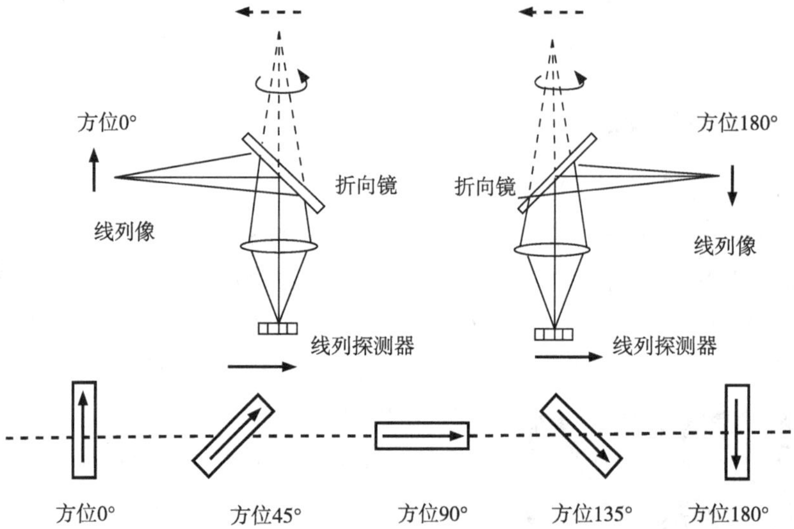

图 5.9　旋转折向镜扫描线列像的旋转

由于线列的空间像是 360°旋转的,形成扫描条带是非等宽的,获取的景物图像随折向镜方位位置的不同会发生扭斜,甚至颠倒。因此,这种扫描方式必须有消像旋的措施,方能正常工作,如潜望镜用旋转道威棱镜消像旋。

5.3.3.2　整体扫描的改进

地球同步轨道的 FY2-01 气象卫星的多通道扫描辐射计要求每 30 分钟产生一幅 20°×20°的地球辐射图像,其中东西方向的扫描由卫星自旋实现,南北方向则由仪器扫描完成。

该辐射计的南北扫描基本上采用了整体摆动光学传感头的模式,主光学系统前无结构庞大的摆镜,也无像旋。为避免整体摆动机械惯量大、伺服功耗高等难以承受的缺点,对整体摆动传感头的扫描模式作了重要改进。

图 5.10 为“风云二号”地球同步气象卫星多通道扫描辐射计的光机扫描结构,仪器的南北扫描是通过两个步进扫描机构完成的。一个扫描机构驱动 RC 双反射系统

的望远镜筒，另一个扫描机构驱动折向镜。当望远镜筒绕垂直于纸面的摆动轴步进 α 角时，折向镜也绕该轴在相同方向步进 $\alpha/2$ 角，探测器及辐冷罩虽未摆动，仪器的视轴在物方空间还是转动了 α 角。

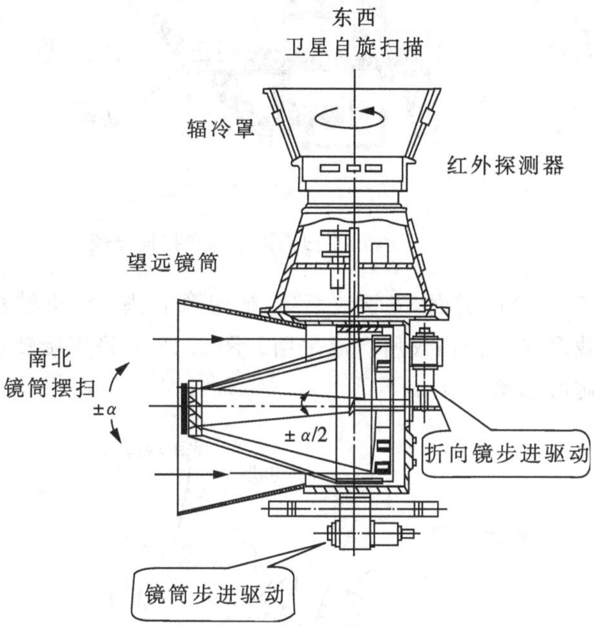

图 5.10　“风云二号”气象卫星扫描辐射计的扫描方法

这种扫描方法保留了传感头整体扫描无摆镜、无像旋的优点，但并非整体摆动。由于参与摆动的部件仅是轻量化的主镜、次镜和折向镜，探测器以及辐冷器并未参与摆动，机械负荷大大减小。

5.3.4　旋转 45°扫描镜

5.3.4.1　扫描原理和特点

旋转 45°扫描镜是一个正圆柱体沿与圆柱轴心线（即转轴）成 45°方向切开而制成的平面反射镜。45°扫描镜镜制作时一般先用铝、铍等轻金属切削成毛坯，在 45°面上镀镍，然后细磨抛光，形成镜面。45°扫描镜的旋转轴即正圆柱体的轴线，参见图 5.11。

图中，45°扫描镜的旋转轴与系统光轴重合，扫描镜绕轴转动一周，扫描镜法线的轨迹是一个半锥角为 45°的圆锥。光轴经 45°扫描镜的反射光线即系统的视轴，视轴的空间轨迹为平行于 YOZ 平面的大圆。视轴在地面的扫描轨迹是大圆与地面（图中 XOY 平面）的交线，为一条平行于 Y 轴的直线。当扫描镜转过某个角度时，视轴与 Z 轴夹角也转过同样角度。

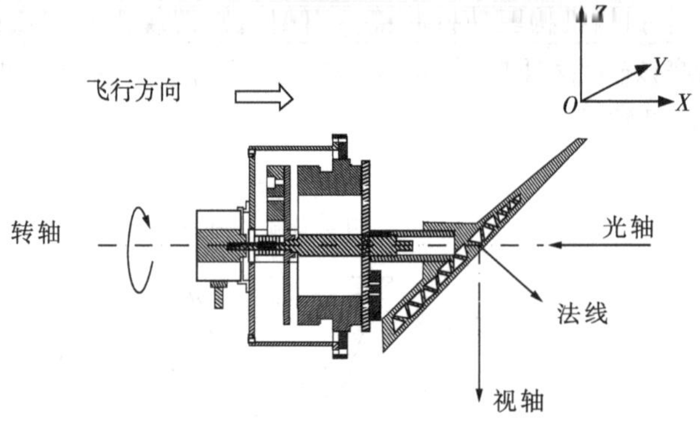

图 5.11　旋转 45°扫描镜结构和扫描原理

45°镜扫描只有一个反射面，光学效率高，结构简单、紧凑，机械稳定性好，且容易稳速，为机载、星载多光谱扫描仪所广泛采用。图 5.12 为采用旋转 45°扫描镜的多通道扫描辐射计的典型结构。

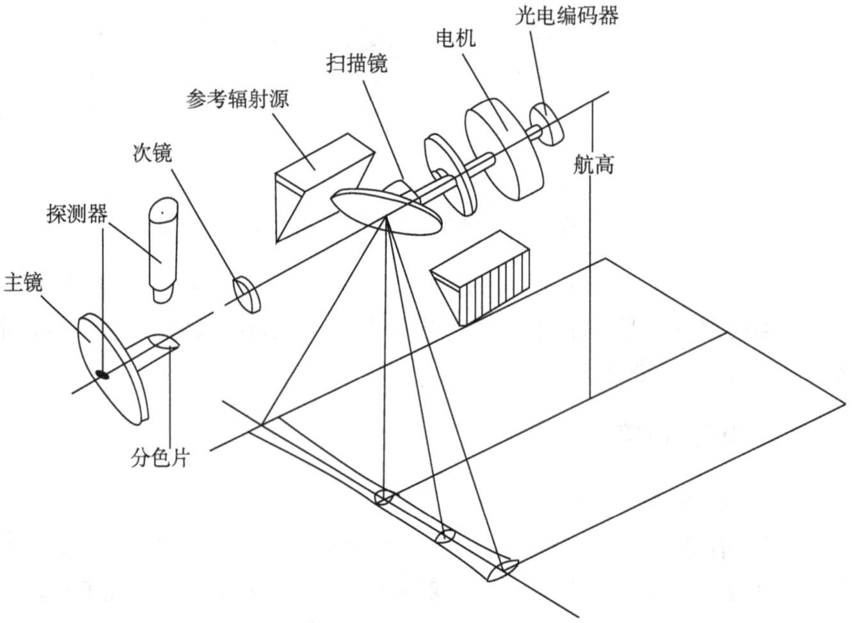

图 5.12　旋转 45°镜扫描的辐射计

45°扫描镜一般用在物镜前的平行光路中，由于一个扫描周期内往往只有 90°对地物地面，其余 270°是对仪器腔扫描，45°扫描镜的扫描效率较低。由于多光谱扫描仪通常有四五个定标源，正好安装在轮空的 270°内，而多面体扫描镜轮空的角度是不大的，很难容纳这么多定标源。因此，多光谱扫描仪经常采用旋转 45°扫描镜的扫描方式。

45°扫描镜的一个棘手的问题是它的静平衡和动平衡很难设计和校正好。由图 5.11 可见，45°扫描镜转轴上部的质量远远大于下部，必须把上部的质量去掉很多，才能保持静平衡。

当 45°扫描镜绕光轴旋转时，采样点(物方瞬时视场)也随之旋转，即光敏元在物空间所成的像是旋转的，空间像转过的角度和 45°镜转动的角度是相等的。当选用单元探测器时，光敏元的空间像虽有旋转还不影响系统性能。当探测器为线列时，线列探测器在物空间所成的像将按图 5.9 所示的规律旋转。线列像的旋转将引发视场配准、扫描均匀性等问题，只能在光路中加入转像部件把图像排列整齐才能使用。

5.3.4.2　多面 45°扫描镜

单面 45°扫描镜扫描效率较低，改进后的扫描镜有多个反射镜面，称为多面 45°扫描镜，如双面、4 面等，参见图 5.13。多面 45°扫描镜可提高扫描效率，但对同样的外形结构尺寸，它们的有效通光孔径减小，体积利用率也较低。

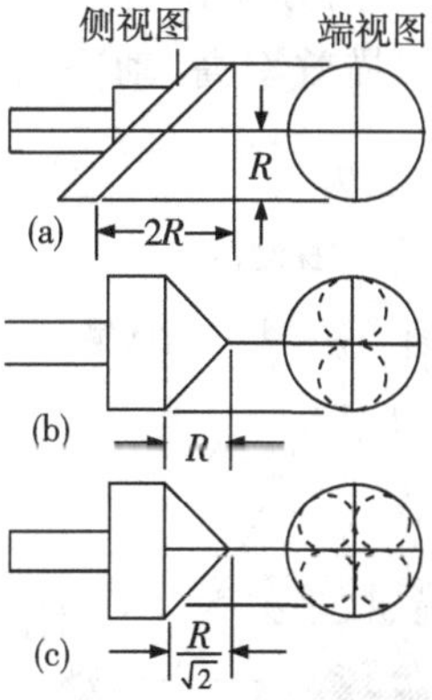

旋转镜上的镜面数	望远镜所需的直径	有效孔径面积	衍射孔径直径
1	$2R$	πR^2	$2R$
2	$2R$	$\frac{\pi R^2}{4}$	R
4	$2R$	$\frac{\pi R^2}{4\sqrt{2}}$	$\frac{R}{\sqrt{2}}$

图 5.13　单面和多面 45°扫描镜的有效孔径

5.3.5　旋转多面体反射棱柱

5.3.5.1　旋转镜鼓

旋转多面体反射棱柱是可绕中心轴旋转的正多边形棱柱形的多面镜，又称旋转棱镜，俗称镜鼓。旋转多面体反射棱柱与摆动平面反射镜的扫描原理是相似的，摆动平面反射镜扫描方式不适用于高速扫描成像，因为它在视场边缘变得不稳定，并要求较高的电机驱动功率和控制带宽。而正多边形棱柱形多面镜的结构相对于转轴是对称的，可以实现连续、稳定的高速旋转扫描。

旋转多面体反射棱柱有 N 个反射面，棱柱旋转一周可产生 N 个扫描行，故扫描效率较高。在物镜前平行光路中旋转可实现物面扫描，如图 5.14 所示。在会聚光束中旋转可实现高速像面扫描。与会聚光束中摆动平面镜相同，在会聚光束中旋转扫描也会引起光学像点的散焦。

早期用单元或多元探测器的光机扫描型热像仪大多使用旋转镜鼓的扫描方式。受到镜鼓转速的限制，热像仪的帧频很低，约数秒一帧。随红外面阵器件的出现，单元探测器镜鼓扫描型的热像仪已趋于淘汰。但是，由于长波焦平面面阵的尺寸、均匀性还不能满足一些需要，用小面阵或线列器件光机扫描的商用长波热像仪还不少见。

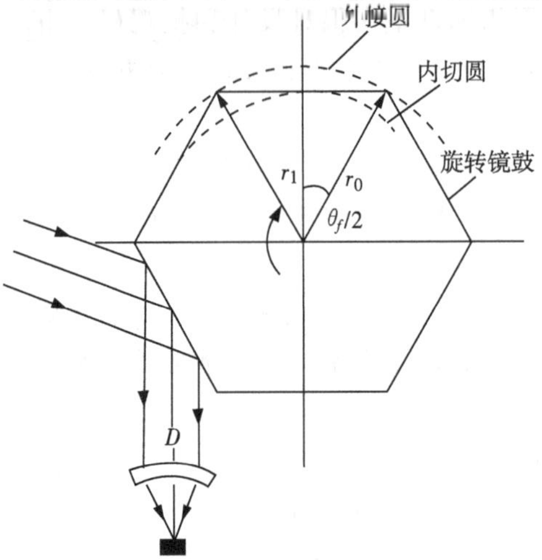

图 5.14　平行光束中旋转镜鼓的物面扫描

5.3.5.2　旋转四方棱镜

旋转四方棱镜是可绕中心轴旋转的正四面体反射棱柱。四方棱镜有 4 个反射面，在物镜前平行光路中旋转一周，可产生 4 个扫描行，有扫描效率高、动平衡性好、无像旋等优点。

四方棱镜扫描相机的典型光学结构如图 5.15 所示。四方棱镜结构对称，其旋转轴垂直于入射面。由于存在二倍角关系，四方棱镜旋转 90°可产生 180°的扫描视场，其中的 90°～100°用于对地物的扫描，余下的可用于对高温、低温黑体等定标源的扫描。

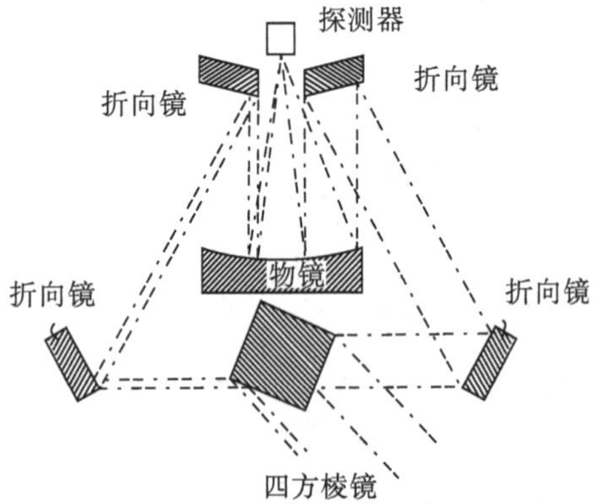

图 5.15　旋转四方棱镜扫描的相机

图 5.15 中，入射至四方棱镜的光束被分成左、右两束，通过两侧的折向镜反射后合为一束，经物镜会聚于探测器。进入四方棱镜扫描相机光束的宽度分析可参见图 5.16。如 α 为四方棱镜的转角，θ 为扫描角，假设相机视轴扫描至机下点时，$\alpha=\theta=0$，左、右两光束的宽度是相等的，四方棱镜有一不透光区。四方棱镜转动 α 角时，相机视轴的扫描角增加为 $\theta=2\alpha$。此时，左、右光束的宽度不再相等，不透光区缩小。随着扫描角增大，一边越来越多，另一边越来越少，不透光区最终消失。

适当选择不透光区的宽度，可保证四方棱镜入射的左、右光束在水平方向的总宽度仅与扫描角的余弦 $\cos\theta$ 成反比。由于相机接收到的辐射通量与入射光束的横截面积成正比，即与水平宽度在入射方向的投影成正比，采用四方棱镜的扫描相机在不同扫描角接收到的辐射通量可保持不变。

与 45°扫描镜相比，四方棱镜有较高的扫描效率，有利于增加像元驻留时间，提

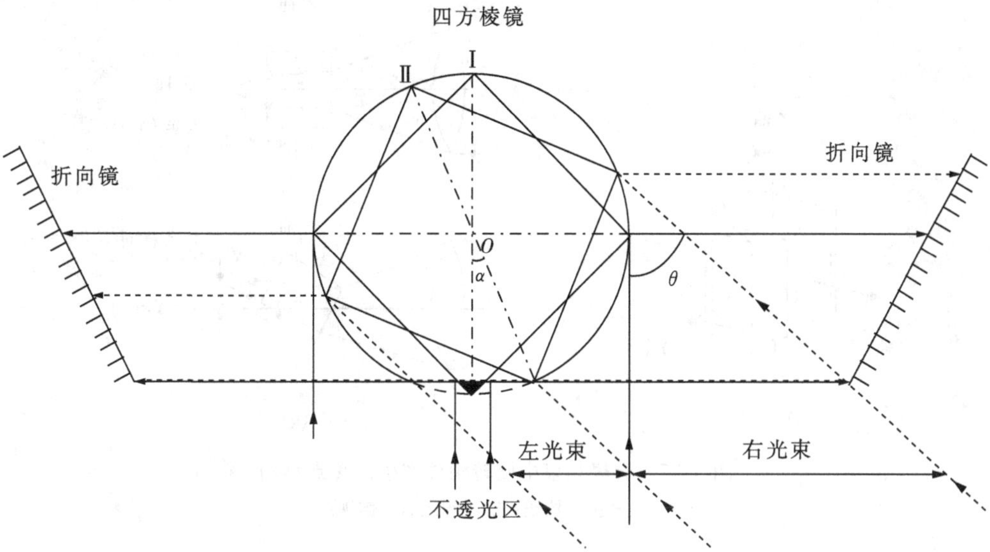

图 5.16　四方棱镜扫描相机入射光束宽度分析

高信噪比。四方棱镜的动平衡比 45°扫描镜容易校正，有利于提高转速。但是，四方棱镜扫描相机要求左、右光束经两块平面镜反射后，最终会聚于光敏元。由于反射元件较多，四方棱镜扫描相机调整、聚焦不太方便，抗冲击、振动性能也较差。

5.3.6　旋转多面体折射棱柱

旋转多面体折射棱镜是可绕中心轴旋转的正多边形折射棱柱，也称旋转多面体折射棱镜。旋转设置于物镜后会聚光路中的多面体折射棱柱，可以实现像面扫描。它的运动连续、平稳，尺寸小，机械噪声小，容易实现高速扫描。

图 5.17 中，从物镜出射的会聚光束入射到一个四方折射棱镜的 $-X$ 面，并从 $+X$ 面出射。入射光线与出射光线是平行的，但并不重合，两者之间有一个侧向位移。因此，棱柱旋转时，会聚的焦点也会移动。XOZ 平面内的子午光线焦点的沿轴向移动距离为 x[见图 5.17(b)]。XOY 平面内的弧矢光线焦点的沿横向移动距离为 y[见图 5.17(c)]。旋转折射棱柱用在会聚光束中除引起焦点移动外，还将产生各种像差。当扫描视场较大，这些问题会对设计带来困难。

5.3.7　旋转折射光楔

折射角很小的折射棱镜称为光楔。单光楔的折射面法线绕入射光线旋转时，出射光线的轨迹为一个圆锥面。光楔必须用在平行光路中，因为在会聚光路中它们会产生严重像差。

光楔的顶角很小，当入射光近似正入射时，光楔的偏向角公式可简化为

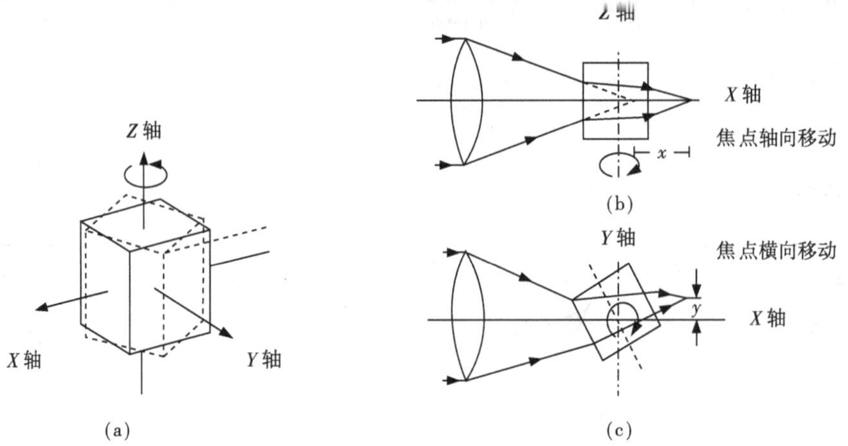

图 5.17 会聚光束中旋转棱柱产生的焦点移动

(a)旋转折射棱镜;(b)主视图;(c)俯视图

$$\delta=\alpha(n-1) \tag{5.1}$$

式中:α 为光楔顶角;n 为光楔的材料折射率。

两个顶角均为 α 的光楔,中间相隔一个微小的间隙,可组成双光楔。一对相同光楔构成的双光楔,以不同的角速度、不同方向旋转时,可以得到玫瑰式、螺旋式、直线式、圆式等扫描图形,如图 5.18 所示。

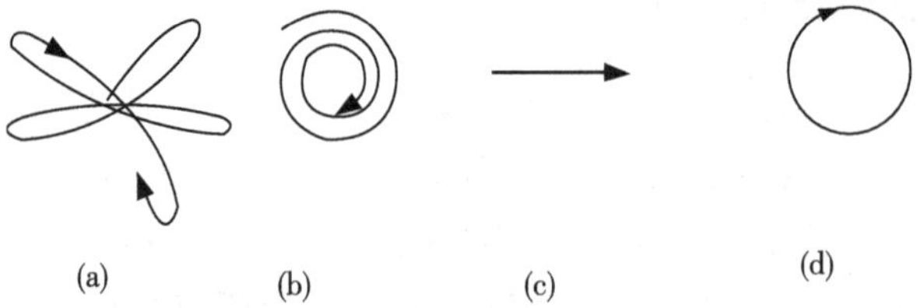

图 5.18 双光楔扫描图形

(a)玫瑰式($m\omega_2=\omega_1$);(b)螺旋式($\omega_2=m\omega_1$);(c)直线式($\omega_2=-\omega_1$);(d)圆式($\omega_2=\omega_1$)

图 5.18 中,双光楔的两个光楔以相同角速度、相反方向旋转时的扫描图形,即 $\omega_2=-\omega_1$,它产生一维的直线式扫描图形。光楔旋转的角速度、方向适当组合还可产生其他形式的扫描图形,如玫瑰式($m\omega_2=\omega_1$)、螺旋式($\omega_2=m\omega_1$)、圆式($\omega_2=\omega_1$)等。

双光楔的偏向角与两个光楔的相对位置有关。当两光楔绕光轴相对旋转,如一个光楔逆时针旋转 φ 角,另一个光楔顺时针旋转 φ 角时,双光楔产生的总偏向角随 φ 而变,即

$$\delta=2\alpha(n-1)\cos\varphi \tag{5.2}$$

当两个光楔的折射角朝向同一方时[见图 5.19(a)和图 5.19(c)],产生最大偏向角。偏向角分别为

$$\delta = \pm 2\alpha(n-1) \tag{5.3}$$

当两个光楔的折射角朝相反方向时[见图 5.19(b)]，出射光线不发生偏折，偏向角为零。

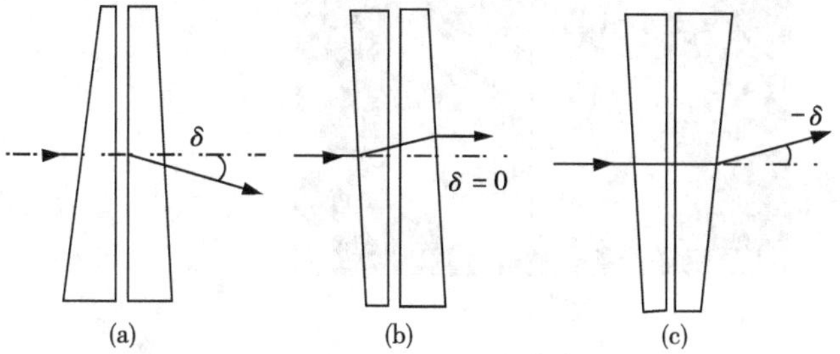

图 5.19　旋转双光楔的直线扫描

绕光轴相对旋转的双光楔可用于激光精确准直。图 5.20 中，当检测激光的方向发生偏斜时，四象限探测器可检测到激光像斑的位置偏移。根据位置偏移的误差信号，控制两个光楔相对旋转的转角，可将激光斑精细地调节至四象限探测器的中心，根据光楔转角可算检测激光方向偏斜的角度。

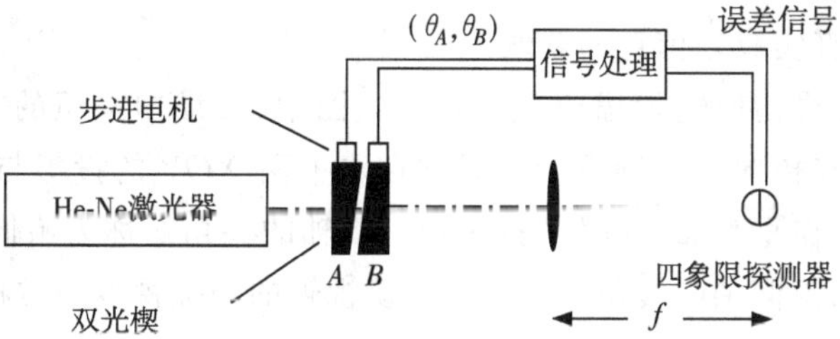

图 5.20　旋转双光楔用于激光检测

5.3.8　摆动二维指向镜

5.3.8.1　驱动方式

整体摆动传感头的扫描方式存在伺服驱动的机械惯量大、功耗高、位置控制精度低等缺点，因此，一些对设备体积、重量限制较严的光电搜索、跟踪系统也可采用二维指向镜与面阵凝视成像探测相结合的技术方案。这样，既可以获得较大的搜索视场，又可对捕获到的目标进行详查或精确跟踪、瞄准。

二维指向镜的方位、俯仰驱动轴是正交的，方位轴、俯仰轴的交点位于指向镜镜面的中心。系统光轴经二维指向镜的反射光线即视轴，扫描轨迹是视轴与物平面交点的轨迹。

一种较为典型的二维指向镜的驱动方式是指向镜的方位轴与系统光轴重合，指向镜的俯仰轴即椭圆形二维指向镜的短轴，如图 5.21 所示。指向镜绕俯仰轴、方位轴旋转可改变视轴的二维指向。

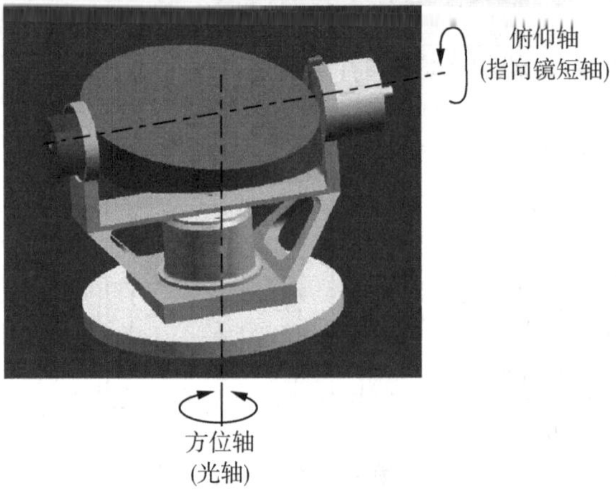

图 5.21　两维指向镜的结构和驱动

5.3.8.2　扫描轨迹

二维指向镜扫描存在扫描轨迹的非线性和像旋等问题，对使用线列或面阵探测器的目标探测系统，这些因素会影响大视场搜索时空间覆盖的均匀性，也影响小视场目标跟踪瞄准时真实离轴信息的获取。

图 5.22 为二维指向镜扫描原理示意图。图中，二维扫描镜的方位轴与光轴（Z轴）重合，俯仰轴与指向镜短轴重合。视轴在水平面 XOY 的投影与 OX 轴的夹角 a 称为方位角，视轴在垂直面 XOZ 的投影与 OX 轴的夹角 b 称为俯仰角。α、β 分别为指向镜绕方位轴、俯仰轴的转角。二维指向镜视轴的扫描视场通常称为搜索视场，其扫描轨迹是视轴与物面交点的运动轨迹。

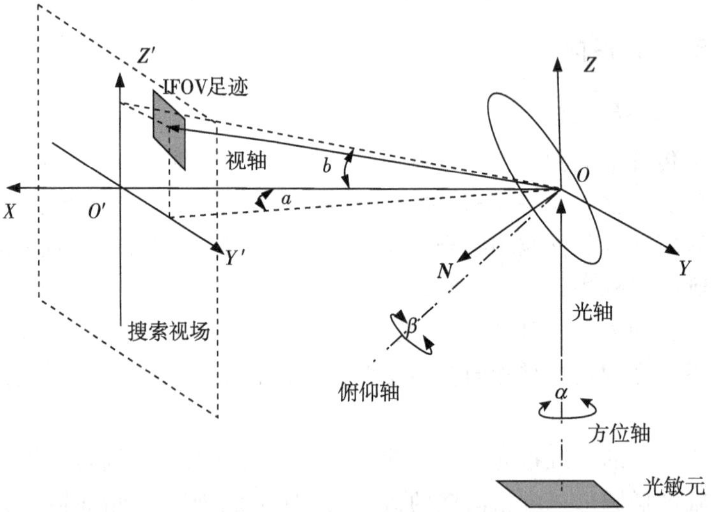

图 5.22　二维指向镜工作原理

假定当指向镜处于初始位置时，视轴沿 OX 轴出射，视轴的方位、俯仰角均为零，即 $a=b=0$。视轴与物平面的交点与原点 O' 重合。当二维指向镜以初始位置为基准，绕方位轴、俯仰轴分别旋转 α、β 角时，可得到视轴的方位角、俯仰角为

$$\begin{cases}\tan a=\tan\alpha \\ \tan b=-\tan 2\beta/\cos\alpha\end{cases} \tag{5.4}$$

视轴在单位距离远的物平面上的扫描点的坐标(y,z)可用参数方程表示为

$$\begin{cases}y=\tan a \\ z=\tan b\end{cases} \tag{5.5}$$

将(5.4)式代入，扫描点的坐标可用方位轴、俯仰轴的转角 α、β 表示为

$$\begin{cases}y=\tan\alpha \\ z=-\tan 2\beta/\cos\alpha\end{cases} \tag{5.6}$$

扫描轨迹的曲线方程可表达为

$$\frac{z^2}{\tan^2(2\beta)}-y^2=1 \tag{5.7}$$

扫描轨迹为双曲线，双曲线的偏心率为

$$e=\frac{\sqrt{\tan^2(2\beta)+1}}{\tan 2\beta}=\frac{1}{\sin 2\beta} \tag{5.8}$$

从扫描轨迹的参数方程(5.6)可以看出：

(1)如俯仰轴不旋转，俯仰轴转角保持初始值($\beta=0$)，旋转方位轴得到的扫描轨迹是一条水平直线。即

$$\begin{cases}y=\tan\alpha \\ z=0\end{cases} \tag{5.9}$$

此时视轴的方位角等于指向镜绕方位轴的转角，即 $a=\alpha$，这种情况相当于 45°镜扫描，是一种有像旋的直线扫描。

(2)如方位轴不旋转，方位轴转角保持初始值($\alpha=0$)，旋转俯仰轴得到的扫描轨迹是一条垂直直线。即

$$\begin{cases}y=0 \\ z=-\tan 2\beta\end{cases} \tag{5.10}$$

此时视轴的俯仰角等于指向镜绕俯仰轴转角的两倍，即 $b=-2\beta$，这种情况类似于平面镜绕垂直于入射面的轴旋转，是一种无像旋的直线扫描。

(3)如俯仰轴转角保持不变但不为零($\beta\neq 0$)，旋转方位轴得到的视轴轨迹为圆锥，属圆锥扫描，其扫描轨迹是一条双曲线。俯仰角越小，双曲线轨迹的偏心率越大，越接近直线。随着 β 角的增大，偏心率越来越小，也越弯曲。其视轴方位扫描的轨迹可参见图 5.23。

指向镜俯仰轴转角固定为$+\beta$和$-\beta$时的视轴方位扫描轨迹是一对相对于水平轴

对称的双曲线。当视轴的俯仰角不大时，扫描轨迹接近直线。当视轴的俯仰角较大时，必须对俯仰转角进行修正，才能得到直线式扫描轨迹，实现对扫描空间的均匀覆盖。

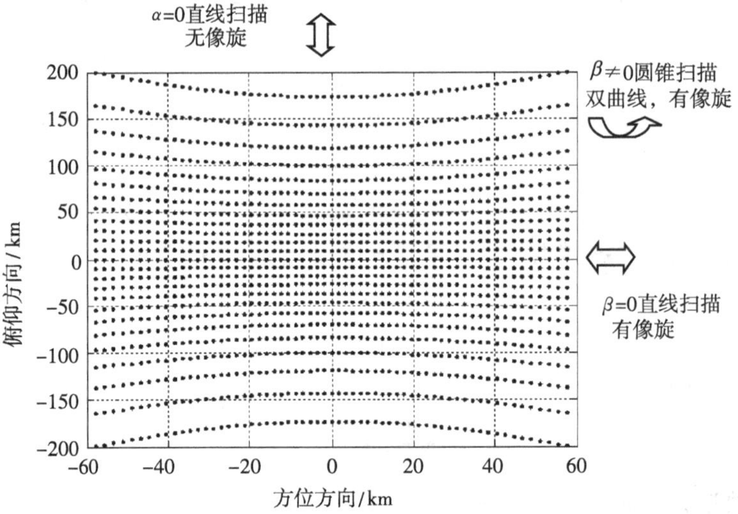

图 5.23　二维指向镜的扫描轨迹

指向镜方位转角：±25°，俯仰转角：±12.5°，物面距离：100km

本节内容详见本章附录 2：二维指向搜索跟踪系统成像特性中 § 5.8.4“扫描轨迹计算”，其中涉及的一些基础理论，可参见本章附录 1 的 5.7.2 节和附录 2 的 5.8.1～5.8.3 等章节。

5.3.8.3　像旋产生

凝视相机经二维指向镜扫描获得的图像是空间旋转的。根据光学成像的物像共轭原理，可将面阵探测器的光敏面视为物面，分析光敏面经物镜、二维指向镜在物平面所成空间像的旋转，可解释像旋产生的原因。

图 5.24 中，二维指向镜在初始位置的法线矢量为 **N**。物矢量（也称入射矢量）**A**、**B** 分别为由面阵探测器的轴上像元、轴外像元发出主光线矢量。像矢量（也称反射矢量）**A**′、**B**′是指向镜在初始位置对物矢量的反射矢量。二维指向镜绕两轴转动后，指向镜法线由 **N** 变为 **N**′，与物矢量 **A**、**B** 相对应的像矢量由 **A**′、**B**′变为 **A**″、**B**″。

当指向镜绕两轴旋转时，物矢量 **A**、**B** 并未旋转，但是指向镜的法线矢量 **N** 是旋转的，物矢量与 **N** 构成的入射面也是空间旋转的。由于镜面反射的像矢量仍在入射面内，像矢量 **A**″、**B**″将随同入射面一起旋转。一般情况，物矢量 **A**、**B** 分别与法线矢量 **N** 构成不同的入射面。因此，指向镜转动时，这两个不同的入射面均会旋转。指向镜转动后，像矢量 **A**″、**B**″不仅是空间指向改变，像矢量 **A**″、**B**″之间还有相对旋转。这样，指向镜旋转后的像面坐标系将相对于旋转前像面坐标系旋转了一个角度，这一现象称为像旋。如图 5.24 中所示的像矢量 **OP**″相对于 **OP**′的旋转。

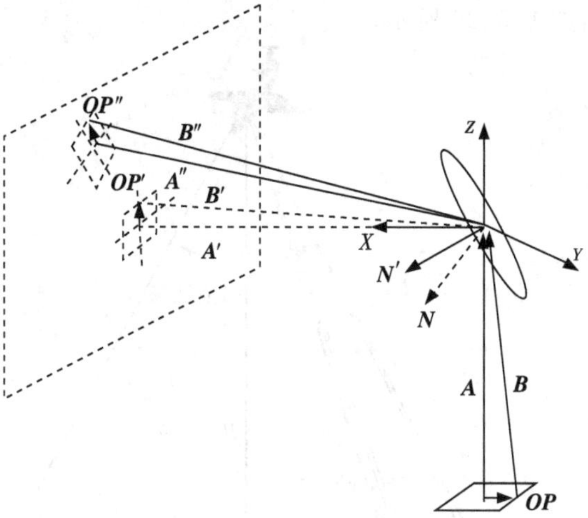

图 5.24　二维指向镜成像的像旋现象

面阵传感器在不同视线角所成的空间像如图 5.25 所示。可以看出，除视轴方位角为零、指向镜仅作俯仰扫描时系统无像旋外，一般情况，图像均会发生不同程度的旋转。有关像旋角的计算方法，详见本章附录 2 中 5.8.5 节。

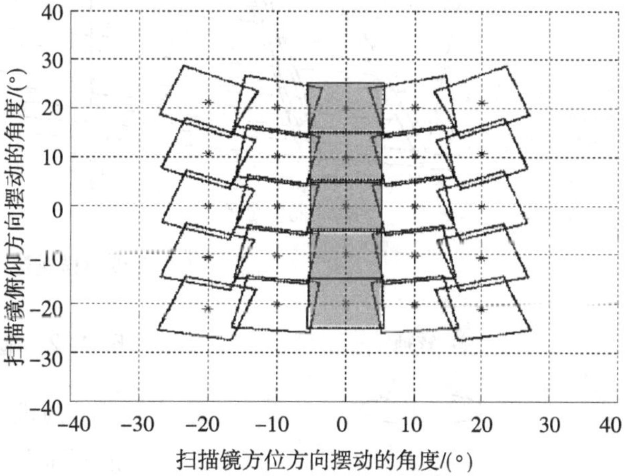

图 5.25　面阵传感器在不同指向所成的空间像

指向镜方位转角：±25°，俯仰转角：±12.5°，物面距离：100km

对于使用面阵和二维指向镜的搜索跟踪系统来讲，像旋意味着相机凝视空域的旋转，会影响目标的真实离轴信息的获取和对目标的精确瞄准，必须予以修正。有关目标精确跟瞄的像旋修正方法详见本章附录 2 中 5.8.6 节。

5.4　扫描图形

5.4.1　直线扫描

扫描部件以一定的规律作转动、摆动，可产生多种扫描图形。直线扫描是最常见的扫描图形，直线扫描视轴的空间轨迹是平面，扫描轨迹是该平面与物面的交线，为直线，如 45°镜、双面镜、四方棱镜扫描等。因为扫描点空间分布较均匀，直线扫描的信号处理较为容易，如图 5.20 所示。

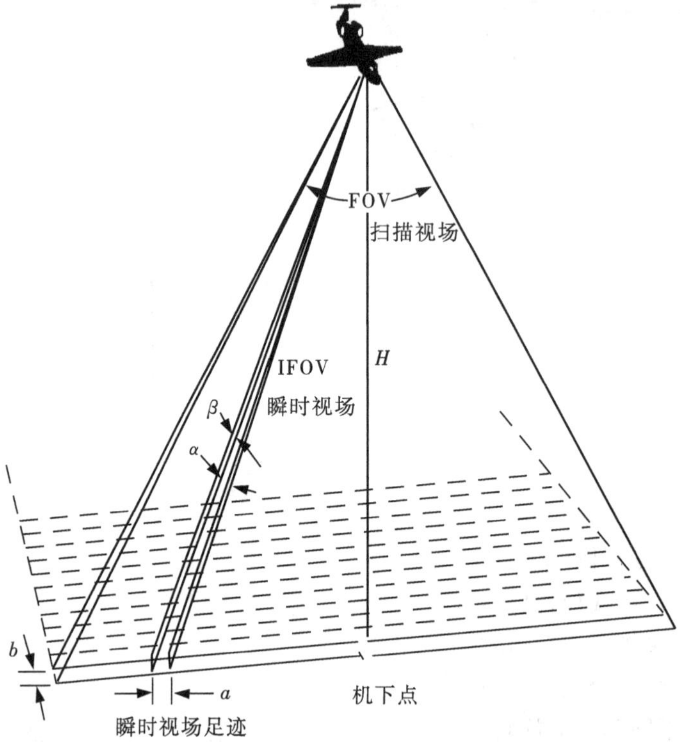

图 5.26　直线扫描轨迹

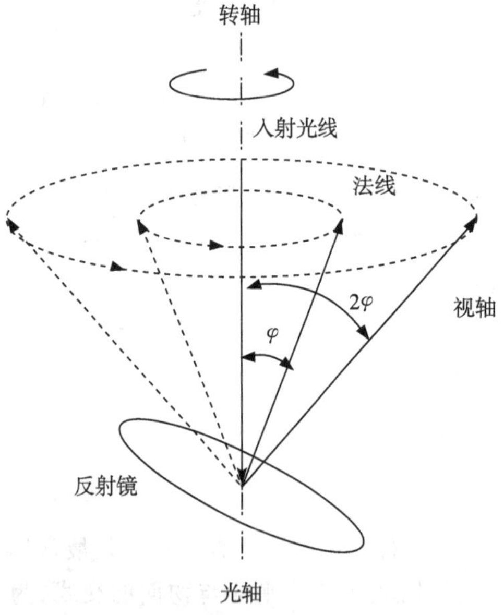

图 5.27　旋转平面镜产生的圆锥扫描

5.4.2　圆锥扫描

圆锥扫描因视轴扫描的空间轨迹是圆锥面而得名。图 5.27 中，如平面反射镜法线与入射光线(光轴)的夹角为 φ，反射镜法线绕光轴旋转时的空间轨迹是以光轴为锥轴、半锥角为 φ 的圆锥面。反射光线(视轴)的轨迹是同一锥轴但半锥角为 2φ 的圆锥面。除旋转平面镜外，单光楔折射面的法线绕光轴旋转也能产生圆锥扫描。

圆锥扫描的扫描轨迹是圆锥面与物平面的截线，截线为二次曲线，如图 5.28 所示。当物平面与圆锥轴垂直时，扫描轨迹为圆。物平面与锥轴不垂直时，如物平面与母线不平行，扫描轨迹是椭圆。如物平面与母线平行，扫描轨迹是双曲线。45°镜扫描可视为特殊的圆锥扫描，其圆锥面的锥角 90°，即为一个圆面。由于物平面垂直于该圆面，扫描轨迹为直线。

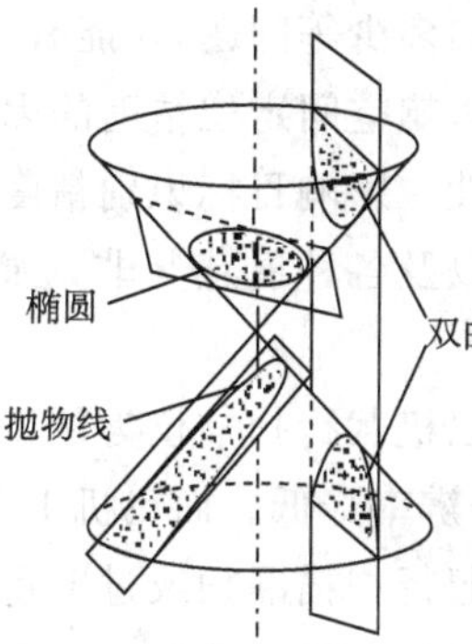

图 5.28　圆锥面与物平面的截线

图 5.29 所示某星载扫描仪的圆锥扫描的锥轴并不垂直于地面，而有一个前倾 9°的倾角，它在地面的扫描轨迹是近似圆弧，此时也可称作圆弧扫描或圆式扫描。圆弧扫描加上整个光学系统的匀速平动就可以产生螺旋管式的扫描图形。圆锥扫描的特点是扫描过程中观测角度保持不变，有利于提高激光测高的精度。

圆锥扫描的轨迹也可以是双曲线，如俯仰角不变时二维指向镜的方位扫描、圆锥扫描式红外地平仪等。图 5.30 是一种用单元探测器对地平圈扫描的单圆锥扫描式红外地平仪。该仪器的视轴用双平面反射镜或光楔以一定的倾角对地球进行单圆锥扫描，检测扫描轨迹与地平圈的两个交点相对于基准位置的偏离，可确定航天器一个方向的姿态误差。这类地平仪在地平圆上的扫描轨迹为双曲线。

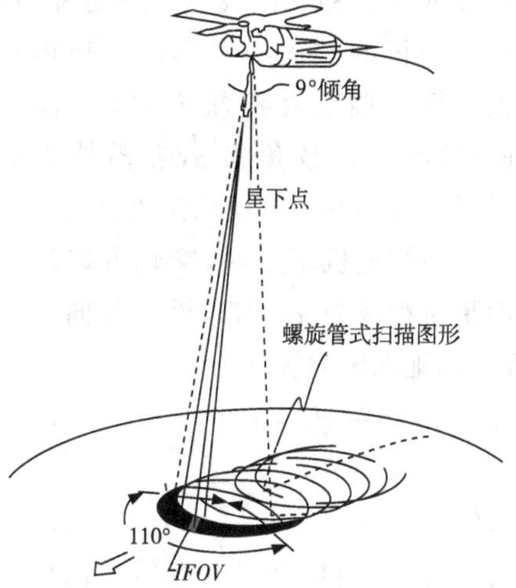

图 5.29　圆弧扫描轨迹

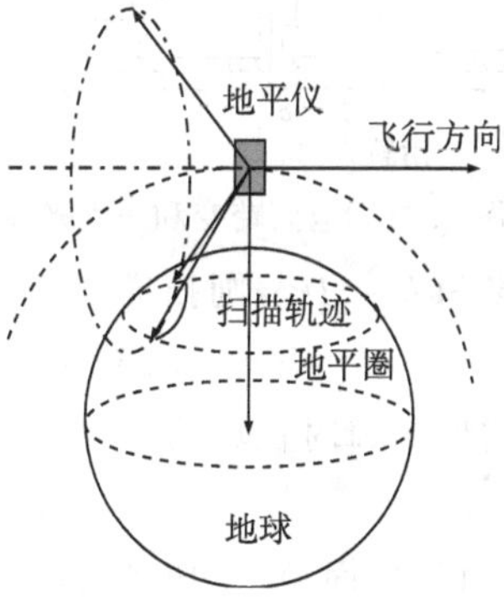

图 5.30　圆锥扫描式红外地平仪的扫描轨迹

5.5　扫描仪数据畸变与对地定位

5.5.1　概述

任何遥感仪器均有空间定位精度、目标识别精度和时间变化率等精度要求。概括地说，获取的遥感信息必须满足定时、定位、定性和定量的要求，能回答何时、何地、何物和多少等问题，才能有实用价值。

影响空间定位精度的因素主要是空间分辨率、几何保真度以及对地定位方法的严密性。影响目标识别精度的因素主要是光谱分辨率、波段范围、探测灵敏度、大气传输以及各种遥感与非遥感信息判据的充分程度，也取决于目标识别模型的正确与否。

以机载行扫描仪为例，大角度扫描将产生地面畸变、正切畸变，能使两侧图像压缩、分辨率降低。而飞机平台的机动性、航速与高度的变化、飞行姿态的不稳定性等，会引起行扫描漏扫或过度重叠、图像扭曲、偏斜等。总之，机载遥感仪器获得的是三维地形经光学系统以中心投影方式生成的、含有各种畸变的二维图像。

5.5.2 地面畸变和正切畸变

随行扫描仪扫描角的增加，虽然系统的瞬时视场角不变，地面瞬时视场的线度将随之增加，即发生几何畸变，称为地面畸变。地面畸变表现为扫描视场边缘地面分辨率的下降。

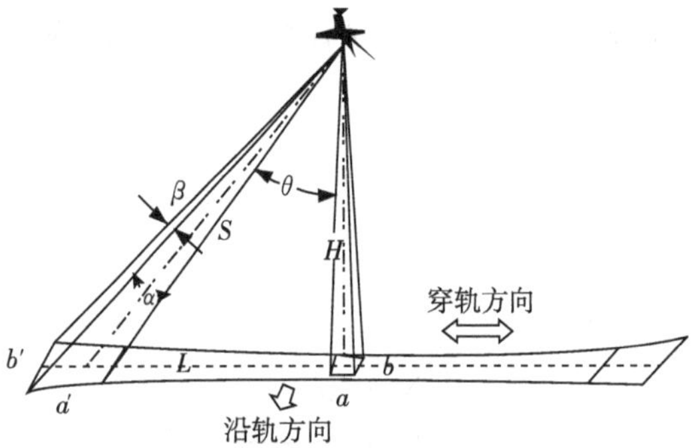

图 5.31 地面畸变和正切畸变

机载行扫描仪的地面畸变分析可参见图 5.31。假设飞行高度为 H，行扫描仪的扫描角为 θ，S 为扫描斜程。行扫描仪在穿轨方向（扫描方向）的瞬时视场角为 α，在沿轨方向（飞行方向）的瞬时视场角为 β。

扫描至机下点时，穿轨方向的地面瞬时视场为 $a=H\alpha$，沿轨方向的地面瞬时视场为 $b=H\beta$。则扫描至两侧时，穿轨方向的地面瞬时视场为

$$a'=H\cdot\tan(\theta+\alpha/2)-H\cdot\tan(\theta-\alpha/2)=H\alpha\sec^2\theta \tag{5.11}$$

沿轨方向的地面瞬时视场为

$$b'=S\beta=H\beta\sec\theta \tag{5.12}$$

由此可见，由于地面畸变，扫描视场边缘的地面分辨率会下降，而且对穿轨方向地面分辨率的影响更大。

正切畸变是由于行扫描仪对地面扫描线速度的非线性产生的畸变。由于扫描镜是恒速旋转的，对地扫描的角速度恒定，由于扫描点至中心（机下点）的距离 L 与扫描角的正切成正比，对地面扫描的线速度并不是恒定的。即

$$L=H\cdot\tan\theta$$

$$\mathrm{d}L/\mathrm{d}t=H\cdot\sec^2\theta\cdot(\mathrm{d}\theta/\mathrm{d}t) \tag{5.13}$$

行扫描仪对地面扫描的线速度与扫描角余弦的平方成反比，扫描视场两边的对地扫速大于机下点的扫速。如果仪器按等时间间隔采样、记录，数据回放时两侧图像

就会被压缩。为解决对地扫描的非线性问题，可以在图像预处理时用像元重采样的方法纠正，即根据扫描角不插或插入一定个数的补偿数据。

地面畸变、正切畸变属几何畸变，考虑到地球曲率影响，航天遥感的行扫描仪的几何畸变更为突出，地球曲率引起的几何畸变要用球面三角进行计算，用相似的方法在信号预处理时予以校正。

除几何畸变外，行扫描仪还有辐射畸变。首先行扫描仪接收到辐射功率是与扫描角的余弦成正比的，仅有个别结构的扫描仪可予以校正。与扫描机下点相比，扫描两侧的大气路程较长，大气吸收、大气散射（主要对可见光波段）和路程辐射（主要对长波红外波段）均会增加。如飞行高度较高、扫描视场较大，行扫描仪的辐射畸变是不可低估的。综合几何畸变、辐射畸变等原因，行扫描仪的扫描视场一般不宜超过 100°。

5.5.3　扫描漏失和重叠

5.5.3.1　速高比

行扫描仪飞行平台的航速与航高之比称为速高比。机载行扫描仪应根据飞机的速高比和瞬时视场选择适当的扫描速率，以免发生扫描行漏失或重叠过度。星载行扫描仪的速高比完全是由轨道高度确定的。

如果单元扫描的行扫描仪飞行高度为 H，飞行速度为 V，行扫描周期为 T。行扫描仪在沿轨方向的瞬时视场为 β。由于在一个行扫描周期 T 内，飞行器飞过距离为 VT，要保证扫描不漏带，平台在一个行扫描周期内飞过的距离不能大于机下点沿轨方向的地面瞬时视场 $H\beta$，故有

$$VT \leqslant H\beta, \quad 即\ V/H \leqslant \beta/T$$

式中：V/H 称为速高比。

如行扫描仪的扫描速率确定，机下点不漏扫的最大速高比为

$$(V/H)_{\max} = \beta/T \tag{5.14}$$

即

$$(V/H)_{\max} = N_{sc}\beta$$

式中：$N_{sc} = 1/T$ 为扫描速率，line · s^{-1}。

如果飞行的速高比小于最大速高比，机下点相邻扫描带的重叠率 P 为

$$P = \frac{H\beta - VT}{H\beta} = 1 - \frac{T}{\beta} \cdot \left(\frac{V}{H}\right) \tag{5.15}$$

或表达为

$$P = 1 - \frac{V/H}{N_{sc}\beta}$$

速高比是机载行扫描仪一个重要的技术指标，高地面分辨率的行扫描仪的速高比较高，为避免漏扫，只能尽量提高扫描速率。但是，提高扫描速率势必减小像元驻留时间，影响系统信噪比。因此，高速高比的扫描成像系统机，如低空侦察用的高分

辨率扫描相机，一般不用单元探测器扫描，而用多元探测器并扫的方法。此时，为保证机下点扫描不漏带，N 元并扫行扫描仪的平台在一个行扫描周期内飞过的距离应不大于 N 元线列覆盖的地面视场，可推得它的最大速高比为

$$(V/H)_{\max}=(N\beta)/T \tag{5.16}$$

式中：β 为单个光敏元决定的瞬时视场，rad；N 为并扫的光敏元数，pixel。

行扫描仪可以采取改变扫描镜转速等方法，以满足速高比要求。有重叠的行扫描图像如采用逐行回放，沿轨方向的图像将有畸变。为此，行扫描仪采集图像时，需要从飞机惯性导航系统获取并同步记录速高比数据，供回放时图像校正用。

5.5.3.2　*扫描方式比较*

在保持速高比、空间分辨率不变以及行扫描不漏行也无重叠的前提下，可分别计算 45°反射镜单元扫描、四方棱镜单元扫描和 45°反射镜 4 元并扫等方式的性能参数，如图 5.32 所示。图中，机载行扫描仪的飞行高度为 H，航速为 V，瞬时视场为 α，扫描角为 θ。

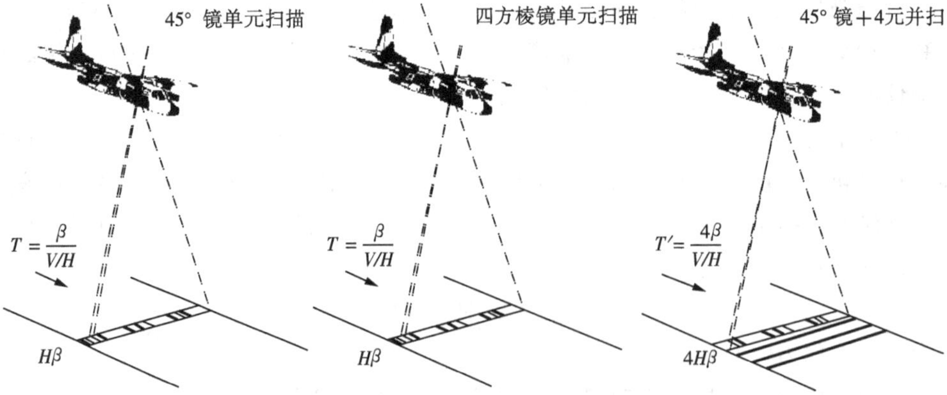

图 5.32　三种常用扫描方式的性能比较

(1)45°镜单元扫描。

行扫描周期　　$T=\dfrac{H\beta}{V}$　　(s)

扫描镜每转扫 1 行，每行扫描角为 2π，则

扫描角速度　　$\mathrm{d}\theta/\mathrm{d}t=\dfrac{2\pi}{T}$　　(rad · s^{-1})

扫描镜转速　　$n=\dfrac{\mathrm{d}\theta/\mathrm{d}t}{2\pi}=\dfrac{1}{T}$　　(rps)

像元驻留时间　　$\tau_d=\dfrac{\beta}{\mathrm{d}\theta/\mathrm{d}t}=\dfrac{\beta T}{2\pi}$　　(s)

(2)四方棱镜单元扫描。

行扫描周期　　$T=\dfrac{H\beta}{V}$　　(s)

扫描镜每转共扫 4 行，由于二倍角关系，每行扫描角为 π，则

扫描角速度　　$d\theta/dt=\dfrac{\pi}{T}$　(rad · s^{-1})

扫描镜转速　　$n=\dfrac{d\theta/dt}{4\pi}=\dfrac{1}{4T}$　(rps)

像元驻留时间　　$\tau_d=\dfrac{\beta}{d\theta/dt}=\dfrac{\beta T}{\pi}$　(s)

(3)45°镜 4 元并扫。

行扫描周期　　$T'=4T=\dfrac{4H\cdot\alpha}{V}$　(s)

扫描镜每转同时扫 4 行，每行扫描角为 2π，则

扫描角速度　　$d\theta/dt=\dfrac{2\pi}{4T}=\dfrac{\pi}{2T}$　(rad · s^{-1})

扫描镜转速　　$n=\dfrac{d\theta/dt}{2\pi}=\dfrac{1}{4T}$　(rps)

像元驻留时间　　$\tau_d=\dfrac{\beta}{d\theta/dt}=\dfrac{2\beta T}{\pi}$　(s)

瞬时视场、扫描视场相同的行扫描仪的像元驻留时间与扫描周期、扫描效率成正比。扫描效率是扫描视场与一行的总扫描角之比，它们的扫描效率如图 5.33 所示。如上述三种扫描方式的扫描视场都是 90°，四方棱镜扫描的扫描效率为 50%，45°镜单元扫描或 4 元并扫的扫描效率均较低，扫描效率仅有 25%。

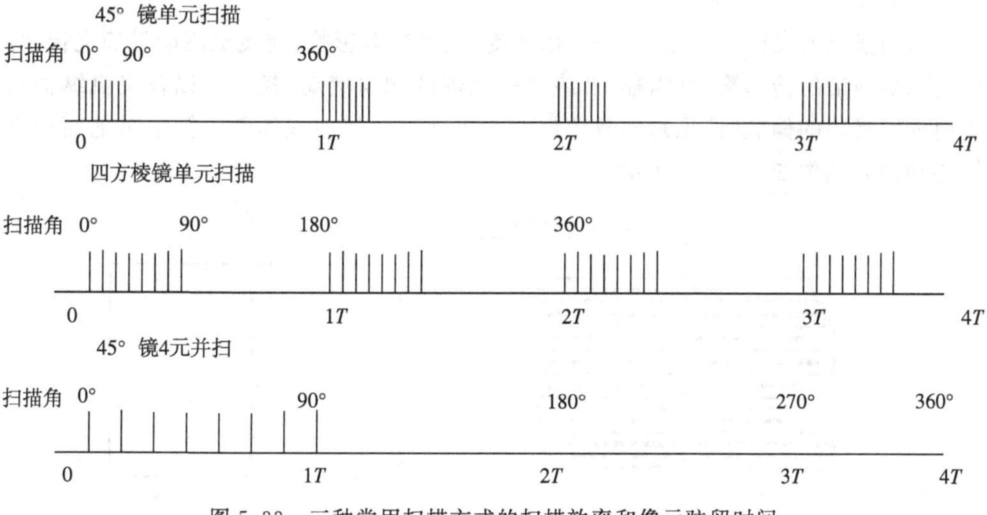

图 5.33　三种常用扫描方式的扫描效率和像元驻留时间

航空行扫描仪速高比的选择既受到飞机航速、航高的限制，又要满足地面分辨率、数据采集时间的需求。速高比确定后，扫描方式的选择需要综合考虑像元驻留时间、扫描镜转速、光机结构等要素。速高比及瞬时视场相同的行扫描仪如采用不同扫

描方式，其系统性能可相对于 45°镜单元扫描作一比较，如表 5.1 所示。

表 5.1　三种常用扫描方式的综合性能比较

扫描方式	45°镜单元扫描	四方棱镜单元扫描	45°镜多元并扫
扫描周期/s	T	T	$4T$
驻留时间/s	τ_d	$2\tau_d$	$4\tau_d$
扫描镜转速/rps	n	$n/4$	$n/4$
扫描效率	η_{sc}	$2\eta_{sc}$	η_{sc}
成像性能	有像旋、无影响 无二倍角关系	无像旋 有二倍角关系	有像旋，有影响 无二倍角关系

像元驻留时间将直接影响系统信噪比，增加驻留时间的方法是多元并扫或采用高扫描效率的扫描方式，如四方棱镜扫描、摆扫等。扫描镜转速过高将涉及驱动功率、转速稳定性等问题，如大惯量的 45°镜扫描镜转速受到转镜动平衡等问题的限制。采用多元并扫虽可降低扫描镜转速、增加像元驻留时间，但 45°镜多元并扫有像旋，需设置消旋机构，详见本章附录 1：45°镜多元并扫 K 镜消像旋技术。

仅就表 5.1 所列的性能对比结果而言，应该说四方棱镜单元扫描综合性能最佳。遗憾的是四方棱镜扫描存在光机结构可靠性、稳定性差等缺陷，因而在航天遥感仪器中很少应用。

5.5.4　飞行姿态

5.5.4.1　侧滚与偏航

行扫描仪的飞机平台在飞行时，由于受风、气流等影响，使飞机不能平稳飞行，产生绕飞机横轴的俯仰滚动（纵摇）及绕飞机纵轴的侧向滚动（横摇），以及飞机纵轴与航向成一夹角的偏航（偏流），回放图像就会出现景物扭曲或偏斜。侧滚时地面扫描轨迹和回放图像如图 5.34 所示。

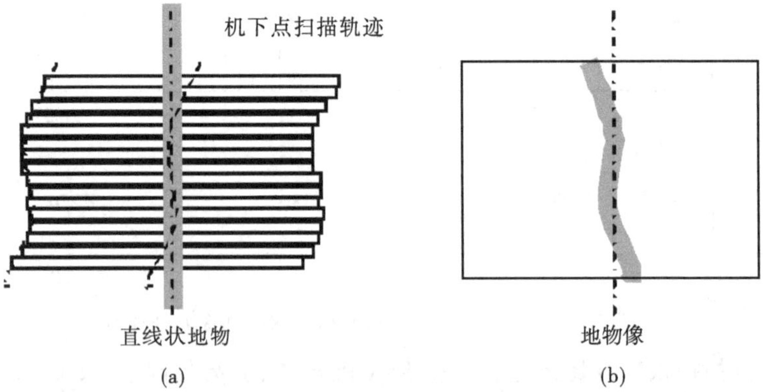

图 5.34　飞机侧滚时地面扫描轨迹及回放图像

(a)侧滚时地面扫描轨迹；(b)侧滚时地面景物回放图像

5.5.4.2　姿态随动平台

飞行姿态校正的一种办法是将行扫描仪安放在能保持稳定姿态的陀螺平台上，这种做法将增加仪器设备的重量，费用也较大。目前，机载数字行扫描仪都是用姿态随动平台精确检测飞行姿态，得到俯仰、侧滚、偏航等姿态残差数据，连同地物辐射、定标、定位等数据，逐行记录于存贮介质中，飞行后数据回放时，用图像处理方法予以校正。

姿态随动平台对俯仰、侧滚、偏航的测量可达到极高的精度。姿态随动平台为三轴结构，其结构参见图 5.35。装载陀螺、加速度计等惯性元件的台体在姿态随动平台的最里层，陀螺、加速度计分别用于动态或静态条件下台体姿态倾角的检测。随动平台的内环可带动台体绕俯仰轴和滚动轴旋转，以校正台体在俯仰和侧滚方向的姿态误差。外环可带动整个内环绕偏航轴(方位轴)转动以分别校正台体的偏航误差。随动平台对台体姿态偏差的校正值即仪器的姿态误差。

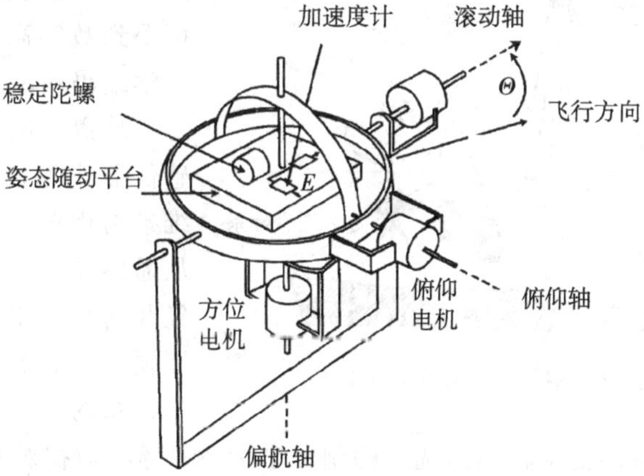

图 5.35　姿态随动平台结构

5.5.5　遥感数据的对地定位

为制作带有准确地形和经几何精校正的地学编码影像，首先需解决遥感图像数据的对地定位问题，即确定图像坐标系的数据点在大地坐标系中的大地经度、纬度和高程。

遥感数据的地理定位以往均用地-空的定位模式，即首先从影像中选取一定数量的地面控制点，这些控制点的地理坐标要到实地测量，或从地形图上测得。控制点的精度、密度和分布要满足一定的要求，才能建立扫描图像的坐标与相应的地理坐标之间的关系。

用位置姿态系统(POS)可以直接进行遥感图像空-地的地理定位，可大大减少地面控制点甚至不使用地面控制点，解决一些难以布控地面控制点的地区的定位问题。基于 POS 的集成遥感系统，可以大大降低了遥感图像处理的成本，在满足精度要求的前提下，增加遥感数据的时效性。

POS 主要由全球定位系统 GPS 和姿态测量装置组成。图 5.36 中，差分 GPS 可用于测定扫描仪投影中心的空间位置，包括经度、纬度和海拔高度等参数，这类参数通常称为外方位线元素。姿态测量装置通常采用惯性导航系统(INS)或多天线 GPS，可测定飞机平台的偏航角、侧滚角、俯仰角等姿态参数，即确定扫描仪在机下点视轴的空间指向，这类姿态参数通常称为外方位角元素。

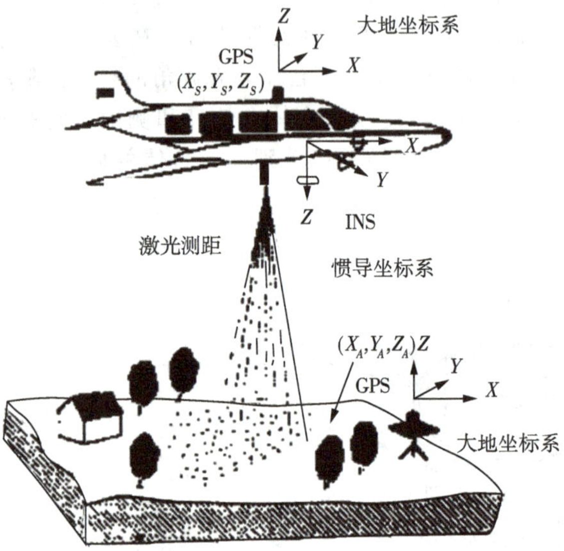

图 5.36 航空遥感数据的直接对地定位

由于 GPS 只能提供海拔高度，三维遥感成像系统还装有主动式激光测高计，可提供离散的高程数据，在遥感图像上形成排列稀疏的、具有三维坐标值的基础样本点。利用这些基础样本点，按常规的拟合内插方法，即可得到数字高程模型(DEM)和地学编码图像。

从摄影测量角度看，光学遥感仪器成像面的二维图像是三维景物相对于入瞳中心的投影。从遥感图像到带有准确地形和经几何精校正的地学编码影像，需要经过由图像坐标系到大地坐标系的一系列坐标变换，地学研究专业用户有时还要求转换为选定的制图坐标系。遥感数据对地定位就是建立图像坐标系与大地坐标系之间的变换函数。

设：(X_s, Y_s, Z_s)是投影中心在大地坐标系中的坐标，$(x, y, -f)$是图像坐标系中像点的坐标，(X_A, Y_A, Z_A)是与像点对应的物点的大地坐标。大地坐标系物点的坐标与图像坐标系像点的坐标之间存在线性变换关系，可以矩阵形式表示为

$$\begin{bmatrix} X_A \\ Y_A \\ Z_A \end{bmatrix} = A \cdot \begin{bmatrix} x \\ y \\ -f \end{bmatrix} \tag{5.17}$$

对地定位的关键是求得由图像坐标系到大地坐标系的变换矩阵 A。由摄影测量原理，变换矩阵可表示为一系列变换矩阵之积：

$$A = C_E^m \cdot C_g^E \cdot C_b^g(\Phi, \Theta, \Psi) \cdot C_c^b \cdot C_i^c \tag{5.18}$$

式中：C_i^c 是图像坐标系变换到相机坐标系的变换矩阵；C_c^b 是相机坐标系到惯导坐标系的变换矩阵；$C_b^g(\Phi, \Theta, \Psi)$是惯导坐标系变换到地理坐标系的变换矩阵。其中：$\Phi$, Θ, Ψ 是 POS 测得的姿态角；C_g^E 是地理坐标系到大地坐标系的变换矩阵；C_E^m 是大地坐标系到用户选定的制图坐标系的变换矩阵。

5.5.6　机载行扫描仪数据流

为满足遥感数据定位、定量研究的需求，机载行扫描仪完整的数据流应包括：地物图像数据、参考源黑体定标数据、随动平台姿态测量残差数据和对地定位数据。机载行扫描仪组成单元如图 5.12 所示。

图 5.12 中，辐射定标源用于辐射的定量化，定期检测定标源可消除仪器的测量漂移。定标源可作为辐射的基准信号用于 AC 耦合的探测器信号放大电路的电平箝位，起到直流恢复的作用。扫描仪都设有高精度的轴角编码器，如与扫描镜同轴旋转的光电脉冲编码器（光电码盘），可将获取的地物图像数据定位到像元级。

增量式光电码盘产生码脉冲和每转的基准脉冲。码脉冲可用于像元采集的同步信号，基准脉冲产生角度基准。基准脉冲和码脉冲组合出选通信号，保证扫描仪在准确的空间位置对地物、定标源等进行采集。地物数据、定标数据、姿态测量数据和对地定位数据至少应配准至扫描行一级。通常采用的办法是在扫至机下点时产生一个同步脉冲，启动采集姿态测量数据和 GPS 定位数据。

机载三维信息获取系统可同时获取二维地物辐射和一维高程信息。该系统由激光测距计和行扫描仪组成，由于共用主光学系统和物方扫描机构，可保证距离数据和图像数据的精确配准。其组成单元和信息流程参见图 5.37。

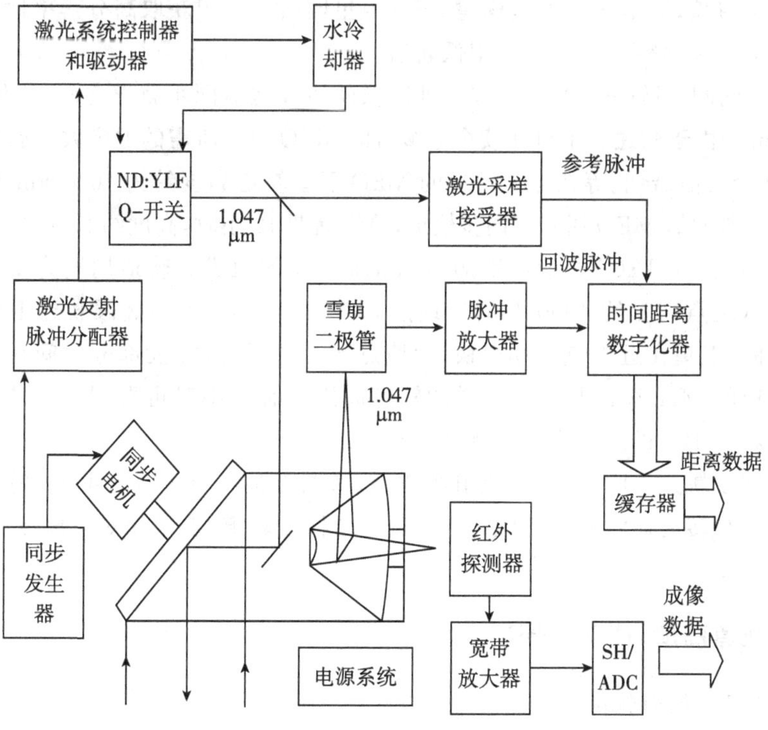

图 5.37　机载三维信息获取系统组成单元和信息流程

5.6 卫星轨道简介

5.6.1 卫星轨道概述

在太空中飞行的卫星与在大气中飞行的飞机有很大差别。卫星一旦进入轨道，就可以依靠惯性和地球引力在各自的轨道上绕地球运转，而不需要推动动力。卫星的轨道高度与它的飞行速度有严格的关系，相同轨道高度的所有空间飞行物，无论质量大小(如卫星、火箭残骸，甚至空间碎片)都具有相同的速度，不同高度的卫星必须具有不同的速度。因此，星载行扫描仪的速高比完全是由轨道高度确定的。卫星必须用小火箭发动机才能进行机动变轨，由于这种火箭需要推进燃料，就产生卫星设计和功能的重大问题。

卫星轨道的主要参数有轨道形状、高度、速度、周期、倾角等。卫星绕地球的轨道可以是圆轨道或椭圆轨道。按照轨道高度，地球轨道可分为地球低轨道(LEO)、地球中间圆轨道(MEO)、大椭圆轨道(HEO)和地球同步轨道(GEO)。

地球低轨道(LEO)卫星的高度为几百 km 到 1000km。LEO 卫星的轨道周期大约是 90 分钟。这个高度空间远离高辐射和带电粒子，大气阻力也很小。LEO 卫星的地面视野不宽，并且相对于地球表面运动，不太适合诸如通信之类的任务。要实现连续的全球覆盖，需由多个卫星构建 LEO 卫星网络。希望获取高分辨率地面图像的地球观测卫星和侦察卫星大都采用低轨道。

地球中间圆轨道(MEO)高度位于地球低轨道和地球同步轨道之间，约从 1500km 到 36000km。由于构建一个可连续全球覆盖的 MEO 星座所需的卫星数目远少于 LEO 星座，较适合通信、导航等任务。常见的 MEO 卫星轨道高度约为 10000km，轨道周期约 6 小时。典型的 MEO 还有半同步轨道，轨道周期 12 小时，高度约 20000km。

大椭圆轨道(HEO)如俄罗斯的 Molniya 卫星的轨道。轨道周期为 12 小时，倾角 63.4°，远地点高度约 40000km，近地点高度 1000km。由于椭圆轨道卫星的速度不是恒定的，卫星在近地点运动得快，远地点运动得慢，这样大部分时间在北半球上空。俄罗斯的 Molniya 卫星 12 小时的轨道周期中有 8 小时可看到北半球。用三颗主轴彼此相交 120°的卫星星座就能连续覆盖北半球。

地球同步轨道为圆轨道、小轨道倾角，轨道高度最高，约 36000km。特点是轨道周期与地球自转周期相同。对倾角为零的赤道同步轨道，卫星相对于地球位置不变，称为静止轨道。

5.6.2 轨道高度、速度与周期

5.6.2.1 椭圆轨道

卫星绕地球的运动规律与行星绕太阳运动的规律是类似的。早在 17 世纪，开普勒总结了行星绕太阳的运动规律，通常称之为开普勒三大定律。开普勒定律指出：行星绕太阳运动的轨道是椭圆，太阳位于椭圆的一个焦点上。从角动量守恒定律出发，开普勒得出的结论是：行星与太阳的连线在相等的时间内扫过的面积是相等的，行星轨道周期的平方与轨道长半轴的立方成正比。

卫星绕地球的运动同样遵循开普勒定律。卫星运动的轨道为椭圆，地心位于椭圆的一个焦点。图5.38中，卫星绕地球椭圆轨道的长轴为$2a$，短轴为$2b$，两个焦点之间距离为$2c$，由地心至卫星的矢径r的长度称为轨道半径，远地点和近地点的轨道半径分别为r_a和r_p。

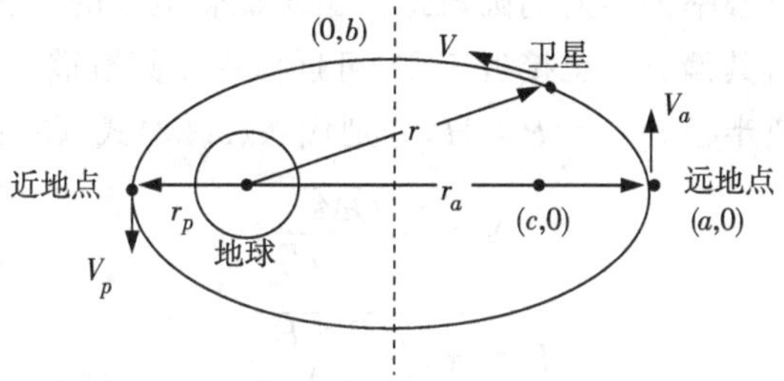

图5.38　卫星以椭圆轨道绕地球运动的规律

根据椭圆的几何关系可以得到

$$a^2=b^2+c^2$$

及

$$\begin{cases} r_a+r_p=2a \\ r_a-r_p=2c \end{cases}$$

解联立方程，可得到远地点、近地点的轨道半径，并用椭圆偏心率表示为

$$\begin{cases} r_a=a+c=a(1+e) \\ r_p=a-c=a(1-e) \end{cases} \tag{5.19}$$

式中：$e=\dfrac{c}{a}=\dfrac{r_a-r_p}{r_a+r_p}$为椭圆的偏心率；$a=\dfrac{r_a+r_p}{2}$为平均轨道半径。

由于单位时间矢径扫过的面积相等，可得

$$r_a \cdot V_a=r_p \cdot V_p \tag{5.20}$$

可以得知卫星在近地点、远地点的速度比为

$$\frac{V_p}{V_a}=\frac{r_a}{r_p}=\frac{1+e}{1-e} \tag{5.21}$$

式中：V_p、V_a分别为卫星在近地点、远地点的速度。

椭圆轨道上的卫星运动的速度不是恒定的，在近地点附近速度最大，在远地点附近速度最小。在轨道上其他位置的速度介于其间，椭圆轨道上某点的卫星速度由下式给出：

$$V=\sqrt{GM_e \cdot \left(\frac{2}{r}-\frac{1}{a}\right)} \tag{5.22}$$

式中：G 为万有引力常数，$6.67\times10^{-11}\,\mathrm{N\cdot m^2\cdot kg^{-2}}$；$M_e$ 为地球质量，$5.89\times10^{24}\,\mathrm{kg}$；$r$ 为轨道半径，即地心至卫星的距离，m；a 为平均轨道半径，即椭圆轨道长半轴的长度，m。

根据开普勒定律，卫星与地心的连线在相等的时间内扫过的面积是相等的，可算得椭圆轨道的周期为

$$T=2\pi\sqrt{\frac{a^3}{GM_e}}\quad(\mathrm{s})\tag{5.23}$$

5.6.2.2　圆轨道

圆轨道可看作偏心率为零的椭圆轨道。由于低轨卫星的轨道高度远小于地球半径，即使是椭圆轨道，其偏心率也接近于零，可近似视作圆轨道。

将圆轨道的轨道半径 $r=a=R+H$，分别代入(5.22)式、(5.23)式，可得

卫星速度
$$V=\sqrt{\frac{GM_e}{R+H}}\tag{5.24}$$

轨道周期
$$T=2\pi\sqrt{\frac{(R+H)^3}{GM_e}}\tag{5.25}$$

式中：R 为地球半径，$6.37\times10^6\,\mathrm{m}$；$H$ 为卫星高度，即卫星至地球表面距离，m。

圆轨道卫星的线速度是恒定的，可算得地球的低轨道、中间圆轨道和同步轨道的轨道速度、轨道周期如表 5.2 所示。

表 5.2　几种地球圆轨道的轨道高度、速度、周期

轨道类别	高度/km	卫星速度/(km·s^{-1})	轨道周期/min
地球低轨道 LEO	200	7.8	88.3
	500	7.6	94.4
	1000	7.4	104.9
地球中间圆轨道 MEO	5000	5.9	201.1
	10000	4.9	347.4
	20200	3.9	718.3(12 小时，半同步)
地球同步轨道 GEO	35800	3.1	1436.2(24 小时)

5.6.2.3　轨道机动

卫星轨道机动有在轨道平面内机动和异面轨道机动之分。卫星在轨道平面内的机动不改变轨道平面，只改变轨道形状，如将圆轨道变为椭圆轨道或反之，还有改变轨道高度、周期等。轨道平面内的机动只需改变卫星速度的大小，不改变速度的方向，速度变化量较小，卫星的推进火箭所需的燃料也较少。

异面轨道的机动，如改变轨道倾角或倾角不变改变升交点，均需要改变卫星速度

的方向。由于卫星的轨道速度非常大，典型值为 $3km \cdot s^{-1}$ 到 $8km \cdot s^{-1}$，大幅度改变速度方向需要在轨道速度的垂直方向上加一个速度推进部件，所需的速度变化量 ΔV 比轨道平面内的机动大得多。

在圆轨道的某点变速，可将轨道形状改变为椭圆。如果轨道高度为 h 的圆轨道卫星在某点速度的大小突然增加 ΔV，速度方向不变，轨道会在同一轨道平面变成椭圆形。椭圆的主轴穿过地心，加速点成为新椭圆轨道的近地点，远地点的轨道高度大于 h，轨道高度的增加值与 ΔV 有关。远地点轨道高度的改变量可由下式近似得出：

$$\Delta h \approx 4(h+R_e)\frac{\Delta V}{V} \tag{5.26}$$

由上式可见，速度的相对变化要乘以地球半径，所以即使一个很小的速度变化都将导致远地点轨道高度的大幅变化。对地球低轨卫星来说，轨道高度比地球半径小得多，400km 高度的卫星，速度只要变化 $0.1km \cdot s^{-1}$，远地点高度就会变化 350km。

如果运行在圆轨道的卫星在某点的速度降低，即沿卫星运行的反方向推进，那么该点成为新椭圆轨道的远地点，远地点的轨道高度等于 h，近地点的轨道高度则小于 h。

在特定的位置点变速还能将椭圆轨道变成圆轨道。圆轨道的高度值有两种可能。如果在远地点按要求加速，形成的圆轨道的高度和原椭圆轨道远地点的高度相等。如在近地点减速一个特定值，形成的圆轨道的高度和椭圆轨道近地点高度相等。

利用上述原理，圆轨道高度的升高可通过一个椭圆转移轨道（霍曼转移轨道），分两步将圆轨道的高度由 h_1 提高至 h_2，如图 5.39 所示。第一步，以高度 h_1 圆轨道运行的卫星于 P_1 点将速度增加 ΔV_1，卫星变轨为一个远地点高度为 h_2 的椭圆轨道，加速点 P_1 成为新轨道的近地点，近地点轨道高度为 h_1。第二步，在椭圆轨道的远地点 P_2 的速度增加 ΔV_2，将椭圆轨道改变成高度 h_2 的圆轨道。

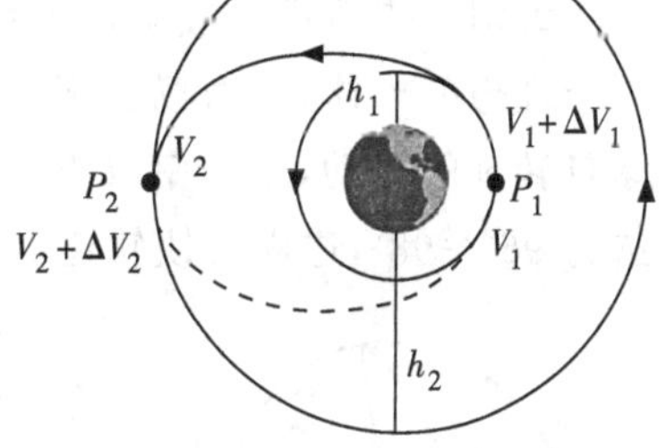

图 5.39　通过椭圆转移轨道升高圆轨道高度

5.6.3　太阳同步与地球同步轨道

地球轨道的轨道平面和赤道平面夹角称为轨道倾角。卫星绕地球两极飞行的轨道，有轨道倾角等于 90°的极轨道[见图 5.40(b)]和轨道倾角接近 90°的近极轨道[见图 5.40(c)]。卫星绕地球赤道飞行的为赤道轨道[见图 5.40(a)]。

极轨道和近极轨道也称太阳同步轨道，卫星轨道与地球赤道面的交点分别称为升交点和降交点，太阳同步轨道的特点是轨道平面与太阳入射光线的夹角保持不变，即卫星穿越赤道面的地方时（太阳时）是不变的。

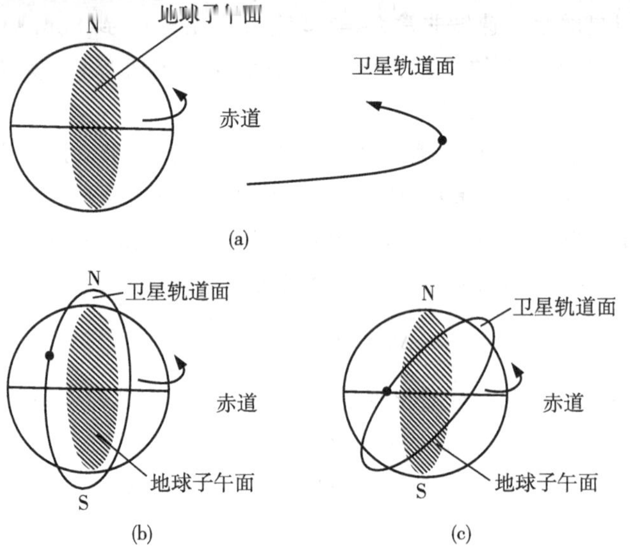

图 5.40　卫星绕两极和赤道运行轨道

(a)赤道轨道；(b)极轨道；(c)近极轨道

太阳同步轨道的卫星总是在同一个当地时间、以同一方向飞过同一纬度的地面点。因此，卫星对地面景物进行拍摄时，太阳的光照角几乎是固定的。这对于利用太阳反射光的可见光遥感说来，观测条件固定，是非常理想的。

太阳同步轨道一般采用近极轨道，而不是严格的极轨道。这是因为地球并不是一个理想的球体，重力场也不是理想对称的。重力场的不规则性引起轨道平面绕地球自转轴的进动，进动率取决于轨道的偏心率、高度和倾角。太阳同步轨道倾角通常选为 96°～98°，这样可使轨道面与日地连线的夹角终年保持恒定。

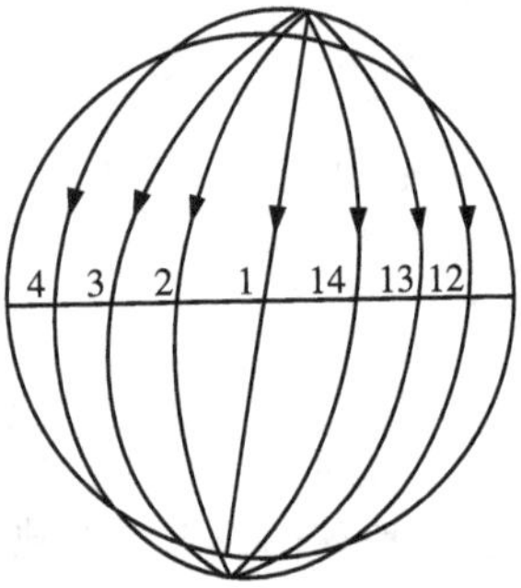

图 5.41　Landsat 卫星对地观测的地面覆盖

由于地球自转，太阳同步卫星的每一圈可以看到不同的地球表面。若干天后就可覆盖整个地球表面。例如，Landsat 卫星采用近极地的太阳同步轨道，卫星轨道高度 918km，可算得 Landsat 卫星每天近似绕地球 14 圈，如图 5.41 所示。精确地讲，Landsat 卫星每天绕地 13.9 圈，每天绕地圈数不是整数是为了保证卫星探测范围能完全覆盖全球。

地球赤道的周长约为 40500km，Landsat 在赤道上相邻两轨之间距离约为 2870km，而 Landsat 遥感仪器的地面扫描带宽仅 185km，如一天严格绕地 14 圈，大部分地球表面不能覆盖。按 Landsat 轨道参数，一天实际绕地 13.9 圈，第 2 天的第 1 轨（1/2 轨）过赤道星下点相对于第 1 天的第 1 轨（1/1 轨）将移动 160km，相当于两轨距离的 1/17。18 天后，1/19 轨与 2/1 轨完全重合，才能覆盖全部地球表面。在赤道上相邻两轨的地面扫描带约重叠16%，在高纬度处重叠可达90%。

太阳同步轨道的遥感仪器的全球覆盖时间即它的时间分辨率，通常用所需的地面分辨率下的日覆盖率表示。例如，根据海洋生物过程发生的尺度，探测水色、水温星载扫描辐射计通常要求空间分辨率为4～5km、全球海洋覆盖的最低时间分辨率是3～5天。由于一颗海洋卫星的日覆盖率较低，需要同时在轨运行三颗海洋卫星，才能满足全球海洋覆盖的时间分辨率要求。

由于地球有自转，将地球画成平面图时，太阳同步卫星星下点轨迹是一条在赤道上下穿越的曲线，地面轨迹所能达到的最大纬度（南纬和北纬）等于轨道倾角。轨道倾角45°的地球低轨卫星的星下点轨迹如图5.42所示，图中虚线为下一轨道周期的星下点轨迹。

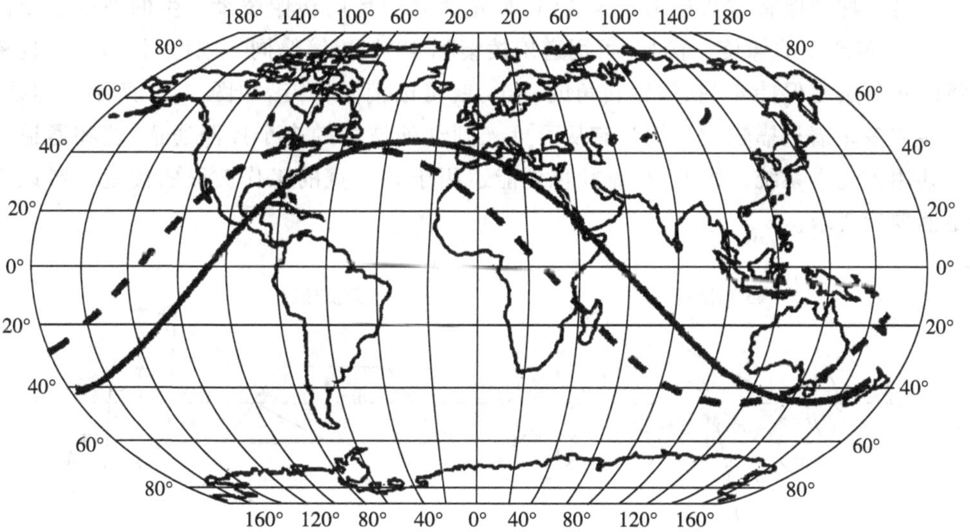

图5.42 倾角45°的地球低轨卫星的星下点轨迹

由于地球自转，当太阳同步卫星经过一个周期，回到轨道的相同点时，它已经不在地球同一位置的上方了，除非轨道周期刚好是一天。轨道周期与地球的自转周期相同的地球卫星轨道称为地球同步轨道，可算出地球同步卫星的高度为36076km。

地球同步轨道可以是圆形或椭圆形，轨道倾角任意。位于赤道平面的圆形地球同步轨道（轨道倾角为0°）是一种特殊情况。对地面上的观察者来说，这种轨道的卫星固定保持在赤道上空的某一点，好像是静止的，故称为地球静止轨道（GEO）。地球静止轨道卫星观察到的地球表面也是固定不变的。

5.7　附录1:45°镜多元并扫K镜消像旋技术

5.7.1　消像旋方法

45°镜扫描具有光学效率高、结构紧凑、机械稳定性好等技术优势,至今仍为机载、星载多光谱扫描仪所采用。但这种扫描方式的扫描效率较低,其探测灵敏度很难满足弱目标探测的要求,如海洋水色的探测。解决问题的方法是采用多元并扫增加像元驻留时间,但是,45°扫描镜多元并扫会产生像旋。

探测器(包括致冷系统)随45°扫描镜同步旋转自然是最直接的消像旋方法,但这种做法的消旋机构非常复杂。再者,航天扫描辐射计的红外探测器经常采用辐射致冷,无法整体旋转。

另一种消像旋方法是用转像棱镜,其光学原理是用转像棱镜产生的像旋去抵消45°镜旋转产生的像旋。例如,可用道威棱镜和45°扫描镜绕同一轴作同向转动,且棱镜的转角始终保持45°扫描镜转角的一半,就可以消除像旋,如图5.43所示。但是,大多数多光谱扫描辐射计均具有从可见光到红外波段的多个探测通道,这些通道往往共用主光学系统。因此,很难物色到能适用于如此宽的工作波段的棱镜材料以满足消像旋要求。

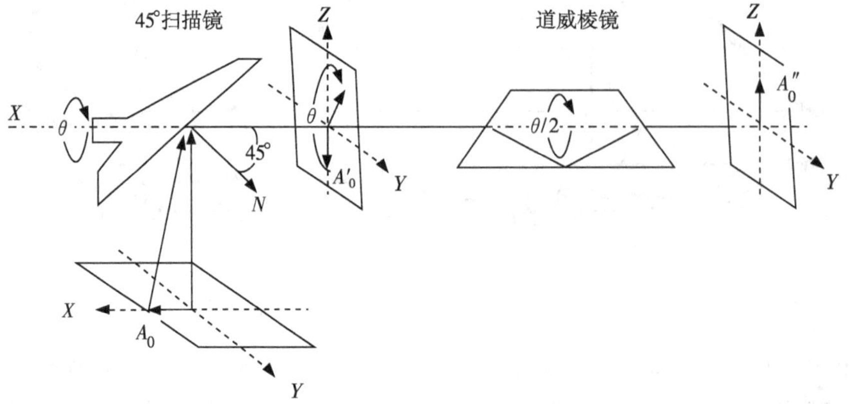

图5.43　道威棱镜消像旋

K镜是一个有三个反射面的光学部件,因三面反射镜呈"K"字形排列而得名。K镜消像旋原理与道威棱镜相似,当K镜与45°扫描镜同向旋转且转角始终保持为45°扫描镜转角的一半时,可消除像的旋转。因为K镜是反射元件,可以在可见光至红外全波段范围内消像旋。图5.44是采用45°镜多元并扫和K镜消像旋的海洋水色、水温辐射计的光路图。

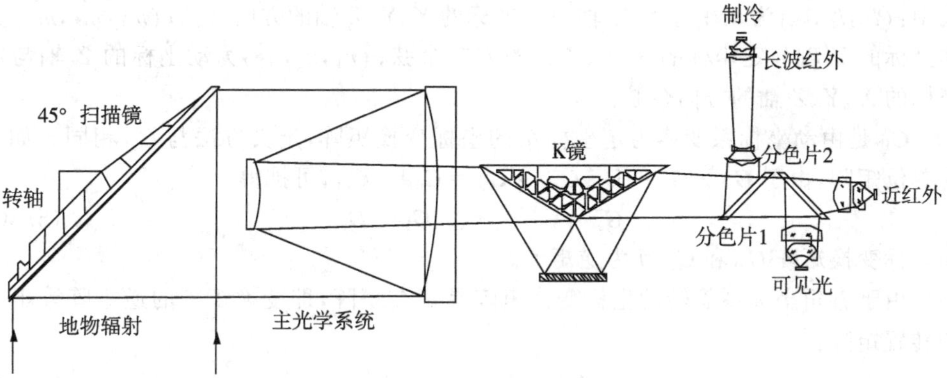

图 5.44　海洋水色、水温辐射计的光路图

5.7.2　平面镜转动的物像矢量关系

为便于说明 K 镜的消像旋原理，有必要先介绍一下平面镜转动时入射矢量（也称物矢量）与反射矢量（也称像矢量）的一般关系。

图 5.45 中，不随平面镜转动的坐标系 $OXYZ$ 称为定坐标系，与平面镜刚性连接、一起转动的坐标系 $OX'Y'Z'$ 称为动坐标系。在反射镜未转动时，动坐标系与定坐标系三轴取向一致。当指向镜绕正交的两轴旋转某个角度后，指向镜法线 N 转至 N'，动坐标系 $OX'Y'Z'$ 转至相应的位置。图中，$\boldsymbol{A}_0$、$\boldsymbol{A}'_0$ 分别为定坐标系 $OXYZ$ 中的入射矢量和反射矢量。入射矢量、反射矢量如用动坐标系 $OX'Y'Z'$ 中的坐标表示，则分别为 $\boldsymbol{A}_1$、$\boldsymbol{A}'_1$。

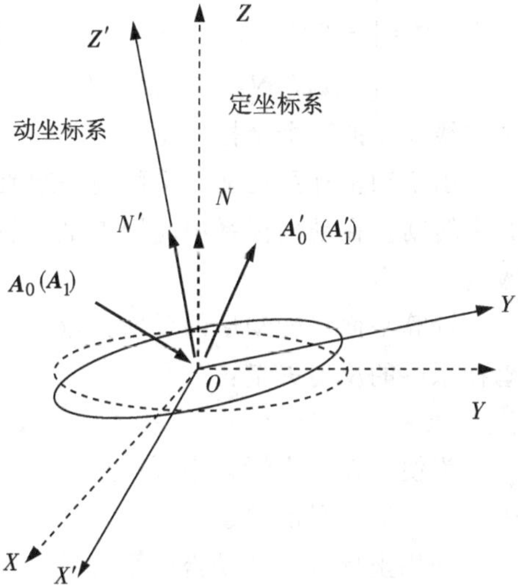

图 5.45　平面镜转动的定坐标系和动坐标系

根据坐标变换关系，定坐标系和动坐标系的入射、反射矢量可按下式相互变换：

$$\boldsymbol{A}_1 = \boldsymbol{G}_{01} \cdot \boldsymbol{A}_0 \quad 或 \quad \boldsymbol{A}_0 = \boldsymbol{G}_{10} \cdot \boldsymbol{A}_1 \tag{5.27}$$

$$\boldsymbol{A}'_1 = \boldsymbol{G}_{01} \cdot \boldsymbol{A}'_0 \quad 或 \quad \boldsymbol{A}'_0 = \boldsymbol{G}_{10} \cdot \boldsymbol{A}'_1 \tag{5.28}$$

$\boldsymbol{G}_{01}$ 是由定坐标系变换为动坐标系的坐标变换矩阵：

$$\boldsymbol{G}_{01} = \begin{pmatrix} l_1 & l_2 & l_3 \\ m_1 & m_2 & m_3 \\ n_1 & n_2 & n_3 \end{pmatrix} \tag{5.29}$$

式中：(l_1,l_2,l_3)为动坐标的X'轴与定坐标的X、Y、Z轴的方向余弦；(m_1,m_2,m_3)为动坐标的Y'轴与定坐标的X、Y、Z轴的方向余弦；(n_1,n_2,n_3)为动坐标的Z'轴与定坐标的X、Y、Z轴的方向余弦。

$\boldsymbol{G}_{10}$是由动坐标系变换为定坐标系的坐标变换矩阵，定义方法与$\boldsymbol{G}_{01}$相同。如$\boldsymbol{E}$为单位矩阵，由于$\boldsymbol{G}_{01}\cdot\boldsymbol{G}_{10}=\boldsymbol{E}=\boldsymbol{G}_{10}^{-1}\cdot\boldsymbol{G}_{10}=\boldsymbol{G}_{01}^{-1}\cdot\boldsymbol{G}_{01}$，可推得

$$\boldsymbol{G}_{01}=\boldsymbol{G}_{10}^{-1}\quad 或\quad \boldsymbol{G}_{10}=\boldsymbol{G}_{01}^{-1} \tag{5.30}$$

即坐标变换矩阵$\boldsymbol{G}_{01}$和$\boldsymbol{G}_{10}$互为逆矩阵。

由于直角坐标系旋转的坐标变换矩阵是正交矩阵，即变换矩阵的逆矩阵等于它的转置矩阵：

$$\boldsymbol{G}_{10}^{-1}=\boldsymbol{G}_{10}^{\mathrm{T}},\boldsymbol{G}_{01}^{-1}=\boldsymbol{G}_{01}^{\mathrm{T}} \tag{5.31}$$

上述性质为计算变换矩阵的逆矩阵带来很大方便。

第2章2.2.2节给出了用矩阵形式表达的空间光线的反射定律：

$$\boldsymbol{A}'=\boldsymbol{R}\cdot\boldsymbol{A} \tag{5.32}$$

式中：$\boldsymbol{R}=\begin{bmatrix}1-2N_X{}^2 & -2N_XN_Y & -2N_XN_Z\\ -2N_XN_Y & 1-2N_Y{}^2 & -2N_YN_Z\\ -2N_XN_Z & -2N_YN_Z & 1-2N_Z{}^2\end{bmatrix}$为反射特性矩阵；$N_X$、$N_Y$、$N_Z$为单位法线矢量的三个坐标分量。

由于动坐标系是随同平面镜一起旋转的坐标系，在动坐标系中反射镜法线矢量并未转动。在动坐标系中应用矢量反射公式时，反射特性矩阵不会因平面镜旋转而改变。

计算平面镜转动后的反射矢量，可以在动坐标系中直接用矢量反射公式，算得动坐标系中的反射矢量：

$$\boldsymbol{A}_1'=\boldsymbol{R}\cdot\boldsymbol{A}_1 \tag{5.33}$$

为便于在定坐标系中观察平面镜旋转后的反射矢量，需要导出定坐标系中反射矢量与入射矢量的关系。

利用坐标变换和动坐标系矢量反射公式，定坐标系中的反射矢量可表达为

$$\boldsymbol{A}_0'=\boldsymbol{G}_{10}\cdot\boldsymbol{A}_1'=\boldsymbol{G}_{10}\cdot(\boldsymbol{R}\cdot\boldsymbol{A}_1) \tag{5.34}$$

将上式中动坐标系的入射矢量用定坐标系的入射矢量表示，即

$$\boldsymbol{A}_1=\boldsymbol{G}_{01}\cdot\boldsymbol{A}_0=\boldsymbol{G}_{10}^{-1}\cdot\boldsymbol{A}_0 \tag{5.35}$$

将(5.35)式代入(5.34)式，整理可得

$$\boldsymbol{A}_0'=(\boldsymbol{G}_{10}\cdot\boldsymbol{R}\cdot\boldsymbol{G}_{10}^{-1})\cdot\boldsymbol{A}_0 \tag{5.36}$$

此式反映了平面镜转动后，定坐标系观察到的反射矢量与入射矢量之间的一般关系。

5.7.3 K镜消像旋原理

图5.46中，45°扫描镜旋转轴与X轴重合，扫描镜单位法线矢量为$\boldsymbol{N}$。现令定坐

标系中 45°扫描镜的入射矢量为 $\boldsymbol{A}_0$，反射矢量为 $\boldsymbol{A}'_0$，K 镜的反射矢量为 $\boldsymbol{A}''_0$。

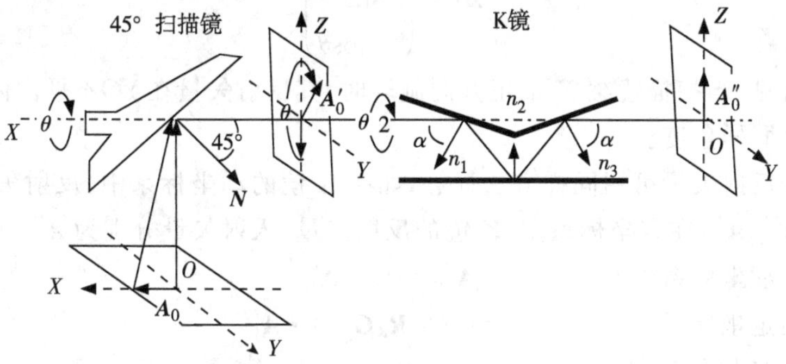

图 5.46　K 镜消除像旋原理

扫描镜处于初始位置，在定坐标系 $OXYZ$ 中：

扫描镜法线矢量　　$\boldsymbol{N}=\begin{pmatrix}-\cos45^\circ\\0\\-\sin45^\circ\end{pmatrix}$

入射矢量　　$\boldsymbol{A}_0=\begin{pmatrix}1\\0\\0\end{pmatrix}$

算得扫描镜的反射特性矩阵为

$$\boldsymbol{R}=\begin{bmatrix}1-2N_X^2 & -2N_XN_Y & -2N_XN_Z\\-2N_XN_Y & 1-2N_Y^2 & -2N_YN_Z\\-2N_XN_Z & -2N_YN_Z & 1-2N_Z^2\end{bmatrix}=\begin{bmatrix}0&0&-1\\0&1&0\\-1&0&0\end{bmatrix}$$

根据平面镜反射矢量公式，在初始位置，定坐标的反射矢量为

$$\boldsymbol{A}'_0=\boldsymbol{R}\cdot\boldsymbol{A}_0=\begin{pmatrix}0&0&-1\\0&1&0\\-1&0&0\end{pmatrix}\cdot\begin{pmatrix}1\\0\\0\end{pmatrix}=\begin{pmatrix}0\\0\\-1\end{pmatrix}$$

当扫描镜绕 X 轴旋转 θ 角时，动坐标系至定坐标系的变换矩阵及其逆矩阵分别为

$$\boldsymbol{G}_{10}=\begin{pmatrix}1&0&0\\0&\cos\theta&-\sin\theta\\0&\sin\theta&\cos\theta\end{pmatrix}\ 和\ \boldsymbol{G}_{10}^{-1}=\boldsymbol{G}_{10}^{\mathrm{T}}=\begin{pmatrix}1&0&0\\0&\cos\theta&\sin\theta\\0&-\sin\theta&\cos\theta\end{pmatrix}$$

计算定坐标系中观察到的扫描镜旋转后的反射矢量为

$$\boldsymbol{A}'_0=(\boldsymbol{G}_{10}\boldsymbol{R}\boldsymbol{G}_{10}^{-1})\cdot\boldsymbol{A}_0=\begin{pmatrix}0&\sin\theta&-\cos\theta\\\sin\theta&\cos^2\theta&\cos\theta\sin\theta\\-\cos\theta&\cos\theta\sin\theta&\sin^2\theta\end{pmatrix}\cdot\begin{pmatrix}1\\0\\0\end{pmatrix}$$

算得

$$\boldsymbol{A}'_0=\begin{pmatrix}0\\ \sin\theta\\ -\cos\theta\end{pmatrix}$$

因此可见，当扫描镜绕 X 轴正方向旋转时，其反射矢量在 YOZ 平面内也绕 X 轴正方向转过同样角度。

K 镜的反射矢量可用同样方法计算，如在 K 镜的动坐标系中，反射矢量、入射矢量分别为 $\boldsymbol{A}''_1$、$\boldsymbol{A}'_1$，在定坐标系中，K 镜的反射矢量、入射矢量分别为 $\boldsymbol{A}''_0$、$\boldsymbol{A}'_0$，

在动坐标系中 $$\boldsymbol{A}''_1=\boldsymbol{R}_{\mathrm{K}}\cdot\boldsymbol{A}'_1 \tag{5.37}$$

在定坐标系中 $$\boldsymbol{A}''_0=(\boldsymbol{G}_{10}\boldsymbol{R}_{\mathrm{K}}\boldsymbol{G}_{10}^{-1})\cdot\boldsymbol{A}'_0 \tag{5.38}$$

式中：$\boldsymbol{R}_{\mathrm{K}}$ 为 K 镜的反射特性矩阵。

K 镜由三面反射镜组成，各面的反射特性矩阵分别为 $\boldsymbol{R}_1$、$\boldsymbol{R}_2$、$\boldsymbol{R}_3$，则 K 镜的反射特性矩阵为

$$\boldsymbol{R}_{\mathrm{K}}=\boldsymbol{R}_1\cdot\boldsymbol{R}_2\cdot\boldsymbol{R}_3 \tag{5.39}$$

设 K 镜的三面反射镜的法线向量分别为

$$\boldsymbol{n}_1=\begin{pmatrix}\cos\alpha\\ 0\\ -\sin\alpha\end{pmatrix},\ \boldsymbol{n}_2=\begin{pmatrix}0\\ 0\\ 1\end{pmatrix},\ \boldsymbol{n}_3=\begin{pmatrix}-\cos\alpha\\ 0\\ -\sin\alpha\end{pmatrix}$$

式中：α 为 K 镜的两个倾斜反射面与水平反射面的夹角。

用平面镜反射特性矩阵的计算公式，分别计算 K 镜三面反射镜的反射特性矩阵 $\boldsymbol{R}_1$、$\boldsymbol{R}_2$、$\boldsymbol{R}_3$，代入(5.39)式，可算得 K 镜的反射特性矩阵为

$$\boldsymbol{R}_{\mathrm{K}}=\begin{pmatrix}1&0&0\\ 0&1&0\\ 0&0&-1\end{pmatrix}$$

由于动坐标系与 K 镜固定连接，K 镜与扫描镜旋转方向相同且转速为扫描镜转速的一半。动坐标系至定坐标系的变换矩阵及其逆矩阵分别为

$$\boldsymbol{G}_{10}=\begin{pmatrix}1&0&0\\ 0&\cos(\theta/2)&-\sin(\theta/2)\\ 0&\sin(\theta/2)&\cos(\theta/2)\end{pmatrix},\quad \boldsymbol{G}_{10}^{-1}=\begin{pmatrix}1&0&0\\ 0&\cos(\theta/2)&\sin(\theta/2)\\ 0&-\sin(\theta/2)&\cos(\theta/2)\end{pmatrix}$$

定坐标系中 K 镜的入射矢量即 45°扫描镜的反射矢量 $\boldsymbol{A}'_0$，利用以上结果，代入(5.38)式，可算得定坐标系中观察到 K 镜反射矢量为

$$\boldsymbol{A}''_0=(\boldsymbol{G}_{10}\boldsymbol{R}_{\mathrm{K}}\boldsymbol{G}_{10}^{-1})\cdot\boldsymbol{A}'_0=\begin{pmatrix}0\\ 0\\ 1\end{pmatrix}$$

计算结果表明：45°扫描镜旋转时，尽管其反射矢量是旋转的，经 K 镜反射后的像矢量始终保持 $+Z$ 轴方向，系统最后的像未发生旋转。

5.8　附录 2:二维指向搜索跟踪系统成像特性

5.8.1　绕单轴转动矢量公式

二维指向镜的转动可分解为指向镜法线绕正交的两轴的转动,下面先分析指向镜法线绕单轴旋转的一般情况。

参见图 5.47,在定坐标系 $OXYZ$ 中,$\boldsymbol{P}$ 为单位长度的旋转轴矢量,P_X、P_Y、P_Z 是 $\boldsymbol{P}$ 在定坐标系三个坐标轴的坐标分量(方向余弦)。初始位置指向镜的单位法线矢量为 $\boldsymbol{N}$,N_X、N_Y、N_Z 是 $\boldsymbol{N}$ 在基准坐标系三个坐标轴的坐标分量。当 $\boldsymbol{N}$ 绕旋转轴矢量 $\boldsymbol{P}$ 转动角度 θ 后,指向镜的单位法线矢量转为 $\boldsymbol{N}'$。

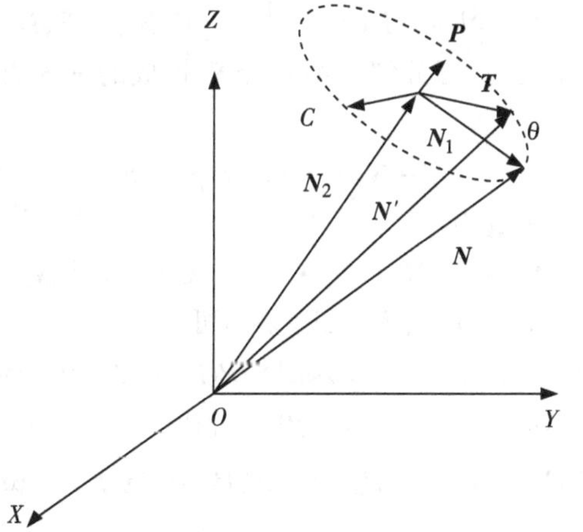

图 5.47　指向镜绕单个旋转轴的转动

将矢量 $\boldsymbol{N}$ 正交分解为两个相互垂直的矢量 $\boldsymbol{N}_1$、$\boldsymbol{N}_2$。$\boldsymbol{N}_1$ 与转轴 $\boldsymbol{P}$ 垂直,$\boldsymbol{N}_2$ 与转轴 $\boldsymbol{P}$ 平行。$\boldsymbol{N}_1$ 绕 $\boldsymbol{P}$ 轴转动角度 θ 后变为 $\boldsymbol{T}$,则 $\boldsymbol{N}$ 绕转轴转动得到的 $\boldsymbol{N}'$ 可以用矩阵形式表示为

$$\boldsymbol{N}' = T + \boldsymbol{N}_2$$

转动前指向镜法线与转轴平行的分量为

$$\boldsymbol{N}_2 = (\boldsymbol{N} \cdot \boldsymbol{P}) \cdot \boldsymbol{P} = (N_X P_X + N_Y P_Y + N_Z P_Z) \cdot \begin{bmatrix} P_X \\ P_Y \\ P_Z \end{bmatrix}$$

转动前指向镜法线与转轴垂直的分量为

$$\boldsymbol{N}_1 = \boldsymbol{N} - \boldsymbol{N}_2 = \begin{bmatrix} N_X \\ N_Y \\ N_Z \end{bmatrix} - (N_X P_X + N_Y P_Y + N_Z P_Z) \cdot \begin{bmatrix} P_X \\ P_Y \\ P_Z \end{bmatrix}$$

算得
$$\boldsymbol{N}_1=\begin{bmatrix}(1-P_X^2)N_X-P_XP_YN_Y-P_XP_ZN_Z\\-P_XP_YN_X+(1-P_Y^2)N_Y-P_YP_ZN_Z\\-P_XP_ZN_X-P_YP_ZN_Y+(1-P_Z^2)N_Z\end{bmatrix}$$

现取 $\boldsymbol{C}=\boldsymbol{N}_1\times\boldsymbol{P}$，由于$\boldsymbol{N}_1$与 $\boldsymbol{P}$ 相互垂直，且 $\boldsymbol{P}$ 是单位矢量，$\boldsymbol{C}$ 与$\boldsymbol{N}_1$的长度相等。因此，$\boldsymbol{C}$ 与$\boldsymbol{N}_1$构成一个平面直角坐标系，该坐标平面与转轴 $\boldsymbol{P}$ 相互垂直。

$$\boldsymbol{C}=\boldsymbol{N}_1\times\boldsymbol{P}=\begin{vmatrix}i & j & k\\N_{1X} & N_{1Y} & N_{1Z}\\P_X & P_Y & P_Z\end{vmatrix}$$

$\boldsymbol{C}$ 可用矩阵形式表达为

$$\boldsymbol{C}=\begin{bmatrix}P_ZN_{1Y}-P_YN_{1Z}\\-P_ZN_{1X}+P_XN_{1Z}\\P_YN_{1X}-P_XN_{1Y}\end{bmatrix}=\begin{bmatrix}P_ZN_Y-P_YN_Z\\-P_ZN_X+P_XN_Z\\P_YN_X-P_XN_Y\end{bmatrix}$$

$\boldsymbol{T}$ 是$\boldsymbol{N}_1$绕轴转动而成的，可分解为由 $\boldsymbol{C}$ 与$\boldsymbol{N}_1$构成的平面直角坐标系内的两个坐标矢量，即

$$\boldsymbol{T}=\boldsymbol{N}_1\cdot\cos\theta-\boldsymbol{C}\cdot\sin\theta$$

转动后指向镜法线矢量为

$$\boldsymbol{N}'=\boldsymbol{T}+\boldsymbol{N}_2=\boldsymbol{N}_1\cdot\cos\theta-\boldsymbol{C}\cdot\sin\theta+\boldsymbol{N}_2$$

将前面算得的 $\boldsymbol{N}_1$、$\boldsymbol{N}_2$ 和 $\boldsymbol{C}$ 代入上式，整理可得

$$\boldsymbol{N}'=\begin{bmatrix}\cos\theta+2P_X^2\sin^2(\theta/2) & -P_Z\sin\theta+2P_XP_Y\sin^2(\theta/2) & P_Y\sin\theta+2P_XP_Z\sin^2(\theta/2)\\P_Z\sin\theta+2P_XP_Y\sin^2(\theta/2) & \cos\theta+2P_Y^2\sin^2(\theta/2) & -P_X\sin\theta+2P_YP_Z\sin^2(\theta/2)\\-P_Y\sin\theta+2P_XP_Z\sin^2(\theta/2) & P_X\sin\theta+2P_YP_Z\sin^2(\theta/2) & \cos\theta+2P_Z^2\sin^2(\theta/2)\end{bmatrix}\cdot\begin{bmatrix}N_X\\N_Y\\N_Z\end{bmatrix}\tag{5.40}$$

指向镜旋转前后的法线矢量之间存在线性变换关系，如用矩阵形式表达即为法线绕单轴的转动矢量公式：

$$\boldsymbol{N}'=\boldsymbol{S}_{\boldsymbol{P},\theta}\cdot\boldsymbol{N}\tag{5.41}$$

式中：$\boldsymbol{S}_{\boldsymbol{p},\theta}$为指向镜法线矢量以 $\boldsymbol{P}$ 为转轴，旋转 θ 角的转动矩阵。

$$\boldsymbol{S}_{\boldsymbol{P},\theta}=\begin{bmatrix}\cos\theta+2P_X^2\sin^2(\theta/2) & -P_Z\sin\theta+2P_XP_Y\sin^2(\theta/2) & P_Y\sin\theta+2P_XP_Z\sin^2(\theta/2)\\P_Z\sin\theta+2P_XP_Y\sin^2(\theta/2) & \cos\theta+2P_Y^2\sin^2(\theta/2) & -P_X\sin\theta+2P_YP_Z\sin^2(\theta/2)\\-P_Y\sin\theta+2P_XP_Z\sin^2(\theta/2) & P_X\sin\theta+2P_YP_Z\sin^2(\theta/2) & \cos\theta+2P_Z^2\sin^2(\theta/2)\end{bmatrix}\tag{5.42}$$

5.8.2 绕单轴转动的物像矢量关系

如动坐标系与指向镜固定连接，且在初始位置动坐标系与定坐标系的方向一致。

假设：$\boldsymbol{A}_0$、$\boldsymbol{A}_1$ 分别为在定坐标系和动坐标系中的入射矢量(也称物矢量)。$\boldsymbol{A}_0'$、$\boldsymbol{A}_1'$分别为在定坐标系和动坐标系中的反射矢量(也称像矢量)。$\boldsymbol{G}_{10}$为由动坐标系变换为定坐标系的坐标变换矩阵。

在定坐标系中观察到指向镜旋转后的反射矢量应为

$$\boldsymbol{A}_0'=\boldsymbol{G}_{10}\cdot\boldsymbol{A}_1' \tag{5.43}$$

指向镜法线矢量绕轴旋转时，入射、反射矢量也绕同一转轴转过同样角度，在与指向镜刚性连接的动坐标系中观察到的反射矢量 $\boldsymbol{A}_1'$并未绕轴旋转，在定坐标系观察到的反射矢量 $\boldsymbol{A}_0'$则是旋转的。反射矢量 $\boldsymbol{A}_0'$可看作反射矢量 $\boldsymbol{A}_1'$绕轴旋转的结果，可按转动矢量公式计算。

$$\boldsymbol{A}'_0=\boldsymbol{S}_{\boldsymbol{P},\theta}\cdot\boldsymbol{A}_1' \tag{5.44}$$

比照(5.43)、(5.44)式，可得出结论：指向镜法线矢量以 $\boldsymbol{P}$ 为转轴，旋转 θ 角后，由动坐标至定坐标的坐标变换矩阵 $\boldsymbol{G}_{10}$即它绕 $\boldsymbol{P}$ 轴的转动矩阵：

$$\boldsymbol{S}_{\boldsymbol{P},\theta}=\boldsymbol{G}_{10} \tag{5.45}$$

若指向镜法线矢量同时绕两轴旋转，则旋转后动坐标至定坐标的坐标变换矩阵 G_{10}为指向镜法线绕两轴单轴转动的转动矩阵的乘积。

5.8.3　绕两轴转动的坐标变换矩阵

对于绕系统光轴(方位轴)转动和绕指向镜短轴(俯仰轴)转动的二维指向镜来讲，入射矢量 $\boldsymbol{A}_0$ 始终与系统光轴重合，即与指向镜的方位轴重合。在定坐标系中观察到的、入射矢量 $\boldsymbol{A}_0$ 经二维指向镜反射矢量为

$$\boldsymbol{A}_0'=(\boldsymbol{G}_{10}\cdot\boldsymbol{R}\cdot\boldsymbol{G}_{10}^{-1})\cdot\boldsymbol{A}_0 \tag{5.46}$$

式中：$\boldsymbol{G}_{10}$，$\boldsymbol{G}_{10}^{-1}$分别为由动坐标系至定坐标系的变换矩阵及其逆矩阵。

当指向镜仅绕方位轴旋转 α 角时：

$$\boldsymbol{G}_{10}=\boldsymbol{S}_{Z,\alpha} \tag{5.47}$$

如果当指向镜同时绕俯仰轴旋转 β 角，由坐标变换矩阵 $\boldsymbol{G}_{10}$为指向镜绕方位轴转动 α 角的转动矩阵与绕俯仰轴转动 β 角的转动矩阵之积。

$$\boldsymbol{G}_{10}=\boldsymbol{S}_{Z,\alpha}\cdot\boldsymbol{S}_{Y,\beta} \tag{5.48}$$

可先分别计算指向镜绕方位轴、俯仰轴的转动矩阵，再求出同时绕两轴旋转的转动矩阵。

当指向镜在初始位置，

方位轴矢量为　$\boldsymbol{P}_{AZ}=0\boldsymbol{i}+0\boldsymbol{j}+1\cdot\boldsymbol{k}$

俯仰轴矢量为　$\boldsymbol{P}_{EL}=0\cdot\boldsymbol{i}+1\cdot\boldsymbol{j}+0\cdot\boldsymbol{k}$

代入转动矩阵计算公式(5.42)，可得

$$\boldsymbol{S}_{Z,\alpha}=\begin{bmatrix}\cos\alpha & -\sin\alpha & 0\\ \sin\alpha & \cos\alpha & 0\\ 0 & 0 & 1\end{bmatrix},\quad \boldsymbol{S}_{Y,\beta}=\begin{bmatrix}\cos\beta & 0 & \sin\beta\\ 0 & 1 & 0\\ -\sin\beta & 0 & \cos\beta\end{bmatrix} \tag{5.49}$$

指向镜同时绕方位轴、俯仰轴旋转的转动矩阵，即坐标变换矩阵为

$$\boldsymbol{G}_{10}=\boldsymbol{S}_{Z,\alpha}\cdot\boldsymbol{S}_{Y,\beta}=\begin{bmatrix}\cos\alpha\cos\beta & -\sin\alpha & \cos\alpha\sin\beta\\ \sin\alpha\cos\beta & \cos\alpha & \sin\alpha\sin\beta\\ -\sin\beta & 0 & \cos\beta\end{bmatrix}\tag{5.50}$$

5.8.4 扫描轨迹计算

参见图 5.48，指向镜同时绕光轴和短轴旋转时，方位轴、俯仰轴的转角与视线的方位角、俯仰角之间关系可推导如下。

在初始位置，指向镜法线矢量为

$$\boldsymbol{N}=\frac{\sqrt{2}}{2}\boldsymbol{i}+0\boldsymbol{j}-\frac{\sqrt{2}}{2}\boldsymbol{k}$$

可算得指向镜的反射特性矩阵为

$$\boldsymbol{R}=\begin{bmatrix}1-2N_X^{\,2} & -2N_XN_Y & -2N_XN_Z\\ -2N_XN_Y & 1-2N_Y^{\,2} & -2N_YN_Z\\ -2N_XN_Z & -2N_YN_Z & 1-2N_Z^{\,2}\end{bmatrix}=\begin{bmatrix}0&0&1\\0&1&0\\1&0&0\end{bmatrix}$$

计算扫描轨迹时，入射矢量与系统光轴重合，可表达为

$$\boldsymbol{A}_0=\begin{bmatrix}0\\0\\1\end{bmatrix}$$

当指向镜绕光轴转动 α 角，绕短轴转动 β 角时，反射矢量的方向即系统视轴方向。在定坐标系中反射矢量可表达为

$$\boldsymbol{A}_0'=(\boldsymbol{G}_{10}\cdot\boldsymbol{R}\cdot\boldsymbol{G}_{10}^{-1})\cdot\boldsymbol{A}_0\tag{5.51}$$

根据(5.50)式给出的计算结果，指向镜绕两轴旋转的坐标变换矩阵为

$$\boldsymbol{G}_{10}=\begin{bmatrix}\cos\alpha\cos\beta & -\sin\alpha & \cos\alpha\sin\beta\\ \sin\alpha\cos\beta & \cos\alpha & \sin\alpha\sin\beta\\ -\sin\beta & 0 & \cos\beta\end{bmatrix}\tag{5.52}$$

算得坐标变换逆矩阵为

$$\boldsymbol{G}_{10}^{-1}=\boldsymbol{G}_{10}^{\mathrm{T}}=\begin{bmatrix}\cos\alpha\cos\beta & \sin\alpha\cos\beta & -\sin\beta\\ -\sin\alpha & \cos\alpha & 0\\ \cos\alpha\sin\beta & \sin\alpha\sin\beta & \cos\beta\end{bmatrix}\tag{5.53}$$

利用以上结果，可算得视轴矢量为

$$\boldsymbol{A}_0'=\begin{bmatrix}\boldsymbol{A}_X'\\ \boldsymbol{A}_Y'\\ \boldsymbol{A}_Z'\end{bmatrix}=(\boldsymbol{G}_{10}\cdot\boldsymbol{R}\cdot\boldsymbol{G}_{10}^{-1})\cdot\boldsymbol{A}_0=\begin{bmatrix}\cos\alpha\cos2\beta\\ \sin\alpha\cos2\beta\\ -\sin2\beta\end{bmatrix}\tag{5.54}$$

如视轴的方位角 a 定义为视轴在水平面 XOY 的投影与 OX 轴的夹角，视线俯仰

角 b 定义为视轴在垂直面 XOZ 的投影与 OX 轴的夹角，如图 5.22 所示。指向镜绕方位、俯仰轴的转角 α、β 与视轴的方位、俯仰角 a、b 之间的关系为

$$\begin{cases} \tan a = \dfrac{\boldsymbol{A}'_Y}{\boldsymbol{A}'_X} = \tan\alpha \\ \tan b = \dfrac{\boldsymbol{A}'_Z}{\boldsymbol{A}'_X} = -\dfrac{\tan 2\beta}{\cos\alpha} \end{cases} \tag{5.55}$$

5.8.5 像旋角计算

参见图 5.48，计算像旋角时，以面阵探测器的光敏面为物面，入射矢量（物矢量）$\boldsymbol{OP} = [-1\quad 0\quad 0]'$，即 $\boldsymbol{OP}$ 是 $-X$ 轴方向的单位矢量，通过分析二维指向镜的反射矢量 $\boldsymbol{OP}'$ 在像面上投影的旋转，可推导像旋角与指向镜转角 α、β 之间的关系。

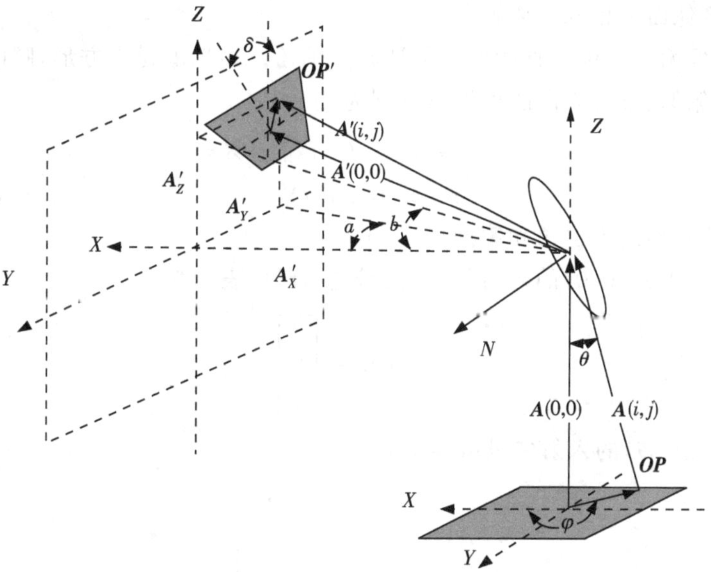

图 5.48　二维指向搜索跟踪的像旋角和跟瞄修正

参照上节的计算方法，可算得反射矢量 $\boldsymbol{OP}'$ 为

$$\boldsymbol{OP}' = (\boldsymbol{G}_{10} \cdot \boldsymbol{R} \cdot \boldsymbol{G}_{10}^{-1}) \cdot \boldsymbol{OP} = \begin{bmatrix} -\cos^2\alpha\sin 2\beta - \sin^2 a \\ -\dfrac{1}{2}\sin 2\alpha\sin 2\beta + \dfrac{1}{2}\sin 2\alpha \\ -\cos\alpha\cos 2\beta \end{bmatrix} \tag{5.56}$$

反射矢量（像矢量）$\boldsymbol{OP}'$ 在像面上投影与 Z 轴的夹角 δ 即像旋角：

$$\tan\delta = \frac{\boldsymbol{OP}'_Y}{\boldsymbol{OP}'_Z} = \frac{\sin\alpha\sin 2\beta - \sin\alpha}{\cos 2\beta} \tag{5.57}$$

从上式可以看出：

(1)在 $\alpha=0$ 处，即沿中心作俯仰扫描时无像旋。

(2)在 $\beta=0$ 处，即沿水平方向作方位扫描的像旋转是 $\tan\delta=-\sin\alpha$，当 α 在正反摆动边缘时，像旋角最大。

5.8.6 目标精确跟瞄的像旋修正

参见图 5.48，假设用面阵相机测得目标离轴的像元数为 i、j，即目标所在像元的像面坐标为 (i,j)。现将光敏面视作物平面，入射矢量 $\boldsymbol{A}(0,0)$、$\boldsymbol{A}(i,j)$ 分别为由面阵中心像元、目标像元发出单位长度的主光线矢量，二维指向镜的反射矢量对应为 $\boldsymbol{A}'(0,0)$、$\boldsymbol{A}'(i,j)$。精确跟瞄的目的是根据指向镜的方位、俯仰转角和目标像元离轴量，计算指向镜方位、俯仰转角的调整量，使调整后的视轴精确对准目标。

计算步骤如下。

(1)计算像面上目标的离轴角。

可根据像面上目标离轴的像元数计算离轴角。如光敏元为方形，瞬时视场为 σ，目标像元在俯仰、方位方向的离轴角分别为

$$\theta=\arcsin\left(\sqrt{i^2+j^2}\times\sigma\right)$$

$$\varphi=\arctan(i/j)$$

(2)计算目标的方位角和俯仰角。

面阵中心像元(0,0)的入射矢量与光轴重合，可表示为

$$\boldsymbol{A}(0,0)=\begin{bmatrix}0\\0\\1\end{bmatrix}$$

目标像元 (i,j) 的入射矢量可表示为

$$\boldsymbol{A}(i,j)=\begin{bmatrix}\tan\theta\sin\varphi\\ \tan\theta\cos\varphi\\ 1\end{bmatrix}$$

式中：θ 是目标像元的入射矢量与 Z 轴夹角；φ 是目标像元的入射矢量在光敏面投影与 X 轴夹角。

目标像元的入射矢量 $\boldsymbol{A}(i,j)$ 经二维指向镜的反射矢量 $\boldsymbol{A}'(i,j)$ 为

$$\boldsymbol{A}'(i,j)=(\boldsymbol{G}_{10}\cdot\boldsymbol{R}\cdot\boldsymbol{G}_{10}^{-1})\cdot\boldsymbol{A}(i,j)=\boldsymbol{P}\cdot\boldsymbol{A}(i,j)\tag{5.58}$$

式中：$\boldsymbol{R}$ 是指向镜的反射矩阵；$\boldsymbol{G}_{10}$ 为绕两轴旋转的坐标变换矩阵。

根据(5.50)式给出的计算结果，指向镜绕两轴旋转的坐标变换矩阵为

$$\boldsymbol{G}_{10}=S_{Z,\alpha}\cdot S_{Y,\beta}=\begin{bmatrix}\cos\alpha\cos\beta & -\sin\alpha & \cos\alpha\sin\beta\\ \sin\alpha\cos\beta & \cos\alpha & \sin\alpha\sin\beta\\ -\sin\beta & 0 & \cos\beta\end{bmatrix}\tag{5.59}$$

可算得

$$P=G_{10}\cdot R\cdot G_{10}^{-1}=\begin{bmatrix}\sin^2\alpha+\cos^2\alpha\sin2\beta & \frac{1}{2}\sin2\alpha\sin2\beta-\frac{1}{2}\sin2\alpha & \cos\alpha\cos2\beta\\ -\frac{1}{2}\sin2\alpha\sin2\beta-\frac{1}{2}\sin2\alpha & \sin^2\alpha\sin2\beta+\cos^2\alpha & \sin\alpha\cos2\beta\\ \cos\alpha\cos2\beta & \sin\alpha\cos2\beta & -\sin2\beta\end{bmatrix} \tag{5.60}$$

$$\begin{aligned}A'(i,j)&=P\cdot A(i,j)\\&=\begin{bmatrix}(\sin^2\alpha+\cos^2\alpha\sin2\beta)\tan\theta\sin\varphi+\left(\frac{1}{2}\sin2\alpha\sin2\beta-\frac{1}{2}\sin2\alpha\right)\tan\theta\cos\varphi+\cos\alpha\cos2\beta\\ \left(-\frac{1}{2}\sin2\alpha\sin2\beta-\frac{1}{2}\sin2\alpha\right)\tan\theta\sin\varphi+(\sin^2\alpha\sin2\beta+\cos^2\alpha)\tan\theta\cos\varphi+\sin\alpha\cos2\beta\\ \cos\alpha\cos2\beta\tan\theta\sin\varphi+\sin\alpha\cos2\beta\tan\theta\cos\varphi-\sin2\beta\end{bmatrix}\end{aligned} \tag{5.61}$$

式中：α、β 为指向镜当前的方位、俯仰转角；θ、φ 为目标像元在俯仰、方位方向的离轴角。

根据反射矢量 $A'(i,j)$ 的三个坐标分量，可计算目标的角位置为

目标方位角 $$a=\arctan\left(\frac{A'_Y}{A'_X}\right) \tag{5.62}$$

目标俯仰角 $$b=\arctan\left(\frac{A'_Z}{A'_X}\right) \tag{5.63}$$

(3)计算瞄准目标要求的指向镜方位、俯仰转角。

方位轴转角 $$\alpha'=a \tag{5.64}$$

俯仰轴转角 $$\beta'=\frac{1}{2}\arctan(-\tan b\cdot\cos a) \tag{5.65}$$

(4)计算方位轴、俯仰轴转角的修正量。

方位转角修正 $$\Delta\alpha=\alpha'-\alpha$$

俯仰转角修正 $$\Delta\beta=\beta'-\beta$$

参 考 文 献

[1] 张幼文. 红外光学工程. 上海：上海科学技术出版社，1982. 5. 1 光学机械扫描部件.

[2] 张锷，龚惠兴. 消除 45°旋转扫描反射镜像旋转系统的原理及应用. 中国科学院上海技术物理研究所建所 50 周年论文集，173-179.

[3] 惠彬，裴云天，王淦泉. 二维扫描镜扫描特性理论分析. 量子电子学报，2005 年 10 月.

[4] Li S Y, Zhou S C. The Optical Scanning Technology in Laser Scanning and Tracking System, ISPDI 2009，EI 收录.